여수 이상규 교수
퇴임기념논문집

세계 방언학의 풍경

The Landscapes of World Dialectology

간행위원회 편

태학사

간행위원장

백두현

간행위원

김덕호 · 김무식 · 김경숙 · 우미란 · 안귀남 · 민영란 · 이현주
홍기옥 · 천명희 · 조정아 · 김인규 · 강이경 · 강혜미 · 한송이

여수 이상규 교수 퇴임기념논문집

세계 방언학의 풍경

초판 1쇄 인쇄   2019년 3월 21일
초판 1쇄 발행   2019년 3월 29일

엮은이 | 간행위원회
펴낸이 | 지현구
펴낸곳 | 태학사
등   록 | 제406-2006-00008호
주   소 | 경기도 파주시 광인사길 223
전   화 | (031)955-7580~1(마케팅부) · 955-7587(편집부)
전   송 | (031)955-0910
전자우편 | thaehak4@chol.com
홈페이지 | www.thaehaksa.com

ISBN 979-11-6395-023-3 93710

여수 이상규 교수

『세계 방언학의 풍경』 간행에 부쳐

백두현

경북대학교

이상규 교수님의 퇴임을 기념하는 학술서『세계 방언학의 풍경』의 발간을 진심으로 축하하고 기뻐합니다. 이상규 교수님은 국어학자로서 수많은 논저를 저술하셨을 뿐 아니라, 한국어 정책을 수립하고 실행하는 국립국어원의 원장직을 수행하셨습니다. 이제 정년퇴임을 하면서 국내외 여러 학자분들의 도움과 제자들의 정성을 담아 학술서를 출판하게 되었습니다.

이상규 교수님은 1979년 한국정신문화연구원(현 한국학중앙연구원)의 전국 방언 조사 연구원으로 본격적인 연구 활동을 시작하셨습니다. 1982년 울산대학교에 교수로 임용되셨고, 1983년부터 경북대학교에 교수로 부임해 2019년 2월 28일 정년퇴임까지 근 40년간 학자로 교수로 봉직하셨습니다. 그리고 2006년부터 2009년까지 우리나라의 국어 정책을 총괄하는 국립국어원의 원장직을 수행하면서 국가의 국어 정책을 입안하고 추진하는 중요한 업적을 쌓으셨습니다. 특별히 국어원장 재임 중에 세종학당 설립을 위한 기초를 닦아 이를 국가적 사업으로 발전시키는 데 결정적인 기여를 하셨습니다.

그동안 교수님께서 이루신 학문적 업적을 살펴보면, 1985년『국어통사론』을 필두로 지금까지 77권의 도서를 저술하였는데, 이 가운데『경북방언사전』이 학술원 우수학술도서로 선정되었고, 그 후 11편의 도서가 학술원, 문화관광부 등 중요 기관의 우수학술도서로 선정되었습니다. 또「'-을/를'의 범주와 의미 분석」을 시작으로 국내외 유수한 학회지에 지금까지 79편의 논문을 게재하셨습니다. 그리고 국제 및 국내의 중요한 학회에서 120회 이상의 학술 발표와 주제 발표를 할 만큼 활발한 학술 활동을 수행하셨습니다. 이러한 학술 업적의 공로가 인정되면서 일석학술장려상(1989), 외솔학술상(2011), 봉운학술상(2012), 경북대학교 학술상(2017) 등을 수상하셨습니다. 이 밖에도 대통령 표창(2004)을 비롯한 사회단체의 여러 상을 수상하셨습니다.

이상규 교수님은 국어학자이면서 문학에도 조예가 깊으셔서 1978년『현대시학』에「안개」라는 작품으로 한국 시단에 등단하셨고, 줄곧『낭만시』동인으로 활동하시면서 그동안『종이나발』외 8권의 시집을 출판할 정도로 시에 대한 열정과 감수성을 펼치셨습니다. 이러한 시적 재능은 이상규 교수님의 학부 시절에 고 김춘수 시인님의 가르침에 감화를 받은 영향도 있을 듯합니다. 이 외에도 수필집 1권, 소설집 1권, 평론집 2권을 낼 정도로 문학적 역량이 뛰어나십니다. 문학상으로 한국문학예술상 작품상(2006), 매천황현문학대상(2017)을 수상하기도 하셨습니다.

이상규 교수님은 학자로서 그리고 교육자로서 방언학 등 여러 분야에 큰 기여를 하셨습니다. 이상규 교수님의 저서 중 우수학술도서 및 우수교양도서로 선정된 것이 11권이나 된다는 사실은 교수님의 학술적 성취를 잘 보여 줍니다. 이상규 교수님의 업적 중에서 특히 방언 조사와 관련하여 주목되는 것은『경상북도방언자료집』과『경북방언사전』입니다. 한국정신문화연구원 시절부터 수행한 경북방언 조사의 연구 성과가 이 책에 고스란히 담겨 있습니다. 이 사전은 한국방언지도 작성과 세종계획에서 수행된 전국 방언 검색기 제작 등에 중요한 기여를 하였습니다.

방언학 입문자를 위한 『방언학』과 『컴퓨터를 활용한 방언학 연습과 실제』는 전국 대학의 국어국문학과 교과 과정에 포함된 방언학 수업의 주요 교재로 사용되어 방언 연구자를 길러내는 밑거름이 되어 왔습니다. 언어지도 제작법에 특히 관심을 기울여 『컴퓨터 언어지리학의 방법과 실천』과 『언어지도의 미래』를 출판한 것은 이 방면의 가장 앞선 성과라고 할 수 있습니다.

언어 정책과 관련된 학술서이자 교양서 역할을 겸한 『둥지 밖의 언어』, 『방언의 미학』, 『한글 공동체』 등은 일반 교양인을 위한 안내서이자 한국어와 한국의 방언에 대한 각성을 일깨우는 저술들입니다.

이상규 교수님의 연구 범위는 옛 문헌으로 확장되어 2010년 이후에는 한글 고문서와 〈훈민정음〉, 〈여사서언해〉 등의 한글 문헌 자료 연구에도 성과를 이루셨습니다. 이 저술들에 대한 간략한 소개는 이 책 제3부에 수록된 제자들의 글을 참고하실 수 있습니다. 또한 이상규 교수님의 다방면에 걸친 연구 활동과 사회 활동은 많은 언론 기고문과 인터뷰 기사에도 잘 나타나 있습니다.

이처럼 왕성한 활동을 이어 오신 이상규 교수님께서 2019년 2월 명예로운 정년퇴임을 맞아 많은 분들의 협찬을 받아 알찬 학술서를 간행하게 되었습니다. 이상규 교수님의 이런 모습을 지켜보면서 "참 복도 많은 어른이시다."라는 생각이 절로 듭니다.

제가 대학원 석사 과정에 입학했을 때 이상규 교수님은 한국정신문화연구원에서 시행하는 전국 방언 조사 사업의 연구원이셨습니다. 저는 이상규 교수님을 도와서 안동과 상주 등의 방언 조사에 참여한 적이 있었는데, 이 일을 통해 방언 자료의 수집과 연구 방법을 배울 수 있었습니다. 감사하게도 방언 조사 방법을 익히고 여러 가지 경험을 얻었던 소중한 기회였습니다. 이때부터 이상규 교수님과의 40년 학문적 인연이 시작되었습니다.

끝으로 이상규 교수 퇴임 기념 논문집『세계 방언학의 풍경』을 간행하게 된 경위를 간단하게 말씀드리겠습니다. 2017년 12월에 교수님의 퇴임 기념 논문집을 준비하자는 의견이 있어서 2018년 1월에 간행위원회를 결성했습니다. 이후 몇 차례 회의를 거듭하면서 의견을 모은 결과, 관련 전공의 후학들에게 도움이 될 수 있는 논문집 형태로 구성하기로 결정되었습니다. 그리하여 국내외 관련 분야 유수한 학자들에게 취지를 말씀드렸더니, 국외 학자 다섯 분과 국내 학자 열한 분이 기꺼이 원고를 보내 주시기로 하셨습니다.

국외 학자로서 이 책을 위해 귀중한 논문을 주신 중국의 项梦冰 교수님, 일본의 大西拓一郎, 中井精一, 井上史雄 교수님, 미국의 Dana Scott Bourgerie 교수님께 특별한 감사의 말씀을 전합니다. 김일성종합대학의 김영황 교수님과 국내의 저명학자 여러 분들께서 귀중한 논문을 보내 주셨습니다. 옥고를 주신 곽충구, 김정대, 이기갑, 이태영, 이병운, 소강춘, 이태영 교수님께 심심한 감사의 뜻을 표합니다. 논문을 보내 주신 국내외 교수님께 깊이 감사드립니다.

이 책을 위해 특별한 축사를 보내주신 오세영 선생님과 권재일 선생님, 그리고 멋진 글씨와 서화를 보내주신 강신석, 전진원, 강병인, 권기철, 최용대 님께 감사드립니다.

이상규 교수님은 이제 평생 몸담아 오셨던 경북대학교를 떠나 새로운 활동과 연구를 위한 둥지를 마련하십니다. 앞으로 더욱 정력적이고 활발한 활동을 이어 가시리라 믿습니다. 이상규 교수님의 학문적 동지이자 평생의 반려이신 이정옥 교수님과 함께 더욱 행복한 인생을 누리시기를 함께 축원합니다.

2019년 3월 11일
간행위원장 백두현 삼가 씀

문학을 사랑하는 국어학자

오세영

서울대학교 명예교수 예술원 회원

저서가 출간될 때마다 서로 주고받으면서 나눈 서신 정도 이외에 나와 이 교수와의 교류란 그리 특별하다고 할 만한 것이 거의 없다. 그 역시 오랜 세월에 걸친 것도 아니다. 학연이나 지연이 다르고 또 생활해왔던 공간이 별개여서 우리 사이에 물리적으로 가까이 할 수 있는 계기가 거의 없었던 까닭이다. 그럼에도 심정적으로 그는 내게 항상 다정한 친구로 남아 있다. 왜 그런 것일까.

이 글을 쓰면서 곰곰이 생각해보니 그 이유는 아마도 단 한 가지일 성싶다. 우리 학계에선 드물게 '문학을 사랑하는 국어학자'라는 바로 그것. 다행스럽게도 물론 당신이 국어학자이면서 동시에 시인인 까닭에 그리될 수밖에는 없었겠지만 사실 같은 국어국문학과라고는 하지만 우리 국어학계에서 문학에 관심을 갖거나 문학을 사랑하는 학자를 찾아보기란 그리 쉬운 일이 아니다. 최소한 내 경우가 그러했다. 내가 국문학과 교수로 봉직해왔던 과거 30여 년 이상 나는 같은 과 소속의 국어학자들 가운데 그 어떤 분도 문학에 관심을 갖거나 문학적 소양을 지닌 국어학자를 —단 이기문, 김완진 선생님을 제외하고— 만나본 적이 거의 없다. 내 경험으로 미루어 이는 이외의 다른 대학의 경우도 마찬가지일 것이라 생각한다.

그러니 문학을 사랑하면서도 국어학을 전공하는 학자를 만난다는 것은 내게 있어 얼마나 경이로운 일이 될 것인가. 그런 까닭에 나는 그가 국립국어원의 원장으로 서울에서 생활하던 2000년대의 그 짧은 기간, 몇 차례 그와 교류할 수 있었던 것을 즐거운 추억으로 기억하고 있다. 그때 나는 한국시인협회 회장으로 우리 문단에 봉사하고 있었던 시절이었으므로 그와 나와의 관계는 교수라기보다 국립국어원장과 한국시인협회장이라는 신분이었다.

나는 사실 '국립국어원'에서 무슨 일을 하고 있는지 그 내용을 잘 모른다. 그저 상식선에 이해하여 당연히 우리 국어를 연구하는 데 뒷받침을 해주는 일일 것이라 생각한다. 그런데 그 또한 상식선에서 이해하자면 우리말 연구란 보다 구체적으로 우리 말의 '바른 말'과 '고운 말' 연구라는 두 축이 아니겠는가. 그리고 이때 '바른 말'의 연구가 국어학이라고 한다면 '고운 말'의 연구는 분명 문학일 것이다. 문제는 ―내 편견일지 모르나― 우리 국립국어원이 고운 말의 영역에는 별로 관심이 없고 오로지 바른 말의 연구에만 몰두하고 있다는 그 사실이다.

그러한 관점에서 나는 우리 국립국어원이 앞으로 문학의 언어 연구에도 좀 관심을 가져주기 바란다. 국어학만의 연구라는 지금까지의 그 편협한 안목에서 벗어나 보다 큰 틀에서 문학과 관련된 국어를 폭넓게 연구하는 기능을 지원해 줄 수도 있다면 그 존재 의의가 더 크지 않을까? 나는 2000년대 이 교수가 국립국어원장으로 재임하고 있을 동안 그러한 가능성을 충분히 발견하였다.

그때 우리들은 국립국어원과 한국시인협회가 합동하여 몇 가지 좋은 프로젝트를 실천한 적이 있었다. 방언으로 시쓰기 운동, 훈민정음 반포 기념 시의 축제 개최 등이다. 전국 각 지역의 시인들에 의해 그 지역의 방언으로 쓰여진 작품들은 후에 『요엄창 큰 비바리야 냉바리야』(한국시인협회 편, 서정시학사, 2007)라는 제호의 사화집으로 엮어 출판된 바 있어 앞으로 방언연구에도 도움이 될 것이라 믿는다.

　그러므로 나는 앞으로도 우리 국립국어원은 이 교수처럼 문학을 사랑하고 이해할 수 있는 국어학자가 자주 부임하시기를 바란다. 참고로 이때 ―한국시인협회와 국립국어원이 합동하여 개최한 훈민정음 반포기념 시의 축제 때― 쓴 졸시 한 편을 소개하겠다. 다행히도 많은 분들의 사랑을 받아 각종 문화행사 때마다 종종 낭독되는 작품이기도 하다.

　아아, 훈민정음

　언어는 원래 신령스러워
　언어가 아니고선 신(神)을 부를 수 없고,
　언어가 아니고선 영원(永遠)을 알 수 없고,
　언어가 아니고선
　생명을 감동시킬 수 없나니,
　태초에 이 세상은
　말씀으로 지으심을 입었다 하나니라.
　그러나 이 땅 그 수많은 종족의 수많은
　언어 가운데서 과연
　그 어떤 것이 있어 신의 부름을 입었을 손가.
　마땅히 그는 한국어일지니,
　동방에서
　이
　세상 최초로 뜨는 해와 지는 해의
　그 음양(陰陽)의 도(道)가 한가지로 어울렸기 때문이니라.

아, 한국어,

그대가 하늘을 부르면 하늘이 되고,

그대가 땅을 부르면 땅이,

인간을 부르면 인간이 되었도다.

그래서 어여쁜 그 후손들은

하늘과

땅과

인간의 이치를 터득해

'·', '一', 'ㅣ' 세 글자로 모음 11자를 만들었고

천지조화(天地造化), 오행운수(五行運數), 성정(性情)을 깨우쳐

아(牙), 설(舌), 순(脣), 치(齒), 후(喉)

5종의 자음, 17를 만들었으니

이 세상 어느 글자가 있어

이처럼 신과 내통(內通)할 수 있으리.

어질고 밝으신 대왕 세종(世宗)께서는

당신이 지으신 정음(正音) 28자로

개 짖는 소리, 천둥소리, 심지어는 귀신이 우는 울음소리까지도

적을 수 있다고 하셨으니

참으로 틀린 말이 아니었구나.

좌우상하(左右上下)를 마음대로 배열하여

천지간 막힘이 없고

자모(子母)를 결합시켜 매 음절 하나하나로

우주를 만드는

아아, 우리의 훈민정음.

속인들은 이를 가리켜

어느 글자보다도 더 과학적이라고 하나
어찌 그것이 과학에만 머무를 손가.
그대, 하늘을 부르면 하늘이 되고
땅을 부르면 땅이
인간을 부르면 인간이 되는
아아, 신령스러운 우리의
한국어,
우리의 훈민정음.

축하의 말씀

권재일

한글학회 회장

얼마 전 정년퇴임한 선배 교수께 퇴임을 맞이한 소감을 물어보았습니다. 초등학교 졸업식을 앞둔 마음이라 대답했습니다. 우수한 성적으로 졸업하게 되었고 졸업생 대표로 교육감 표창도 받게 되었던 초등학교 졸업생은 그간에 지나온 학교생활 하나하나가 만족스러워 축하 받고 싶은 심정이었는데 지금이 딱 그렇다고 소감을 말했습니다.

제가 직접 물어보지는 않았습니다만 지금 이상규 선생님의 마음도 그러하리라 믿습니다. 그래서 먼저 가없는 마음으로 선생님의 정년퇴임을 마음 깊이 축하합니다. 제 표현이 모자라더라도 최상의 축하로 받아 주시면 고맙겠습니다.

종이나발!

제가 이상규 선생님을 만난 것은 바로 이 시로부터입니다. 저의 석사학위 논문과 거의 같은 제목의 석사학위 논문을 쓴 고향의 신예 학자라 생각했는데, 시인이라니, 저에게 이상규 선생님은 이렇게 다가왔습니다.

아마 제 기억으로는 처음 만나 제법 길게 이런저런 학계 이야기를 나눈 것은 환산 이윤재 선생 묘소를 참배하고 오던 길이었습니다. 젊은 학자로서 앞으로 지역 학계, 나아가서 우리나라 국어학계의 나아갈 길에 대해 논의했습니다. 말이 통했습니다. 그때 이런 생각을 했습니다. '이 젊은 학자는 당대 대구에의 내로라하는 학자들과는 생각하는 바가 다르다. 그 다른 이유는 대구 학자 최초로 본격적으로 서울과 호흡했기 때문일 것이다'라고 생각했습니다. 한국정신문화연구원에서 서울의 젊은 학자들과 함께 근무하면서 시야를 넓혔던 것입니다.

선생님은 방언과 고문서 연구에 힘쓰고, 저는 한국어 문법론과 문법사에 관심을 두었지만 여러 일에 힘을 함께 모았습니다. 그 대부분은 선생님께서 앞서고 제가 뒤따랐습니다. 그러니 선생님과 저는 남다를 수밖에 없었습니다. 겨레말큰사전 편찬 일이 그러하고, 특히 국립국어원 원장의 일은 선생님으로부터 제가 이어받았습니다.

선생님은 겨레말큰사전 편찬 사업의 지역어 발굴의 책임을 맡아 남과 북의 새로운 어휘를 캐내는 성과를 이루었습니다. 이 성과는, 방언지도 작성을 비롯한 선생님의 다른 방언 연구 못지않게, 우리나라 방언학계에 길이 남을 업적이라 믿습니다.

국립국어원의 원장으로 일하시면서는 언어와 문자에 관한 다양한 과제를 발굴하여 강한 뚝심으로 실천에 옮겨 국민들의 의사소통 능력 향상에 힘썼습니다. 특별히 저는 선생님의 다음 두 가지 업적을 강조하고자 합니다. 첫째는 한국어를 배우고자 해도 교사가 없고 교재가 없어 열악한 환경에 놓인 외국인을 위해 세종학당을 창시하여 한국어 보급을 수행한 일입니다. 지금 우리나라를 대표하는 국외 교육기관인 세종학당의 뿌리가 바로 이상규 선생님께 있다는 것은 매우 자랑스러운 일입니다. 특히 그 기저에 문화상호주의를 바탕에 두었다는 것은 매우 훌륭한 사상이라 믿습니다. 둘째는 국가 어휘자원을 체계적으로 구축한 일입니다. 표준국어대사전을 보완하여 웹기반으로 개통하였으며, 이를 통해 국어 자원 구축에 큰 성과를 이루었습니다. 이 사업은 제가 이어받아 지금의 우리말샘의 뿌리가 된 셈입니다.

그칠 줄 모르는 학문 활동이 지금도 이어지는데 선생님께서는 올봄에 정년퇴임을 한다 하십니다. 그리고 이를 기념하여 논문집을 펴낸다 하십니다. 우리 말과 글에 대한 애틋한 사랑, 제자들에 대한 정성어린 교육이 바탕이 된 이상규 선생님의 교수 활동을 마무리하는 귀중한 일이라 생각합니다. 이에 즈음하여 되돌아 생각해 보니, 늘 우리 말글을 발전시키기 위한 열정으로 저에게 다가오시던 선생님, 일마다 분명한 판단과 확고한 의지로 추진하시던 선생님의 모습은 힘차고 믿음 가는 마음입니다. 그 마음은 한마디로 참 아름답습니다.

이제 선생님께서는 틀에 얽매이지 아니하고 학문 활동을 계속하시어 우리 말글 연구를 마음껏 펼쳐 나가시게 되셨습니다. 아마도 자유로운 학자로서, 우리 말과 우리글의 지킴이로서 펼치실 계획이, 분명하고 확고한 판단과 의지로 잘 세워져 있으리라 믿습니다. 그러한 계획이 뜻과 같이 이루어지길 진심으로 기원합니다. 아울러 언제나 그 열정과 함께 건강하시길 마음 가득 모아 빕니다. 그리고 거듭 축하합니다.

水蓮別曲

바람이 분다.
그대는 또 가야 하리,
그대를 데리고 가는 바
　　람은
어느 땐가 다시 한번
落花하는 그대를 내
　　곁에 데리고 오리,
그대 이승에서
꼭 한번 죽어야 한다면

죽음이 그대 눈시울을
검은 손바닥으로 꼭 한번
남김없이 덮어야 한다면
살아서 그대 이고 받든
가도 가도 끝이 없던 이
　　승의 하늘,
그 덥디덥던 눈웃음은 누
가 가지리오?

金 春 洙

안개 으우끄

새벽안개는 서들러 달어간다

버드나무가 노래할 조음 달어간다

안개속에서 풀잎새 이슬에 아침을 소멸한순

살갗처럼 부드런 속삭에 휠쌔인체

버드나무의 노래로 머금고

가깝에서 침묵하며 지친듯 잠드다

이상규교수 정년퇴임을 기념하여
토민 전진찻 씀

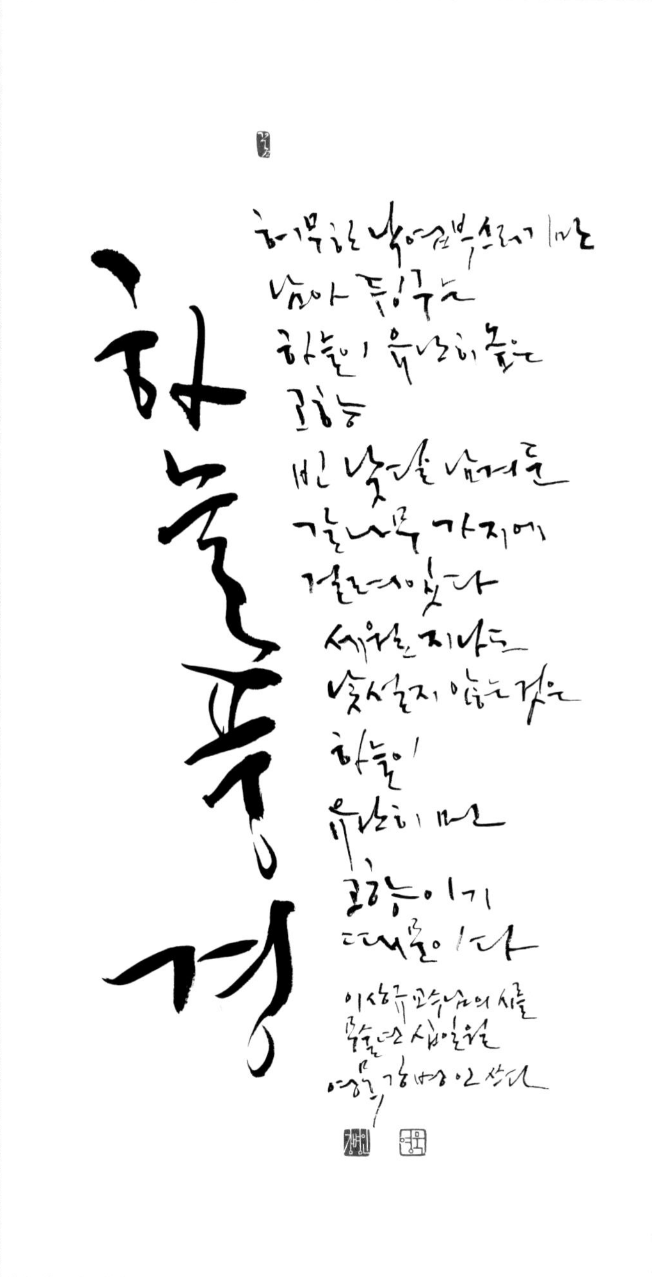

차례

제1부

한국 속의 방언학

방언 지도 제작기(Map Maker)를 활용한 방언 지도 제작[*]

이상규 · 이현주

경북대학교 · 국립국어원

1. 논의 범위

최근 수년 동안 필드(field) 언어학(방언 연구)은 여러 가지 난관에 부딪쳐 있는 듯하다. 후속 세대의 연구 참여가 떨어지고 있을 뿐만 아니라 연구 방향도 다원화되지 못하고 있는 실정이다. 방언 연구를 위해 일차적으로 수행해야 하는 현지 조사(field work)를 통한 자료 수집이 어렵기 때문에 방언 연구를 왜, 무엇을 위해 하는 학문인지 모르겠다고 불평하는 이들도 있다. 하지만 필드 환경 변화나 그에 따른 어려움보다는 오히려 연구자의 지적 빈곤에 문제가 있어 보인다. 현대 방언 연구의 사명이나 가능성, 연구 대상의 재구성 등에 대해서 더 의논해야 하는데 그런 분위기를 전혀 느낄 수가 없다.

최근에 와서는 방언 연구 분야와 인접한 지리학이나 사회학 혹은 민속학

---

[*] 본고는 한국방언학회의 『방언학』 2집에 게재한 논문임을 밝혀 둔다.

이나 역사학 등의 인접과학과의 협동 작업(이병근 1976, 이익섭 1976)도 거의 활기를 찾기 힘든 상황이며, 방언 연구가 지역어의 음운, 문법의 체계화를 위한 연구에서 더 이상의 진전이 이루어지지 않고 있다. 음운, 문법, 어휘 등의 체계적 연구를 위해서는 균질적인 자료 조사가 선결되어야 하는데 그러한 자료 조사의 어려움으로 인해 연구에 도달하기도 전에 이미 좌절해 버린 모습이라고 할 수 있다.

하지만 생각을 바꾸면 방언 연구의 가능성은 얼마든지 새로운 국면을 맞이할 수 있을 것이다. 앞으로 방언 연구는 담화, 구술 조사를 통한 담화 문법을 체계화한다든지 사회 계층적 언어 차이를 조사한 사회방언학적 연구 영역으로 확대해 나가야 할 것이다. 김충회·홍윤표·김병선·소강춘(1991)과 같이 80년대 잠깐 고개를 들었다가 후속 연구가 이루어지지 않고 있는 컴퓨터를 활용한 방언 자료 처리 및 지도 제작에 관한 연구도 방언 연구의 미래를 위해 이어나가야 할 것이다.

이러한 의미에서 본고에서는 컴퓨터를 활용한 방언 지도 제작 방법의 전산화를 위한 노력의 과정을 소개하고 또 필자가 개발한 방언 지도 제작 도구인 방언 지도 제작기(MAP MAKER)의 사용법과 그 유용성에 대해 소개하고자 한다. 이러한 노력이 방언 연구의 새로운 분위기를 진작하는데 기여하기를 희망한다.

2. 방언 자료 수집과 관리

2.1. 디지털 음성 자료 수집

방언 조사 현장에서 녹음 환경과 녹음기기는 양질의 음성 자료 수집을 위해 매우 중요한 요소이다. 그러므로 우선 녹음 주변 환경과 유용한 녹음기기 기종과 그 사용 방법 등에 대한 이해가 필요하다.

1) 녹음 주변 환경

녹음 주변 환경 문제는 조사 현장에서 야기되는 문제를 최소화하는 일이다. 곧 마이크에 대한 제보자의 부담을 최소화하려는 배려가 필요하며, 매미 우는 소리, 경운기가 지나가는 소리, 선풍기가 돌아가는 소리와 같은 주변의 소음도 양질의 음성 자료를 채록하는 데 방해되는 요소이므로 주의해야 한다. 또 조사자의 말과 제보자의 말이 동시에 발화되어 겹쳐(조사자의 "예, 예 맞습니다." 등) 녹음되지 않도록 최대한 주의해야 한다. 또한 음성 자료는 질문과 대답 사이에 적절한 휴지가 있어야 분절하기 쉬우므로 조사 속도의 완급 문제도 고려되어야 한다.

2) 녹음기기 문제

방언 조사를 위해 아날로그 방식의 녹음기를 사용하던 시대는 이미 지나갔다. 녹음테이프 보존 방식은 음의 변질 문제와 10여 년 넘게 보존하기 어렵고, 양질의 음성 자료를 얻는 데 한계가 있기 때문에 최근에는 MD 방식이나 DAT 방식의 디지털 녹음기로 채록하는 것이 일반적이다. IC리코더 방식의 디지털 녹음기는 녹음 채록 시간의 문제와 조작의 간편성, 직접 컴퓨터와 공유할 수 있다는 등 많은 장점이 있으나, 음질이 다소 떨어진다는 면에서 아직 DAT 방식의 녹음기가 가장 일반적으로 사용되고 있다.[1]

양질의 녹음을 위해 마이크의 기능과 성능은 매우 중요한 요소이다. 마이크는 1) 변화 방식, 2) 지향성, 3) 형상이나 용도에 따라 다양하게 분류할

---

[1] 국립국어원에서 추진하고 있는 지역어 조사 사업에서 사용하는 기종은 DAT SONY TCD-D100이다.

수 있다. 마이크나 녹음기의 선택 기종은 SITEC과 같은 전문 음성 연구소
와 음성 연구 전문자에게서 조언을 받아 선택하는 것이 좋다. 예를 들면
DAT 디지털 녹음기(SONY TCD-D100)를 사용하는 경우 양질의 자료를
채록하기 위한 음성 입력 환경은 음성 입력을 모노로 하는 것이 유리하다.
또 표준주파수는 표준모드 SP 48Khz로 고정하고, 음성 입력 볼륨레벨은
5-7로 고정하는 것이 유리하다. 양질의 음성 자료를 채록하기 위해서 마이
크의 성능은 매우 결정적인 요인이 된다.

2.2. 음성 자료의 가공과 전사

방언 자료의 저장과 관리, 그리고 자료에 대한 기술과 표현 및 분석을
위해 훌륭한 소프트웨어를 선택하여 활용하는 일은 매우 중요한 요소이다.
여기서는 방언 조사 현장에서 수집한 자료를 컴퓨터에 탑재하여 효율적으로
자료를 가공하고 전사, 관리하는 데 필요한 프로그램에 대한 사전 지식과
정보에 대해 기술한다.

1) 음성 자료 분석과 관리

음성 자료 분석과 관리 프로그램으로는 일반적으로 CSL(Computer
Speech Lab),[2] Sil과 CECLIL(운소 조사용), Signalyxe, FindPhone 등이
있다. 그 외에 WaveSurfer,[3] Praat,[4] GoldWave나 Cooledit Pro도 있다.

---

2 Peter Ladeforged(2003), Phonetic Data Analysis, *An Introduction to Fieldwork and
   Instrumental Techniques*, Blackwell Publishing.

3 WaveSurfer는 음향분석 프로그램의 일종으로 스웨덴 왕립기술원(Royal Institute of
   Technology)의 Speech, Music and Hearing과에 소속된 Centre for Speech Technology
   에서 개발하여 공개한 Open Source tool이다. 다른 음향분석 프로그램에 비하여 사용
   방법이 매우 간편하다. 또 다양한 형식의 음성 파형을 읽을 수 있으며, 특히, 여러
   가지 형식의 레이블링 파일의 작성이 용이하고, 호환성이 높으며, 여러 형식과 층렬

음성 자료 레코딩 편집 툴은 Gold Wave나 Cooledit Pro 등 강력한 사운드 편집 프로그램을 활용하면 유리하다. 그 외에도 방언 자료의 관리를 위한 유용한 소프트웨어로서는 Shoebox, askSam, HyperCard와 Xbas, Lingual-Linker 등이 있다.[5] Shoebox는 어휘 자료와 텍스트 자료를 관리하는 데이터베이스 프로그램이다. askSam은 현장에서 조사된 방언 자료의 소트와 포맷과 리포트 출력이 가능한 소프트웨어로, 그래픽이 지원되기 때문에 하이퍼텍스트로 전자출판이 가능하다. HyperCard는 텍스트와 데이터, 음성, 그래픽 자료를 관리할 수 있으며 조사된 자료를 낱가리 형식으로 구축하며, 특히 상징부호 방언지도를 제작할 수 있는 유용한 소프트웨어이다. Xbas와 Lingual-Linker는 현지 방언 자료를 처리하는 전문 소프트웨어이다. Lingual-Linker는 데이터 처리 도구(CELLAR)와 자료 설명 라이브러리(library)로 구성되어 있다. 아직까지 우리나라에서는 어휘 자료를 음성 자료와 연결하여 관리할 수 있는 방언 전용 자료처리 소프트웨어는 개발되지 않았다.

(종류)의 레이블링이 가능하여 음성 코퍼스 구축에 긴요한 도구라고 할 수 있다.

4 프라트(Praat)는 암스테르담 대학의 Paul Boersma와 David Weenink가 만든 음성분석 및 변형 프로그램 패키지인데 이것은 인터넷 홈페이지 http://www.fon.hum.uva.nl/praat/download_win.html에서 무료로 받을 수 있다. Praat은 Kay Elemetrics에서 개발된 CSL처럼 별도의 하드웨어가 필요하지도 않고 UCLA에서 개발된 XQuirer (PCQuirer와 McQuirer)처럼 저작권 문제 때문에 키를 장착해야 할 필요도 없다. 사운드카드가 있는 보통의 PC환경이면 사용할 수 있다. Praat은 CSL이나 XQuirer 및 기존의 다른 음성분석 프로그램에서 사용되고 있는 거의 모든 분석기능을 포함하고 있을 뿐만 아니라 다른 음성분석 프로그램에 없는 다양한 기능과 여러 가지 음성합성기능까지 가지고 있다.

5 John M. Lawler & Helen Aristar Dry edited(1998), Using Computers in Linguistics, p. 178, *Routedge*, London & New York.

디지털 음성 편집을 위한 프로그램은 GoldWave, 거원 JetAudio, Cool Edit Pro 중에서 선택하여 사용할 수 있으나 시각적 효과를 고려하면 Cool Edit Pro가 가장 나을 듯하다. GoldWave는 녹음 시간을 따로 설정 하지만 Cool Edit Pro는 녹음 시간을 설정할 필요 없이 음역의 파동을 자세히 볼 수 있는 장점이 있다. 그러나 3가지 프로그램의 실제 차이는 없다.

현장에서 DAT로 채록한 방언 자료를 디지털 음성 자료로 전환하기 위한 프로그램으로는 GoldWave[6]나 Cool Edit Pro를 활용하는 것이 유용하다.

2) 전사 도구

전사(Transcription) 작업은 분절해 놓은 음성 언어 데이터에 대응하는 문자를 옮겨 적는 과정이다. 먼저 음성 구간을 분절한 다음 분절된 구간에 대응시켜 전사를 하고 파일을 저장해 두는 절차를 거친다. 보통 편집 도구를 이용하여 분절된 구간을 반복 청취하며 전사 작업이 이루어지게 된다. 이때 이용되는 전사 도구로는 북한에서 개발한 Trans maker와 Praat, Wave sufer 등이 있으나 현재 Transcriber 1.4가 많이 이용되고 있다.

Transcriber 1.4는 그래픽 유저 인터페이스(GUI(Graphic User Interface)) 가 가능하며, 전사와 구간 분절이 용이하고, 구간 분절을 한 음성파일(wav.) 과 전사파일(trans.)을 XML문서로 통합관리 하는 것이 가능하다. Transcriber 1.4는 현재 다국어로 전사가 가능하지만 흔글의 자판기와 코드가 일치하지 않는 것이 다소 불편하다. 앞으로 잡음 구간의 자동 삭제와 무음 구간의 자동 삭제 처리를 위한 후속적인 보완이 필요하긴 하지만 매우 우수한 도구 라 할 수 있다.

Transcriber 1.4의 선택(Option)에서 일반선택(General options)의 부호

---

6 국립국어원 지역어 조사에서 파일 변환을 위해 GoldWave를 이용하고 있다.

화(Encoding) 설정을 반드시 Unicode(UTF_8)로 해야 하고 언어(Language)의 설정은 한국어(Korean)로 해야 한다. 이 설정 결과는 반드시 선택(Options)의 저장 구성(Save configuration)에서 저장과 완료를 확인해야 한다. 전사할 때 조각내기(Segmentation)한 구간을 반복하여 청취하려면 부호(Signal)의 재생 모드(PlayBack mode)를 세그먼트 반복이나 멈춤 후 선택(Loop on segment or selection after a pause)으로 설정해야 한다. 음역과 파동의 조정은 Signal의 제어판(Control Panel)에서 수직 확대(Vertical zoom)로 설정한다. 전사할 때 구간 상하 이동은 마우스를 이용하는 것보다 ↓키와 ↑키를, 시작과 정지는 Tab키를, 구간통합은 Shift+Backspace키를 활용하는 것이 편리하다. Transcriber 1.4를 활용한 전사의 예는 위의 [그림 1]과 같다.

[**그림 1**] Transcriber 1.4를 활용한 전사의 사례

Transcriber 1.4를 통해 처리된 구간 분절 음성 파일과 전사 파일을 휴대용 CD-Rom이나 DVD-Rom에 저장하거나 대용량 테라 서버에 저장 관리하는 종합 관리 시스템을 구축해야 할 것이다. 또한 자료구조를 설계하고 검색하는 시스템을 추가한 파일 서버와 FTP 서버의 관리를 위한 후속처리

과정에 대한 연구가 필요하다.

3) 전사 문장추출기(LineExtract)

최근 이상규(2005)가 개발한 문장추출기(LineExtract)는 XML 형태의
전사된 텍스트 문서에서 표제 항목의 번호에 따라 전사 자료만을 문장 단위
로 자동 추출할 수 있는 도구이다. Transcriber 1.4로 전사한 텍스트 파일에
는 [그림 2]와 같이 여러 가지 정보나 묶음 구간이 있는데 이들을 자동으로
소거함으로써 인쇄 형태의 전사 자료집을 출판하는 데 편리하게 활용할
수 있다. 아울러 전사 과정에서 나타나는 각종 오류의 발견이나 이에 대한
수정과 교정이 용이하다는 장점도 가지고 있다.

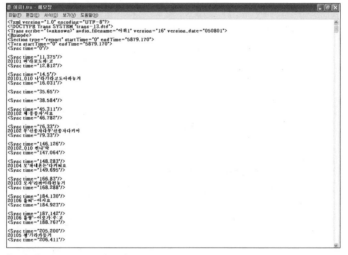

[그림 2] 전사된 텍스트(XML) 문서

[그림 2]와 같은 XML 형태의 전사 자료에서 문장추출기를 통해 전사
자료만을 추출하면 다음 [자료 1]과 같은 문서로 바뀐다.

```
20101 벼´라꼬도하:고
20101_010 나´라기라고도 아하능겨
20102 체:종종자´지요
20102 무´신종자다 무´신종자다커머
20102_010 썬나´락
20104 모´파네 흔는´다커찌요
20103 모자´리까이라컨능거
20106 홀찌´~이지요
20106 홀쩡´~이로 가:주:고
20105 쟁´기라 카등거
20106 홀찌´~이는
20107 날컨´치컨´
20106 쟁´기고 홀찌´~이는 또 이스낀´데
20107 홀쩡´쉐라카니더
20107 나아리라 커뜬 쟁´기나아리라 커뜬데
20107 후찌´~이날
20107_010 쟁´기는 날커´코 홀찌´~이는 홀쩡쉐커코 그라지
= 질메´라크그덩
= 질메´엔
= 제비초´리라 컨는데
= 모´에로
= 벼:지께라꼬 이´써요
= 벼:진께
= 함 함마니 끄´테다가
20109 끄오가는거로
```

[자료 1] 문장추출기로 전환한 전사 자료의 예

향후 이 문장추출기는 전사 자료와 음성 자료가 일대일 대응을 이룬 데이터베이스로 구축하는데 활용할 수 있도록 성능을 개선해 나갈 예정이다.

이처럼 조사 결과를 컴퓨터에 입력해 전산화하는 것은 후속 처리를 위해 매우 유용하다. 자료를 전산화함으로써 방언 조사 결과를 여러 가지 응용 소프트웨어에 이용하는 것이 가능할 뿐 아니라, 집계를 효율적으로 처리해

주며 통계적인 분석도 가능하게 하는 등 많은 이점이 있다. 또한 자료를 DVD 등 보조 기억 매체에 기억시켜 반영구적으로 보존할 수 있는 등의 이점도 있다.

3. 방언 지도 제작 도구

현재 언어 정보화의 발전과 더불어 음성 자료의 데이터베이스 구축 작업도 활발히 추진되면서 특히 음성 자료가 지원되는 방언 지도의 개발에 많은 관심을 보여주고 있다.[7] 최근의 방언 조사는 양질의 음성 녹음 자료와 함께 전사 자료를 데이터베이스로 구축하고 다양한 시각적 기능을 활용하여 웹상에서 방언 자료를 검색하고 출력하도록 하는 동시에 언어지도로 전환하는 것을 전제하고 있다. 우리나라에서도 국립국어원에서 추진 중인 지역어 조사 계획에서는 Transcriber 1.4를 이용하여 음성 자료를 분절하여 전사하고 있다.

언어지도 제작 방식은 급속도로 발전하고 있다. 지도상에 방언형을 직접 기입하거나 또는 상징부호(부호, 숫자, 색상 등)로 전환한 상징지도 방식에서 더 나아가 제보자의 음성 자료를 함께 제공하는 방식으로도 발전하고 있는 것이다.[8] 한편으로는 지도에 하천이나, 산맥 등 다양한 지리적 조건을 표시한 위에 언어 분포를 묘사하는 3차원 지형도 형식의 언어지도도 활용되

---

7 키시에 신수케(岸江信介)·키베 노부코(木部暢子)·이시다 유우코(石田祐子)(2002), 「聲の言語地圖」, 『日本語學』 9月号. 언어지도 상에 음성 데이터를 연계하여, 언어지도와 함께 생생한 제보자의 음성 데이터를 확인할 수 있는 프로그램을 소개하고 있다. 아울러 德島大學校 岸江 言語研究所 홈페이지에 음성언어지도를 공개하고 있다.

8 언어정보학의 발달로 음성 자료의 데이터화와 검색을 위해 음성 코퍼스 구축도 활발하게 진행되고 있지만 음성 자료의 코퍼스 구축과 음성 언어지도는 별개의 특징을 갖고 있다.

고 있다.[9] 뿐만 아니라 지리정보시스템(GIS)을 활용한 언어지도 묘사 방식은 3차원 이상의 세계로, 그리고 시간과 공간을 합성한다든지 미래와 과거의 시공간을 시뮬레이션하여 가상의 언어지리적 환경을 연출하는 수준까지 발전하고 있다. 앞으로는 음성 자료를 자유롭게 검색하고 전사 자료와 함께 연결하여 언어지도를 제작할 수 있는 수준으로 발전될 것이다.

방언지도 제작도 컴퓨터를 활용하여 방언형을 상징부호 지도로 제작하거나 또는 음성자료를 첨부한 음성언어지도, 그리고 GIS를 활용하여 다양한 지리정보를 방언분화와 관련지어 나타내는 방식으로 발전하고 있다.

전 세계적으로 현장 언어 연구를 위한 분석 도구는 여러 가지가 소개되었으며,[10] 최근 화상도구와 액셀(Excel)을 활용한 각종 언어지도 제작 도구가 소개된 바 있다. 필자는 KSeal을 국내에 소개한 바 있으나 SEAL이 일본에서 개발된 도구이기 때문에 여러 가지 한계점이 발견되었다.[11] 이에 본고에서는 현재까지의 상징부호지도 가운데 가장 발전된 방식인 방언지도 제작기(Map Maker)를 중심으로 기술하고자 한다.

3.1. 방언지도 제작기(Map Maker) 개요

1) 프로그램 특성

방언지도 제작기(Map Maker)는 상징부호 언어지도를 제작하기 위한 도구로 다음과 같은 몇 가지 장점을 가진다.

---

9 John Ambrose(1980), Micro-scale language mapping: An experiment in Wales and Brittany, Discussion Papers in Geolinguistics 2. North Staffordshire Polytechnic Dept 참조.

10 Alan R. Thomas(1980), *Areal Analysis of Dialect Data by Computer*, Cardiff Unov. of Wales Press.

11 이상규(2005), 「방언 자료의 처리와 언어지도」, 『방언학』 창간호, 한국방언학회.

첫째, 윈도즈 환경에서 매우 간편하게 언어지도를 제작할 수 있다. 메뉴에서 '새 지도 파일 생성'만을 누르면 팝업 창이 뜨면서 지도를 제작하는 데 필요한 자료들을 차례대로 열도록 유도하므로 프로그램에서 제시하는 절차를 따라가다 보면 쉽게 지도를 완성할 수 있다. 또한 프로그램에서 지도를 제작하는 데 걸리는 시간을 최소화할 수 있도록 하는 설정 기능을 가지고 있다. 파일→설정 변경을 누르면 기본 백지도 사용과 기본 좌표 사용, 랜덤 상징부호 사용에 대한 설정을 할 수 있는데, 이러한 기본 사용 설정은 동일한 백지도로 여러 어휘의 지도를 작성할 때 유용한 기능으로 새 지도를 작성할 때마다 동일한 절차를 반복하지 않도록 하여 지도 작성에 걸리는 시간을 최소화할 수 있다.

둘째, 연산 및 정렬 기능을 통해 방언 자료의 분석과 해석이 용이하다. 즉, 방언형들을 자모순이나 빈도순으로 정렬(sorting)하는 기능을 가지고 있어 방언 분화형의 종류와 출현 빈도수를 한눈에 파악할 수 있으며 사전 올림말 선정에도 도움을 받을 수 있다. 방언형의 정렬 기능은 3.3의 '상징부호 설정'에서 자세하게 기술하며 사전 올림말 선정에 대한 활용은 3.4에서 구체적으로 기술한다.

셋째, 좌표 자동 설정 기능을 이용해 사용자가 원하는 형태의 지도를 쉽게 작성할 수 있다. 사용자가 원하는 백지도를 바탕으로 지도를 제작하고자 할 경우 보통 원하는 바탕 지도를 스캐닝하고 화상 도구를 활용하여 그 백지도의 좌표를 하나씩 구축해야 한다. 그러나 본 방언지도 제작기에서는 자동으로 좌표 데이터를 생성할 수 있는 기능을 가지고 있어 쉽게 원하는 형태의 지도를 작성할 수 있다. 이 기능에 대해서는 3.2에서 자세하게 설명한다.

2) 프로그램 메뉴

① 새 지도 파일 생성

새 지도를 제작하기 위해 백지도와 좌표 데이터, 어휘 데이터를 차례대로 연다.

② 저장된 파일 열기

미완의 방언 지도를 완성하거나 이미 제작된 방언 지도를 수정하기 위해서 기 제작된 방언 지도 파일을 연다.

③ 지도 출력

제작된 방언 지도 이미지를 출력한다.

④ 설정 변경

기본 지도와 좌표 사용 여부, 랜덤 상징기호 사용 여부, 기본 폰트 사용 여부를 지정하거나 변경한다.

[그림 3]의 기본 사용 지정은 동일한 백지도로 여러 어휘의 지도를 작성할 때 유용한 설정으로 한번 기본 맵 사용과 기본

[그림 3] 기본 바탕 지도와 좌표 사용 설정

좌표 사용 선택을 하면 새 지도를 작성할 때마다 백지도 열기 팝업 창과 좌표 지정 팝업 창이 뜨지 않고 바로 기본 백지도와 그 좌표를 바탕지도로 지도를 작성하게 된다. 따라서 이 기능을 잘 활용하면 동일한 백지도로 많은 어휘의 지도를 작성하여 인쇄 형태의 방언지도집 등을 만들 때 지도를 작성하는 데 걸리는 시간을 최소화할 수 있다.

심볼 사용 설정은 상징부호 사용을 설정하거나 변경하는 것으로 [그림 4]에서 랜덤 심볼 "항상 사용"을 선택해 두면 상징부호 지정 절차 없이 바로 프로그램이 무작위적으로 부여한 상징부호로 지도를 완성한다. 그림

과 같이 "물어보기"를 선택해
두면 새 지도를 그릴 때마다 랜
덤 상징부호를 사용할 것인지
를 물어본다.

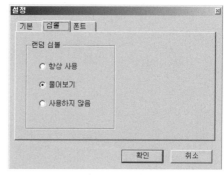

[그림 4] 랜덤 상징부호 사용 설정

"사용하지 않음"을 선택하
게 되면 필요한 파일을 모두 연
다음에 항상 상징부호 지정 창
이 떠서 사용자가 상징부호를
직접 지정하도록 한다.

⑤ 종료

프로그램을 종료한다.

⑥ 새 좌표 데이터 생성

새로운 배경 지도를 만들기 위한 좌표 데이터를 자동으로 생성하는 창을
띄운다.

3.2. 지도 제작을 위한 데이터 구축

언어 지도를 제작하기 위해서는 바탕이 되는 백지도와 그 백지도의 지점
좌표가 구축된 좌표 데이터 그리고 어휘 데이터가 필요하다. 여기서는 지도
를 제작하기 전에 이러한 데이터들을 구축하는 방법과 파일 포맷에 대해
기술한다.

1) 백지도

본 프로그램에서 기본적으로 제공되는 백지도를 사용할 수 있을 뿐만
아니라 [그림 5], 사용자가 원하는 어떤 그림 파일 형태의 지도를 이용해서든
언어 지도를 제작할 수 있다. 사용자가 원하는 백지도는 스캐닝(scanning)을

한 다음 그림 파일 형태로 저장하면 된다.

2) 좌표 데이터

사용자가 지정한 백지도에서 상징 부호가 나타나야 할 지점을 나타낸 것이 좌표 데이터이다. [그림 5] Map Maker의 기본 백지도에 해당하는 좌표 데이터는 [그림 6]과 같다. 이 좌표 데이터는 지역명 데이터(county name.txt)에 있는 지역의 순서와 동일하게 구성해야 한다.

[그림 5] MAP Maker의 기본 백지도

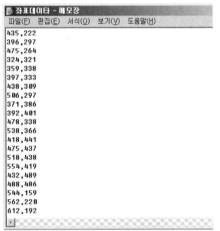

[그림 6] MAPMaker 기본 백지도의 좌표 데이터

좌표 데이터에서 쉼표 앞부분은 그 지역의 x좌표를 나타내고 뒷부분은 y좌표를 나타내는데, 보통 화상도구를 활용하여 스캐닝 한 대상 백지도의 좌표를 하나씩 구축해야 한다. 그러나 본 방언지도 제작기에서는 자동으로 좌표 데이터를 생성할 수 있는 기능을 가지고 있다. 새로운 백지도의 좌표 데이터를 자동으로 구축하는 방법은 다음과 같다.

먼저 다음 [그림 7]과 같이 메뉴에서 좌표 → 새 좌표 데이터 생성을 선택한다.

[그림 7] 새 좌표데이터 생성

이때 다음 [그림 8]과 같이 파일 열기 팝업 창이 나타나는데 좌표를 생성할 백지도 파일을 찾아 선택한다.

[그림 8] 백지도 열기

다음에는 지역명 파일을 선택하는 팝업 창이 나타나는데([그림 9]), 지역명 파일은 백지도에서 상징부호가 나타나야 할 지역 이름을 다음 [그림 10]

과 같이 작성한 뒤 텍스트 파일로 저장하면 된다.

[그림 9] 지역명 파일 열기

[그림 10] 지역명 파일 형태

지역명 파일 열기 팝업 창([그림 9])에서 이 지역명 파일을 선택하여
열면 다음 [그림 11]과 같은 좌표 설정 창이 뜨게 되는데 이때 지도에서
해당 지점을 마우스로 클릭하면 오른쪽 창에 클릭한 지점의 x좌표와 y좌표
가 자동으로 설정된다. 이런 방법으로 해당 지역의 좌표를 모두 설정한
뒤 파일 → 좌표 데
이터 저장을 눌러
좌표 데이터의 파일
이름을 부여한 뒤
저장하고 파일 →
종료하기를 눌러 종
료하면 그 백지도의
좌표 데이터가 자동
으로 구축된다.

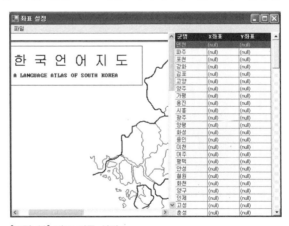
[그림 11] 좌표 자동 설정

3) 어휘 데이터

어휘 데이터는 다음 [그림 12]와 같은 형식으로 구축한다.

첫 칼럼의 172는 어휘번호를 뜻하고 이 숫자 뒤에 나오는 "두루마기"는 대표어형(표준어형)을 나타낸다. 두 번째 칼럼부터 마지막까지가 이 어휘의 지역별 방언형으로 좌표 데이터와 같은 지역 순서대로 방언형이 기록되어야 한다. 또 한 지역에 방언형이 두 개 이상일 경우에는 쉼표로 구분하여 나열하면 된다. 예를 들어 좌표 데이터의 첫 번째 지역이 강원도 철원이라면 철원 지역

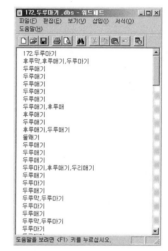

[그림 12] 어휘 데이터 형태

의 두루마기의 방언형은 "후루막, 후루매기, 두루마기"임을 뜻한다. 이 어휘 데이터는 액셀이나 워드패드에서 작성하여 확장자명을 ***.dbs로 저장하면 된다.

3.3. 지도제작법

1) 프로그램 실행
① 파일 복사

먼저 프로그램 실행 파일(MAPMaker.exe)과 글꼴 파일(Test.ttf)이 들어 있는 MAPMaker 폴더를 사용자의 컴퓨터에 복사한다. MAPMaker 폴더에서 글꼴 파일 Test.ttf를 복사해 C:\WINDOWS\Fonts에 붙여 넣는다.

② 프로그램 실행

본 프로그램을 실행시키기 위해서는 프로그램이 복사되어 있는 폴더로 이동한 후 MAPMaker.exe 파일을 더블클릭 하면 된다([그림 13]).

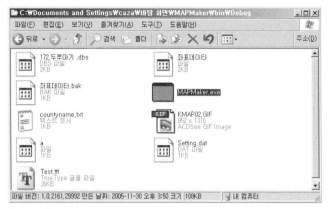

[그림 13] 프로그램 실행

[그림 14] 프로그램 구동 화면

프로그램이 실행되면 [그림 14]와 같은 창이 뜬다. 이 프로그램은 Micro-soft. NET Framework 상에서 실행되므로 사용자의 PC에 Microsoft.NET Framework가 설치되어 있어야 한다. 따라서 실행 파일을 더블클릭했는데 프로그램이 실행되지 않고 아래 [그림 15]와 같은 메시지가 나타나면 사용자가 Micro soft. NET framework 1.1 이상을 설치해야 구동이 가능하다.

[그림 15] NET Framework Initialization Error 화면

Microsoft.NET framework 1.1은 http://www.microsoft.com/downloads/ 에서 내려 받아 설치하면 된다.

[그림 16] Microsoft.NET framework 1.1 내려받기

2) 지도 제작 과정

① 새 지도 파일 생성

지도를 제작하기 위해서는 파일 → 새 파일 지도 생성을 누른다.

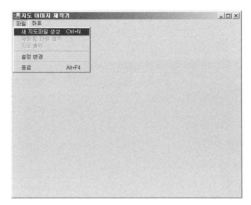

[그림 17] 새 지도 파일 생성

② 바탕 지도 열기

먼저 바탕 지도를 선택하기 위한 팝업 창이 뜬다. 이때 제작하고자 하는 지도의 바탕이 되는 백지도를 찾아 선택한 다음 열기 버튼을 누른다.

[그림 18] 백지도 열기

③ 좌표 데이터 열기

백지도를 열고 나면 이번에는 좌표 데이터를 선택하는 팝업 창이 뜬다. 앞에서 연 백지도에 해당하는 좌표 데이터를 찾아 선택하여 열기 버튼을 누른다.

[그림 19] 좌표 데이터 열기

④ 어휘 데이터 열기

좌표 데이터를 선택하고 나면 이번에는 어휘 데이터를 선택하기 위한 팝업 창이 뜬다. 마찬가지로 지도로 나타내고자 하는 어휘 데이터 파일을 선택하여 열기를 누른다. 아래 그림에서는 '두루마기'의 방언 지도를 작성하기 위해 '두루마기'의 데이터베이스 파일을 선택한 것이다.

[그림 20] 어휘 데이터 열기

⑤ 상징부호(symbol) 설정

ㄱ. 랜덤 상징부호

어휘 데이터까지 선택하여 열면 '파
일 → 설정 변경 → 심볼'에서 랜덤 심
볼 '무조건 사용하기'가 선택된 경우
에는 [그림 21]과 같이 바로 프로그램
이 무작위적으로 어휘 데이터에 상징
부호를 지정하여 완성된 지도가 나타
나게 된다.

'파일 → 설정 변경 → 심볼'에서 랜
덤 심볼 '물어보기'가 선택된 경우에
는 팝업 창이 뜨면서 [그림 22]와 같이
"랜덤 심볼을 사용하시겠습니까?"라
는 메시지가 나타난다.

이때 프로그램이 자동으로 지정해
주는 상징부호를 그대로 이용하고자
할 경우 "예" 버튼을 누른다. 그러면
위의 경우와 마찬가지로 [그림 21]과

[그림 21] 랜덤 심볼 지정으로 완성된 지도

[그림 22] 랜덤 심볼 사용

같이 프로그램이 무작위적으로 어휘 데이터에 상징부호를 지정한 지도가
완성된다.

ㄴ. 사용자 지정 상징부호

사용자가 심볼을 직접 지정하여 지도에 표현하고자 할 경우에는 '파일
→ 설정 변경 → 심볼'에서 랜덤 심볼 '사용하지 않음'을 선택하거나 랜덤
심볼 '물어보기'가 선택되어 있어야 한다. 랜덤 심볼 '물어보기'가 선택되어
있는 경우 위 [그림 22]에서 "아니오" 버튼을 눌렀을 때와 설정 변경에서
랜덤 심볼 "사용하지 않음"이 선택되어 있을 때는 다음 [그림 23]과 같은

상징부호 지정 창이 뜨게 된다.

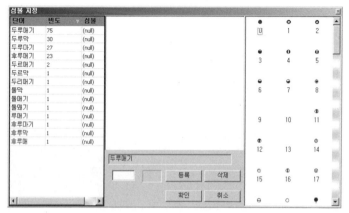

[그림 23] 사용자 심볼 지정

창의 왼쪽에는 어휘의 방언형과 그 방언형의 빈도가 나타난다. 파란색
바(bar)의 "단어"를 마우스로 누르면 방언형이 자모의 오름차순과 내림차
순으로 정렬되며([그림 24]) "빈도"를 마우스로 누르면 빈도의 오름차순과
내림차순으로 정렬된다([그림 25]).

단어	빈도	심볼
두루마기	27	(null)
두루막	30	(null)
두루매기	75	(null)
두르막	1	(null)
두르매기	2	(null)
두리매기	1	(null)
둘막	1	(null)
둘매기	1	(null)
둘맽기	1	(null)
루매기	1	(null)
후루마기	1	(null)
후루막	1	(null)
후루매	1	(null)
후루매기	23	(null)

[그림 24] 자모순 정렬

단어	빈도	심볼
두루매기	75	(null)
두루막	30	(null)
두루마기	27	(null)
후루매기	23	(null)
두르매기	2	(null)
두르막	1	(null)
두리매기	1	(null)
둘막	1	(null)
둘매기	1	(null)
둘맽기	1	(null)
루매기	1	(null)
후루마기	1	(null)
후루막	1	(null)
후루매	1	(null)

[그림 25] 빈도순 정렬

어휘의 방언형을 선택한 뒤 창의 오른쪽에 있는 상징부호 형태 중에 원하는 것을 선택하면 창의 중간 부분에 선택된 상징부호가 나타나는데 이 상징부호를 선택하면 상징부호의 색을 지정할 수 있다([그림 26]).

상징부호의 종류와 색을 지정한 뒤 등록을 누르면 해당 방언형에 대한 상징부호가 지정되며, 이런 식으로 모든 방언형의 상징부호를 지정하고 확인을 누르면 지도가 완성된다. 이때 [그림 27]과 같이 완성된 지도 화면에서 메뉴를 이용해 상징부호의 크기나 범례 폰트를 변경하거나 지정할 수 있다.

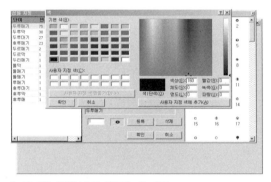

[그림 26] 상징부호의 종류와 색 지정

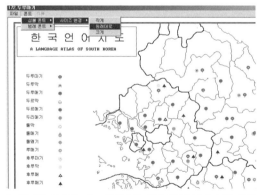

[그림 27] 완성된 지도 화면에서 상징부호와 범례 글꼴 변경

파일 → 맵 파일 저장을 눌러 지도를 저장한 뒤 파일 → 종료를 눌러 종료하면 된다. 이 방언지도 제작기로 그린 [그림 28]과 같은 지도를 통해 '두루마기'의 지역적 방언 분화의 양상을 용이하게 파악할 수 있다.

[그림 28] '두루마기'의 상징부호지도(이상규 2005)

3.4. 올림말 선정을 위한 방언지도 제작기 활용 사례

최근 컴퓨터가 보급된 이래 방언지도 형식은 매우 다양한 모습을 보여주고 있다. 자료의 양과 형태 면에서, 그리고 표현 양식 면에서, 자료 처리의 종합화와 단순화 정도에 따라서, 자료의 시각적 표현 방식 등에 따라 다양하게 지도 유형을 분류할 수 있다. 한편 컴퓨터의 성능과 DB(데이터베이스)나 화상계열의 소프트웨어의 발달에 따른 표현기법의 차이, 혹은 방언지도 및 언어 데이터 구축 방식의 발달 과정의 차이에 따라 설명하기도 한다.

필자의 언어지도 제작 툴인 방언지도 제작기를 활용하면 다양한 방언형의 지리적 분포는 물론이고 분화형의 출현 빈도수를 용이하게 파악할 수 있어 이들 가운데 올림말을 선정할 때 도움을 받을 수 있다.

예를 들어 정신문화연구원에서 조사한 남한 138개 지역의 '두루마기'의 방언형은 다음과 같다.

172. 두루마기

후루막, 후루매기,	둘매기, 후루마기	두루마기	두루막
두루마기	두루마기, 후루매기	두루매기	두루막
두루매기	두루매기	두루매기	두루막
두루매기	두루마기, 루매기	두루매기	두루매기
두루매기	후루매기, 두루매기	두루매기	두루막
두루매기	후루매기	후루매기	두루매기
두루매기	두루매기	두루매기	두루막, 두루마기
두루매기, 후루매	두루매기, 후루매기	두루매기	두르매기, 두르막
후루매기	두루매기, 후루매기	두루매기	두루매기
두루매기	후루매기	두루마기	두루마기
후루매기, 두루매기	후루매기, 두루매기	두루매기	두루막
둘뙈기	후루매기	둘막	두루마기
두루매기	후루매기	두루매기	두루매기
두루매기	후루매기, 두루마기	두루매기	두루매기
두루매기	두루매기	두루매기	두루마기
두루마기, 후루매기,	후루매기	두루매기	두루마기
두리매기	두루마기	두루매기	두루매기
두루매기	두루매기, 후루매기	두루매기	두루막
두루마기	두루매기	두루마기	두루마기
두루매기	후루매기, 두루매기	두루막	두루막
두루막, 두루마기	두루매기, 후루매기	두루매기	두루매기
두루마기	후루매기	두루막	두루막
두루매기	두루매기, 후루매기	두루매기	두루막
두루막, 두루마기	두루매기	두루매기, 두루막	두루막
두루마기	두루매기	두루매기	두루막
두루매기	두루매기	두루막	두루매기
두루매기, 두루마기	두루매기	두루막	두루마기, 두루매기
두루막	두루매기	두루막	두루매기

두루매기	두루매기	두루막
두루마기	두루매기	두루막, 두루마기, 두루매기
두루매기	두르매기	두루막, 두루매기
후루매기	두루마기, 두루매기	두루막
두루마기	두루매기	두루매기
두루막	두루매기	두루매기
두루막	두루매기	두루막
후루매기	두루매기	두루막
	두루매기	두루막
	두루매기	

　방언사전이라면 이들 방언형을 정렬하여 방언 분화형을 올림말로 모두
실으면 되지만 국어사전에서는 방언 분화형의 대표형을 선정해야 하는데
어떤 것을 올림말로 삼아야 할 것인지 판단하기는 매우 어렵다.

　언어지도 제작 도구인 방언지도 제작기에서 이들 방언 분화형의 출현
빈도에 따라 가지런하게 자동 정렬할 수 있다. 138개 지역의 방언형 모두를
자동으로 정렬을 하면 다음과 같다. 우측에는 『표준국어대사전』에서 선정
한 올림말과 뜻풀이 내용이다.

<방언형>　　　『표준국어대사전』에서 선택한 올림말
두루마기 27
두루막 30　　　명 '두루마기'의 잘못.
두루매기 75　　명 '두루마기'의 잘못.
두르막 1
두르매기 2
두리매기 1　　　명 방 '두루마기'의 방언(경남).
두매기 1
둘막 1
둘매기 1　　　　명 방 '두루마기'의 방언(전남, 평북).
둘뫼기 1
후루마기 1
후루막 1　　　　명 방 '두루마기'의 방언(경기).
후루매 1　　　　명 방 '두루마기'의 방언(강원, 함남).
후루매기 23　　 명 방 '두루마기'의 방언(강원, 경기, 전남, 충청).

4. 마무리

이상과 같이 방언 조사의 결과물이 음성 자료와 전사 자료를 함께 데이터 베이스로 구축하고 또 언어지도 제작까지 컴퓨터를 활용하는 단계로 발전되고 있다. 그러나 이미 개발되어 소개된 각종 소프트웨어의 효율성과 연계성에 한계가 있기 때문에 현장방언조사를 위한 전용 프로그램 개발이 이루어져야 할 것이다.

예를 들면 연구자마다 각양각색의 소프트웨어로 각각의 방언 자료를 구축하고 또 언어지도를 제작함으로써 연구자 사이에 자료나 지도를 공유하기가 어렵다. 따라서 연구자 간의 공동연구를 통해 방언 자료를 관리하는 종합적인 시스템 개발을 추진해야 할 것이다.

이렇게 함으로써 연구자마다 방언 자료 구축과 지도 제작 시스템을 구축하는 데 투자하는 시간과 경비를 줄일 수 있을 것이다. 그리고 연구자 별로 각각 구축한 방언 자료를 상호 활용할 수 없는 현실적인 문제도 극복할 수 있을 것이다. 그 외에도 개인마다 각각 따로 지정한 전사기호나 상징부호, 색상 등의 차이 때문에 발생하는 비효율성의 문제도 간단한 문제가 아니다. 앞으로 현장 조사의 자료 관리와 언어지도 제작의 국제적 표준화를 시도해야 할 것이다.

김덕호(2002), 『경북방언의 지리언어학』, 월인.

김택구(1991), 「경상남도 방언의 지리적 분화에 관한 연구」, 건국대 대학원 박사학위논문.

두길수·안동언(2002), 「한국방언검색 프로그램 개발」, 『한국어와 정보화』, 태학사.

소강춘(1994), 「방언 자료의 전산처리에 대하여: 음운론적 현상과 언어 지도 작성방안」, 『정신문화연구』 56.

이기갑(1994), 「언어지도 작성 방법」, 『인문과학』 10, 경북대 인문과학연구소.

이상규(1995), 「조선어연구부편 『방언집』 검토」, 『방언집』, 모산학술연구소.

이상규(1996), 「언어지도의 상징부호에 대하여」, 대구언어학회.

이상규(1997), 「존대형태소 '-시-'의 두 가지 기능」, 『어문론총』 31, 경북어문학회.

이상규(1998), 「계열어의 방언 분화 양상」, 『추상과 의미의 실재』, 박이정.

이상규(1998), 「동남 방언」, 『새국어생활』 8-4, 국립국어연구원.

이상규(1991), 「경북 방언의 경어법」, 『새국어생활』 1-3, 국립국어연구원.

이상규(2004), 『컴퓨터 언어지리학의 방법과 실천』, 경북대학교 언어지도 연구실.

이익섭(1979), 「강원도 영서지방의 언어분화」, 『진단학보』 48, 진단학회.

최학근(1958), 「언어지리학의 방법과 성질」, 『동덕학보』 1, 동덕여대.

최학근(1958), 『국어방언학서설』, 동학사.

岸江信介·中井精一·鳥谷善史·石田祐子(2000), 「エクセルとフアイルメーカープロを利用した言語地圖の製作: 『德島縣言語地圖 「製作を例として」』(大阪樟蔭女子大學日本語研究センター報告).

岸江信介·中井精一·鳥谷善史(2001), 『大阪府言語地圖』(近畿方言研究會).

國立國語研究所(2002), 『方言文法全國地圖』 第5集(財務省印刷局).

德川宗賢(1993), 「電子計算器の「言語地圖」への作成適用」, 『方言地理學の展開』(ひつじ書房).

富山大學人文學部日本語學研究室(2001), 『富山言語動態地圖』.

中井精一・坂口直樹(2000), 「データベースソフトによる富山縣言語動態地圖の製作について」(『富山大學人文學部紀要』33).

富山大學人文學部GIS研究會(2003), 『人文科學とGIS』, 富山大學人文學部GIS研究會.

中村和郎・寄藤昂・村山祐司(1998), 『地理情報システムを學ぶ』(古今書院).

福嶋秩子・福嶋祐介(2001), 『パソコンによる言語地理學その方法と實踐 SEAL ユーザーズテムの世界』(ニユートンプレス).

Alan R. Thomas(1980), Areal Analysis of Dialect Data by Computer, Cardiff Unov. of Wales Press.

Fukushima, Chitsuko(1983a), Pasokon niyoru Gengo-chirigaku eno Apuroochi (An Approach to Linguistic Geography Assisted by a Personal Computer) (SEAL User's Manual), Private edition.

Fukushima, Chitsuko(1983b), Izumo ni okeru kaion-rui no bumpu to sono soogooka: Pasokon niyoru Gengo-chirigaku no ichire tosite (Geographical Distribution of the Forms Related to the Old Vowel [au] and Its Synthesization: An Example of Linguistic Geography Assisted by a Personal Computer), *Tokyo University Linguistic Papers* 4, pp.103-110.

Fukushima, Chitsuko(1995), Tokunoshima ni okeru shinzoku-meisho (Kinship Term in Tokunoshima), *Tokyo University Linguistic Papers* 14, pp.339-357.

Fukushima, Chitsuko(1997), Standardization in England Based on the Morphological Data of CLAE, In: Viereck and Ramisch, pp.51-56.

John M. Lawler & Helen Aristar Dry edited(1998), Using Computers in Linguistics, Routedge, London & New York.

Peter Ladefoged(2003), Phonetic Data Analysis, *An Introduction to Fieldwork and Instrumental Techniques*, Blackwell Publishing.

Viereck, Wolfgang, in collabolation with Heinrich Ramische(1991), *The Computer Developed Linguistic Atlas of England* 1. Max Niemeyer Verlag, Tuebingen.

Viereck, Wofgang and Heinrich Ramische(1997), *The Computer Developed Linguistic Atlas of England* 2. Max Niemeyer Verlag, Tuebingen.

조선어 지역방언론

김영황

김일성종합대학교

1. 서북방언

서북방언은 평안남도, 평안북도, 자강도를 중심으로 한 조선반도의 서북부에서 쓰인다.

서북지방은 예로부터 고구려 땅이었다. 고구려는 점차 세력을 남쪽으로 뻗치어 한강을 넘어 오늘의 충청북도일대에까지 진출하여 그 영토를 확장하자 427년에 수도를 평양에 옮기였다. 그리하여 5세기부터 평양을 중심으로 하고 조선반도의 중부일대까지를 포괄하는 고구려남부지방의 방언이 고구려에서 중요한 역할을 하게 되였다.

10세기에 고려에 의한 국토통일이 실현된 이후에도 당시 수도였던 개경(오늘의 개성)과 제2수도였던 서경(오늘의 평양)을 포괄한 지방의 방언은 고려시기 민족어발전에서 기초방언의 역할을 놀게 되였다.

14세기말에 이씨조선(이조)이 창건된 후 수도가 한양으로 옮겨지자 한양을 중심으로 한 중부방언과 평양을 중심으로 한 서북방언의 관계가 전보다 뜸해지고 이 두 방언 사이는 서로 구별되는 특징이 이루어지게 되었다.

서북방언은 평안도일대에서 쓰이는 방언이라 하여 평안도방언이라고 흔히 말하고 있다. 그러나 그 분포는 비단 평안도에 국한되는 것이 아니라 자강도는 물론 일부 황해도지방에까지 이르고 있어 평안도방언이라고 하는 것은 정확한 표현이 아니다.

서북방언은 낭림산줄기와 북대봉산줄기를 경계로 하여 동북방언과 구획되도 황해도를 사이에 두고 중부방언과 구획된다. 황해도지방은 그 많은 부분이 중부방언의 영역에 포괄되나 그 북부는 서북방언의 영역에 포괄되어 일종의 완충지대로 되고 있다.

서북방언은 중부방언, 서남방언과 함께 서부방언으로서의 일련의 공통성을 가지는데 그것은 억양에서 뚜렷이 나타난다. 그리고 구조적 측면에서 중부방언과 비슷한 점이 많다. 서북방언과 제일 먼 방언은 동남방언이다.

1.1. 어음적 특징

① 모음체계는 /이, 에, 애, 으, 어, 아, 우, 오/의 8모음으로 이루어져 있다. 문화어의 /외, 위/는 존재하지 않는다.

ㄱ) 문화어의 /외/는 /왜/로 대응시키고 있다.

예: **쇄**(쇠)	**왜국어**(외국어)	**해압**(회합)

ㄴ) 문화어의 /위/는 이중모음 /우ㅅ이/로 대응시키고 있다.

예: /**구ㅅ이**/(귀)	/**주ㅅ이**/(쥐)

문화어의 /애:/는 모음중복인 /야:이/로 대응시키는 경우가 많다.

예: **갸:이**(개)　　　　**먀:이**(매)　　　　**샤:이**(새)

문화어의 /에:/도 모음중복인 /어:이/로 대응시키는 경우가 많다.

예: **거:이**(계)　　　　**녀:이**(네)

이중모음 /의/는 존재하지 않으며 이것을 /으/ 또는 /이/로 대응시키고 있다. 즉 /의/가 첫 음절에 오는 경우에는 /으/로, 둘째 음절아래에서는 /이/로 대응시킨다.

예: **으사**(의사)　　　　**흐생**(희생)
　　토이(토의)　　　　**괘이**(회의)

그러나 첫 음절의 /의/도 /이/로 대응시키는 경향이 농후한데 이것은 젊은 세대의 경우에 심하게 나타난다.

예: **이:주**(의주)　　　　**히망**(희망)

이중모음 /야, 여, 요, 유/는 일부 자음 뒤에서 /아, 어, 오, 우/로 대응하는 경우가 있다.

예: **노리**(요리)　　　　**차포**(차표)

비록 일부단어에 국한되는 현상이기는 하나 단어의 첫머리에서도 이러한 현상이 나타나고 있다.

예: **열:다**(열다)　　　　**아:단**(야단)

② "ㅅ, ㅈ, ㅊ" 뒤에서 /ㅡ/가 /ㅣ/로 발음되는 경향에 대하여 기피한다. 즉 "ㅅ, ㅈ, ㅊ" 뒤에 /ㅡ/가 그대로 발음될 뿐 아니라 /ㅣ/인 것도 오히려 /ㅡ/로 발음하고 있다.

예: **습원**(십원)	**승겁다**(싱겁다)	**즐다**(질다)
줍승(짐승)		
일쯕(일찍)	**음슥**(음식)	**이츰**(아침)

③ 문화어의 된소리나 순환소리에 거센소리를 대응시키는 경우가 있는데 물론 이것은 개별적인 단어의 경우에 한한다.

예: **둘채**(둘째)	**셋채**(셋째)
쿠리다(구리다)	**쏨바쿠**(쏨바귀)

④ 구개음화에 대한 기피현상이 가장 강하게 나타나고 있다. 즉 이 방언에서는 문화어규범에서 인정하고 있는 "ㄷ, ㅌ"의 구개음화가 진행되지 않을 뿐 아니라 "ㄱ, ㅋ, ㅎ"의 구개음화도 진행되지 않는다.

이방언의 전통적인 소유자들은 예 습관대로 "ㄷ, ㅌ"과 /ㅑ, ㅕ, ㅛ, ㅠ/의 결합을 자유롭게 발음하지만 많은 사람들은 모음을 /ㅏ, ㅓ, ㅗ, ㅜ/로 바꾸어 발음한다.

예: **뎡거당**(정거장)	**도타**(좋다)	**퉁딕**하다(충직하다)

"ㄷ, ㅌ"의 구개음화를 하지 않는 것이 이 방언의 특징으로 되는 데로부터 일종의 유추작용에 의해서 본래 "ㄷ, ㅌ"인 것을 "ㅈ, ㅊ"으로 잘못 바꾸어 발음하는 경우도 있다.

예: **조족눔**(도적놈)

⑤ 단어의 첫머리에서 "냐, 녀, 뇨, 뉴, 니"가 발음되고 있다.

예: **닐굽**(일곱)　　　　**녀름**(여름)
　　니:팝(이밥)　　　　**녠날**(옛날)

한자말에서 본래 "랴, 려, 료, 류 리, 례"로 된 것을 단어의 첫머리에서 "냐, 씨, 니, 네"로 발음하고 있다.

예: **냥반**(량반)　　　　**뉴행**(류행)　　　　**니익**(리익)

그리고 한자말에서 "랴, 려, 료, 류, 리, 례"가 모음과 모음 사이에 올 때는 "ㄹ"을 "ㄴ"으로 바꾸어 발음하는 일이 있다.

예: **기눌**(규률)　　　　**대녈**(대렬)

⑥ 둘 받침의 발음에서도 특징이 있다. 즉 "ㄺ", "ㄼ" 받침은 앞에 있는 "ㄹ"만을 발음한다.

예: **흘**(흙)　　　　**발찌만**(밝지만)　　　　**달**(닭)
　　야뜰(여덟)　　　**널:따**(넓다)　　　　**얄:따**(얇다)

문화어에서는 용언 어간이 "ㄷ/ㄹ"로 교체하는 경우에도 이 방언에서는 교체 없이 "ㄷ/ㄷ"으로 발음한다.

예: **듣고/듣으니**(듣고/들으니)

1.2. 문법적 특징

① 주격토로서 "이"와 "래"가 쓰이고 있다.

이 방언에서는 개음절 뒤에서도 "이"가 쓰이고 "래", "라"가 널리 쓰이고 있다.

> 예: **코이** 큰 그 에미네 말이요? (코가 큰 그 여자 말이요?)
> **소래** 달아낫시오. (소가 달아났어요)
> **내래** 갓다 오갓수다. (내가 갔다 오겠어요)
> 그 일을 누구**라** 막갓시오. (그 일을 누가 막겠어요)

문화어의 속격토 "와"는 "에"로 대응시키고 있다.

> 예: 놈**에** 물건을 누구래 개:갓시오? (남의 물건을 누가 가져갔어요?)

구격토로는 "과" 하나만 쓰며 때로 "하구"를 덧붙이거나 "하구"만을 쓴다.

> 예: 친구**과** 얘기 좀 햇수다. (친구와 이야기를 좀 했습니다)
> 소**과하구** 말에다 잔뜩 싣고 갓시오. (소와 말에다 잔뜩 싣고 갔어요)
> 누구**하구** 가티 가란 말씀이와요? (누구와 같이 가란 말쓰이에요?)

② 도움토 "까지"는 "꺼정"으로, "부터"는 "보탄", "보탕"으로 쓰이고 있다.

> 예: 거기**꺼정** 하디. (거기까지 하지)
> 나**보탄** 일해야디요. (나부터 일해야지요)

도움토 "조차"보다는 "암불라", "암걸라"가 많이 쓰인다.

> 예: 나**암불라** 안가든 돼갓소? (나조차 안가면 되겠스?)
> 너**암걸라** 달라구 그르믄 어카간? (너조차 달따 그러면 어떻게 하겠니?)

도움토 "커녕"은 "커녕"으로 나타난다.

> 예: 학생은**커녕** 선생도 없엇수다. (학생은커녕 선생도 없었습니다)

③ 과거시칭토로는 "앗, 엇, 엿"이 쓰이며 "댓", "드랫"이 아주 많이 쓰인다.

> 예: 송구 안 **왓**어? (아직 안 왔소?)
> 누구래 찾아 가**댓**나? (누가 찾아 갔나?)
> 잠을 자**드랫**는데 아:덜이 꽈:티는 바람에 못잣디. (잠을 자고 있었는데 아이들이 떠드는 바람에 못잤지)
> 님자네 집에 갓**드랫**는데 어딜 갓댓소? (임자네 집에 갔었는데 어디를 갔었소?)

"앗, 엇" 뒤에 "ㄴ"으로 시작되는 종결토가 올 때에는 그것이 녹아붙어 "안, 언"으로 되고 만다.

> 예: 그 사람 어느메 **간**? (그 사람 어디에 갔느냐?)
> 그전에 그 사람 **밴**? (그전에 그 사람 보았니?)

미래시칭토 "겠"은 "갓"으로 쓰인다.

> 예: 내래 내일 가**갓**소. (내가 내일 가겠소)

미래시칭토에 "느냐", "나" 등이 결합하면 "간"으로 된다.

> 예: 원:제 집에 가**간**? (언제 집에 가겠니?)

④ 종결토의 쓰임에서도 일련의 특징적 현상이 나타나고 있다.

ㄱ) 서술법

높임의 "ㅁ니다"도 쓰이나 "ㅁ무다(무다)", "슴무다(스무다)"가 널리 쓰이고 있다.

> 예: 쇠가 사나와서 매:**둠무다**. (소가 사나워서 매여둡니다)
> 클마니 오실 때래 댓**슴무다**. (할머니 오실 때가 되었습니다)
> 더기 뵈는 거이 통군덩이 올**스무다**. (저기 보이는 것이 통군정이 옳습니다)

높임의 "와요", "소와요", "사와요"도 쓰인다.

예: 한번에 눅십원을 벌으**와요**. (한 번에 육십 원을 법니다)
   그 사람과 하냥 떠낫**사와요**. (그 사람과 함께 떠났습니다)

높임으로 "왜다", "우다", "소다", "쉐다", "쉬다", "수다"도 쓰인다.

예: 우리 집 인간은 야덜이**왜다**. (우리 집 식구는 여덟입니다)
   얼명 댕겨오야 돼갓**쉬다**. (얼른 다녀와야 되겠습니다)

"그려"가 줄어든 형태인 "래"를 "다" 뒤에 덧붙여 쓰임으로써 얼마간
의 친근감을 나타낸다.

예: 야를 업구서 일험니**다래**. (아이를 업고서 일합니다그려)

ㄴ) 의문법

높임의 "ㅂ니까"는 "ㅂ네다"로, "ㅂ디까"는 "ㅂ데까"로 쓰인다.

예: 어느메 가**십네까**?
   오널 우덩 간답**데까**? (오늘 일부러 간답디까?)

낮춤의 "느냐", "니"가 시칭토 "았"이나 "겠"과 함께 쓰일 때에는
"안(언, 연)", "겐(간)"으로 된다.

예: 문을 열어**뒌**? (문을 열어두었니?)
   밥 아니 먹**간**? (밥을 아니 먹겠니?)

ㄷ) 명령법

높임의 "십시오"보다도 "시라요"를 많이 쓰며 "세요"나 "시오"보다
도 "라요"를 널리 쓴다.

예: 어서 **가시라요.** (어서 가십시오)
　　좀 **들라요.** (좀 드시오)

　ㄹ) 권유법

　높임의 "ㅂ시다"는 "ㅂ세다, ㅂ수다"로 나타난다.

예: 좀 놀면서 **갑세다.** (좀 천천히 갑시다)
　　이젠 일을 시작**합수다.** (이젠 일을 시작합시다)

⑤ 접속토의 쓰임에서도 특징들이 나타나고 있다.

접속토 "고"는 "구"로, "고서"는 "구서"로 나타난다.

예: 그래 둘씩 해개:**구** 갓소다. (그래 둘씩 해가지고 갔습니다)
　　협동농장에서 일하**구서** 오디요. (협동농장에서 일하고서 오지요)

문화어의 "지만"은 "디만"으로, "면서"는 "멘서"로, "면"은 "문"으로
나타난다.

예: 가기는 가**디만** 뒐거 같디 않슴먼다. (가기는 가지만 될 것 같지 않습니다)
　　일을 하**멘서** 노래 부르구래. (일을 하면서 노래 부르구려)
　　상뎜에 가**문** 만이 잇슴메. (상점에 가면 많이 있소)

문화어의 "니까"는 "니꺼니", "니까니"로 나타난다.

예: 알아보**니꺼니** 그런 일 없두구만. (알아보니까 그런 일 없다는구만)
　　보라 가**니까니** 없쉬다. (보라 가니까 없습니다)

1.3. 어휘적 특징

① 합성법에 의한 단어조성에서 특징적인 점이 있다.

예: 드릉+물 → 두릉물(우물)   동+녹새 → 동녹새(동북풍)
　 마루+새 → 마루새(지붕마루)   문+걸+새 → 문걸새(문고리)
　 소캐+우티 → 소캐우티(솜옷)   산+등품 → 산등품(산허리)

② 접미사에 의한 단어파생에서도 일련의 특징이 나타나고 있다.

　ㄱ) 접미사 "아지", "어지"와 "앵이", "앙이"가 활발하게 쓰이고 있다.

예: 살기+아지 → 살가지(삵)
　 붉(다)+어지 → 불거지(노을)
　 마리+앵이 → 말랭이(산마루)
　 갈구리+앙이 → 갈구랑이(갈구리)

　ㄴ) 접미사 "기", "개", "갱이", "대기" 등도 많이 쓰인다.

예: 녹두+기 → 녹두기(녹두)
　 옆차(다)+개 → 넙차개(호주머니)
　 새우+갱이 → 새갱이(작은 새우)
　 독+갱이 → 독갱이(작은 독)
　 봉+대기 → 봉대기(봉우리)

③ 이 방언에 고유한 특수한 어휘들이 적지 않다.

　ㄱ) 생산 활동

예: 까나리(벼를 베여 논바닥에 까는 것)
　 안자구(씨를 뿌리고 흙을 덮기 전에 밟아주는 것)
　 차래기(벼의 곁가지에서 늦게 팬 이삭)
　 부중하다(조나 수수를 파종하다)
　 망우리치다(이랑을 짓지 않고 밭을 갈다)

ㄴ) 살림집구조

예: 도토마리집(부엌이 가운데 있고 방이 양쪽에 있는 집)
   마두깐(세 개의 방 가운데서 부엌에서 제일 떨어져있는 방)
   막세리(초라한 초가집)
   끈침집(좌우 쪽에 서까래를 걸지 않고 지은 집)
   팔자푼집(좌우 쪽에 서까래를 걸고 지은 집)
   즌새(집을 지을 때 서까래우에 수수대를 엮어 깔고 올려펴는 것)
   구팡(집체주위에 흙으로 쌓은 층계, 토방)

ㄷ) 일상용어

예: 아이물(처음 먹이는 물)   쑤왁하다(부끄럽다)
   얼커니(먼 친척)   벌차다(세차다)
   과:티다(떠들어대다)   야싸하다(난처하다, 딱하다)
   옹:하다(정신을 집중하다)   알쭌하다(순전히 그것만 있다)
   넴:하다(높여서 말하다)   야:자하다(낮추어 말하다)

ㄹ) 친족명칭

예: 크나반, 크나배, 하나배(할아버지)   클마니, 클만(할머니)
   아바니, 아반(아버지)   오마니(어머니)
   서나(남편, 사내)   에미네, 낸:(안내, 여자)
   적은아(동생)   오래미(오빠의 처)
   맏엄매(큰아버지)   가소마니(가시어머니)
   녀:쏜자(증손자)

2. 동북방언

동북방언은 함경남북도와 량강도를 중심으로 하는 조선반도의 동북부에
서 쓰인다.

동북지방은 예로부터 고구려 땅이었다. 10세기 고려에 의한 국토통일과
14세기말 이조의 창건을 거치게 되면서 한때 여진족이 차지하였던 이 일대

를 다시 되찾게 되고 그 후에 대대적인 주민이동사업이 진행되는 과정에 독자적인 방언이 형성되게 되였다. 그러나 조선반도 동북부의 북단인 육진 지방의 말은 자기의 독자적인 특성을 가지고 있는 것으로 하여 동북방언과 구별한다.

동북방언은 함경도일대에서 쓰이는 방언이라 하여 함경도방언이라고도 한다. 그러나 이 방언의 분포는 량강도지방에까지 이르고 있으며 행정구역 상으로 함경남도에 속하는 금야군, 고원군이 동북방언구역에 속하지 않는 다. 그러므로 동북방언을 함경도방언이라고 하는 것은 정확한 표현이라고 할 수 없다.

동북방언은 동남방언과 함께 동부방언으로서의 일련의 공통성을 가지고 있다.

2.1. 어음적 특징

① 모음체계는 /아, 어, 오, 우, 으, 이, 애, 에/의 8개모음으로 되어있다. 단모음 /외/, /위/는 존재하지 않는다. 간혹 앞모음되기(움라우트) 현상에 의해서 "쇠경(소경)", "귀경(구경)" 등에서 단모음 /외/나 /위/가 발음되여 도 그것은 단모음 /오/나 /우/의 위치상의 변이에 지나지 않는다. 즉 /외/, /위/는 /오/, /우/의 위치적 변이로 존재하고 있을 뿐 그것이 음운으로는 존재하지 않는 것이다.

그리하여 문화어의 /외/, /위/는 다른 모음으로 대응시키고 있어 /외/는 /애/로 대응시키며, /위/는 이중모음 /우ᔦ이/로 대응시키거나 단모음 /이/로 대응시키고 있다.

예: 해이(회의)　　　　　　태학(뢰학)　　　　　　애손지(외손자)
　　우ᔦ이대한/이대한(위대한)
　　구ᔦ이중품/기:중품(귀중품)

그러나 /위/가 둘째음절이하로 오는 경우에는 /우/로 대응시킬 수도 있고 /이/로 대응시킬 수도 있다.

예: 바우(바위)　　　　　싸우, 싸이(사위)

이중모음 /와, 워, 왜, 웨/를 제대로 발음하지 못하고 적지 않은 경우에 그것을 /아, 어, 애, 에/로 대응시키고 있다.

예: 가학(과학)　　　　　언망(원망)
　　소하게(왜소하게)　　계짝(궤짝)

이중모음 /야, 여, 요, 유/가 폐음절 뒤에 오는 경우에는 그 앞의 자음과 이어내기로 발음하는 것이 아니라 끊어내기로 발음하며 /ㄴ/ 또는 /ㄹ/를 끼워 넣는 일이 있다.

예: 몽뇨일(목요일)　　　　금뇨일(금요일)
　　산냥(산양)　　　　　일료일(일요일)

이중모음 /의/는 존재하지 않는다. 그리하여 이것은 첫째 음절에서 /ㅡ/ 로, 둘째 음절이하에서는 /이/로 대응시킨다.

예: 으:견(의견)　　　　　으:자(의자)
　　정이 (정의)　　　　　토이 (토의)

그러나 격토 "의"는 둘째 음절이하에서도 /으/로 대응시킨다.

예: 나라으 곡석(나라의 곡식)
　　조국으 미래(조국의 미래)

② 앞모음되기가 적극적으로 진행되고 있다.

예: 괴기(고기)　　　　　뉘비(누에)
　　핵교(학교)　　　　　사:래미(사람이)

③ "ㅅ, ㅈ, ㅊ" 뒤에서 /ㅡ/가 /ㅣ/로 바뀐 것도 이 방언에서는 /ㅡ/를 그대로 발음한다.

예: 슬타(싫다)   슴:따(심다)
    어츠럽다(어지럽다)

④ 문화어의 순한 소리를 된소리로 대응시키는 일이 적지 않다.

예: 싸우(사위)   짜갈(자갈)
    뚜지다(뒤지다)   뺏다(벗다)

⑤ 구개음화가 적극적으로 진행되고 있다. 이 점에서 동남방언과 공통성이 있는 반면에 서북방언과는 전적으로 구별된다.

ㄱ) "ㄷ, ㅌ"의 구개음화가 진행되는 점에서 문화어와 일치한다.

예: 구지(굳이)   가치(같이)

ㄴ) "ㄱ, ㅋ, ㅎ"의 구개음화가 진행되는 점에서 문화어와 구별된다.

예: 지슴(김)   지달구다(기다리다)   치(키)
    슴(흄)   세때(혀)

⑥ 역사적으로 "ㅿ"에 대응되는 어중의 "ㅅ"이 철저하게 나타난다.

예: 가슬(가을)   마슬/마실(마을)   가새(가위)
    낫고 - 나스니(낫고 - 나으니)
    짓고 지스니(짓고 - 지으니)

⑦ 역사적으로 "ㅸ"에 대응되는 어중의 "ㅂ"도 철저하게 나타난다.

예: 새비(새우)   누베(누에)   우봉/우벙(우엉)
    곱고 - 고부니(곱고 - 고우니)
    칩고 - 치부니(춥고 - 추우니)

⑧ 어중의 "ㄱ"이 나타나는 데서 이 방언은 가장 적극적이다.

예: 멀구/멀기(머루)   몰개/몰개미(모래)
　　실경/실꽁(시렁)   벌거지(버러지)   낭구/냉기(나무)

⑨ 어중의 "ㅇ"이 빠지면서 모음이 코소리로 발음된다.

예: 걱제~이(걱정이)   따~이(땅이)

어말의 "ㅇ"이 빠지면서 앞에 있는 모음이 코소리로 발음된다.

예: 피~야~(평양)   식자~(식장 = 찬장)

⑩ 둘 받침인 "ㄺ", "ㄼ"이 어말이나 자음 앞에 올 때는 "ㄹ"만을
발음한다.

예: 달(닭)   달과(닭과)
　　널찌(넓지)   발꼬(밟고)

2.2. 문법적 특징

① 주격토 "이"가 개음절로 끝나는 체언 뒤에서도 쓰인다.

예: 나라**이** 수테 발전햇슴메. (나라가 많이 발전하였소)
　　하나**이** 더 만으문 좋지비. (하나가 더 많으면 더 좋지)

그리고 폐음절로 끝나는 체언의 경우에는 "이"가 붙은 다음에 다시 "가"
를 덧붙이는 현상이 있다.

예: 당신으 딸**이가** 찾아왓소. (당신의 딸이 찾아왔소)
　　이것**이가** 저것보다 좋수다. (이것이 저것보다 더 좋습니다)

문화어의 속격토 "의"는 "으"로 대응시킨다.

> 예: 그때느 남으 집으루 돌아댕기무 일만 햇수다. (그때는 남의 집으로 돌아다니며 일만 했습니다)

대격토로는 "으", "르"를 쓰고 있다.

> 예: 밥으 먹어야 하쟂:소? (밥을 먹어야 하지 않소?)
> 쇠르 몰구 가우다. (소를 몰고 가시오?)

여격토 "에게"는 때로 "게", "끼"로 대응시키는 일이 있다.

> 예: 내사 뉘게 주는겐지 모르쟂:소? (내야 누구에게 주는 것인지 모르지 않소?)
> 운전수끼 말하무 댄다ˇ이. (운전수에게 말하면 된다)

위격토 "에서"는 경우에 따라서 "셔", "이셔"로 대응시킬 때가 있다. "셔"를 쓸 때에는 앞에 있는 모음을 길게 발음한다.

> 예: 옛날 셔다ˇ:셔 한문으 배엇지비. (옛날 서당에서 한문을 배웠지)
> 집이셔 개 왓다. (두 집에서 가져 왔습니다)

조격토로 "루", "으루"가 쓰이며 "으루"의 변이형으로 "을루", "이루"가 쓰인다.

> 예: 일리루 가무ˇ: 신흐ˇ:루 가지비. (이리로 가면 신흥으로 가지)
> 차마 눈을루 없습데. (차마 눈으로 볼 수 없습디다)

구대격로는 개음절이든 폐음절이든 관계없이 "까"만을 쓰고 있으며 "하구"로 대응하는 경우가 많다.

> 예: 금년으느 조이까 감지두 대풍이옴세. (금년에는 조와 감자가 대풍입니다)
> 사램이 사는데사 거거까 여기까 같슴메. (사람이 사는데야 거기와 여기와 같습니다)
> 아마이하구 딸이 갓슴메. (할머니와 딸이 갔소)

② 도움토 "은, 는"은 "으느, 느"로, "야"는 "사"로, "커녕"은 "커녀느"로, "조차"는 "아부라"로 대응시키고 있다.

> 예: 여기느 그렁거 흔챕:니다. (여기는 그런 것 흔하지 않습니다)
> 즈끔이사 그런 물건 뵈우잽데. (지금이야 그런 물건 보이지 않습디다)
> 그렁거 쓰기느커녀느 보지두 못햇지비. (그런 것을 쓰기는커녕 보지도 못했지)
> 아:덜아부라 다 가구 업스. (아이들조차 다 가고 없소)

③ 상접사 "이, 히, 리, 기"가 붙은 동사 피동형이나 사역형에 다시 상접사 "우"가 덧붙는다.

> 예: 더분데 그렁거 입히우지 마우다. (더운데 그런 것 입히지 마십시오)
> 일이 바쁜데 놀기워서 대겟슴? (일이 바쁜데 놀려서 되겠습니까?)

또한 상접사 "리"의 사용범위가 아주 좁은 반면에 "기"나 "구"의 사용범위가 매우 넓다.

> 예: 밀다 - 밀기다(밀리다)   깔다 - 깔기다(깔리다)
> 돌다 - 돌구다(돌리다)   살다 - 살구다(살리다)

④ 종결형의 쓰임에서도 일련의 특징이 나타나고 있다.

ㄱ) 서술법

높임의 "ㅂ니다"는 "ㅁ다", "ㅁ니(슴니)", "ㅁ(슴)" 등으로 대응되고 있다.

> 예: 저 산에느 예끼두 잇슴다. (저 산에는 여우도 있습니다)
> 금연에느 구밀이랑 잘:댓슴니. (금년에는 귀밀이랑 잘 됐습니다)
> 먹어두 옥수꿀 쎼우 먹엇슴. (먹어도 옥수수를 많이 먹었습니다)

높임으로 "우다", "수다"도 쓰이는데 이것은 억양에 따라 의문법이나 명령법으로도 될 수 있다.

예: 즈끔 들어온 분으느 어랑사램이**우다**. (지금 들어온 사람은 어랑사람입니다)
이자꺼지 농샐 **햇수다**. (이제까지 농사를 했습니다)
피˜야˜ 언제 **가우다**? (평양 언제 갑니까?)

문화어의 "ㅂ니다"는 "ㅂ데다", "ㅂ데", "ㅂ디"로 대응되는 일이
많다.

예: 이새: 간지 오래 댓**답데**. (이사 간지 오래 되었답니다)
치비 올 동삼에 개이찬**탑데**. (추위가 올 겨울에 괜찮답디다)

같음의 서술법토로 "와", "수와"가 쓰이고 있으며 "ㅁ메", "슴메"도
많이 쓰이고 있다.

예: 맴이 좋지 애이**와**. (마음이 좋지 않소)
나느 밥으 애이 먹겟**수와**. (나는 밥을 안 먹겠소)
금연에느 농새 잘 댓**슴메**. (금년에는 농사가 잘 되었소)

문화어의 "오"는 "우", "으"로, "소"는 "수", "스"로 나타난다.

예: 우리 큰아바이 즈끔 피˜야˜ 제시**우**. (우리 할아버지는 지금 평양에 계시오)
우리사 스집 갈 때 가매르 타고 **갓스**. (우리야 시집 갈 때 가마를 타고 갔소)

같음으로 "지비"가 쓰이고 있는 것은 이 방언의 특징으로 된다.

예: 아˜이 들어갓**지비**. (안 들어갔지)

낮춤으로는 "이"가 잘 쓰이고 있다.

예: 잘: 알문서 그러**이**. (잘 알면서 그런다)
나두 모르구 그릴루 갓다˜**이**. (나도 모르면서 그리로 갔다)

ㄴ) 의문법

높임으로는 "디니까"와 함께 "ㅁ까(습까)"도 널리 쓰인다.

예: 이거 무스겁니까? (이것이 무엇입니까?)
　　들어가 보세:쑴까? (들어가 보셨습니까)

같음의 의문법토로 "가"가 어근에 직접 붙어 쓰인다.

예: 여기서 길주 한 이십리대까? (여기서 길주가 한 이십리되오?)

ㄷ) 명령법

높임으로는 "ㅂ소", "ㅂ소세" 등이 많이 쓰인다.

예: 퇴끼 한말 잡아웁소. (톡 한 마리 잡아오십시오)
　　온 나조 웁소세. (오늘 저녁 오십시오)

ㄹ) 권유법

높임으로 "ㅂ시다"와 함께 "ㅂ세다"가 쓰이고 있다.

예: 우리 집이서 해이합세다. (우리 집에서 회의합시다)

같음으로 "기요"가 널리 쓰인다.

예: 어전 그마이 놀기요. (이제는 그만 노세)

⑤ 접속토의 쓰임에서도 특징적 현상이 나타나고 있다.

ㅗ격속토 "고"는 "구"로, "고서"는 "구서"로 나타나며 "지만"은 "지마
느", "면"은 "문", "무"로, "며"는 "메"로, "면서"는 "멘서"로 나타난다.

예: 밥으 먹구 일으 시작하우다. (밥을 먹고 일을 하시오)
　　그래두 붙으문사 좋지마느 붙기 심드오. (그래도 붙으면야 좋지만 붙기 힘드오)

> 페야 가무˜ 내 손지 만나보우다. (평양에 가면 내 손자만나보시오)
> 아:덜이사 울메 불메 하능거우다. (아이들이야 울며 불며 하는 것입니다)

문화어의 "로"는 "ㄹ라"로 쓰이며 "려고"가 쓰이지 않고 그 대신 "자구"
가 쓰이고 있다.

> 예: 낭그 할라 산에 갓다옴메. (나무 하러 산에 갔다 와요)
> 술기 타자구 그로우다? (수레를 타려고 그럽니까?)

⑥ 문장에서 부정부사 "아니", "못"을 용언 합성어의 중간에 끼워 넣는
특징이 있다.

> 예: 밥으 먹어 아˜이 바:스.(밥을 먹어 보지 않았소)
> 말: 알아 못 들지비. (말을 알아듣지 못하지)

2.3. 어휘적 특징

① 합성법에 의한 단어조성에서 특징적인 점이 있다.

> 예: 부스깨+낭그 → 부스깨낭그(떨나무)　　바라+물 → 바람물(바다물)
> 밥+보깨 → 밥보깨(불쏘시개)　　삼치+물 → 삼치물(샘)
> 쇠+구숭 → 쇠구숭(소구유)　　엄으+집 → 어무집(친정)
> 입+절기 → 입절기(입술)　　말+먹다 → 말먹다(말더듬다)
> 모던+없다 → 모던없다(철없다)

② 접미사에 의한 단어파생에서도 독특한 점이 나타나고 있다.

　ㄱ) 접미사 "아지", "어지" 등에 의한 단어파생이 적극적으로 진행되
　　고 있다.

> 예: 놀기+아지 → 놀가지(노루)　　소+아지 → 쇄:지(송아지)
> 덕+어지 → 더거지(언덕)　　개+아지 → 개:지(강아지)
> 떡+아지 → 메가지(멱살)

ㄴ) 접미사 "끼", "구", "대기" 등에 의해서도 단어파생이 진행되고 있다.

예: 다리+매+끼 → 다루매끼(대님)   무치+개 → 무치개(보숭이)
   무수> 무수+구 → 무꾸(무우)   돗+구 → 도꾸(목침)
   혀> 세+대기 → 세대기(혀)

③ 이 방언에 고유한 특수한 어휘들이 적지 않다.

ㄱ) 살림집구조

예: 마구끝(부엌에서 정지로 올라가는 자리)
   집셋간(외양간 혹은 앞에 달린 여물간)
   솥가마(출입문쪽에서 제일 면쪽에 건 작은 가마)
   웃가마(출입문에서 제일 먼저 건 가마)
   아래가마(출입문에서 제일 가까운쪽에 건 가마)

ㄴ) 생활도구

예: 둥기(독보다 더 둥글고 넓적한 물독)
   거답지(널쪽을 무어서 짠 함지)
   고내기(작은 김칫독)
   홀치개바가지(가마를 부시는데 쓰는 바가지)
   재칼이(감자를 문질러서 가루를 내기 위하여 양철에 구멍을 뚫어놓은 기구)
   제기(감자를 찌기 위하여 나무오리를 성글게 엮은 도구)

ㄷ) 일상용어

예: 삐치다(참견하다)   마스다(부시다)
   해뜨다(정신없이 헤매다)   대배지다(자빠지다)
   얼빤하다(똑똑하지 않다)   재발루(자기 힘으로)
   오새(철, 지각)   해자부리(해바라기)

ㄹ) 친족명칭

예: 클아바지, 큰아배(할아버지)   큰아매, 아마이, 아매(할머니)
   맏이배(큰아버지)   큰제미(큰어머니)
   아배(아버지)   어메(어머니)
   아재비. 아주바이(아저씨)   아지미. 아주마이(아주머니, 형수)
   가스아바니(장인)   가스어마이(장모)
   어시(부모)   안깐(안해)
   올찌세미(오빠안해)

3. 육진방언

육진방언은 함경북도의 육진지방에서 쓰인다. 육진지방은 회령, 부령이, 북으로부터 두만강류역까지를 포괄한다.

육진지방은 예로부터 고구려땅이였다. 15세기 이후에 이 지방에 대한 개척사업이 진행되고 회령, 부령, 종성 온성, 경흥, 경원의 6개 진이 설치되면서 여기에 많은 사람들이 이주하여 오게 되었다. 본래부터 이 고장에 살아온 원주민과 이주민의 말이 혼합되면서 독특한 육진방언을 이루게 되고 외부와의 연계가 비교적 소원해지면서 이 방언은 인접한 동북방언과 구별되는 일련의 특징을 가지게 되었다.

육진방언은 억양과 문법구조의 면에서 동북방언과 유사한 점이 있으나 어음적 특징에서 서북방언과 공통성이 많으며 그밖의 측면에서 독특한 점이 적지 않다.

3.1. 어음적 특징

① 모음체계에 /의/가 단모음화과정을 밟은 [ɨ]가 있는 것이 특징적이다.

[ɨ]와 [i]는 같은 높은 모음이지만 [ɨ]는 가운데모음이고 [i]는 앞모음이다.
[ɨ]는 역사적으로 /의/에 기원한 것으로서 /애, 에, 외, 위/가 단모음화과정
을 밟아서 [ɛ], [e], [Ø], [ü]로 된 것과 마찬가지로, /의/가 단모음화하여
[ɨ]로 된 것이다.

> 예: [kirjɔk] (긔력=氣力)
> [hida] (희다)

문화어에 있는 단모음 /외/, /위/는 존재하지 않는다. 그리하여 문화어의
/외/는 이중모음 [??], /위/는 이중모음 [??]로 대응시키고 있다.

> 예: [??] (외딴)
> [??] (쥐)

문화어의 /애/는, /에/로 대응시키는 경우가 많다.

> 예: 맵씨 (맵씨)
> 해자브리 (해바라기)

또한 /애/는 모음중복인 /야:이/로 대응시키며 /에/는 /어:이/로 대응시키
는 경우가 적지 않은데 이 점에서 이 방언은 서북방언과 공통성이 있다.

> 예: 샤:이 (새)　　마:이 (매)
> 서:이 (셋)　　너:이(넷)

이중모음 /야, 여, 요, 유/는 자음 뒤에서 /아, 어, 오, 우/로 대응하는 일이
있다.

> 예: 핵고 (학교)
> 후가 (휴가)

② 앞모음되기는 전통적인 방언소유자들 속에서 매우 제한되어 나타지만 다른 주민들 속에서는 이것이 널리 진행되고 있다.

> 예: 데디다 (던지다)
> 노렉이 (노력이)
> 섹우 (석유)

이것은 육진방언이 서북방언과 마찬가지로 앞모음되기에 대하여 저항성을 보이고 있었으나 그 후 동북방언의 영향에 의하여 앞모음되기가 점차 진행되어간 것으로 인정된다.

③ /으/의 /이/ 되기에서도 이 방언은 강한 저항성을 보이고 있다. 즉 /ㅅ, ㅈ, ㅊ/뒤에서 /ㅡ/가 그대로 발음되어 문화어의 /ㅣ/는 /ㅡ/로 대응되고 있다.

> 예: 스오마니 (시어머니)   습습하다 (심심하다)
> 즈끔 (지금)

④ 문화어의 순한 소리를 된소리로 대응시키는 일이 적지 않다.

> 예: 껨: (개암)
> 싸다 (사다)

그 반면에 문화어의 된소리를 순한 소리로 대응시키는 경우도 있다.

> 예: 고디(꽃이)   곡디(꼭지)
> 달다(짧다)   시름(씨름)

이것은 된소리가 뒤늦어 발생한 것으로서 그것이 본래 순한 소리였던 사정과 관련되어 있다. 따라서 이 현상은 옛날 책에 순한 소리로 표기되었던 몇몇 개별적 단어들에서만 나타난다.

⑤ 구개음화에 대한 저항이 강하다. 즉 이 방언에서는 문화어 규범에서 인정하고 있는 'ㄷ, ㅌ'의 구개음화도 진행되지 않는다.

> 예: 됴:타 (좋다)　　더것덜 (저것들)
> 　　티댱 (치장)　　　텬아 (천하)

그리고 전통적인 방언소유자들 속에서는 "ㄱ, ㅋ"의 구개음화도 진행되지 않는다. 그러나 많은 주민들 속에서는 "ㄱ, ㅋ"의 구개음화가 나타나고 있는데 이것은 인접한 동북방언의 영향을 받은 것으로 인정된다.

> 예: 지슴(김)　　　　　차찔(차길)

그리하여 동북방언에서처럼 유추작용에 의한 "절>결"현상도 이 방언에 존재한다.

이 방언에서는 "ㅎ"의 구개음화도 진행되지 않는다.

이처럼 구개음화를 기피하고 있는 점에서 이 방언은 서북방언과 공통성이 있다고 할 수 있다.

⑥ 역사적으로 "ㅿ"에 대응하는 어중의 "ㅅ"이 나타난다.

> 예: 가슬 (가을)
> 　　짓다 - 지스니 (짓다 - 지으니)

⑦ 역사적으로 "ㅸ"에 대응하는 어중의 "ㅂ"이 나타난다.

> 예: 호박 (확)
> 　　누베 (누에)
> 　　밉다 - 미부니 (밉다 - 미우니)

⑧ 어중의 "ㄱ"이 나타나는 데서 적극적이다.

예: 벌거지 (벌레)　　　　갈기 (가루)　　　　내구럽다 (냅)

어중의 "ㅅ", "ㅂ", "ㄱ"이 나타난다는 점에서 이 방언은 동북방언과 공통성이 있으며 서북방언과 구별된다.

⑨ 단어의 첫머리에서 /냐, 녀, 뇨, 뉴, 니, 녜/가 그대로 발음된다.

예: 닙 (잎)　　　　　　녀름 (여름)　　　　넷말 (옛말)

그리고 한자말의 "랴, 려, 료, 류, 리, 례"가 단어의 첫머리에서 "냐, 녀, 뇨, 뉴, 니 녜"로 발음된다.

예: 닙하 (립하)　　　　　뉵십 (륙십)　　　　녜절(례절)

이 현상도 서북방언과 공통적이며 동북방언과는 차이 나는 점의 하나로 된다.

⑩ 모음과 모음 사이에 있는 "ㅇ"이 탈락되면서 앞에 있는 모음을 비음화 하거나 단어 끝에 있는 "ㅇ"이 약화되면서 모음을 비음화하는 현상은 동북 방언과 공통적이라고 할 수 있다.

예: 토〬일 (통일)　　　　따〬이 (땅이)　　　　직다〬 (직장)

⑪ 문화어에서 "ㄷ/ㄹ"의 교체를 하는 용언어간은 "ㄹ/ㄹ"로 대응시키고 있다.

예: 들꼬 ― 드르니 (듣고 ―들으니)
　　걸꼬 ― 걸으니 (걷고 ― 걸으니)

3.2. 문법적 특징

① 주격토와 속격토, 대격토와 조격토의 쓰임은 동북방언과 같다.

그러나 위격의 표현에서 특징이 있다. 이 지방의 전통적인 방언 소유자들은 "에서"를 쓰지 않고 "셔" 하나만을 쓰고 있다.

> 예: 당마다:ˇ셔 샀스꾸마. (장마당에서 샀지요)
> 왼성셔 오늘이 왓스까이? (온성에서 오늘 왔습니까?)

구격토로는 어떤 경우든 "꽈"가 많이 쓰이고 때로는 그것이 "과"로도 나타난다.

> 예: 그 사램이 나꽈 동갭인데. (그 사람이 나와 동갑인데)
> 종지과 돼비르 마:ˇ이 햇소. (존자와 퇴비를 많이 했소)

② 존칭토 "시"에 의하여 존경의 의미를 나타내는 이외에 "읍", "ㅂ"에 의해서도 존경의 의미를 나타낸다.

> 예: 큰아바니랑 다 저:읍서쓰꾸마. (할아버지랑 다 계셨습니다)
> 큰아매느 니른녀:입시꾸마. (할머니는 일넷이십니다)
> 나그넬루 듭:셋다 낫스꾸마. (손님으로 들으셨다가 나가셨너니다수

③ 과거시칭을 "앗(엇, 엿)"에 의하여 나타내는 점에서 서북방언과 공통성이 있다. 그리고 미래시칭은 "갯"으로 나타낸다.

> 예: 탄과:ˇ에 잇엇어. (탄광에 있었어)
> 겅긔 가갯으ˇ이. (거기 가겠으니)

④ 종결토의 쓰임에서도 동북방언과 구별되는 점이 있다.

ㄱ) 서술법

높임의 서술토로 특징적인 것은 "꾸마(스꾸마)", "꼬마(스꼬마)"를 많이 쓰고 있는 점이다.

> 예: 영긔 우리 집이 잇스꾸마. (여기 우리 집이 있습니다)
> 어전 나이 야든이오꾸마. (이젠 나이 여든입니다)

"꾸마", "꼬마"는 흔히 친근한 사이에서 쓰며 그보다도 더 정중성을 나타내려고 할 때나 생소한 사이의 경우에 높임을 나타낼 때에는 "꿔니", "꽈니"를 쓴다.

> 예: 열다숫에 쇠집왓스꽈나. (열다섯에 시집 왔습니다)
> 오늘이사 아들으 만내 밧:스꿔니. (오늘에야 아들을 만나봤습니다)

ㄴ) 의문법

높임의 의문토 "ㅂ니까"는 "ㅁ둥"으로 대응되는데 이것은 이 방언의 특징의 하나로 된다.

> 예: 경긔 사다 영긔 왓슴둥? (거기 살다 여기 왔습니까?)
> 여라 사람 가티 감둥? (여러 사람이 같이 갑니까?)

문화어의 "더냐"는 "든"으로 대응되며 과거시칭토 "았(었)"과 "니"의 결합은 "안(언)"으로 대응된다.

> 예: 그 사래미 머:라든? (그 사람이 무엇이라더냐?)
> 곽지르 가저완? (곽지를 가져왔니?)

ㄷ) 명령법

문화어의 "게'는 "ㅂ"과 결합하여 "ㅂ게"로 실현된다. 그러나 "ㅂ"이 생략되면서 앞의 모음을 길게 발음하고 "께"로 되는 경우가 있다.

예: 내 말 들어봄게. (내 말을 들어보게)
　　일으 날래 하게. (일을 빨리 하게)

3.3. 어휘적 특징

① 합성법에 의한 단어조성에서 특징적인 점이 있다.

예: 족+팀 → 족팀(발방아)　　　　물+두깨 → 무두깨(물뿌리)
　　밥+푸개 → 밥푸개(밥주걱)　　　갈+느베 → 갈느베(작잠)

② 접미사 "아지", "어지"에 의한 단어파생이 활발하다.

예: 솔+아지 → 소라지(소나무가지)　　덕+어지 → 더거지(언덕)
　　놀기+아지 → 놀가지(노루)

③ 이 지방에서 독특하게 쓰이는 어휘들이 많다.

　ㄱ) 일상용어

예: 가리모래(나무그릇의 하나)　　　사곡(끼니)
　　고수재기(곱절되는 수확)　　　종배(돌배)
　　면재(살자리)　　　　　　　　오매지(아가위)
　　우재(농담)　　　　　　　　　여름(열매)
　　모시깐(외양간)　　　　　　　넴(수염)
　　뻬새(바보)　　　　　　　　　꽤마대(톱)
　　볼디(아주)　　　　　　　　　말찍(모두)
　　나래(후에)　　　　　　　　　완우루(완전히)
　　자심하다(귀찮다)　　　　　　사냥하다(나무하다)

　ㄴ) 친족명칭

예: 클아반(할아버지)　　　　　　노데기(로친네)
　　새:기(색시)　　　　　　　　시애끼(시동생)
　　나그네(남편, 남자일반)

4. 중부방언

중부방언은 경기도를 중심으로 한 강원도, 충청도의 일부 지방에서 쓰인다. 중부지방은 봉건사회초기에 그 일부는 고구려 땅이었고 다른 일부는 백제 땅이었으나 고구려의 세력이 점차 커지면서 5세기에 이르러서는 고구려의 영역에 속하게 되었다. 그리하여 이 지방의 말은 고구려의 수도인 평양의 말과의 부단한 접촉 속에서 발전하게 되었다.

10세기에 고려가 국토를 통일하고 수도를 개경으로 옮긴 다음 이 지방의 말이 이 시기 민족어의 기초방언으로 되면서 중부지방은 조선어발전에서 중요한 역할을 하게 되었다. 14세기에 이씨조선이 창건되고 수도가 한양으로 옮겨진 다음 이곳을 중심으로 하여 중부방언이 확고한 자리를 잡게 되었다.

중부방언은 역사적으로 민족어의 기초방언으로 되여 왔기 때문에 표준어와 큰 차이가 없다고 일반적으로 인정하고 있다. 그러나 중부방언과 표준어가 꼭 같은 것은 아니다.

중부방언은 경기도를 중심으로 한 지대에서 쓰인다고 하여 경기도방언이라고도 한다. 그러나 중부방언의 분포는 비단 경기도에 국한되지 않고 주변의 넓은 지역에 이르고 있으며 그 속에는 강원도 의 방언적 차이가 있는 여러 소방언이 포괄되어있다.

4.1. 서울소방언

서울소방언은 경기도소방언과 공통점이 매우 많지만 일부 차이점도 있다 모음체계는 /이, 으, 어, 아, 우, 오, 에, 애, 위, 외/ 등 10개의 모음으로 이루어져있다.

그러나 오늘날 젊은 세대들은 /위/와 /외/를 이중모음으로 발음하고 /에/

와 /애/를 잘 구별하지 못하는 경향이 있다. 그것은 1950년대 이후에 벌어진 주민들의 유동에 의해서 동남방언의 영향이 많이 미친 결과로 분석되고 있다.

서울소방언의 성조에는 고저나 강약이 아니라 여전히 장단이 작용하고 있어서 장단에 따르는 단어의 변별이 유지되고 있다.

> 예: 발:(문에 치는 -) / 발(손과 -)   굴:(땅속의 -) / 굴(먹는 -)
>   밤:(먹는 -) / 밤(낮과 -)   눈:(내리는 -) / 눈(보는 -)

"ㄷ, ㅌ"의 구개음화가 규칙적으로 진행되는 반면에 "ㄱ, ㅋ"의 구개음화는 진행되지 않는다.

> 예: 구지(굳이)   해돋이(해돋이)   가치(같이)   바치(밭이)

"뎜심"이 "점심"으로 된 것은 "ㄷ"의 구개음화의 결과임에도 불구하고 "ㄱ, ㅋ"의 구개음화를 기피하는 데로부터 "점심"을 마치 "ㄱ"의 구개음화인 것처럼 착각하여 그것을 다시 "겸심"으로 바꾸는 현상이 있다. 이와 유사한 것으로는 "딤회"가 "짐치"로 되었다가 다시 "김치"로 바뀐 것을 들 수 있다.

"ㅎ"의 구개음화는 진행되지 않으나 노년의 하층녀성들 속에서는 간혹 이 현상이 나타나고 있는데 이곳은 비표준적인 것으로 배척되고 있다.

> 예: 성님(형님)   심(힘)   소자(효자)

계칭의 표현에서 "존대"와 구별되는 "해요"의 쓰임이 매우 활발하여 "세요"가 많이 쓰이는데 이것은 "셔요"로 나타나는 경우가 적지 않다.

> 예: 어서 집으로 가셔요. (어서 집으로 가세요)
>   진지 많이 잡수셔요. (진지를 많이 잡수세요)

서술의 종결토로 "오", "소" 대신에 "우", "수"가 쓰인다. "우"와 "수"는 앞의 음절에 따르는 변이현상으로서 개음절인 경우에는 "우", 폐음절인 경우에는 "수"가 온다. 이것은 노년층의 여성의 경우에 많이 나타난다.

> 예: 지금 어디 갔다 오우? (지금 어디 갔다 오오?)
> 밥을 다 먹었수? (밥을 다 먹었소?)

의문의 종결토 "느냐"는 "냐"로 쓰는 경우가 많다.

> 예: 너도 가냐? (너도 가느냐?)
> 어디 갔다 완냐? (어디 갔다 왔느냐?)

부정부사 "아니", "못"은 동사와의 결합에서 크게 제약을 받지 않으나(아니 간다, 가지 않는다 /못 간다, 가지 못한다) 형용사와의 결합에서는 제약을 받는 것이 조선어의 특성이다.[1]

그러나 서울에서는 부정부사 "아니"를 형용사 "좋다"의 앞에 결합하는 표현이 유행되기 시작하자 거의 보편화되어 이제는 전역에서 쓰이고 있다.

> 예: 그건 안 좋네요.
> 난 그런 걸 안 좋아 해요.

부사의 사용에서도 종래의 관습을 깨뜨리고 있다. 예를 들어서 부사 "너무"는 "많다"나 "적다"와 같이 그 어떤 분량을 나타내는 형용사와 결합하는 것이 관례로 되어있는데 이런 관습을 깨고 심리형용사와 결합하여 쓰고 있으며 심지어 그 반복사용도 유행되고 있다.

---

1 "아니 검다 / 못 검다"와 같은 쓰임은 비표준적인 것으로 인정되고 있다.

예: 난 너무 기뻐요.
　　너무 슬퍼요.
　　그건 너무너무 좋았어요.

독특하게 쓰이는 어휘들도 있으며 특이하게 어음변화를 한 어휘도 적지
않다.

예: 주전부리(군입질)　　단것(식초)　　　고라니(노루)
　　뱀(뺄:)　　　　　　도독늄(도적놈)　등장불(등잔불)
　　조고리(저고리)　　　움물(우물)

4.2. 경기도소방언

경기소방언의 포괄구역은 서울 주변의 경기도지역으로서 강원도, 충청도
소방언과의 인접점에서 구획된다. 이 소방언은 인접한 소방언과의 유사성
이 많지만 한편 구별되는 일련의 특징도 있다.

이 소방언의 모음체계는 /이, 으, 어, 아, 우, 오, 에, 애, 위, 외/ 등 10개의
모음으로 이루어져있으나 30대 이하의 젊은 세대에서는 /애/와 /에/를 정확
히 변별하지 못하고 /외/와 /위/를 이중모음으로 발음한다. 그리고 "의회"의
/의/도 [의] 또는 [으:]로 발음한다.

전통적으로 존재하여오던 장단의 성조도 30대 이하의 젊은 층에서는 점
차 망각되어가고 장단에 따르는 단어의 변별이 작용하지 않는다.

구개음화는 세 가지 유형이 다 진행되고 있다. 즉 "ㄷ, ㅌ"의 구개음화는
물론 "ㄱ, ㅋ"과 "ㅎ"의 구개음화도 실현되고 있다.

예: 해돋이(해돋이)　　바치(밭이)
　　지름(기름)　　　　질(길)　　　　　치(키)
　　소자(효자)　　　　숭내(흉내)

일부 경우에 "ㄴ"과 "ㄹ"의 첨가현상이 나타나고 있다.

예: 인제(이제)　　　　곤치다(고치다)
　　게을르다(게으르다)　달르다(다르다)

격토, 도움토의 변이형들이 널리 쓰이고 있다.

예: 얼(을)　　　　　　　럴(를)
　　을루/이로(으로)　　　로다가(로써)
　　꺼지/꺼정(까지)　　　부팀/버터(부터)
　　마중/마둥/마둑(마저)　만침(만큼)　　　　　　　이래두(이라도)

용언토의 경우에도 위치토와 비위치토에서 여러 가지 변이형이 쓰이고
있다.

예: -거던/-거덩/-걸랑(-거든)
　　-아설랑/-아설라무니/-아설라무네(-아서)
　　-구서니/-구서레/-구나설랑(-구서)
　　-멘서/-면섬(-면서)
　　-드-(-더-)
　　-것(-겠-)

경기소방언에서는 특이한 어휘들도 쓰이고 있다.

예: 하늬바람(북풍, 혹은 서풍)　맛바람(남풍)
　　샛바람(동풍)　　　　　　북새 (노을)
　　낭배기(낭떠러지)　　　　돌겡이(돌맹이)
　　하루거리(학질)　　　　　여가라(언저라)
　　싸게(빨리)　　　　　　　가찹다(가깝다)

4.3. 충청도소방언

충청소방언은 남쪽으로 서남방언과 인접하고 동남쪽으로는 동남방언과
인접하고 있어서 그 방언들의 영향을 비교적 많이 받고 있다.

그리하여 충청남도의 남부는 서남방언에 가깝고 충청북도의 동남부는 남방언에 가까운 점이 많다. 그러나 충청도소방언의 전반적인 방언적 특징에 비추어 중부방언권에 들어간다고 할 수 있다.

모음체계는 중부방언의 다른 소방언과 마찬가지로 /이, 으, 어, 아, 우, 오, 에, 애, 위, 외/ 10개 모음으로 이루어져있다. 그런데 충청북도 단양지역에서는 동남방언의 영향으로 "애"와 "에"가 중화되어 /E/로 발음되고 있으며 "위"와 "와"는 각각 이중모음인 /wi/와 /wE/로 발음하고 있다.

장단의 성조는 노년층의 경우에 유지되고 있으나 젊은 층의 경우에는 그것을 가려보는 사람이 점차 적어져 앞으로는 없어질 수 있는 우려도 없지 않다.

어두에서 순한 소리가 된소리로 발음되는 경향이 있다.

예: 또랑(도랑)   꼼보(곰보)

역사적 잔재인 어중의 "ㅂ"과 "ㅅ"의 보존은 같은 소방언권 내에서도 얼마간의 차이가 있다. 즉 "ㅂ"의 보존은 충청남도보다 충청북도동남부에서 더 널리 나타나며 "ㅅ"의 보존은 충청북도보다 충청남도에서 더 강하게 나타나고 있다.

예: 입수불(입술)   자부름(졸음)   새뱅이(새우)
    마실(마을)   여수(여우)   무수(무우)
    가실(가을)

어중의 "ㄱ"의 출현은 동남방언보다 미약하기는 하지만 역시 이 소방언의 특징의 하나로 된다.

예: 낭구(나무)   멀구(머루)   몰개(모래)
    뿌러구(뿌리)   벌거지(벌래)

구개음화의 세 가지 유형이 다 진행되는 것은 경기소방언과 다름이 없다.

6개 계칭 가운데서 "하오"체가 쓰이는 지역은 제한되어 있다. 즉 충청남도의 연기, 보령, 서천, 예산 등 4개 군과 충청북도의 진천, 단양, 제천 등 3개 군에서만 쓰이고 있다. 이것은 "하오"체의 쓰임이 점차 소극화되어가는 추세의 반영으로 풀이될 수 있다.

충청도소방언에는 어휘의 특이한 변이형이 있으며 또 고어의 잔재형도 있다.

예: 딸구/딸귀(딸기)　　　　　　옥수깽이(옥수수)
　　여깽이/야깽이/여수/여시(여우)　건거니(반찬)
　　요아조아(이것저것)　　　　　누리(우박)
　　부루(상추)　　　　　　　　　도치(도끼)
　　잔납이/잔냄이(원숭이)　　　　지랑(간장)
　　하마(이미)　　　　　　　　　싸게(빨리)
　　두텁다(두껍다)

충청도소방언에서는 "사다"와 "팔다"가 서울소방언과 정반대의 뜻으로 쓰이고 있다. 즉 "사다"가 "값을 받고 물건을 주다"의 뜻을 나타내고 "팔다"는 "남의 물건을 돈을 주고 제것으로 만들다"의 뜻을 나타낸다. 이것은 일부방언에서 "쌀을 사러" 가는 것을 "쌀을 팔러" 간다고 하는 것과 같은 쓰임으로서 흥미있는 현상의 하나로 된다.

4.4. 강원도소방언

강원도는 태백산줄기를 중심으로 영동과 영서로 양분되어 방언도 이 두 지역의 차이점이 적지 않다. 즉 영동지방은 함경도와 경상도의 두 방언의 교량적 역할을 하고 있으며 영서지방은 경기도나 충청북도, 경상북도와 인접하고 그 지역에 따라서 해당한 소방언에 가까운 양상을 보이고 있다. 그렇기 때문에 강원도소방언에 대해서 논의할 때는 그 지역에 따라 특이한 양상을 언급하지 않을 수 없게 된다.

강원도에서는 지역에 따라 /이, 으, 어, 아, 우, 오, 에, 애, 위, 외/ 등 10개 모음체계와 /이, 으, 어, 아, 우, 오, 에, 애, 외/ 등 9개 모음체계로 실현된다. 9개 모음체계는 영월, 평창, 횡성 지역에서 /위/가 이중모음으로 실현하는 것과 관련되어있다.

성조는 강릉, 삼척, 영월 등지에서 고저와 장단이 다 존재하나 그 밖의 지역은 장단만 존재하며 특히 회양, 이천, 양구, 화천 등지의 경우에는 장단도 존재하지 않는다.

어두의 순한 소리가 된소리로 되는 것은 동남, 서남, 동북방언보다 못하지만 부분적으로 나타나고 있다.

예: 쏘주(소주)   씨래기(시래기)
    뚜꺼비(두꺼비)   또깨비(도깨비)

어중의 "ㅂ"과 "ㅅ"의 보존은 인접한 다른 방언구역과의 접점에서 매우 드물게 나타나기 때문에 강원도소방언의 일반적 특징으로 잡기는 곤란하다고 본다.

예: 버버리(벙어리)   또바리(또아리)
    마실(마을)   나생이(냉이)

격토와 도움토의 여러 가지 변이형이 쓰이고 있다.

ㄱ) 격토 "이/가"가 널리 쓰이나 강릉에서는 "가" 대신에 "거"가 쓰이며 개음절명사 뒤에 "이"가 결합되기도 한다.

예: 니:거 그랬나? (네가 그랬나?)
    모이 잘 좋거든 개: 가시우. (모가 잘 자라거든 가져가시오)

또한 "이"에 다시 "가"가 결합되는 주격토의 중첩도 나타나고 있는데 이것은 영동지방에서 찾아볼 수 있다.

예: 강밥이가 창 많재? (눌은 밥이 참 많지?)

ㄴ) 그밖에 여러 격토와 도움토의 각이한 변이들이 쓰이고 있다.

예: 남으 집 (남의 집)
성님어 땅에더거 (형님의 땅에다가)
팥으 볶어서 (팥을 볶어서)
이걸 영수인테 주우. (이것을 영수한테 주오)
이게 저것보담 작죠? (이것이 저것보다 작자요?)

접속토의 여러 변이들이 쓰이고 있다.

예: 이걸 개:가문 좋다지. (이것을 가져가면 좋다지)
너두 갈라구 하니? (너도 가려고 하니?)

침이 마르두룩 말겼는디가냐? (침이 마르도록 말렸는데 가느냐?)

종결토의 경우에 그 쓰임에서 특이한 현상이 있다.

ㄱ) 의문의 종결토로 "ㅂ니꺄/ ㅂ닝꺄(버니까)", "와(니)", "재(지)"가 쓰인다.

예: 책으 가졌습니꺄? (책을 가졌습니까?)
어데 가와? (어디 가니?)
집이 창 크재? (집이 참 크지?)

ㄴ) 존대의 권유종결토로 "시지오니까"가 쓰이는 것이 주목된다.

예: 그만 댁에 돌아가시지오니까. (그만 댁에 돌아가시지요)

강원도소방언에는 중부방언의 다른 소방언에서 볼 수 없는 어휘들도 쓰이고 있으며 고어의 흔적도 남아있다. 이러한 어휘들은 대부분 영동지방에 수포되어 있다.

예: 강냉이(옥수수)　　　　　　망(매돌)
　　소금쟁이(잠자리)　　　　　정낭(변소)
　　건추(시래기)　　　　　　　들바람(동풍)
　　돌개바람(회오리바람)　　　소쨍이/소데끼/솔퇴기(누룽지)
　　곤드래미(고드름)　　　　　밀기(물결)
　　바드래(말벌)　　　　　　　유리/누리(우박)
　　정지(부엌)　　　　　　　　부에(허파)
　　지렁(간장)　　　　　　　　불기(상추)
　　하마(이미)

5. 서남방언

서남방언은 전라남북도를 중심으로 한 조선반도의 서남부에서 쓰인다.

서남지방은 봉건사회 초기에 백제가 자리잡고 있던 곳으로서 북으로는 고구려와 인접하고 동으로는 신라와 인접하고 있었다. 이 일대는 소백산줄기가 고구려, 신라와의 경계를 이루는 자연지리적인 계선이 되어 오랫동안 자기 방언의 특징을 유지해왔었다.

이 방언은 호남지방에서 쓰이는 방언이라 하여 호남방언이라고도 하며 또한 전라도방언이라고도 한다. 그러나 이 방언의 분포는 비단 전라도에 국한되지 않고 충청남도의 남부일대에까지 이르고 있어 전라도방언이라고 하는 것은 정확한 것으로 되지 못한다고 할 수 있다.

이 방언은 부분적으로 동남방언과 비슷한 점이 없지 않으나 그 억양은 오히려 그 북변과 인접한 충청도방언에 가까운 면이 없지 않으며 바다를 사이에 두고는 제주방언과 구획되고 있다.

5.1. 어음적 특징

① 모음체계는 /아, 어, 오, 우, 으, 이, 애, 에, 외/ 등 9개모음으로 이루어져 있다

동남방언과 인접한 전라남도 동부지역에서는 /애/와 /에/가 중화되어 [E]로 발음되고 있다는 보고가 제기되고 있어 그 지역의 경우는 8개단모음이 있는 것으로 된다.

그리고 /어/와 /으/의 혼동이 심하게 나타나고 있다.

예: 은제(언제)   으찌(어찌)

/위/는 단모음으로 존재하지 않으며 이중모음 /우ㅅ이/로 발음하고 있다. /어/의 변이로서 /워/가 쓰이기도 한다.

예: 워찌(어찌)   워찐 일(어쩐 일)

이중모음 /의/는 불안정하며 이것은 첫음절에서 /의/로, 둘째음절 이하에서 /이/로 대응시키는 경우가 많다.

예: 으복(의복)   으사(의사)
    토이(토의)   강이(강의)

② 앞모음되기(움라우트)현상이 비교적 활발히 진행되고 있다.

예: 퇴끼(토끼)   괴기(고기)   쇠식(소식)
    귀경(구경)   냄편(남편)

③ "ㅅ, ㅈ, ㅊ" 뒤에 있는 "ㅡ"가 "ㅣ"로 되는 현상이 지배적이다. "ㅡ"의 "ㅣ"되기에서 이 방언은 제주방언과 더불어 가장 철저하다고 할 수 있다.

예: 씨다(쓰다)	연십(연습)
직시(즉시)	늦인(늦은)
칙면(측면)	

④ 문화어의 순한 소리가 된소리로 대응되는 경우가 있다. 그러나 이것은 부분적인 단어에 국한되어있다.

예: 깨고락지/깨고래기(개구리)	까시(가시)
빡쥐(박쥐)	

⑤ 구개음화가 적극적으로 진행되고 있다. 즉 문화어규범에서 인정하는 "ㄷ, ㅌ"의 구개음화는 물론 문화어에서 인정하지 않는 "ㄱ, ㅋ", "ㅎ"의 구개음화도 진행되고 있다.

예: 질(길)	지름(기름)	지둥/지동(기둥)
치(키)	심(힘)	소자(효자)
성님(형님)		

⑥ 어중의 "ㅅ"이 나타난다. 이 점에서 동북방언, 육진방언, 동남방언, 제주방언과 공통성이 있다.

예: 마슬, 모실(마을)	저슬(겨울)	가새, 가시개(가위)
긋고 - 그스니(긋고 - 그으니)		
잇고 - 이스니(잇고 - 이으니)		

⑦ 이 방언은 어중의 "ㅂ"이 나타나지 않는 것이 기본 특징으로 되지만 일부 지방에서는 나타나는 경우가 있다.

예: 버버리(벙어리)
서럽고 - 서러바서(서럽고 - 서러워서)
불법고 - 불버서(부럽고 - 부러워서)

⑧ 역사적모음 "·"가 "ㅂ, ㅍ, ㅁ"과 결합한 경우에 그것은 "ㅗ"로 나타난다.

예: 몰(말) < 몰   포리(파리) < 폴   폴(팥) < 풋

5.2. 문법적 특징

① 주격토 "가"의 쓰임에서 특징이 있다. 즉 대명사 "나, 너"에 "ㅣ"가 붙은 "내, 네"에 "가"가 붙는 것이 아니라 "나, 너"에 "가"가 직접 붙어 쓰인다.

예: 나가 죽인 그 연고가 나가 지은 죄업인디 (내가 죽인 그 연고가 내가 지은 죄업인데)
나가 배운 것 읎이 무식헌디다가 (내가 배운 것 없어 무식한데다가)
너가 오늘부텀 아부지가 되았다 (네가 오늘부터 아버지가 되었다)

속격토 "의"는 "으"로 대응시키고 있다.

예: 마누라으 달비릴 팔 지경이 됏지라오 (마누라의 다리를 팔 시경이 되었습니다)
사람으 한평생 이런 꼴 첨 당했지라오 (사람의 한평생 이런 꼴 처음 당했습니다)

대격토로는 "얼, 럴"을 쓰고 있다.

예: 은제 밭으 거름얼 냇시까? (언제 거름을 냈습니까?)
나가 펑허니 빙원에 댕게올 동안에 아그럴 잠 봐주씨요. (내가 잠간 병원에 다녀올 동안에 아기를 좀 봐주시오)

여격토로는 "으, 으게"를 쓰고 있다.

예: 산 밑으 집얼 짓고 사지라오. (산 밑에 집을 짓고 삽니다)
나 같언 농군으게 그렁거 읇슴넨다. (나 같은 농군에게 그런 것 없습니다)

② 도움토 "한테"는 "한티, 안테", "부터"는 "부텀", "까지"는 "꺼지", "보다"는 "보돔", "야"는 "사"로 쓰인다.

> 예: 이거 나안테 팔지라오. (이것 나한테 파십시오)
> 야:가 집이서부텀 울고 왓지라오. (이 아이가 집에서부터 울고 왔습니다)
> 내사 이 날꺼지 농새 지엇지라오. (내야 이 날까지 농사 지었습니다)

③ 용언의 경우에 존칭토로서 "시" 대신 "겨"를 쓰고 있는 것이 다른 방언에 없는 이 방언의 특징적 현상으로 된다. 그러나 체언의 경우에는 "시"를 쓰고 있다.

> 예: 은제 와것소? (언제 오시였소?)
> 한줌 쌀도 구허겨서 빈손이시엿지라오. (한 줌 쌀도 구하지 못하시여 빈손이시였습니다)
> 저분이 교장이 시지라오. (저분이 교장이십니다)

④ 종결토의 쓰임에서 특징적인 현상이 많이 나타나고 있다.

ㄱ) 서술법

높임의 "지라오", "서라오", "게라오"와 같이 "오"로 끝나는 종결토의 사용이 우세를 차지하고 있다.

> 예: 그 사람 농사 잘 허지라오. (그 사람이 농사 잘 합니다)
> 나가 내일 가것서라오. (내가 내일 가겠습니다)
> 이게 내 책인게라오. (이것이 내 책인 것입니다)

높임의 "ㅂ니다"는 "ㅁ네다"로 쓰며 그보다 좀 낮추는 경우에는 "ㅁ넨다"를 쓴다.

> 예: 오널 돌아오겟슴네다. (오늘 돌아오겠습니다)
> 더 올 사램이 읎슴넨다. (더 올 사람이 없습니다)

"하오"체로 "구마", "해요"체로 "는구만요", "구만이라"가 쓰이고 있다.

예: 딱허니 우리 기둘리고 있었꾸마. (딱하게도 우리를 기다리고 있었소)
　　지는 인자 집으로는 못 들어가는구만요. (저는 인제 집으로는 못 들어가는군요)
　　워찌 되셨는지 몰르겠구만이라. (어찌 되셨는지 모르겠어)

문화어의 "ㄴ다", "다"는 "ㄴ당깨", "랑깨"로 대응시키고 있으며 거기에 다시 "로"를 덧붙이기도 한다.

예: 밥꺼지 해 낫당깨로. (밥까지 해 놓았다)
　　그게 고구마랑깨로. (그것이 고구마이다)

　　ㄴ) 의문법

　　높임으로 "ㅁ니껴"와 함께 "ㅁ니꺄"를 쓰고 있다.

예: 이 마실에 지아집이 멧집이나 잇심껴? (이 마을에 기와집이 몇집이나 있습니까?)
　　지끔 워디 가심꺄? (지금 어디 가십니까?)

낮춤으로 "지야"가 많이 쓰이며 그 변이형으로 "제"가 쓰인다.

예: 집이 갓다 오지야? (집에 갔다 오지?)
　　춘궁에 살기딜 에롭제? (춘궁에 살기들 어렵지?)
　　고것이 훨썩 낫제? (고것이 훨씬 낫지?)

용언 어근에 붙는 문화어의 "ㄹ가"가 이 방언에서는 "가"로 쓰이고 있다.

예: 저 물 워따가 쓸라고 저리 생뚱헌 짓 허까? (저 물 어디다가 쓸려고 저리 생뚱한 짓할까?)

ㄷ) 명령법

문화어의 "십시오"가 "시씨요"로 쓰이며 "시오"는 "씨오"로 쓰인다.

예: 지발 가라고만 허지 마시씨요. (제발 가라고만 하지 마십시오)
　　더운디 잠 걸치씨요. (더운데서 잠 드시오)

문화어의 "시오"에 대응하는 "시소"가 널리 쓰이고 있다.

예: 무거운거들 그 우게 눌러두시소. (무거운 것을 그 우에 눌러 두시오)

문화어의 "소/오"는 폐음절 아래에서 "으소", 개음절 아래에서 "소"로 대응되고 있다.

예: 임재가 내 대신 그 일얼 맡으소. (임자가 내 대신 그 일을 맡소)
　　집에서 누가 지다린당께 싸게싸게 가소. (집에서 누가 기다린다니까 빨리빨리 가요)

⑤ 접속토의 쓰임에서도 특징이 나타나고 있다.

문화어의 "니까"는 "니께"로 쓰이니.

예: 선상임더러 물으니께 그런 일 읎다드구마. (선생님더러 믈으니까 그런 일 없다 더군)
　　일 다 끝나가니께 일 좋게 끝나면 엄니 속 씨언허게 다 말헐라네. (일 다 끝나가 니까 일 좋게 끝나면 어머니 속 시원하게 다 말할래요)

문화어의 "ㄹ망정"온 "ㄹ석시"로 대응시키고 있다.

예: 남을 도와 못 줄석시 훼방만 논당께. (남을 도와 못 줄망정 훼방만 노는군)

문화어의 "는데/ㄴ데"는 "는디/디"로 쓰이고 있다.

예: 이지밖에 존 꿈도 안 꿨는디 워쨌거나 말해봅써다. (어제밤에 좋은 꿈도 안 꾸었는데 어쨌거나 말해봅시다)
　　학년이 다 단븐디 워쩝께라? (학년이 다 다른데 어쩔라구?)

⑥ 시칭토 "겠"온 "겄"으로 쓰이고 있다.

예: 그래 갖고 성허겄소? (그래 가지고 성하겠소?)
그러도 한 끼니 입다실 것이야 옳겄소? (그래도 한 끼니 입다실것이야 옳겠소?)

5.3. 어휘적 특징

① 합성법에 의한 단어조성에서 특징이 있다.

예: 밍+베 → 밍베(무명베)   쇠+손 → 쇠손(흙손)
춘치+새기 → 춘치새기(수수께끼)   끌+띠 → 끌띠(허리띠)
독+기 → 도끼(돌게)
취여(<취하여)+주다 → 취여주다(≪꾸어주다)

② 접미사 "생이"나 "배기", "악지, 애기, 랭아"에 의한 단어파생이 활발
하게 진행되고 있다.

예: 말+생이 → 망생이(망아지)
가히+생이 → 강생이(강아지)
가심+배기 → 가심배기(가슴팍)
깨골(<개구리)+악지 → 깨고락지(개구리)
거물(<거무리)+악지 → 거무락지(거마리)
나숭(<나시)+랭이 → 나숭랭이(냉이)

③ 이 방언에 고유한 특수한 어휘도 있다.

ㄱ) 일상용어

예: 독섬(돌섬)   새우(바늘)   제품(젓가락)
아래기(소주)   공버리(세번째김매기) 뽀도시(겨우)
만둘이(네번째김매기) 조깨(조금)   아즘잖다(고맙다)

ㄴ) 친족명칭

예: 이대하랍시(증조할아버지)　　　　이대할마니(증조할머니)
　　할압시, 할압씨(할아버지)　　　　할매, 함씨(할머니)
　　아부이, 아배, 압씨(아버지)　　　어무이, 어메, 엄씨(어머니)
　　아제(아저씨)　　　　　　　　　아지매, 아짐씨(아주머니)

6. 동남방언

　동남방언은 경상남북도를 중심으로 한 조선반도의 동남부에서 쓰인다.
이 동남지방은 봉거사회 초기에 신라와 가야가 자리를 잡고 있었던 곳으
로서 소백산줄기를 경계로 고구려, 백제와 경계를 이루고 있었다.

　동남방언은 영남지방에서 쓰이는 방언이라 하여 영남방언이라고도 하며
또한 경상도방언이라고도 한다.

　그러나 이 방언의 분포는 경상도에 머물지 않고 강원도 남쪽 동해안일대
에까지 이르고 있어 경상도방언이라고 하는 것이 정확한 표현으로 되지
못한다고 할 수 있다.

　동남방언은 그 전반적 특징으로 보아 동북방언에 가장 가까우며 부분적
으로 서남방언과 비슷한 점도 있다. 그리고 동남방언과 제일 멀리 떨어져
있는 방언은 서북방언이다.

6.1. 어음적 특징

　① 모음체계는 지역에 따라 각이한 양상을 보이고 있다.

　경상북도의 경우에는 모음체계가 /아, 오, 우, 이, ?, E/ 등 6개이다.
/?/는 /어/와 /으/가 합쳐진 것으로서 그 중간에서 발음되는 모음인데 /어/
와 비슷하게 들린다. /E/는 /애/와 /에/가 합쳐진 것으로서 그 중간에서

발음되는 모음인데 /에/와 비슷하게 들린다.

경상남도 동부지역은 경상북도와 마찬가지로 6개모음으로 되어있다.

그러나 경상남도 서부지역에서는 /어/와 /으/를 구별하고 /애/와 /에/를 구별하기 때문에/아, 어, 오, 우, 으, 이, 애, 에/ 등 8개모음이 존재하는 것으로 된다.

모음체계에서 /외/와 //위는 단모음으로 존재하지 않으며 이중모음 /오^이/, /우^이/로 실현된다. 문화어의 /외/는 경상북도지역에서 /웨/로, 경상남도지역에서 /애/로 대응시키기도 한다.

예: 웨삼춘(외삼촌)　　　꿰(꾀)
　　애딴(외딴)　　　개:상허다(괴상하다)

이중모음 /와, 워/는 자음 뒤에서 /아, 어/로 실현된다.

예: 가가(과자)　　　가학(과학)
　　건투(권투)　　　헌허다(훤하다)

이중모음 /의/는 존재하지 않으며 이것은 첫음절에서 /으/로 둘째음절 아래에서는 /이/로 대응시키고 있다.

예: 으:견(의견)　　　으:복(의복)
　　한:이(한의)　　　유희(유희)

② "ㅅ, ㅈ, ㅊ" 뒤에 있는 "ㅡ"는 "ㅣ"로 되는 현상이 널리 진행되고 있다.

예: 가심(가슴)　　　십간(습관)
　　늦인(늦은)　　　직시(즉시)

③ 문화어의 순한 소리가 된소리로 대응되는 경우가 적지 않다.

예: 끼:(게)　　　　　　깨고리(개구리)　　　　깽이(괭이)
　　뼁아리(병아리)　　쎄미(수염)

이와 반대로 문화어의 된소리를 순한 소리로 대응시키는 경우도 있다. 그러나 이것은 개별적인 단어에 한하여 나타나는 현상이다.

예: 살(쌀)　　　　　　사우다(싸우다)

④ 구개음화가 가장 적극적으로 진행되고 있다.

"ㄷ, ㅌ"의 구개음화가 역사적으로 가장 일찍이 진행되어 17세기에 이미 그것이 이 방언의 특징적 현상으로 되고 있었다. 이것이 17세기 후에 점차 다른 지방에까지 전파되어 그 범위를 넓혀 나가게 된 것으로 보인다. 그리고 "ㄱ, ㅋ"과 "ㅎ"의 구개음화도 일찍부터 진행되고 있었다.

예: 지름(기름)　　　　제우(겨우)　　　　　챙이(키)
　　소자(효자)　　　　쎄(혀)

⑤ 어중의 "ㅅ"이 나타나는 데서도 적극적이라고 할 수 있다.

예: 가슬(가을)　　　　저실(겨울)　　　　　마실(마을)
　　낫고 － 나스니(낫고 － 나으니)
　　짓고 － 지스니(짓고 － 지으니)

⑥ 어중의 "ㅂ"도 나타나고 있다.

예: 새비(새우)
　　말데(마름)
　　호박(확)
　　입수부리(입술)
　　덥고 － 더브니(덥고 － 더우니)
　　아깝고 － 아까바서(아깝고 － 아까와서)

⑦ 어중의 "ㄱ"이 나타나기는 하나 동북방언만큼 적극적이 아니다. 그리하여 단어에 따라서 나타나기도 하고 나타나지 않기도 하며 어떤 경우에는 두 가지 형태가 공존하기도 한다.

예: 모래 … 경상남도 량산, 동래, 김해, 거창, 밀양
　　모새 … 경상남도 하동, 남해, 진주, 산청, 함양
　　몰개 … 경상남도 울산
　　　　　 경상북도 경주, 영천, 경산, 영일, 영덕
　　시다 … 경상남도 마산, 고성, 하동, 진주, 함양, 거창
　　새구럽다 … 경상북도 영천, 경주, 안동, 청송, 봉화, 문경
　　시그럽다 … 경상북도 대구, 경산, 영천, 경주, 영일
　　시굽다 … 경상북도 례천, 영주

어중의 "ㄱ"은 "들", "겨울", "가을", "길" 등 일부 단어가 여격토 "에"를 취할 때 나타나기도 한다.

예: 을 저실게 가서 갚이주경이. (올 겨울에 가서 갚아줄게)
　　상년 가실게 췌해왔너더. (작년 가을에 취해왔습니다)
　　성이 오능가 길게 나가봐라 (형이 오는가 길에 나가보아라)

⑧ 합성어에서 뒤에 오는 어근이 "ㄴ, ㄷ, ㅅ, ㅈ"으로 시작되는 경우 그 앞의 "ㄹ"이 문화어에서는 탈락되지만 이 방언에서는 탈락되지 않고 그대로 나타난다.

예: 버들나무(버드나무)　　불삽(부삽)　　찰조(차조)

⑨ 둘받침의 발음에서 특징이 있다. 즉 "ㄺ", "ㄼ"에서 앞에 있는 "ㅂ"만을 발음한다.

예: 흘(흙)　　　　　달집(닭집)　　　　　발찌(밟지)

6.2. 문법적 특징

① 주격토로 "가", "이"를 쓰는 데서 문화어와 다른 점이 없지만 간혹 "이가"를 쓰는 경우가 있다.

> 예: 내일이가 우라배 생일이니더. (내일이 우리 아버지 생일입니다)

이것은 경상북도에서 관찰되는 현상인데 이 점에서 동북방언과 공통성이 있다.

속격토로서는 명사가 자음으로 끝났을 때 "으", 모음으로 끝났을 때 "이"가 쓰이나 흔히 생략되는 경우가 많다. 특히 모음 "이"로 끝난 명사 아래에서는 "이"를 쓰지 않고 생략하거나 또는 "으"를 쓴다.

> 예: 사람으 맘얼 그르케도 몰라주능기요. (사람의 마음을 그렇게도 몰라주는가요)
> 이거디 나이 사춘동상 집이니더. (이것이 나의 사춘동생 집입니다)

대격토로는 "얼", "럴"을 널리 쓰고 있다.

> 예: 오널은 우리 밭얼 갈락고 하니더. (오늘은 우리 밭을 갈려고 합니다)
> 자블거든 귀럴 잡아 땡게라. (졸거든 귀를 잡아 당겨라)

조격토가 대격의 기능을 수행하는 경우가 있다.

> 예: 술로 묵고 사람얼 치니더. (술을 먹고 사람을 칩니다)
> 단손에 농사로 허니 심이 듭니더. (혼자 손으로 농사를 하니 힘이 듭니다)

그러나 이것은 주로 경상북도 일부지역에서 쓰이나 점차 없어져 가고 있다.

여격토로는 "으게"를 쓰며 전통적인 방언소유자들은 여격의 뜻으로 "인데"를 더 많이 쓴다.

예: 저분으게 인사하고 가그라. (저분에게 인사하고 가거라)
　갸:가 니인데 머라까드노? (그 아이가 너에게 뭐라고 하더냐)

"인데"는 "있는데"가 줄어든 형태로서 이 방언에서 "잇는데"는 "인데" 와 함께 쓰이면서 문화어의 "한테"에 대응하고 있다.

예: 자:가 말 잇는데 채:서 허리럴 다쳇심더. (저 아이가 말한테 채워서 허리를 다쳤습니다)

그리고 문화어의 "한테"는 이 방언에서 "안테"로 실현되고 있다.

예: 얼라안테 밥좃:나? (어린애한테 밥주었나?)

위격토 "에서"는 "이서"로 실현되고 있다.

예: 밭이서 오니더. (밭에서 옵니다)

구격토는 일반적으로 "와", "과"를 쓰기도 하지만 경상북도는 물론 경상 남도의 많은 지방에서는 개음절이든 폐음절이든 관계없이 "캉"을 쓰고 있다.

예: 어메넌 아배캉 들게 나갓심더. (어머니는 아버지와 들에 나갔습니다)
　소캉 말캉 사우는거 본이까네 소가 시:드라. (소와 말과 싸우는 것을 보니까 소가 세더라)

호격토를 쓰는 경우에 상대방이 손위일 때 "요"와 "예"를 쓴다.

예: 아바요, 이 걸금얼 여기 부릴끼요? (아버지, 이 거름을 여기 부릴 것이에요)
　누님예, 얼라 우는데 어떡 갓다오이소. (누님, 어린애가 우는데 얼른 갔다오시오)

② 도움토 "은", "는"은 "언", "넌"으로, "부터"는 "버텀"으로, "까지" 는 "꺼정"으로, "보다"는 "보담"으로, "야"는 "사"로 실현되고 있다.

예: 나넌 니가 그랄줄 몰랐다. (나는 네가 그럴 줄 몰랐다)
　　은제버텀 일리로 왔닝기요? (언제부터 이리로 왔는가요?)
　　내일꺼정 잠아주이소. (내일까지 참아주시오)
　　자:보담 야:가 큽니더. (저 아이보다 이 아이가 큽니다)
　　내사 가서 머:할락고 앵 갈라니더. (내야 가서 무엇하려고 아니 가렵니다)

"조차"는 "조창"으로도 쓰이지만 그보다 "하부랑", "하부라"가 많이 쓰인다.

예: 내사 앵 가도 니하부라 앵 가면 어얄락고. (나야 안 가도 너조차 안 가면 어쩌려고)

"커녕"은 "켕이는"으로 쓰이며 뜻을 강조할 때에는 "켕이도"로 쓰인다.

예: 대접언켕이는 허기나 면했는지 몰:라. (대접은커녕 허기나 면했는지 몰라)
　　사람언캥이도 개미 한 마리 앵 왔드라. (사람은커녕 개미 한 마리 안 왔더라)

③ 현재 시간을 나타내는 데 토 없이 서술토를 직접 붙인다.

예: 오늘이 며칠고? (오늘이 며칠인가?)

미래시간을 "겠"에 의하여 나타내는 이외에 "ㄹ"을 서술토에 붙여서도 표시한다.

예: 참 싱거분 눔얼 다 볼따. (참 싱거운 놈을 다 보겠다)
　　나넌 그렁거 몰:따. (나는 그런 것 모르겠다)

문화어의 "ㄹ가?"에서 "ㄹ"이 탈락되고도 미래를 나타내는 경우가 있다.

예: 내일언 느그 집이 가까? (내일은 누구 집에 갈가?)

④ 종결토의 쓰임에서도 많은 특징적 현상이 나타나고 있다.

ㄱ) 서술법

높임의 "ㅁ니더"와 함께 "심더"가 널리 쓰인다.

예: 내 모래 갈라캄니더. (내 모래 가려고 합니다)
가실게 가바:사 알겟심니더. (가을에 가 보아야 알겠습니다)
이날 이때꺼정 꽁보리밥만 묵고 살앗심더. (이날 이때까지 꽁보리밥만 먹고
살았습니다)

같음의 "구마"도 쓰이지만 분포 범위는 제한되어 있다.

예: 오나침에 댕겨왓구마. (오늘아침에 다녀왔소)
저게 이거보담 좋구마. (저것이 이것보다 좋소)

낮춤으로 "꾸마"가 있다. 이것은 화자가 앞으로 하려고 하는 행동을
확인하거나 약속하는 토 "마"에서 온 것으로서 "구마"와는 달리 낮춤의
서술토로 된다.

예: 구만두라, 내가 하꾸마. (그만 두어라, 내가 하겠다)

"꾸마"에 다시 "이"가 붙어서 "꾸마이", "꾸매이"가 쓰이는데 이것은
주로 여성들 사이에서나 또는 어른이 아이들에 대한 일종의 애무의 감정을
가지고 말할 때 쓰인다.

예: 우지 마라, 느그 엄마 줄러주꾸마이. (우지 마라, 너의 엄마를 불러주겠다)

ㄴ) 의문법

높임으로 "ㅁ니꺼" 또는 "ㅁ니껴"가 쓰인다.

예: 하마 댕겨왓심니꺼? (벌써 다녀왔습니까?)
그 사람이 머:락고 함니껴? (그 사람이 무엇이라고 합니까?)

"해요"체로는 "ㅇ기요", "등기요"가 쓰인다.

예: 그게 도칭기요, 멍:기요? (그것이 도끼인가요? 무엇인가요?)
    메느리가 얼라 젖 맥이등기요? (며느리가 어린애 젖을 먹이던가요?)

"하오"체로는 "지더"가 쓰이고 있다.

예: 집이서 왔지더. (집에서 왔소)
    이거 내 묵얼 밥이지더? (이것이 내가 먹을 밥이오?)

문화어의 "는가", "던가"는 "능게", "등게"로 쓰인다.

예: 아:래 갓닥 시방 오능게? (아래 갔다가 지금 오는가?)
    우리 손지 머:하등게? (우리 손자가 무엇을 하던가?)

"가", "고"는 "ㅇ"이 덧붙은 "강", "공"으로 쓰이는 경우가 있다.

예: 이게 팥잉강, 동빙강? (이것이 팥인가? 동비인가?)
    누가 이레 낫:능공? (누가 이렇게 해 놓았는가?)

문화어의 "지"에 대응하는 "제"가 널리 쓰이며 "지러"도 쓰인다.

예: 니가 나인데 말햇제? (네가 나한테 말했지?)
    시방 집으로 가지러? (지금 집으로 가지?)

ㄷ) 명령법

높임으로는 "시이소", "시소", "이소"가 쓰인다.

예: 지:가 가는대로 따라오시이소. (제가 가는대로 따라오십시오)
    맛이 없늬더만 자시소. (맛이 없습니다만 잡수시오)
    그런 말 당최 하지마이소. (그런 말 애당초 하지 마시오)

"하오"체로는 "오"보다도 "소"가 많이 쓰인다.

예: 거기 잇능강 잘 찾아보소. (거기 있는가 잘 찾아보오)

낮춤으로는 "너라", "거라"를 "나라", "가라"로 대응시키고 있다.

예: 얼픈 댕겨오나라. (얼른 다녀오너라)
   거기서 지다리고 있가라. (거기서 기다리고 있거라)

ㄹ) 권유법

높임으로 "ㅂ시더"와 "시더"가 쓰이고 있다.

예: 나캉 어부러 사십시더. (나하고 함께 사십시다)
   여기서 쉬시더. (여기서 쉽시다)

⑤ 접속토의 쓰임에도 특징적 현상이 나타나고 있다.

문화어의 "면"은 "먼"으로, "더라면"은 "드먼"으로 쓰인다.

예: 인자 가먼 은제 또 올라노? (인제 가면 언제 또 오겠느냐?)
   내가 갓드먼 그른 말 앤 할끼다. (내가 갔더라면 그런 말 아니할 것이다)

문화어의 "니까"는 "니까네", "니께"로 쓰이며 "려고"는 "ㄹ락고"로
대응된다.

예: 어디 가니까네 그렇거 파동:오? (어디 가니까 그런 것 파더냐?)
   집이 갈락고 하니께 어덥어서 갈 수 잇어야지러. (집에 가려고 하니까 어두워서
   갈 수 있어야지)

6.3. 어휘적 특징

① 합성법에 의한 단어 조성에서 특징이 있다.

예: 시답+돌 → 서답돌(다듬이돌)   물+위(<오이) → 물위(오이)
　　밀(다)+창 → 밀창(미닫이)   물+방맹이 → 물방맹이(빨래방망이)
　　도장+문 → 도장문(광문)   감은+딱지 → 까무딱지(죽은깨)
　　눈+등 → 눈등(눈두덩)   입+서부리 → 입서부리(입술) [경북]
　　입+소구리 → 수입소구리(입술) [경남]
　　콩+지럼 → 콩지럼(콩나물)   앞+달구지 → 앞달구지(앞다리)

② 접미사 "앙이, 앵아"와 "랭이", "악지", "애기" 등에 의한 단어파생이
활발하다.

예: 토끼+앙이 → 토깡이(토끼)   호미+앙이 → 호망이(호미)
　　파리+앵이 → 파램이(파리)   나시+앵이 → 나생이(냉이)
　　나오(<나오리)+랭이 → 나나오랭이(노을)
　　까(<갈기)+악지 → 까악지(갈기)   곤(<고니)+애기 → 고내기(고양이)

이 방언에서는 "날김치", "날밤" 등 접두사 "날"에 "생"을 대응시키고
있다.

예: 생+가리 → 생가리(날가루)
　　생+짐치 → 생김치(날김치)
　　생+반죽 → 생반죽(날반죽)

③ 이 방언에 고유한 특수한 어휘도 있다.

ㄱ) 일상용어

예: 초배기(대오리로 엮어서 만든 밥그릇)   독섬(돌섬)
　　동비(회색빛갈의 팥의 일종)   개궂다(해를 입히다)
　　악다받다(버릇없이 굴다)
　　소몰다(풀이나 나무 따위가 배게 나있다)

ㄴ) 친족명칭

예: 할배(할아버지)   할매(할머니)
　　아바, 아배(아버지)　　　　 어메, 어무이(어머니)
　　올바시, 올배(오래비)　　　 누부, 누비(누이)
　　아지마시(아주머니)

7. 제주방언

제주방언은 제주도에서 쓰이는 방언이다.

제주도는 예로부터 "탐라"라고 불러 왔으며 한때 백제 또는 신라에 속해 있다가 10세기 이후 고려에 속하여 그 정치적 지배하에 있었다.

제주도는 섬으로서 본토에서 적지 않게 떨어져 있다는 자연지리적 조건으로 인하여 다른 지방에 비하여 방언적 차이가 심하다. 다른 방언들은 서로 다른 점이 있어도 그 말의 뜻을 대체로 짐작할 수 있으나 제주방언의 경우에는 그 뜻을 짐작하기가 쉽지 않다. 그것은 이 방언이 다른 방언에 비하여 다른 점이 많기 때문이다.

7.1. 어음적 특징

① 단모음체계는 9개 즉 /이, 에, 애, 으, 어, 아, 우, 오, ᄋᆞ/로 이루어져 있다. 이 방언의 단모음체계에서 특징적인 것은 무엇보다도 예로부터 전해 오는 모음 /ᄋᆞ/를 보존하고 있는 것이다.

15세기에 훈민정음을 창제할 당시에 "ᄋᆞ"는 "으"와 대립되는 모음으로 존재하였으며 장기간 자립적인 음운의 기능을 수행하여 오다가 다른 방언에서는 소멸하였지만 이 방언에서는 이 모음이 아직도 자립적인 음운으로 존재하고 있다.

그리하여 옛 문헌들에서 "·"로 표기된 것들은 이 방언에서 거의 다 [ə]로 발음되고 있다.

예: 굴대(갈대)　　　　무디(마디)
　　부름(바람)　　　　츠다(차다)
　　비위투다(용감하다)　비슷흐다(비슷하다)

이처럼 모음체계에 "우"가 존재한다는 것은 이 방언의 중요한 특징의 하나로 된다.

이 방언의 젊은 층들에서는 /에/와 /애/의 변별성이 점차 없어져 가고 있는데 그것은 다른 지역 방언의 영향이 미친 결과로 인정된다. 그리하여 문화어의 /애/를 /에/로 대응시키는 경우가 적지 않다.

예: 헤:방(해방)　　　　베:치(배추)

문화어의 /외/와 /위/는 이 방언에서 단모음으로 존재하지 않으며 /외/는 /웨/로, /위/는 /우ㅅ이/로 대응되고 있다.

예: 쉐스랑(쇠스랑)　　　줴:(죄)
　　웬광이(왼손잡이)　　구ㅅ이빱(귀지)

그리고 /의/는 이중모음으로 존재한다.

② 앞모음되기가 일정한 정도로 진행되고 있다.

예: 궤기(고기)　　　　퉤끼(토끼)

③ "ㅅ, ㅈ, ㅊ" 뒤에 있는 "ㅡ"가 "ㅣ"로 되는 현상도 아주 철저하게 진행되고 있다.

예: 실피(슬피)　　　실:게(쓸개)　　　직스ᄒ다(즉사하다)
　　　징맹(증명)　　　칭계(층계)

④ 문화어의 된소리 "ㄸ, ㅉ" 등의 경우에 그것을 거센소리 "ㅌ, ㅊ"으로
대응시키는 경우 가많다.

예: 털:다(떨다)　　　착콩(짝콩)　　　츤물(짠물)

⑤ 구개음화도 적극적으로 진행되고 있다. 즉 "ㄷ, ㄸ, ㅊ"의 경우에는
물론 "ㄱ, ㄲ, ㅋ"과 "ㅎ"의 경우에도 널리 진행되고 있다.

예: 지프다(깊다)　　　질메(길마)　　　지:집(계집)
　　　성제(형제)　　　숭(흉)

⑥ 역사적으로 "ㅿ"와 관련된 어중의 "ㅅ"도 나타난다.

예: ᄀ실(가을)　　　저슬(겨울)　　　ᄀ세(가위)

⑦ 어중의 "ㄱ"이 나타나기는 하나 좀 독특한 점이 있다. 즉 명사의 경우
에는 어중의 "ㄱ"이 나타나는 일이 거의 없고 일부 동사의 경우에만 어중의
"ㄱ"이 있는 것과 없는 것이 함께 쓰이고 있다.

예: 심:다, 심그다(심다)　　　ᄃ니다, 뎅기다(다니다)

⑧ 문화어의 어근말음인 /ㄱ, ㄷ, ㅂ/는 모음 /ㅡ/의 도움으로 외파음으로
발음한다.

예: 보끄다(볶다)　　　마트다(맡다)
　　　나끄다(낚다)　　　더프다(덮다)

7.2. 문법적 특징

① 부격토로 자음 뒤에서는 "이"를 쓰고 모음 뒤에서는 "래(리)"를 쓴다. 그러나 이것은 늙은 주민 층에서 그러할 뿐 많은 사람들은 모음 뒤에서 "가"를 쓰고 있다.

> 예: ㄱ루리 빗이 거멍ㅎ다. (가루가 빛이 거멓다)
> 비가 오키여. (비가 오겠다)

속격토의 생략이 특징으로 된다. 예컨대 "느것(너의 것)", "느신(너의 신)", "나것(나의 것)", "느떡(너의 떡)" 등과 같다.
경우에 따라서는 "이"로 속격토를 대신하기도 한다.

> 예: 느이 집이 강 말ㅎ라. (너의 집에 가서 말하라)

그리고 사람 대명사나 사람 이름 아래에서는 "네"가 속격토 "의"에 대응하기도 한다.

> 예: 느네 어멍 저디서 말ㅎ람쩌. (너의 어머니가 저기서 말하고 있다)
> 조캐네 집이 어느제 가 반디아? (조카의 집에 언제 가 보았느냐?)

대격토로는 "얼", "럴"을 쓰며 "ㄹ" 하나만 쓰는 경우도 있다. 그리고 대격토를 생략하기도 한다.

> 예: 모살쯤얼 ㅎ키여. (모래찜을 하겠다)
> 해원 나빌 잡으란 홉디다. (종일 나비를 잡자고 하였습니다)
> 서답 ㅎ영 날랑 가키여. (빨래를 하고서 나와 함께 가자)

여격토로는 "의", "으게"와 함께 어간의 개폐음절에 따라 "레", "더레"가 선택되어 쓰이고 있다.

예: 어릴 때 이 무실의 살아난다? (어릴 때 이 마을에 살았느냐?)
　　서귀포레 갑써. (서귀포에 가십시오)
　　바당더레 꽤기 잡쟁 가쿠다. (바다에 고기 잡으러 가겠습니다)

구격토로서 "왕", "광"이 쓰이고 있다.

예: 겡이왕 꽤기왕 잡건 알럼서. (게와 고기와 잡거든 알리시오)
　　밥광 떡광 하영 ㄱ져왓수다. (밥과 떡과 많이 가져왔습니다)

② 도움토 "은, 는"에 대응하는 특이한 방언 현상으로서 "랑, 이랑"을 지적할 수 있는데 이것은 문화어에서 열거의 의미로 쓰이는 것과는 달리 "은, 는"보다 얼마간 강조의 의미를 더할 때 쓰인다.

예: 나비랑 잡지 말라. (나비는 잡지 말라)
　　그 사름이랑 이 집의 살아난다? (그 사람은 이 집에 살았느냐?)

문화어에서 열거의 의미를 나타내는 "랑, 이랑"은 이 방언에서 "영, 이영"으로 대응시키고 있다.

예: 나영 가이영 나비 잡단 왓수다. (나랑 그 애랑 나비 잡다 가왔습니다)

도움토 "야, 이야"는 "사, 이사"로 쓰이고 있다.

예: 이 ㄴ르사 된지 오랫수다. (이 나루야 된 지 오래됐습니다)
　　밥이사 먹엇젠 마씀. (밥이야 먹었다고 합니다)

"사, 이사"는 명사뿐 아니라 동사, 형용사에도 쓰이면서 강조의 의미를 나타낸다.

예: 잠이 와사 잘건디. (잠이 와야 자겠는데)
　　머리 아프믄사 어떵 가? (머리 아프면야 어떻게 가?)

③ 시칭토로서 현재는 "ㅁ", 과거는 "았, 었" 또는 "안/언", 미래는 "ㄱ"으로 나타내는 정연한 체계가 있다.

현재시칭의 "ㅁ"은 "-고 있다"와 같은 현재 진행의 태적인 의미도 동시에 나타내고 있다.

> 예: 느네 아시 일흐당 감쩨. (너의 아우 알하다 간다)
> 그디서 패기 잡암서. (거기서 고기 잡고 있어요)

미래시칭의 "ㅋ"은 모음 /ㅏ, ㅓ, ㅗ, ㅜ, ㅣ/와 결합하여 "카, 커, 코, 쿠, 키, 케"로 되어 용언어간에 붙어서 쓰인다.

◎종결형의 경우

> 예: 일흐당 가컨가? (일하다가 가겠나?)
> 일흐당 가커라. (일하다가 가겠소)
> 일흐당 가쿠까. (일하다가 가겠습니까?)
> 흐르레 다 흐코? (하루에 다 해볼가?)

◎접속형의 경우

> 예: 일을 흐케민 (일을 하겠으면)
> 일을 흐케걸랑 (일을 하겠거든)
> 일을 흐카푸뎅 (일을 하고 싶다고)
> 일을 흐쿠덴 흐난 (일을 하겠다고 하니)

④ 종결토의 쓰임에서 적지 않은 특징을 나타내고 있다.

ㄱ) 서술형

높임의 서술토로 "우다", "수다"가 많이 쓰이며 "ㅁ네다", "ㅂ디다"도 적지 않게 쓰인다.

예: 이거 맛 존 겡이우다. (이것 맛 좋은 게입니다)
　　난 괘기 잡지 그렙수다. (나는 고기 잡고 싶습니다)
　　흐기사 흐커마는 어떵 델줄 모릅네다. (하기야 하겠지마는 어찌 될지 모릅니다)
　　그 사름 어디 간댄 흐다. (그 사람 어디 간다고 합디다)

문화어의 "요"에 대응하는 "예"는 명사, 동사, 형용사 밑에 두루 쓰이며 "지요"에 대응하여 "서"가 쓰인다.

예: 가게비 잡암신게예. (개구리 잡고 있는데요)
　　이 바당 야꿈서. (이 바다는 얕지요)
　　그디 겡이 어섬서. (거기 게 없지요)

문화어의 "오/소"에 대응하여 "메"가 쓰인다.

예: 오널밤은 추우메. (오늘 밤은 춥소)
　　기영 그르민 안뒈메. (그렇게 말하면 안 되오)

낮춤의 서술토 "ㄴ다(는다)"에 대응한 "쩌"가 쓰이고 있다.

예: 그디 둑 올라감쩌. (거기 닭이 올라간다)
　　누게가 저디 싯쩌. (누가 저기 있다)

"고라"가 동사어간에 붙어 쓰이는데 그것은 문화어의 "노라"에 대응하고 있다.

예: 난 이디서 일 흐고라. (나는 여기서 일하노라)
　　난 글피두넝날 떠나가고라. (나는 그글피 떠나가노라)

　ㄴ) 의문법
높임의 의문토로서 명사 아래에 "우까(우꽈)", 동사, 형용사 아래에 "수깨(수꽈)"가 쓰인다. 그리고 속된 표현으로서 "우깡(우꽝)", "수깡(수꽝)"이 쓰인다.

낮춤의 의문토로는 "디아"를 쓰는 것이 특징적이다.

이 "디아"는 시칭토와 결합할 때 다음과 같은 형태를 취한다.

과거 … 흐연디아, 간디아, 먹언디아

현재 … 흐염디아, 감디아, 먹엄디아

미래 … 홀티아, 갈티아, 먹을티아

ㄷ) 명령법

높임의 명령토로 "ㅂ시오"는 쓰이지 않고 "ㅂ써"가 이에 대응하며 재촉이나 강조의 의미를 더할 때에는 "제"를 덧붙여 쓴다.

ㄹ) 권유법

높임의 권유토로는 "ㅂ주"를 쓴다.

높임이 아닌 같음이나 낮춤에는 "주"와 함께 "저"를 쓴다.

⑤ 접속토로서 "고"에 대응하여 "곡"이 쓰이고 있다.

> 예: 브름 불곡 비가 온다. (바람이 불고 비가 온다)
> 먹엉 보곡 상옵써. (먹어 보고 사 오십시오)

문화어의 "아서"나 "고서"에 대응하여 "그네"가 쓰이고 있으며 "면서"에 대응해서는 "멍"이 쓰이고 있다.

> 예: 밥 먹어그네 그릅세. (밥 먹고서 그렇게 하세)
> 느가 자멍 울언디아? (네가 자면서 울었느냐?)

문화어의 "니까"에 대응하여 "나네"와 "난"이 쓰인다.

> 예: 오단 보나네 어서라. (오다 보니까 없더라)
> 뱅이 나시난 갓네. (병이 나으니까 갔구나)

문화어의 "려", "려고"는 "젱"으로 대응하며 "다고"는 "덴", "뎅", "엔", "앵"으로 대응시키고 있다.

> 예: 나는 집이 가젱 혼다. (나는 집에 가려 한다)
> 무시거 먹젱 흐염디아? (무엇을 먹으려고 하느냐?)
> 어디 간덴 흐엿수까? (어디 간다고 하였습니까?)
> 어느제 가키엥 흐염수까? (언제 가겠다고 합니까?)

7.3. 어휘적 특징

① 합성법에 의한 단어조성에서 특징이 있다.

> 예: ᄆ+쉬 → ᄆ쉬(마소) 물+막게 → 물막개(빨래방망이)
> 물+장 → 물장(간장) 산+돌 → 산돌(메되지)
> 줌진+실 → 줌진실(가는 실) 입+바우 → 입바우(입술)
> 해+지기 → 해지기(노을)

② 여러 접미사에 의한 단어파생이 활발히 진행되고 있다.

예: 가히+생이 → 강생이(강아지) 비지+에기 → 비제기(비지)
　　조개+이 → 조갱이(조개껍질) 복송+개 → 복송개(복숭아)

③ 자연 지리적 조건과 생활풍습상 특성으로 하여 본토의 방언들에 없는 특수한 어휘들이 적지 않다.

　ㄱ) 농작물

예: 강돌와리(빛 같이 노랗고 메진 조)
　　소용사리(빛 같이 검고 끈기가 많은 조)
　　가슬치기(화전 같은데 봄에 애벌갈이로 일찍 심은 조)
　　맛사리(메마른 땅에 심는 쌀알이 잘고 메진 조)
　　도난조(씨가 떨어져서 저절로 난 조)
　　황돌와리(빛 같이 검푸르고 끈기가 있는 조)

　ㄴ) 생산 활동

예: 굴갱이(호미)　　　갈레죽(가래)
　　남갈래죽(흙을 파서 던지기 위한, 나무로 만든 가래)
　　물질(물속에 들어가서 해산물을 채취하는 노동)
　　물걸랑(말안장에 걸고 다니는 큰 주머니)
　　쉬매(말의 나이)
　　이쉬매(말의 나이 두 살)
　　오쉬매(말의 나이 다섯 살)
　　고새(서리가 몹시 내려 땅에 얼어서 엉킨 것)
　　나스승흐다(농산물, 풀 따위가 이매지게 짧고 가늘다)
　　둔짓다(말이나 소가 떼를 이루다)

　ㄷ) 살림도구

예: 밥초롱(밥을 담기 위해 참대로 엮어서 만든 그릇)
　　곰박(구멍 뚫린 바가지 또는 국자 비슷한 부엌도구)
　　물구덕(물동이를 넣어서 지게 된 바구니)
　　살레(아주 간단하게 만든 가시장)

ㄹ) 친족명칭

| 예: 하르방(할아버지) | 할망(할머니) | 아방(아버지) | 어망(어머니) |
| 갓세(부부) | 예청(아내) | 아장(며느리) | 아지망(사위) |

조선의 방언현상 가운데서 가장 두드러지게 그 특징이 눈에 뜨이는 어음 현상을 놓고 방언들의 호상관계를 본다면 서북방언과 중부방언이 공통성이 많고 동남방언과 동북방언이 공통성이 많다. 그리고 표식 ①, ②, ③, ④, ⑧에서는 서북방언과 육진방언이 공통적이며 표식 ①, ②, ③, ④, ⑤에서는 서남방언과 동남방언, 제주방언이 공통적이다. 또한 표식 ⑥, ⑦에 의해서는 서해안방언들과 동해안방언들이 구별되고 있다.

그리하여 조선언방언은 전반적인 특징을 놓고 볼 때 남북이 아니라 동서로 크게 갈라진다고 할 수 있다.

No	1	2	3	4	5	6	7	8
표식	"ㅡ"의 "ㅣ"되기	"ㄷ, ㅌ"의 구개음화	"ㄱ, ㅋ"의 구개음화	"ㅎ"의 구개음화	어중의 "ㅅ"	어중의 "ㅂ"	어중의 "ㄱ"	어두의 "ㄴ+"
서북	×	×	×	×	×	×	×	○
동북	×	○	○	○	○	○	○	×
육진	×	×	×	×	○	○	○	○
중부	△	○	×	×	×	×	×	×
서남	○	○	○	○	○	×	×	×
동남	○	○	○	○	○	○	△	×
제주	○	○	○	○	○	×	△	△

합천 활인대비(活人臺碑)의 비문 연구[*]

백두현

경북대학교

1. 들어가기

조선 시대의 비문(碑文)은 거의 모두 한문으로 작성된 것이라 해도 지나친 말이 아니다. 특히 비석의 정면(正面, 앞면)의 비액(碑額)이나 본문을 한글로 쓴 것은 단 한 점도 없다. 그런데 매우 드물기는 하지만 이두문 요소가 포함된 비석이 몇 개 존재한다. 이두문 비석은 대구 무술명 오작비[1]

---

* 활인대비 비문을 풀이하는 데 도움을 주신 경북대 한문학과 황위주 교수와 토론을 통해 주요점을 고쳐 주신 정병호 교수, 그리고 한국학중앙연구원의 김봉좌 박사께 감사드린다. 동아대 이훈상 교수는 이서에 관련된 정보를 제공해 주셨다. 박성종 교수께서는 초고를 사독하고 여러 군데를 지적해 주셔서 글의 수정에 큰 도움이 되었다.

1 무술명 오작비의 연대는 학자에 따라 차이가 있으나 578년(진지왕 3년)으로 보는 것이 통설이다. 국어사적으로 가장 관심을 끄는 이두자는 제1행 "戊戌年十一月朔十四日另冬里村高□塢作記之此成在□"에 쓰인 동사 '成' 뒤에 결합한 '在'(겨)이다. 이 비에 '在'와 '了'가 쓰였음을 근거로 이승재(2001)는 이 비의 연대를 638년으로 보았다. 이장희(2001)는 '在', '如'의 존재 및 '都唯那', '彼日'의 표기를 근거로 이 비의 연대를 758년으로 내려 잡았다. 그러나 역사학계의 고대사 연구자들(주보돈

(大邱 戊戌銘塢作碑, 보물 제516호, 경북대학교 박물관)호 등 신라 시대 비문에서 나타난 바 있고, 고려 초기의 비석 예천 명봉사 경청선원 자적선사 능운탑비(醴泉 鳴鳳寺 境淸禪院 慈寂禪師 陵雲塔碑)[2](보물 제1648호, 경상 북도 예천 명봉사)에도 이두 형태가 사용된 사례가 있다. 조선시대에 들어서 는 비석의 문장[碑文]을 한문으로 쓰는 관습이 굳어지면서 이두 비문은 드문 존재가 되어 버렸지만 이서(吏胥)의 행적이나 이서 관련된 내용을 새긴 비 석 중에는 이두 요소가 반영된 것이 더러 있다.[3]

이 글에서 소개하려는 활인대비(活人臺碑) 비문은 19세기 후기에 합천의 낙동강 강변 율지리(=밤마리) 마을에 '활인대'라는 축대를 조성하고, 그 경 위를 기록한 것이다. 이 비문은 기본적으로 한문이지만 이두 문법형태 '段' 의 쓰임과 몇몇 용어에서 이두 요소를 보여 준다. 활인대비는 이런 점에서 특이할 뿐 아니라 사람의 생명을 구한 활인대를 수축한 뜻을 담고 있다는

2002a, 하일식 2009 등)은 이 비의 양식, 인명 및 관직명 등을 근거로 578년으로 보고 있다. 필자는 고대사 연구자의 견해를 수용하는 것이 타당하다고 본다. 연대가 확실한 감산사아미타여래조상기(720년)의 "後代追愛人者此善助在哉"에 쓰인 '在' 는 하나의 참조 자료가 될 수 있지만 이 비에 나온 '在'를 기준으로 삼아 무술명 오작비의 연대를 그 이후로 간주하는 것은 논리적으로 문제가 있을 뿐 아니라, 이 비의 기록이 보여주는 사실(史實)에 부합하지 않기 때문이다.

2 고려 태조 24년(941년)에 건립된 이 비석은 통일신라 말기에서 고려 초기까지 활동한 자적선사(慈寂禪師, 882~939년)의 행적을 기록한 것이다. 남풍현(1994)에 의해 판 독과 고증이 이루어졌다.

3 경북대 박물관 야외에 세워져 있는 「입마시 정전 방금 절목비」(立馬時 情錢 防禁 節目碑)가 조선 후기(1822년 추정)에 세워진 이두문 비석이다. 역참(驛站)에서 쓰는 말을 민가에 맡겨 기르도록 하였는데 이 때 뒷돈[情錢]이 오가는 악습이 암행어사에게 적발되었다. 이를 방지하기 위해 세운 비가 이 비석이다. 주제 보조사 '-은/는'을 '段'으로 썼고, '개별'의 뜻을 가진 조사 '-씩'을 '式'으로 표기했고, '재어서 내어주다' 는 동사를 '上下'('즈하'로 읽음)로 표기하여 이두문의 전형적 특징을 보이는 비이다. 이 비석의 뒷면에는 「이방 정건학 유공 불망비」(吏房 鄭健鶴 有功 不忘碑)라는 전혀 다른 목적을 가진 비문이 새겨져 있다. 하나의 비석을 두 개 목적으로 사용한 것이다. 앞뒷면 내용이 모두 이서(吏胥)와 관련된 전형적 이두문 비석이라 할 수 있다.

점에서 비문의 내용 또한 의미심장한 가치가 있다. 활인대비가 서 있는 이곳은 오광대탈춤의 발상지로 알려져 있으며, 오광대 전수관이 세워져 전통을 이어가고 있다.

이 글의 목적은 활인대비의 내용을 학계에 널리 알려 이 비석의 가치를 재인식하는 계기를 마련하는 데 있다. 본고는 원문의 주석에 초점을 두어 자세히 풀이하고, 독자의 이해를 돕기 위해 번역문을 붙인다. 활인대비의 비문이 조선 후기의 금석문 연구와 사회사 연구에 조금이나마 쓸모가 있으면 다행이겠다.

[그림 1] 왼쪽 사진은 활인대비 앞면 모습. 오른쪽은 활인대비 앞면과 우측면 모습 (2004년 4월 11일 촬영). 곁에 이건해 놓은 다른 비석도 보인다.

2. 활인대비의 개요

활인대비는 합천군 덕곡면 율지리(=밤마리)의 활인대라는 축대 위에 서 있는 비석이다. 활인대는 직사각형 모양으로 흙을 높게 쌓아 올린 구조물이며, 한자어 '活人臺'의 뜻 그대로 '사람의 생명을 살린 축대'라는 의미이다. 활인대는 낙동강에 바로 인접한 평야 지대 마을인 율지리 사람들에게 갑작스러운 범람과 큰 홍수에 대비한 피난처 역할을 했다. 비문의 내용에 따르면, 1817년에 동민 변광주(卞光柱, 1729~1822)[4]가 군수 이면대(李勉大)의 허가를 받아 공사비를 추렴하여 활인대를 축조하였다. 그 후 병진년(1856년)의 큰 홍수 때 1천이 넘는 마을 사람들이 활인대로 피난하여 목숨을 건졌다. 1859년에 큰 홍수로 인해 활인대가 손상되었는지 1859년에 동민 송학봉과 하진오가 당시의 군수 윤치원(尹致遠)에게 청원하여 활인대를 다시 개축하고 활인대비를 처음으로 세웠다. 이 때 비석을 세우면서 1817년에 처음 활인대를 세운 일과 1859년 홍수 때 마을 사람들이 활인대로 피난하여 목숨을 구한 사적을 비문에 기록했다. 낙동강 제방이 없던 시절에 이 축대는 갑작스러운 홍수가 들이닥쳤을 때 마을 사람들이 올라간 피난처였다.[5] 활인대비의 유래와 그 뜻에는 보통의 비석과 다른 면이 있는 것이다.

현재의 율지리에 서 있는 활인대비는 율지리 마을 서낭당 자리에 있다. 아래 사진에서 '덕곡우체국'이란 글자의 '우'자 위치에 해당한다. 이 자리에는 인접 지역에 세워져 있던 여러 공덕비를 한 자리에 모아서 나란

---

4 변광주의 생몰 연대는 이훈상 외(2015:15)에서 가져온 것이다.
5 일제 강점기인 1934년에 대홍수를 일어났을 때에도 7백여 명이 활인대로 피신하여 목숨을 구한 사실이 신문 보도에도 나왔다. 그리고 이 지역의 낙동강에 제방을 쌓기 전까지, 큰물이 날 것 같으면 활인대로 소 등을 끌고 올라가서 재난에 대비했다고 한다(이훈상 외 2015:15-16).

히 배열해 놓았다.[6] 활인대비의 비석 규모는 비석 앞면의 세로 높이가 108.3cm, 앞면 상단 가로 길이가 39.2cm, 앞면 하단 가로 길이가 33.5cm 이다. 비면의 상단 가로 길이가 하단 가로 길이보다 조금 길다. 좌측면 상단 가로 길이가 20.5cm, 좌측면 하단 가로 길이가 18.8cm이다. 우측면 상단 가로 길이가 20.1cm이다. 팔작지붕 형태의 옥개석이 비신 위에 얹혀 있는데 옥개석의 앞면 가로가 66cm, 옆면이 39cm이다. 비신의 상부 폭이 하부 폭보다 길어서 아래가 가늘고 위가 두터운 형상이다.

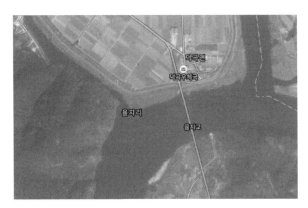

[그림 2] 율지리 모습. 낙동강 바로 옆에 자리 잡고 있다.

　활인대비가 서 있는 율지리는 낙동강과 인접한 곳의 낮은 들판에 자리잡 고 있으며 '밤마리'라는 고유어 지명으로 불린다.[7] '栗旨里'는 원래의 고유

---

6 원래 비석의 기단부를 모두 없애버리고 하술하게 이어진 콘크리트 기단부를 만들어 그 위에 비석 몸을 세워 놓았다. 비석 간의 거리가 협소하여 비석 전체를 읽고 사진 촬영하기가 불편하다.

7 율지리는 오광대 탈춤의 발상지로 알려져 있는 마을이다. 조선시대의 율지리는 낙동 강변의 포구마을로 수로 교통의 요지였다고 한다. 수운에 의한 물산의 교류와 이동에 따라 포구에는 많은 배와 사람들이 모여들었고, 이러한 사회 경제적 상황 속에서 오광대 탈춤과 같은 연희가 발생했던 것으로 보고 있다.

어 지명인 '밤마리'를 한자어로 표기한 것이다. 율지리 마을의 낙동강 접안에는 1989년 4월에 착공하여 1993년 10월에 준공된 율지 제방 5.5㎞가 축조되어 있다. 이 제방이 축조되기 이전에 율지리는 들판 평지에 있는 마을이라 갑작스러운 홍수로 밤사이에 큰물이 져서 물이 급히 차오르면 사람들이 마땅히 피신할 곳이 없었다. 들판 가운데 있는 마을이라 주변에 높은 지대가 없었던 것이다. 그래서 일정한 면적을 가진 높은 축대를 마을 옆에 쌓아서 위급한 상황에 대비해야 했다. '活人臺'는 바로 이런 목적을 위해 쌓아 올린 축대인 것이다.[8]

활인대비는 활인대라는 축대를 쌓고, 이 일에 도움을 준 사람들을 기리기 위해 세운 비석이다. 비문의 내용은 인명을 구조하기 위해 인근 주민들이 뜻을 모아 활인대를 축조하게 된 경위와 이 일에 동참한 사람들의 이름과 역할을 기록해 놓았다. 이 비석의 비문은 아직까지 한 번도 정확하게 번역되지 않았다.

등장하는 인물이 여럿이어서 율지리 인근에 살고 있는 여러 문중과 관련된 자료이다. 끝에 나오는 '두민 정억련'은 초계 정씨로 보인다. 초계 지역 일대에 살았던 변씨는 이 지역의 향리 역을 주로 담당했던 토성(土姓)이다.

3. 원문, 주석, 현대어 번역

3.1. 원문

석비의 문장은 비석 앞면 우단에서 시작하여 비석 좌측면, 비석 뒷면,

---

8 현재의 활인대는 2005년 4월에 합천문화원이 주관이 되어 다시 복구한 것이다. 이때의 복구를 기념한 '栗旨 活人臺 復原記念碑'가 활인대비와 함께 세워져 있다.

비석 우측면의 순서로 진행되는 것이 대부분이다. 비석 원문의 행 구별과
이어쓺의 순서 그대로 비문을 배열해 보면 다음과 같다.

◀ 비석 앞면 ▶

盖夫此邑栗旨村落江邊島中也而若雨水漲溢則村民幾至沒死之境故
去丁丑年

李侯諱勉大等內主洞民卜光柱累呈于營邸買得村後國土田三石落與
結卜一百五十上段

永減其地完築於活人臺矣去丙辰六月日江水大漲連江村民皆爲水中
之魂栗旨民生俱上

其臺千有餘名幾死還生若是大恩死亦難報年久月深臺亦頹落居民宋
鶴鳳河進五呈訴于本　官則

尹侯諱致遠等內主官用錢三十兩與一邑乞立完文卽地出送故宋河兩
人窘得各處錢數百兩

完築此臺以望後日救生之道也哉嗟嗟村民以立尺餘石刻致是大恩不
忘千秋焉

◀ 비석 좌측면 ▶

丁丑年頭民鄭億連[9]

◀ 비석 뒷면 ▶

都檢　幼學　柳幾八

監官　　金尙祚

色吏　　卞世俊

9　앞면보다 큰 글씨이지만 비석 우측면의 '座上幼學柳光元'보다는 작은 글씨임.

頭民 夏順 金連錫 金鍾淑

韓碩重 李化得 崔祿凡

栗旨洞[10]

咸豊九年己未三月 日

幼學 朴龍柱 撰

◀ 비석 우측면 ▶

座上幼學柳光元[11]

[그림 3] 활인대비 뒷면(좌). '栗旨洞'이란 글씨가 특별히 크다. 활인대비 좌측면(우). (2004년 4월 11일 촬영).

---

10 굵고 큰 글씨임.
11 굵고 큰 글씨임.

3.2. 주석과 번역

◀ 비석 앞면 ▶[1]

盖夫此邑[2] 栗旨[3]村落[4], 江邊島中也.

대개 이 고을의 율지 촌락은 강가의 섬 가운데 있음이나 다름없는 곳이다.

而若雨水漲溢, 則村民幾至沒死之境.

그리하여 만약 빗물로 인해 강이 넘쳐흐르게 되면, 마을 사람들은 거의 다 죽을 지경에 이르게 된다.

故去丁丑年[5], 李侯諱[6]勉大[7]等內主[8] 洞民 卞光柱 累呈[9]于營邸[10], 買

---

1 앞면의 내용은 이 비석을 세우게 된 경위와 목적을 서술한 것으로 비문 전체의 핵심을 담고 있다.

2 【此邑】: 이 읍은 19세기 당시로는 초계군의 읍내를 말한다. 지금은 합천군 초계면으로 되어 있지만 19세기 당시에는 초계군이 별도로 설치되어 있었다.

3 【栗旨】: 율지리의 옛 이름. 고유어 지명으로 '밤마리'라고 부른다. '栗旨'는 '밤마리'를 한자어로 훈독하여 표기한 것이다. '栗'의 훈은 '밤'이고, '旨'의 고훈은 'ᄆᆞ릭'였다. 旨ᄆᆞ릭 지(신증유합 하 59b). 'ᄆᆞ릭'가 음이 변해 '마리'로 된 것이다.

4 【村落】: '村落'은 농촌 마을을 뜻하는 한자어로「삼국사기」고구려본기 제10 보장왕 14년 춘정월 기사 "焚其外郭及村落而歸"라는 문장에 이 낱말이 등장하고 있다. 고대의 금석문과 목간문에 '村'으로만 다수 나타나고, '村落'은 발견되지 않는다.

5 【去丁丑年】: 지난 정축년. 이 비석을 세운 함풍 9년(1859년)을 기준으로 보면, '去丁丑年'(지난 정축년)은 1817년이 된다.

6 【侯諱】: '侯'(후)는 군수 현감 등 벼슬한 사람을 높여 이르거나 사대부 사이에 서로 존칭할 때 사용하는 말이다. '諱'(휘)는 고인이 된 존자(尊者)의 이름 앞에 붙이는 경어사이다.

7 【李侯諱勉大】: '李勉大'는「조선왕조실록」헌종 6년(1840, 도광 20년) 8월 18일 기사에 나타나 있다. 이 기사는 황해도 암행어사 심돈영이 장계하여 풍천부사(豊川府

得村後國土[11] 田三石落[12]與結卜[13]一百五十 上段[14]永減其地[15], 完築於
活人臺矣[16].

使) 이면대(李勉大)를 포함한 황해도의 여러 지방관을 처벌했음을 기록한 것이다.
지방관의 탐학이 심했던 조선 말기의 정황을 보여주는 기록이며, 이면대도 예외가
아니었음을 알 수 있다. 한편 「승정원일기」 고종 19년(1882, 광서 8년) 8월 13일
기사에는 고(故) 부사 이면대(李勉大)에게 병조참판을 추증한다는 내용이 있다. 이훈
상 외(2015:20)에는 이면대 군수의 재임 기간을 1757~1760년간이라 해 놓았으나,
이면대가 1840년에 풍천부사를 지냈다는 실록 기사로 볼 때 이 재임 기간은 수정되어
야 맞다. 한편 「한국민족문화대백과사전」에 '이규원'항이 있는바 이규원(李奎遠,
1833~1901)은 이면대의 아들이다. 이규원은 무과에 급제한 후 단천 부사를 지냈고,
1881년(고종 18) 울릉도 검찰사가 되어 섬을 시찰하고 돌아와 울릉도를 포기하지
말 것을 상주하였다. 이때의 울릉도 정황을 상세히 기록한 「울릉도 검찰일기」를 남기
는 공을 세웠다.

8 【等內主】: '等'은 군수나 현감 등 관리의 임기를 뜻한다. '等內'는 '임기 중에' 또는
즉 '임기 내'라는 뜻이다. '主'는 존칭의 접미사로 군수나 사또를 높이는 경칭사로서
우리말 '-님'으로 번역하면 적절하다. '等內主'는 '재임 중인 사또님이나 군수님'이란
뜻이다. 줄여서 '군수님'으로 풀면 적절하다.

9 【呈】: 문서를 올려 청원함. 하급 기관에서 상급 기관으로 올리는 문서를 뜻한다.

10 【營邸】: 여기서 '營邸'는 감영을 뜻한다. 대구에 있던 영남 감영을 가리킨 것이다.

11 【國土】: 나라의 땅. 국유지.

12 【石落】: 吏讀 어휘이다. 石은 '섬'으로, 落은 '落只'의 준말로 '지기'로 '섬 지기'로
풀이한다.

13 【結卜】: 조선 시대에, 토지세 징수의 기준이 되는 논밭의 면적에 매기던 단위인 목
(結)·짐(負)·뭇(束)을 통틀어 이르던 말. (본딧말)결부(結負).

14 【上段】: '上'은 바로 위에서 언급한 토지를 가리킨다. 따라서 바로 앞에서 언급한
땅의 면적을 뜻한다. '段'은 이두문에 쓰이던 전형적 조사로서 주어를 표현하는 '-은/
는'을 표기한 것이다. 이 글자를 한글로 적을 때 '-짠'으로 표기되었다. 이 문맥에서
'上段'은 "위는"으로 풀이한다. 위의 밭 석 섬지기와 150결부의 땅을 의미한다.

15 【永減其地】: 그 땅에 대한 부세(賦稅)를 영구히 감함. 위에 언급한 토지를 세금 부과
대상에서 빼 준다는 뜻이다. 그런데 이 구절은 생략이 지나쳐 한문 문장으로서는
이상한 구성이 되어버렸다.

16 【完築於活人臺矣】: '활인대를 완벽하게 축조하였다'는 뜻이다. 이 문장의 '於'는 명
사 앞에 놓아 목적어를 표시하는 기능도 있다. 목적어 '活人臺' 앞에 '於'가 놓인
한문 특유의 문법을 보여 준다. (경북대 한문학과 정병호 교수의 조언임)

이 때문에 지난 정축년(1817, 순조 17년)에 이면대(李勉大) 군수님과 동민 변광주가 감영에 여러 차례 (이 문제를 해결하여 줄 것을) 청원하여, 마을 뒤의 나라 땅을 샀고, 밭 석 섬지기와 150결부의 땅에 대한 (세금을) 영구히 감면 받아 활인대를 완축하였다.

去丙辰[17]六月日, 江水大漲, 連江村民, 皆爲水中之魂. 栗旨民生, 俱上其臺, 千有餘名, 幾死還生. 若是大恩, 死亦難報.

지난 병진년(1856, 철종 7년) 6월 어느 날 강물이 크게 넘쳐나 강에 연접한 마을의 사람들은 모두 물귀신이 되었다. 그러나 율지 마을 사람들은 모두 활인대에 올라갔던 덕분에 천여 명이 거의 죽을 뻔 했다가 다시 살아났다. 이 큰 은혜는 죽어도 갚기 어려운 것이다.

年久月深, 臺亦頹落. 居民[18] 宋鶴鳳 河進五[19], 呈訴于本官[20]. 則尹侯諱致遠[21]等內主. 官用錢[22] 三十兩, 與一邑乞立[23]完文[24] 卽地[25]出送[26].

---

17 【去丙辰】: 지난 병진년. 이 비석을 세운 함풍 9년(1859년)을 기준으로 '去丙辰'(지난 병진)은 1856년이 된다. 지난 병진년은 변광주의 청원으로 활인대를 처음 쌓은 연대(1817년)와 보수 공사 후 이 비석을 세운 함풍 9년(1859년) 사이의 병진년이어야 사건 경위에 부합한다. 따라서 이 병진년은 1856년(철종 7년)이 되는 것이다.

18 【居民】: 이 마을에 거주하는 백성. '民'은 사족이 아닌 良人 신분을 가진 백성을 가리킨다.

19 【宋鶴鳳 河進五】: 정축년 활인대 신축 공사에서 변광주가 했던 역할을 함풍 9년의 보수 공사에서는 宋鶴鳳과 河進五가 하였음을 보여 주는 기록이다.

20 【本官】: 조선 시대 때, 그 고을의 수령(守令)을 일컫던 말.

21 【尹侯諱致遠】: 군수 윤치원. 「승정원일기」 철종 11년(1860년 함풍 10년) 6월 21일 기사에 '윤치원'이 초계군수임을 명시한 기사가 있다. ○ 吏曹啓曰, 今日本曹開坼坐起時, 考見諸道褒貶啓本, 則富寧府使孫鍾策, 以薄此爲警爲目, 草溪郡守尹致遠, 以檢頉實故爲目, 古阜郡守金炳敍, 以訟帖微瑕爲目, 信川郡守金箕錫, 以疏處且恕爲目, 旌善郡守金商民, 以白縣移郡應知吏事爲目, 文義縣令金正秀, 以營訴奚罪爲目, 庇仁縣監張益祥, 以多質少文爲目, 成歡察訪具行益, 以衰而益勵爲目, 則俱宜置下考, 而置諸

故, 宋河兩人, 窘得各處錢數百兩, 完築此臺, 以望後日救生之道也哉.

세월이 흐르면서 활인대도 퇴락하고 말았다. 이에 이 마을(율지촌)에 사는 백성[居民] 송학봉(宋鶴鳳)과 하진오(河進五)가 이 고을의 군수에게 (수축할 것을) 청원하니, 윤치원(尹致遠) 군수님이 관용전(官用錢) 30량과 한 고을에서 모두 원하는 완문(完文) 문서를 그 자리에서 만들어 내주었다. 그 덕분에 송학봉과 하진오 두 사람이 고생스럽게 각처에서 돈 수백 량을 구할 수 있었으며 이것을 가지고 활인대를 완공하였다. 이로써 훗날에 생명을 구하는 방도가 되기를 바람이다.

嗟嗟, 村民以立尺餘石[27], 刻致[28]是大恩, 不忘千秋[29]焉.

中考, 熊川縣監金明權, 以圖酬之誠宜倍餘人爲目, 則宜置中考, 而置諸上考, 殊無嚴明殿最之意, 六道道臣, 竝推考警責, 熊川縣監金明權, 富寧府使孫鍾策, 草溪郡守尹致遠, 古阜郡守金炳敍, 信川郡守金箕錫, 旌善郡守金商民, 文義縣監金正秀, 庇仁縣監張益祥, 延日縣監許奎成, 成歡察訪具行益, 竝罷黜, 何如? 傳曰, 允.

이밖에도 철종 즉위년에서~13년 사이에 무관직을 역함한 윤치원의 기사가 여러 번 나와 있다.

참고: //http://sjw.history.go.kr/search/searchResultList.do

22 【官用錢】: 관용의 돈. 이른바 公金을 뜻한다.

23 【乞立】: 乞은 '구하다', '청하다'의 뜻이다. 여기서는 축대 건립을 위해 이를 인정하는 공적 문서를 청함의 뜻이다. '立'은 문서를 발급해 주는 것을 말한다. '立案'과 같은 용어에서 이런 뜻의 '立'을 확인할 수 있다. '乞粒'(모금활동)과는 한자어도 다르고 뜻에도 차이가 있다.

24 【完文】: 조선 시대에, 관아에서 부세와 공역 등을 감면해 주는 등의 처분과 관련하여 발급한 문서.

25 【卽地】: 일이 진행되는 바로 그때, 또는 그 자리. '卽席', '卽座'의 뜻과 같다.

26 【出送】: 내 보냄. 여기서는 문서를 발급해 줌을 뜻한다.

27 【尺餘石】: '尺'은 한 자를 가리킴. 한 자 남짓한 돌. '尺餘石'(자 넘는 돌)의 어순 구성이 국어 문장 구조의 특성과 일치한다. 이 비문은 완벽한 한문이 아니라 국어식 한문 표현의 특성을 일부 가지고 있다. 이른바 속한문(俗漢文)에 가까운 것이다.

28 【致】: 표달(表達), 즉 사상이나 감정 따위를 표시한다는 뜻이며, 여기서는 비석에 그 뜻을 새겨서 드러낸다는 의미이다.

오호라! 이제 마을 사람들이 한 자 남짓한 비석을 세워 그 전말을 기록하니 이 은혜를 천년이 가도 잊지 말기 바란다.

◀ 비석 좌측면 ▶

丁丑年[30] 頭民 鄭億連[31]

정축년(1817, 순조 17년) 두민 정억련

◀ 비석 뒷면 ▶[32]

都檢[33] 幼學[34] 柳幾八

도검 유학 유기팔

---

29 【不忘千秋】: 천년 세월이 흘러도 잊지 않는다는 뜻. '不忘'은 끼친 은혜와 공덕을 잊지 않는다는 뜻으로 비석 제목으로 자주 쓰이는 낱말이다.

30 【丁丑年】: 뒤에 나오는 함풍 9년에 앞서는 정축년이므로 1817년(순조 17년)에 해당한다. 변광주가 청원하여 활인대를 처음 축조한 연대가 정축년(1817년)이고, 이 때 두민으로서 중요 역할을 한 사람이 정억련임을 밝힌 기록이다. 정축년 이 해에 활약한 다른 사람들의 이름은 이 비석에 나타나 있지 않다.

31 【頭民 鄭億連】: '頭民'은 마을에서 지도적 위치에 있으면서 이 일을 추진한 대표자를 가리키는 말이다. '丁丑年 頭民 鄭億連'은 정축년에 행해진 활인대 신축 공사에 정억련이 중심 역할을 했다는 뜻이다.

32 이하 비석 뒷면의 내용은 함풍 9년(1859년)에 퇴락한 활인대를 보수하는 데 활약한 인물들의 이름과 지위를 적은 것이다.

33 【都檢】: 총감독으로 풀이함. 축대 공사 총감독.

34 【幼學】: 벼슬하지 아니한 선비. 유학으로 표기된 사람의 신분은 원칙적으로 양반을 뜻하는 것이지만 19세기 이후에 신분 사회가 이완되면서 지칭 대상이 확대되었다고 한다. 양인으로서 글을 배운 이나 지역 사회에서 일정한 역할을 가진 사람을 포괄하여 '유학'(幼學)이라 불렸다고 한다. 이 시기의 '유학'은 오늘날 '선생'과 유사한 문화적 차원의 용어라고 한다. 이 점에 대한 조언은 이훈상 교수로부터 얻은 것이다.

監官³⁵ 金尙祚

감관 김상조

色吏³⁶ 卞世俊

색리 변세준

頭民³⁷ 夏順. 金連錫. 金鍾淑. 韓碩重. 李化得. 崔祿凡 栗旨洞³⁸

두민 하순 김연석 김종숙 한석중 이화득 최녹범

咸豊 九年 己未 三月日

함풍 9년³⁹(1859, 철종 10년) 기미 3월 일

---

35 【監官】: 조선 시대에 궁가(宮家)나 관아에서 돈이나 곡식 따위의 출납을 맡아보던 관리.

36 【色吏】: 조선 시대에, 감영(監營)이나 군아(郡衙)에서 전곡(錢穀)의 출납과 관리를 맡아보던 아전. 향촌에서 직접 민을 상대하며 행정을 펴던 직책이다. 초계에서는 변씨 집안에서 향리 직무를 거의 독점하다시피 했다. '卞世俊'은 활인대를 처음 축조하는 데 중요 역할을 한 '洞民 卞光柱'와 연관된 인물로 보인다.

37 【頭民】: 앞에서 본 두민 정억련과 동일한 신분의 사람 이름 6명이 나열되어 있다. 「各司謄錄」에 의하면 동리나 촌의 장(長)을 존위(尊位), 동수(洞首), 동장(洞長), 약수(約首), 두민(頭民), 이정(里正) 등으로 불렀다고 한다. 이 비문에서는 '頭民'이 쓰였다.

38 【栗旨洞】: 頭民 5명 명단 아래 별나게 굵은 글씨로 '栗旨洞'이라 새겨져 있다. 이 사람들이 속한 마을 이름을 크게 적은 것이다.

39 【咸豊 九年】: 1859년 철종 10년에 해당한다. 이 비석을 세운 연대가 함풍 9년이다. 정축년(1817년)에 처음 활인대를 축성한 후에 이것을 기념하는 비석을 세우지 않았다가 1859년에 보수 공사를 한 후에 이 비석을 세운 것이다. 1859년에 비석을 세우면서 지난 정축년 활인대 신축 공사에 중요 역할을 했던 변광주와 정억련의 이름을 넣었던 것이다. 「승정원일기」1860년 함풍 10년(철종 11년) 6월 21일 기사에 초계군수 윤치원이 재임 중이었음을 알려주는 기사가 있다. 윤치원이 1859년에도 초계군수였음을 알 수 있다.

幼學 朴龍柱[40] 撰

유학 박용주 찬

◀ 비석 우측면 ▶

座上[41] 幼學 柳光元

좌상 유학 유광원

─────── **전체 번역문** ───────

◀ 비석 앞면 ▶

대개 이 고을의 율지 촌락은 강가의 섬 가운데 있음이나 다름없는 곳이다.

이 때문에 지난 정축년(1817, 순조 17년)에 이면대(李勉大) 군수님과 동민 변광주가 감영에 여러 차례 (이 문제를 해결하여 줄 것을) 청원하여, 마을 뒤 나라 땅을 샀고, 밭 석섬지기와 150결부의 땅에 대한 (세금은) 영구히 감면해 준 조처를 받아, 활인대를 완축하였다.

지난 병진년(1856, 철종 7년) 6월 어느 날 강물이 크게 넘쳐나 강에 연접한 마을의 사람들은 모두 물귀신이 되었다. 그러나 율지 마을 사람들은 모두 활인대에 올라갔기에 천여 명이 거의 죽을 뻔 했다가 다시 살아났다. 이 큰 은혜는 죽음으로도 갚기 어려운 것이다.

세월이 흐르면서 활인대도 퇴락하고 말았다. 이에 이 마을(율지촌)에 사는 백성 송학봉(宋鶴鳳)과 하진오(河進五)가 이 고을 군수에게 (수축할 것을) 청원하니, 윤치원(尹致遠) 군수님이 관용전(官用錢) 30량을

─────────────────────

40 【幼學 朴龍柱】: 이 비문을 지은 사람이 박용주임을 밝힌 기록이다.
41 【座上】: 여러 사람이 모인 자리에서 가장 나이가 많거나 으뜸가는 사람.

비롯하여 고을 전체에서 수축 비용을 모아도 좋다는 (내용의) 문서를
그 자리에서 만들어 보내 주었다. 그 덕분에 송학봉과 하진오 두 사람이
고생스럽게 각처에서 돈 수백 량을 구할 수 있었으며 이것을 가지고
활인대를 완축하였다. 이것은 후일 생명의 길을 구하려는 염원에서 비롯
된 것이로다.

오호라!. 이제 마을 사람들이 한 자 남짓한 비석을 세워 그 전말을
기록하니 이 은혜를 천년이 가도 잊지 말기 바란다.

◀ 비석 좌측면 ▶
정축년(1817) 두민 정억련
(정축년 활인대 신축 작업을 한 이는 정억련이다.)

◀ 비석 뒷면 ▶
도검 유학 유기팔
감관 김상조
색리 변세준
두민 하순 김연석 김종숙 한석중 이화득 최녹범. 율지동 사람들이다.

함풍 9년(1859, 철종 10년) 기미 3월 일
유학 박용주가 짓다.

◀ 비석 우측면 ▶
좌상 유학 류광원

4. 비문 해설

이 비석의 명칭이 비문 첫머리에 새겨져 있지 않지만 활인대를 수축 및 개축한 후에 이를 기념하여 세운 비이므로 '활인대비'라 칭하고 있다. 필자는 이 글에서 비석의 네 면에 새겨진 문자를 위에서 나누어 제시하고, 주요 용어에 주석을 붙었다. 이어서 전체 비문을 현대국어로 번역함으로써 다방면의 연구자들이 쉽게 이용할 수 있도록 하였다. 이 비문에 기록된 주요 내용을 요약 정리하면 다음과 같다.

① 이면대(李勉大)가 초계군수로 재임하던 정축년(1817, 순조 17년)에 군수와 동민 변광주가 여러 차례 감영에 청원하여 국유지를 사들이고 세금을 영구히 감면 받아 활인대를 축조하였다.

② 병진년(1856년)에 대홍수가 졌으나 율지리 마을 사람들은 활인대로 피신하여 천 여 명이 목숨을 구하였다.

② 세월이 지나면서 활인대가 퇴락하자 윤치원(尹致遠)이 군수로 재임하던 함풍 9년(1859년)에 동민 송학봉과 하진오가 군수에게 청원하여 개축 비용을 마련하여 활인대를 다시 완축하고 활인대비를 세웠다. 이 때 활인대비 비문에 위 ①과 ②를 기록해 넣었다.

활인대를 처음 축조한 때는 정축년(1817년)이며, 이때 중심 역할을 한 사람은 변광주와 정억련이었고 당시의 군수는 이면대였다. 그 후 활인대가 퇴락해지자 함풍 9년에 이를 개축한 후에 비석을 세우고, 처음 축성한 일까지 이 비석에 함께 기록하였다. 개축할 때 중심 역할을 한 사람은 동민 송학봉과 하진오였고, 당시의 군수는 윤치원이었다.

「조선왕조실록」 헌종 6년(1840, 도광 20년) 8월 18일 기사에 나타난 '李勉大'에 대한 기록을 근거로 이 비문의 '정축년'을 1817년으로 판단하였다. 비석을 세운 함풍 9년 당시의 초계 군수 윤치원에 대한 기록은 「승정원일기」 철종 11년(1860, 함풍 10년) 6월 21일 기사에 나타난다. 이 연도는 비석을 세운 함풍 9년 기록과 부합한다.

활인대비의 비문은 기본적으로 일상적으로 쓰던 한문(漢文)이지만 문서에 쓰이던 이두문 요소도 일부 나타나 있다. '上段'의 '段'은 이두문에서 주어 뒤에 결합한 '-은/는'을 나타낸 것이다. 또한 '尺餘石'(자 넘는 돌)와 같은 구절에 국어식 어순 구성이 나타나 있고, 이두 어휘로 볼 수 있는 용어도 등장한다. 문서를 내려 주기를 바란다는 뜻으로 쓰인 '걸립'(乞立)은 조선 특유의 한자어로 주목되는 낱말이다. 이 '걸립'(乞立)은 흔히 알고 있는 '걸립'(乞粒)과 용법과 뜻에서 차이가 있다.

이 비문에 여러 사람들의 이름과 신분 및 역할을 나타낸 용어가 등장한다. 신분과 연관된 명칭으로 '두민'(頭民), '거민'(居民), '유학'(幼學), '후'(侯), '색리'(色吏)가 있다. 역할을 나타낸 용어로 '좌상'(座上), '도검'(都檢), '감관'(監官) 등이 있다. 이런 점에서 활인대 비문은 이두 문서의 특성을 내포한 한문이라 할 수 있다.

율지리(밤마리) 마을은 오광대탈춤의 발상지로 알려진 곳이다. 2014년 하반기에 동아대 이훈상 교수의 노력으로 율지리(밤마리)의 오광대탈춤이 경상남도 지정 무형문화재로 등재되었고, 이 과정에서 활인대비가 새로운 주목을 받았다. 이훈상 교수는 사람을 즐겁게 하는 오광대탈춤의 흥겨움과 사람을 살려낸 활인대비의 숭고한 뜻을 교직(交織)하여 밤마리 마을의 역사성을 〈미학에서 미덕으로〉라는 문구로 요약하였다. 통찰력을 담은 함축된 이 표현은 '오광대탈춤의 미학'을 '활인대비의 미덕'과 결합함으로써 전통예술의 흥과 전통적 공동체 사회의 상호부조 윤리를 현대 한국사회에 걸맞게 재창조함으로써 법고창신으로 나아가는 방향을 제시한 것이다.

이런 소중한 뜻에 동참하는 의미에서 필자는 활인대비의 본문을 세상에 널리 알려 전통적 공동체 사회를 기반으로 발생한 역사 문화 자원의 가치를 새롭게 하고자 한다. 합천의 낙동강변 밤마리 마을에 묵묵히 서 있는 활인대비가 새로운 공동체 형성을 갈망하는 현대 한국사회를 위해 의미 있는 기록으로 재탄생하기를 기대한다.

[그림 4] 2005년 4월에 합천문화원에서 복원한 활인대의 현재 모습

첨언

필자가 이 비문을 접하여 주해하게 된 경위를 여기에 기록해 둔다. 2004년 4월 7일에 경상북도 도청 문화예술과 김규탁 씨가 활인대 비문을 필자에게 보내어 번역해 주기를 청하였다. 이에 필자는 주해 작업에 착수했고, 이 과정에서 동아대학교 사학과의 이훈상 교수와 한국학중앙연구원의 김봉좌 박사의 도움을 받았다. 특히 이서(吏胥) 및 지방사 관련 용어에 대해 이훈상 교수께 질문하여 많은 도움을 받았다.

2004년 4월 11일에 필자는 김규탁 씨와 율지리 토박이로서 이 비석의 번역을 김규탁 씨에게 청했던 변종수 씨와 함께 율지리로 가서 비석을 조사하고 활인대 및 주변의 현재 상태를 확인하였다. 비석을 조사하고 사진 촬영하여 비문을 점검하고 확인하였다. 조사한 자료를 바탕으로 원문을 주석하고 한글로 번역하여 김규탁 씨에게 보냈고 김규탁 씨는 이 번역문을 변종수 씨에게 주었다. 필자는 그 후 10년 동안 이 비석에 대해 잊고 있다가 2014년 10월에 밤마리 관련 연구 과제를 수행하던 이훈상 교수가 다시 비문과 번역문을 요청하여 관련 자료를 보내 드렸다. 그러나 보내드린 번역문에 수정할 곳이 여러 곳이 있었고, 이에 다시 자세히 살펴 고치고 바로잡아 여기에 싣게 된 것이다.

2015년 8월 9일에 필자가 대학원생 일행과 예천군 천향리 석송령을 답사하면서 그곳에 거주하고 있는 김규탁 씨를 만나 활인대비 번역문을 준 이후의 후일담을 처음 들었다. 2004년에 현장 답사를 같이 했던 변종수 씨는 활인대비에 나오는 변광주의 후손이며, 필자가 번역해 준 비문을 근거로 흩어진 문중 전답 수십 만 평을 되찾았다고 한다. 고마움의 표시로 경북대 대학원에 장학금 기부를 하는 것이 어떻겠느냐고 제안했지만 변씨로부터 긍정적 답변을 듣지 못하였다.

참고 문헌

남풍현(1994), 「고려 초기의 첩문과 (帖文) 그 이두에 (吏讀) 대하여-예천명봉 사(醴泉鳴鳳寺) 자적선사비(慈寂禪師碑) 음기(陰記)의 해독(解讀)」, 『고 문서연구』 5집, 한국고문서학회, 1-19.

남풍현(2000), 『이두연구』, 태학사.

남풍현(2004), 「시상의 조동사 '在/ナ/겨-'의 발달」, 『국어국문학』 138집, 국어 국문학회, 5-34.

박성종(2006), 『朝鮮初期 古文書 吏讀文 譯註』, 서울대학교 출판부.

백두현(2015), 『한글 문헌학』, 태학사.

서종학(1995), 『이두의 역사적 연구』, 영남대학교출판부.

이승재(2001), 「고대 이두의 존경법 '-在[겨]-'에 대하여」, 『어문연구』 112집, 한국어문교육연구회, 53-70.

이장희(2001), 「신라시대 한자음 성모체계의 통시적 연구」, 경북대학교 대학원 박사학위논문.

이훈상·김정하·황경숙·김국희(2015), 「합천밤마리오광대에서 활인대로, 활인대 에서 합천밤마리오광대로-합천밤마리오광대의 보존·전승체계에 대한 조사 연구」, 합천군·동아대학교 석당학술원 한국학연구소.

주보돈(2001), 「신라에서 漢文字 정착 과정과 불교 수용」, 『영남학』 1집, 경북 대학교 영남문화연구원, 207-218. [주보돈(2002b)의 『금석문과 신라 사』에 재수록].

주보돈(2002a), 「6세기 신라 금석문과 그 특징」, 『신라문화제 학술발표회 논문 집』 23집, 동국대학교 신라문화연구소, 121-150. [주보돈(2002b)의 『금석문과 신라사』에 재수록].

주보돈(2002b), 『금석문과 신라사』, 지식산업사.

하일식(2009), 「무술 오작비 추가 조사 및 판독 교정」, 『목간과 문자』 3집, 한국 목간학회, 139-156.

경상남도 함안군 행정구역 이름 변천사[*]

김정대

경남대학교

1. 머리말

이 글은 경상남도 함안 지역의 행정구역 이름이 어떻게 변천해 왔는지를 정리하기 위해 작성된 것이다. 행정구역은 군 단위, 면 단위, 리 단위로

---

[*] 이 글을 작성해 나가는 데는 여러분들의 도움이 있었기에 감사의 말씀을 드린다. 가장 많은 도움은 이완수 님으로부터 받았다. 함안군 가야읍이 고향인 이완수 님은 함안문화원 향토문화연구소 부소장을 역임했는데, 재임 당시 『함안의 지명 유래〈증보〉』(2010년)에 함안 지역의 많은 땅이름의 근원을 여러 각도로 고찰해, 한자 표기대로의 뜻이 아님을 알리는 데 크게 이바지한 바 있다. 또한 『함안군지』(2013년) 3권 12편 7장 1절에 「함안군의 명칭(시대별 함안 지역 지명)」이라는 글을 실어, 함안과 관련된 숱한 표기들의 뜻을 아는 데 큰 도움이 되었다. 그 밖에도 관련 자료 다수를 제공해 주셨을 뿐만 아니라, 여러 번에 걸친 만남을 통해 그곳이 고향이 아닌 필자에게 함안을 이해하는 데 많은 이바지를 해 주셨다. 이 글의 초고는 제205차 전단학회 (2018. 10. 24., 창원대학교)에서 발표한 바 있다. 당시 발표와 토론 과정에서 부족한 많은 부분이 보완된 것을 기쁘게 생각한다. 민긍기 교수, 이정룡 박사, 박태성 박사, 이홍숙 박사, 이완수 님 등이 여러 가지를 지적해 주셨다. 그러나 이 글의 잘못된 부분에 대한 책임은 전적으로 필자에게 있음을 밝혀 둔다.

세분되어 가지만, 여기에서 이 모두를 다룰 수는 없다. 따라서 우리는 이를 다음과 같은 세 가지 관점으로 나누어 살펴보고자 한다.

첫째, 군 단위 행정구역 이름인 '咸安'이 어떤 과정을 거쳐 오늘에 이르게 되었는지를 살핀다. 함안 지역은 흔히 옛날 '아라가야의 고토(故土)'로 알려져 있고, '아라' 또는 '아라가야'와 관련되는 표기로 '阿尸良, 阿羅, 阿耶, 安羅, 阿那' 등이 여러 문헌에 등장하고 있다. 이들 표기로 어떻게 읽을 것이며, 또 그 뜻은 무엇인지는 이들을 언어학적으로뿐만 아니라 문화학적으로 살펴볼 때 보다 믿음직스러운 결론에 도달할 수 있을 것이다. 이 부분은 제2장에서 다룬다.

둘째, 한강 정구(寒岡 鄭逑, 1543~1620)가 찬한 『함주지(咸州誌)』(1587)에는 당시 17개 '里=面'의 명칭 중 8개가 고쳐져 있음이 명시되어 있는데, 이전의 리 이름과 이후의 리 이름 사이에는 어떤 유연성(有緣性)이 있는지를 살핀다. 이런 작업은 자칫 표기된 한자의 뜻에 따라 엉뚱하게 해석될 소지를 늘 품고 있어 주의가 요망되는 사항이기도 하다. 그 표기 사이에 어떤 유연성이 발견된다면, 그것은 다른 땅이름에도 적용될 가능성이 높은 것이기 때문에 이 작업 또한 매우 중요한 것이라 하지 않을 수 없다. 제3장에서는 이 문제가 다뤄질 것이다.

셋째, 함안 지역에 속했던 면 단위 이름이 어떻게 변하여 오늘에 이르렀는지를 보이고, 그 과정을 논의한다. 『함주지』에서 보이던 17개의 '리=면'는 구한말까지 큰 변동 없이 이어져 왔지만, 일제가 우리나라를 식민지로 만든 뒤부터는 그들의 입맛에 맞는 방향으로 면 단위 행정구역 이름이 바뀌어 버렸다. 오늘날 우리가 쓰고 있는 각종 행정구역 이름의 틀이 1914년의 대개편 때 시행된 결과임을 다시 한 번 확인하는 계기가 될 수 있을 것이다. 이 문제를 우리는 제4장에서 다루기로 한다.

넷째, 마을 이름들도 여러 가지 통폐합 과정을 거쳐 오늘에 이르렀는데, 모든 마을 이름들의 변천 과정도 여기에서 다룬다. 마을 이름에 대한 일제의 통폐합은 면 이름의 통폐합 그것과 근본적으로 같은 발상에서 나온 것이다. 그러나 우리는 함안군에 속한 모든 마을 이름을 다룰 수는 없기 때문에, 그 가운데 현재 군 청사가 들어서 있는 가야읍(伽倻邑)에 속하는 마을만을 대상으로 하여 논의를 전개해 나가기로 하겠다. 이 문제는 제5장에서 다룬다.

2. '阿尸良'에서 '咸安'까지

현재 경상남도 함안군을 이르는 '함안(咸安)'은 신라 경덕왕 16년(757년)에 전국의 땅이름을 한자식으로 바꿀 때 처음으로 등장한 말이다. 이 사실을 『삼국사기』는 다음과 같이 기록하고 있다.

> (1) 咸安郡 法興王以大兵滅阿尸良國(一云 阿那加耶) 以其地爲郡 景德王改名〈삼국사기 34, 잡지 3, 지리 1〉

(1)에 따르면 '阿尸良 > 咸安' 또는 '阿尸良 > 阿那'의 변화를 설정할 수 있다. 그러나 함안을 가리키는 그 이전의 말로는 '阿尸良, 阿那' 외에도 다양한 표기들이 있었는데, 이를 정리하면 다음과 같다.[1]

> (2) 安邪〈삼국지 위지(三國志 魏志)〉, 安羅〈광개토왕비, 일본서기〉, 阿羅〈삼국사기, 삼국유사〉, 阿尸良〈삼국사기, 고려사, 세종실록 지리지, 함주지〉, 阿那〈삼국사기, 고려사, 세종실록 지리지, 함주지〉, 阿耶〈삼국유사〉

---

1 함안을 나타내는 말로는 이 밖에도 몇 가지 별호가 더 있으니, 金羅, 沙羅, 巴山 등이 그것이다(『함주지』 참조). 그러나 여기에서 별호는 다루지 않는다.

일견, (2)의 표기들은 닮은 듯하면서도 다른 듯도 하여, 여러 가지 해석을 유도해 내는 것처럼 보인다. 여기에서 우리는 그동안 학계의 성과를 참조하는 한편, 필자의 생각을 덧붙여서 이를 다음과 같이 크게 두 가지로 정리하고자 한다. 하나는 일원적 해석이다. 일원적 해석이란, (2)를 하나의 말에 대한 다양한 표기들로 이해하고 그 하나의 말이 무엇인지, 즉 그 발음은 어떠하고 그 뜻은 무엇인지를 살펴본다는 것이다. 다른 하나는 이원적 해석이다. 이 말은 (2)는 다른 발음 및 의미를 가지는 두 종류의 표기로 나뉠 수 있음을 염두에 둔 표현이다.

2.1. 일원적 해석

일원적 해석을 위해서는 (2)의 여러 표기들의 공통점을 추출해야 하는 것이 관건이다. 어두(語頭) 표기는 어두 표기대로, 어말(語末) 표기는 어말 표기대로 공통점이 있어야 일원적 해석이 가능해짐은 두말할 필요도 없다. 일원적 해석을 위해 (2)를 다음과 같이 정리해 본다.

(3) ㄱ. 어두 표기: 安, 阿 또는 阿尸
    ㄴ. 어말 표기: 邪, 羅, 良, 那, 耶

일원적 해석과 관련하여 필자는 이정룡(1996/2002)의 논의에[2] 공감함을 나타내고, 여기에서의 정리도 그것에 크게 의존해 있음을 미리 밝혀 두고자 한다.

먼저, '安'이 무엇을 나타내는 표기인가를 생각해 본다. 땅이름 표기에 쓰인 어떤 말이 복수의 표기로 등장할 때, 그 두 표기를 대비(對比)함으로써

---

2 이 논문은 『삼국사기』 지리지에 나오는 '安'의 석(釋)을 다룬 것이다.

보다 믿음직한 결론에 이르게 됨을 우리는 잘 알고 있다. 한 예를 들어 보기로 하자.

(4) ㄱ. 密城郡 本推火郡 景德王改名 今因之 〈삼국사기 34, 잡지 3, 지리 1〉

ㄴ. 永同郡 本吉同郡 景德王改名 今因之 〈삼국사기 34, 잡지 3, 지리 1〉

(4ㄱ)은 현재 경상남도 밀양시의 옛 땅이름에 대한 『삼국사기』에서의 기록이고, (4ㄴ)은 충청북도 영동군에 대한 같은 문헌에서의 기록이다. 모두 경덕왕 때 이름을 고쳐 그때까지(『삼국사기』 편찬 때까지) 새 이름이 전해져 오고 있음을 밝히고 있다. 두 자료 모두 앞에 있는 것이 새 땅이름이고, 뒤에 있는 것이 옛 땅이름이다. (4ㄱ)의 경우, 옛 이름은 석독 표기로 되어 있어 "밀블(밀 추, 블 화)'로 읽히는 반면, 새 이름의 첫 글자는 음독 표기로써(빽빽할 밀) '밀(推)'과 연관 짓고 있음을 확인할 수 있다. 그러나 (4ㄴ)의 경우는 그 반대로, 옛 이름이 음독 표기로 되어 있고(길할 길) 오히려 새 이름이 석독 표기로 되어 있어(길 영), 개명과 관련하여 어떤 일률적인 법칙을 발견하기 어려움을 알게 해 준다.

그런데 '安'의 경우는 '편안할 안'처럼 그 석이 한자로 된 것이어서 우리의 고유한 말이 무엇인지를 아는 데 애로가 있다. 이에 대해 이정룡(1996/2002:298)에서는 '安'과 의미가 상통하는 '恬'의 자석(字釋)을 확인하고 그 석으로써 '安'의 고유어계 석으로 해석하는 방법론을 취하고 있다. 광주판 천자문에서는 '恬'을 '알렴 렴'으로 풀이하고 있는데, 여기에서 주목되는 것이 '알'이다.[3] 이를 바탕으로 하여 그는 '安'을 "올'로 재구한다.

---

3 자세한 내용은 이정룡(1996/2002:298-301)을 참조하기 바란다.

(3ㄱ)의 '阿尸良'에 등장하는 '阿尸'에서 '알/올'을 재구해 내는 것은 매우 쉬운 일이다. '阿'를 음독하고 '尸'를 'ㄹ'로 음독하면 '알/올'이 되기 때문이다. 차자 표기에서 '尸'가 'ㄹ'로 음차되는 일은 널리 알려진 사실이다. 문제는 '阿那'나 '阿耶'의 '阿'가 곧바로 '알/올'에 대응하지 않는다는 점이다. 이 문제는 (3ㄴ)의 어말 표기자와 관련하여 해결책을 모색할 수 있을 것이다.[4]

이제, 어말 표기 글자 '邪, 羅, 良, 那, 耶'에 대해 생각해 보겠는데, 그에 앞서 이정룡(1996/2002)에서의 결론을 미리 밝혀 두는 것이 논의의 진행에 도움이 될 것이다. 그에 따르면, '阿尸良'은 '올아 → ᄋᆞ라(아라)'로서, 함안의 이전 표기 '阿羅伽倻'의 '阿羅'와 등가적인 것이고, 이것은 '咸安'이 '올아→ᄋᆞ라(아라)'로 재구되는 것과 동궤의 것이라는 것이다.[5]

먼저, '羅'의 문제부터 생각해 보자. '羅'가 차자 표기에서 '라'로 재구된다는 점도 널리 알려져 있다. 따라서 이 앞에, 위에서 말한 '阿'를 접두해보면, '阿羅'는 곧 'ᄋᆞ라(아라)'가 되어 '올아/알아 → ᄋᆞ라/아라'와 등가적인 것이 된다. '耶'는 그 음가가 '야'이기 때문에 이 말에 '阿'를 접두하면 'ᄋᆞ야/아야'가 되어 원하는 'ᄋᆞ라/아라'를 얻을 수 없다. 그러나 이 글자들을 '라'에서 음운 변화한 결과(후술 참조)로 본다면, '阿耶'도 'ᄋᆞ라/아라'와 같은 가치를 가지게 된다. '邪'는 '安'과 결합한 '安邪'로 문헌에 등장한다. '安'이 '올/알'로 재구되고 '邪'가 '야'로 읽히면, 이것은 '올야/알야' 정도의 발음으로 재구되어 결국 'ᄋᆞ라/아라'와 등가적인 표기로 이해될 수 있다. '阿那'도 직접적으로 'ᄋᆞ라/아라'로는 재구되지 않지만, 'ᄋᆞ나/아나'가 모종의 방법으로 'ᄋᆞ라/아라'와 관련 짓는 일은 크게 무리한 것이 아닐 것이다.

---

4 이정룡(1996/2002)에서의 관심은 '安'이기 때문에 '阿' 자체의 문제가 거기에 (적극적으로) 반영되어 있는 것은 아니다.

5 이정룡(1996/2002)에서는 별 다른 논의 없이 '咸'이 '＊올'로 재구될 있다고 보고 있다 (309쪽 참조). 이 논문이 '咸'을 직접적으로 다룬 것이 아니기 때문일 것이다.

'良'은 어말 표기에서 '아'로 읽히는데, 이 말은 그 앞 말이 'ㄹ'로 끝날 것을 요구하는 일이 많다(이정룡 1996/2002:308-309). 그러면 '阿尸良'은 'ㅇ/아-ㄹ-아'가 되어 이 역시 'ㅇ라/아라'를 적는 표기 수단이 되는 것이다.

그러면 '올/알'은 무슨 의미일까. 이정룡(1996/2002)에서 그 뜻에 대해서는 적극적으로 개진되지는 않았지만, 그의 또 다른 논문 이를테면 이정룡(2015)를 보면, 그것은 '중심(中心)'의 의미를 갖는 것이다. 그렇다면 阿尸良 등에서 변화한 咸安은 "중심이 되는 땅(나라)"라는 의미가 될 것이다.[6]

2.2. 이원적 해석

이원적 해석을 위해 우리는 먼저, (2)를 [표 1]과 같이 정리하고자 한다.

[표 1] 함안을 나타낸 이전의 여러 표기들

분류　　　시기	전기	후기
중심(中心)계	阿尸良①, 阿羅	阿耶
차대(次大)계	阿尸良②, 安羅	阿那

[표 1]은 함안을 나타내는 이전의 표기가 크게 두 가지 계열로 나뉘고, 전기에 비해 후기는 음운 변화에 따라 발음이 달라졌고, 발음이 달라진 만큼 그 표기 또한 달라졌음을 잘 보여주고 있다.

이러한 두 계열이 가능한 것은 '阿尸良'이 두 가지 의미를 지니는 표기라고 믿기 때문이다. 잘 알려져 있는 것처럼, '尸'는 한자 본래의 발음에 따라

6　이정룡(1996/2002)에서는 어말에 쓰인 '安'은 '-아'로 실현될 수 있음을 밝히고 있다.

'시'로 음차되기도 하고, 우리말 'ㄹ'(r)을 적은 표기 수단으로 활용되기도 한다. 전자일 경우에는 '尸'가 '시' 외에도 받침 'ㅅ'을 적는 표기로 잘 쓰인다는 점도 널리 알려져 있다. 후자일 경우에는 '尸'가 '羅, 良, 盧' 등 'ㄹ'을 첫소리로 가지는 글자들 중 어느 하나(아마도 '羅')의 약자로 이해되기 때문에 가능한 것이다(양주동 1965:95-96 참조).[7] 말하자면, '尸'는 '시, ㅅ'를 표기하는 수단도 되고, 'ㄹ'을 표기하는 수단이 되는 등 중의적인 용법을 가지는 것인데, 이것이 함안의 옛 이름을 적는 데도 그대로 적용되었다고 보는 것이다.

아래에서 우리는, '阿尸良①'은 '중심'의 뜻인 '아라'와 관련되는 표기 수단인데,[8] '阿(아)+尸(ㄹ)+良(아)'로 구성된 결과이고, '阿尸良②'는 '다음으로 크다' 즉 '차대(次大)'의 뜻과 관련된 것으로 '阿尸(아시/아스)+良(라)'로 분석될 수 있음을 주장하고자 할 것이다. '阿'를 제외한 나머지 글자들, 즉 '尸'와 '良'의 음이 서로 다르다는 것이 논의의 핵심이다.[9]

---

7 향가 25수에는 모두 34회에 걸쳐 '尸'가 쓰였는데, 그 가운데 「혜성가」의 "舊理東尸汀叱(녜 싯믌ㄱ)" 한 용례에서만 'ㅅ'으로 쓰였고, 나머지는 모두 'ㄹ'로 쓰였다. 「혜성가」의 해당 부분 해석은 양주동(1965:561)을 따른 것이다.

8 '올~ᄋᆞᄅᆞ'를 '중심'과 관련시킨 논의로는 이정룡(2015), 민긍기(2015) 등이 있다. 민긍기(2015)에서는 중심을 나타내는 표현으로 '올~ᄋᆞᄅᆞ' 외에 '몰~ᄆᆞ릇'가 있다는 점도 밝히고 있다. '몰~ᄆᆞ릇'를 중심으로 보는 견해는 민긍기(2000), 이홍숙(2008) 등에서 더 확인할 수 있다. 우리는 이정룡(2015), 민긍기(2015) 등의 견해에 따라 '阿尸良①'을 '중심'의 뜻으로 보기로 한다. 양주동(1965:597-598)에서는 이 '아라'를 '아래(下)'의 개념으로 받아들였다.

9 이완수(2013)에서는 '阿羅'의 '阿'를 '씀(간극. 씀 아), 언덕(언덕 아)'과 연결시키면서 '씀→금→金'으로 '金羅'(함안 별호의 하나)와 연결시키고, '언덕→어덕→어둑'의 변천 과정을 상정하여 '咸安(감안)'으로 연결시키고 있다. 그리고 그 뜻은 모두 '큰 고을'을 씨말로 갖고 있다고 기술하고 있다.

2.2.1. '중심'계

(1)의 『삼국사기』에서 볼 수 있는 '阿尸良國'을 『삼국유사』에 나오는 '阿羅伽耶'와 대응시켜 보면 '尸'가 'ㄹ'로 음차되었음을 확인할 수 있다. 전자의 '國'이 후자에서 '伽耶'라는 구체적인 나라 이름으로 나타난 것을 제외하면, '阿尸良'과 '阿羅'의 대응이 남게 된다. 차자 표기에서 '良'이 '라'와 '아·야·어·여' 등으로 전차(轉借)된다는 사실은 이미 잘 알려져 있다(양주동 1965:286 참조). '良'을 '라'로 읽으면 '阿尸良'은 '알라'가 되고, 그것을 '아'로 읽으면 '阿尸良'은 정확히 '알아'[ar-a], 즉 '아라'가 된다.[10] 우리는 후자에 따라 이를 '아라'로 읽어 둔다. 이 '아라'는 '阿羅伽耶'의 '阿羅(아라)'와 정확하게 일치한다.

[표 1]을 보면, '아라'의 후기 표기는 '阿耶'이다. '阿耶'는 음독 표기로서 '아야'로 읽혔던 것이 확실해 보인다. 그렇다면 여기에서 우리는 '아라>아야'의 변화, 즉 'r>j'이라는 음운 변화를 확인하게 된다. 이 점은 '加羅>伽耶', 즉 '가라>가야'의 변화와 동궤의 것이다. 한국어 역사에서 'r>j'의 변화는 어휘사에서 부분적으로 확인되는 현상이다.[11]

2.2.2. '차대'계

(2)에 정리해 둔 것처럼, 함안 표기에 대한 옛 기록들은 참으로 다양하다. 이들을 한자음으로 읽으면 발음상 닮은 점이 많기 때문에, 위에서 본 것처럼 '하나의' 지역(국가) 이름에 대한 다양한 표기라고 말하기 쉽다. 표기 방법의 조잡성 때문에 이런 다양한 표기가 가능했다는 점도 곁들여지기 일쑤다.

---

10 고대 한국어에서는 음절말 내파화가 아직 일어나지 않은 것으로 보는 시각이 많다. 그리고 신라어 자료에서 '尸'는 'ㄹ'을 나타내고 그 발음은 'r'이었던 것으로 추정된다(이기문 2000:85 참조). 이 점은 신라 이전에도 마찬가지였을 것으로 보고 '尸'를 'r'로 나타내었다.

11 관련 내용은 유동석(1987/1999)을, 특히 그 논문 123~124쪽을 참고하기 바란다.

한자를 이용해 당시의 우리말을 적는 방법이 조잡한 것은 사실이다. 그러나 그렇다고 해서, 겉으로 드러난 발음의 유사성만으로 이를 같은 이름의 다른 표기라고 주장하는 것은 위험한 일일 수도 있다. 아래에서 보게 되는 것처럼, 우리는 두 가지 이유로 '阿尸良②'를 '아시/ㅅ라'로 읽고, '아시/아ㅅ(阿尸)+라(良)'로 구성된 것으로 보고자 하는 것이다. 그렇다면 '아시/아ㅅ'와 '라'는 무슨 뜻일까?

먼저, '아시/아ㅅ'는 "다음으로 크다", 즉 '차대(次大)'의 뜻을 지닌 말이라고 생각한다. 경남방언에 '아시동상'[＿＿＿-]이라는 말이 있다. '아시'[-ㅣ]는 중세 한국어의 '아ᅀᆞ'(동생)와 관련되는 말이고 '동상'[-ㅣ]은 표준어 '동생'의 경남방언이기 때문에, '아시동상'은 의미가 중첩된 말로 인식되기도 한다.[12] "니이 아시 바았나?"(=너는 동생 봤니?)라는 말이 가능한 점에서 '아시'는 '동생'과 동일한 의미를 지니는 것이 사실이다. 그러나 보다 근본적으로 생각해 보면, '아시'는 "다음으로 크다"의 의미임을 알 수 있다. 경남방언 '아시동상'도 여러 동생 가운데 첫 번째 동생을 가리키는 말이지, 그 아래 동생을 가리키는 말이 아니다. '동생'은 한자어 '同生', 즉 "같은 어머니한테서 태어난 사람"이라는 뜻으로, 애초 위아래의 구별이 없는 말이었다. 그런데도 '同生'이 손아래 형제만을 가리키는 이유는 무엇일까. 그것은 '아시'가 결합된 '아시동생'과 같은 어형이 생기고 난 뒤, '아시'가 탈락한 결과였기 때문일 것이다.

다음으로, '阿尸良②'의 '라(良)'는 무슨 의미일까. 우리는 이 '라(良)'가 '가라(加羅)'의 '라'고 생각한다. '阿尸良②', 즉 '아시+라'는 "다음으로 큰 가라"라는 말이 줄어든 결과물이라는 것이다. 6가야 중, 금관가야를 제일 큰 가야로 보고 다음으로 큰 가야를 아라가야로 보았을 가능성이 크다는 의미가 여기에 담겨 있다. '아시라', 즉 '아시가라'는 '가라'라는 나라가

---

12 김정대(1998:358-359)에서 그런 설명이 나온다.

포함된 개념이기 때문에 여기에 다시 나라를 뜻하는 '國'이 붙는다는 것은 어불성설이다. 그런데 위 (1)에서 본『삼국사기』에는 '阿尸良'에 '國'이 통합한 '阿尸良國'이 버젓이 쓰이고 있다. 그러나 (1)의 '阿尸良'은 우리의 '阿尸良①', 즉 '아라'이기 때문에 '國'의 첨가가 가능하다는 것이 우리의 믿음이다. '阿尸良'에 대한 이러한 해석이 너무나 자의적인 것이라고 할지 모른다. 그러나 우리는 이런 설명을 함으로써 얻을 수 있는 이득이 참으로 많다는 점을 그냥 넘길 수 없다. 이와 관련하여 우리는 크게 두 가지 증거를 갖고 있다.

첫째, 함안에 대한 또 다른 표기 '安羅'는 '아시라/아스라(阿尸良)'를 상정하지 않고는 설명하기 어렵다는 점이다. '아시라/아스라'의 제2음절 모음은 어떤 이유로 하여 탈락했다고 믿어진다. 이 모음은 아마도 약모음이었을 것이다. 이것은 전기 중세 한국어 '菩薩(ㅂ술)'의 제1음절 모음이 탈락하여 후기 중세 한국어 '뿔(米)'이라는 어두자음군을 형성시키는 예를 생각나게 한다. 모음 'ㅣ' 또는 'ㆍ'가 탈락하자 'ㅅ'은 어두 음절의 받침으로 쓰일 수밖에 없게 된다. 그 결과는 '앗라' 정도가 될 터인데, 음절말의 내파화를 몰랐던 고대 한국어였기 때문에(이기문 2000:84 참조) 음절말 'ㅅ'은 내파가 되지 않고 [as#ra][13] 정도로 발음되었을 것으로 보인다. 그러다가 이 받침 'ㅅ'이 점차 사잇소리로 인식되어 [as#ra]는 [at#ra], 즉 '앋라' 정도의 발음을 가졌고, 이것이 역행동화에 의해 '안라'의 발음에 이른 것으로 추정된다.[14] 이 '안라' 발음을 표기에 반영한 결과가 바로 '安羅'였다는 것이 우리의 생각이다.

---

13 '#'는 음절 경계를 나타내는 부호이다.

14 현대 한국어라면, '안라'는 '안라 → 안나 → 안나'의 과정을 밟았을 것이다. 고대 한국어에 자음동화 현상이 있었는지, 있었다면 그 양상은 오늘날과 같은 것이었는지는 알기 어렵다. 우리가 '안라'를 상정한 것은 다음 단계의 표기 '安邪(안야)'를 설명하기 위해서이다.

둘째, 현재 함안군 군북면(郡北面)에 통합된 이전의 안도면(安道面)의 애초 이름은 '阿道'로 표기되었는데, 이 '阿道'를 그곳 사람들은 지금 '앳길'[애낄. -_]¹⁵로 부르고 있다는 점이다. '道'가 '길(질)'로 읽히니까 '앳'에 대응하는 글자는 '阿'밖에 없는데, '阿'는 음독 '아'로 읽힌다. '아'가 '애'로 된 것은 방언에 흔히 있는 '아>애'의 변화 때문이다. 현재 그 이유가 분명하지 않은 '아>애' 변화의 예는 '장가>장개(娶妻), 이사>이새(移徙), 파>패(蔥), 마자>마재(斗尺)' 등 방언과 지명에 많이 남아 있다. 그러나 '阿道'만으로는 '아길>애길'은 될지라도 '앗길>앳길'은 되지 못한다. '阿道'가 '앳길'로 읽히려면 '阿'와 '道' 사이에 사잇소리가 더 들어가야 한다. 우선 이것은 '叱'로써 보충될 수 있으니 '阿叱道'가 그것이다.

그러나 우리는 함안의 역사적인 표기 '阿尸良②>安羅'의 변화를 염두에 두지 않을 수 없다. '阿道面>安道面'의 변화가 '阿>安'으로 이루어진 것도 결코 우연이 아니라고 보기 때문이다. 그렇다면 '阿道'는 '阿尸道'에서 왔을 것이고, 이 말은 "다음으로 큰 길"(次大路)의 의미가 될 수 있을 것으로 보인다.¹⁶ 이런 사실로 볼 때, '阿尸'는 어느 시점 이후 '앗[앋]>앳[앧]'으로 읽혔을 것으로 볼 수 있다. '尸'가 'ㄹ'로 읽힌 것이 아니라 '시/ㅅ>ㅅ'으로 읽힐 수 있는 근거인 것이다.

[표 1]의 '차대'계 후기의 표기인 '阿那'는 '安羅'에서 음운 변화한 결과를 적은 표기일 것으로 보인다. 위에서 우리는 '阿尸良②'가 '아시라(아스라)>앗라>알라>안라(安羅)'로 변화했을 가능성을 언급했다. 이 '안라'는 순행

---

15 보다 방언적인 발음은 [애찔. -_], 즉 '앳질'일 것으로 보이지만, 현지인의 발음은 [애낄], 즉 '앳길'이다. 함안문화원(2010:104)에도 옛 이름 '阿道'를 한때는 '앳길'로 불렀다고 증언하고 있다. [-, _]은 성조 표시이다. 경남방언은 성조 언어이기 때문에 필요한 경우 성조 표시를 한다. [-]은 고조, [_]은 저조를 나타낸다.

16 이것은 물론 현지에서 확인하고 현지인들의 고증을 들어야 할 문제이지만, 필자는 아직 이 작업을 수행하지 못했다.

동화에 의해 '안나'가 되고, '안나'에서 'ㄴ'이 탈락하면 '아나'가 되는, 즉 '안라>안나>아나'의 변화를 거치게 되는데, '아나'에 해당하는 표기가 '阿那'인 것으로 이해된다. 우리의 가정이 사실이라면, '안나'에 해당하는 표기 '安那'를 문헌에서 확인할 수 있어야 하는데, 아직 이 표기는 확인하지 못했다. 그러나 이런 음운 변화의 결과로 보면, '安那' 역시 존재했을 가능성이 큰 표기라 하지 않을 수 없다. '잃어버린 고리'인 '安那'가 발견되면, 우리의 가설은 한층 더 공고한 지지를 받을 것이라 믿는다.[17]

2.3. '咸安'에 대하여

위에서 우리는 '阿尸良'에는 "중심"의 뜻(일원적 해석, 이원적 해석 중 첫 번째 해석)이나 "다음으로 큰"이라는 뜻(이원적 해석 중 두 번째 해석)이 있는 것으로 보았다. 그러면 경덕왕 때에 '阿尸良'에서 바뀐 '咸安'에는 이런 뜻이 있는가. '咸'에서 '올/알'을 뜻하거나 '차대'의 뜻을 나타내는 내용이 검출된다면, 이것은 더 없이 바람직한 일이 될 것이지만 현재의 필자는 그런 증거를 확보해 놓지 못하고 있다. 그렇다면 '阿尸良>咸安'의 변화는 유연성을 내포하지 못하는 것이 될 것이다.

그런데 여기에서 주목되는 것은 함안 지역의 또 다른 땅이름으로 '甘勿(谷部曲),[18] 玄武(縣),[19] 黔巖[20]' 등이 있다는 사실이다.[21] '甘勿'을 음독하면

---

17 그러나 『삼국지 위지』에 보이는 '안야(安邪)'는 우리의 이런 해석에 적잖은 문제를 불러일으킨다. 이 책자에 실린 '安邪'는 남해안 여러 소국들이 6가야 체제를 형성하기 이전인 '변진 12개국' 시기의 표기이다. 이것이 문제가 되는 것은 역사적으로 '羅'보다 '邪, 耶'가 앞섰을 가능성을 보여주는 것처럼 보이기 때문이다. 이 문제에 대한 논의는 뒷날로 미룰 수밖에 없다.

18 "甘勿谷部曲 在郡北二十五里"〈함주지 '고적'조, 경상도읍지 '고적'조〉

19 '玄武縣 本新羅召乡縣 景德王改名後降爲召乡部曲"〈함주지 '고적'조, 경상도읍지 '고적'조〉

"감물'에 가까운 발음이 된다. '玄武'의 '玄'을 석독하면 '검(을 현)'이 되고, '武'를 음독하면 "검무'와 비슷한 발음이 된다. '거멈, 감물, 검물'의 발음이 정확한 것은 아니지만, 이들은 공통된 'kVmVC'[22] 구조를 갖는다. 그 뜻은 두고라도 이 말들은 "거멈, *거멀, *거물 / *가맘, *가말, *가몰'과 관련된 발음을 가졌음이 거의 틀림없어 보인다.

그런데 경덕왕 때 '阿尸良'에서 바뀐 '咸安' 역시 위 발음들과는 상관적이라는 점이 우리의 눈길을 끈다. '咸安'의 '咸'에 대한 자전의 풀이는 "다(모두) 함, 덜 감"이다. 여기에서 '감'을 취하고, '安'의 음차 '안'을 취하면, '咸安'은 "거먼, *거만'이 되어 위에서 지적한 발음과 공통점을 가질 수 있기 때문이다. 만약에, 이들 발음의 맨 마지막 끝소리 'ㅁ(m), ㄹ(r/l), ㄴ(n)'을 동명사 어미라고 한다면, '甘勿, 玄武, 咸安'이라는 표기의 핵심은 "검/*감'이라 하지 않을 수 없다. 이는 고대 한국어 '神, 王, 大' 등의 뜻을 지닌 "굼/*검/*금'과 같은 계통의 말로 생각된다. 그렇게 되면, '咸安'은 '큰 고을'이라는 의미가 될 것으로 보인다.

여기에서 한 가지 문제가 된다면, 그것은 '甘勿, 玄武, 黔巖' 등은 작은 지역을 이르는 말이고 '咸安'은 큰 지역을 이르는 말인데, 그것을 동일시할 수 있느냐는 점이다. 그러나 이것은 작은 것이 전체를 대표하는 이름으로 성장하는 경우가 적지 않다는 사실을 생각하면 큰 문제가 되지 않을 것이다. 이를테면, 신라의 한 도시 금성(金城) 즉 서라벌(徐羅伐)이 신라(新羅)라는 나라의 밑말이 되고, 라틴어의 본고장은 이탈리아의 한 도시 라티움(Latium)이었지만 그것이 뒷날 전 이탈리아반도의 언어가 된 것이 좋은 보기가 될 것이기 때문이다.

---

20 '黔巖'은 『함주지』에 나오는 마을 이름의 하나이다(제5장 참조).
21 이런 생각을 하게 된 것은 이완수(2013)에서 암시 받은 바 크다는 점을 덧붙여 둔다.
22 'V'는 모음, 'C'는 자음.

3. 『咸州誌』에서의 개명과 유연성

　『함주지(咸州誌)』는 한강 정구(寒岡 鄭逑, 1543～1620)가 1587년에 편찬한 함안 지역 읍지이다. 이 책의 편찬 배경은 안민 선속(安民善俗)의 요점을 얻기 위한 것이었다.[23] 『신증동국여지승람』의 편목을 기초로 하면서도 거기에 없는 '각리(各里), 호구(戶口), 전결(田結), 군기(軍器), 제언(堤堰), 관개(灌漑), 임관(任官), 유배(流配), 과거(科擧), 정의(旌義), 책판(冊版), 총담(叢談)' 등을 추가한 것이 이를 잘 말해 준다.[24] 이 논문을 쓰는 우리의 입장에서 볼 때 주목되는 것은 당시 함안군의 마을 이름이 상세히 나와 있다는 점이다. 당시 마을의 이름은 '각리(各里)'에 들어 있다. 여기에서는 정구가 군수로 부임한 뒤 일부 마을 이름을 바꾼 내용을 언급하기로 한다.

　지금의 면(面)에 해당하는 개념이 『함주지』에는 '리(里)'라는 이름으로 나와 있고, 지금의 '리'나 '마을'에 해당하는 개념이 거기에는 '방(坊)'이라는 이름으로 나와 있다. 그리하여 어떤 리에 속하는 방을 '속방(屬坊)'이라 표현하고 있다. 『함주지』에는 당시 리(=면)가 17개이고, 방(마을)은 모두 148개, 총 인구 15,969명이었음을 분명히 하고 있다. 그런데 이 17개 리 가운데 8개 리가, 『함주지』 편찬 1년 전인 1586년(萬曆 丙戌〈萬曆 14년〉) 겨울에 바뀐 것이라고 이 책자는 밝히고 있다.[25] 17개 리 가운데 8개 리라면

23　"惟今日之所望 則爲長民於玆焉者 有以深警夫前之所言者 而審其機之所在 益加勉乎其本 而毋忽於安民善俗之要"(정구 서문)

24　『함주지』의 더 자세한 내용은 양보경(1981:4-7)을 참조하기 바란다.

25　이렇게 보면 마을 이름(방)도 이전의 것을 일부 손대었을 가능성이 크지만, 『함주지』에 그런 정보는 제공되어 있지 않다. 우리도 『함주지』 이전에 함안 지역의 마을 이름을 기록해 놓은 자료를 본 적이 없어, 『함주지』에 등장하는 마을 이름의 개편 여부까지는 알 방법이 없다. 그러나 『함주지』 이후에 등장하는 문헌인 『호구총수』(1789년), 『조선지지자료』(1911년 무렵), 『명칭일람』(1912년) 등에는 마을 이름이 등장하고 있어, 『함주지』 등재 마을과의 차이점을 살펴볼 수 있다.

47%를 차지하는 수치로서, 리 이름의 절반 정도를 개명했다는 결론에 이른다. 이제는 바뀐 리 이름과 왜 그렇게 바꾸게 되었을까 하는 점을 살펴보고자 한다. 이는 지금으로부터 약 450년 전이라는 비교적 멀지 않은 시기에 땅이름 개편이 일어난 것을 언어적으로 보여주고 있어, 두 땅이름 사이의 유연성을 살피는 데 좋은 참고가 된다고 믿기 때문이다. 변경 관련 내용을 정리하면 [표 2]와 같다.

[표 2] 『함주지』 소재 변경 전후의 리(里=面) 일람표

바뀌기 전	바뀐 뒤	현재의 행정구역
竝火谷	竝谷	艅航面
平箭	平廣	郡北面의 일부
山八	山足	郡北面의 일부
阿道	安道	郡北面의 일부
南山山	南山	郡北面의 일부
桃沙	白沙	伽倻邑의 일부
安尼大	安仁	山仁面의 일부
山法彌	山翼	山仁面의 일부

[표 2]에서 우선 주목되는 것은 세 가지 내용이다. 첫째는 바뀐 뒤의 이름이 모두 2음절로 되었다는 것이고, 둘째는 우리말 표기와 관련되는 한자 '阿, 尼' 등을 한문식 한자어 '安, 仁' 등으로 바꾸었다는 것이며, 셋째는 바뀌기 전과 바뀐 뒤의 땅이름에 공통적인 글자가 있다는 것이다. 첫째와 둘째 문제는(아마도 셋째도 포함하여) 시기는 달라도 근본적으로는 신라 경덕왕 때의 지명 개명 정신과 같은 것이라 할 수 있다. 그러나 이 두 가지 사실의 역(逆)은 성립하지 않는다. 바뀌지 않은 나머지 9개 리 가운데는 '比吏谷'과 같은 세 음절로 된 이름도 있고, '上, 下'와 같이 한 음절로 된 이름도 있어 첫째의 지적과 일치하지 않고,[26] 또 '比吏谷'의 '比'와 '吏' 역시

우리말을 적는 한자어와 관련되는 것이고 보면 위 두 번째 지적도 반드시 참이라 할 수가 없기 때문이다.[27]

이제는 [표 2]의 두 표기 사이에는 어떤 유연성이 있는가 하는 문제를 살펴보기로 한다. 변경 이전과 변경 이후에 각각 한 자(이상)씩 같은 한자로 적혀 있어, 그 자체가 이미 유연성을 갖고 있는 것이 사실이다. 그러나 우리는 겉으로, 즉 한자 자체로는 드러나지는 않지만, 더 많은 유연성이 있다고 믿는다. 필자가 확신하는 내용부터 정리하기로 하겠다.

3.1. 竝火谷 > 竝谷

이전의 땅이름 '竝火谷'에서 '불 화(火)' 한 자가 빠져 2음절짜리 리(=면) 이름이 된 것이 '竝谷'이다. '火'가 우리말 '블/불/벌'을 적는 차자 표기임은 이미 잘 알려진 사실이다. 넓은 벌판을 뜻하는 말로 많이 쓰이는데, 그 벌판에 마을이 들어서면 이 '블/불/벌'(火)은 마을 이름에 붙는 접미사의 역할을 하게 된다. '谷'은 뜻 그대로 '실' 또는 '골'로 읽히는 차자 표기이다. 산을 낀 골짜기에 마을이 들어서면 이 '실/골'(谷) 역시 마을을 나타내는 접미사 구실을 한다. '竝火谷'은 말하자면, 접미사 두 개가 중첩된 구조라서 그 하나를 버린 결과가 '竝谷'이라는 것이 우리의 생각이다. 『함주지』의 편찬자가 그곳을 벌판이 많은 곳이라기보다는 산(골짜기)이 많은 곳으로 생각한 결과가 '竝火谷 > 竝谷'으로의 개신을 한 것으로 믿어진다.

'竝'의 현대 한국어 훈에는 '아우르다, 나란히 하다, 견주다 함께하다' 등이 있다. 중세 한국어 '굶다'도 '竝'의 훈이다. 그리하여 훈민정음 언해본에서는 '竝書'을 '글바쓰기'라고 했던 것이다.[28] 그러면 '竝火谷'은 '글블/블

---

26 나머지 6개 리는 모두 2음절로 되어 있다.

27 나머지 8개 리는 모두 한문식 한자로 되어 있다.

28 이완수(2013)에서는, 『삼국사기』 권48 열전 제8에 '물계자(勿稽子)조'에 나오는 '葛

/벌실' 정도로 읽혔을 것이다.

3.2. 山八 > 山足

여기에서의 핵심은 '八'과 '足'의 대응이다. '八'은 중세 한국어에서 오늘
날과 같은 '팔'로 발음되었다.[29] 그러나 동국정운식 한자음 표기에서는 '밣'
로 되어 있어 애초 이 한자음의 첫소리는 예사소리였음을 알게 해 준다.
그런데 '足'은 "발 죡"(〈훈몽자회 상:15a〉)에서 알 수 있는 바와 같이, 중세
한국어 시기에도 '발'이었다. 따라서 표기상 '八 > 足'으로의 변개는 같은
발음에 대한 다른 표기, 즉 음독 표기에서 석독 표기로 바뀐 이상의 변화가
아니었다. 그러나 뒷날 우리는 석독의 전통을 잃어 버렸기 때문에 "뫼발'
또는 "산발'[30]에서 '산족'이라는 엄청난 발음 차이를 실감하지 않을 수 없
다. '발'은 중세 한국어에서 '足'의 뜻 말고도 '연모의 발 같은 부분'과 '기
슭, 아래 끝'이라는 뜻을 더 갖고 있었다. 여기에서 우리가 주목하는 것은
세 번째 뜻이다. 이 면이 산을 낀 산기슭에 자리 잡고 있었기 때문에 "뫼발'
또는 "산발'로 불렸을 가능성이 크다. '발'이 '기슭, 아래 끝'의 의미로 쓰인
예문을 보이면 다음과 같다.[31]

火城 전투'의 '갈화성'을 함안의 '竝火谷'으로 보고자 하는 견해를 피력하고 있다.(종
래는 주로 울산으로 보았다.) '竝'의 석 '굷'과 '葛火城' '葛'의 음이 등가인 점을
고려한 결과이다. 매우 흥미로운 주장이라 하겠다. 갈화성 전투 이야기는 『삼국유사』
권5 '避隱' 제8에 '물계자조'에도 나온다.

29 "八:여듦 팔"(〈훈몽자회 下:14b〉 참조.
30 정구가 함안군수로 부임하던 시기에는 "뫼발'에서 "산발'로 발음이 바뀌어 간 시기였
    는지도 모른다.
31 뜻풀이와 예는 1992년에 한글학회에서 펴낸 『우리말 큰사전』 권4(옛말과 이두) 5095
    쪽에서 따온 것이다.

(5) ㄱ. 太白山ㅅ <u>바래셔</u> 말ㅅ몰 듣ᄌᆞ와 仇池ㅅ 머리로 ᄆᆞᄅᆞᆯ 돌이놋다
(受詞太白脚 走馬仇池頭) 〈두시언해 초간본 7:8〉

ㄴ. 使者ㅣ 어즈러이 벼리 흗ᄃᆞᆺ ᄒᆞ고 님금 綱紀ᄂᆞᆫ 오히려 旗ㅅ 발
ᄃᆞ론 ᄃᆞᆺ ᄒᆞ도다 (使者紛星散 王綱尙旂綴) 〈두시언해 초간본
22:32-33〉

3.3. 桃沙 > 白沙

이 변개는 '桃'가 '白'으로 바뀐 것이 핵심이다. 얼핏 보아 공통점이 없어
보이는 이 두 글자 사이에도 석독과 음독을 고려해 보면 공통점이 있음을
알게 된다. 『훈몽자회』에서 '桃'는 "복셩화 도"로 나온다(上 6a). 여기에서
우리가 주목하는 것은 석독의 한 부분인 '복'이라는 발음이다. 같은 『훈몽자
회』에서 '白'은 "흰 빅"으로 풀이되어 있는데(中 14b), 여기에서 눈여겨볼
대목은 음독 '빅'이라는 발음이다. 한눈에도 '복'과 '빅'은 닮은 데가 있지
만, 이를 조금 더 풀어서 말하면 다음과 같다. 중세 한국어에서 '빅'에 있는
모음 'ㆎ'는 하향 이중모음의 하나로 그 발음은 [pʌjk]에 가깝다. 경남방언
에서 하향 이중모음은 활음 'j'가 탈락하여 [pʌk], 즉 '벅'으로도 발음되고,
본모음(여기에서는 'ʌ')이 탈락하고 활음이 'i'로 강화되어 [pik], 즉 '빅'으
로도 발음된다.[32] 예를 들어, 중세 한국어 '귀신'(鬼神)의 발음은 [kujsin]에
가까웠는데,[33] 활음이 탈락하면 [kusin], 즉 '구신'이 되고, 본모음(여기에서

---

[32] '희다'라는 의미를 가질 때는 'ㆎ'가 'ㅐ'에 합류하여 단모음화의 길로 접어들었지만
(그리하여 '빅 > 백'의 변화를 거쳤지만), 뜻과 관련 없이 음독(즉, 음차)자로 차자될
때는 '벅' 또는 '빅'으로도 얼마든지 사용되었을 가능성이 있다는 점을 지적해 둔다.
[33] '鬼神'에 대한 15세기 우리말은 절대 다수 '귓것'으로 나오고, '귀신'으로는 다음 한
예가 발견된다. '귀신'은 16세기 이후에 문헌에 자주 등장하는 말이기 때문이다. 〈보
기〉 귓거싁 어미도 護持호리이다 盟誓ᄒᆞ니 녀나믄 <u>귀신</u>을 아롤 ᄯᅵ니라 〈釋詳21:29a〉

는 'u')이 탈락하고 활음이 강화되면 [kisin], 즉 '기신'이 되는 것과 같은 현상이다.[34]

'·'가 16세기 이후 그 지위가 흔들리기 시작하여 'ㅡ, ㅏ, ㅗ'등 다른 모음에 합류한 것은 한국어 역사에서 유명한 일이다. '빅'에서 변한 '븍'이 '북, 박, 복'등으로 발음되는 것은 그리 어렵지 않은 일이었을 것이다. 그리하여 이 바뀐 '복'(←白)과 '복숭화'의 '복'은 소리가 서로 통할 수 있었고, 그 결과로 '桃沙 > 白沙'의 대치가 가능했을 것이다.[35] 현지인들은 '백새 [--], 도새[_-]'등의 발음을 하고 있는데, 전자는 '白沙'에 대한, 후자는 '桃沙'에 대한 발음일 것이다.

3.4. 山法彌 > 山翼

'山法彌'에 대해서는 두 가지 해석이 가능하다. 하나는 오늘날 여러 지역 방언에 남아 있는 '산배미'의 표기로 이해되는 것이고, 다른 하나는 '산골말(산골마을)'에 대한 표기로 보는 것이다.

전자의 해석을 따른다면, '山法彌'는 '山+法彌'로 분석된다. '法彌'로 표기된 '배미'는 오늘날 표준어 쪽으로는 '논배미'로 그 명맥을 유지하고 있지만, 여러 지역의 말들을 종합해 보면 다양한 어근 뒤에 붙는 접미사임을 알게 된다. '논, 산'이라는 [실체성]을 갖는 말 뒤에 붙어 '논배미, 산배미'와 같이 쓰이고, 위치를 나타내는 말 뒤에 쓰여 '윗배미, 아랫배미, 구석배미' 등으로 쓰이며, 그 밖에도 크기나 깊이에 따라 '큰배미, 진(長)배미' 등 참으

---

34 '구신[_-]'과 '기신[_-]'은 현재 경남방언에 다 쓰이고 있는 말이다.
35 '桃'가 '白'으로 바뀐 데에는 여러 가지 이유가 있었을 것이다. 복숭아나무가 귀신을 쫓는다는 속설에 따라 이 나무를 집에 심지도 못하고, 그 열매를 제상에 올리지도 못하는 풍속이 경남 일원에 널리 퍼져 있다. 제사를 중시하던 당시의 분위기로 볼 때, 이것은 '桃'자가 배제될 수 있는 이유의 하나가 될 법하다.

로 다양하게 쓰이고 있다. 이런 것을 참작하면, '배미'는 "구획된 어떤 범위"라는 의미를 지니는 말이었을 것으로 이해된다. 그러던 것이 점차 그 쓰임이 축소되면서 표준어에서는 '논의 한 구획진 부분'만을 가리키는 말로 굳어진 것이 아닌가 한다. '논빅미(논배미)'에 대한 『국한회어』(1895년)의 다음 증언도 눈여겨볼 만한 것이다.

(6) 논빅미(畓夜味) 〈국한 62〉

(6)의 '畓'은 '논배미 럽'로서 우리나라에서 만든 한자다. '畓'만으로 '논빅미'의 의미가 되지만, 혼란을 피하기 위해서 '夜(밤 야)-味(맛 미)'로써 '비미'를 추가적으로 알려주는 점이 흥미롭다는 것이다. 우리는 '빅미 > 배미'를 '夜味(바미 > 배미)'와 같은 방식으로 나타낸 또 다른 표기가 '法彌(버미 > 베미 > 배미)'라고 이해하고자 하는 것이다. '논빅미'는 『춘향전』 등 고전소설이나 그 판소리계 사설에도 이미 등장하고 있을 뿐만 아니라, '외빅미, 벙닉빅미' 등의 '-빅미' 용례도 나타나고 있음을 덧붙여 둔다.

'산배미'에 대한 방언의 의미는 다르게 나타난다. 우선은 '산배미'가 '산기슭'과 거의 같은 뜻으로 쓰이는 예가 많다. "<u>산배미</u> 밭 고추고랑속에 차양 달린 모자를 눌러쓴 할매들이 연일 고추따기에 바쁘고",[36] "부탄, 어느 <u>산배미</u> 밭에서 일하는 농부에게 물었다."[37] 등이 대표적인 예이다. '산배미'가 아예 '산비탈의 밭'이라고 뜻풀이하는 이도 있다.[38] 그런가 하면, 이 말을 '산꼭대기'로 해석하는 사람도 적지 않다. 한 블로거는 자신의 글에서 아예 '산배미'가 '산능선 꼭대기'임을 설명해 놓은 경우도 있으니, "한바탕 땀을 흘린 후 <u>산배미(산능선 꼭대기)</u>에 오르니 진달래나무들이 지천이

---

36 blog.daum.net/herbinn/16603371
37 blog.naver.com/ch113119/220250697091
38 blog.naver.com/hmjin80/120180548394

다."[39]가 그것이다. "호숫가 하늘 / 산배미 위의 등불 / 보고싶은 얼굴 / 가없는 그리움 / 바람이 분다"[40]는 시적 표현 형식을 빈 글인데, 여기에서 말하는 '산배미 위의 등불'은 "산꼭대기 위에 뜬 달"을 뜻한다.

위치가 기슭이든 꼭대기이든 '산'과 관련되는 '산배미'는 그것을 '일정한 한 구획'으로 설정했을 때 가능한 표현인 것으로 이해된다. 함안의 '山法彌 > 山翼'은 "조선시대에 산촌(山村)이라 불리"(함안문화원 2010:236)울 정도로 산이 많은 지역이다.

후자의 해석, 즉 '山法彌'를 '산골말(산골마을)'에 대한 표기로 볼 근거도 있다. '法'에는 '꼴'(모양)이라는 훈이 있는데, '꼴'의 중세 한국어는 '골'이었다. '法'이 '골'로 읽힐 수 있는 근거이다. '彌'에는 '그치다'라는 훈이 있는데(그칠 미), '그치다'는 금지를 뜻하는 '말다'와 통하는 말이다. '그칠'을 '말'로 대치하면 '彌'는 '말', 즉 '마을'로 해석될 여지가 충분히 있다. 그렇게 되면 '山法彌'는 '산골말', 즉 '산골마을'에 대한 차자 표기가 되는 것이다.[41]

이제는 『함주지』에서 '法彌'가 어떻게 '翼'으로 대체될 수 있었을 것인가 하는 점을 생각해 보기로 한다. '翼'을 이전의 '法彌'가 갖는 발음과 관련 없이, 심상(心象)에 따라 말 그대로 '날개'로 이해한 것이라면, '山法彌'를 '산골말'보다는 '산배미'의 해석이 더 잘 어울린다는 것이 우리의 생각이다. 왜냐하면, '배미'라는 일정한 공간을 '날개'에 비유하는 일은 얼마든지 가능할 것이기 때문이다. 이 문제는 더 이상 천착하지 않기로 한다.

---

39 blog.naver.com/law1999/40095183825
40 blog.naver.com/edencom59/220499729576
41 이 해석은 함안문화원(2010:237)을 크게 참고한 것이다.

3.5. 安尼大＞安仁

이 변개 과정을 추적하는 일은 쉽지 않다. 함안문화원(2010:231)에는 예전에 '安尼大'를 '안닐대' 또는 '안니대'로 불렀다고 증언하고 있고, 같은 책 237쪽에는 '尼大'를 중세 한국어에 '잘(善), 좋이(好)'의 뜻을 지니는 말에 '이대'와 결부시키고도 있다는 점을 덧붙여 둔다.

3.6. 阿道＞安道

'阿道＞安道'의 변화가 주목되는 것은, 함안을 뜻하는 이전 말 가운데 '阿'와 '安'을 포함하는 표기가 있다는 사실 때문이다. 이와 관련된 자세한 내용은 제2장으로 돌리고 여기에서는 핵심적인 부분만 정리하기로 한다. '阿道'는 '阿尸道'의 생략이며, 그것은 '앗길＞앳길'에 대한 표기인 것으로 볼 수 있다.[42] '앗길＞앳길'은 "제일 큰 길 다음으로 큰 길"의 뜻으로 보이는데, 그 내용은 현지 답사와 증언을 통해 확인해야 할 문제일 것이다.

3.7. 南山山＞南山

얼핏, '南山山'이라는 표기는 이해가 가지 않는 듯이 보인다. '山'에 또 '山'이 중첩되는 구조를 보기가 쉽지 않기 때문이다. 그러나 '南山'을 '앞뫼'와 같은 토박이 이름으로 부른 것이 또 다른 '山'자를 오게 한 것이 아닌가 한다. 즉, '뫼'가 우리말에서 사라지자 '뫼'를 모르는 언중들이 여기에 다시 '山'을 첨가하여 '앞뫼산'으로 부르고 그 결과가 '南山山'으로 표기되었을 가능성이 있다는 것이다. '뫼'의 존재를 모르던 시기에 '남산산'은 이상한

---

42 '앳길'이라는 말의 존재에 대한 증언은 함안문화원(2010:104)를 참조하기 바란다.

발음이 되기 때문에 여기에서 '山' 하나를 제외한 것이 '南山'일 것으로 생각된다.

3.8. 平舘＞平廣

'舘'이라는 글자가 있는 것으로 보아 이전에 객사가 있은 것은 아닌지 의심스러운 곳이다. 세월이 흘러 객사의 전설이 사라진 뒤, 정구가 '舘'과 발음이 비슷한 '廣'으로 이름을 바꾼 것으로 생각된다.

4. 면 이름 변천의 역사

2018년 9월 말 현재, 경상남도 함안군은 2개 읍, 8개 면, 88개 법정리, 255개 행정리(마을)로 구성된 지방자치 행정구역의 하나다. 이를 정리하면 [표 3]과 같다.

[표 3] 함안군 법정리와 행정리(2018년 9월 말 현재)

분류＼읍면	伽倻邑	漆原邑	咸安面	郡北面	法守面	代山面	漆西面	漆北面	山仁面	艅航面	모두
법정리	11	10	6	17	9	8	9	7	7	4	88
행정리	45	34	22	38	23	22	25	16	20	10	255

[표 3]에 정리된 읍면 이름은, 우리나라의 행정구역이 일제에 의해 강제로 재조정된 1914년 3월 1일 조처가 그 근원이다.[43] 이를 흔히 '1914년 대개

---

43 총독부령 제111호 '도의 위치, 관할구역 및 부군 명칭, 위치, 관할구역'이 공포된 것은 1913년 12월 29일이었고, 그 시행은 이듬해 3월 1일부터였다.

편'이라 부른다. 이 개편의 결과, 현재 함안군의 10개 읍면 이름 중 예전 우리 정부가 지은 이름은 '대산, 칠원, 칠서, 칠북' 네 개뿐이고, 나머지 6개 는 모두 일제가 어떤 형태로든 손을 댄 것이다. 이 가운데 '칠원읍, 칠서면, 칠북면'은 원래 함안군과는 행정구역이 달랐던 칠원현(漆原縣) 소속의 면이 었는데, 1908년에 함안군에 편입된 것이다.[44] 이보다 2년 앞선 1906년에는 당시 진주군 소속이었던 상봉면(上奉面), 하봉면(下奉面), 상사면(上寺面) 등 3개 면이 함안군으로 이속되었으나,[45] 1914년의 대개편 때 이 3개 면은 다시 진주군으로 환속되었다. 함안군 소속 면 이름이 어떻게 바뀌어 왔는지 를 여러 문헌에 기록된 것을 중심으로 하여 정리하기로 한다.

4.1. 『함주지(咸州誌)』(1587년)[46]

『함주지』에는 '면(面)'의 개념에 해당하는 용어가 '리(里)'로 나타나 있 고, 오늘날 '리'(마을)에 해당하는 용어는 '방(坊)'으로 나와 있다. 모두 17 개 리에 148속방(屬坊)이 등재되어 있으니, 오늘날로 치면 17개 면에 148 개 리(마을)가 있다는 뜻이다. 이 148개 마을은 오늘날로 치면, 법정리인 동시에 행정리였다. 행정동의 기원은 일제 강점기에서 비롯하기 때문이 다.[47] 그런데 이 17개 리 가운데서 약 반수에 해당하는 8개 리의 이름이

---

44 칙령 제69호 '府郡廢合에 관한 件'(1908년 9월 14일 공포 및 시행)에 따른 것이다. 함안문화원(2010:42)에는 이를 1906년 9월 14일 칙령 제96호라고 적었으나, 이는 1908년 9월 14일 칙령 제69호의 잘못이다(송병기 등 편저 1971나:326-327 참조).

45 칙령 제49호 '地方區域整理件'(1906년 9월 24일 공포 및 시행)에 따른 것이다. 함안 문화원(2010:42)에는 이를 1906년 9월 14일 칙령 제96호에 의한 결과라고 적고 있으나, 이는 1906년 9월 24일 칙령 제49호의 잘못임을 지적해 둔다(송병기 등 편저 1971가:170-179 참조).

46 『함주지』에 대한 간단한 설명은 제3장에서 이미 해 두었다.

47 이에 대한 보다 자세한 언급한 김정대(2011:106-107)을 참조하기 바란다.

『함주지』 편찬 일 년 전에 바뀐 것이다. 정구 군수의 입장에서 볼 때, 이전 이름을 뭔가 석연찮은 것으로 여겨 지방 유지들과 의견을 나눈 뒤 새롭게 고쳤을 것이다. 이 문제는 제3장에 이미 자세히 다룬 바 있다.

『함주지』 소재 17개 리(=면)를 실린 순서대로 정리하면 다음과 같다.[48]

> (7) 上里, 下里, 竝谷里(←竝火谷里), 比吏谷里, 大谷里, 平廣里(←平
> 舘里), 山足里(←山八里), 竹山里, 安道里(←阿道里), 南山里(←南
> 山山里), 牛谷里, 白沙里(←桃沙里), 馬輪里, 大山里, 代山里, 安仁
> 里(←安尼大里), 山翼里(←山法彌里)

4.2. 『여지도서(輿地圖書)』(1757~1765년)

영조 33년(1757년)~영조 41년(1765년)에 전국 각 군현에서 편찬한 313개의 읍지·영지·진지에 지도를 더하여 모은 전국 읍지가 『여지도서』이다.[49] 함안 관련 내용은 '김해진관(金海鎭管) 함안군'과 '김해진관 칠원현'에 들어 있다. '방리'(坊里)조에 전국의 면 단위 행정구역 이름은 필수적으로 들어가 있고, 도에 따라 마을 이름까지 적혀 있는 경우도 있다. 예를 들어, 경기도·충청도·평안도 등은 마을 이름까지 나와 있고, 경상도·전라도·함경도는 마을 이름이 없으며, 강원도와 황해도는 마을 이름이 있는 경우도 있고 없는 경우도 있어, '방리' 편찬 원칙과 관련된 당시 도백의 지침이 있었던 것으로 보인다.

당시 함안군 소속 면에 대한 『여지도서』의 기록은 『함주지』의 그것과 큰 차이가 없다. 정구 때 바뀐 면 이름이 그대로 쓰이고 있어, 『여지도서』

---

48 '←'로 표시된 것이 이전 지명에서 새로 바뀐 것이다.
49 『여지도서』에 대한 자세한 설명은 최영희(1973)을 참조하기 바란다.

편찬자들이 직·간접적으로 『함주지』를 참조했음을 확인할 수 있다. 그러나 부분적인 차이도 발견되는 바, 하리(下里)에서 산내면(山內面)과 산외면(山外面)이, 대산리(代山里)에서 내대산면(內代山面)과 외대산면(外代山面)이 새롭게 분화되었고, '평광리(平廣里)에 해당하는 면이 기록되어 있지 않다는 것이 그것이다. 그리하여 『여지도서』에 이름을 올린 면은 모두 18개가 된다.

1908년에 함안군에 편입된 칠원현(칠원군)[50] 소속 면에 대한 『여지도서』의 기록은 '현상리면(縣上里面), 서면(西面), 북면(北面), 구산면(龜山面)'이었다. 『함주지』의 '상리(上里)'에 '현(縣)'자가 접두된 것이 다른 점이다.

4.3. 『호구총수(戶口總數)』(1789년)

『호구총수』는 조선시대 한성과 각 도의 호수와 인구수를 기록한 호구 통계 기록이다. 편찬자는 미상이나, 한성부의 초기(草記)를 바탕으로 1789년(정조 13)에 편찬된 것으로 추정된다. 이 책은 특정 시기이지만 전국 각 방면의 호구 수를 일람해 상호 비교할 수 있는 귀중한 자료이다. 전국의 마을 이름이 기록된 최초의 책이라는 의의도 가진다.[51]

『호구총수』에는 모두 20개의 면이 당시의 함안군에 존재했음을 증언해 주고 있다. 이 숫자는 『함주지』의 경우보다 3개, 『여지도서』의 것보다 2개가 많은 것인데, 우곡리(牛谷里)에서 우곡면(牛谷面)과 춘곡면(春谷面)이 분화되어 있고, 『함주지』에는 있었으나 『여지도서』에는 없었던 '평광리(平廣里)'가 『호구총수』는 '구대곡면(舊大谷面)'[52]이라는 이름으로 등장해 있

---

50 그 가운데 구산면은 1906년 9월 24일자(칙령 제49호 '地方區域 整理件')로 다른 3개 면에 앞서 당시 창원부에 편입되었다.

51 『호구총수』에 대한 자세한 설명은 양보경(1996)을 참조하기 바란다.

52 '구대곡면'이 『함주지』의 '평광리'라는 증거는, 『경남도읍지』의 '平廣'과 『영남읍지』

다는 것이 그 내용이다. 『함주지』의 대산리가 내·외대산면으로 나뉜 것은 『호구총수』에서도 확인할 수 있지만, '대산'의 '대'자가 '代'에서 '垈'로 바뀌어 있다는 점은 다르다. 춘곡면에 대해서는 의문이 가는 바가 적지 않다. 춘곡면은 면 이름으로는 등재되어 있으면서도 그 아래 마을 이름이 없고, 그러면서도 호수와 구수(口數)는 기재되어 있어 궁금증을 자아낸다. '춘곡'이라는 이름은 『함주지』에서 우곡면에 속하는 마을 이름인 '춘곡역(春谷驛)'으로 나오고, 그 이후의 문헌에서도 우곡면에서 속하는 마을 이름으로 기재되어 있어, 면으로서의 지위는 박약했던 것으로 보인다.

『호구총수』에는 동면(東面), 서면(西面) 등 방위에 따른 4개의 면이 있어 주의가 요망된다. 방위에 따른 면 이름은 당시 함안군의 면 이름이 아니라, 어떤 면들이 동쪽에 있다는 식의 방향 지시일 뿐이기 때문이다. '남면'만 이런 혼란을 상대적으로 덜 주고 있을 뿐이고, 나머지 3개 면인 동면·서면·북면의 경우를 보면 이것이 마치 면 이름 같이 기재되어 있어 주의해야 한다는 것이다. 우리는 이런 점을 감안하여 [표 4]에서 이 두 가지 '면'에 대한 구별을 해 두었다. 함안군 소속 면 이름을 방위로 구분한 것은 『호구총수』가 유일하다. 이런 면에서 볼 때, 『호구총수』는 『여지도서』와는 다른 계열의 문헌이라 할 만하다.[53]

칠원현(칠원군) 소속 면에 대한 『호구총수』의 기록은 '상리면(上里面), 서면(西面), 북면(北面), 구산면(龜山面)' 등 네 개의 면으로 되어 있다.

(1871년, 1895년)의 '舊大谷'이 같은 지역에 대한 다른 이름이라는 데서 찾을 수 있다.

53 위에서 언급한, '춘곡면'의 독립과 '구대곡면'이라는 이름의 존재, '垈'자의 특이성 등도 『호구총수』가 『여지도서』 등 이전의 문헌과는 차별 나는 것임을 알게 해 준다.

4.4. 『경상도읍지(慶尙道邑誌)』(1832년 무렵)

이 책자는 순조 때인 1832년 무렵에 편찬된 경상도지지이다. 경상도 관찰사의 명령에 따라 각 군현에서 편찬한 읍지를 경상도 감영에서 수취·장책한 읍지인데, 경상도 71개 읍을 전 20책으로 구성하고 있다.[54] 본래의 함안군 관련 자료는 '김해진관 함안군'에 들어 있고, 칠원현 자료는 '김해진관 칠원현'에 들어 있는데, 면의 이름과 개수는 『여지도서』나 『호구총수』와 거의 같다. 그러나 『함주지』의 '평광리'가 '평광'이라는 이름으로 다시 등장하는 것은 이채롭다 할 것이다. 이 면의 이름이 『여지도서』에서는 사라졌다가, 『호구총수』에서는 '구대곡면'이라는 이름으로 실리게 되었다는 점은 앞에서 언급한 바 있다. 칠원현의 경우도 면 구성 자체가 달라진 것은 없지만, 『호구총수』의 '상리면'이 『여지도서』의 이름처럼 '현상리면'으로 기재되어 있다는 차이가 있다.

4.5. 『영남읍지(嶺南邑誌)』(1871년, 1895년)

『영남읍지』는 1871년과 1895년에 간행된 것이 있지만, 보다 자세한 것은 1895년판이다. 1871년판은 양식면에서 볼 때 1832년 무렵에 나온 『경상도읍지』와 1895년에 나온 『영남읍지』의 중간적인 위치에 속하는 것인데, 그 이전의 읍지를 그대로 전사한 것이기 때문에 사료로서의 가치가 적다는 것이 단점으로 지적되고 있다(양보경 1981:15-16). 1895년판 『영남읍지』는 1832년 무렵에 나온 『경상도읍지』와 함께 영남 향토사를 연구하는 데 귀중한 자료로 활용된다. 이 책자의 가장 큰 특징은 거의 모든 읍마다 '읍 사례'(邑事例)가 부록되어 있다는 점이다. '읍 사례'에는 6방(六房)을 근간

---

54 『경남도읍지』에 대한 자세한 내용은 양보경(1981)을 참조하기 바란다.

으로 하여 재정에 관한 모든 비용이 기록되어 있다.[55]

두 책자 모두 '김해진관 함안군'과 '김해진관 칠원현'에 오늘날 함안군 관련 내용이 실려 있다. 면 단위 이름과 관련해서는, 『함주지』의 '평광리'가 '구대곡'으로 실려 있다는 점, 칠원현의 '상리면/현상리면'이 '상리면'으로 기재되어 있다는 사소한 차이점 외에는 『경남도읍지』 읍지의 그것과 차이가 없다.

4.6. 『조선지지자료(朝鮮地誌資料)』(1911년 무렵)

지금까지 소개한 자료와 앞으로 소개할 자료에 비하여 『조선지지자료』는 상대적으로 생소한 문헌이다. 이 책자는 일제의 임시토지조사국(臨時土地調査局)에서 조사한 자료를 1919년(대정 8년)에 공식적으로 발간한 것이지만, 그 내용으로 보면 1911년 무렵의 내용이라서 우리는 이를 '1911년 무렵'으로 표시해 두었다. 1914년 대개편의 내용이 들어 있지도 않고, 그 직전의 우리나라 전 지역의 행정구역에 대한 조사이기 때문이다. 일제는 구한말 우리나라의 행정 조직을 면밀히 조사해 두었는데, 그것이 행정구역 대개편을 염두에 두고 한 것인지 다른 목적으로 한 것인지에 대해서 필자는 아직 아는 바가 없다. 필자가 아는 것은, 1910년을 전후하여 일제가 대대적으로 두 종류의 행정구역 이름을 조사했다는 사실이다. 하나는 여기에서 다루는 『조선지지자료』이고, 다른 하나는 곧 이어 소개할 『구한국 지방행정구역명 칭일람(舊韓國 地方行政區域名稱一覽)』이다.[56] 결과적으로는, 1914년 대개편에 일제가 참고한 문헌은 후자인데, 그렇다면 전자 즉 『조선지지자료』의 조사 목적은 다른 데 있었다고 할 수 있다.

---

55 두 『영남읍지』에 대한 자세한 설명은 양보경(1981)을 참조하기 바란다.
56 줄여서 『명칭일람』으로 부르기로 한다.

『조선지지자료』는 여러 면에서 주목해야 할 책자라는 것이 우리의 생각이다. 그것은 1910년 전후의 우리나라 면명(面名), 동리촌명(洞里村名) 등 행정구역 이름을 잘 조사해 두었을 뿐만 아니라, 산곡명(山谷名), 야평명(野坪名), 강천계간명(江川溪澗名), 역명(驛名), 시장명(市場名), 주막명(酒幕名), 제언보명(堤堰洑名), 영치현명(嶺峙峴名), 고적명소명(古蹟名所名), 고비명(古碑名), 토산명(土産名), 성보명(城堡名) 등도 잘 조사·기록해 두었기 때문이다. 특히, 눈에 띄는 것은 한자식 표기에 대한 우리말식 이름이 있을 (조사했을) 경우에는 '언문(諺文)'이라는 이름 아래 그것을 밝혀 두었다는 사실이다.

함안군의 경우, 마을 이름, 즉 '동리촌명'을 정리해 놓은 것에도 눈여겨볼 대목이 있으니, 그것은 오늘날로 치면 법정리와 행정리에 해당하는 구별을 분명히 해 놓은 대목이다. 즉, 법정리에 해당하는 경우에는 '리(里)'라는 이름으로, 행정리에 해당하는 경우에는 '촌(村)'이라는 이름을 붙여, 어떤 '리' 아래에 어떤 '촌'이 있었는지를 쉽게 이해할 수 있도록 배려해 놓았다는 것이다. 이 점은 이전의 전통 인문 지리서에서 간과한 것이었는데, 『함주지』와 『호구총수』 같은 경우는 법정리·행정리라는 개념 없이 마을만 있으면 그것을 구별 없이 기록하는 체제였던 반면에, 『경상도읍지』 이후에는 결과적으로 법정리만 정리하고 행정리에 해당하는 마을 이름은 기록하지 않았던 것이다. 이런 정보를 우리는 함안군 가야읍을 대상으로 뒤(제5장)에서 제공할 것이다.

『조선지지자료』에 등장해 있는 면 이름이 이전의 『경상도읍지』, 『영남읍지』 등에 비해 달라진 곳은 한 군데 있으니, 그것은 '대곡면'과 '구대곡면(또는 평광리)'이 '대곡면'으로 통합된 점이다. 구산면을 제외한 이전의 칠원현은 1908년에 함안군에 통합되었기 때문에, '경상남도 함안군'이라는 이름으로 행정구역 이름이 나온다. 진주군에 속했던 세 개의 면, 즉 상봉면, 하봉면, 상사면이 1906년에 함안에 귀속되었기 때문에 그 정보도 여기에 나온다는 점을 덧붙여 둔다.

이전의 칠원현(칠원군)에 속했다가 함안군에 편입된 세 개의 면 이름은 이제 '칠(漆)'자를 접두한 '칠원면(漆原面), 칠서면(漆西面), 칠북면(漆北面)'이라는 이름으로 등장한다. 예전의 칠원군 지역이 1908년에 함안에 귀속될 때 면 이름도 이렇게 바뀐 것으로 보인다.[57]

4.7. 『구한국 지방행정구역명칭일람(舊韓國 地方行政區域名稱一覽)』(1912년)

1912년에 조선총독부에서 낸 전국 행정구역 명칭집이다. 1913년 12월 29일자로 공포되고 1914년 3월 1일자로 시행된 대대적인 행정구역 통폐합이 있기 이전에 나온 책자이기 때문에, 그때 당시 우리나라의 주요 행정구역은 물론, 구체적인 마을 이름까지 실려 있어 많은 도움이 된다. 당시 일제에 의한 의도적인 행정구역 조작은 없었고 사실에 입각한 정리이다. 함안 관련 행정구역 이름은 703~707쪽에 나와 있는데, 면 이름은 『조선지지자료』의 그것과 조금도 다르지 않다.

4.8. 『신구대조 조선전도부군면이동명칭일람(新舊對照朝鮮全道府郡面里洞 名稱一覽)』(1917년)[58]

일본 사람인 越智唯七이 우리나라 전도의 행정 명칭을 1914년의 행정구역 통폐합 이전의 것과 이후의 것을 대조하여 1917년에 편찬한 책이다. 조선총독부에서 1912년에 낸 위 책자와 짝을 이루는 것이라고 할 수 있다. 1914년의 조처로 전국의 군은 317군에서 220군으로 조정되었고 마을 이름

---

57 그러나 면 이름에 '칠'자를 앞세운 것에 대한 정확한 기록을 필자는 확보하지 못하고 있다.

58 줄여서 『신구대조』라 불러 둔다.

도 대폭 감소하였는데, 현재의 행정구역은 이때 조정된 것을 근간으로 하고 있다. 그 이전 구역과 이후의 구역을 대조하고 있어 도움이 된다. 함안 관련 지명은 경상남도 '함안군'(638~641쪽)에서 확인할 수 있다. 대대적인 행정구역 이름의 개편이 있었고, 이 일제에 의한 개편의 결과가 오늘날 우리나라 행정구역 이름이 되었다는 서글픈 사실을 지적하지 않을 수 없다. 이때 바뀐 면 단위 행정구역 이름은 다음과 같다.

- 가야면(伽倻面)[59]: 이전의 산외면(山外面), 우곡면(牛谷面), 백사면(白沙面)
- 대산면(代山面): 외대산면(外代山面), 내대산면(內代山面)
- 법수면(法守面)[60]: 마륜면(馬輪面), 대산면(大山面)
- 죽남면(竹南面)[61]: 남산면(南山面), 죽산면(竹山面), 산족면(山足面)
- 군북면(郡北面)[62]: 안도면(安道面), 대곡면(大谷面)
- 여항면(艅航面)[63]: 병곡면(竝谷面), 비곡면(比谷面)

---

59 '아라가야(阿羅伽倻)'의 옛 터라는 뜻에서 '가야면'으로 명명했다고 한다(함안문화원 2010:53 참조).

60 '법수산(法守山)'에서 따온 이름이라고는 하나 여러 유래설이 있다(함안문화원 2010: 53 참조).

61 '죽남면(竹南面)'에서 '죽(竹)'을, '남산면(南山面)'에서 '남(南)'을 따서 지은 이름이다.

62 '군북면(郡北面)'이라는 이름은, 우리로 하여금 이 면이 함안군성(咸安郡城)의 북쪽에 있기 때문에 지어진 이름인 것으로 오인하게 만든다. 그러나 이는 사실이 아니다. 이 면은 군성의 정서쪽에 위치해 있기 때문이다. '군북'의 본말은 '궁북(宮北)'인데, '궁북'은 이 지역이 옛 가야궁성(伽倻宮城)의 뒤쪽에 위치하여 있었기 때문에 지어진 것이다. '궁북장(宮北場)'을 이 지역 사람들이 '궁뒤장'으로 발음하는 데서 '북(北)'을 '뒤'의 뜻으로 이해했음이 드러난다. 아라가야의 고토를 생각나게 하는 이 이름을 일제가 교묘하게 왜곡하여 발음이 비슷한 '군북면'으로 고쳤다고 보는 것이 옳을 것이다(함안문화원 2010:100-101 참조).

63 '여항산(艅航山)' 이름을 따서 그렇게 부르게 되었다고 한다(함안문화원 2010:251 참조).

- 읍내면(邑內面)[64]: 상리면(上里面), 산내면(山內面)
- 산인면(山仁面)[65]: 산익면(山翼面), 안인면(安仁面)

그러나 이전 칠원현 소속 3개 면인 칠원면(漆原面), 칠서면(漆西面), 칠북면(漆北面)은 같은 이름으로 남게 되었다. 그리하여 이 조처로 함안군은 모두 11개의 면으로 재편되었다.

4.9. 1914년 대개편 이후

1914년 대개편 이후 함안군 소속 면 단위 행정구역의 큰 변동은 1933년에 한 번 있었다. 죽남면(竹南面)이 군북면(郡北面)에 흡수되어 그 이름을 역사 속에만 남긴 일이 그것이다. 행정구역 이름이 부분적인 바뀐 일도 있었으니, 읍내면이 1918년에 함안읍(咸安邑)으로, 가야면(伽倻面)이 1979년 5월 1일자로 가야읍(伽倻邑)으로, 칠원면(漆原面)이 2015년 1월 1일자로 칠원읍(漆原邑)으로 승격한 것이 그것이다. 이것은 일정한 요건이 갖춰져 면이 읍이 된 결과에 따른 것이다. 1914년에 여항면의 한 부분을 이루었던 비곡면(比谷面)이 1989년 1월 1일자로 당시 의창군(義昌郡) 진전면(鎭田面)에[66] 소속되어 면의 크기가 크게 줄어들었다는 점도 지적해 둔다.

지금까지 기술한 내용을 정리하면 [표 4]와 같다.

---

64 옛날 향교가 위치한 곳을 읍이라 일컬었는데, 그곳에 향교가 있어 '읍내면'으로 불렀다고 한다(함안문화원 2010:81 참조).

65 '산익면(山翼面)'에서 '산(山)'을, '안인면(安仁面)'에서 '인(仁)'을 따서 지은 이름이다.

66 그 뒤 진전면은 창원군(昌原郡. 1991~1994), 마산시(馬山市. 1995~2010.6.30.)를 거쳐 현재는 통합 창원시(昌原市) 마산합포구(馬山合浦區) 소속이 되었다.

[표 4] 경상남도 함안군 면 단위 행정구역 이름 변천의 역사

咸州誌 (1587년)	輿地圖書 (1757~1765년)	戶口總數 (1789년)		慶尙道邑誌 (1832년경)	嶺南邑誌 (1871년, 1895년)	朝鮮地誌資料 (1911년경), 名稱一覽 (1912년)	新舊對照 名稱 (1917년)	일제강점기	해방이후	현재 (2018년 9월 말)	비 고
金海鎭管 咸安郡	慶尙道 咸安			金海鎭管 咸安郡	金海鎭管 咸安郡	慶尙南道 咸安郡	慶尙南道 咸安郡	慶尙南道 咸安郡	慶尙南道 咸安郡	慶尙南道 咸安郡	
下里[67]	山外面	東面	山外面	山外	山外	山外面	伽倻面	伽倻面	伽倻邑 (1979년)	伽倻邑	阿羅伽倻의 옛 터라는 뜻에서 '가야면'으로 명명.
牛谷里	牛谷面	北面	牛谷面	牛谷	牛谷	牛谷面					
			春谷面								
白沙里	白沙面		白沙面	白沙	白沙	白沙面					
代山里	外代山面		(外岱山)	外代山	外代山	外代山面	代山面	代山面	代山面	代山面	'外代山面'과 '內代山面'을 통합.
	內代山面	東面	內岱山	內代山	內代山	內代山面					
馬輪里	馬輪面	北面	馬輪面	馬輪	馬輪	馬輪面	法守面	法守面	法守面	法守面	法守山의 이름을 따서 명명.
大山里	大山面		(大山)	大山	大山	大山面					
南山里	南山面		南山面	南山	南山	南山面	竹南面	郡北面 (1933년)	郡北面	郡北面	竹山+南山=竹南
竹山里	竹山面	西面	竹山面	竹山	竹山	竹山面					
山足里	山足面		山足面	山足	山足	山足面	郡北面				
安道里	安道面		安道面	安道	安道	安道面					
大谷里	大谷面		新大谷面	大谷	大谷	大谷面					'궁(宮)'의 뒤를 뜻하는 '궁북(宮北)'을 일제가 왜곡하여 만든 이름임.
平廣里			舊大谷面	平廣	舊大谷						
苙谷里	苙谷面	南面	苙谷面	苙谷	苙谷	苙谷面	鵂航面	鵂航面	鵂航面	鵂航面	이전 比谷面은 1989년 이후부터 현 창원시 소속이 됨.
比吏谷里	比谷面		比谷面	比谷	比谷	比谷面	鵂航面	鵂航面	鵂航面	昌原市	
上里	上里	南面	上里面	上里	上里	上里面	邑內面	咸安面 (1918년)	咸安面	咸安面	향교가 있던 곳이었다는 데서 명명.
下里[68]	山內面		(山內)	山內	山內	山內面					
山翼里	山翼面	東面	山翼面	山翼	山翼	山翼面	山仁面	山仁面	山仁面	山仁面	山翼+安仁=山仁
安仁里	安仁面		安仁面	安仁	安仁	安仁面					
金海鎭管 漆原縣	慶尙道 漆原		金海鎭管 漆原縣	金海鎭管 漆原縣		慶尙南道 咸安郡	慶尙南道 咸安郡	慶尙南道 咸安郡	慶尙南道 咸安郡	慶尙南道 咸安郡	
縣上里面	上里面		縣上里面	上里面	上里面	漆原面	漆原面	漆原面	漆原面	漆原邑 (2015년)	'龜山面'을 제외한 이전 漆原縣의 3개 면은 1908년에 咸安郡에 편입됨.
西面	西面		西面	西面	西面	漆西面	漆西面	漆西面	漆西面	漆西面	
北面	北面		北面	北面	北面	漆北面	漆北面	漆北面	漆北面	漆北面	
龜山面	龜山面		龜山面	龜山面	龜山面	1906년에 昌原府 龜山面이 됨.					

67, 68 『戶口總數』 등의 山內面과 山外面은 『咸州誌』의 下里에서 나눠진 것이다. 도표에서 下里가 두 군데로 분리되어 있는 것은 1914년도 조처 때 산내면과 산외면이 각각 다른 면으로 통합된 것을 보이기 위한 것이다.

5. 가야읍 소속 마을 이름 변천의 역사

현전하는 것 가운데, 함안군 소속 마을 이름이 최초로 기록된 자료는 아마도 『함주지』일 것이다. 일제에 의한 1914년 대개편 때 새롭게 등장한 면 이름의 하나인 '가야면(伽倻面)'은 『함주지』의 하리(下里) 중 산외(山外) 지역, 우곡리(牛谷里), 백사리(白沙里)라는 세 개의 리(=면)가 통합한 결과였다. 어느 시점 이후부터 『함주지』의 '리'는 '면'이라는 말로 바뀌고, 하리의 산외 지역은 산외면(山外面)으로 이름이 바뀌었기 때문에, 일반적으로 가야면은 산외면, 우곡면, 백사면이 통합한 것으로 기술되었다. 그러다가 1971년에 대산면(代山面) 소속의 산서리(山西里)가 당시 가야면으로 편입됨으로써,[69] 오늘날 가야읍은 네 개의 면이 통합하여 이루어진 모양새를 갖추게 되었다. 가야면이 1979년 이후 가야읍으로 승격하여 오늘에 이르고 있음은 앞에서 본 바와 같다.

여기에서는 가야읍 소속 마을 이름이 어떻게 바뀌어 현재에 이르렀는지를 살펴보고자 한다. 기술 방법은 마을 이름이 실린 소중한 문헌들인 『함주지』(1587년), 『호구총수』(1789년), 『조선지지자료』(1911년 무렵), 『구한국 지방행정구역명칭일람』(1912년), 『신구대조 조선전도부군면이동명칭일람』(1917년)에 등장하는 마을 이름들을 대조하면서 그 변천 과정을 살피는 것이지만, 그 중심에는 『함주지』를 두기로 한다.[70]

『함주지』에 등재된 마을 이름을 리(=면)별로 정리하면 다음과 같다.

---

69 그때 편입된 산서리는 『호구총수』 등의 외대산면에 속해 있었다. 『함주지』에는 그냥 '代山里'만 나오고, 거기에 모두 16개의 속방이 기재되어 있다. 뒷날 외대산면에 소속하게 되는 마을 이름도 분명치 않거니와, 더구나 『조선지지자료』에서부터 그 이름이 보이는 산서리에 속하는 마을 이름을 가리기는 쉬운 일이 아니다. 그러나 (8리)에 정리된 마을은 분명히 산서리에 속하는 것이다.

70 『여지도서』, 『경상도읍지』, 『영남읍지』 등에는 함안군 소속 마을 이름이 등재되어 있지 않다. 그러나 『경상도읍지』와 『영남읍지』에는 '속방 삼(屬坊 三)'과 같은 방법으로 어느 면에 '방', 즉 마을이 몇 개 있었다는 정보는 제공하고 있다.

(8) ㄱ. 하리(下里) 중 산외 지역: 上黔巖, 下黔巖, 牛巖, 放牧村, 東末
伊山, 東陶項村, 廣井 (7개 坊〈마을〉)

ㄴ. 우곡리(牛谷里): 舌谷, 引谷, 新村, 春谷驛, 刀音谷, 西陶項村,
西末伊山 (7개 방)

ㄷ. 백사리(白沙里): 望慈庵洞, 大所洞, 伽倻峴, 西南洞, 本法洞,
多邑峴, 長命谷 (7개 방)

ㄹ. 대산리(代山里): 梨木谷

이 이름 가운데서 오늘날 법정리 이름으로 남아 있는 것은 '黔巖(→儉岩),
末伊山(→末山), 廣井, 舌谷, 春谷, 伽倻' 등 6개 마을이고, 이 밖에『명칭일
람』(1912년)에까지는 이름을 올린 것에는 '新村, 刀音(→都音)' 등 2개 마
을이 더 있다. 나머지 이름들은 법정리 이름으로는 아니지만 행정리 이름으
로 남아 있는 게 많고(이름이 바뀐 것 포함), 일부 마을은 그 흔적을 더듬어
보기 어려운 것도 있다. 아래에서는 이런 내용에 대해, 그리고 일부 마을
이름의 해석에 대해 기술하고자 한다.

5.1. 黔巖 > 儉岩

『함주지』에는 '上黔巖, 下黔巖'이라는 '黔巖'과 관련되는 두 마을 이름이
나온다. 이것은 '黔巖'이 큰 마을이었음을 뜻하는 일이다. 실제로 1910년
전후하여 조사한 자료인『조선지지자료』에는 '검암'과 관련하여 다음과 같
은 기록이 나온다.

(9) 儉岩里: 上儉村, 中儉村, 下儉村, 新基村[싯터], 四巨里村[네거리]
〈5개 촌〉

앞서 소개한 것처럼, 『조선지지자료』의 함안군 '동리촌명(洞里村名)'에
는 법정리를 '리(里)'로, 행정리를 '촌(村)'으로 구별해 놓았다.[71] (9)의 '儉
岩里'는 법정리 이름이고, 그 아래에 5개 '촌'이 붙은 마을 이름은 행정리
이름이다. 이 행정리 이름에는 '상검, 하검'뿐만 아니라, '중검, 신촌, 사거리'
등 다른 이름들도 올라가 있다. 검암리가 큰 마을이었음을 방증하는 자료다.
그러면 '黔巖 > 儉岩'은 무슨 말일까.

'黔'은 '검을 검'으로 자전에 등장한다. '巖'이 '바위 암'임은 잘 알려진
사실이다. 그 뜻이 액면 그대로 '검은 바위'라 보기는 어려울 것이지만,
당시의 소리가 '*거믬(←검엄)'과 가까웠던 것은 사실로 보인다. 이 점과
관련하여 주목되는 또 다른 함안 지역 땅이름으로 '甘勿(谷部曲)'[72]과 '玄武
(縣)'[73]가 있고, 그것이 '咸安'과 어떤 연관을 짓는가 하는 점은 제2장에서
이미 언급한 바 있다.[74]

5.2. 牛巖, 放牧村

'牛巖'에 대해서 현재의 필자는 뭐라 말하기가 어렵다. 『함주지』에서 '검
암-우암-방목촌' 순서로 마을이 표시되어 있어 검암과 방목촌 사이에 있었
던 어느 자연 마을이 우암일 가능성이 크다. '放牧村'은 『조선지지자료』
에 말산리(末山里)의 한 구성 마을(행정리)인 것으로 기록되어 있어 그 전승
관계를 가늠할 수 있다. '放牧'은 『함주지』에 마을 이름으로뿐만 아니라

---

71 이런 원칙이 당시 우리나라 모든 군 지역에 공히 적용된 것은 아니었다.

72 "甘勿谷部曲 在郡北二十五里"〈함주지 '고적'조, 경상도읍지 '고적'조〉

73 "玄武縣 本新羅召乡縣 景德王改名後降爲召乡部曲"〈함주지 '고적'조, 경상도읍지
    '고적'조〉

74 다른 각도에서 '黔巖, 甘勿, 玄武, 咸安' 등이 같은 계통의 말일 것이라는 내용은 함안
    문화원(2010:57)을 참조하기 바란다.

'수우방목(水牛放牧)', 즉 '물소목장'이라는 표현〈고적조〉과[75] '방목시장(放牧市場)'〈시장조〉으로 이름을 더 올리고 있다.

5.3. 東末伊山/西末伊山, 東陶項村/西陶項村

'東末伊山'은『호구총수』이후 문헌의 '末山村' 또는 '末山里'로 이어지는 마을이다.『함주지』에는 '末伊山'이 '東末伊山' 외에도 '西末伊山(우곡면), 于末伊山(산족리)'이라는 이름으로 더 나온다. 여기에 나오는 '동(東)'과 '서(西)'는 방위나 방향을 표시하는 접두사이다. 그런데 '우(于)' 또한 방향을 나타내는 말이라고 생각된다. '于'의 훈에 '갈(가다)'이 있는데, 이 말을 차자하면 '가을(秋)'과 통하고 가을은 방위로 서쪽을 가리키기 때문이다.[76] 산족리는 당시 함안의 군성에서 보아 정 서쪽에 있었음을 눈여겨볼 필요가 있다. 이를 '서말이산'이라 하지 않은 까닭은, 짝으로 이해한 '동·서 – 말이산'의 '서말이산'과의 차별화를 꾀하려 했기 때문일 것이다. 저 유명한 함안 '말산리 고분군'이 이곳에 있다. '말이(末伊)'는 우리말 '끝, 끝자락'을 나타내는 말로 이해된다. "여항산(艅航山)에서 한 줄기 산맥이 북으로 내달리다 질목(道洞)에서 끊겨 다시 구릉(丘陵)이 되어 교룡이 물을 찾듯 남강(南江)을 향해 꿈틀거리다가 방목(放牧)에 빠져 끝나 버린 작은 산이 말산(末山)"(함안문화원 2010:54)이기 때문이다.

하리 산외 지역의 '東陶項村'은『함주지』편찬 당시의 우곡리(＝우곡면)에 속했던 '西陶項村'과 함께『호구총수』의 '道項村',『경상도읍지』이후의 '道項里'가 되었고, 소속 면은 우곡면으로 되었다. '陶項'이라는 표기로 보아 이 자리에는 원래 도자기를 굽는 가마가 있었고, 가마를 중심으로 동서로

---

75 이 물소목장에 대한 유래담은 함안문화원(2010:75)를 참조하기 바란다.

76 '于'에 방위나 방향의 개념이 있다는 것은 함안문화원(2010:55)에서 도움을 받은 결과이다.

마을이 형성되어 '東陶項村, 西陶項村'이라 이름 붙인 것으로 보인다. 그러다가 가마가 사라지자 사람들은 그곳이 중요한 길목이라는 인식을 갖는 한편, '陶'와 발음이 같은 '道'를 사용하여 '道項'이라는 표기를 했을 것으로 생각한다. '東陶項村'은 『조선지지자료』의 '道東村'으로 지금의 도항리 '도동마을'이고, '西陶項村'은 『조선지지자료』의 '道西村'이다.

5.4. 廣井

'廣井'이라는 표기는 『함주지』에서부터 오늘날까지 끊어지지 않고 이어져 오고 있다. 『조선지지자료』에 따르면, 광정리에는 '상광촌(上廣村), 중광촌(中廣村), 백산촌(栢山村, 잣뫼)'이라는 세 개의 자연 마을이 있었고, 이 이름들은 지금도 그대로 남아 있다. 여기에서 우리의 눈길을 끄는 것은 '栢山'이 우리말 '잣뫼'로 기록되어 있다는 점이다. 이 둘의 관계를 말하면, 그것은 우리말 이름 '잣뫼'가 먼저 있었고, 그것을 적는 표기 수단이 '栢山'이었다는 것이다. 그러면 '잣뫼'의 '잣'이 액면 그대로 '栢'을 뜻하는 말일까. 이 '잣'은 '성(城)'의 우리말이다. 그곳에는 지금 사적 제67호인 '함안성산산성(咸安城山山城)'이 자리한 곳으로 '성산(城山)'이라는 이름도 지금까지 전한다. 그런데 『함주지』 산천조에는 '城山'은 있어도 '栢山'은 없다. 이것은 백산이 성산의 후대 이름임을 알게 해 주는 대목이다. 『함주지』 각리(各里)조에는 다음과 같이 '積山'이라는 표현도 나와 주목된다.

> (10) 下里: (전략) 因積山分內外 謂之山內山外 (적산으로 말미암아 안팎으로 나뉘니 그걸 가리켜 산내와 산외라 한다.)

하리가 산내 지역과 산외 지역(뒷날 산내면과 산외면)으로 나뉘는 기준점으로 삼은 것이 바로 적산임을 알게 해 주는 대목이다. 그런데 이 적산은

백산이 실려 있지 않은 것처럼『함주지』산천조에는 실려 있지 않다. 이것은 적산이 당시의 성산과 같은 이름으로 쓰였기 때문일 것이다(함안문화원 2010:60 참조). 그러면 '積山'과 '城山'의 관계는 무엇일까 하는 점이 궁금해진다. '積'은 '쌓을 적, 쌓일 적'이라는 훈·음 외에 '저축할 자, 저출 자'라는 훈·음을 더 갖고 있다. 여기에서 만약 두 번째 음 '자'를 딴다면, '積山'은 '잣뫼/잣미' 즉 '城山'이 된다.[77] 이렇게 보면,『함주지』편찬 당시 그 지역에는 '잣뫼/잣미'라는 토박이 우리말이 있었고, 이를 공식적으로는 '城山'으로 표기했으며 다른 한편으로는 '積山'으로도 표기했는데, '잣'이 우리말에서 사라진 이후 후손들은 '잣'의 의미를 몰라 이를 '栢'으로 생각하여 '栢山'이라는 표기를 남긴 것이라는 결론에 이르게 된다.

5.5. 舌谷, 引谷

舌谷과 引谷은『함주지』에 牛谷里(=牛谷面) 소속의 마을 이름이다. 그런데『조선지지자료』에는 牛谷面을 '소실면'이라는 우리말 이름을 기록해 두었고, 법정동 이름으로 舌谷里(쎄실)가 있고, 舌谷里에 속하는 행정동 이름으로 仁谷村이 나온다. 이 '仁谷'은『함주지』'引谷'의 또 다른 표기이기 때문에,『조선지지자료』의 경우는 '牛谷(면 이름)-舌谷(법정리 이름)-仁谷(=引谷. 행정리 이름)'이라는 계층 관계가 성립한다. 그런데 함안문화원(2010:66)에 따르면, 지금 함안군에서는 행정구역 이름으로는 '舌谷里'를 쓰면서도 발음은 '혈곡리'로 한다는 재미있는 지적이 있다. 그러면서 "「설곡」은 혀「설」자와 골「곡」자로 「설곡」으로 표기하여야 함에도 굳이 「혈곡」으로 사용해 온 그 오묘한 뜻은 유래를 찾을 수가 없다."라고 밝히고 있어

---

77 '積山'을 '城山'과 같은 '잣뫼/잣미'로 본 것은 함안문화원(2010:60)의 덕분이다. 이 부분에 대한 집필은 이완수 님이 한 것임을 덧붙여 둔다.

주목된다. 위에서 지적한 세 가지 사실을 종합해 볼 때, 우리는 그 '오묘한 뜻'이 다음과 같은 사실에서 유래한다고 믿는다.

이 문제를 풀기 위해서는 먼저, 『함주지』 편찬 당시의 우리말(중앙어) 발음에 대한 정확한 이해가 있어야 하고, 다음으로는 당시 지역 방언에 대한 폭넓은 이해도 있어야 한다. 『조선지지자료』에 牛谷面을 '소실면'으로 기록한 것은 우리에게 '牛谷'을 석독하라는 명령어와 같은 것이다. 그렇다면 '舌谷'이나 '引谷'도 '○실'과 같이 석독해야 할 것이다. 『조선지지자료』의 '소실면'이라는 표현은 후대의 변화를 담은 결과일 것이기에, 『함주지』 편찬 당시 중앙어 발음으로는 '쇠실[sjoj-sil]' 정도였을 것으로 보는 것이 옳을 것이다. '舌谷'의 '舌'의 훈은 '혀'이니 '舌谷'은 당시 중앙어로 '혀실[hjə-sil]'로 발음하는 것이 정상이다. '引谷'의 '引'의 15세기 훈은 '혈(혀다)'이었기 때문에 이 말의 정확한 당시 중앙어 발음은 '혈실[ʃjə-sil]'이었을 것으로 짐작된다.

그런데 이런 당시의 중앙어 발음이 『함주지』가 편찬된 16세기 말에 함안 지역 사람들은 어떻게 발음했을까. 이 점과 관련해서는 함안 지역에서 구개음화, 활음 탈락, 단모음화, 경음화 등등와 음운 현상이 언제부터 시작되었는지를 정확하게 알아야 한다. 그러나 현재의 필자로서는 당시 함안 지역어 음운에 대한 지식을 거의 갖고 있지 않다. 다만, 중앙어에서 진행된 일반적인 변화 양상을 참조하여 이것을 예측한다면 [표 5]와 같이 될 것이다. [표 5]의 시기 구별은 상대적인 것이다. A 시기는 『함주지』가 편찬된 16세기 말로 잡고, 그때는 함안 지역의 발음도 당시 중앙어의 그것과 별반 다르지 않았을 것이라는 전제하에서 이런 발음을 상정한 것이다. B 시기는 'ㅎㅎ'의 발음에 변화가 일어난 것을 가정한 것인데, 17세기까지 'ㅎㅎ>ㅅㅎ'은 우리말에서 음소로서의 역할을 하고 있었다(이기문 2000:206). 따라서 B 시기는 17세기 후반기로 잡으면 큰 무리가 없을 것이다. 'ㅎㅎ>ㅅㅎ'은 중앙어에서는 주로 'ㅋ'으로, 경남방언에서는 'ㅆ'으로 변화하는 것이 공식이었다. "(불

[표 5] '牛谷, 舌谷, 引谷'의 예상되는 음운 변화

시기 땅이름	A 시기 (16세기 말)	B 시기 ('ㅎㅎ' 변화)	C 시기 (구개음화)	D 시기 ('j' 첨가)	E 시기 (활음 탈락)	F 시기 (단모음화)	G 시기 (경음화)	최종 (20세기 전반)
牛谷	쇠 실 [sjoj-sil]	–	–	–	쇠 실 [soj-sil]	세 실 [se-sil]	–	세 실 [se-sil]
舌谷	혀 실 [hjə-sil]	–	셔 실 [sjə-sil]	셰 실 [sjəj-sil]	세 실 [səj-sil]	세 실 [se-sil]	쎄 실 [sʼe-sil]	쎄 실 [sʼe-sil]
引谷	혀 실 [ɦʼjə-sil]	쎠 실 [sʼjə-sil]	–	쎼 실 [sʼjəj-sil]	쎄 실 [sʼəj-sil]	쎄 실 [sʼe-sil]	–	쎄 실 [sʼe-sil]

을) 혀다>켜다〈중앙어〉, (불을) 혀다>씨다〈경남방언〉" 참조. 따라서 '혀실'은 17세기 후반부터 함안지역어에서는 '쎠실' 정도의 발음을 가진 것으로 보인다.

남부 지방을 중심으로 하여 구개음화가 일어난 시기는 17세기와 18세기 교체기인 것으로 알려져 있다(이기문 2000:208). 그리하여 '舌谷'의 '혀실'은 '셔실' 정도의 발음을 가졌을 것으로 예상하고 [표 1]을 준비하였다. 그 뒤 20세기 전반기까지 함안지역어에서는 하향 이중모음 'j'의 첨가, 상향 이중모음 'j'의 탈락, 단모음화, 경음화 등이 일어났는데, 우리는 이를 [표 1]과 같이 가정하였다. E, F, G 시기는 서로 바뀌어도 상관없지만, D 시기(하향 이중모음 'j'의 첨가)는 적어도 F 시기에 앞서야 한다. 하향 이중모음 'j'의 첨가가 없이 단모음화한다는 것은 예상하기 어렵기 때문이다. 그리하여 20세기 전반기를 최종적인 시기로 본다면, 결과적으로 牛谷은 '세실'로 발음된 반면, 舌谷과 引谷은 '쎄실'이라는 같은 발음이 될 수밖에 없었던 것이다. '소(牛)'가 경남방언에서 된소리로 발음되는 것은 거의 기대하기 어려운 반면에, '혀(舌)'는 거의 대부분 '쎄'와 같이 된소리로 발음되기 때문이다. '혀(引)'가 된소리로 바뀌는 것은 'ㅎㅎ'이 경남방언에서 'ㅆ'으로 바뀐 결과이지, 음운 현상으로서의 경음화 현상은 아니었다(결과적으로는 된소리로 된 것이지만).

이제 위에서 언급한 그 '오묘한 뜻'의 이유는 스스로 분명해졌다고 믿는다. 두 가지 다른 기원에서 온 '쎄실' 중 하나의 '쎄실'은 '舌谷'에서 온 것이었기 때문에 '舌谷'으로 적은 것이고, 다른 한 '쎄실'은 '引谷'에서 온 것이기 때문에 '혈곡'으로 발음한 것이다. 이 '혈곡'은 사실 정상적인 우리말 변화에 따른 발음 '쎄실'이거나, 어느 시기부터 한자를 모두 음으로만 읽기 시작한(즉, 석독의 전통을 잃어버리기 시작한) 이후는 '인곡'으로 발음하는 게 정상이었다. 그러나 얼마간 '혀 舌'의 '설'에 이끌려 '혀+(서)ㄹ'이라는 혼태의 결과로 '혈곡'이라는 '트기' 발음이 잉태된 것으로 생각된다.

5.6. 新村, 春谷驛, 刀音谷

'新村'은 '새몰/새말', 즉 '새 마을'을 가리키던 전통적인 표기이다.[78] 1914년의 대개편 이전까지도 우곡면의 한 법정리로서 꾸준히 전승된 이름이다. '春谷驛'은 『호구총수』에서 '春谷面'이라는 독자적인 면 이름으로 등재되었으면서도, 그 아래에 마을 이름이 하나도 등재되지 않은 그런 면이었음은 앞서 지적한 바와 같다. 그 뒤부터는 우곡면의 한 마을 이름으로 계속하여 오늘에 이르고 있다.(우곡면은 1914년에 가야면의 하나가 되었다.) 이곳에 역원(驛院)이 있어 이런 이름이 붙은 것이다.

'刀音谷'은 『호구총수』에서는 '都音村'으로, 『조선지지자료』와 『명칭일람』에서는 '都音里'로 표기되었다가, 1914년 조처 때 '新村'과 통합하여 '신음리(新音里)'가 되었다. '刀音, 都音'은 '둠'을 적기 위한 표기였던 것으로 보인다. '둠'은 물을 가두어 두는 자그마한 시설(웅덩이 또는 못), 또는 물이 고여 있는 곳(늪)을 뜻하는 함안지역어이다(함안문화원 2010:63 참

---

78 반면에, '新基'는 '새터'로 읽힌다. '새몰'과 '새터'의 차이가 무엇인지를 밝히는 일도 중요하다고 생각한다.

조).『조선지지자료』에는 다음과 같이, 우곡면 신촌리와 도음리 소속의 여러 재미있는 행정리를 소개하고 있어 눈길을 끈다.

    (11) ㄱ. 新村里: 掛鞍村[건질뫼]

        ㄴ. 都音里: 冠洞村[갓골], 內谷村[안골], 士樂村[자시락골], 池洞村[못골]

(11ㄱ)에 보이는 '掛鞍'은 마을 이름으로뿐만 아니라 다음과 같이 다양한 땅이름을 적는 데도 동원되었다.

    (12) ㄱ. 掛鞍山[건절뫼] 〈산곡명〉

        ㄴ. 掛鞍坪[건접들] 〈야평명〉

        ㄷ. 掛鞍店[건접쥬막] 〈주막명〉

        ㄹ. 掛鞍堤[건접제] 〈제언보명〉

우리말 표기가 다소 다르게 반영되긴 했지만, 이 표기들로 하여 한자 '掛鞍'이 무엇을 나타내기 위한 차자인지는 거의 분명하다. '掛'의 제일 중요한 훈은 '걸다'이다. (12)의 '건'은 모두 '걸다'와 관련되는 것이다. '鞍'은 '안장'을 뜻하는 말인데, '안장'은 한자어이다. '안장'과 같이 마소의 등에 얹는 또 다른 연모로 '길마'가 있다. 이를 함안지역어에서는 '질매'라 부른다. (4ㄱ)의 '질', (12)의 '절, 접' 등은 모두 '질(매)'과 관련되는 말이 분명하다. 그러나 이렇게 재구된 "건질'이 무엇을 뜻하는 말인지를 현재의 필자는 알기 어렵다.

    (11ㄴ)의 '冠洞'은 경남 일원에서 흔히 발견되는 표기이고 그 발음 또한 '갓골'[79]로 일정하다. 이것을 '갓(冠)'과 관련지어 의미 해석을 해야 하는지는 다른 차원에서의 문제이다. (4ㄴ)의 '內谷村'을『조선지지자료』에서는

'안골'[80]로 읽힌다고 증언하고 있다. 마을이 안쪽 골짜기에 위치해 있기 때문에 이런 이름이 붙었을 것이다.

(11ㄴ)의 '土樂村'은 '尺土洞'과 관련이 있다. 연산군 10년(1504)에 취우정 안관(聚友亭 安灌)이 갑자사화로 인하여 경기도 시흥에 피신했다가, 기묘사화 때 이곳에 이주하여 여생을 마쳤다. 그때부터 이곳은 선비들이 많이 모여 학문을 토론하는 등 선비들의 학식 정도를 시험하였다 하여 '尺土洞' 또는 '尺土谷', 즉 '자시락골'로 불리웠다는 것이다(함안문화원 2010:63-64 참조). 그렇다면 '土樂村'은 '尺土樂村'이 되어야 할 것이다.

(11ㄴ)의 '池洞村[못골]'은 연못이 있는 곳에 마을이 들어섰다 하여 지어진 이름이다.

5.7. 伽倻峴, 西南洞, 長命谷

예전 白沙里(=白沙面) 소속이던 '伽倻峴'은 『호구총수』의 '加耶村'을 거쳐 오늘날 '伽倻里'로 이어져 오는 전통적 이름이다. 伽倻峴을 이 지방 사람들은 '개애재[_-_]'라 부르는데(함안문화원 2010:72), 이 재의 이름을 따서 마을 이름으로 한 것이 오늘날 伽倻里이다. '西南洞'은 『조선지지자료』에 伽倻里 소속의 행정리인 '先旺村'으로 이름이 이어져 왔다. '서남'은 방위 이름인 것으로 이해되는 말이지만, 무엇의 '서남'인지 그 기준점을 현재의 필자로서는 알기 어렵다. 뒷날 이것이 발음이 비슷한 선왕동으로 바뀐 것이다.[81] '長命谷'은 『호구총수』의 '長命村'을 거쳐 1914년 대개편 이전까지 마을 이름으로 이어져 오다가 1914년에 묘동리(苗洞里)와 통합하여 묘

---

79 실제로는 [까꼴. --/-_]로 발음하는 경우가 대부분이다.

80 실제 발음은 [앙꼴. --]이다.

81 함안문화원(2010:73)에서는 가야 시대의 유물과 관련하여 이를 설명하고 있다는 점을 덧붙여 둔다.

사리(苗沙里)가 되어 이 이름으로 오늘날까지 이어지고 있다. '장명'을 이 지역인들은 '쟁미이[_-_]'로 부르고 있다.

5.8. 望慈庵洞, 大所洞, 本法洞, 多邑峴

『함주지』白沙里(=白沙面)에 나오는 이 마을 이름들을 오늘날 행정구역으로 연결시키기는 쉽지 않다. 『조선지지자료』에도 이들을 관련시킬 땅이름이 보이지 않는다. 필자의 조사에 따라 오늘날 어느 자연 마을을 가리키는지만 정리하고 자세한 설명은 뒷날로 미룬다.[82]

'望慈庵洞'은 오늘날 사내리(沙內里) '덕전[--]'인데, 다른 이름으로 '해티마을[___-], 해티이[_-_], 해치이[_-_]'라고 한다. '大所洞' 역시 사내리 소속 '필동[--]'이다. 필동에 대해서는 '북실[_-]'과 '붓실[--]'이라는 두 가지 다른 어원이 있는데, 전자는 베 짜는 연모의 하나인 '북'과 관련된 것이고, 후자는 '붓(筆)'과 관련된 것이다.[83] '本法洞'도 사내리 소속의 자연 마을 '백새[--]'를 가리키는 말로 이해된다. 마지막으로, '多邑峴'은 가야리 소속 '덕천[--]'인 것으로 조사되었다.

5.9. 梨木谷

'梨木谷'은 『함주지』의 대산리(代山里)에 속하는 마을의 하나이고, 『호구총수』 이후에는 대산면이 내대산면과 외대산면으로 나누어졌을 때 외대산면에 속하는 마을이었다. '梨木谷'을 그 지역 사람들은 흔히 '배나무실[_-__/___-]'로 발음한다. 옛날 배나무가 많았기 때문에 그렇게 부른다는

---

82 이 증언은 이완수 님으로부터 들은 것이다.
83 이에 대한 더 자세한 설명은 함안문화원(2010:72)를 참조하기 바란다.

것이다(함안문화원 2010:75 참조). 그러나 '梨木谷'을 단순히 배나무가 많아 그렇게 부르는 것인지에 대해서는 같은 책자에서도 다양한 해석을 내리고 있음이 주목된다.[84]

『조선지지자료』에는 당시 산서리에 다음과 같은 세 개의 행정리가 있었음을 증언하고 있다.

(13) 山西里: 畓谷村[논실], 梨谷村[빅나무실], 표岩村[소바우]

(13)의 '梨谷村[빅나무실]'은 바로 위에서 언급한 것이지만, 나머지 두 마을에 대해서도 잠시 언급해 둘 필요가 있다. '畓谷村[논실]'은 배나무실 북쪽에 있는데, 여기에 예전에는 논실나루(畓谷津)가 있었다. 논이 많은 곳에 마을이 들어섰기 때문에 이런 이름이 붙었을 것으로 생각된다. '표岩村[소바우]'은 법수면으로 가는 도로 오른쪽에 있는데, 그곳에 뚝이 만들어지기 전까지는 늪지로서 초지가 형성되어 이곳에 소를 많이 놓아 먹인 데서 비롯된 이름이라고 전한다(함안문화원 2010:75-77 참조).

지금까지 우리는, 오늘날 가야읍에 소속된 마을 이름을 『함주지』에 등장해 있는 것을 중심으로 하고, 『조선지지자료』 등에 기재된 여러 땅이름을 참조하는 방법으로 그 이름의 변천과 그 연원을 생각해 보았다. 다음으로 넘어가기 전에 『조선지지자료』에 실린 네 개 면 소속 마을 이름을 다음과 같이 일괄 정리해 두기로 한다.

---

84 자세한 내용은 같은 책, 75~77쪽을 참조하기 바란다.

□山外面[산박면] 〈모두 9개 촌〉

• 儉岩里: 上儉村, 中儉村, 下儉村, 新基村[싯터], 四巨里村[네거리]
  〈5개 촌〉

• 末山里: 放牧村 〈1개 촌〉

• 廣井里: 上廣村, 中廣村, 栢山村[잣미] 〈3개 촌〉

□牛谷面[쇠실면] 〈모두 12개 촌〉

• 道項里: 道西村, 道東村, 三奇村, 新基村[싀터], 堂山村 〈5개 촌〉

• 新村里: 掛鞍村[건질믜] 〈1개 촌〉

• 都音里: 冠洞村[갓골], 內谷村[안골], 士樂村[자시락골], 池洞村[못
  골] 〈4개 촌〉

• 春谷里: 新基村[싀터] 〈1개 촌〉

• 舌谷里[셰실]: 仁谷村 〈1개 촌〉

□白沙面[85] 〈모두 1개 촌〉

• 伽倻里: 先旺村 〈1개 촌〉

□外代山面 〈모두 3개 촌〉

• 山西里: 畓谷村[논실], 梨谷村[빅나무실], 丑岩村[소바위] 〈3개 촌〉

위에서 설명한 내용을 정리하면 [표 6]과 같다. [표 6]에 등장하는 마을
이름은『함주지』로부터 오늘날까지 그 계승 관계가 분명한 것만을 대상으
로 한 것이어서, 문헌마다 나와 있는 모든 이름이 망라된 것은 아니다.[86]
『함주지』와『호구총수』에는 빈 칸으로 남은 것도 있는데, 이것은 그 이후에
등장하는 마을 이름이 두 책자에는 어떤 것인지를 알기 어려워 비워 둔
것이다.

---

85 '白沙面'과 '外代山面'에 대한 '諺文'은 달려 있지 않다.
86 빠진 이름은 위에서 이미 언급하였다.

[표 6] 가야읍 소속 마을 이름 변천의 역사

咸州誌 (1587년)	戶口總數 (1789년)	朝鮮地誌資料 (1911년경)	名稱一覽 (1912년)	新舊對照名稱 (1917년), 일제강점기, 해방 이후	현재 (법정리)	비고
下里 上黔巖 / 下黔巖	山外面 儉巖村	山外面 儉巖里	山外面 儉巖洞	儉巖里	儉巖里	
東末伊山	末山村	末山里	末山洞	末山里	末山里	
廣井	廣井村	廣井里	廣井洞	廣井里	廣井里	
牛谷里 東陶項村 / 西陶項村	牛谷面 道項村	牛谷面 道項里	牛谷面 道項洞	伽倻面 道項里	伽倻邑 道項里	
新村	新村	新村里	新村里	新音里	新音里	新村+都音=新音
刀音谷	都音村	都音里	都音洞			
春谷驛	春谷面[87]	春谷里	春谷里	春谷里	春谷里	
舌谷	舌谷洞	舌谷里	舌谷洞	舌谷里	舌谷里 (혈곡리)	
白沙里 伽倻峴	白沙面 加耶村	白沙面 加耶里	白沙面 加耶洞	伽倻里	伽倻里	
	苗洞	苗洞里	苗洞	苗沙里	苗沙里	苗洞+白沙=苗沙
長命谷	長命村	長命里	長命洞			
		石山里				
	內洞	內洞里	內洞	沙內里	沙內里	白沙+內洞=沙內
	外洞村	外洞里				
代山面 梨木谷	外垈山	外代山面	山西里	代山面	山西里	1971년 7월 1일 대산면에서 가야면으로 편입
	內垈山	内代山面	内代山面			

---

87 春谷面에는 소속 마을 이름은 하나도 없고, "元戶 一百二十八 口四百四十四(男二百八 女二百三十六)"라는 정보만 들어 있다. 그 이전과 그 이후 문헌에 春谷이 牛谷面 소속이라 『戶口總數』에서도 牛谷面에 소속시켰다.

6. 마무리

이 글은 경상남도 함안군의 행정구역 이름이 역사적으로 어떻게 바뀌어 왔는지를 탐색해 보고자 작성된 것이었다. 제2장에서는 이른 시기부터 불렸을 '阿尸良' 등에서부터 신라 경덕왕 때 바뀐 '咸安'에 이르는 과정에서 생성된 여러 땅이름의 변천에 대해 알아보았다. 제3장에서는 정구(1543~1620)가 함안 군수로 부임한 16세 말엽에 편찬한 『함주지』(1587년)에서 개명된 면 단위 행정구역 이름에 대해 우리의 생각을 개진해 보았다. 제4장에서는 면 단위 행정구역 이름에 대한 변천 과정을, 제5장에서는 가야읍을 대상으로 하여 마을 이름의 변천 과정을 살펴보았다. 중요한 내용을 요약함으로써 이 글을 마무리하고자 한다.

제2장에서 우리는 함안을 뜻하는 '阿尸良, 阿羅, 阿耶, 安羅, 阿那' 등의 독음과 의미에 대해 우리는 두 가지 해결 방안을 제시해 보았다. 하나는 일원적 해석으로 이들이 모두 '아라'에 대한 표기이고, 그 의미는 '중심'이라는 것이었다. 다른 하나는 이원적 해석으로 그 첫 번째 해석은 '阿尸良①, 阿耶, 阿耶'를 '아라>아야' 변화로 보되, 그 뜻은 '중심'으로 이해한 것이다. 그 두 번째 해석은 '阿尸良②, 安羅, 阿那'가 그 대상인데, 이들은 '아스라/아시라'에서 출발하여 '앗라>안라>아나>아나'의 변화를 거친 결과로 보고, 그 의미는 '다음으로 큰(次大)'으로 본 것이다. 이들 해석을 위해 'ㄹ>j'와 자음 동화라는 음운 (변화) 현상을 상정하였다.

'咸安'은 현재의 필자로서는 '阿尸良'계 표기와의 관련을 짓지 못하고, 대신 '甘勿, 玄武, 黔巖' 등 함안 전체보다 작은 지역 땅이름 표시 지명과 관련될 수 있을 것임을 암시하였다. 咸安을 포함은 이들 표기 모두는 *거멈, *거멀, *거물 / *가맘, *가말, *가몰과 관련된 발음을 가졌고, 그 뜻은 '큰 고을'일 것임을 내비쳤다.

제3장에서는 『함주지』에서 변개된 8개 '리=면' 이름을 변개 전후와 대조

하는 [표 2]를 만들고, 그들 사이에 어떤 유연성이 있는지를 살펴보았다. '竝火谷＞竝谷'의 변화는 같은 지명 접미사 '火(블/불/벌)'와 '谷(실/골)'의 중복을 피하기 위한 것으로, '山八＞山足'의 변화는 '八(음독 '발')'과 '足(석독 '발')'의 등가성을 확인하고 표기의 개신 이상의 것이 아니라고 보았다. '桃沙＞白沙'의 변화는 석독 '桃(복)'과 음독 '白(빅→븍)'의 방언 발음에서 오는 유사성에서 그 근거를 찾았다. '山法彌＞山翼'의 변화에 대해서는 두 가지 가능성을 열어 두었다. 하나는 '法彌'를 '(논)배미'의 '배미'로 이해하면서 '山法彌'을 '산배미'와 가까운 것으로 본 것이고, 다른 하나는 '法'을 '골(＞꼴)'로 '彌'를 '말'로 이해함으로써 '산골말', 즉 '산골마을'로 본 것이다.

'阿道＞安道'의 변화에 대해서는 '阿道'을 지역인들이 '앳길'로 발음한다는 점에 착안하여 '큰길 다음으로 큰 길'의 의미, 즉 '次大'로 보았는데, 이는 함안 지역 자체를 가리키던 '阿耶, 阿耶'와 '安羅'를 생각나게 하는 것으로 이해했다. '南山山＞南山'의 변화는 예전에는 '뫼'로 읽혔던 '山'이 더 이상 이해되지 못해 '山' 하나를 뺀 결과인 것으로 받아들였다. 그러나 '安尼大＞安仁, 平舘＞平廣'의 변화에 대해서는 어떤 답도 제시하지 못했다.

제4장은 『함주지』(1789년), 『여지도서』(1757～1765년), 『호구총수』(1789년), 『경상도읍지』(1932년 무렵), 『영남읍지』(1871년, 1895년), 『명칭일람』(1912년), 『조선지지자료』(1911년 무렵), 『신구대조』(1917년) 등의 문헌을 중심으로 하여 함안 지역 면 단위 행정구역이 어떻게 바뀌어 왔는지를 기술한 것이다. 전통 시기에는 별 다른 차이를 보이지 않던 면 단위 행정구역 이름이 1914년 일제에 의한 대개편을 겪으면서 전통 이름이 많이 사라졌음을 확인할 수 있었다. 관련 내용은 [표 4]로써 일목요연하게 정리해 두었다.

제5장에서 우리는 오늘날 가야읍 소속 마을 이름들이 『함주지』에서부터

어떤 과정을 거쳐 현재에 이르렀는지를 살펴보았다. 이 작업을 위해 동원된 자료는 마을 이름이 기록된 『함주지』, 『호구총수』, 『조선지지자료』, 『명칭일람』과 『신구대조』였다. 여기에서 우리는 특히, 『함주지』에는 등장하는 마을 이름이 오늘날에 이르기까지 어떤 변모를 거쳤는지를 중점적으로 살펴보았는데, 그 과정에서 『조선지지자료』의 증언이 적지 않은 역할을 했음을 밝혀 두었다. 마을 이름 역시 1914년 대개편으로 많은 변모를 겪었는데, 이는 [표 6]으로 잘 정리해 두었다.

김정대(1997), 「경상남도 면 단위 행정구역명 변천사」, 『경상남도 연구』, 경남
　　대학교 경남지역문제연구원, 21-80.

김정대(1998), 「경남방언의 성격」, 『방언학과 국어학(청암 김영태 박사 화갑기
　　념논문집)』, 태학사, 321-364.

김정대(2011), 「문헌에 등장하는 삼원지역의 지명」, 『창원 삼원지역의 지명과
　　옛 모습』, 사단법인 삼원회, 85-163.

민긍기(2000), 『창원도호부권역 지명 연구』, 경인문화사.

민긍기(2015), 「지명 연구의 새로운 지평을 위하여」, 『단산학지』 제10집, 전단
　　학회, 127-157.

송병기 등 편저(1971가), 『한말 근대 법령 자료집 Ⅴ』, 대한민국 국회도서관.

송병기 등 편저(1971나), 『한말 근대 법령 자료집 Ⅶ』, 대한민국 국회도서관.

양보경(1981), 「경상도 읍지 편찬의 추이」, 『읍지 1, 경상도 ①(한국 지리지
　　총서)』, 경인문화사, 3-30.

양보경(1996), 「『호구총수』 해제」, 『호구총수(규장각 자료 총서)』, 서울대학교
　　규장각. 1-7.

양주동(1965), 『증정 고가 연구』, 일조각.

유동석(1987/1999), 「15세기 국어 계사의 형태 교체에 대하여」, 『우해 이병선
　　박사 회갑기념논총』[이병근·서정목 편(1999), 『문법 Ⅱ』, 태학사, 121-
　　134에 재수록].

이기문(2000), 『신정판 국어사 개설』, 태학사.

이완수(2013), 「함안군의 명칭: 시대별 함안 지역 지명」, 『함안군지』 제3권,
　　제12편, 제7장, 제1절.

이정룡(1996/2002), 「삼국사기 지리지 [安]의 釋에 대하여」, 『단산학지』 제2집,
　　전단학회[이정룡(2002), 『한국 고지명 차자표기 연구』, 경인문화사,
　　295-312에 재수록].

이정룡(2015), 「울릉도 지명에 대하여」, 『단산학지』제10집, 전단학회, 35-69.

이홍숙(2008), 『김해의 지명 전설』, 김해문화원.

최영희(1973), 「(여지도서) 해설」, 『여지도서 상』(한국 사료 총서 제20), 국사편찬위원회, 1-11.

함안문화원(2010), 『함안의 지명 유래(증보)』.

방언사전 편찬의 의의와 과정 그리고 그 구조[*]
-『두만강 유역 조선어 방언사전』의 경우 -

곽충구

서강대학교

1. 방언사전 편찬의 의의

방언은 한 언어의 지리적·사회적 분화체로서 그 자신만의 고유한 역사와 독립된 체계를 가진다. 또 그 지역의 자연이나 인문 지리 환경에서 형성된 역사적 산물이므로 그 지역의 고유한 문화를 담고 있다. 그 지역 사람들이 살아오면서 구축해 온 世界觀과 각종의 生活樣式이 반영되어 있는 것이다. 따라서 방언사전은 한 시기 특정 지역의 언어와 문화를 기록으로 남긴다는 데에 그 일차적인 의의가 있다. 여기에 혹여 중앙과 지방이라는 이분법적 사고 나아가 지방은 중앙에 예속된 종속변수라는 관념에 매여서는 안 된다. 방언의 역사성과 독자성을 존중하고 그 방언을 구성하는 모든 어휘 요소를 사전이라는 형식을 통해 체계적으로 기술해야 한다.

한 언어의 하위 체계로서의 방언은 국어의 普遍性과 特殊性을 밝힌다거

---

[*] 이 글은 2016년 12월 16일 '국어학회 겨울 공동연구회 석좌강의'에서 발표한 내용 중 일부를 다듬은 것이다.

나, 比較 또는 再構 방법으로 국어의 역사를 복원하거나, 국어사 기술의 說明力을 높이고 외연을 확장한다거나, 자연지리나 인문지리학(歷史地理學, 文化地理學)과의 학제적 관계 하에서 국어의 언어지리학(지리방언학)적 연구를 행할 때에도 필요하다. 정제된, 靜的인 표준어와 달리 口語로서의 방언은 언어의 力動的인 모습을 관찰하고 기술하는 데에도 소중하다. 또 언어정책의 수립이나 국어 어휘의 풍부화 또는 人類學, 社會學, 歷史學 등 인접 학문 연구에도 기여할 수 있다. 이를 위해서는 체계적이면서도 정밀한 조사 자료를 바탕으로 한 방언사전의 편찬이 필요하다.

방언 조사 연구의 의의는 先學들의 조사 연구 태도나 업적을 통해서도 알 수 있다. G. J. Ramstedt가 일곱 차례에 걸쳐 동방을 여행하며 조사하여 Altai語學의 초석을 세운 사실, B. Karlgren이 중국에 들어가 漢語 방언을 조사·연구하고 漢語音韻史에 큰 족적을 남긴 사실, 小倉進平의 조사 자료가 1세기 전의 국어의 실상을 전면적으로 보여 줄 뿐만 아니라 국어 연구의 소중한 자산이 되었다는 사실, Grimm 형제가 조사한 民譚이나 언어 자료가 그림 동화집은 물론 *Deutsche Wörterbuch*의 밑거름이 된 사실은 우리에게는 퍽이나 교훈적이다.

국어대사전에 실린 방언은 단지 비표준어의 위상을 가질 뿐이어서 대체로 대응 표준어 및 그 분포 지역만이 제시된다. 이를 통해서는 방언의 어휘 체계나 지역의 역사, 사회, 문화를 알 수 없다. 예컨대, 동북방언의 경우, 친족호칭어는 부계와 모계를 구분하지 않는 특징이 있고 가옥구조는 田字型 양통식 구조로서 이 지역의 기후 환경과 관련된다. 또 '드베(<드뵈), 홰패, 가대기, 형태·용도가 다른 지역과 다른 호미, 후치' 따위의 농기구는 이 지역의 地勢나 농경방식 또는 北方異民族의 생활문화의 영향으로 생겨난 것들이다. 또 '탄, 겨릅등, 도로기' 등은 과거 북방 이민족과의 접촉의 산물이며 '샤(社), 향뒤텽(鄕徒廳), 시월상산(是月香山-香山祭), 풍숙' 등은 사회제도나 민속을, '밴세, 가랖떡, 오구랑떡' 등은 함경도의 음식 문화를 보여 준다.

이 밖에 宗敎, 通過儀禮, 歲時風俗 등 각종의 생활양식과 관련된 방언 어휘 조사는 民族誌的인 관점에서 그 의의가 크다. 이렇듯 방언은 그 지역만이 갖는 독특하면서도 다양한 문화를 보여 주는데 이들 어휘는 적절한 대응 표준어를 찾기 어렵다. 위 농기구는 그 명칭과 용도·형태·유래·어원 등이 언어학자의 관심사가 될 수 있을 것인데 歷史學, 人類學 쪽에서는 農業發達 史나 북방 민족과의 交涉史라는 측면에서 관심을 보인 바 있다.[1] 이런 점을 고려하면 한 방언의 다양한 영역을 고루 조사하여 사전에 반영할 필요가 있다. 方言辭典은 때론 '辭典'으로서의 기능은 물론 '事典'의 역할도 담당해야 한다.

기록이나 연구 목적 외에도 방언사전은 소통의 문제를 해소해 줄 수 있다. 즉, 이질적인 방언 화자들 사이에서의 의사소통이나 고전이나 문학 작품을 이해하는 데 있어서도 방언사전이 필요하다. 필자는 어떤 계제에 김동환, 이용악의 詩語를 검토하고 그 시어의 방언적 성격을 논문으로 발표한 적이 있다.[2] 기왕에 나온 관련 논저나 해설서에는 시어로 쓰인 방언 어휘의 의미를 제대로 이해하지 못하여 생뚱맞게 풀이해 놓은 경우가 많았다. 이러한 문제는 국어학자들이 해결해야 할 몫이다. 김동환, 이용악 외에도 윤동주의 시와 안수길, 김정호 등의 소설에는 동북방언이 실려 있다. 또 18세기 洪良 浩가 지은 『北塞記略』, 『北塞雜謠』나 李匡明의 「이쥬풍쇽통」과 같은 문헌에도 동북방언이 실려 있다. 이처럼 현대의 문학 작품이나 고전을 올바로 읽기 위해서는 방언을 정확하게 이해할 필요가 있다.[3]

---

1 예컨대, 漢語 '瓠種'을 번역 차용한 '드베(<드뵈)'라는 파종 도구는 인류학, 역사학자들의 주목을 종종 받은 바 있다. 이에 대해서는 황철산(1960:19-21), 김광언(1986), 곽충구(2015) 등을 참고할 것.

2 이용악은 곽충구(1996), 김동환은 곽충구(2013), 문학 작품 속의 북부방언에 대해서는 곽충구(2011a)를 참고할 것. 문학 작품의 방언에 대한 전반적인 논의는 이상규(2003), 이태영(2004), 이기문·이상규 외(2001)을 참고할 것.

3 『조선말대사전』에는 素月의 시어가 다수 실려 있다. 한편, 분단 이후 북한의 작가들이

방언 어휘는 더러 국어대사전에 수록되어 있기는 하지만 고식적으로 표준어에 대응시키거나 약식 주석을 하고 있다. 이는 일제강점기에 표준어 사정을 마치고 사전을 편찬할 때 비표준어를 표준어로 안내한다는 사고가 그대로 답습된 것이다. 또는 면밀한 현지 조사나 문헌 고증이 부족한 탓도 있다. 언어 연구의 역사가 깊고 또 방언에 대한 조사·연구가 체계적으로 이루어진 歐美 여러 나라의 대사전에서는 표준어와 방언이 동등하게 대접을 받기도 한다. 한 예로, 全 16권으로 엮어진 *Trésor de la Langue Française* (1971~1980)과 같은 방대한 사전은 방언을 표제어로 올리고 그 방언의 품사, 성, 발음, 어원, 용례, 분포 지역 등을 폭넓게 제시하고 있다. 對譯辭典 은 표준어만이 표제어로 오를 것으로 생각하지만 반드시 그런 것만은 아니다. 러시아와 북한이 공동으로 편찬한 『조로대사전』(*Boljshoj Korejsko -Russkij Slovarj*)(모스크바, 로씨야말출판사, 1976)에는 상당한 양의 방언 이 수록되어 있다. 이렇게 방언을 표제어로 삼은 것은, "조선의 현대 및 고전 문학작품, 력사문헌…"을 읽는 독자들을 고려했기 때문이라 하였다. 즉, 현대의 문학 작품 속에 들어 있는 방언 어휘와 고전 문예물 속의 古語의 의미를 이해할 수 있도록 배려한 것이다(곽충구 2007b).

일반 사전의 방언 표제어는 그 방언의 語彙體系가 고려되지 않은 상태로 사전에 오른 것이어서 '외톨이'로 남게 된다. 고립무원이니 生命力을 잃은 것과 같다. 또 국어학 초창기에 조사된 방언 자료는 대부분 방언학이 언어사 연구의 補助科學으로 인식되던 시기에 조사·수집된 것이어서 音韻史 관련 어휘, 특징적인 방언 어휘라 할 수 있는 것들이 주로 실려 있다. 그런데 국어사전은 대체로 이를 검증 없이 전재한 경우가 많다. 따라서 국어사전과 동등한 사전 형식으로 방언사전을 편찬하는 것이 바람직하다.

쓴 작품에도 상당수의 북부방언이 보인다. "국립국어원 편(1998), 북한 문학 작품의 어휘-남북한 어휘 차이를 중심으로-."에 그 일부가 수록되어 있는바, 일부는 아예 뜻풀이가 안 되어 있다. 이에 대해서는 곽충구(2018a)를 참고할 것.

2. 편찬 대상 언어: 동북방언

2.1. 편찬의 동기와 목적

필자는 조사 초기에, 육진방언이 國語音韻史 연구에서 문헌자료가 안고 있는 여러 문제를 해결해 줄 수 있지 않을까 하는 소박한 생각과 音韻變化의 원리나 과정(規則의 발생, 변화, 소실, 어휘 확산 등)을 살필 수 있을 것이라는 생각에서 이 방언에 대한 조사에 착수하였다. 육진방언의 음운 면은 근대 국어와 가깝기 때문이다. 또 국어의 방언 분화나 言語地理學 연구의 기초 자료가 될 수 있다는 점, 女眞語(또는 滿洲語)의 잔재를 살필 수 있다는 점,[4] 함경도 각 하위 지역의 이질적인 방언들이 immigrant koine 형태로 발전하는 과정과 '연변어'의 형성을 추적해 볼 수 있으리라는 점, 함경도방언에 그 뿌리를 두고 있는 중앙아시아 '고려말' 연구에 유용할 것이라는 점, 對岸의 북한 방언과 어떠한 차이가 있는지를 밝히고 이를 社會言語學의 관점에서 연구할 수 있을 것이라는 점, 끊임없이 漢語의 영향을 받고 있는 중국 조선어의 변화(bilingualism, acculturation, pidginization 등)을 관찰할 수 있으리라는 점, 동북 지방의 歷史와 文化를 깊이 이해할 수 있을 것이라는 점 등을 생각하여 사전 편찬을 계획했다. 그리하여 중국 쪽 두만강 유역에서 쓰이는 동북방언의 변종을 오랜 동안 조사하고 『두만강 유역의 조선어 방언사전』을 편찬하였다. 사전 편찬 과정 내내 필자는 한 개인이 일반 언어사전과 동등한 형식의 방언사전을 편찬한다는 것이 얼마나 無謀한 일인가를 뼈저리게 느꼈다.

필자가 또 이 사전의 편찬을 의도하게 된 것은 중국 교포들의 언어 문화를 보존하기 위함이었다. 주거 이전이 자유롭지 못했던 과거 폐쇄적인 조선족

---

4 이에 대해서는 곽충구(2017a, 2018b)를 참고할 것.

공동체에서는 함경도의 언어와 문화가 보존·유지될 수 있었지만 중국의 개혁 개방 이후 그러한 언어공동체가 붕괴되면서 조선어 방언은 빠른 속도로 사라지고 있다. 중국의 경제 발전으로 인구의 이동이 급격히 늘고 또 교육이 확대되고 대중매체가 널리 보급되면서 표준어(중국 조선어) 및 '연변어' 사용이 보편화되는 한편, 漢語의 직접 및 간접 借用도 날로 증가하고 있다. 필자가 조사한 자료는 85세 전후(2018년 기준)의 노인들로부터 채록한 것인바, 조사 지역의 방언 가운데 육진방언은 수년 내에 사라질 것으로 생각된다. 이처럼 소멸 단계에 놓인 육진방언과 동북지방 전통의 생활문화를 기록으로 보존하고 또 우회적인 조사이기는 하나 북한 지역 방언 자료의 부족을 메우고 보완한다는 데에 목적을 두고 사전을 편찬하게 되었다.

方言辭典 편찬은 일반 사전 편찬과는 다른 많은 어려움이 따른다. 더구나 필자와 같이 긴 시간 동안 해외에서 방언조사를 하는 경우에는 예기치 않은 많은 어려움에 봉착하게 된다. 조사 地點의 선정, 조사 대상 방언에 알맞은 調査方法論의 모색, 구어 말뭉치의 확보와 전사, 유의미한 언어 형식의 추출과 분석, 조사에 소요되는 재원의 마련(녹음기, 카메라, 현장 조사비 등), 방언의 속성이라 할 수 있는 수많은 變異를 사전 형식에 맞추어 가공하는 일과 이를 수용할 사전의 거시 및 미시 構造를 마련하고 기술하는 일이 바로 그것이다. 국어사전은 그야말로 국어학의 '綜合學'이므로 여러 분야의 국어학 전공자들이 協業하는 가운데 소기의 목적을 이룰 수 있다. 방언사전도 마찬가지다. 또한 동식물, 사회제도 등과 관련된 專門語는 현지 사정에 밝은 專門家의 도움이 필수적이다. 또 구어말뭉치의 구축과 자료 처리를 위한 코퍼스언어학(corpus linguistics)에 대한 지식과 그 활용도 필요하다. 그러나 애당초 그러한 일은 기대할 수 없었기 때문에 조사에 많은 시간을 쏟아야 했고 또 사전 편찬에 소요되는 시간도 길어질 수밖에 없었다.

2.2. 편찬 대상 언어의 성격

위에서 '대상 언어'라 한 것은 이 방언을 하나의 언어로 보려는 태도를 취하였다는 뜻으로 쓴 말이다. 부연하면, 사전에 오른 모든 표제어와 그에 대한 기술은 표준어와는 무관하다는 말이다. 예컨대, 기초어휘 부류에 드는 이 방언의 "가다, 오다, 자다, 다르다, 하늘 …" 등은 그 형태(form)가 표준어와 같지만 분절음의 조음특징과 음조, 곡용과 활용, 어휘 의미 등이 일치하는 것은 아니다. 또 이들은 이 방언의 어휘체계 내에서 다른 어휘들과 일정한 관계를 맺고 있다. 그리고 계열과 통합, 용법(usage)이 다른 방언과는 다르다. 하여 대역방언사전이나 대역어휘집에서 흔히 볼 수 있는 것처럼 방언형에 표준어를 대응시킨다거나 또는 표준어와 동일한 어휘 항목을 사전에서 배제하는 것이 아니라 이 방언의 모든 어휘 요소를 체계 속에서 파악하고 그 하나하나를 사전 형식에 맞추어 기술하고자 하였다.

덧붙여, 조사 지역 방언의 성격을 보이기 위해 위에서 언급한 몇 가지 술어에 대해서 말하고자 한다. 첫째는 변종(variety)이다. '변종'은 한 언어에 속하면서 그 내부적인 변이를 고려하지 않는 단일한 실체(a single entity)를 가리킬 때 쓰이는 말이다. 한 언어의 하위체계이자 그 구성체로서 종적 또는 횡적(방언 간)인 관계에서 체계적인 차이가 분명히 드러난다면 '방언'이 될 것이다. 편찬 대상 언어인 '중국의 조선어 동북방언'을 '동북방언의 한 변종'이라고 한 것은 동북방언의 한 종류이지만 내부적으로 차이를 보일 수 있다는 뜻으로 쓴 말이다. 이를테면 동북방언의 하위 변종들(subvarieties)의 하나로 간주한다는 뜻이다. '동북방언'은 정작 북한의 함경남북도에서 쓰이는 한국어의 한 방언이다. 이에서 갈려나간 하위 변종으로는 중국 조선어의 동북방언 외에 러시아나 중앙아시아에서 쓰이는 '고려말'이 있다. 이들은 기본적으로 같은 체계를 가지고 있지만 그러나 그 체계를 구성하는 내부적인 요소들은 차이를 보인다. 즉, 개개의 언어 형식이 변종들 사이에서 변이(variation)를 보일 수도 있다.

동북방언과 중국 조선어 동북방언을 대조해 보면, 중국의 동북방언은 음운변화가 더디고 어휘 내에는 한어 차용어들이 많고 또 종결어미에서도 상위한 점이 보인다. 또 러시아 및 중앙아시아에서 쓰이는 '고려말'에는 많은 러시아어 차용어가 있다. 이는 상위한 이데올로기에 수반된 정치·사회·문화 환경과 언어정책, 그리고 거주국 언어의 영향에 말미암은 것이다. 중국, 중앙아시아 및 러시아의 한인들은 각각 한어와 러시아어를 구사하는 이중언어화자이기 때문에 거주국 언어의 간섭으로부터 자유로울 수 없다. 이들 동북방언을 좀 더 미시적으로 들여다보면 북한의 동북방언은, 동북방언으로서의 보편적 특성 외에 개별적 특수성을 지닌 함경도 각 지역어의 총합으로 이루어져 있고 또 각 지역어는 지리적으로 일정한 차이를 노정하면서 상호 영향을 주고받는 관계에 있다. 그러나 중국의 동북방언과 고려말은 그러한 지역적 특징을 아직 보유하고 있기는 하지만 동북방언 각 하위 지역어가 뒤섞이거나 지역 방언형이 서로 경쟁을 하면서 어느 하나로 조정되는 국면을 보여 준다. 요컨대 immigrant koine의 성격을 띠기도 한다. 예컨대, 중국의 동북방언에서는 '할아버지'를 '아바니(이)'라 한다. 이는 함경도의 여러 지역어에서 쓰이던 '아바니(이), 클아바니(이), 클아배, 하나바니(이) …' 등이 '아바니(이)'로 단일화된 예이다. 또 '몯아바니(이)(伯父), 모수다(碎), 보르다(剝) …'와 같은 'ㆍ>ㅗ' 원순모음화 규칙이 적용된 어휘(소수형)들은 대체로 '맏아바니(이), 마수다, 바르다'와 같은 'ㆍ>ㅏ' 규칙의 적용형(다수형)들에 밀려 거의 쓰이지 않는다. 중국 조선족자치주 농촌의 한인공동체에서 쓰이는 조선어는 대부분 이러한 경향을 보여 준다. 다만, 두만강가의 전통적인 교포 마을의 노인층은 대부분 원적지 방언을 쓴다. 그러나 정도의 차이가 있을 뿐 대체로 그들 지역에도 원적지가 다른 이주민이 섞여 살고 있고 위와 같은 방언 간의 水平化(leveling) 현상이 나타난다. 필자가 두만강가의 조선족 마을을 조사 지점으로 삼은 것은 가급적

對岸의 북한의 동북방언과 가까운 변종을 조사하기 위함에서였다. 연길시와 같은 대도시에서는 새로이 형성된 '연변말'을 쓴다. 이 '연변말'은 방언 간의 수평화 외에 중국 조선어 표준어, 한어의 직접 및 간접차용어 등이 영향을 주어 형성된 것이다. 때문에 머지않아 중국의 동북방언은 '동북방언의 하위 변종'이 아닌 '한국어(한민족 언어로서의 한국어)의 한 변종'으로 그 위상이 달라질 것이다. 한편, 일제강점기의 동북방언을 기준으로 할 때 각 동북방언의 변화 속도를 보면ー주로 어휘와 음운 면에서 볼 때ー언어섬 (language island)으로 존재하는 중앙아시아의 고려말이 가장 보수적이고 중국의 동북방언은 그다음이며 북한의 동북방언은 개신이 가장 많이 이루어졌다.[5]

북한, 중국, 러시아 및 중앙아시아 동북방언은 모두 함경도방언의 토대 위에서 변화한 것들이고 또 여전히 다른 방언과 차별되는 공통 요소를 지니고 있다. 그렇지만 필자의 사전에 수록된 언어는 중국의 동북방언이니 본디의 동북방언과는 다른 내부적인 특징을 지니고 있다. 즉, 한어의 영향이 크며 중국의 정치·사회·문화 속에서 발전하였고 또 함경도의 여러 지역어들이 뒤섞이거나 혼합 또는 조정된 경우도 있다.

두 번째는 '방언섬'과 '잔재지역'에 관한 것이다. 정용호(1988) 등에서는 육진방언을 '방언섬'이라 규정하고 있는데 과연 육진방언을 방언섬(dialect island)이라 부르는 것이 타당한지도 짚고 넘어갈 필요가 있다. 필자는 지금까지 육진방언권에 대해 '잔재지역(relic area)'이라는 술어를 썼다. 일반적으로 '방언섬'은, 한 언어의 변종을 구사하는 화자들이 自然災害, 국가의 徙民政策, 전쟁 등으로 그들의 원거주지를 떠나 전혀 다른 변종을 사용하는 지역으로 移住함으로써 생겨난다. 또는 자연 환경 예컨대, 바다나 호수로

---

5 모음체계의 변화가 두드러진다(강순경 2001, 곽충구 2003). 자음체계에서도 'ㅈ'의 변화가 현저하다.

격리되어 발생하기도 한다. 육진방언은 조선조 세종 때의 육진 개척 당시에 관의 사민정책에 의거 주민이 이주한 곳이다. 이때의 이주민은 함남 또는 함북 길주 이남의 주민이 주류를 이루었으며 이 밖에 下三道 주민이 이주하였다. 따라서 육진방언권이 이주에 의해 형성된 것만큼은 분명하지만 하삼도 주민의 방언에 의해서 형성된 것은 아니다. 한편, 김태균(1986)은 함북방언을 사읍방언권(길주, 학성, 명천, 경성)과 육진방언권(경흥, 경원, 온성, 종성, 회령)으로 나누고 그 사이에 드는 지역을 전이방언권(부령, 무산)으로 설정한 바 있다. 필자도 대체로 이에 공감한다. 이는 육진방언권이 동북방언으로부터 둘러싸인, 그와는 이질적인 방언을 지닌 고립 지역이 아니고, 다만 점진적으로 개신이 이루어지는 단계에서 아직 개신파가 미치지 않아 어휘, 음운 면에서 古語的인 잔재가 남아 있는 지역임을 뜻하는 것이다. 그러므로 육진방언권은 '방언섬'이라기보다는 잔재지역(relic area)으로 그 성격을 규정하는 것이 타당하다. 잔재지역은 흔히 초점지역(focal area)의 영향으로부터 고립되어 있어 다른 지역에서는 이미 사라진 이른 시기의 언어적 특징을 보존하고 있는 지역을 말한다. 때문에 잔재지역은 종종 산악 지역이나 격리지역 또는 한 언어권의 변두리와 같은 고립 지역에서 발견된다(Petyt 1980:61-62). 육진 지역은 한반도의 변두리지역이자 고립지역이다.[6]

2.3. 조사 지점

조사 지역은 함북에서 이주한 이주민 및 그 후손들이 살고 있는 중국

---

6 '방언섬'의 개념을 어떻게 규정할 것인가에 따라 달리 볼 수도 있을 것이다. 북한의 『조선말대사전』에는, "한 방언구획안에서 해당 방언과 구별되는 일련의 언어적 특성으로 하여 섬처럼 외따로 존재하는 지역. 조선어의 류진방언은 동북방언의 구획안에 있으면서 그것에만 고유한 언어적 특성을 가지고 하나의 방언섬을 이루고 있다. 방언섬을 이루는 방언들은 일반적으로 그 방언적특성의 분포범위가 상대적으로 좁다."라 정의하고 있다.

두만강 유역 및 그 인근의 8지점이다.

    (1) 육진방언권
        珲春市 敬信鎭=原함북 慶興 방언
        珲春市 密江縣=原함북 慶源·穩城 방언
        圖們市 月晴鎭=原함북 鐘城·穩城 방언
        龍井市 三合鎭=原함북 會寧 방언

    (2) 사읍방언권, 기타
        龍井市=原함북 明川 방언
        和龍市 南平鎭=原함북 茂山 방언
        和龍市 龍門鄕=原함북 吉州·明川 방언
        延吉市

3. 자료 수집과 사전의 기술

3.1. 기초 조사 자료: 동북방언의 대역어휘집

사전 편찬에 앞서 이 지역 방언이 수록되어 있는 각종의 문헌자료를 검토
하였다. 이들 문헌은 19세기로부터 20세기 초에 걸쳐 제정 러시아에서 간행
된 아래의 對譯語彙集, 對譯辭典, 교과서, 회화집 등이다.

    M. Putsillo, *Opyt Russko-Korejskago Slovarja*, S. Peterburg: 1874(『試
篇 노한사전』, 일명 『로한ᄌ뎐』[7]).
    A. I. Tajshin, *Russko-Korejskij Slovarj*, Habarovsk: 1898(『노한사전』).

N. I. Matveev, Kratkij Russko-Korejskij Slovarj, *Spravotchanja Kniga g.Vladivostoka*, Vladivostok: 1900(『노한소사전』).

Pravoslavnoe Missionerskoe Obshchestvo, *Pervonachaljnyj Uchebnik Russkago Jazyka dlja Korejtsev*, Kazan: 1901(『韓人을 위한 초등 러시아어 교과서』).

Pravoslavnoe Missionerskoe Obshchestvo, *Azbuka dlja Korejtsev*, Kazan: 1902(『韓人을 위한 綴字敎科書』).

Pravoslavnoe Missionerskoe Obshchestvo, *Opyt Kratkago Russko-Korejskago Slovarja*, Kazan: 1904)(『試篇 노한소사전』).

Pravoslavnoe Missionerskoe Obshchestvo, *Russko-Korejskie Razgovory*, Kazan: 1904(『露韓會話』).

Pravoslavnoe Missionerskoe Obshchestvo, *Slova i Vyrazhenija k Russko-Korejskim Razgovoram*, Kazan: 1904(『露韓會話에 대한 單語와 表現』.

필자는 위 문헌에 수록된 일부 어휘를 기초 조사 자료 대상으로 삼고 그 의미, 형태론적 교체 등을 조사하였다. 지금은 사어가 된 어휘도 있다. 위 문헌에 수록된 동북방언(대부분 육진방언) 자료는 제법 풍성한 편이어서 19세기 이후의 동북방언의 역사를 관찰하기에 용이하다. 『露韓會話』, 『韓人을 위한 綴字敎科書』는 문장 단위로 전사된 구어체 자료이며 『露韓會話에 대한 單語와 表現』은 육진방언의 격조사와 활용어미를 분석 제시한 문헌이다. 위 문헌 가운데 '사전('Slovarj')'이라 한 것은 사전이라기보다는 '러시아어 : 한국어' 대역어휘집이다.[8] 최초의 한국어 대역사전인 M.

---

7 서울대 도서관에 소장된 이 사전의 속표지 맞은편 면에는 '로한ᄌ뎐'이라 필사한 부분이 있는데 이는 편자인 푸칠로가 쓴 것으로 보여 필자는 지금까지 이 사전을 '로한ᄌ뎐'이라 부르기도 하였다.

8 이들 문헌에 대해서는 곽충구(1987, 1989, 1991/1994, 2006, 2007a) 및 J. R. P.

Putsillo의 사전은 18세기의 문헌어,[9] 육진방언을 포함한 동북방언이 뒤섞여 있는 대역어휘집이고, A. I. Tajshin의 사전은 문헌어가 많고 N. I. Matveev의 사전은 한국어 전사가 조잡하고 어휘 양도 적다. 다만, 러시아정교선교협회(Pravoslavnoe Missionerskoe Obshchestvo)에서 출판한 일련의 문헌들은 육진방언의 음성을 체계적으로 관찰하고 전사하고자 하였다. 맨 처음에 간행된『韓人을 위한 초등 러시아어 교과서』와 그 이듬해에 간행된『韓人을 위한 綴字敎科書』는 육진방언이 실려 있으나 아직 한국어 전사가 정제되지는 못하였다. 그러나 1904년에 간행된『露韓會話』,『試篇 노한소사전』등은 육진방언을 키릴문자를 가공한 전사문자로 정밀전사하였다.『試篇 노한소사전』은 때론 用例까지 제시한 귀중한 소사전이다.[10]

이 밖에 국내에서 간행된 사전 및 자료집은 다음과 같다.

> 김태균(1986),『함북방언사전』, 경기대출판국.
> 이영철(2005),『함북방언(길주지방) 연구』, 예진문화사.
> 정석모(2010),『함흥지방 방언집』, 한국어린이문화연구소.[11]

『함북방언사전』은 실향민을 대상으로 자료를 수집한 것이다. 표준어를

King(1987, 1988, 1991) 등을 참고할 것.

9 Medhurst가 편찬한 *A Comparative Vocabulary of Chinese, Corean and Japanese* (Batabia 1834)(一名『朝鮮偉國字彙』)에는『倭語類解』와『千字文』이 들어 있다. 푸칠로는 이 책의 한국어 어휘 일부를 轉載하였다.

10 이 사전에 대해서는 곽충구(1987), J. R. P. King(1987)을 참고할 것. 한편, G. J. Ramstedt는 한국어 및 알타이어 계통론 연구에 이 사전의 자료를 이용한 바 있다. 한편, 19C~20C에 걸쳐 러시아에서는 영내의 소수 민족 언어(몽골제어, 만주퉁구스제어 등)을 조사하고 이를 대역사전으로 간행한 바 있다. 정치, 선교, 언어 연구를 목적으로 한 것이다. 그 일부가 Cincius(1975) 등에 수록되어 있다.

11 宣德五·趙習·金淳培(1991), 리운규·심희섭·안운(1992), 중국조선어실태조사보고집필조(1993) 등에서도 재중 동포들의 동북방언 자료를 볼 수 있다.

표제어로 제시하고 그 아래에 그에 대응하는 각 지역의 방언형을 열거하고 분포 지역을 밝혔다. 표준어에 대응시키기 어렵다고 판단한 방언형은 표제어로 내세우고 뜻풀이를 하였다.[12] 실향민의 기억에 의존하여 자료를 수집하였기 때문에 방언형의 제시에는 한계가 있을 수밖에 없고 또 성조 및 곡용이나 활용 정보가 없다. 무엇보다도 표준어에 여러 지역의 방언형들을 대응시켰기 때문에 각 방언형의 의미는 물론이거니와 방언형 간의 의미차를 폭넓게 이해하기 어렵다. 이영철(2005), 정석모(2010)은 비전공자들이 수집한 자료집이다.

方言史의 관점에서, 위 러시아에서 간행된 문헌자료와 필자의 조사 자료를 대조해 보면 육진방언은 그동안 꽤 많은 변화를 겪었다. 100여 년의 시간이 흘렀으니 어찌 보면 당연한 결과이지만 일부 어휘는 이미 死語가 되었고 지금은 音韻變化 예컨대, t구개음화, syV > sV, nyV > nV(V=모음), #ni > i, 끝소리가 'ㄴ, ㅁ'인 용언 어간에 무성폐쇄음이 연결될 때의 경음화 등이 상당히 진전된 상태이며 형태론적으로도 비자동적교체 어간들의 단일화가 진행되고 있다. 어휘도 상당한 변화를 겪었다. 20세기에 들어서서 정치·경제·사회·문화적으로 급격한 변화를 겪었으니 그러한 어휘의 변화는 필연적일 수밖에 없다.

한편, 필자의 제보자들은 한결같이 자신의 부모 세대가 쓰던 말과 자신들의 말은 큰 차이가 있다고 말한다. 아래 예는 그러한 사실을 언급한 부분을 사전 용례에서 옮긴 것이다. [']는 앞 음절이 高調임을 표시.

A: 기'래댏구! 됴션이'라구. 우리 아바지란 됴션이'랍더구마, 됴션. 됴션당

---

12 이 외에 지금까지 수다한 방언사전이 간행되었으나 사전이 아닌 대역어휘집이다. 사전의 형식을 갖춘 것은 발견하기 어렵다. 이에 대한 전반적인 검토가 한국방언학회 공동토론회(2014, 6월)에서 있었고 그 내용이 방언학 20호(2014년 刊)에 수록되었다. 거기에 실린 정승철, 김봉국, 소신애 교수의 논문을 참고하기 바란다.

사르 해야 사디 못산다구 이'래. 개'두 우리 두째아바'니느 또 뒈션이'라
구 햇'습구마, 뒈션. 노'인덜이 어땠던디간에 서'이 앉아'서 서'이 제마끔
딴소리르 하압더구마. 됴션, 뒈션, 죠션 하멘서르. 우리느' 그저 책에
서' 배우다나니 조선인'가 햇'습디.(그러잖고! '됴션(朝鮮)'이라고 했
지. 우리 아버지는 '됴션'이라고 하더군요, 됴션. '됴션댱사(=조선에
들어가 하는 장사)'를 해야 살지 못 산다고, 이래. 그리고 우리 둘째할
아버지는 또 '뒈션'이라고 했습니다. 노인들이 어쨌든 셋이 앉아서
셋이 제각기 딴 말을 하더군요. '됴션, 뒈션, 죠션' 하면서. 우리는 그저
책에서 배우다 보니 '조선'인가 했지요. 경신=함북 경흥방언 화자).

B: 우리 어마니'느 됴션이'라구tyošə̌níɾagu 햇'습디. 죠션이'라구čošə̌ní
ɾagu 아니' 햇'습구마. 됴션이'라구 햇'습구마. 언제나' 됴션사'름덜으는
제 됴션말'으 아니'하구서는 버들'어지기 말한다구. 표준어말'으 하무
버들'어진 말이라 햇'습구마. 졈졈' 시대' 배끼와서 벤'해서 버들'어지기
말하다 나니까데 사'름덜이 어'디기 아니' 배운'단는 게'디, 머.(우리 어
머니는 '됴션'이라고 했지요. '죠션'이라고 아니했습니다. '됴션'이라
고 했습니다. 언제나 조선 사람들은 제 조선말을 아니 하고서는 벗어
나게 말한다고. 표준어를 말하면 비뚤어진 말이라 했습니다. 점점 시
대가 바뀌어서 변해서 (육진방언에서) 벗어나게 말하다 보니 그런
말을 하는 사람들이 어질게 안 보인다는 것이지, 뭐. ◎제보자의 어머
니는 고정하고 인정이 많아 주위에서 칭송을 받은 분인데 아마도 비육
진방언 즉, 표준어 등을 함부로 쓰는 것을 용인하지 않았던 듯하다.
월청=함북 종성·온성 화자)

A(현, 83세), B(현, 90세) 두 여성 제보자는 부모 세대의 말이 자신들의
말과 현저히 달랐음을 위와 같이 피력하고 있다. 앞서 언급한 러시아에서
간행된 문헌 자료의 화자를 포함하면 4세대에 걸친 언어 변화 추이를 짐작

해 볼 수 있다. 즉, '러시아 자료(朝鮮朝 출생) > 부모 세대(舊韓末 출생) > 제보자(일제강점기 출생) > 현재의 비노년층'의 방언을 견주어 보면 '제보자들 시기'에 들어서서 육진방언이 急激히 變化하였음을 알 수 있다. 급격한 사회 변동, 교육이나 매스미디어의 영향도 있지만 육진방언은 표준어는 물론 인접한 다른 방언에 비해 매우 이질적이기 때문에 늘 주위 사람들로부터 (심지어는 가족 중 젊은이들로부터도) '비난'의 대상이 되거나 '웃음거리'가 되기 때문에 변화가 가속화된 것이다. 지금은 전통적인 육진방언을 구사하는 젊은이들은 없다.

3.2. 조사의 절차와 자료의 구축

(1) 『한국방언조사질문지』(한국정신문화연구원 어문학연구실, 1980)

(2) 「한국어 초분절음소조사표」(대한민국 학술원, 1986)

(3) 구술 발화(통과의례, 세시풍속, 가옥구조, 친족어, 인체어, 民譚, 傳說 등)

(4) 어휘체계를 고려한 광범위한 조사

(5) 교차 확인(cross checking) 조사: 신뢰도, 타당도, 정확도를 높이기 위한 조사

(6) 확인조사, 보충조사, 추가 조사

(7) 『지역어 조사 질문지』(국립국어원, 2003)

(1)의 조사는 조사 대상 방언을 鳥瞰하는 기초 조사였다. 이 조사에서는 제보자가 제시한 응답형을 세심하게 관찰하고자 하였다. 정밀한 음성전사는 물론 응답형이 질문지에 명시된 것과 개념이나 형태, 용도 등이 일치하는지 그 여부에 유의하였다. 응답형의 形態(form)가 표준어와 같다고 해서 그 用法(usage)도 같은 것은 아니므로 언제나 그 방언의 체계 속에서 관찰

및 조사하고자 했다. "긴장하다, 다듬다, 바쁘다, 삐치다, 시끄럽다, 지껄이다, 한심하다…" 따위는 표준어와 현저한 차이를 보인다.

(2)는 『한국언어지도집(*Language Atlas of Korea*)』, 대한민국 학술원, 성지문화사, 1993)을 제작하기 전 聲調를 체계적으로 조사하기 위해 최명옥·곽충구·이승재 3인이 작성한 것이다. 이를 통해 聲調素, 聲調型 등을 확인하였다. 그러나 이 조사표는 조사 항목이 많지 않기 때문에 모든 표제어에 대한 성조를 확인하는 데 많은 시간을 할애하였다. 성조의 실현은 단독형일 때, 곡용이나 활용에서 또는 기식군 안에서 그 변동이 잦고 또 문장 단위에서는 강세나 억양의 영향을 받고 또 통사론적으로 초점(focus)이 놓이는 위치에 따라 달라지므로 한 어간의 성조형을 일일이 확인하여 발음정보에 반영하는 일은 매우 힘든 작업의 하나였다. 또 상승조는 발화 속도에 따라 고장조나 고조로 실현되기도 한다. 체언류의 경우 단독형으로 발음할 때 나타나는 성조는 penultimate에 의한 것일 수도 있고 또 이 방언 성조의 특징 중의 하나인 語末高調化 현상이 적용된 것일 수 있으므로 일일이 확인하는 절차가 필요하였다. 즉, 무성조 어간(atonic stem)은 3음절 이상일 때 끝에서 두 번째 음절이 고조로 실현될 수 있고 또 다음절 명사는 어말고조화 현상에 의하여 마지막 음절이 고조로 실현되기 때문에[13] 정작 무성조 어간과 마지막 음절에 고조가 놓이는 어간을 식별하기 어려웠다. 이는 또 지역차를 보인다. 또한 세대 간에서 성조의 추이(tone shift)도 보인다. 예컨대, 본디 LL어간은 LH로 그 성조가 바뀌었는데 20대의 젊은 층에서 이 현상이 두드러진다. 때문에 개별 어간의 성조는 일일이 곡용이나 활용을 통해서 고조가 놓이는 위치를 확인한 다음 이를 유형화하고 발음정보에 명시해야만 했다.

한편, (1)의 질문지의 조사 항목은 광역을 대상으로 방언형과 그 분포를

---

13 이 특징은 남부 퉁구스어에서도 나타난다(이기문 1964).

확인하고 그를 바탕으로 언어지도(linguistic atlas)를 작성하기 위해 선정한 것이므로 기초어휘 여부, 빈도, 어휘체계를 크게 고려하지는 못하였다. 그러므로 조사 지역의 모든 언어 형식을 조사할 수는 없다. 따라서 (3)의 구술발화 조사를 통해 말뭉치를 구축하고 거기서 유의한 언어 형식(표제어)를 추출하는 작업을 지속하였다.[14] 그리고 외연을 확장해 나가면서 이미 조사한 자료의 각종 미시구조(micro-structure) 관련 정보를 확인·점검·보완하고 체계성을 검토해 나갔다. 그리고 적절한 용례의 선택과 문형정보의 확인도 이에 의존하였다. 軟語나 俗談은 일상적 구어에서 자주 쓰이므로 역시 이 구술발화를 통해 주로 조사하였다. 구술발화는 조사자가 개입하지 않고 제보자가 주어진 주제에 대하여 자유롭게 진술하도록 유도하였다. 이른바 '관찰자의 모순(observer's paradox)'을 최소화할 수 있는 조사방법이라 생각했고 또 그러했다.

대부분의 표제어는 자연발화(구술발화, 일상어)에서 조사되었다. 구술발화를 일일이 정밀전사하고 거기서 有意味한 情報를 추출해 내는 일은 엄청난 시간을 요하는 작업이지만 말뭉치를 구축하기 위한 필수 과정이다. 그를 통해 유의한 조음특징, 의미, 문법 정보 등을 추출하게 되고 끊임없이 새로운 표제어(방언형)을 발견하게 된다. 中世나 近代 문헌에 보이는 "갓다(<A)다), 거리다(擄), 격관하다(接待), 계다(시간이 지나다), 긁티다(세게 긁다), 군숙하다(부산하다), 누억하다(<누흙다), 덕간하다(돌보다), 디기다(逐, 琢), 이뜰다(이끌다), 져주다(按) …" 따위와 같은 용언은 자연발화에서 채록한 것이다. 녹음과 전사의 어려움이 있기는 하나 參與觀察을 통해서도 일상적 구어를 채록하고자 하였다. 구술발화보다도 더 비격식의 발화를 들을 수 있다(게이트볼 경기장, 화투판, 가족 구성원 간의 대화 등). 의도적인

---

14 조사의 후반에 구술발화를 통하여 말뭉치 자료를 구축할 때에는 그 무렵에 간행된 『지역어 조사 질문지』의 제1편 '구술발화'를 참고하였다.

발화가 아니니 일상적 구어의 진면목을 볼 수 있다. 문 終結語尾의 형태 확인과 그 용법과 의미를 포착하는 데에도 유용하였다.

(4)에서는 (1), (2), (3)의 조사 내용을 바탕으로 표제어 하나하나를 의미, 어휘 체계, 어휘장 등을 고려하여 정밀하게 조사하고자 하였다. 기왕에 편찬된 국어사전이나 방언사전에는 '아재'가 '고모', '이모'의 방언으로 풀이되어 있지만 이는 온전한 기술이라 할 수 없다. 왜냐하면, '아재'는 '아버지의 여동생'(고모), '어머니의 여동생'(이모), '어머니 남동생의 아내'(외숙모), '작은아버지의 아내'(작은어머니)에 대한 호칭어이기 때문이다. '부계'와 '모계' 친족 중에서 '부모'와 같은 항렬의 나이 어린 여자나 남동생의 아내에 대한 호칭어인 것이다. 이와 대립되는 남성에 대한 호칭어는 '아즈바니'다. 반대로 '부모'와 항렬이 같은, 나이가 많은 여자에 대한 호칭어는 '맏아매' (또는 '몬아매')다. 즉, '큰어머니', '아버지의 누나(고모)', '어머니의 언니 (이모)', '어머니 오빠의 아내(외숙모)'에 대한 호칭어다. 이는 父系와 母系를 구분하지 않고 단지 父母의 年齡만을 기준으로 삼는 단순한 체계다. 이는 북부방언(서북, 동북방언) 친족어의 체계로 필자는 이 체계가 아주 이른 시기 국어의 親族語 體系라 믿고 있다. 이렇게 기존 사전들의 뜻풀이가 미흡한 것은 주로 (1)의 조사에 의존한 탓이다. 따라서 이러한 친족어를 親族系譜圖 따위를 가지고 체계적으로 조사하고 올바로 기술하는 일은 방언사전의 몫이다. 표준어에는 부모의 여동생만을 지칭하는 친족어가 달리 없기 때문에 국어사전에서는 고육지책으로 '아재'를 '고모', '이모'에 대응시킨 듯하다. 일반 규범 사전들이 무리하게 방언을 표준어에 대응시키고자 하는 태도의 일면을 보여 준다.

家屋構造에서 이 방언의 '정지'(또는 '정쥐')는 그 공간 구성이 특이하다. 동북지방의 전통 가옥구조에서 '정지'는 '부수깨(부엌), 구둘(정지의 방), 바당, 외양간, 방앗간'을 아우른 공간이다. 『표준국어대사전』에서는 '정지 ②' 및 '정주간(鼎廚間)'의 풀이를, "부엌과 안방 사이에 벽이 없이 부뚜막에 방바닥을 잇달아 꾸민 부엌. 함경도 지방에서 많이 볼 수 있다."라 하였으나 '부엌'이 아니다. 『조선말대사전』에서는 '정지'를, "①(일부 살림집구조에서) 부엌과 방 사이에 벽이 없이 트인 구조에서 부뚜막과 방바닥이 한데 잇달린 곳."이라 하였으나 역시 온전한 뜻풀이라 하기 어렵다. 이처럼 대체로 국어사전의 뜻풀이는 미흡하다.

그렇다고 어떤 계열 어휘의 체계를 집중적으로 조사한다고 하여 모든 관련 어휘가 빠짐없이 조사될 수 있는 것은 아니다. 화자들이 '정지' 안의 공간을 어떻게 나누어 認識하고 命名하였는지를 토박이가 아닌 조사자로서는 일일이 파악하기 어렵고 또 제보자의 기억력이나 인식 능력에는 한계가 있기 때문이다. 따라서 일상이나 구술발화를 통해서 그때그때 새로운 어형을 찾을 수밖에 없다. 예컨대, '정지'의 하위어, "가맷목, 가맷보, 가맷전, 구둘, 덩때, 등디, 바당, 부수깨니매, 부수깨아구리, 부수깨언덤, 아랫굳, 웃굳, 쟉뒤깐, 조앙깐, 챗녁…" 등을 한꺼번에 조사하기는 쉽지 않다.

色彩語는 형태를 확인하는 일로부터 뜻풀이에 이르기까지 더욱 어렵다. 색채어는 형태론적 구성과 접사의 기능, 어기와의 통합 조건 등을 확인하면 대체로 그 체계를 확인할 수 있지만 그렇게 단순하지만은 않다. 예컨대, "노루다(또는 '노르다'), 노랗다, 노라노랗다(또는 노랗노랗다), 노루구레하다, 노루꾸레하다, 노꾸무리하다(또는 '너꾸무레하다'), 노루꾸무레하다, 노르츠그레하다, 노르스그레하다, 노루무레하다, 노르스그레하다, 싯노랗다…" 이들은 거의 다 자연발화에서 채록한 것들인데 형태론적으로나 음운론적으로 조금씩 차이를 보인다. 미세한 感覺的 표현을 나타낸 것이기 때문에 의미 파악과 그 뜻풀이가 용이하지 않았다. 이런 경우, 그 體系性을 따져 거듭 보충 및 확인조사를 하였다.

(5) 交叉確認은 A지역에서 조사한 내용을 A지역 내의 다른 제보자로부터 확인하는 경우도 있고 같은 육진방언권의 B, C, D … 지역에서 교차 확인한 경우도 있다. 이는 이미 조사한 내용의 信賴度, 妥當度, 正確度를 높이기

위한 것이었다. 이 조사에서는 이미 조사한 방언형을 확인 검증하는 외에 A지역 외의 방언형을 새로이 조사하게 된다. 즉, 지역 간의 방언차를 확인하는 절차가 되기도 하는 것이다.

(6)의 確認調査는 이미 조사한 자료에 대한 미시정보를 전면적으로 검증하는 조사, 補充調査는 대체로 계열어휘 체계의 빈칸을 메우는 조사, 追加調査는 조사가 확대되면서 미처 조사하지 못한 개별 어휘나 새로운 계열어휘를 조사하는 일을 말한 것인데, 필자는 근 10여 년 동안 이 일에 매달려서 끊임없이 원고를 수정하고 보충하였다.

3.3. 변이의 처리와 사전에서의 기술

방언은 地理的, 社會的 요인에 따라 무수한 변이를 보인다. 이러한 변이를 어떻게 사전에 수용할 것인가. 변이형 수용 여부의 판단 기준은 무엇이고 변이형을 수용하여 사전의 표제어로 올린다면 변이형들은 어떠한 방법으로 관계를 맺어 줄 것인지 또 뜻풀이는 어디서 어떻게 할 것인지 등 허다한 문제에 봉착하게 된다. 이는 사전의 미시구조를 구축하는 일과도 관련된다.

예컨대, '겨드랑이'의 방언형 "겨대밑, 겨드락, 곁¹, 쟈개애미, 쟈대, 쟈대밑, 쟤개애미, 쟈개밑"은 화자의 일시적인 변이가 아닐뿐더러 語彙史의 관점에서 볼 때 '곁'(<*kyʌt)에서 파생된 것들이므로 하나하나가 모두 표제어로 오른다. 그러나 동일 화자의 발화에서 수의적으로 나타나는 "변둑, 변죽(邊-)", "당둑, 댱쥭, 쟝쥭(杖竹)", "듕단, 듕단, 즁단(中單, 中斷)"과 같은 진행 중인 음변화(sound change in progress)나 '사름, 사람', '바름, 바람'과 같은 방언형과 표준어형의 교차 사용에서 나타나는 변이형은 어떻게 할 것인가. 이 변이가 지역 간의 차이라면 물론 문제 될 것이 없다. 한 언어공동체에서 두루 소통되는 변이형으로서 歷史性을 지니고 있고 또 그 언어공동체에서 容認可能한 것이라면 그리고 개인의 일시적인 변이가 아니

라면 모두 사전에 올리고자 하였다.

규범 사전은 어문 규정에 따라 표준어와 비표준어를 구분하여 표제어를 선정하고 또 맞춤법에 따라 표기를 한다. 그러나 방언은 음성, 음운, 형태, 어휘 등 모든 층위에서 지역 간 또는 같은 지역 내에서도 화자와 화자 간 그리고 동일 화자도 발화 환경에 따라 변이를 보인다. 이는 그 방언 안에서의 변화 과정에 말미암은 것일 수도 있고 규범이나 인접 방언의 영향과 같은 외적 요인에 의한 것일 수도 있다.

3.3.1. 音聲, 音韻 層位

조사 지역에서는 'ㅈ'이 아래와 같이 실현된다.

소방언권	음소	음성=음운	예	참고
육진 A	/ts/	[ʧV]=/tsyV/	쟈랑, 죠곰	/tsyV/>/tsV/ 진행 중
		[tsV]=/tsV/	자다, 주다	
육진 B	/ts/	[tsV]=/tsV/	자랑, 조곰	/tsyV/>/tsV/
비육진 A	/ʧ/	[ʧV]=/ʧV/	쟈랑, 쟈다	
비육진 B	/ʧ/>/ts/	[ʧV]~[tsV]	자랑~쟈랑	/ʧV/>/tsV/ 진행 중

위 표에서 보는 바와 같이 조사 지역의 'ㅈ'는 전반적으로 /ts/로 변화하고 있다.[15] 육진(A)는 음운론적으로 활음 y가 탈락하여 육진(B)로 이행하고 있다. 육진(A)는 앞서 말한 바 있는 20세기 초 러시아에서 간행된 한국어 문헌이 보여 주는 육진방언과 거의 동일한데 이는 중세국어와 같은 자음체계이다. 육진(B)는 서북방언과 같은 체계이다. 비육진 동북방언(A)는 중부방언과 동일하며 비육진(B)는 /ʧ/>/ts/가 진행 중인바, 남성보다 여성,

---

15 이 같은 변화는 서울을 중심으로 한 중부방언권의 30대 이하 연령층에서도 나타난다. 특히 여성의 말에서 현저하다. 한편, 육진(A)의 'ㅈ'은 중부방언의 그것보다 더 경구개성이 강하다.

농촌보다 도시, 학력이 높을수록 현저하다. 어느 지역이나 젊은 세대들은 'ㅈ'를 /ts/([ts])로 조음하여 변화가 완료되었다.[16] 이렇게 조사 지역 'ㅈ'의 변화 양상은 다양하므로 음성전사는 물론 표제어나 용례의 표기에 어려움이 많았다. 이런 경우, '쟈랑'과 '자랑'을 모두 표제어로 올리고 분포 지역을 밝혔다. 그리고 고어형인 '쟈랑'에서 뜻풀이하였다. 또 'ㅈ'는 모음 사이에서 [z]로 실현되기도 한다. [z]로 발음되는 경우는 발음정보에서 그 사실을 밝혔다. /tsy/ > /ts/와 평행하게 육진(A)에서는 치조음 /syV/ > /sV/, /nyV/ > /yV/, /#ni/ > /i/도 변화가 진행 중이다.

또 유음 'ㄹ'가 자음 앞에서 [ɾ]이나 [l]로 수의적으로 실현되는데 이는 유음의 변화와 관련된 것이므로 발음정보에 반영하였다. 비모음(â, ɛ̂, ə̂ …)은 비음성이 없는 모음(a, ɛ, ə …)으로 실현되기도 하는데 발음정보(음성전사)에 이를 반영하였으나 용례(한글 자모 전사)에서는 대체로 'ㅇ'이 탈락한 것으로 전사하였다. 또 'ㅂ'이 [b]~[β]~[Ø](하분자, 하분자, 한자(獨))로 실현되는 예도 변화의 과정을 보여 주는 것이어서 반영하였다(곽충구 2007a).

모음에서는 후설의 'ㅡ'와 'ㅜ' 및 'ㅗ'의 동요가 크다. 'ㅡ'는 [ɨ], [ʉ], [u]의 변이를 보이는데 'ㅡ'의 후설화가 유의미하다고 판단하여 전사에 반영하였다. 또 'ㅗ'는 저설화가 현저하여 대체로 [ɔ]로 조음된다. 이럴 때 [ɔ], [o]를 일일이 음성적으로 구분하여 표기한다는 것은 사실상 어려운 일이다. 이 경우는 모음체계의 변화, 다시 말하면 'ㅗ'의 저설화가 현저하다는 점을 고려하여 음성전사에 반영하고자 하였으나 인상적 전사에 그친 감이 있다. 'ㅓ'는 중부방언의 그것에 비해 좀 더 전설적이고 고설적인 [ə]에 가깝다. 전설의 'ㅔ'와 'ㅐ'는 음성간극이 안정적이어서 전사에 별다른 어려움이 없었다. 종래 'ㅟ', 'ㅚ'를 가졌던 사읍방언권에서, 'ㅟ'는 'ㅣ'로

---

16 중세국어처럼 /ㅈ/(치조음)이 /ㅅ/, /ㄷ/과 한 계열을 형성한 것이다.

'ㅚ'는 'ㅔ'로 실현된다. 의도적인 발화에서는 간혹 원순성이 미약한 'ㅟ', 'ㅚ'가 나타나기도 하는바, 모두 전사에 반영하고 그 사실을 밝혔다.

이 밖에 모음 간 세 자음이 발음되는 예도 있는데, 첫 자음이 유음일 때 그러하다. 예: [taɾkt'u](닭-도). 모음에서는 'ㅣ'와 'ㅡ' 사이에서 조음되는 [ï]를 포착하기가 여간 어려운 일이 아니었다.[17] 예: 긔챠, 가마긔 등. 이러한 음성 특징은 대부분 유능한 제보자가 정보를 제공하여 알게 된 것이 태반이다. 이는 종성 위치의 3자음이 2자음으로 발음되는 자음군단순화 및 이중모음 'ㅢ'의 변화 과정을 보여 주는 것이므로 발음정보에 반영하였다. 音聲學에 대한 이해와 음성 청취 훈련의 중요성을 일깨워 주는 사례의 하나다.

音韻 層位의 경우, 변이는 개개인이 가지고 있는 음운체계나 음운규칙의 차이, 또는 체계나 규칙이 같은 제보자라도 규칙 적용의 수의성이나 변화의 擴散과 관련될 수 있다. 예컨대, 치조음과 관련된 변화에서 육진(B)의 原회령·종성·온성 방언 화자들의 발화에서는 서북방언처럼 "댜, 뎌, 됴, 듀 > 다, 더, 도, 두"와 같이 활음 탈락 규칙이 점차 확산되는 경향이 농후한 반면, 남부로부터 改新波의 영향을 받은 육진(A)에서는 "댜, 뎌, … > 쟈, 져, …"로 구개음화가 진행 중이다. 또 ㅑ > ㅐ, ㅕ > ㅖ 규칙(활음 'y'의 牽引에 의한 前部母音化[18])에 의거 따르- > 때르-[短], 댱귀 > 댕귀[장구] 등과 같은 변화형도 출현한다. 이들 변화는 어휘에 따라 점진적으로 확산되는 추세이다. 이처럼 규칙들이 경쟁적으로 적용되면서 동일한 화자가 '좋다(好) > 둏다 > 돟다'[19]('>'는 출현 빈도), '따르다(短) > 때르다 > 쨔르다'를 함께 쓴다. 이러한 변이는 그것이 지역 간의 변이든 한 소방언권 내부에서의 변이든 개인의 변이든 모두 사전에 수용하고 지역과 제보자를 밝혔다. 한

---

17 앞에서 제시한 러시아에서 간행된 사전이나 자료집에서는 이를 일일이 전사하였다.
18 과거 전설원순모음 /ü/, /ö/를 가진 咸南 방언에서는 후설모음 /ㅗ/, /ㅜ/도 이러한 현상을 보였다. 예: 규칙 > 귀칙, 교실 > 괴실.
19 소신애(2003)에서는 이를 tyV 연쇄의 회피 현상으로 보았다.

마을을 대상으로 하여 이러한 현상을 조사한 논문(소신애 2001)에 의하면 위 구개음화는 S-커브 曲線(Baily 1973)을 그리며 변화가 점진적으로 확산되고 있다 한다. 그 확산의 정도는 제보자가 가진 변인(나이, 성별 등)에 따라 다르므로 복수의 제보자를 조사하는 경우에는 변이가 다양하게 출현할 수밖에 없다. 또 그 요인이야 어떻든 일반적으로 화자는 개신형과 비개신형을 일정 기간 語彙部에 유지하고 있고 발화 상황에 따라서 선택적으로 쓰는 경향이 있다(곽충구 2011b). 이 밖에 'ㄴ, ㅁ'로 끝난 용언 어간에 무성 장애음으로 시작하는 어미가 연결될 때 발생하는 경음화(남성일수록, 나이가 적을수록 경음화가 빨리 이루어짐)(규칙의 유무), 유음 탈락(대체로 'ㅈ, ㄷ' 앞에서 'ㄹ'이 수의적으로 탈락함)(규칙 적용 영역의 축소), 'ㅂ>w'의 변화(느위, 느베(妹), 진행 중인 변화)[20] 등에 이르기까지 변이는 무수하다. 따라서 이러한 변이를 사전에 어떻게 수용할 것이며 또 변이형들은 어떻게 그 관계를 맺어 줄 것인지 하는 점이 문제가 된다. 사전에서는 이러한 변이가 모두 音韻部의 변화와 관련되므로 변이형을 모두 수용하여 표제어로 제시하고 分布地域, 提報者, 頻度 등을 밝혔다. 단, 頻度가 높거나 古語인 표제어에서 뜻풀이하고 그 밖의 변이형은 이를 참조하도록 하였다. 그리고 이 표제어의 맨 뒤에 변이형들을 모아 제시하였다.

3.3.2. 어휘

대체로 원적지 방언형을 쓴다. 그러나 출신 지역이 다른 이주민들이 뒤섞여 살아 온 까닭에 방언형들 사이에서의 水平化 현상도 보인다. 예컨대, 친족어에서 '할아버지'의 방언형은 '클아바니, 아바니, 아바이[1], 하내비, 쿨아바니, 큰아바니, 클아바니, 클아바이, 클아배, 하나바니, 하나바이, 하나바지'라 하는데 '아바니'(비육진방언권 및 육진방언권의 비노년층에서는 '아

---

20 이에 대해서는 곽충구(2010)을 참고할 것.

바이')가 방언형들 간의 경쟁에서 승리하여 널리 쓰인다. 나머지 방언형은 제보자들의 기억 속에만 남아 있다. 또 狹域의 방언형이 廣域의 방언형으로 代置되어 가는 경향이 있다. 앞서 언급한 원순모음화 '·>ㅗ'(소수형)과 '·>ㅏ'(다수형)이 그 예이다. 이는 소수형이 다수형으로 통일되어 가는 koine적인 과정이다. 또한 '치마'의 방언형으로는 "치매, 쵸매, 챠매, 쳐매" 가 있고 '삿자리'의 방언형으로는 "까래, 깔개, 덤재(簟子), 삻" 등이 있는데 한 제보자가 여러 방언형을 쓰는 경우가 있다. 어떤 제보자는, "명천 출신의 시어머니는 어떻게 말하고 회령치는 어떻게 말하고….", "어릴 때는 무엇이라 했는데 지금은 무엇이라 하고….", "앞대치(남녘의 사람)은 무엇이라하고 여기 토박이말은 어떠하고…." 등과 같이 말한다. 출신 지역(이주 전 원적지)가 다른 사람들이 서로 어울려 살다 보니 복수의 방언형을 갖게 된 것이다. 이러한 예에 대해서는 사용 정도의 多少, 新舊, 타방언의 流入, 원적지 방언 여부 등의 정보를 밝히고자 하였다.

북한어 및 한어의 借用으로 인해 복수의 어형을 쓰는 경우도 있다. 예컨대, 케이크를 '단설기' 또는 '당꼬'(蛋糕)라 하며 '링거액'을 '링게르', '점적주사'(點滴注射), '땐디'(點滴)라 한다. '단설기'는 북한어에서 유입된 중국 조선어 표준어이고 '당꼬'는 漢語를 직접 차용한 말이다. '링게르'는 일제강점기에 차용된 말이고 빈도가 가장 높은 '땐디'는 한어를 직접 차용한 말이며 '점적주사'는 조선어 표준어다. 이러한 예들은 모두 사전에 등재하였다. 다만, 漢語를 직접 또는 간접 차용한 어휘를 어떻게 처리할 것인가 하는 점이 문제였다. 제보자마다 차이가 있기는 하지만, 대부분의 제보자들은 한어를 모른다고 말한다. 그러나 이는 문장 차원의 한어 구사 능력이 없다는 말이고 어휘 차원에서는 어느 정도 한어를 구사한다. 한어 차용어는 차용 방식에 따라 飜譯借用, 直接借用, 間接借用(漢語를 한국 한자음으로 읽어 차용한 것) 등이 있다. 또 한어 차용어는 그 차용 시기에 따라 이주 전에 일찍이 차용된 것이 있고 또 이주 후 차용한 것들로 나뉜다. '승천'(剩錢),

'커우대'(口袋), '만뒈'(饅頭), '밴세'(匾食) 등은 이미 이주 전에 동북방언에 정착한 것들이다. 반면, '땐노'(電腦), '땐스'(電視)는 최근에 직접 차용한 말이다. 전자는 응당 사전에 등재되어야 한다. 그러나 후자와 같은 예들은 대응 표준어가 있음에도 불구하고 흔히 한어 차용어를 쓴다. 때문에 이를 사전에 수록하였다. 또한 텔레비전 수신 안테나를 '가매', '쳔선', '안테나' 라 하는데 조사 지역에서는 대부분 '가매'라는 말을 쓴다. '가매'는 '솥'의 방언이다. 중국 동북 3성의 漢語 方言에서는 안테나를 '鍋蓋'(솥뚜껑)이라 하는데 이 한어 방언을 飜譯借用한 것이 바로 '가매'다. 안테나와 솥뚜껑의 생긴 모습이 비슷하여 중국인들이 '안테나'를 '鍋蓋'라 한 것인데 이를 飜譯 借用하여 '가매'라 한 것이다. '쳔선'은 역시 한어 '天線'을 직접 차용한 말이고 '안테나'는 표준어다. 이런 경우는 사용 빈도를 고려하여 '가매'와 '안테나'를 표제어로 수록하였다. '쳔선'처럼 사용 빈도가 낮은 한어는 등재 하지 않았다. 그 밖의 차용어는 모두 사전에 수록하는 것을 원칙으로 하였 다. 예컨대, 러시아어에서 차용한 '비지깨'(spichka), '마션'(shvejnaja ma-shina) 따위도 19C에 동북방언에 정착하여 방언으로 굳어진 것이기에 사전 에 등재하고 차용어임을 밝혔다. 또 차용어와 고유어가 함께 쓰이는 예로 '샤션'과 '장작', '퀼리'와 '풍기'(=풀무) 등이 있는데 '샤션'과 '퀼리'는 사 용 빈도가 낮지만 각각 만주퉁구스어와 몽골어에서 차용한 어휘라는 점에서 사전에 등재하였다. 이들 차용어에는 조사 지역의 특수한 역사적 사실이 반영되어 있기 때문이다.

3.3.3. 형태

형태론적인 면에서도 변이가 많다. 예컨대, 부사형 어미 '-기'와 '-게'가 수의적으로 쓰이며 보조사 '-은'은 '-으느', '-으는', '-은'이 수의적으로 쓰인다. 형태소의 교체에서도, 제보자에 따라 다양한 변이를 보인다. 예컨 대, 특이한 어간 교체를 보이는 '두무'(罐)의 경우, 전통적인 방언 화자는

모음 조사 앞에서는 '둙-', 자음 조사 앞에서는 '두무-'로 교체되지만, 어떤
제보자는 모음 조사 앞에서는 '둙-', 자음 조사 앞에서는 '둥기'로 교체된다.
나아가 '둥기'로 단일화한 제보자도 있다. 이러한 예는 '둥기'와 '두무'를
모두 표제어로 올리되 '둥기'에서 뜻풀이하고 '두무'는 다만 '둥기'를 참조
하도록 하였다. 그리고 [참고]에서 그 불규칙성에 대해 보충 설명을 하였다.

문장 종결어미는 都農 간 또는 세대 간의 차이가 다른 어떤 분야보다
크다. 노년층은 대체로 전통적인 어미를 쓰지만 외지인과 만나면 표준어의
종결어미를 구사하기도 한다. 이런 예는 사전에 모두 올리고 발화 환경에
따라 선택적으로 쓴다는 사실을 밝혔다.

3.4. 기저형의 확인과 표기

표제어 및 용례는 기저형을 파악한 뒤 그에 따라 표기하였다. 이를 위하여
체언과 용언은 성조, 형태음소의 교체, 교체의 유형과 이형태, 패러다임의
단일화 경향 등을 제보자별로 일일이 확인해야만 했다.

이 방언은 중세국어처럼 특수교체어간이 많다. 용언은 중세국어와 동일
한 교체를 보인다. 다만, 중세국어의 'ㅇ[ɦ]'이 'ㄱ'로 나타나 중세국어보다
더 고어적이다. 예: '니르-/닑-'(謂, 讀), '다르-/닭-'(異, 愈), '부르-/붉-'
(飽), '마르-/맑-'(裁), '마르-/말르-'(瘦). 그러나 체언은 패러다임이 변화
하고 있어 기저형 설정이 쉽지 않다. 가령, '나무-/낡-'은 그 교체 방식이
중세국어와 동일하나 '두무/둙-'(罐)은 그 교체가 제보자마다 다양하게 나
타난다. 한편, 20세기 초의 육진방언에서 '여스-/엮(<겨)-'(狐)은, 모음
조사 앞에서 '엮-'으로, 자음 조사 앞에서는 '여스'로 교체되었으나 현재는
모음 조사 앞에서는 이전과 같이 '엮-'으로 교체되지만 자음 조사 앞에서는
'여끼'(단독형,[21] 주격형)로 교체된다. 어떤 제보자는 아예 '여끼'로 단일
화한 경우도 있다. '여스'는 복합어에만 잔존해 있다('여스잽이', '여스골'

등). 반면, '아스-/앗(<았)-'(弟)은 이미 死語가 되고 '동상'(또는 '동성', '동생')으로 代置되었다. 다만, 파생어 '시애끼'(시동생)만이 잔존한 상태다. 어사에 따라 그 變化 速度가 다르고 심지어 語彙代置까지 이루어진 것이다. 이러한 複數基底形은 모두 交替異形態를 표제어로 삼되, 용언은 종결어미 '-다' 결합형에서 풀이하고 '-아X' 앞에서의 교체형은 '-다' 결합형을 참조하도록 하였다. 예: 늙다→니르다(謂). 체언은 '-이' 결합형에서 뜻풀이하고 자음 조사 앞에서의 교체형은 '-이' 결합형을 참조하도록 하였다. 예: 나무 →낭기(木). 쟈르→쟐기(袋). 그리고 이러한 특이한 교체 사실을 활용 및 곡용 정보에서 밝혔다.

이 밖에 교체가 통시적 흔적을 산발적으로 보여 주는 예로 '옳-', '같-', '슳-' 따위가 있다. 어미 '-으니' 앞에서는 '올하-~옳-' 및 '같아-~같으-~같-'이 수의적으로 교체되어 그 기저형을 확정하기 어려워 교체형을 모두 표제어로 삼고 그 교체의 환경과 교체의 불규칙성을 밝혔다. 대명사 '나/내', '너/네', '누/뉘기'(誰)도 교체가 불규칙하다. 이들은 지역 간의 차이는 적지만 개인적인 변이가 크다. 이러한 변이도 사전에 수록하고 어떤 경향성을 언급해 두었다. 이는 불규칙한 교체가 규칙적인 교체로 바뀌어 가는 과정을 보여 주는 것이다. 즉, 이형태의 수를 감소시키고자 하는 교체 語幹 單一化 경향이다. '시무-/쉼-'은 자연발화에서는 대체로 중세국어처럼 '시무-/쉼-'으로 교체되지만 이 동사의 패러다임을 조사할 때에는 교체 환경에 무관하게 어느 한 이형태로 교체되는 경향이 있고 두 이형태의 혼성

---

21 조사가 결합되지 않은 형태. 이 방언에는, "이것이 무엇인가?"라고 물으면 그 응답형에는 '-이'가 결합된다. 때문에 개음절 명사(또는 말자음이 'ㅇ'인 명사)는 그 '-이'가 결합되어 어간의 일부를 이룬다. 예: 가매(가마), 식귀(食口), 넘튀(염통). 小倉進平 등 많은 조사자들이 이러한 점을 고려하지 않고 조사하였기 때문에 특수 교체 명사들은, 資料集에 '-이' 결합형인 '낭기~냉기'(木), '여끼~예끼'(狐) 등만이 올라 있다. 그 弊害가 크다 아니 할 수 없다.

(blending)인 '싱구-'로 나타나기도 한다.[22] 역시 교체 이형태를 단일화하고자 하는 화자의 心理的 狀態를 말해 주는 것인데 이는 조사 방법에 따라 교체 방식이 달리 나타날 수 있음을 보여 준다. 조사 항목을 가지고 間接質問 방식에 의하여 조사할 때에는 의식적인 발화를 하기 일쑤이다. 즉, 표준어형 등 '規範'에 가까운 言語 形式을 제공하는 경우가 많다. 자연발화의 중요성을 일깨워 주는 사례이다.

기저형을 확인한 후 표제어, 용례를 그 기저형으로 표기하였다. 가령, '꽃'(花)의 이 방언은 /꽃/이므로, '톈지꽃'(진달래), '염지꽃'(부추 꽃), '꽃부들기'(꽃봉오리), '꽃살'(꽃술), '꽃바름'(꽃바람), '꽃대신~꽃신'(꽃신), '꽃죠이'(꽃종이)처럼 표기하였다. 그리고 '겉'(表)의 방언은 /겇/(또는 /거충/)이므로 '겇보리'(겉보리), '겇베'(겉벼)로 표기하였다. 한편, 복합동사 '엿어보다', '엿어듣다'는 '엿-'(窺, 중세국어는 '엱-')이 이미 死語가 되었으므로 발음 나는 대로 '여서보다', '여서듣다'로 표기하였다.

3.5. 메타언어적인 문제

뜻풀이는 먼저 간접질문법으로 조사한 내용을 중심으로 하고 이어 자연발화를 통해 세밀하게 다듬어 가며 意味 內項을 확장하였다. 이 과정에서 드러난 模糊性은 직접질문법에 의해 보완하였다. 이때 여러 제보자들이 제공한 정보를 비판적으로 收拾하고 綜合한 다음 뜻풀이에 임하는데, 이 방언의 토박이 화자가 아닌 필자는 조사 초기에는 제보자들의 진술 내용을 정확하게 파악하는 일이 쉽지 않았다. 다시 말하면, 제보자는 자신의 언어로 어떤 대상을 설명하지만 조사자가 제보자의 언어를 완벽하게 이해하고 있지 않는 한, 제보자의 진술 내용을 올바로 파악하기란 결코 쉽지 않다. 거꾸로 조사 초기

---

22 이처럼 교체가 불규칙한 체언 및 용언 어간은 따로 모아서 '부록'에 제시하였다.

에는 제보자가 조사자의 질문 내용을 제대로 이해하지 못하는 일도 많았다. 이 때문에 필자는 처음부터 현지 방언을 쓰기 위해 노력하였다. 또 조사된 정보를 표준어로 개념을 정리하고 또 그것을 풀이하는 일도 힘겨운 일이다. 풀이 과정에는 필자의 방언(특히 의미)가 개입되는 경우도 있다. 이 때문에 풀이에 사용되는 말은 국어사전의 의미를 참고하는 경우가 많았다.

3.6. 방언사전 편찬을 위한 소프트웨어 개발의 필요성

원고의 입력을 모두 手作業으로 하다 보니 엄청난 시간이 들었다. 예컨대, 원고화가 어느 정도 이루어진 단계에서 새로 표제어로 삼은 동음이의어(또는 同綴異義語)를 삽입하여 어깨번호를 조정한다거나 새로운 의미 내항을 삽입한다거나 할 때는 많은 시간이 소요되었다. 사전 전체를 대상으로 어깨번호를 다시 조정하고 또 의미 내항의 번호를 수정해야 하기 때문이다. 그리고 표제어의 配列, 約物의 사용, 索引 등이 자동적으로 이루어질 수 있도록 한다면 많은 시간을 절약할 수 있을 것이다. 부족한 음성기호는 '글자겹침'으로 만들어 썼으나 '흔글' 버전이 바뀔 때마다 깨져 일일이 몇 천 개의 음성전사 기호를 수정해야 했다. 또 빈도 측정, 연어 정보, 문형 정보, 용법과 의미를 분석할 수 있는 '말뭉치'의 구축과 그 분석 도구도 적극적으로 활용하지 못하였다.

4. 사전의 구조

방언사전은 특정 지역에서 말해지는 한 언어의 하위체계를 하나의 텍스트로 다룬다는 점, 일반적으로 독자가 제한되어 있다는 점에서는 特殊辭典의 性格을 지니지만, 기술 대상의 방언이 그와는 이질적인 체계를 가진 표준어로 풀이되며 그를 통해 그 방언에 관한 관련 지식 또는 각종 정보가 제공된다는 면, 또 용례를 표준어로 대역하고 대응 표준어가 제시되기도 한다는 점에서는 對譯辭典의 성격도 지닌다. 따라서 편찬 목적, 성격 그리고 그에 따른 辭典의 각종 構造, 記述 方向 등을 확정해야 한다. 먼저 어느 독자층을 고려할 것인가. 巨視構造(macro-structure)의 문제 즉, 표제어의 선정 및 배열은 어떻게 할 것인가. 표준어와 차별되는 언어 형식만을 대상으로 할 것인가 아니면 표준어와 무관하게 그 방언의 어휘체계를 전면적으로 고려하여 선정할 것인가. 또 대상 방언을 어느 정도까지 분석할 것이며 수집된 정보는 어느 영역까지 제공할 것인가. 그리고 뜻풀이는 대응 표준어만을 제시하는 것으로 그칠 것인가 아니면 그 방언의 전 체계를 고려하여 정밀하게 기술할 것인가. 그 표기(한글자모, 음성기호 전사)는 어떻게 할 것인가 등을 결정해야 한다. 이는 微時構造(micro-structure), 內部構造(internal-structure)의 구축과 그 기술 방향과도 관련되므로 초기에 명확히 해 두어야 한다. 필자가 취한 태도는 동북방언을 하나의 독립된 언어로 보고 가능한 모든 관련 정보를 제공하는 것이었다. 독자는 국어학을 전공하는 이들 또는 동북방언에 관심을 둔 일반인들을 대상으로 하였다. 발음이나 활용정보를 한글자모가 아닌 音聲記號로 轉寫하고자 한 것도 그 때문이다.[23]

사전의 얼개(mega-structure)는 아래와 같다.

---

[23] 日本 岩手県 気仙郡의 방언사전인, 山浦玄嗣의 『ケセン語大辭典』(無明舍出版, 2000)은 '표제어, 품사, 활용, 대응표준어, 보충 설명, 용례(음성전사)(표준어 대역)'과 같은 구조로 되어 있다. 표제어 3만 4천어에 용례가 풍부하고 음성기호로 전사하였다. 또 용례를 표준어로 옮기고 관련 정보를 제시하였다. 한편, Zehetner에 의해서 편찬된 *Bairisches deutsch*, -Lexicon der dt. Sprache in Altbayern(2005)에는 '성, 수, 격, 활용·정보, 용례 등이 수록되어 있다. 그리고 오래 전에 나온 *The English Dialect Dictionary*(1905) 역시 비슷한 구조로 되어 있다. 위 일본과 독일에서 나온 방언사전은 문법 정보나 용례가 중심을 이루고 있다. 또 역사적인 문헌자료를 많이 제시하고 있다는 점이 특징이다.

머리말, 일러두기, 참고문헌

사전 본문: 어휘 편·문법 편·[사진]

　　〈부록 Ⅰ〉 조사지점, 제보자, 조사일시

　　〈부록 Ⅱ〉 불규칙 곡용 및 활용 일람표

　　〈부록 Ⅲ〉 성조 유형

　　〈부록 Ⅳ〉 찾아보기(표준어 : 방언)

한편, 사전의 구조는 아래와 같다. 지면 관계로 간략히 언급한다.

[표제어], [발음](단음절 용언 어간의 성조형), [활용]/[곡용], [품사], [뜻풀이], [용례], [관용구 및 속담], [관계어](유의어, 반의어 등), [관련어], [대응 표준어], [고어], [부표제어], [분포 지역], [변이형]. ※단, [참고]는 어느 위치에서나 필요한 경우에 삽입.

4.1. 표제어의 선정과 배열

표제어는 앞서 언급한 바와 같이 두만강 유역에서 쓰이는 모든 口語를 대상으로 하되 어휘체계를 고려하여 선정하였다. 개인어(idiolect)나 개인의 우발적인 발음 변이에 의한 변이형 또는 사용 빈도가 낮은 漢語 차용어는 배제하였다. ‘-하다’와 ‘-되다’가 결합한 용언은 부표제어로 삼았다. 어휘 형태와 문법 형태(조사·어미)를 분리하여 별도로 수록하였다. 합성어, 파생어, 접사는 모두 표제어로 삼았다. 고유어, 한자어, 차용어(러시아어, 한어, 일본어, 여진어(만주어)) 및 ‘해 개 먹다’[日蝕] 따위와 같이 句 형태로 쓰이는 말, 地名(조사 지역 인근의 지명, 對岸의 북한 지명)도 수록하였다. 표제어의 표기는 基底形을 고려하고 또 〈한글맞춤법〉을 따랐으며 ‘ㆆ’, ‘ㅸ’과 같은 옛글자를 쓰기도 하였다.

4.2. 발음(및 단음절 용언 어간의 성조형)

표제어 뒤에 발음정보를 두고 그 표제어를 음성기호로 전사하였다. 체언은 단독형(주격형), 동사는 현재형을 전사하였다. 단음절 용언의 聲調는 그 변동이 대부분 불규칙하므로 다섯 가지로 유형화한 다음 각 표제어가 속하는 유형을 제시하였다. 音調는 고조, 저조, 상승조, 고장조, 저장조를 모두 반영하였다.

4.3. 활용/곡용

체언은 처격조사, 대격조사 및 보조사 '-부터', '-보다(또는 '-보구')', '-텨르'(-처럼) 등과의 결합형을 주로 조사하여 제시하였다. 교체와 같은 형태론적인 정보 외에 聲調, 滑音化와 같은 음운론적 정보를 보이기 위해서이다. 용언은 '-아/-어', '-으니', '-지', '-더라' 따위의 어미 결합형을 제시하였다. 표제어의 불규칙 활용, 음운 변동, 성조 변동 등을 고려한 것이다. 불규칙 활용 및 성조형은 유형화하여 그 목록을 〈부록〉에 제시하였다.

4.4. 품사

학교 문법에 따라 9품사로 제시하였다.

4.5. 뜻풀이

표제어마다 뜻풀이하는 것을 원칙으로 하였다. 다만, 뜻이 같은 변이형들이 여럿 있을 때에는 頻度가 높거나 古語形에서 뜻풀이하고 그 나머지는 모두 이 뜻풀이를 참조하도록 하였다. 관용구, 속담도 모두 뜻풀이하였다.

4.6. 용례

자연발화에서는 단축과 생략이 많고 또 화용적인 맥락이 많으므로 의미나 적절한 문형정보를 보여 줄 수 있는 용례를 찾기가 쉽지 않았다. 때문에 많은 용례를 제시할 수밖에 없었고 그 때문에 사전의 부피가 두꺼워졌다. 함경도의 傳統 儀禮, 民俗, 信仰, 歷史, 社會, 言語 등과 관련되는 것은 용례가 길더라도 모두 수록하였다. 그리고 일일이 음조를 표시하였다. 용례는 모두 표준어로 대역하였다.

4.7. 관용구 및 속담

표제어 뜻풀이 또는 용례 뒤에 두었다. 그 뜻을 풀이하고 용례를 두고 표준어로 대역하였다.

4.8. 관계어

유의어, 반의어, 卑語 등을 제시하였다.

4.9. 관련어

語彙體系 또는 語彙場을 고려하여 표제어와 관련되는 다른 표제어들을 제시하였다. 상위어와 하위어, 관련 합성어, 관련 파생어, 계열 어휘 등을 제시하였다. 예: [표제어] 가달. [관련어] 가달무끼, 가달두새, 가빗가달, 딴가달, 물가달, 세까달. [표제어] 비늘(비누). [관련어] 가르비늘, 서답비늘, 쉐싯비늘.

4.10. 대응 표준어

표제어마다 대응 표준어를 일일이 제시하였다. 어떤 경우는 각 의미항마다 대응 표준어를 제시한 경우도 있다. 한 표제어라도 그 의미 내항에 따라 대응하는 표준어가 다르기 때문이다. 대응 표준어가 없다고 판단한 경우는 제시하지 않았다. 거꾸로 표준어를 염두에 두고 그에 대응하는 이 지역의 방언을 알고 싶어 하는 독자를 위해 〈부록〉에 "찾아보기: 표준어-방언형"을 두었다. 물론 '보다[視] : 보다'처럼 표준어와 방언의 형태가 동일하든 '쓸개[膽] : 열'처럼 다르든 방언과 그에 대응하는 표준어가 그 의미나 용법에 있어서 일치하는 것은 아니다.

4.11. 고어, 어원

표제어의 앞선 형태인 중세국어(鷄林類事, 郷藥救急方, 朝鮮館譯語 포함) 또는 근대국어형을 제시하였다. 러시아어, 한어, 여진어(또는 만주어), 일본어 등 차용어는 어원을 밝혔다.

4.12. 분포 지역

8개 조사지점을 밝혔다. 또 같은 지역이라 하더라도 제보자마다 방언형이 다를 수 있기 때문에 조사 지점과 제보자가 드러나도록 '조사지점+제보자'로 나타내었다. 예컨대, 훈춘시 경신진 방언은 "경1, 경2, 경3(남성)…, 경f1, 경f2, 경f3(여성)…"처럼 표시하였다.

4.13. 변이형

뜻이 같은 변이형들은 모두 표제어로 제시하였다. 이 가운데 빈도가 높거나 고어형인 변이형에서 뜻풀이하였다. 그리고 그 표제어의 맨 뒤에 이들 변이형들을 모두 모아서 제시하였다.

4.14. [참고]

주로 뜻풀이, 발음 등에 덧붙일 말이 있을 때 '[참고]'를 두고 보충 설명을 하였는데, 대체로 함경도의 역사, 민속, 사회, 문화, 언어와 관련된 내용이 주류를 이룬다. 事典의 기능을 가미한 것이다. 이 밖에 차용어 및 북한의 문화어임을 밝힐 때에도 '[참고]'를 두었다.

5. 맺음말

지금까지 필자가 편찬한 사전을 중심으로 방언사전의 편찬 의의와 과정 그리고 구조에 대해서 그 대강을 말하였다. 사전의 거시구조와 미시구조에 대한 좀 더 상세한 기술이 이루어져야 할 부분도 있으나 지면 관계상 구체적으로 언급하지 못하였다. 소략하나마 방언사전의 편찬, 동북방언 연구, 국어사 연구 등에 조금이라도 도움이 되기를 바랄 뿐이다.

강순경(2001), 『북한어 모음체계의 실험 음성학적 연구』, 한국문화사.

곽충구(1987), 「『노한소사전』의 국어학적 가치」, 『관악어문연구』 12, 서울대 국어국문학과, 27-63.

곽충구(1989), 「『로한즈뎐』의 한국어와 그 전사에 대하여」, 『이화어문논집』 10, 이화여대, 125-155.

곽충구(1994), 『함북 육진방언의 음운론-20세기 초 러시아의 카잔에서 간행된 문헌자료에 의한』(국어학총서 20), 태학사.

곽충구(1996), 「이용악 시의 시어에 나타난 방언과 문법의식」, 『문학과 언어의 만남』, 신구문화사[이기문 · 이상규 외, 『문학과 방언』, 2001, 역락].

곽충구(1997), 「국어사전의 방언 표제어와 그 주석에 대한 검토」, 『국어교육』 93, 한국국어교육연구회, 129-156.

곽충구(2001), 「구개음화 규칙의 발생과 그 확산」, 『진단학보』 92, 237-268.

곽충구(2003), 「현대국어의 모음체계와 그 변화의 방향」, 『국어학』 43, 57-89.

곽충구(2005), 「육진방언의 음운변화-20세기 초부터 1세기 동안의 변화」, 『진단학보』 100, 183-220.

곽충구(2006), 「초기 노한사전의 편찬 경위 및 체제와 구조」, 『한국사전학』 7, 35-64.

곽충구(2007a), 「중앙아시아 고려말의 자료와 연구」, 『인문논총』 58, 서울대학교 인문학연구원.

곽충구(2007b), 「방언의 사전적 수용」, 『국어국문학』 147, 국어국문학회. 193-219.

곽충구(2010), 「중앙아시아 고려말의 음운변이」, 『국어학논총』(최명옥 선생 정년 퇴임 기념), 태학사, 51-85.

곽충구(2011a), 「일제강점기의 방언의식과 작품 속의 북부방언」, 『영주어문』 21, 25-54.

곽충구(2011b), 「구개음화 규칙의 전파와 어휘 확산」, 『국어학』 61, 3-40.

곽충구(2013), 「〈國境의 밤〉(김동환)의 표기와 함북방언 어휘」, 『국어국문학』

165, 119-150.

곽충구(2014), 「육진방언의 종결어미와 청자높임법-중국 조선족자치주 육진방언을 중심으로」, 『방언학』 20, 195-233.

곽충구(2015), 「육진방언 어휘의 잔재적 성격」, 『진단학보』 125, 183-211.

곽충구(2017a), 「동북방언에 잔존한 만주퉁구스어와 몽골어 차용어」, 『국어학』 84, 3-32.

곽충구(2017b), 「육진방언의 종결어미와 청자높임법(2)-중국 조선족자치주 육진방언을 중심으로」, 『방언학』 26, 105-134.

곽충구(2018b), 「동북방언과 국어국문학」, 『개신어문연구』 43, 5-42.

곽충구(2018b), 「국어의 만주퉁구스·몽골어系 어휘와 그 지리적 분포」, 『진단학보』 131, 281-309.

곽충구(2019), 『두만강 유역의 조선어 방언사전』, 태학사.

김광언(1986), 『한국농기구고』, 한국농촌경제연구원.

김덕호(2018), 「방언 분포의 변화에 대한 사회방언학적 연구」, 『방언학』 27, 181-209.

김봉국(2014), 「소·핵방언권 방언자료집의 체제와 성과」, 『방언학』 20, 73-104.

김봉국(2015), 「북한지역어 연구의 현황과 향후 연구과제」, 『어문학』 130, 1-25.

김영태·김형철·김정대(1994), 「방언사전 편찬 방법론」, 『인문논총』, 경남대학교 인문과학연구소, 55-93.

김정대(2017), 「경남방언과 방언사전」, 『방언학』 26, 179-228.

김태균(1986), 『함북방언사전』, 경기대학교 출판국.

백두현(2005), 「진행 중인 음운변화의 출현 빈도와 음운사적 의미」, 『어문학』 90, 45-72.

소신애(2001), 「연변 훈춘지역 조선어의 진행중인 음변화 연구」, 서강대 대학원 석사학위 논문, 태학사.

소신애(2003), 「tyV 연쇄의 회피 현상-연변 훈춘 지역 조선어를 중심으로」, 『국어국문학』 134, 181-209.

소신애(2008), 「중세국어 음절말 유음의 음가와 그 변화 - 방언 자료와 문헌 자료에 근거하여」, 『국어학』 53, 35-64.

소신애(2009), 『음운론적 변이와 변화의 상관성』(국어학총서 64), 태학사.

소신애(2014), 「대방언권자료집의 체제와 성과」, 『방언학』 20, 37-72.

이기문(1964), 「용비어천가의 어학적 가치」, 『동아문화』 2.

이기문·이상규 외, 『문학과 방언』, 2001, 역락.

이문규(2017), 『형태소 성조형 중심의 국어 성조론』, 한국문화사.

이병근(1981), 「광역방언조사를 위한 질문지의 성격」, 『방언』 5, 한국정신문화연구원.

이병근(2000), 『한국어 사전의 역사와 방향』, 태학사.

이상규(2003), 『국어방언학』, 학연사.

이상규(2004), 「방언조사 항목 선정의 원칙과 방향」, 제3차남북국제학술회의논문집.

이상규(2005), 『위반의 주술, 시와 방언』, 경북대학교출판부.

이상규(2006), 「문학 작품에 나타난 방언」, 『새국어생활』 13-4, 국립국어원.

이익섭(2012), 「강릉방언과 국어사전」, 『국어학』 65, 3-33.

이태영(2004), 「문학작품과 방언 연구」, 『한국어학』 25, 89-120.

정승철(2014), 「한국 방언자료집 편찬의 역사」, 『방언학』 20, 7-35.

조남호(2014), 「방언사전의 편찬 방향 - 표제어 선정과 뜻풀이를 중심으로」, 『한국사전학』 23, 263-290.

황철산(1960), 『함경북도 북부 산간 부락(≪재가승≫부락)의 문화와 풍습』, 평양: 과학원출판사.

리운규·심희섭·안운(1992), 『조선어방언사전』, 연변인민출판사.

중국조선어실태조사보고 집필조(1993), 『중국조선어실태조사보고』, 민족출판사, 요녕민족출판사.

宣德五·趙習·金淳培(1991), 『朝鮮語方言調査報告』, 延邊人民出版社[1991년 태학사 영인].

小倉進平(1927), 「咸鏡南北道 方言」, 『朝鮮語』 2, 朝鮮語研究會, 1-24.

Bailey, C. J.(1973) *Variation and Linguistic Theory*, Washington: Center for

Applied Linguistics.

Cincius, V. I. et. al.(1975-77), *Sravniteljnyj Slovarj Tunguso -Manjchzhurskikh Jazykov*, Leningrad: Izdateljstvo NAUKa Leningradskoe Otdelenie.

King, J. R. P.(1987), "An Introduction to Soviet Korean", *Language Research* 23, Language Research Institute, Seoul National Univ.

King, J. R. P.(1988), "The Korean Dialect Materials in Matveev's 1900 Reference Book to the City of Vladivostock", *Language Research* 24, Seoul National Univ.

King, J. R. P.(1991), "Russian Sources on Korean Dialects", Doctorial dissertation in Havard Univ.

Labov, W.(1972), *Sociolinguistic Patterns*, Philadelphia: University of Pennsylvania Press.

Petyt, K. M.(1980), *The Study of Dialect*, Andre Deutsch.

Ramstedt, G. J.(1939), *A Korean Grammar*, Helsinki.

Ramstedt, G. J.(1949), *Studies in Korean Etymology*, Helsinki.

완판본 『열녀춘향수절가』의 등장인물 '상단이'에 나타난 문화사

이태영

전북대학교

1. 서론

조선시대 후기, 전라북도 전주에서 발행한 완판본 한글고전소설 『열녀춘향수절가』에 등장하는 등장인물 중에는 '상단이'가 있다. 일반적으로 '향단이'로 잘 알려져 있는 인물인데 완판본에서는 '상단이'로 표기되어 있다. 같은 시대에 서울에서 발행한 경판본 한글고전소설 『춘향전』에는 '향단이'가 등장하지 않는 책이 많다. 이는 완판본과 경판본 소설의 등장인물이 다르다는 것으로 보여준다.

'상단이'가 '향단이(香丹이)'의 방언이라면 '향단이 > 상단이'와 같은 변화를 상정할 수 있는데, 이를 구개음화라고 한다. 이러한 현상은 전라방언에서 '힘 > 심, 흉 > 숭. 혀 > 서, 형 > 성' 등과 같이 아주 일반적인 음운현상이다. 또한 '香'이란 한자어의 중국 발음이 '샹'이니, 중국 발음의 영향이라고 말할 수도 있을 것이다. 한편으로는 우리의 구개음화 현상과는 관련이 없고, 중국 발음의 영향이라면 원래 '샹단 > 상단'의 변화를 거친 것이고, '샹단 >

향단'으로 변화한 것은 후대의 일이라고 볼 수도 있을 것이다. 어떻게 보던지 간에 완판본 한글고전소설에 나오는 '상단이'를 전북 방언으로 처리하는 데는 큰 문제가 없을 것으로 보인다.

'상단이'를 음운현상의 결과라고 처리해 버리면 더 이상 논의는 무의미하다. 그러나 방언의 어휘가 갖는 언어적 특징은 음운 현상으로만 처리하기에는 너무나 큰 문화적 특징을 보여준다. 방언의 어휘는 그 어휘가 어디에서 쓰이고 있는가에 따라서 다양한 기능을 보여주기 때문이다. 완판본 한글고전소설과 판소리에 나타나는 '상단이'는 조선시대 후기에 주로 사용되던 전북 방언의 어휘였고, 개화기가 지나면서부터는 표준적인 '향단이'로 일원화되었다. 그러니까 '상단이'는 이 지역사람들의 고유한 어휘였다.

그렇다면 조선후기 약 200여 년 동안 판소리와 완판본 한글고전소설에서 사용되던 '상단이'는 지역문화사적으로 어떤 의미와 기능을 가진 어휘였을까? 본고는 이 의문에서부터 시작하여 '상단이'가 보여주는 지역의 문화적 배경, 거기에서 탄생하는 '상단이'가 가지는 조선 후기 방언의 시대적, 문화적 의미를 탐색해 보고자 한다.

2. 완판본의 시대적 배경

완판본 한글고전소설 출판 이전에 이미 한문 소설을 출판하고 있었다. 1725년(영조 1년) 전라도 나주(錦城)에서 우리나라 사람이 쓴 소설 작품 가운데 최초로 간행된, 한문본 『九雲夢』이 발행되었다. 이 소설은 '崇禎再度己巳錦城午門新刊'의 간기를 가지고 있다. 이 책의 독자는 당시 전라도에 살고 있으면서 한자를 알고 있는 양반 계층이었다. 전라도 전주에서도 『剪燈新話句解』, 『九雲夢』, 『三國誌』 등 한문소설이 발간되었다. 완판본 한문고전소설 가운데 간기가 가장 확실한 판본은 1803년에 간행된 한문본 고소설인 『九雲夢』인데, 이것은 전주에서 간행되었다.[1] 이 무렵에 주로 한문소설이 간행된 것으로 보인다. 그러나 이러한 한문소설은 한문을 아는 소수 계층만 읽을 수 있었다. 자연히 독자는 한정되고, 판매는 아주 제한적일 수밖에 없었다.

왜 지역에서는 유일하게 전주에서만 한글고전소설이 나왔을까? 그 문화적 배경을 살펴보면, 18세기에 이 지역에서 판소리가 크게 유행하였다. 전북 고창의 동리 신재효는 판소리 여섯 마당을 구축하였고, 판소리 명창 등을 많이 배출하였다. 바로 신재효의 원고본에 힘입어 『열녀춘향수절가』, 『심청가』, 『화룡도』(적벽가), 『토별가』 등 초기 판소리계열 한글고전소설이 출판된 것이다. 그리하여 조선시대 후기, 전라도 전주에서는 1823년부터 1932년까지 『열녀춘향수절가』, 『심청전』, 『홍길동전』 등과 같은 한글고전소설이 24 종이 발행되었다. 같은 시기에 한양과 안성에서도 경판본 한글고전소설이 다량으로 발행되었다.

특이하게도, 완판본 한글고전소설에는 전라 방언이 많이 포함되어 있다. 경판본 한글고전소설과, 안성판본 한글고전소설에 방언이 전혀 쓰이지 않은 반면에 왜 완판본 한글고전소설에만 방언이 쓰였을까? 그 이유는 몇 가지로 이야기할 수 있다. 첫째는 판소리 사설이 판소리로 불릴 때, 이미 방언이 많이 들어 있던 관계로 이 사설을 중심으로 소설이 발달한 것이다. 둘째로, 완판본은 원래 전라도의 서민 독자를 위해서 발행하였기 때문이다. 따라서 보다 많은 서민들이 책을 읽기 위해서는 그들이 사용하는 언어인 방언을 넣을 수밖에 없었다. 셋째, 글꼴도 정자체인 해서체를 사용한 것도 일반 서민들이 많이 보도록 하기 위해서였다. 반면에 한양과 안성에서 나온 한글고전소설은 배운 사람을 위해 책을 발행하였다. 따라서 글자꼴도 행서체나

---

1 『剪燈新話』도 1750년경에 쓰인 「諸道冊板錄」에서는 '南門外私板'으로 분류되어 있다. 전주 七書房에서 출판된 것으로 추정된다.

반초서체를 선택한 것이다.

이처럼 서민을 위한 완판방각본 한글고전소설의 발행을 통해, 우리는 지역 방언의 시대적 효용성을 깊이 생각할 수 있다. 이러한 방언의 효용성을 찾아보기 위해서 당시에 전주 지역에서 발간된 한글본 문헌을 함께 살펴봐야 할 필요성을 갖는다. 조선시대 전주에서 발행한 완판본 옛 책에 나타난 언어적 특징을 간략히 살펴보기로 한다.

첫째, 전라감영(完營)에서 한글로 발행한 『警民編諺解』, 『增修無冤錄諺解』 등에는 전라방언이 전혀 나타나지 않는다. 이는 중앙정부에서 책을 내려 보내어 복각하여 사대부들에게 나누어주라고 명령한 책들이기 때문에 중앙어를 그대로 복각하여 찍은 책이다.

둘째, 완판방각본 중 '四書三經'에는 전라방언이 없다. 이는 양반들이 유학의 기초 교양으로, 또는 과거시험용으로 사보는 책이고, 이미 중앙에서 찍은 책을 이용하여 복각한 책이므로 방언이 들어갈 수 없었다. 또한 전국적으로 판매된 책이어서 방언을 사용할 수 없었다.

셋째, 절에서 찍은 사찰본의 경우에도 『佛說大父母恩重經諺解』와 같이 일반신자들이 많이 보는 불경을 찍은 경우가 많은데 이런 경우에도 대체로 복각본이 많고, 또 다른 지역 신자들도 보기 때문에 전라방언이 거의 없다고 볼 수 있다.

넷째, 완판방각본 중에서 『童蒙初學』, 『啓蒙編諺解』와 같이 비록 어린이용 초학서라 하더라도 유학과 관련 책들은 서울에서 가져온 책을 참고하여 만들기 때문에 방언이 들어가지 않는다.

다섯째, 『언간독』의 경우, 한글로 되어 있지만 편지의 문어체 격식투 언어이기 때문에 방언이 들어가지 않는다. 물론 이 책도 서울에서 나온 책과 내용이 동일하다.

여섯째, 『千字文』은 가정에서 또는 동네 서당에서 한자를 가르치는 기초 서적이기 때문에 지역 방언이 많이 사용되었다. 그렇다면 천자문도 역시 서민과 대중지향의 책이 분명하다. 『천자문』은 이 지역의 서민들이 한자를 이해하기 위하여 배우던 책이다. 따라서 방언으로 뜻풀이를 해야 쉽게 알아들을 수 있었던 것이다.

다음은 전주에서 발행한 '養洞本 천자문(1858년), 杏谷本 천자문(1862년), 乙巳本 천자문(1905년), 필사본 천자문(미상)' 등에서 예를 제시한 것이다.

(양동본)	(행곡본)	(을사본)	(필사본)
行 당길 힝	行 당글 힝(어휘)	行 딩길 힝	行 딩길 힝
沛 즛ㅂ질 픽	沛 즛ㅂ질 픽	沛 즛ㅂ질 픽	沛 잡ㅂ질 픽
力 힘 역	力 심 력(구개)	力 심 역	力 심 역

따라서 전라 방언은 표준어에 대응하여 존재하는 전라 방언이 아니다. 전라도 주민들이 사용하는 말이어서 전라 방언인 것이다. '완판본 한글고전소설'이나 '완판본 천자문' 등 전주에서 판매를 위해 발간된 한글방각본들은 전라도 주민을 위해서 발간한 책이다. 따라서 자연스럽게 전라도 주민들이 늘 쓰면서 알고 있는, 전라도 언어인 방언을 사용한 것이다.

책을 제작하는 인쇄업자는 이미 책을 보는 대상을 정해 놓고 책을 찍는다. 수지타산을 맞추기 위한 노력이다. 독자가 서민층임을 이미 알고 발행한다. 제작자들은 양반들은 문어체를 선호하는 걸 알고 있고, 서민들은 구어체인 방언을 사용하는 것이 책을 판매할 때 훨씬 유리하다는 것을 알고 있다. 결국 전라 방언이 들어간 책은 완판본 한글고전소설[2]과 완판방각본 천자문이며, 서민들을 위한 책임을 알 수 있다.

---

2 물론 완판본 한글고전소설은 이 내용을 손으로 베껴 쓴 필사본에는 또 많은 전라 방언이 들어 있다.

3. 완판본 한글고전소설에 나타나는 지역의 방언과 문화

완판본『열녀춘향수절가』에 나오는 '상단이'가 전라 방언의 대표적인 어휘라고 할 수 있는 이유는, 다른 완판본 한글고전소설에도 수많은 전라 방언 어휘가 등장하기 때문이다. 예를 들면 '괴벗다, 패깍질, 궁글다, 서나서나' 등의 어휘를 통해서 다른 지역과 구별되는 전라 방언에서만 주로 사용되는 어휘를 볼 수 있다.

이제 완판본 한글고전소설에 나오는 방언을 통하여 당시의 문화와 시대 상황을 살펴보기로 한다.

3.1. 완판본 소설에 나타난 음운현상

완판본『열녀춘향수절가』에서는 다양한 음운현상이 다음과 같이 매우 규칙적으로 나타난다.

1) 구개음화: (k-구개음화) 엉접결에, 짚은, 져을, 질구나, 견티어선, 화 짐, 질, 곁에, 질러내니, 질게 쉬고, 지다릴제, 찌어라, 찌여, 치, -찔리 (끼리) (h-구개음화) 심, 세아리다, 성님, 셔, 슝악, 샹단[3]

2) 전설고모음화(치찰음화): 실픔, 시럽다, 구실, 하였시니, 시물, 질길, 쇠시랑, 질겁다, 칭칭, 궂인, 목심

3) 움라우트 현상: 귀경, 허수애비, 애미, 맥혀, 이대지, 깩끼다, 지팽이

4) 원순모음화: 심운, 높운, 업운, 나뿐, 참우로, 아푸다, 짚운, 삼우며, 푸다, 거무, 춤

---

3 성을 나타내는 '김'(金) 씨를 전라도 서민들은 예외없이 '짐'씨로 불렀다. 그리하여 '김생원'을 '짐세환'이라고 불렀다. 조선시대 전라도에서는 전라방언으로 '짐'씨만 존재할 뿐, '김'씨는 존재하지 않았다. '金'씨는 문자로 존재하는 양반들의 언어였다.

완판본 『심청전』에서도 다양한 음운현상이 매우 규칙적으로 나타나고 있다.

1) 구개음화: (k-구개음화) 질삼, 젓틔, 질너닉여, 질게, 황쳔질, 먼질, 집도다, 젼딕지, 긋쳐, 질, 지심, 해씸, 집픽, 제우/체우, 졉저고리, 짓거ᄒ다, 직거, 짐쌈, 치, 지달이다, 옷지슬, 씨고 (h-구개음화) 셔, 셰알리다, 쉬파람, 숭흔, 심.

2) 전설고모음화(치찰음화): 실하, 질거옴, 이실, 실픈, 몹실, 잇시리, 무신, 시물, 우심, 무룸씨고, 벼실, 직시

3) 움라우트 현상: 밋겨스니, 되린, 뒥키여, 뒥겨, 메기고, 멕이고.

4) 원순모음화: 나부, 너부신, 몬겨, 몬쳐, 압푸, 읍푸, 아부, 아부지, 놉푼, 집푼, 이무, 거문, 을푼, 시푸던지, ᄯᅳ부

완판본 『정슈경젼』에서도 독특한 전라도 음운현상이 나타나고 있다. 완판본 『정슈경젼』의 내용은 『정수정전(鄭秀貞傳)』이다. '정수정'이라는 여장군이 등장하는 여성영웅소설이다. 1898년경 이후에 발행된 것으로 추정된다. '성'을 '승'으로, '없다'를 '읍셔, 읍스니'로, '엇지'를 '웃지'로 표기하고 있다.(이태영 2007:38 참조)

승(성)은 정이요 〈경수경젼, 1ㄱ〉
일점혈육이 읍셔 〈경수경젼, 1ㄱ〉
웃지 창연치 안이하리요 〈경수경젼, 1ㄱ〉
무후할 이 읍스니 〈경수경젼, 1ㄱ〉
부모의 효도 비헐 딕 읍는 쳔싱딕효라 〈경수경젼, 2ㄱ〉

3.2. 완판본에 나타난 전라 방언의 어휘

『심청전』에는 '이러쳐로, 이러쳐롬, 픽각질, 벅금'과 같은 어휘가 보인다. 『열녀춘향수절가』에는 '간잔조롬하게, 고닥기, 선아선아(서나서나), 인자막 (인자막새, 아까막새), 한솟나계, 활신'과 같은 어휘가 보인다. 몇 가지 특징적인 전라 방언을 소개하기로 한다.

1) 『심청전』의 '픽각질'(패깍질)

완판본 『심청전』에 나타나는 매우 특이한 어휘인 '패깍질'은 표준어로는 '딸꾹질'이다. 전주를 중심으로 전북에서는 '딸꾹질'을 '태깍질'이라고 써 왔다. 이 '패깍질'은 전라 방언의 접촉방언적 특징, 곧 특정 지역성을 그대로 드러낸다.

> '픽각질 두세 번의 숨이 덜걱 지니 심봉사 그제야 죽은 줄 알고 이고 이고 마누릭 그딕 살고 늬가 죽으면 저 ᄌ식을 키울 거슬 늬가 살고 그딕 죽어 져 자식 엇지 키잔 말고'〈심청전上, 8ㄱ〉

『한국방언자료집』의 '딸꾹질' 항목을 보면, 전남방언에서는 대체로 '포깍질'이 일반적이고, 전북방언에서는 '포깍질, 퍼깍질, 태깍질'이 일반적이다. '패깍질'은 전북 남원 운봉에서 주로 쓰이는데, 남원 운봉은 경남 함양과 인접한 지역으로 경남 방언이 많이 사용되는 지역이다. 따라서 '픽각질'형은 전남과 경남에서 사용하는 '포깍질'과 전북에서 사용하는 방언 '태깍질'이 접촉지역에서 서로 섞이면서 '패깍질'을 만든 것이다.[4]

---

4 표준어 '딸꾹질'을 말하는 '픽각질(패깍질)'이 완판본 『심청전』에 나타나는 사실은 남원의 동편제 판소리의 원고가 전주에서 목판 소설로 발간된 것임을 말해주는 것이다. 동편제는 판소리 유파의 하나로 전라북도 운봉, 구례, 순창, 흥덕 등지에서 많이

2) 『용문전』의 '괴벗다'

완판본 한글고전소설 『용문전』[5]에서는 '괴벗다'가 나온다. 이 예는 국어의 역사를 보여주는 문헌에서는 처음 나오는 예이다.

천지 요란ᄒᆞ니 괴버슨 아희들은 상흔 궁시로 범을 쏘는쏘다 〈용문전, 11ㄱ〉

'괴벗다'의 '괴'는 바지를 뜻하는 '고의'에서 유래한 말이다. 즉 '고의>괴'의 변화를 겪은 말이다. 이 '괴'는 된소리화를 거쳐서 '꾀'로 발음한다.

입어 썬 고의 흔삼을 버셔 글 두 귀를 쩌듀며 타일의 보사이다 〈유충, 다가 27〉

ᄉᆡ 집신의 한삼고의 산쯧 입고 육모 방치 녹피 신을 손목의 거러쥐고 〈춘향 下, 37〉

조선시대에 쓰이는 '괴 벗다' 또는 '꾀 벗다'는 '바지를 벗다'의 의미를 갖는다. 판소리 『흥보가』에서는 '꾀를 훨씬 벗다'는 표현이 나오는데 이 표현이 바로 표준어 '발가벗다'의 의미를 갖는다. 전라 방언이 갖는 아주 특징적인 표현이다.

아, 이놈들이 그냥 어떻게 세게 갔던지, 밥 속에 가서 폭 박혀가지고, 속에서 벌거지 나무 좀 먹듯 먹고 나오는데, "참, 자식놈들 밥 먹는 것기가 막히게 먹는구나. 여보시오, 마누라. 내 평생에 원이니, 꾀를 훨씬

부른다. 반면에 서편제는 광주, 나주, 보성 등지에서 많이 불렸다.
5 완판본 한글고전소설 『소대성전』의 하편으로 『용문전』이 있다.

벗고, 나도 밥 속에 가서 폭 파묻혀서 먹어볼라요.""아이고, 영감, 그러면 나도 그럴라요."〈교주본 홍보가 김정문 바디〉

3) 완판본 한글고전소설의 '궁글다'

전라 방언에서 많이 사용되는 '궁글다'는 실제로 전국적인 분포를 가지고 있다. 전국적인 분포를 가진다는 것은 아주 오래된 방언임을 말해준다. 이미 이태영(2016:68-9)에서 해석한 바와 같이 중세국어에서 '그울다, 구울다, 구을다'가 쓰였다면 이전의 형태는 "궁을다 > 구을다'로 재구할 수 있다. 다시 이 변화과정은 "궁글다 > '궁을다 > 구을다'로 재구할 수 있을 것이다. 전국적으로 쓰이고 있는 방언 '궁글다'는 "궁글다 > '궁을다 > 구을다 > 굴다'의 변천과정을 겪었을 것으로 보인다. 조선 후기의 완판본 자료에 '궁글다'가 왕성하게 사용되고 있음을 볼 수 있다.

　　轉 궁글 젼 〈츕谷本千字文15ㄴ〉

　　궁글며 〈완판조웅전, 50ㄴ〉〈완판장풍운전, 10ㄱ〉〈완판장풍운전, 29ㄱ〉〈완판조웅전이, 17ㄴ〉〈완판유충열전, 83ㄱ〉

3.3. 완판본 한글고전소설에 나타나는 문법 현상

전북과 전남과의 접촉지역에서 주로 쓰이는 존대소 '-시-'에 대응하는 '-아 겨-'구성이 주로 『열녀춘향슈졀가』와 『심청전』에서 쓰이고 있다. 예를 들면 '입어겨소'는 '입- + -어 # 겨- + -소'의 구성으로 이때 '겨다'는 존대를 나타내는 동사(보조동사)인 것이다. 현대국어로 말하면 '-시-'의 기능을 하고 있다. 이처럼 아주 오래된 언어가 전라도 지역에서 쓰이고 있는 것이다.

안으로 드러가시더니 쑤종을 드르셧소? 노상의 오시다가 무삼 분함 당하겨소? 서울서 무슨 기별리 왓짜더니 줌복을 입어겨소? 〈춘향上, 36ㄴ〉

아부지 이게 웬일리요? 나를 차저 나오시다가 이런 욕을 보와것소, 이웃집의 가겻다가 이론 봉변을 당ᄒ겨소? 〈심청전上, 19ㄴ〉

주제를 나타내는 특수조사로는 '-난/넌, -언'으로 나타나고, 출발점을 나타내는 특수조사로는 '-부텀, -붓팀, -붓텀, -봇텀, -보톰, -부틈, -보틈' 등으로 나타난다. 특수조사 '-마다'와 함께 '-마닥'의 예가 많이 보인다. 완판본 『홍길동전』에서는 '봇텀'이 많이 쓰이고 『소대성전·용문전』에서는 '보톰'이 많이 쓰인다.

이처럼 완판본 한글고전소설에서는 음운현상은 물론, 문법 형태소와 어휘에서 아주 다양한 전라 방언의 특징을 엿볼 수 있다. 따라서 완판본 한글고전소설이 전라 방언을 중심으로 쓰여져 있다는 사실은 분명하고 그 위에 '상단이'도 오래된 전라 방언으로 쓰이고 있는 것이다.

4. 전라 방언 '상단이'의 문화적 기능

완판본 한글고전소설 『열녀춘향수절가』에는 등장인물에 '향단이'는 나오지 않는다. 이름이 '상단이'로 나온다. 전라 지역에서 『열녀춘향수절가』 계열의 소설에 나오는 등장인물이 처음부터 '상단이'인가? 아니면 '향단이'를 '상단이'로 발음한 것인가? 이 문제는 결코 쉬운 문제가 아니다. 현재까지의 논의로 보면, '향단이 > 상단이'로 변했다는 증거는 없다고 말할 수 있다. 따라서 『열녀춘향수절가』에 나오는 '상단이'는 '향단이'와는 다른 매우 다양한 문화적 특징을 갖고 있다고 생각한다.

경판본 계열에서 『춘향전』의 원전이라고 알려진 필사본 『남원고사』에서

도 예외없이 '상단이'로 나온다. 또한 『한국구비문학대계』에서도 '상단이'가 나오고 있다.[6]

춘향이 상단이 불너 마노라님게 나가보라 〈1864남원고사, 06b〉

이럿트시 슈작ᄒ며 져른 밤을 길게 실 졔 상단이 어ᄉ 보고 목이 메여 말을 못ᄒ며 식은밥을 더여 노코 〈1864남원고사, 39a〉

츈향어미 불너 다리고 상단이 등불 들녀 압셰우고 옥듕으로 향ᄒ니라 〈1864남원고사, 39b〉

상단이 통곡ᄒ며 그 말 마오 듯기 슬소 〈1864남원고사, 29b〉

상단이 틱와 부촉ᄒ여 경셩으로 보ᄂᆡ 후의 〈1864남원고사, 38a〉

자든님방 / 들어설 때 // 상단이게다 / 붓들리고 // 이리비끌/저리비끌 // 정신없이 / 들어설 때 // 한손을 / 부어를 잡드니 〈한국구비문학대계 6-5, 전남해남군편, 89p〉

자던침방 / 들어갈제 // 상단이(香丹이) 홀목을/부여잡구 // 이리비틀 /저리비틀 // 대성통곡 / 하는모양 // 대장부/사내로서는 // 못보리라 〈한국구비문학대계5-2, 전북전주시·완주군편, 683〉

『고전소설어사전』에도 '상단'으로 표제어를 삼고 있고 '향단'은 표제어로 올라있지 않다.

상단 향단(香丹). 「춘향전」에 등장하는 춘향이의 몸종 이름. / 추천을 ᄒ랴 ᄒ고 상단이 압셰우고 나려올 졔 「춘향전완판」 〈고전소설어사전〉

---

6 실제로 필자가 대전에서 활동하시던 인간문화재 강독사에게 들은 『열녀춘향수절가』 강독에서도 '상단이'로 발음하였다. 그러니까 이 강독사는 예전에 배운 대로, 또는 책에서 본 대로 발음하였던 것이다.

김현주·김진선(2014:114)의 각주 7번에서는 69종의 「춘향전」 이본을 비교하면서, 향단이 '향단, 香丹, 향丹, 상단, 上丹, 샹단, 힝단' 등으로 표기되고 있음을 밝히고 있다. 이 논문에서는 경판 30장본, 23장본, 17장본, 16장본과, 안성판 20장본에는 '향단이'가 아예 등장하지 않음을 밝히고 있다. 경판 35장본에는 나타난다.(116쪽 참조) 완판 목판본 『별춘향전』에는 향단이가 등장하지 않는다.(118쪽 참조)

4.1. 등장인물 '상단이'의 역할

'상단이'는 완판본 한글고전소설 『열녀춘향수절가』에서 방언으로 된 유일한 인물이다. 당시 서민들에게 본보기가 될 수 있는 등장인물이다. 이 인물의 특징을 몇 가지로 요약하면 다음과 같다.

> 서민 관련 인물이다. 몸종으로 역할한다. 방자와 짝을 이루는 등장인물이다. 순종하는 인물이다. 주인의 어려움에 적극적으로 대처하는 인물이다. 함께 서울로 가는 출세하는 인물이다.

경판본 『춘향전』에 등장인물 '향단이'가 나오지 않는 이유는 이미 알려진 바와 같이 등장인물 '춘향'의 신분이 기생이었기 때문에 몸종을 두는 것이 어울리지 않는다. 그러나 완판본 『열녀춘향수절가』에서는 춘향이 양반의 서녀(庶女)로 설정되어 있으므로 몸종인 '상단이'가 등장하는 것은 자연스러운 인물 설정으로 보인다.(구가영 2006:20 참조)

완판본에서 '상단이'는 춘향이를 위해 순종하고, 마음이 착한 인물이다. '상단이'는 춘향과 춘향모인 월매와 식구처럼 매우 친밀한 관계를 보여주고 있다. 몸종으로서 자기 역할에 충실하고 순종하는 인물이다. 춘향이가 곤경에 빠졌을 때, 그 위기를 해결하며 여러 등장인물들이 벌이는 인간적인 갈등을 적극적으로 해소하는 인물이다.(구가영 2006:38-39 참조) 구가영 (2006, 40)에서는 '상단이'가 신분상승을 꿈꾸면서 대리만족을 느끼고 있다고 보고 있다.[7]

이처럼 '언어의 기능'적인 면에서 볼 때, 전라 방언으로 된 등장인물 '상단이'는 전라도 지역민들이 소설을 읽으면서 '상단이'라는 이름을 통해 가지는 아주 구체적인 이미지를 확보하고 있는 인물이다. 예문을 통해서 구체적으로 살펴보기로 한다.

첫째, '상단이'는 춘향의 몸종으로서 늘 함께 모시고 다니면서 심부름을 하는 역할을 수행한다. 독자들은 '향단이'가 아니라, 분명히 '상단이'라는 이름에서 이러한 등장인물의 성격을 파악하고 있는 것이다.

> 춘향이도 쏘한 시셔 음율이 능통하니 천중절을 몰을소냐? 츄쳔을 ᄒ 랴ᄒ고 상단이 압셰우고 나리올 졔〈춘향上, 7ㄴ〉
> 상단아 미러라 한번 굴너 심을 쥬며 두번 굴너 심을 쥬니〈춘향上, 8ㄱ〉

---

7 완판본 『심청전』의 특징을 『민족문화대백과사전』에서 주요 내용을 발췌하여 인용하면 다음과 같다.
"완판본 『심청전』은 경판본보다 훨씬 더 많은 등장인물과 사건을 담고 있다. 완판본에는 무릉촌 장승상 부인, 뺑덕어미, 귀덕어미, 무릉촌 태수, 방아찧는 아낙네들, 황봉사, 안씨 맹언 등의 인물들이 더 등장한다. (중략)
경판본과 완판본의 구성 양식을 비교해 보면, 전자는 내용에 따라 단순, 소박하고 차분하게 짜여진 양식을 지니고 있다. 그러나 후자는 풍성한 내용에 따라 복잡, 장황하고 들떠 있는 양식이다. 문체에 있어서는, 경판본의 것이 과거의 전아한 멋을 지닌 간결, 소박한 산문체인 데 비하여, 완판본의 것은 풍부한 형용사나 감탄사는 물론, 삽입가요, 잔사설, 고사성어, 한시 등을 끌어들여 부연하고 윤색된 율문체이다."(민족문화대백과사전 『심청전』 참조)

이익 샹단아 근듸 바람이 독ᄒ기로 졍신이 어질ᄒ다 근듸 줄 븟들러
라〈춘향上, 9ㄱ〉

샹단아 찬합 술병 닉오너라 춘향이 일빅주 가득 부어 눈물 셕거 드리
면셔 하난 마리〈춘향上, 44ㄴ〉

춘향이 하릴 업셔 자든 침방으로 드러가셔 샹단아 주렴 것고 안셕
밋틔 벼기 놋코〈춘향下, 1ㄱ〉

손을 잡고 졔 방의 안친 후에 샹단이 불너 주반상 드려라 취토록
메긴 후의〈춘향下, 8ㄱ〉

둘째, '샹단이'는 춘향모인 월매의 말을 잘 듣고 온갖 심부름과 시중을
적극적으로 하는 역할을 보이고 있다.

춘향어모 그 말 듯고 샹단아 네 뒤 초당의 좌셕 등촉 신칙하여 보젼하
라 당부하고 춘향모가 나오난듸〈춘향上, 19ㄴ〉

샹단아 주반 등듸 하엿난냐 예 듸답하고 주효를 차일 젹기〈춘향上,
24ㄱ〉

춘향 어모 샹단이 불너 자리 보젼 시길 졔 원낭 금침 잣볘기와 식별
갓탄 요강 듸양자리 보젼을 졍이하고〈춘향上, 26ㄴ〉

샹단아 나오니라 나하고 함기 자자〈춘향上, 26ㄴ〉

춘향모 달여드러 샹단아 참물 어셔 써오너라〈춘향上, 43ㄴ〉

이져 소식조차 돈졀하네 이고 이고 셜운지거 샹단아 이리 와 너 불어
라 ᄒ고 나오더니〈춘향下, 30ㄱ〉

춘향 살여지다 빌기을 다한 후의 샹단아 담부 한듸 부쳐 다구〈춘향
下, 30ㄴ〉

이고 이고 닉 신셰야 하며 샹단아 삼문 박그 가셔 삭군 둘만 사오너라
〈춘향下, 15ㄴ〉

사정이 등의 업퍼 옥으로 드러갈 졔 상단이는 칼머리 들고 춘향 모는
뒤을 짜라 〈춘향下,16ㄱ〉

셋째, '상단이'는 월매와 춘향과의 갈등 속에서 이몽룡의 말을 잘 듣고
심부름을 잘 하는 역할을 하고 있다. 소설의 독자인 전라도민들은 월매와
춘향과 이몽룡의 갈등 속에서 '상단이'가 하는 역할을 보고 크게 만족하고
흥미를 느꼈을 것이다.

술잔 들어 잡순 후의 상단아 술 부어 너의 마루릭계 드려라 장모 경사
술인이 한잔 먹소 〈춘향上, 26ㄱ〉
잇찍 상단이 옥의 갓다 나오더니 져의 아씨 야단 소릭의 가삼이 우둔
우둔 정신이 월넝월넝 정쳐업시 드러가셔 가만이 살펴보니 젼의 서방임
이 와겨쑤나 엇지 반갑던지 우루룩 드러가셔 상단이 문안이요 〈춘향下,
31ㄴ〉
실셩으로 우난 양을 어사또 보시더니 기가 막켜 여바라 상단아 우지
마라 우지 마라 너의 아씨가 셜마 살지 쥭을소냐 힝실이 지극하면 사는
날리 잇난이라 〈춘향下, 32ㄱ〉
춘향 모 듯던이 이고 양반이라고 오기는 잇셔셔 ④체 자네가 웨 져
모양인가 상단이 하는 말이 우리 큰아씨 하는 말을 조금도 과럼 마옵소셔
〈춘향下, 32ㄱ〉
어사또 밥상 밧고 싱각하니 분기 팅쳔하냐 마음이 울젹 오장이 월넝월
넝 셕반이 맛시 업셔 상단아 상 물여라 담부썩 툭툭 털며 여소 장모
춘향이나 좀 보와야졔 글허지요 서방임이 춘향을 아니 보와셔야 인졍이
라 흐오릿가 상단이 엿자오되 지금은 문을 닷더쓰니 바릭치거든 가사니
다 〈춘향下, 32ㄴ〉

넷째, '상단이'는 거지 차림을 한 이몽룡의 편에 서서 춘향의 마음을 시중드는 역할을 하고 있다. 소설의 독자들은 이처럼 어려운 처지에 있는 상전의 편에 서서 문제를 해결하려는 '상단이'의 역할에 크게 공감을 하였을 것이다.

> 잇ᄯᅢ 상단이는 져의 ᄋᆡ기씨 신셰를 ᄉᆡᆼ각하여 크게 우든 못하고 체읍하여 우는 말리 엇지 할ᄭᅳᆫ아 엇지 할ᄭᅳᆫ아 도덕 놉푼 우리 ᄋᆡ기씨를 엇지하여 살이시랴오 〈춘향下, 32ㄱ〉
>
> 잇ᄯᅢ 맛참 바ᄅᆡ를 뎅뎅 치난구ᄂᆞ 상단이는 미음상 이고 등농 들고 어사ᄯᅩ는 뒤를 〈춘향下, 32ㄴ〉
>
> 분부 마옵시고 어셔 밥비 쥑여주오 ᄒᆞ며 상단아 셔방임 어㉦ 계신가 보와라 어졔 밤에 〈춘향下, 38ㄴ〉

다섯째, 결국 몸종인 '상단이'도 선을 닦아서 서울로 함께 가는 출세의 길을 걷는다. 이러한 '상단이'의 노력이 한 몫을 하여 결국 모두 다 잘 되어서 서울로 함께 올라가는 모습에 소설의 독자들은 쾌재를 불렀을 것이다.

> 어사ᄯᅩ 남원 공사 닥근 후의 춘향모여와 상단이를 셔울노 치힝할 졔 위의 찰난ᄒᆞ니 셰상 사람덜리 뉘가 아니 칭찬하랴 〈춘향下, 39ㄱ〉

이처럼 등장인물인 '상단이'의 성격과 인물을 고려해 볼 때, 당시 서민들의 입장에서 '상단이'라는 인물은 매우 착하고 성실하고 모범적인 등장인물이어서 나름대로 인기를 얻었을 것으로 생각할 수 있다. 그러므로 전라도의 독자들은 '향단이'는 전혀 모르고, 전라방언인 '상단이'라는 이름이 주는 소설 속의 역할과 이미지를 통하여 오랫동안 '상단이'를 사랑해 왔던 것이다.

4.2. '상단이'의 문화적 기능과 특징

서울에서 발행된 활자본 고전소설에 주로 등장하는 '향단이'는 한자어 '香丹이'이기 때문에 식자층이 사용하는 '계급성'을 띤다. 다음으로 전국 어디에서나 식자층들은 알 수 있기 때문에 일반성, 또는 전국성의 개념을 갖는다. 그러나 완판본『열녀춘향수절가』에 등장하는 '상단이'는 한글이면서 지역의 방언으로 표기된 인물이다. '香丹이'는 양반층의 언어이고, '상단이'는 서민층의 언어이다. 전라 방언 '상단이'가 갖는 문화적 특징을 다양하게 살펴보면 다음과 같다.

첫째, '상단이'는 주로 완판본 한글고전소설『열녀춘향수절가』에만 나타나는 등장인물이고 경판본『춘향전』에는 일부 책에서만 나타나는 인물이다. 조선시대 전라도 사람들에게 소설 속의 '향단이'라는 이름을 가진 등장인물은 존재하지 않는 인물이다. 전라도 사람들은 소설 속의 방언인 '상단이'가 갖게 된 이미지 또는 개념에서 자유로울 수 없었다. 따라서 활자본 소설에서 나타난 '향단이'가 갖는 개념과 목판본 한글고전소설에서 이미 나타난 '상단이'가 갖는 문화적 개념은 다른 것이었다. 한자어 '향단이'가 갖는 개념은 한문을 아는 사람들이 '『열녀춘향수절가』에 나오는 춘향이의 몸종'이라는 아주 일반적인 서민 주인공의 개념을 갖는다.

방언 화자들이 사용하는 하나의 어휘에 대한 다양한 느낌의 표현을 획일화된 하나의 표준어로 대치할 수는 없는 일이다. 우리가 갖는 다양한 느낌을 정확하게 나타낼 수 있는 말은 지역의 방언이다. 사람마다 체험이 다르고, 느끼는 감각이 다르기 때문이다. 이 체험이나 감각을 표현하게 되는 일차적인 느낌은 사람이 갖는 정서이기 때문에 매우 섬세한 특징을 갖는다. 느낌은 일반성도 있지만, 사람마다 매우 다르게 느끼는 독특한 개별적 특징을 갖는다.

둘째, 전라 방언 '상단이'는 전라도 또는 호남이라는 '지역
성'과 조선후기라는 '시대성'을 강하게 갖고 있다. 『열녀춘
향수절가』는 판소리 사설을 원고로 이루어진 소설이다. 따
라서 판소리를 개작한 신재효는 전라도를 염두에 두고 원고
를 정리하였다. 또한 출판인들이 전라도 지역민을 독자와
구매자로 생각하고 출판한 소설이다.

완판 30장본 『별춘향전』이 33장본으로 확대되어 『열녀춘
향슈절가』가 되는데 이 책을 흔히 '丙午판 춘향전'이라 부른
다. 이 대본이 독자의 호응을 받게 되자, 다시 84장본으로
재확대하면서도 『열녀춘향슈절가』라는 표제는 그대로 유지
하였다. 그래서 일반적으로는 상권 45장, 하권 39장으로 된
84장본을 『열녀춘향슈절가』로 부르고 있다.

셋째, '상단이'는 『열녀춘향수절가』가 구어체 소설이며, 구비적 성격의
소설임을 보여주고 있다. 『열녀춘향수절가』는 이야기체 소설이다. 지문과
대화문에서 모두 '상단이'를 사용하고 있다. 이미 판소리로 불릴 때도 '상단
이'로 발음되었다. 그러니까 경판본 『춘향전』은 문어체이고, 완판본 『열녀
춘향수절가』는 '구어체'이며 '낭송체'임을 보여주고 있다.

완판본 한글고전소설의 제목은 거의 대부분 '열녀춘향수절가라', '심청가
라'와 같이 낭송체의 문체를 보여주고 있다. '-이라'가 붙지 않은 경우도
있지만, 거의 대부분 '-이라'가 연결된다.

별춘향전이라, 열여춘향슈절가라, 심청가라, 심쳥전권지상이라, 삼국
지라, 언삼국지목녹이라, 공명션칭실긔권지하라, 소딕셩전권지상이라, 용
문전이라, 니딕봉젼상이라, 장경전이라, 됴웅젼상이라, 초한젼권지상이라,
셔한연의권지하라, 퇴별가라, 화룡도권지상이라, 임진녹권지삼이라

넷째, '상단이'는 '대중 예술성'을 나타내는 어휘이다. 완판본『열녀춘향수절가』와 경판본『춘향전』은 작품의 내용이 상당히 다르다. 완판본 소설은 낭송체 소설이다. 낭송체라는 사실은 판소리계열 소설임을 보여준다.

당시 전라도에서 유행한 판소리 공연에서는 '상단이'로 말해야 알아들었기 때문에 판소리 사설이 '상단이'로 되어 실제 공연에서도 그렇게 불렸다. 현재 춘향가의 사설은 대부분 '향단이'로 표기되고 있다. 이미 판소리가 전국적으로 불려지기 시작하였기 때문에 '상단이'로 표기해서는 대중들이 알아듣기 어렵기 때문이다.

다섯째, '상단이'는 '서민성'을 갖는다. 완판본 한글고전소설이 서민을 위한 소설 발간임을 알 수 있게 한다. 출판업자들은 이익을 남기기 위해서 독자로 양반들보다는 일반 대중을 택하였다. 그리하여 소설 속에 많은 방언이 들어가도록 배려를 한 것이다. 이러한 연유로 자연스럽게 '상단이'는 서민의 언어가 된 것이다. 완판본『천자문』도 마찬가지다. 그리하여 친숙한 언어, 서민들이 편리한 언어를 선택한 것이다.

여섯째, '상단이'는 '지역적 독자성'을 갖는다. '상단이'는 전라도 지역에서 사용되는 방언이고, 호남을 상징하는 단어이다. 따라서 '향단이'를 쓰는 지역과는 차별성 또는 독자성을 갖는다. 바로 이점이 완판본 한글고전소설이 갖는 독자적인 위치이다.

일곱째, '상단이'는 '민주성'과 '주체성'을 갖는 어휘이다. 한자 사용이 아니라 주체적인 한글 사용으로 언문일치가 실현된 어휘이다. 사실 '상단이'는 '上丹이, 香丹이'의 중국 한자음 발음으로 보인다.[8] 그러나 이러한 발음이 굳어져서 우리 발음이 되었고, 당시의 서민들은 우리말로 발음하였던 것이다. 실제로 한글고전소설은 일제강점기 우리말과 글을 배우는 교과서

---

8 전라감영에서 간행된 韻書로『三韻聲彙』,『正音通釋』,『全韻玉篇』,『增補三韻通考』 등이 있는데, 이운서들을 보면 당시 사대부들은 한국 한자음과 중국 한자음을 함께 익히고 있었음을 알 수 있다.

역할을 하였다.

채만식, 윤흥길, 최명희 등은 대표적인 전북 출신 작가들이다. 이들은 작품에서 전북 방언을 많이 사용한다. 왜 그럴까? 과거의 이야기를 쓸 때, 등장인물이 전라 방언을 사용해야만 작가의 과거가 생생하게 떠오르고, 또 이를 구체적으로 서사화할 수 있기 때문이다.

따라서 방언은 지역 소설과 비지역 소설을 구별하는 하나의 표징이다. 조정래 선생의 『태백산맥』에서 전라도 방언이 없다면 과연 이 소설이 소설의 역할을 다할 수 있을까? 등장인물의 방언 사용은 이 소설의 정체성을 분명하게 만들어주고 있다.

그러므로 같은 완판본 한글고전소설일지라도 『별월봉기』, 『현수문전』 등과 같이 서울에서 원고를 가져다가 출판한 책에는 방언이 없다. 흥미를 중심으로 하여 판매를 목적으로 발행한 소설이기 때문이다.

현재 소설 전체를 확인하기 어렵고, 완판본 『현슈문견』의 1쪽과 31쪽의 복사본을 검토해 보면 방언이 없고 격식투의 언어로 되어 있다. 간기는 '丁巳(1857)九月完西改板'으로 되어 있다. 이 소설은 서울에서 발간된 책을 참고하여 발간한 것으로 보이는데, 경판본 『현수문전』 하권 22장본은 '油洞新刊'의 간기를 가진다. '油洞'은 1840년대에 책을 찍어낸 출판소이다. 이 책으로 완판본을 다시 찍은 것으로 보인다.(이태영, 2007:34 참조)

5. 결론

완판본 『열녀춘향수절가』에 나오는 등장인물인 '상단이'는 국어학적으로는 '향단이 > 상단이'의 구개음화 현상을 겪은 어휘에 불과할지 모른다. 그러나 우리는 이렇게 단정하기에는 많은 문제점을 안고 있다.

첫째, '香'의 중국 발음이 '샹'이니까 '샹 > 상'이 된 것으로 볼 수 있다.

그렇다면 전라도에서는 '춘향'과 관련된 이야기가 존재하던 시기부터 '상단이'로 불렸을 가능성이 매우 높다.

둘째, '향단이(香丹) > 상단이'의 변화가 구개음화 현상이라고 단정할 수 있는 근거가 과연 있을까 하는 점이다. 이 지역에서 나온 춘향전 계열 소설에 '향단이'가 전혀 나오지 않고, 심지어 판소리에서도 '향단이'가 나오지 않는데, 어떻게 '향단이'가 '상단이'로 구개음화되었다고 말할 수 있을까 하는 점이다.

셋째, 정확한 근거를 찾기는 어렵지만, 처음부터 '상단이 > 상단이'로 불린 것은 아닐까 추정할 수 있을 것이다. 나중에 서울에서 활자본으로 출판되면서 '향단이'로 바뀐 것으로 보인다.

전라 방언으로 이해할 수 있는 소설 속의 '상단이'가 갖는 개념은 상당히 일반성을 가졌을 것이다. 소설의 내용이 추억이나 체험이나 경험으로 독자에게 개인화되어 정서적 개념을 갖게 되는데, 판소리로 듣거나 소설이 낭송되어 들을 때, 또는 소설을 직접 읽을 때, 희로애락을 함께 하는 아주 가깝게 느끼는 주인공의 하나이자 친근한 인물로 받아들이고 호감을 느꼈을 것이다. 결국 춘향이의 몸종으로서 상전을 정성껏 모시면서 여러 갈등을 해소해 주는 상단이의 역할에 소설을 읽는 독자들은 크게 공감하였을 것이다.

아무튼, '상단이'는 전라도에서 사용된 소설 속의 등장인물이었다. 분명 발음상으로 전라도를 대변하는 방언이라고 할 수 있다. 이 '상단이'는 비록 소설 속의 등장인물이긴 하지만 여러 가지 문화적 특징(cultural feature)을 보유한 어휘라고 말할 수 있다.

첫째, 전라도에서 쓰이거나 발행한 춘향전 계열의 소설에 나타나는 주인공이다. 둘째, 전라 방언 '상단이'는 전라도 또는 호남이라는 '지역성'을 강하게 갖고 있다. 셋째, '상단이'가 나오는 완판본 『열녀춘향수절가』는 '구어체'이며 '낭송체'임을 보여주고 있다. 넷째, '상단이'는 '시대성'(조선 후기)을 강하게 나타낸다. 다섯째, '상단이'는 '대중 예술성'을 나타내는 어휘이다. 여섯째, '상단이'는 '서민성'을 갖는다. 일곱째, '상단이'는 '지역적 독자성'을 갖는다. 여덟째, '상단이'는 '민주성'과 '주체성'을 갖는 어휘이다.

이제 우리는 방언을 지역문화와 관련하여 전체적으로 이해하려고 노력해야 한다. 지나치게 국어학적인 입장에서만 방언을 다루게 되면 더 이상 논의의 여지를 상실하게 된다. 따라서 방언을 바르게 이해하려면 지역의 다양한 문화와 역사, 시대적인 상황을 이해해야 할 것이다. 그래야만 한 시대를 대표하는 지역의 방언에 대한 기능과 역할을 제대로 제시할 수 있을 것이다.

김현주·김진선(2014), 「향단의 성격과 기능의 변이 양상」, 『우리文學硏究』 44, 111-143.

서대석 외(1999), 『한국고전소설 독해사전』, 태학사.

이태영(2007), 「새로 소개하는 완판본 한글고전소설과 책판」, 『국어문학』 43, 29-54.

이태영(2016), 「국어사전과 방언의 정보화」, 『국어문학』 61, 51-75.

이태영(2018), 「완판방각본의 유통 연구」, 『열상고전연구』 61, 143-171.

동남 방언의 담화표지 '마'[*]

이기갑

목포대학교

1. 담화표지 '마'

동남방언에는 담화표지 기능을 하는 '마'가 있다. 경북과 경남 일대에 두루 쓰이는 이 말은 후행 발화를 준비하는 메움말(filler)로 쓰인다. 메움말은 발화의 연속성이 끊기는 것을 막기 위한 담화적 표현을 가리키는데, 담화표지(discourse marker)의 범주에 드는 말이다.

발화는 다양한 이유로 중단될 수 있다. 너무 감정이 북받치거나 긴장이 심하거나 흥분할 경우 발화자는 말을 제대로 잇지 못할 수 있다. 또한 말할 내용을 생각하느라 잠시 쉼을 가질 수도 있다. 이와 같은 발화자의 심리적, 정서적 이유 외에 의미의 단락과 같은 언어 내적인 요인이 작용하기도 한다. 선행 발화의 내용을 아우른 뒤 후행 발화를 진행하는 과정이나 연속적인 사태를 이루는 앞선 사태와 뒤따르는 사태 사이에는 의미의 단락이 생기는

---

[*] 이 글은 이기갑(2018)의 11장을 고쳐 쓴 것이다.

데 이러한 의미 단락 뒤에는 약간의 숨고르기가 필요하기 때문이다. 이처럼 담화의 자연스러운 흐름을 위해 숨고르기가 필요할 때, 발화의 흐름이 끊기는 빈자리를 단순히 쉼(pause)으로 메울 수도 있지만, 쉼 대신 특정한 표현으로 메울 수도 있다. 이때 사용되는 특정한 말을 메움말(filler)이라 하는데, 이런 기능의 말로는 '음', '어', '거', '저기' 등의 감탄사나 지시어 등이 있으며, 동남방언에는 이 방언에서만 쓰이는 고유한 담화표지 '마'가 있다.

아래 (1)은 경북 의성 지역의 구술발화에서 담화표지 '마'가 쓰인 경우이다. 표준어 대역에는 '마'의 자리를 메울 적당한 대응어가 없기 때문에 &로 대신하였다.

(1) ㄲ 행상 끼미 노고 상주 태이 가주 은젠 크: 마 압쏠 미게 가며 인제
조은 데 가라 카며 인제 거, 그그 행상 ㄲ이, 행상 근, 겨 또 행상도리
랄, 행상노리라꾸 이따 꺼이, 행난노리.{그 행상을 꾸며 놓고 상주를
태워 가지고 이제 크 & 앞소리를 먹여 가면서 이제 좋은 곳에 가라
고 하면서 이제 그, 그것 행상 그, 행상 그, 그것 또 상여놀음이라,
상여놀음이라고 있다니까, 상여놀음.}(경북 의성)[1]

(1)에서는 '마' 앞에 또 다른 담화표지 '이제'(방언형 '은제'나 '인제')가 나타난다. 이 '이제'는 사태의 연속성을 강조하기 위한 담화표지인데, 뒤따라 나오는 '마'는 연속성과는 무관하게 후행하는 발화를 준비하기 위한 시간을 벌거나 발화의 흐름을 조절하기 위해 사용된 것이다. 따라서 잇따라 사용된 두 담화표지 '이제'와 '마'는 그 기능이 각각 다르다고 하겠다.

---

1 이 글에서 사용된 동남 방언의 구술발화 자료는 모두 국립국어원이 수행한 '전국 지역어 조사 및 전사 사업'의 결과물인 보고서와 파일로부터 가져온 것이다.

2. 담화표지 '마'의 출현 환경

담화표지 '마'는 통사적 단위 사이에 오되, 문장과 문장 사이, 선행절과 후행절 사이, 접속부사와 후행절 사이 등 큰 단위 사이에 오는 것이 일반적이지만, 문장 내부에서도 '마'는 쉽게 볼 수 있다. 문장 내부의 경우에는 주어와 서술부, 주제와 논평, 목적어와 서술어, 수식어와 피수식어 등 다양한 통사적 단위 중간에 나타나서 담화의 진행이 원활하게 이루어지도록 돕는 기능을 한다.

2.1. 문장이나 절의 앞

'마'가 문장의 첫머리에 올 경우, 완전히 새로운 발화를 시작하기보다는 선행 문장과의 연속적인 의미 관계를 갖는 경우가 대부분이다.

> (2) # 아아들 그 서~이 공부 씨기는데도 그거 얼 도~이 울매나 드노?
> {애들 그 셋 공부 시키는 데도 그게 얼 돈이 얼마나 드니?}
> # 말또 모나지.{말도 못하지.}
> # 마 도늘 가 전부 공부한다 아이가, 요새 아아들?{& 돈을 가지고 전부 공부하잖아, 요새 아이들?}(경남 창원)

예 (2)에서 '마' 뒤의 발화는 선행 발화의 내용을 의미적으로 되풀이하고 있는 경우로서 일종의 부연 관계라 할 수 있다. 담화표지는 부연 관계에 흔히 나타나는데, '마'도 예외가 아닌 것이다.

'마'가 접속부사의 뒤에 오는 수가 많다. 접속부사는 선행 발화를 의미적으로 되풀이하면서 이를 아우르는 효과를 갖는다. 따라서 이때의 '마'는 아우름이라는 커다란 의미적 단락 뒤에 오는 경우이다. 예 (3)이 이런 경우이다.

(3) (가) <u>그래도 마</u> 싱고 이래가 가가지고 그 그어서 언자 안자가지고 이래가아 바믈 세아따 아이가?{그래도 & 신고 이렇게 해서 가서 거기 거기서 이제 앉아서 이렇게 밤을 새웠잖겠니?}(경남 창원)

(나) <u>그래가아 마</u> 보모 하아! 그 머 말또 몬하지.{그래서 보면 & 하아!그 뭐 말도 못 하지.}(경남 창원)

'마'가 접속부사 앞에 올 경우도 있는데 이때는 아우름과 후행 발화가 하나의 의미 단위로 기능한다고 할 수 있다. 아우름은 '마'의 앞이나 뒤에 올 수 있는데 이것은 아우름이 본질적으로 알려진 정보이므로 선행 발화 나 후행 발화의 어느 것과도 의미적으로 하나의 단위를 이룰 수 있기 때문이다.

(4) (가) # 지끔도 이장이 역때로 내러오면서 웨타 성은 한 사람 함먼 핸능가베.{지금도 이장이 역대로 내려오면서 외지 성은 한 사람 한 번 했나 봐.}

그 다으메는 전부 우리 지바네서 역때로 머 이래가지고.{그 다음에는 전부 우리 집안에서 역대로 뭐 이렇게 해가지고.}

어 저네 일쩨시대 저 임씨 지바네 함먼 해따.{어 전에 일제시대 저 임씨 집안에서 한 번 했다.}

<u>마 고라고나서는</u> 그래 그래가지고 나오고 머.{& 그러고 나서는 그래 그렇게 해가지고 나오고 뭐.}(경남 창원)

(나) # 그리 이거 가마아 보~이 채기미 중대하고 참 말 한자라도 머 십사리 이래가지고 나만테 실수해가지고는 안데게따 카능

거.{그래 이거 가만히 보니 책임이 중대하고 참 말 한 마디라도
뭐 쉽사리 이렇게 해가지고 남한테 실수해가지고는 안되겠다
하는 것.}

\# <u>마 이래가지고</u> 지끔 지내고 인는데, 마 또 그래도 머 우리집
애드리 잘 하거마는 잘 하고.{& 이렇게 해가지고 지금 지내고
있는데, 또 그래도 뭐 우리집 아이들이 잘 하구먼 잘 하고.}(경
남 창원)

특히 '마'는 후행 발화로 이어지지 않고 단순히 선행 발화를 아우르는 것에
머무르는 경우가 많은데 예 (5)가 이를 보여 준다.

(5) (가) \# 이짜 머 동 그짱 머 인노, 모꼬 리꼬 머 일, 므엄, 머 모꼬
리꼬 먼 허, 그, 저, 철, 여 꼴짝또 업써요.{이쪽에 뭐 동네 그쪽
에 뭐가 있나, 못골 있고 뭐 이, 뭐, 뭐 못골 있고 뭐 허, 그
저, 저, 여기 골짜기도 없어요.}

\# 예, 꼴짝또 어꼬 <u>마 그래</u>.{예, 골짜기도 없고 & 그래.}(경북
의성)

(나) \# 끄래, 거루, 거르 가줍, 쩍 거어뚜 짜꾸 유거 생기낀너 안 데자
너, 그래 우.{그래, 그래, 그래 가지고, 저 그것도 자꾸 이것이
생기니까 안 되잖아, 그래 가지고는.}

\# 구란, 그래 하다, 꼬지 하다가 <u>마 그래</u> 참 사머 그래 너, 농사드
여 마이 지여쓰여, 논 한 열땜 마지이 지:꼬, 바뚜 지꼬 이랜데.
{그래, 그래 하다가, 고추 하다가 & 그래 참 사뭇 그래 농, 농사
도 여기 많이 지었어요, 논 한 열대여섯 마지기 짓고, 밭도 짓고
이랬는데.}(경북 의성)

(다) @ 감: 나랑농사<u>마</u> 함미?{그럼 벼농사만 합니까?}

여기 머 나당 지으꼬, 꼬치 저어 멀 꺼머 쩌메끄 마 꼬래, 끄애, 끄이, 끄이 머. {여기 뭐 벼 지었고, 고추 자기들 먹을 것만 조금 & 그래, 그래, 그러니, 그러니 뭐.}(경북 의성)

담화표지 '마'의 앞이나 뒤에 '보니', '보니까', '들으니까', '생각해 보니까' 등과 같이 말할이의 인식 상태를 나타내는 삽입구가 오는 수가 있다. 이 삽입구는 후행 발화를 도입하기 위한 준비 과정의 구실을 하는데, 이러한 종류의 삽입구에는 '보다', '듣다', '생각하다' 등의 지각동사나 인식동사가 사용된다. 따라서 말할이의 지각이나 인식을 나타내는 삽입구 앞이나 뒤에 오는 담화표지 '마'는 지각이나 인식의 내용에 해당하는 후행 발화를 준비하면서 후행 발화를 초점화 하는 기능을 수행하게 된다. 아래의 예는 경남 창원 지역어의 예인데 (6가)-(6바)는 삽입구 뒤, (6사)는 삽입구 앞에 오는 경우로서, 삽입구 뒤에 오는 경우가 앞에 오는 경우보다 빈도가 더 높다. '마'가 삽입구 뒤에 올 때에는 '마' 뒤에 쉼이 오기 쉽고, 반면 '마'가 (6사)처럼 삽입구 앞에 올 때에는 뒤따르는 삽입구와 하나의 억양 단위를 이루어 그 중간에 쉼이 개재되기 어려울 것으로 예상된다.

(6) (가) 그레스 저거로 그으서 보~옹게네 마 날로 잡꼬 울고 마 가족 이런 사람드리 마 이 지 슬 하는데.{그래서 저것을 거기서 보니까 & 나를 잡고 울고 가족 이런 사람들이 이 짓을 하는데.}
  (나) 동네 여 보~옹게네 마 지비 우리지베는 가 보~옹게네 바~아 이리로 마 버리기 학 드러와뿌꼬.{동네 여기 보니까 & 집에 우리집에는 가 보니까 방에 이리로 버력이 확 들어와 버렸고.}
  (다) 그래가아 그으 이따가 구루구루 언자 어 그루구루 머 보옹께네 마 치부가 시작하는데.{그래 가지고 거기 있다가 그렇게 이제 어 그렇게 뭐 보니까 & 추위가 시작하는데.}

(라) 그래서 보~이 마 동네가 마 엉마~이데. 마 전부 마 집또 업떼. 그래가아 내 재종숙 지 비 한 지비 쪼금 가아시 이써은데 그기 이 보~옹게네 개 갠찬능기라.{그래서 보니 & 동네가 엉망이 데. 전부 집도 없데. 그래서 내 재종숙 집이 한 집이 조금 가에 있었는데 그게 보니까 꽤 괜찮은 거야.}

(마) 그 원:체로 마 중간중가~이 얘기르 드러보이 마 용강 마 전시네 용강 얘기라.{그 워낙 중간 중간에 얘기를 들어보니 & 용강 모두 용강 얘기야.}

(바) 그 머 내 사라나옹거로 생각하모 마 참 말또 몬하지 오늘날까 지.{그 뭐 내가 살아 나온 것을 생각하면 & 참 말도 못 하지 오늘날까지.}

(사) 마 보~이 우리지베 아아드리 잘 데대, 가마: 보옹께네 머.{& 보니까 우리집의 아이들이 잘 되데, 가만히 보니까 뭐.}

예 (7)은 '내가 하는 말이'와 같은 메타언어적 삽입구가 중간에 개재된 경우 인데 이 역시 지각이나 인식동사와 비슷하게 말할이의 발화 행위를 가리키 는 말로서 삽입된 것이다. 이때에도 이 삽입구 뒤에 '마'가 쓰여 후행 발화를 준비하는 시간을 벌고 있다.

(7) 마으믈 누그럽께 무꼬 자앙 너만테 으응 양보하능기 승리자다, 내가 하는 마리, 마 늘 구카고 그리 살고 이써요.{마음을 너그럽게 먹고 늘 남한테 응 양보하는 것이 승리자 내가 하는 말이, & 늘 그렇게 말하고 그리 살고 있어요.}(경남 창원)

담화표지 '마'가 접속문의 선행절 다음에 오는 경우는 다양한 의미적 관 계를 형성하는데, 계기, 인과, 양보, 조건, 대조 등의 경우를 (8)이 보이고 있다. 특히 계기적 사태를 나타낼 때 담화표지 '마'의 사용 빈도가 상대적으로 더 높은 경향을 보인다. (8)도 위의 예와 마찬가지로 경남 창원 지역어를 반영하는 예이다.

> (8) (가) 저어다가 천마글 처노코 이래가아 마 하 한사람서 한사람석 나오능거 그 미테다 전부 가따아 차례차례 전부 마 마 나아나코 으~으.{저기다가 천막을 쳐놓고 이래서 & 하 한 사람씩 한 사람씩 나오는 거 그 밑에다 전부 갖다 차례차례 전부 놔 놓고 응.}
>
> (나) 할매가 나이 마능께네 마 치부가지고.{할머니가 나이가 많으니까 & 추워서.}
>
> (다) 항시 그어카지. 머어든 사람 보면 나이 마나도 마 울떡불떡하~ 이 이래가지고 쪼깨이 그슥하면 그노믈 가아 이라모.{항상 그렇게 말하지. 어떤 사람 보면 나이 많아도 & 울컥울컥하게 이렇게 해서 조금 거시기하면 그것을 가지고 이렇게 하면.}
>
> (라) 지끔 그거또 안하고 그냥 마 무카아고 이썬능기라.{지금 그것도 안 하고 그냥 & 묵혀가지고 있었던 거야.}

2.2. 문장이나 절의 내부

문장 내부의 성분 사이에도 '마'가 나타나기도 하는데 이 경우는 문장이나 절 다음에 오는 경우보다는 그 빈도가 낮다. 문장 내부의 성분으로서는 주제나 주어 다음에 오는 수가 많지만 경우에 따라 목적어나 부사어 다음에 오기도 한다. 문장 내부의 '마'도 선행 발화를 일단락 지으면서 후행 발화를 준비하는 기능을 하는 점에서는 문장 첫머리에 오는 경우와 다를 바 없다. 아래의 (9)는 모두 경남 창원 지역어의 예이다.

(9) (가) 나와서 보니까 지반 강게도 마 우에 어른드리 해노응기 조응거
는 조은데 머슨 나쁜점도 마~이 이섰써.{나와서 보니까 집안
관계도 & 위에 어른들이 해놓은 것이 좋은 것은 좋은데 무슨
나쁜 점도 많이 있었어.}

(나) 소중에 그거 아아드리 마 요글보고 이래서 그 그거는 마 싸글
주우가아.{소정에 그거 아이들이 & 고생을 하고 이래서 그 그
것은 & 삯을 줘가지고.}

(다) 저어 저어도 개울까 그너미 마 개우리 터지가지고 나오가아.{저
기 저기도 개울가 그놈 이 & 개울이 터져 나와서.}

(라) 지풀 마 미테 깔고 이래가지고 저저 덕슥 덕슥 그너믈 우우다가
노오모 그기이 좀 뜨시거마는, 덕슥 지바고 그기이.{짚을 &
밑에 깔고 이렇게 해서 저저 멍석 멍석 그 놈을 위에다 놓으면
그것이 좀 따뜻하구먼. 멍석 짚하고 그게.}

(마) 그기 머 머스마 지따네는 하내~이라고 가마 봉께네 이기 머
상다~이 마 그 임슥거틍 거또 가탈로 지고 이라데.{그게 뭐
사내애 제 딴에는 하나라고 가만히 보니까 이것이 뭐 상당히
& 그 음식 같은 것도 까탈을 부리고 이렇데.}

(바) 머 이때꺼정 마 잘 사라 나가는 태기지.{뭐 이때까지 & 잘 살아
나가는 셈이지.}

이상에서 보는 바와 같이 담화표지 '마'는 통사적으로 비교적 큰 단위 다음
에 오는 수가 많으며 그 밖에 문장 내부의 작은 단위 다음에도 일부 오기도
한다. 물론 관형어 다음에 오는 경우는 확인되지 않았으나 부사어 다음에는
'마'가 쓰이는 수가 있는데 이런 경우는 대부분 시간이나 공간을 나타내는
부사어이다. 다만 (8마)처럼 '상당히'와 같은 정도부사 뒤에도 '마'가 쓰이
는 것이 특이한데, 이는 뒤따르는 발화 '까탈을 부리고 이렇데'를 초점화

하기 위한 전략으로 해석된다.

'마'는 또한 나열이나 고쳐 말하기(repair), 부연 등의 과정에 출현하기도 한다.

> (10) (가) 그 <u>의짜게</u> 저기 <u>보암 다리쪼그로</u> 마 이 <u>억꼬</u> 도망을 해따 아이가 저짜그로.{그 이쪽에 저기 봉암 다리 쪽으로 & 이 업고 도망을 했잖아. 아이가 저쪽으로.}(경남 창원)
>
> (나) 이래가아 인는데 내가 머 <u>주장은</u> 제일 <u>마</u> <u>요는</u> 머 주끼저네 재실로 하나 세아야 데거따 카능거 목포가 그기이고.{이래 가지고 있는데 내가 뭐 주장은 제일 & 요는 뭐 죽기 전 에 재실을 하나 세워야 되겠다 하는 것 목표가 그것이고.}(경남 창원)
>
> (다) 머 그래도 마 사램 이리 사데. 그 <u>마</u> <u>본심마 가지모 산다카능거</u> 내가 항시 <u>마</u> <u>너만테 제 안 지꼬 본심만 가지모 산다카능거</u> 안데모 자기가 잘 안데모 자 자스기 잘 떼에도 잘 떼고.{뭐 그래 도 & 사람 이렇게 살데. 그 & 본심만 가지면 산다고 하는 것 내가 항상 & 남에게 죄 안 짓고 본심만 가지면 산다 하는 거 안 되면 자기가 잘 안 되면 자 자식이 잘 돼도 잘 되고.}

위에서 (10가)는 '이쪽에', '봉암 다리 쪽으로', '업고'의 세 부사어가 병렬적 으로 나열되는 의미 관계에서 마지막 부사어 앞에 '마'가 나타나는 경우이 다. 처음 두 부사구는 도망가는 목적지를 나타내는 말로서 역행대용의 관계 에 있는 반면, 세 번째 부사어인 '업고'는 앞의 두 부사어와는 달리 도망을 가는 양태를 나타낸다. 아마도 의미적 성격이 바뀐 발화를 생각하기 위해 잠시 뜸을 들이는 시간이 필요했던 것으로 보인다. (10나)는 선행 발화인 '주장은'을 '요는'으로 바꿔 말하는 과정에 '마'가 쓰인 경우이다. 일종의 고쳐 말하기 과정에 '마'가 쓰였다고 할 수 있는데, 해석에 따라서는 '주장은'과 '요는'이 모두 주제어의 구실을 하므로 뒤에 오는 논평의 후행 발화와의 관계 때문에 '마'가 쓰였다고도 할 수 있을 것이다. (10다)도 고쳐 말하기 또는 부연의 과정에 '마'가 쓰인 경우이다. 여기에서는 '본심만 가지고 산다고 하는 것'과 같은 발화가 다시 '남한테 죄 안 짓고 본심만 가지고 산다고 하는 것'과 같이 추가적인 내용이 덧붙으면서 부연되는데, 이때 후행 발화 앞에 '마'가 쓰였다. 이 경우 '마'는 부연을 위한 것일 수도 있지만 부연하는 발화를 초점화 하기 위한 장치일 수도 있다. 즉 선행 발화 '본심만 가지고 산다고 하는 것'을 초점화 하기 위해 '마'가 쓰였고, 다시 이 발화를 부연하는 후행 발화 '남한테 죄 안 짓고 본심만 가지고 산다고 하는 것' 앞에 '마'가 쓰여 후행 발화를 초점화 한다고도 할 수 있다.

아래 예 (11)은 명사와 수량사 사이에 '마'가 쓰인 경우인데, 명사와 수량사의 관계는 부연과 같은 의미 관계로 생각할 수 있으므로 이때의 '마'가 수행하는 기능은 (10)과 같다고 할 수 있다.

(11) (가) 사무 끄래 핸데, 오새느 비로가 나우구, 비으, 비러 논 네 비니루 거 마 하남맘 물꼬 다: 맨드어 뿌니. {사뭇 그렇게 했는데, 요새 는 비료(+비료포대)가 나오고, 비료포대, 비료포대가 나와 놓 으니까 비닐 그것 & 하나면 물꼬 다 만들어 버려.}(경북 의 성)

(나) # 그을 찌인 인제 고 콰낙사은 데오 꼬꾸래~이 요링 가죽허 꼭: 찌버 가주 구, 구 뚤버가 내여이 데느 마르. {그럴 때에는 인제 그 하나씩 대고 갈퀴 요런 것 가지고 꼭 집어 찍어 가지고 그, 그 뚫어서 내야 된다는 말이야.}

구멍을 마 다: 하느쓰 하녀윽 빼내이 덴. {구멍을 & 다 하나 씩 하나씩 빼내야 돼.}(경북 의성)

'마'가 부름말과 명령문 사이에 오는 수가 있다. 부름말은 상대의 이름이나 호칭을 부르는 표현이고, 부름말에 이어서 상대에 대한 발화가 이어지게된다. 따라서 부름말과 후행 발화는 통사적으로 별개의 문장이 되는데 이사이에 담화표지 '마'가 쓰이고 있다. 그러므로 이 경우는 문장 앞에 '마'가사용되는 경우에 포함된다. 그러나 부름말에 이어지는 발화가 주로 명령문이라는 점에 특징이 있다. 이때의 '마'는 상대에 대한 명령을 촉구하는 느낌을 주는 것도 사실이다. 담화표지 '마'가 후행 발화를 초점화 하는 담화적기능을 갖는다는 점을 상기하면 명령문 앞의 '마'가 명령을 촉구하는 느낌을주는 것을 쉽게 이해할 수 있다. 특별한 언표내적 효력을 갖는 발화 앞에'마'가 쓰일 경우 '마'는 후행 발화의 언표내적 효력에 초점을 가함으로써그 효력을 강화하는 기능을 하게 되는 것이다. 경우에 따라 '마'는 (12다)처럼 부름말 앞에 오기도 하는데 이 경우는 '마'가 동사구가 아닌 문장 앞에나타남으로써 명령을 촉구하는 느낌을 주지는 못한다. 이로 보면 언표내적효력을 강화하는 '마'의 기능은 동사구 바로 앞에 올 때 뚜렷이 드러난다는사실을 알 수 있다.

(12) (가) 자형 마 이리 나오소 이래사가아꼬.{자형 & 이리 나오게 자꾸
         이래서.}(경남 창원)

    (나) 그래가아 그어서 내가 언자 신발로 그슥하~이 우리지베 큰
         따라는 아부지 마 신 심발 버꼬 가이시더 나아뚜고 가입시더
         이래사테.{그래서 거기서 내가 인제 신발을 거시기하니까 우리
         집의 큰 딸애는 아버지 & 신 신발 벗고 가십시다 놔두고 가십시
         다 이렇게 말을 하데.}

    (다) 도랑만 건너모 타가~이라꼬 마 도리 업소. 머 우리가 멫 대대로
         이리 이써바야 머 삐쪼간 수도 업꼬 나는 마 아재 저리 가요
         카고.{도랑만 건너면 타관이라고 도리 없소. 뭐 우리가 몇 대대

로 이렇게 있어봐야 뭐 뾰족한 수도 없고 나는 & 아저씨 저리 가요 하고.}(경남 창원)

담화표지 '마'는 문장 안에서, 또는 이어지는 문장들에서 여러 차례 나타날 수 있다. 이렇게 여러 차례 나타나는 '마'의 출현 환경은 앞에서 제시한 환경들이 복합적으로 작용한 결과이다. 담화표지 '마'의 다중 출현은 발화자의 개인적 언어 습관의 결과일 수도 있지만, 대개는 발화의 내용 때문에 생겨난 결과이다. 특히 긴박한 상황을 묘사할 때 발화자의 심리가 불안정해지면서 담화표지가 여러 차례 사용되는 경향을 보인다. 경남 창원 지역어의 예 (13)이 이를 보여 준다.

(13) (가) # 어 가악쫑에 마 그아도 마 그 우에 마 저수지가 터진다카능기라.{어 갑자기 거기도 & 그 위에 & 저수지가 터진다고 하는 거야.}
그래가아 그 집 주이니 그 박까거마는 그 사라미 마 가암을 지르고 마당어 이래사아서.{그래서 그 집 주인이 그 박가구먼. 그 사람이 & 고함을 지르고 마당에서 자꾸 이래서.}
(나) # 그 원:체로 마 중간중가~이 얘기르 드러보이 마 용강 마 전시네 용강 얘기라.{그 워낙 중간 중간에 얘기를 들어보니 & 용강 모두 용강 얘기야.}
마 마 절딴 다 나땄다, 마 이래가 무득무드기 사라미 서가지고.{&& 결딴 다 났단다, & 이래가지고 무더기무더기 사람이 서가지고.}
(다) 그래서 보~이 마 동네가 마 엉마~이데. 마 전부 마 집또 업떼. 그래가아 내 재종숙 지 비 한 지비 쪼금 가아시 이써은데 그기 이 보~옹게네 개 갠찬능기라.{그래서 보니 & 동네가 & 엉망

이데. & 전부 집도 없데. 그래서 내 재종숙 집이 한 집이 조금 가에 있었는데 그게 보니까 꽤 괜찮은 거야.}

예 (13)은 저수지 둑이 터진다는 말을 듣고 황급히 피난을 떠났던 홍수 때의 이야기를 담고 있다. 이러한 급박한 상황을 묘사할 때, 발화자는 감정이 고조되고 흥분하는 심리 상태에 빠지게 될 것이며, 발화 또한 자주 끊기는 상황에 놓이게 된다. 이렇게 끊기는 발화를 이어지는 기능을 하는 것이 바로 담화표지 '마'라고 할 수 있다. '마'가 끊어지는 담화의 빈자리를 메워 주기 때문이다.

3. '고마'와 '마'

일반적으로 담화표지는 어휘적 의미를 지닌 낱말이 문법화의 과정을 거쳐 생겨난다. 그렇다면 동남방언의 담화표지 '마'는 그 기원이 어디에 있는 것일까? 이 물음에 대해 가장 쉽게 답할 수 있는 낱말로서 동남방언의 부사 '고마'(=그만)를 들 수 있다.[2] 동남방언의 담화표지 '마'가 동일하게 담화표

---

2 동남방언의 담화표지 '마'를 일본어의 감탄사 まあ와 관련시킬 가능성도 있다. まあ는 스스로 또는 상대의 말을 가볍게 제지하거나 무엇을 권할 때 쓰는 말로서 일종의 담화표지로 볼 만하기 때문이다.

(예) (가) まあ 一杯(자, 한 잔)
　　 (나) まあ　お待ち　なさい(우선 좀 기다리시오)

まあ와 첫 음절이 일치하고 문장의 첫머리에 와서 후행 발화를 도입하기 위한 준비 장치로 쓰이는 점 등이 동남방언의 '마'와 유사하다고 할 수 있다. 그러나 '마'는 그 출현 환경이 매우 다양하여 명령문 이외의 환경에 나타나는 것이 오히려 일반적이었다. 이런 점을 고려하면 '마'의 기원을 일본어 まあ에서 찾는 것은 무리한 일이라

지로 기능하는 '고마'에서 생겨났을 가능성이 있는 것이다. 이기갑(2009)에서는 '마'를 '고마'와 같은 것으로 해석한 바 있다. 그 용법만을 비교해보면 '고마'와 '마'는 강조나 부연 그리고 담화의 진행 등을 돕는 점에서 완전히 동일하다는 점, 그리고 형태적으로도 '고마'의 둘째 음절이 '마'와 같다는 점을 그 이유로 들었다. '고마 → 마'로의 축약을 담화표지가 흔히 겪는 형태적 축소로 해석하였던 것이다. 그러나 이러한 해석의 가장 큰 문제는 같은 발화 안에서 '고마'와 '마'가 함께 쓰인다는 점이다. 아래 예 (14)가 이를 보여 준다. 이기갑(2009)에서는 이처럼 '고마'와 '마'가 함께 쓰이는 이유를 '고마'에서 '마'로의 축약이 수의적이기 때문으로 설명한 바 있다. 표준어 대역에서 '고마'는 대응 담화표지 '그냥'으로 대응시켰다.

(14) (가) 인자 부재, 인는 사람드른 우에 여르 거더삐리고. 쏘:까리마 다마: 해:묵꼬. 또 우리드른 머 쪼깨~이 그 빠수능거 <u>마</u> 마구 <u>고마</u> 이러가: <u>거마</u> 다마아서 묵꼬. 그으도 쏙:가리 빼고 걱까리 빼고 그랍니더.{이제 부자, 있는 사람들은 위에 이것을 걷어 버리고. 속가루만 담아서 해 먹고. 또 우리들은 뭐 조금 그 빻는 것 & 마구 그냥. 이래 가지고 그냥 담아 와서 먹고. 그것도 속가루 빼고 겉가루 빼고 그럽니다.}

(나) 그으느 <u>마</u> 마 받때이다 <u>마</u> 쎄:르 숭우노오머 멘 가매~이 간다 <u>마</u> 잰다 아~임니꺼? 세 안내에 <u>고마</u> 그으 <u>고마</u> 쌀마먹꼬, 바버에도 언저 묵꼬.{그것은 && 밭뙈기에다 & 씨를 심어 놓으면 몇 가마니 갖다 & 재잖습니까? 겨우내 그냥 그것 그냥 삶아 먹고, 밥 위에도 얹어 먹고.}

하겠다.

(다) 그때 야아 사네 여어 야:무구떠 엄서써여, 나무도 엄서, 다 베묵 꼬. 마 새보그르도 가서 베고 <u>고마.</u> 나무가 엄스게, 바븐 해무야 데껄 아이가?{그때 여기 산에 여기 아무 것도 없었어요, 나무도 없어, 다 베어 먹고, & 새벽으로도 가서 베고 그냥. 나무가 없으니까, 밥은 해 먹어야 되잖겠니?}

(라) 드리 <u>그마</u> 전::시네 뽕이라, <u>마</u> 이 동네뿐 아이라 <u>마</u> 요: <u>마.</u>{들이 그냥 전부 뽕이야, & 이 동네뿐만 아니라 & 여기 &.}

(마) 아이고 <u>마</u> 그능거는 <u>마</u> 김장 할때 <u>고마</u> 요농거 <u>고마</u> 서너 뿌리 사모 데:. 안 함니더, 그렁거.{아이고 & 그런 것은 & 김장할 때 그냥 이런 것 그냥 서너 뿌리 사면 돼. 안 합니다, 그런 것.}

부사 '그만'이 의미의 전이를 겪어 담화표지로 문법화 되는 과정은 대체로 아래와 같았을 것으로 추정된다(이기갑 2018:358-359).

(a) 상황의 지시('그 정도') → (b) 선행 사태의 중지 → (c) 선행 사태의 중지 및 후행 사태에 대한 말할이의 의지나 바람 → (d) 후행 사태에 대한 말할이의 부정적 심리 → (e) 대조의 후행항목에 대한 부정적 평가 → (f) 강조 → (g) 담화의 진행 도움(부연)

그런데 '마'는 (a)-(d)에 이르는 어휘적 의미를 전혀 나타내지 못한다. 또한 (e), (f)와 같은 의미 기능도 없다. 동남방언의 담화표지 '고마'는 강조의 효과를 갖기 위해 '대번에', '전신에'(=전부), '순'과 같은 갑작스러운 동작이나 전체를 뜻하는 부사와 어울려 쓰이는 경우가 많다. 그런데 '마'의 경우에는 이러한 환경에서 쓰이는 경우가 별로 확인되지 않는다. 따라서 동남방언의 '고마'와 '마'가 공통으로 보이는 기능으로서는 (g)에 한정된다고 할수 있다.

'마'는 부름말과 명령문 사이에 나타나는 경우가 흔했다. 그런데 이때 '마'를 '고마'로 대체하면 약간의 의미 차가 발생한다. 예 (15)는 '마'가 쓰인 예 (12)를 '고마'로 대체해 본 것이다.

(15) (가) 자형 고마 이리 나오소 이래사가아꼬.{자형 그만 이리 나오게
　　　　 자꾸 이래서.}(경남 창원)

　　 (나) 그래가아 그어서 내가 언자 신발로 그슥하~이 우리지베 큰
　　　　 따라는 아부지 고마 신 심 발버꼬 가이시더 나아뚜고 가입시더
　　　　 이래사테.{그래서 거기서 내가 인제 신발을 거시기 하니까 우
　　　　 리집의 큰 딸애는 아버지 그만 신 신발 벗고 가십시다 놔두고
　　　　 가십시다 이렇게 말을 하데.}

　　 (다) 도랑만 건니모 타가~이라꼬 마 도리 업소. 머 우리가 멘 대대로
　　　　 이리 이써바야 머 뻬쪼간 수도 업꼬 나는 고마 아재 저리 가요
　　　　 카고.{도랑만 건너면 타관이라고 도리 없소. 뭐 우리가 몇 대대
　　　　 로 이렇게 있어봐야 뭐 뾰족한 수도 없고 나는 그만 아저씨
　　　　 저리 가요 하고.}(경남 창원)

'마'를 '고마'로 대체한 (15가)와 (15나)는 의미 전이 단계 (b) 또는 (c)와 같은 어휘적 의미를 나타내는 것처럼 느껴지며, (15다)는 (d)의 단계를 나타내는 것으로 여겨진다. '마'가 (g)와 같은 담화적 기능만을 수행하는 데 반해 '고마'는 어휘적 의미와 담화적 기능을 함께 수행하기 때문일 것이다.

　한편 '마'와 '고마'의 출현 영역을 보면 '마'는 '고마'에 비해 구조적으로는 더 넓은 영역을 지배하는 것으로 보인다. '마'가 주로 문장이나 절의 앞에 나온다면 '고마'는 서술부 앞에 나오기 때문이다. 이를 선적인 차원에서 말한다면 하나의 문장 안에서 '마'는 '고마'에 비해 앞서 출현하는 경향을 보인다. 예 (14가), (14다), (14마)가 이를 보여 준다.

'마'와 '고마'의 이러한 차이를 고려하면 '마'를 '고마'와 구분하는 것이 타당하다고 생각된다. 비록 '마'가 '고마'에서 왔을 가능성이 전혀 없지는 않지만, 어휘적 의미의 차원에서는 전혀 관련을 시킬 수 없고, 담화적 차원에서는 부분적으로 공통성을 공유하지만 완전히 일치한다고 보기 어렵기 때문이다.

4. '마'의 첨사화

예 (12)에서 보았듯이 '마'는 명령문 앞에 나타나 상대에 대한 명령을 촉구하는 기능을 수행하였다. 그런데 동남방언에는 동일한 형태의 '마'가 명령문 뒤에 오는 수가 있다(이기갑 2003:176-177).

    (16) (가) 됐다마.
        (나) 빨리 하소마.
        (다) 빨리 하이소마.

이기갑(2003:176-177)에서는 이런 경우의 '마'를 문장 뒤에 붙는 토씨로 해석한 바 있다. 그리고 이 '마'가 상대에 대한 질책을 통해 상대의 행동을 만류하거나, 행동을 재촉하는 등의 언어적 효과를 나타내며, 아주높임의 표현에도 붙을 수 있어 상대높임의 등분에 대한 제약은 없으나, 물음법에는 결합할 수 없다고 하였다. 토씨 '마'는 본질적으로 상대의 행동에 대한 요구를 하는 탓에, 단순히 대답만을 요구하는 물음법에 어울리지 않기 때문이라고 그 이유를 설명하였던 것이다. '마'가 명령을 촉구하는 기능을 한다고 하면 이것은 결국 '마'가 없는 문장의 언표내적 효력을 강화하는 기능을 하는 셈이니 일종의 '강조' 기능에 해당한다고 하겠다.

그렇다면 (16)처럼 명령문의 마침씨끝에 결합하는 '마'와 담화표지로 쓰이는 (12)의 '마'는 어떠한 관계에 있는 것일까? 우리는 이 두 경우의 '마'가 결코 다른 것이 아니라고 생각한다. 우선 (12)에서와 같이 명령문의 앞에 오는 '마'는 담화표지로 쓰이는 '마'의 한 용법임이 분명하다. 후행 발화를 준비하면서 후행 발화를 초점화 하는 담화적 기능을 수행하는 경우이기 때문이다. 그런데 후행 발화의 앞에 왔던 '마'가 (16)에서는 발화의 뒤에 옴으로써 발화의 초점화라기보다는 명령의 촉구라는 일종의 강조적 심리를 반영하고 있다고 할 수 있다. 이것은 '마'의 자리 변화와 더불어 담화의 진행을 돕는 기능에서 말할이의 심리를 반영하는 기능으로의 기능 전이가 일어났음을 의미한다. 통사적으로도 담화표지인 낱말에서 화용 첨사로의 범주 변화가 일어난 것이다. 물론 담화표지를 넓게 해석할 경우 화용 첨사 역시 담화표지에 포함될 수도 있다. 어떻든 첨사는 문법화의 최종 단계에 가까운 것이므로 일반적인 담화표지보다는 더 문법화가 진행된 경우라 하겠다. 서남방언의 응답어 '응'과 '예'가 첨사 '이'나 '예'로 문법화 된 예가 있는데(이기갑 2018:62-105) '마'의 변화 역시 같은 현상으로 보인다.

한편 예 (17)과 같이 경남 남해 지역에는 아주낮춤의 물음법 씨끝에 붙는 토씨로 '마'가 있다. 이 토씨는 아이들에서부터 어른에 이르기까지 친근한 평교간 또는 손아래 사람에게 쓰일 수 있고, 물음의 강조를 나타낸다(김형주 1978). 상대높임의 등분에 제약이 있는 점에서는 (16)과 다르나 '마'가 없는 문장의 언표내적 효력을 강화하는 기능을 하는 점에서는 (16)과 다를 바 없다. 따라서 이 경우도 (16)과 마찬가지로 '강조'의 기능을 수행하는 첨사로 해석할 수 있다.

(17) (가) 와 인자 오네마?(=왜 이제 오니?)

　　 (나) 네가 허제마?(=네가 하지?)

　　 (다) 이 자석 오디 가마?(=이 자식 어디 가?)

(라) 네가 묵을래마?(=네가 먹을래?)

그렇다면 (16)과 (17)의 '마'는 명령문과 의문문이라는 매우 제한된 통사적 환경에서 첨사로 재구조화 되어 강조의 효과를 발휘하는 셈이다. 물론 '강조'라는 말할이의 심리 표현을 나타내는 점에서 공통이지만 그 출현 환경이 명령문과 의문문으로 제한되어 쓰인다는 점이 다르다. 그뿐만 아니라 명령문의 경우에는 상대높임의 제한이 없지만 의문문에서는 아주낮춤의 위계에만 나타난다는 차이도 있다. 그럼에도 불구하고 이 두 경우의 첨사가 오직 동남방언에만 나타나고, 의문문에 결합되는 '마'는 경남 일부 지역(남해)에만 나타난다는 사실은 경북과 경남 지역에서 두루 쓰이는 담화표지 '마'의 존재와 무관할 수 없다고 하겠다. 담화표지 '마'가 동남방언권 전역에서 명령문 뒤에 결합하는 첨사로 재구조화 되었으며, 이어서 경남 남해를 중심으로 한 일부 지역에서는 의문문으로까지 그 분포가 확대된 것으로 해석하는 것이 합리적일 것이다. 다만 의문문으로 확대되면서 상대높임의 위계가 아주낮춤으로 제한되는 변화가 생겼음이 특이하다. 명령문 첨사가 의문문으로 확대되어 사용된다는 사실을 고려할 경우 우리는 아래와 같은 단계적인 변화를 상정하는 셈이다.

담화표지(A) → 명령문 첨사(B) → 의문문 첨사(C)

A → B의 변화는 경남북 전체에서 일어난 반면 B → C의 변화는 경남 남해 일대에서 일어난 변화이다. 그 결과로 '마'는 경남 남해 지역에서 담화표지, 명령문 첨사, 의문문 첨사의 세 가지로 쓰이지만, 동남방언권의 나머지 지역에서는 담화표지와 명령문 첨사의 두 가지 용법만을 갖게 되었다. 그러므로 담화표지 '마'(A)가 없는 중부방언, 서남방언, 제주방언, 서북방언, 동북방언 등에서 명령문 첨사(B)나 의문문 첨사 '마'(C)를 갖지 않는 것은

지극히 당연한 일이라 하겠다.

5. 요약

'마'는 동남방언에서 담화표지로 쓰인다. 문장이나 절 앞에 나타나 이들 통사적 단위를 분리하면서 뒤따르는 문장이나 절을 초점화 시키는 기능을 한다. 물론 '마'는 문장이나 절 내부에서도 나타날 수 있는데 이때에도 발화의 진행을 돕는 메움말로 기능함으로써 말할이의 호흡을 고르고 뒤에 오는 발화에 초점을 가해 주는 효과를 발휘한다. 특히 연속적인 사태를 가리키는 접속문의 선행절 다음 또는 접속부사 다음에 나타나는 수가 많은 것도 연속되는 발화를 조정하기 위한 것이다. 때로는 '내가 보니까', '내가 알기로는', '달리 생각하면' 등과 같은 삽입구 다음에 와서 말할이의 지각이나 인식의 대상을 부각시키기도 한다.

'마'는 후행 발화를 초점화 시킴으로써 이를 강조하는 언표내적 효과를 발휘하는데, '마'의 이러한 언표내적 효과는 특히 명령문 앞에 쓰일 때 두드러진다. 부름말과 명령문 사이에 '마'가 출현하면 상대에게 명령에 해당하는 행동을 재촉하는 효과가 나타나는데, 이러한 재촉은 '마'의 언표내적 효과인 '강조'가 명령의 행위에 얹혀 생기는 이차적 효과라 할 수 있다.

담화표지 '마'는 특히 경남 지역어에서 첨사화 되어 쓰이기도 한다. 지역에 따라 명령문 또는 의문문 뒤에 첨사로 결합되어 쓰이는데, 이때도 행동의 요구, 답변의 요구와 같은 명령문과 의문문의 언표내적 효력을 강화시키는 기능을 하는 점에서 문장 앞에 나오는 담화표지 '마'와 본질적 기능은 같다고 하겠다. 또한 '마'의 이러한 첨사화는 '응', '예', '야'와 같은 응답어가 보여 주었던 첨사화와 궤를 같이 하는 것이다. 첨사로서의 '마'가 오직 경남 지역어에서만 확인되는 것은 담화표지 '마'가 이 지역어에서 가장 활발하게 쓰인다는 사실에 기인한다. '마'의 첨사화는 출현 지역의 넓이를 고려하면 '담화표지 → 명령문 첨사 → 의문문 첨사'의 순서를 밟은 것으로 추정된다.

강상호(1989), 『조선어 입말체 연구』, 평양: 사회과학출판사.

강희숙(2011), 「전남 방언 담화표지 고찰-종결담화표지를 중심으로」, 『언어 사실과 관점』 27권, 연세대학교 언어정보연구원.

경남방언연구보존회(2017), 『경남방언사전』, 경상남도.

구종남(2015), 『국어의 담화표지』, 경진출판.

국립국어원(2005-2013), 『한반도 지역어 조사 보고서』, 국립국어원.

권재일(1982), 「경북방언의 문장 종결사 '이'에 대하여」, 『인문과학연구』 1, 대구대학교.

김명희(2006), 「국어 의문사 '무슨'의 담화 표지 기능」, 『담화와 인지』 13권 2호, 담화·인지언어학회.

김진해(2004), 「분포를 통한 부사 '그만'의 중의성 해소 연구」, 『담화와 인지』 11권 2호.

김태인(2015), 「서남방언 담화표지 '이' 고찰」, 『방언학』 21, 한국방언학회.

김형주(1978), 「남해 방언의 연구-동사의 맺음씨끝을 중심으로」, 동아대 석사 논문.

남길임·차지현(2010), 「담화표지 '뭐'의 사용 패턴과 기능」, 『한글』 288, 한글 학회.

문순덕(2005), 「제주방언의 간투 표현」, 『한글』 269, 한글학회.

문순덕·김원보(2012), 「제주방언 담화표지 '계메' 연구」, 『언어학 연구』 17.1.

박경래(2003), 「중국 연변 정암촌 방언의 상대경어법」, 『이중언어학』 23호, 이 중언어학회.

박경래(2005), 「충북 출신 중국 연변 조선족 언어집단의 경어법 혼합 양상에 대한 사회언어학적 고찰」, 『사회언어학』 13.1, 한국사회언어학회.

박성현(1996), 「한국어 말차례 체계와 화제」, 서울대학교 박사학위논문.

양영하(2002), 「구어 담화에 나타난 '쉼'의 연구」, 『담화와 인지』 9.2, 서울: 담화인지언어학회.

양창용(2009), 「제주방언 '-양'에 대한 통사-담화론적 고찰」, 『한국언어문학』 69, 한국언어문학회.

오선화(2008), 「함경도 방언의 담화표지 '응'과 '야'의 고찰」, 『방언학』 8호, 한국방언학회.

이기갑(1995), 「한국어의 담화표지 '이제'」, 『담화와 인지』 1권, 서울: 담화·인지언어학회.

이기갑(2003), 『국어방언문법』, 태학사.

이기갑(2007a), 「'그저'의 담화 기능-고려말과 강원도 양양 지역어에서」, 『담화와 인지』 14권 3호.

이기갑(2009a), 「동남방언의 담화표지 '고마'」, 『우리말연구』 25, 우리말학회.

이기갑(2010a), 「담화표지 '그냥', '그저', '그만'의 방언분화」, 『방언학』 11, 한국방언학회.

이기갑(2014), 「한국어의 고쳐 말하기(repair)와 격 중출 구문」, 『국어학』 72, 국어학회.

이기갑(2015b), 『국어담화문법』, 태학사.

이기갑(2016a), 「응답어의 문법화-전남방언의 화용 첨사 '에, 야, 어이, 웨'」, 『방언학』 24호, 한국방언학회.

이기갑(2018), 『국어 방언의 담화표지』, 역락.

이원표(2001), 『담화분석』, 한국문화사.

이윤구(1995), 「무주 지역어 {이}의 화용적 기능에 대하여」, 『대구어문론총』 13집.

이정민·박성현(1991), 「'요' 쓰임의 구조와 기능: 문중 '요'의 큰 성분 가르기 및 디딤말 기능을 중심으로」, 『언어』 16.2, 한국언어학회.

이정애(2002), 『국어 화용표지의 연구』, 서울: 도서출판 월인.

차현실·전혜영·박창원(1996), 『현대국어의 사용 실태 연구』, 태학사.

Beaugrande, R. and Dressler, W.(1981), *Introduction to Text Linguistics*, London: Longman.

Brinton, Laurel I.(1996), *Pragmatic markers in English: Grammaticalization and discourse functions*, Berlin & New York: Mouton de Gruyter.

Brown, G. & Yules, G.(1983), *Discourse Analysis*, Cambridge University Press.

Bybee, J.(ed)(2007), *Frequency of Use and the Organization of Language*, Oxford University Press.

Bybee, J. & Hopper, P.(eds)(2001), *Frequency and the Emergence of Linguistic Structure*, Amsterdam: Benjamins.

Bybee, J.(2006), From usage to grammar: the mind's response to repetition, *Language* 82(4), 711-733.

Bybee, J.(2010), *Language, Usage and Cognition*, Cambridge: Cambridge.

Chafe, W.(1994), *Discourse, Consciousness, and Time: The Flow and Displacement of Conscious Experience in Speaking and Writing*, Chicago: The University of Chicago Press.

Du Bois, J. & Kumpf, L. & Ashby, W.(eds)(2003), *Preferred Argument Structure*, Amsterdam: Benjamins.

Du Bois, J.(1985), Competing motivations in Haiman(ed.), *Iconicity in Syntax*, 343-365. Amsterdam: Benjamins.

Fox, B.(1987), *Discourse Structure and Anaphora*, Cambridge: Cambridge University Press.

Fraser, B.(1999), "What are discourse markers?", *Journal of Pragmatics* 31, 931-952.

Fritz, Elizabeth(2007), *Discourse Markers; A contrastive analysis of English 'now' and German 'nun' in conversation*, Grin Verlag fur Academische Texte.

Grosz, B. J. & Sidner, C. L.(1986), "Attention, intentions and the structure of discourse", *Computational linguistics* 12, 175-204.

Halliday, M. & Hasan, R.(1976), *Cohesion in English*, Longman.

Levinson, S. C.(1983), *Pragmatics*, Cambridge University Press.

Li, Charles. N. & Thompson, Sandra. A.(1979), "Third-Person Pronouns and Zero-Anaphora in Chinese Discourse", *Syntax and Semantics* 12, *Discourse and Syntax* ed. by Talmy Givón (pp. 311-336). Academic

Press.

Schiffrin, D.(1987), *Discourse Markers*, Cambridge University Press.

Schourup, Lawrence(1999), "Discourse markers", *Lingua* 107, 227-265.

Siepmann, Dirk(2005), *Discourse Markers across Languages*, Routledge.

Zmrzla, Petra(2013), *Now as a Discourse marker in Spoken English*, Lambert Academic Publishing.

디지털 채색 언어지도 제작 도구 개발[*]

- 지역어 조사 사업 자료의 활용을 위하여 -

소강춘

국립국어원장

1. 들어가는 말

이 연구는 2004년부터 2012년까지 국립국어원에서 수행하고 있는 지역어 조사 사업에 대한 안내와 조사되어 정리된 각 지역의 음성 자료에 대하여 소개하고, 그 음성 자료의 활용 방안 그리고 음성 자료를 처리하기 위해 개발된 여러 도구들의 활용 방안을 제시하려는데 목적이 있다.

우리나라 전국을 대상으로 체계적인 방언조사를 시작한 것은 1978년 한국정신문화연구원[1]에서 계획한 '전국방언조사연구' 사업과 2004년부터 실시되고 있는 국립국어원의 '지역어 조사 사업'이다. '전국방언조사연구' 사

---

* 2012년 한국언어문학회 전국 학술대회에서 '지역어 음성 자료의 활용 방안'이라는 제목으로 발표하고, 2013년 『한국언어문학』 86호에 연구원 박진양 선생과 공동으로 발표한 논문이다.

1 1978년 한국정신문화연구원으로 개원하여 2005년 한국학중앙연구원으로 명칭을 변경하여 현재에 이르고 있다.

업은 어휘·음운·문법 세 편에 1,782개의 조사항목으로 구성된 『한국방언 조사질문지』를 만들고, 남한 전체를 군 단위까지 조사한 사업이었다. 사업 결과물은 1995년까지 『한국방언자료집』 9권이 발간되었다. 이 사업은 어휘 편에서 기본형, 조어법, 연어, 관용구 형성, 의미차, 어휘의 선택 등이 고려되었고, 문법 편에서는 문법 범주 별로 방언형을 파악하되 문법 제약들을 파악할 수 있게 되어 있고, 음운 편에서는 지역 별로 음운 체계와 음운 현상을 파악하고 이들의 음운사적 양상도 파악할 수 있게 했다. 이 조사의 최종 목표는 개략적이지만 전국적인 방언 분포 양상을 기술할 수 있는 지도를 제작하기 위한 것이었다.

반면에 2004년에 계획된 지역어 조사 사업은 급속하게 소멸되어가는 우리 민족의 언어 자원을 발굴·보전하기 위한 것이었다. 따라서 남북한 및 해외 한국어 자료에 대한 조사 사업도 추진되었다. 남북한 및 해외 학자들과의 협의를 진행하면서 사업은 문화 자료로서 지역어의 발굴과 보전이라는 측면과 한국어 방언 연구라는 학술적 연구가 결합되면서 한국정신문화연구원의 '전국방언조사연구' 사업 결과물과의 비교가 가능한 형태로 사업 내용이 수정되었다.

이 연구에서는 국립국어원의 지역어 조사 사업 결과물에 대한 안내, 음성 자료를 처리하는 과정에서 사용된 자료처리 도구에 대한 활용 방법과 설명, 지역별로 데이터베이스화 된 자료를 이용하여 디지털 채색 언어지도를 제작할 수 있는 방안을 제시하려 한다.

2. 사업 추진 과정

지역어 조사 사업은 우리 민족의 귀중한 문화유산인 지역어를 남북이 공동으로 조사·정리하여 민족어의 특성과 다양성을 지켜나가는데 목표를 두고 있다. 최근 급변하고 있는 사회 변화에 따라 소멸 위기에 있는 지역어의 구술 자료뿐만 아니라 고유어형(어휘·음운·문법)에 대한 전사 자료와 함께 양질의 음성 자료를 영구보존할 수 있도록 남북이 함께 도 단위별로 직접조사를 시행한다.

이 사업의 추진에 앞서서 2003년 11월 5일-9일에 중국 베이징대학교 조선문화연구소가 주관하고 (남)국립국어연구원과 (북)조선사회과학원 언어학연구소, (중)국제고려학회 아시아분회 및 평양지부가 공동으로 개최한 "민족 고유어의 통일적 발전과 방언 조사 연구"에 대한 학술회의에서 남과 북이 함께 민족어의 문화유산인 지역어 조사 사업을 남북이 공동으로 추진하기로 합의하였다. 이에 따라 국립국어원에서는 남쪽 9개도 현장 조사책임자와 조사 자문위원을 선임하여 〈지역어 조사 추진위원회〉를 구성하였다.

2004년 6월 22일-25일에는 중국 베이징대학교 조선문화연구소가 주관하고 (남)국립국어연구원, (북)조선사회과학원 언어학연구소, (중)국제고려학회 아시아분회 및 평양지부가 공동으로 개최한 "민족어 유산의 수집 정리와 고유어 체계의 발전 풍부화"를 위한 학술회의를 통해 지역어 조사 사업의 추진 방향과 방법에 대한 논의를 구체화하게 되었다. 이에 따라 남쪽의 〈지역어 조사 추진위원회〉에서는 조사 질문 항목 선정과 함께 질문지 제작과 조사를 위한 그림 자료집 제작을 추진하였다.

2004년에는 남과 북이 마련한 질문지를 가지고 예비조사를 거치며 나타난 여러 가지 문제점에 대한 의견교환을 위한 학술회의를 2004년 12월 21일-24일에 고려 민족문화 연구소 주관하고 (남)국립국어원, (북)조선사회과학원 언어학연구소, (중)고려 민족 문화연구소가 공동으로 "코퍼스 및 방언 조사 모임"을 개최하였다.

그동안 질문지와 그림 자료집 제작 준비와 함께 효율적인 조사 추진과 자료 관리를 위해 본 사업 추진 위원회에서는 〈지역어 조사 및 전사 지침〉을 마련하고 2005년도부터 본조사 사업에 착수하였다.

이번 지역어 조사 사업의 특징은 다음과 같다. 첫째, 남과 북이 함께 지역어 자료를 민족 문화 유산으로 인식하고 직접 현지 자료 조사를 추진하고 이를 활용하여 민족어의 특성과 다양성을 지켜나간다. 둘째, 아울러 자료 전사와 녹음을 전산으로 처리 보존하고 관리할 수 있도록 다양한 자료 관리 운용 시스템을 개발한다. 셋째, 전사된 방언 자료뿐만 아니라 양질의 음성 자료를 연구자와 일반인들에게 제공할 것이다. 나아가서는 방언 자료 및 방언 지도를 통합 관리하는 전산시스템을 통해 웹상에서 자료를 제공함으로써 국어의 문화자산을 풍요롭게 활용할 수 있도록 할 것이다.

사업 추진과정을 요약하면 (1) 조사 질문 항목 선정하고 (2) 질문지 제작과 조사를 위한 그림 자료집 제작하여 (3) 지역별로 지역어를 조사하고, (4) 정해진 전사 지침에 따라 전사하여 (5) 이를 데이터베이스화 하는 과정을 거치게 되어있다.

3. 지역어 조사 진행

3.1. 질문지 구성

『지역어 조사 질문지』는 제1편 구술 발화, 제2편 어휘, 제3편 음운, 제4편 문법 등 네 분야의 질문지로 이루어졌다. 제1편은 해당 지역어의 일상어를 구술 형식으로 조사하기 위한 것이며, 제2편에서 제4편까지는 조사자의 질문을 통해서 각 항목에 대한 해당 지역어형을 조사하기 위한 것이다.

1) 구술 발화

구술 발화 질문지는 1. 조사 마을의 환경과 배경, 2. 일생 의례, 3. 생업 활동, 4. 의생활, 5. 식생활, 6. 거주 생활, 7. 질병과 민간요법, 8. 세시

풍속과 놀이, 9. 특수 지역 생활 등 9개 부문으로 이루어지며, 각각의 큰 주제 항목은 다시 다양한 세부 질문 항목으로 이루어졌다.

2) 어휘

어휘 질문지는 직접 조사를 위한 것으로서, 조사 항목은 명사류를 중심으로 하되 동사류 및 부사류를 일부 첨가하였다. 어휘 질문지는 '농경, 음식, 가옥, 의복, 민속, 인체, 육아, 친족, 동물, 식물, 자연'과 같은 11개의 주제 항목으로 이루어지며, 각 주제 항목은 다시 다양한 소주제 항목으로 이루어진다. 다수의 항목에는 〈그림〉 정보를 제공하여 조사가 손쉽게 이루어질 수 있도록 하였고, 옛으로 표시된 부분에는 표제 항목에 대한 옛말들을 제공하여 조사 현장에서 활용할 수 있도록 하였다.

어휘 질문지의 구성상 특징은 다음과 같다.

① 어휘 질문지의 각 항목은 주 항목과 부수 항목으로 구성된다. 부수 항목은 주 항목의 곡용과 활용을 조사하는 경우와 주 항목과 관련된 어휘를 함께 묻는 보충 항목으로 구분된다. 보충 항목은 [보충]이라고 표시하였다.

② 어형, 용법, 의미 등에서 차이가 예상되는 항목 뒤에는 주의 표시 뒤에 예상되는 차이 등을 예시하여 정밀한 조사가 이루어질 수 있도록 하였다.

③ 각 항목에 대한 질문은 대부분 '무엇이라고 합니까?', '어떻게 한다고 합니까'와 같은 명명식으로 이루어지지만, 항목에 따라 "(밭이랑을) 타다 / 갈다 / 째다 / 파다"와 같이 선택식 질문 방식도 활용하였다. 수사(數詞)와 같이 설명이 요구되지 않으면서 여러 개의 항목을 연이어 조사해야 하는 경우는 그 항목을 하나의 포괄적인 질문문과 함께 도표로 제시하였다.

④ 질문은 그림이나 사진 또는 동작의 형용 등으로 대신할 수도 있다.

〈그림〉은 조사 항목에 해당하는 그림이나 사진을 제시하여 제보자가 이를 보고 바로 대답할 수 있도록 하였고, 괄호 안에 '모양을 형용하거나 시늉을 하면서' 등과 같이 표시하여 그 항목의 개념이나 그것이 사용되는 상황을 몸동작 등으로 보여주고 조사할 수 있도록 하였다.

⑤ 조사에 필요한 그림이나 사진 등은 따로 제작하여 질문지와 한 벌이 되도록 하였다.

⑥ 조사 항목에는 조사자가 해당 지역어형을 조사하고 해석하는 데 도움이 되도록 해당 항목의 옛말을 옛 표시 뒤에 제시하였다.

3) 음운

음운 질문지는 음운 목록과 음운 과정을 조사할 수 있도록 구성하였다. 음운 목록의 조사 항목은 1. 단모음, 2. 이중모음, 3. 장모음과 성조의 세 영역으로 구분하고, 음운 과정의 조사 항목은 1. 활용, 2. 곡용으로 구분하였다. 음운 질문지는 질문문을 작성하지 않고 조사 항목과 조사 환경만 표시하였다.[2] 조사 항목의 표준 발음이 장음일 때는 각 항목의 해당 음절 뒤에 ' : '으로 장음임을 표시하였다.

4) 문법

문법 질문지는 1. 대명사, 2. 조사, 3. 종결어미, 4. 연결어미, 5. 주체존대, 6. 시제, 7. 부정, 8. 피동과 사동, 9. 보조용언, 10. 부사, 11. 관용적 표현 등 11개 영역으로 이루어진다.

---

2 '조사 환경'은 음운론적 환경을 나타낸다.

3.2. 조사 지점

현재까지 데이터베이스로 활용할 수 있는 자료는 2010년까지 조사 지점은 경기, 강원, 충북, 충남, 전북, 전남, 경북, 경남, 제주, 중국, 중앙아시아 등이며 자세한 조사 지점은 아래 표에 제시하였다.[3]

[표 1] 지역어 조사 지점

도	시군	조사년도	도	시군	조사년도
경기	용인	2004년	경북	경주	2004년
	화성	2005년		상주	2005년
	포천	2006년		청송	2006년
	파주	2007년		고령	2007년
	양평	2008년		청도	2008년
	이천	2009년		의성	2009년
강원	삼척	2004년	경남	고성	2004년
	원주	2005년		창원	2005년
	양양	2006년		창녕	2006년
	홍천	2007년		산청	2007년
	평창	2008년		남해	2008년
	인제	2009년		울주	2009년
충북	제천	2005년	제주	건입	2004년
	청원	2006년		한경	2005년
	충주	2007년		호근	2006년

---

3 2011년 조사한 지역은 인천시 강화군 교동면 고구리, 강원 정선군 화암면 호촌리 호명마을, 충북 영동군 용산면 구촌리, 충남 천안시 동남구 목천읍, 전남 광양시 진상면, 경북 봉화군, 봉화읍, 경남 하동군, 악양면, 제주도 서귀포시, 대정읍 가파리, 중국 길림성 연변조선족자치주 양수진(충북 출신 집단 거주 지역), 중국 길림성 연변조선족자치주 안도현 송강진 무주촌, 중국 길림성 영길현이다. 이 자료는 아직 데이터베이스에 통합되지 못했다.

	옥천	2008년		표선	2007년
	보은	2009년		구좌	2008년
	공주	2004년		색달	2009년
충남	대전 서구	2005년	중국	돈화	2004년
	논산	2006년		길림 회룡봉	2007년
	서천	2007년		요령성 동항	2009년
	예산	2008년		흑룡강 상지	2010년
	서산	2009년	중앙 아시아	카자흐스탄 알마티	2007년
전북	완주	2004년			
	남원	2005년		우즈베키스탄 타슈켄드	2008년
	무주	2006년			
	군산	2007년		키르기스탄 비슈케크	2009년
	고창	2008년			
	임실	2009년		카자흐스탄 탈디쿠르간	2010년
전남	곡성	2005년			
	진도	2006년			
	영광	2007년			
	보성	2008년			
	영암	2009년			
	신안	2010년			

3.3. 지역어 자료의 형태

　지역어 자료는 조사자의 질문에 제보자가 응답하는 형식으로 녹음되어 있는 녹음 파일과 이 녹음 파일의 내용을 음성 전사 프로그램인 〈Transcriber〉를 이용하여 전사한 전사 파일(trs파일)로 구성되어 있다.

　trs파일은 utf-8 인코딩 방식을 사용하는 xml 파일로 되어 있는데 〈Trans-criber〉에서 읽을 수 있지만 일반적인 에디터 프로그램에서도 읽을 수 있다.

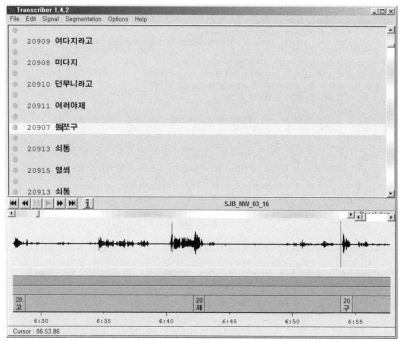

[그림 1] Transcriber에서 불러온 어휘항목

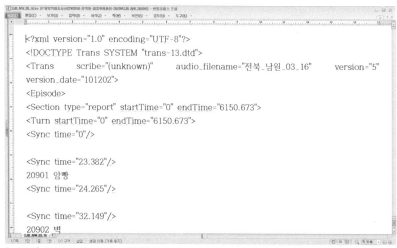

[그림 2] '흔글'에서 불러온 어휘항목

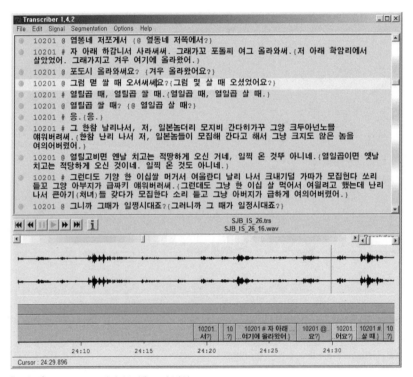

[그림 3] Transcriber에서 불러온 구술발화

[그림 1]은 Transcriber 1.4.2에서 불러온 어휘항목의 화면이고, [그림 2]는 흔글 워드프로세서로 불러온 화면이다. Transcriber 1.4.2는 전문적인 음성 편집 도구이다. 이 프로그램으로 편집된 파일은 xml 문서 형식을 따르고 있으며, 확장자는 .trs이다. 이 그림에서 어휘항목 번호와 음성 전사형이 해당 음성파형이 구분되어 있는 부분에 전사되어 있는 것을 볼 수 있다.

[그림 2]는 .trs 파일을 흔글 프로그램으로 불러온 모습이다. 가장 위쪽 2줄은 xml 파일 마크와 인코딩 형식과 xml 문서의 형식을 나타낸 것이고, 이후의 내용부터가 전사내용이다. 〈sync time〉은 그 아래 줄에 나오는 음성 발화가 시작되는 시간을 초 단위로 기록한 것이다. 예를 들어 "20901 암빵"

이라는 발화는 녹음 파일의 23.382초에 시작되어 24.265에서 종료되었음을 나타내고 있다.

최종적으로 자료를 정리할 때는 .trs 파일에서 어휘항목 번호로 정렬되고, 동일한 번호가 다수 출현할 경우에는 그 이형태들을 모두 표시해준다.

흔글로 작업한 결과는 다시 utf-8 형식의 .txt 파일로 저장하면 Transcriber 1.4.2에서 작업을 할 수 있다.

[그림 3]은 구술발화를 불러온 화면이다. 구술발화의 # 표시는 제보자 발화를 @ 표시는 조사자의 발화를 표시한다. 그리고 어휘항목, 음운항목, 문법항목, 구술발화 모두에 항목 고유 번호가 부여되어 있다.

4. 자료의 후처리와 데이터베이스화

이 글에서는 지금까지 조사된 지역어 조사 자료 중에서 어휘항목과 음운, 문법항목의 효과적인 데이터베이스화 작업과 구축된 데이터베이스의 효과적인 서비스 방안을 찾는 것으로 그 범위를 한정하려 한다.[4]

---

4 방언 지도 제작을 위해서는 전국적으로 균형잡힌 형태로 조사가 이루어져야 한다. 그동안의 조사 보고된 방언 조사 자료는 21세기 세종계획 한민족 언어 정보화 분과에서 통합하여 정리하여 한국 방언 검색 프로그램을 개발하였다. 이 자료는 http://www.sejong.or.kr/frame.php에서 검색이 가능하다. 그러나 방언 음성자료를 제공할 수 있는 자료는 현재 국립국어원에서 추진하고 있는 지역어조사 사업 자료 외에 한국학중앙연구원에서 조사한 전국 방언조사 자료가 있을 뿐이다. 이 자료는 현재 공개를 위한 작업을 진행하고 있는 것으로 알고 있다.

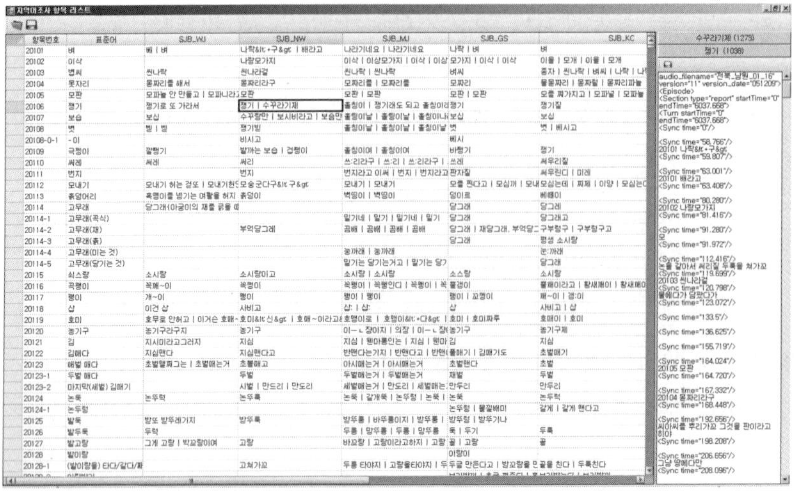

[그림 4] 항목 리스트 수정 도구[5]

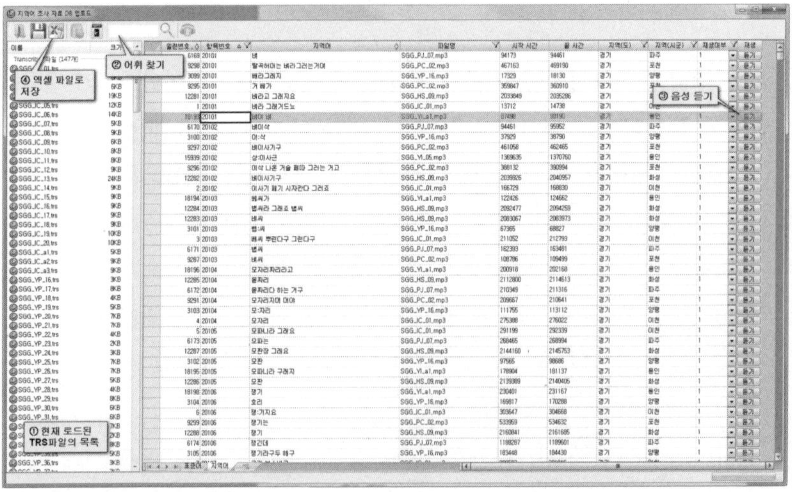

[그림 5] 데이터베이스 편집 도구

---

5 항목 리스트 수정 도구와 데이터베이스 편집 도구는 국립국어원에서 음성 자료를
   제공하면 사용할 수 있도록 공개할 예정이다.

[그림 4]는 각 지역에서 조사된 자료를 통합하여 수정할 수 있는 도구이다. 각 항목별로 전사된 음성형과 해당 전사형을 모두 한 화면에 불러와서 직접 수정할 수 있게 했다. 이 도구를 통해 수정하면 원 파일의 해당 전사형이 직접 수정된다.

이렇게 수정되어 구축된 파일을 데이터베이스화하기 위해서는 전사된 내용과 시간 등을 확인하고 발견된 오류를 수정할 수 있어야 하고, 웹 서비스를 위한 데이터베이스를 구축하기 위해는 .trs 파일을 읽어 항목 번호와 발화 내용 그리고 발화 시간을 목록화하는 [그림 5]와 같은 프로그램이 필요했다. 이 프로그램은 지역별로 조사, 정리된 .trs 파일을 한꺼번에 읽어서 항목번호, 지역어형, 지역(도). 지역(시군) 별로 정렬하여 전사된 지역어 형과 해당 음성 자료를 직접 들어가면서 검토할 수 있는 기능을 갖추고 있다.

5. 디지털 언어 지도

지역어는 수집 초기에는 녹음기에 저장된 제보자의 음성으로 존재하며 이후 텍스트로 전사되고 연구의 필요에 따라 적절한 형태로 분절된다. 여기에 제보자의 정보, 조사 지역 등의 메타 정보까지 다양한 정보가 포함된다. 지역어들을 효율적으로 비교하여 분석하는 연구를 하기 위해서는 지도에 조사한 지역어들을 배열하여 보는 것이 가장 좋은 방법일 것이다.

이 글에서는 자체 개발한 디지털 언어 지도 작성 프로그램을 소개하는 방식으로 디지털 언어 지도가 지역어 음성 자료를 활용한 지역어 연구에 효과적으로 이용될 수 있음을 보이려 한다.

5.1. 디지털 언어 지도

먼저 디지털 언어 지도를 제작하기 위해서는 다양한 크기와 유형의 지도가 필요한데 최근에는 IT 기술의 발전으로 위성 지도, 평면 지도, 지형 지도등 다양한 종류의 지도를 한 화면에 볼 수 있게 되었으며, 구글이나 인터넷포털 사이트에서 지원하는 Open API[6]를 이용하면 별도의 비용을 들이지않고 인터넷을 통해 실시간으로 해당 지도를 확인할 수 있다. 또한 지도의크기를 축소하여 전체적인 모습을 보거나 군, 면 단위의 작은 지역까지 확대하여 볼 수도 있다.

인터넷 지도를 이용하여 얻을 수 있는 또 다른 장점으로는 경위도로 표시되는 표준화된 좌표 체계[7]를 사용할 수 있다는 점이다. 이것은 5.2절에서소개할 레이어를 활용하는데 중요한 기준점이 된다.

[그림 6] 평면 지도　　　　[그림 7] 지형 지도　　　　[그림 8] 행정 구역 지도

6　Open API(OpenAPI)란 자사의 API를 외부에 공개한 것으로 일반적으로 웹 서비스(Web Services)형태로 공개한 것을 말하며 API란 응용 프로그램에서 사용할 수 있도록 운영 체제나 프로그래밍 언어가 제공하는 기능을 제어할 수 있도록 만든 인터페이스를 뜻한다.

7　우리나라에서 주로 사용하는 좌표 체계는 Bessel1841, WGS1984, GRS1980 등이있으며 상호 변환이 가능하다. 이 글에서 사용한 좌표 체계는 WGS1984이다.

[그림 6], [그림 7], [그림 8]은 각각 평면 지도, 지형 지도, 행정 구역 지도 등을 나타낸 것이다.

5.2. 레이어의 활용

[그림 6], [그림 7], [그림 8]의 지도에 나타난 행정 구역은 시, 군 단위의 행정 구역을 경위도의 좌표로 표시하고 이를 선으로 연결하여 투명한 레이어로 나타낸 것이다.[8][9] 이러한 방식은 지도를 축소하거나 확대하는 경우에도 프로그램이 행정 구역의 좌표를 따라 선을 다시 그려주면 되므로 지도의 배율과 관계없이 정확한 형태의 행정 구역을 표시할 수 있다.

레이어는 행정 구역만이 아니라 필요에 따라 다양한 모양과 색상으로 활용할 수 있다. 본 프로그램에서는 디지털 지도 위에 지역어 어휘에 따라 채색된 레이어를 추가하는 방식으로 활용하였다. 레이어는 조사 지점의 행정 구역 모양으로 반투명하게 만들 수 있는데, 두 장 이상의 레이어가 겹쳐지도록 하면 아래의 색과 혼합된 새로운 색을 만들어 낼 수 있다. 이러한 특징은 동일한 조사 지점에서 서로 다른 지역어가 조사된 경우에 유용하게 쓰여 질 수 있다.

[표 2] 표준어 '삼촌'의 지역어 데이터베이스 (일부)

지역어 형태	지역어	지역(도)	지역(구,군)
삼춘	삼춘	전라남도	신안
삼추니라	삼춘	전라남도	영암
삼춘	삼춘	전라남도	보성
삼춘	삼춘	전라남도	영광

---

8 행정 구역의 좌표는 http://www.biz-gis.com에서 다운로드 받아 사용하였다.
9 그림이 축소되어 보이지 않지만 **그림 6, 그림 7**에서도 행정 구역이 그려져 있다.

자근아버이는	자근아버이	전라남도	진도
자근아버지	자근아버지	전라남도	진도
자근아베	자근아베	전라남도	진도
삼춘	삼춘	전라남도	곡성

예를 들어, [표 2]에서 보인 바와 같이 전라남도 진도 지역에서 표준어 '삼촌'은 '자근아버지'와 '자근아베'로 조사되었는데 '자근아버지'를 빨간색으로 표시하고 '자근아베'를 파란색으로 표시하였다면 진도 지역의 레이어 색은 보라색으로 나타나게 된다. [그림 9]는 표준어 '삼촌'의 전국적 지역어 분포를, [그림 10]은 전라남도 진도군의 지역어 분포를 표시한 것이다. 레이어의 색상은 지역어에 따라 임의적으로 부여하였는데, 유사한 지역어 형태를 모아 비슷한 색상으로 배열하거나 농도의 진하고 옅음을 이용하면 좋은 채색 지도를 얻을 수 있을 것이다.

[그림 9] 표준어 '삼촌'의 지역어 분포 (전국)

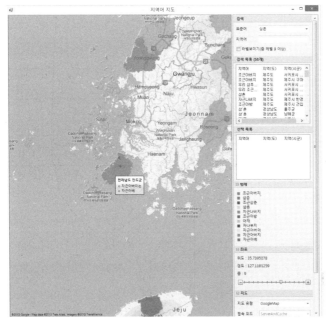

[그림 10] 표준어 '삼촌'의 지역어 분포 (진도군)

5.3. 제보자 음성 자료의 활용

지역어 조사를 통해 수집된 음성 자료는 음성 전사, 세그먼트 작업 등 다양한 가공 과정을 거쳐 데이터베이스로 구축이 된다. 이 과정에서 작업자의 실수나 지침의 누락 등으로 제보자가 구술한 지역어와 텍스트로 가공된 지역어가 서로 오차가 생길 수 있고, 그러한 경우가 아니라 할지라도 문자로 발화된 음소 차이를 구별하는 것이 쉬운 일이 아니다. 따라서 가장 정확한 지역어 자료는 제보자의 음성 녹음 자료라 할 것이다. 세그먼트 작업을 거친 지역어 자료는 제보자가 어떤 지역어 어휘를 구술한 시간 정보를 포함하고 있는데, 이를 통해 녹음된 파일에서 해당 지역어 어휘를 찾아 확인해 볼 수 있다. 이 기능을 프로그램으로 구현한다면 더 쉽고 빠르게 해당 제보자

음성을 듣는 것이 가능해진다.

[표 3] 지역어 데이터베이스 (음성 정보 포함)

지역어 형태	지역어	음성파일명	발화 시작시간	발화 완료시간	지역 (도)	지역 (구,군)
삼춘	삼춘	SJN_SA_21.wav	3454.43	3455.071	전라남도	신안
삼추니라	삼춘	SJN_YA_08.wav	4219.78	4220.815	전라남도	영암
삼춘	삼춘	SJN_BS_13.wav	2222.404	2223.227	전라남도	보성
삼춘	삼춘	SJN_YG_10.wav	3107.547	3108.326	전라남도	영광
자근아버이는	자근아버이	SJN_JD_09.wav	3468.48	3470.486	전라남도	진도
자근아버지	자근아버지	SJN_JD_09.wav	3481.743	3482.552	전라남도	진도
자근아베	자근아베	SJN_JD_09.wav	3518.475	3519.284	전라남도	진도
삼춘	삼춘	SJN_GS_09.wav	3601.05	3601.739	전라남도	곡성

위의 [표 3]은 음성 정보를 포함한 데이터베이스를 일부 보인 것이다.[10]
지역어 어휘의 제보자 음성을 들어보기 위해서는 음성파일명의 파일을 열어
발화의 시작 시간부터 끝 시간까지 재생하면 된다. 이 기능을 프로그램에서
구현하기 위해서는 해당 음성 파일에서 시작 시간부터 완료 시간까지의
데이터를 추출하고, 그 데이터에 적절하도록 wav 파일의 헤더 정보[11]를 재
생성하는 방식을 취한다. 이 프로그램에서는 지역어의 검색 목록에서 항목
을 클릭하거나 지도상의 레이어를 더블 클릭하면 해당되는 지역어의 제보자
녹음 자료가 재생되도록 하였다.

---

10 '음성 정보 포함'이라는 의미는 음성파일에서 발화 시작시간과 발화 완료시간 정보가
   포함되어 있어, 이 부분에 포함된 음성자료를 방언지도에서 실제 음성으로 들려줄
   수 있음을 의미한다.
11 wav형식 헤더정보에는 파일 시그너쳐와 비트율(bit rate), 채널 수, 샘플 비율(sample
   rate), 샘플 당 비트 수 등이 포함된다.

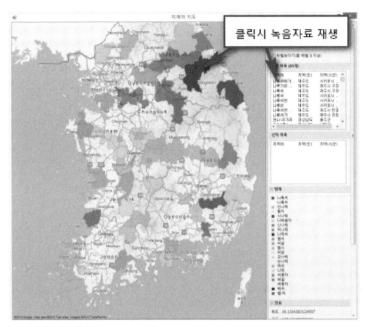

[그림 11] 제보자 녹음 자료의 재생

6. 결론

전문가들에 의해 전국적인 규모의 지역어가 조사된 것은 1980년대 한국 정신문화연구원에서 실시한 '전국방언조사연구' 사업과 2004년부터 시작 돼서 2013년에 종료될 지역어 조사 사업이다.

앞에서 지적된 바와 같이 이 두 사업은 약 30년의 시간 차이를 두고 조사 되었다. 따라서 조사된 각 지역의 언어가 어떻게 변화되었는가를 보여줄 수 있는 자료들이다. 이 두 자료를 사용자들이 용이하게 사용할 수 있게 하는 것은 국어 연구자들뿐만 아니라 일반 사용자들에게도 아주 가치 있는 일이 될 것이다.

가장 이상적인 방안이라고 한다면 한국학중앙연구원의 자료와 국립국어원 자료를 통합해서 표제항목별로 음성자료와 전사된 지역어형을 서비스하는 것이다. 그러나 현실적으로 이 두 자료를 통합해서 서비스하기에는 많은 제약이 있다. 다행스러운 것은 한국학중앙연구원에서도 조사된 음성자료를 디지털화하고 있고, 자체적으로 서비스하기 위해 노력하고 있기에 현재 추진하고 있는 국립국어원 자료를 효과적으로 서비스하는 체제가 마련된다면, 그 통합은 그리 어려운 일만은 아니라고 생각된다.

이 글에서는 지역어를 연구하기 위한 효과적인 방안으로 국립국어원에서 구축한 음성 자료 처리를 위한 데이터 구조와 이런 자료를 구축할 수 있는 자료처리 도구 사용 방법 그리고 구축된 자료를 자동적으로 디지털 채색 언어 지도로 만들어 주고, 해당 음성 자료를 실시간으로 들을 수 있는 제작 시스템을 구축했다. 자료 공개에 대한 국립국어원 입장이 있고, 한국학중앙연구원의 음성 자료와 전사 자료가 통합되지 못해 세밀한 지도를 그릴 수는 없다. 그러나 이러한 제약만 해결된다면 언제라도 미려한 지도를 제작할 수 있는 방안이 마련된 것이다.

현 시점에서는 부분적으로만 사용할 수 있지만, 각 연구자들이 해당 자료를 편리하게 확장시킬 수 있는 방안을 제공했다는 수준에서 만족하려 한다.

참고 문헌

소강춘 외(2005), 『전북 지역어조사 보고서』, 국립국어원.

소강춘(2007), 『전북 남원 지역의 언어와 생활』, 태학사.

소강춘(2009), 『전북 무주 지역의 언어와 생활』, 태학사.

소강춘(2011), 『전북 군산 지역의 언어와 생활』, 태학사.

안동언 외(2009), 『디지털 언어 지도 시스템 개발(2)』, 국립국어원,

이태영 외(2006), 『21세기 세종 계획 한민족 언어 정보화』, 국립국어원.

지역어조사추진위원회(2006), 『지역어조사 질문지』, 국립국어원.

현대한국어 한자음과
현대중국음과의 대응관계 연구

이병운

부산대학교

1. 서론

지금까지 한국어 한자음과 중국어 한자음에 대한 연구는 개별 한자음을 전통적인 분류방법(성모, 운모(攝, 等, 韻)에 따라 통시적으로 비교하여 분석한 것이 주류를 이루었다. 그런데 이러한 전통적인 운(韻)의 분류 기준은 61개에서 206개에 이르기까지 다양하여,[1] 현대음운학의 체계적인 분류가 불가능하여 한국어 한자음, 일본어 한자음, 중국어 등의 상호 대응규칙을 설정할 수 없었다. 더구나 개별 한자음과 제한된 자료에 한정함으로써 전체적인 한자음의 대응관계를 알 수도 없었다.

이에 이 연구에서는 곽석량(郭錫良)(2014)에 수록된 한자음 자료 13,010자를 엑셀프로그램에 음절분석 방법으로 입력하여, 현대한국어 한자음과 현대중국음의 초성, 중성, 종성을 체계적으로 분석하고 그 대응관계를 면밀

---

1 이진화·주장집(1999:5-7) 참조.

하게 밝히고자 한다.

이러한 현대한국어 한자음과 현대 중국음과의 대응규칙을 알게 하면 중국어를 학습하는 한국인과 한국어를 학습하는 중국인에게 외국어를 학습하는 원리를 제공하여 보다 쉽게 외국어를 학습할 수 있을 것이다. 더구나 한국어 어휘의 60% 이상이 한자어인 만큼, 한자음발음규칙의 습득은 한국인의 중국어 어휘력 신장과 중국인의 한국어 어휘력 신장에도 크게 이바지할 것으로 생각한다.

이 연구에서는 현대한국어 한자음 가운데 양순음 [m, p, ph]에 한정하여 중국어 현대음 [m, f, p, ph]과의 대응관계를 초성, 중성, 종성으로 나누어 살펴 그 대응규칙을 찾고자 한다.

2. 현대한국어 한자음의 음절과 현대중국어 음절

2.1. 현대한국어 한자음 음절

2.1.1. 현대한국어 한자음 음절의 초성체계

[표 1] 현대한국어 한자음 초성체계

방법		위치	양순음	치경음	경구개음	연구개음
장애음	파열음	예사소리	ㅂ[p]	ㄷ[t]	ㅈ[tʃ]	ㄱ[k]
		거센소리	ㅍ[pʰ]	ㅌ[tʰ]	ㅊ[tʃʰ]	ㅋ[kʰ]
	마찰음	예사소리		ㅅ[s]		ㅎ[h][2]
향음	비 음		ㅁ[m]	ㄴ[n]		
	유 음			ㄹ[r]		

한국어 한자음에서 된소리는 [ㄲ, ㅆ]을 제외하고는 나타나지 않고, 나타나더라도 [낑]과 [씨, 쌍]의 음절에서만 나타난다. 또한 [ㅋ]의 경우에도 [쾌]의 자음에서만 나타난다.[3] 한국어 한자음에 된소리가 없는 것은 한자음을 수입한 시기인 고대한국어의 초성체계에는 된소리가 없었기 때문이다. 신숙주가 동국정음(東國正韻)에서 우리말에 청탁의 구별이 있다고 본 것은 조선시대 중세국어를 기준으로 하였기 때문일 것이다.

2.1.2. 현대한국어 한자음 음절의 중성체계

1) 현대한국어 한자음 음절의 핵모음 체계

현대 한국어 단모음은 중세국어의 7모음체계에서 하강이중모음 [əj, aj, uj, oj]가 각각 19세기 이후에 [e, ɛ, y, ø]로 변천하였다(허웅 1986:513). 그러므로 한자음의 [e, ɛ, y, ø]는 고대국어에서는 중세국어와 유사한 하강이 중모음이었을 것이다.[4]

---

2 /ㅎ/[h]는 따로 분류하기가 비경제적이어서 편의적으로 연구개음에 분류한다.

3 동국정운(東國正韻)의 서문에서도 이에 대해 다음과 같이 언급하고 있다. '가령 아음으로 말한다면, 계모(溪母)[kh]에 속하는 문자들이 거의 견모(見母)[k]로 발음되니 (開, 空, 苦, 啓, 曲, 器 등), 이것은 자모가 변한 것이다. 계모에 속한 자음 가운데 간혹 효모(曉母)[h]로 발음하는 것이 있으니(墟, 咳, 虧, 抗, 沆, 確 등), 이것은 7음 즉 조음위치가 바뀐 것이다. 우리나라 어음도 그 청·탁이 구별됨은 중국의 자음과 다를 바가 없는데, 우리나라 한자음에만 탁음(濁音)이 없으니 어찌 이럴 수가 있는가? 이것은 청탁의 변화다. 우리나라 어음은 사성이 분명한데, 한자음에 있어서는 상성과 거성의 구별이 없고, 질(質)운, 물(勿)운 등은 마땅히 단모(端母)[ㄷ]로 종성을 삼아야 함에도, 래모(來母)[ㄹ]로 종성을 삼고 있으니, 그 음이 느려져서 입성으로 마땅치 않으니, 이것은 사성이 변한 것이다. 중국어에서는 계모 즉 [kh]음을 많이 쓰나 우리나라 한자음에는 다만 [쾌]자 한 음뿐이니 이상한 일이다(강신항 2007:216-217).

4 한국 한자음은 중국어 중고음이 주로 수입되었다고 보고 있는데, 이들 한자음은 중국어의 중고음에서 대부분 반모음 [j]가 운미로 나타나고 있다.

[표 2] 한자음 음절의 단모음(핵모음) 체계

혀의 위치	앞		뒤	
혀의 높이　　입술모양	안둥근	둥근	안둥근	둥근
높은	ㅣ[i]	ㅟ[y]	ㅡ[ɨ]	ㅜ[u]
가운데	ㅔ[e]	ㅚ[ø]	ㅓ[ə]	ㅗ[o]
낮은[+low]	ㅐ[ɛ]		ㅏ[a]	

2) 한국어 한자음 음절의 중모음 체계

한자음의 이중모음체계에서 [애]는 현대국어 이중모음체계에는 있으나 현대 한자음체계에 없는 것은 중국어 중고음체계에서 나타나지 않았을 가능성이 높다. 현대국어 /예/[jɛ]는 중세국어의 삼중모음 [jaj]가 [jɛ]로 변천한 것이므로 고대국어에서도 [jaj]일 가능성이 높다.

[표 3] 한자음 음절의 중모음(반모음 +핵모음)체계

반모음　　핵모음	이 [i]	에 [e]	애 [ɛ]	위 [y]	외 [ø]	으 [ɨ]	어 [ə]	아 [a]	우 [u]	오 [o]	
j계		예 [je]					여 [jə]	야 [ja]	유 [ju]	요 [jo]	5
w계		웨 [we]	왜 [wɛ]				워 [wə]	와 [wa]			4
ɨ계	의 [ɨi]										1

그런데, 중국어 중고음의 중성으로 [jaj, jɑj, jɒj] 형태가 나타나지 않는다.[5] 이것은 중국어 중고음에서 반모음 [j]와 저모음 [a, ɑ, ɒ]와의 결합 [jaj,

---

5 중고음에서 [ĭɐi, ĭɛi, iei]의 형태가 나타나지만, 이 모두 한국어 한자음에서는 [je]로 대응한다. 여기서 반모음은 모두 [j]로 표기하지만 중국어 표기에서는 [ĭɐi, ĭɛi, iei]와

jɑj, jɒj]가 나타나지 않기 때문으로 보인다. 또한 중고음 중성 [ĭɐi, ĭɛi, iei]가 현대국어 한자음에서 모두 [je]로 대응하는 것으로 보아 [ɐi, ɛi, ei]가 고대국어에서 모두 [əj]로 수용하였다가 19세기 이후로 [e]로 변천하여 [je]로 대응하는 것으로 볼 수 있다. 또한 /의/[ii]의 중성에는 무초성과 [h]초성만 나타나는 제약이 있다.

2.1.3. 현대한국어 한자음 음절의 종성 체계

현대한국어 한자음 음절의 종성은 6종성 체계이다. 중국어 중고음의 [t]가 [l]로 바뀌었을 뿐이고 중고음의 종성 체계를 유지하고 있다. 동국정운(東國正韻)에서 신숙주가 언급하였듯이 입성의 종성[t]가 한국에서는 [l]로 수용되었다. 동국정운과 언해본 훈민정음 등에서 이를 교정하기 위해 이른바 이영보래(以影補來)식 표기를 한 것이다. 곧 파열음(입성의 운미)인 [t]로 소리가 나야하는데, [l]로 바뀌었으니, 이를 보정하기 위해 래모(來母)[ㄹ] 앞에 影母 [ㆆ]를 함께 쓴 것이다.[6]

같이 표기하고 있다.

6 이기문(1998:88)에서는 '당대(唐代)이전에 이미 설내입성운미[t]가 [r]로 약화된 북방방언이 존재했던 사실은 이 방면의 학자들의 연구에 확인된 바 있으므로, 이것이 동음(東音)에 반영된 것으로 봄이 온당하다'고 하였다. 그러나 전기중세국어의 계림유사(鷄林類事) 표기에 '猪曰突(돝), 쏠曰蓋音渴(갇)'에서는 '12세기 초기에는 약화의 중간단계이었을 것'(이기문 1998:107)이라고 언급하고 있다. 결론적으로 이기문(1998)에서는 한국한자음에서 입성운미 [t]가 [r]로 바뀐 것은 중국음에서 바뀐 것이 수용되었다는 것이고 심지어 계림유사에서 혼란된 표기는 약화의 중간단계로서 혼재되었다는 것이다. 그러나, 중국 중고음의 [t]종성이 중세후기의 한자음의 종성에 예외없이 [l]로 수용되고, 한국한자음이 건너간 일본한자음에서도 중고음 종성 [t]가 [r]로 나타나는 것은 없고, 예외 없이 [tsu, tsi]로 수용되는 것은 한국음에서 [t]로 수용하였다가 [r]>[l]로 바뀌었다고 봄이 타당하다.(이병선 1993:72-76)

[표 4] 현대 한국 한자음 종성체계

조음방법　　조음위치	양순	치경	연구개
파열음(입성운미)	p	l	k
비음(양성운미)	m	n	ŋ

2.2. 현대 중국어 음절

중국어는 전통적으로 성모(聲母)와 운모(韻母)로 나누는 2분체계이지만, 본고에서는 음절의 3분법에 따라 초성, 중성, 종성체계로 분류한다.

2.2.1. 초성체계

현대 중국어의 초성은 병음(拼音)표기로는 유성[b, d, g]와 무성[p, t, k]의 대립으로 나타나지만, 국제음성기호에서 보듯이 [p, t, k]/[ph, th, kh]와 같이 무기음과 유기음의 대립으로 나타난다. 한국어에 비해 파찰음과 마찰음이 발달하였고, 조음위치도 권설음이 더 있다. 또한 한국어에는 파찰음이 경구개음 [tʃ, tʃh]밖에 없지만, 중국어에는 치경음[ts, tsh], 권설음[tʂ, tʂh], 경구개음[tɕ, tɕh] 등으로 분화되어 있다. 그러므로 한국어의 한자음초성은 13개밖에 안 되지만, 중국어에는 21개나 된다.

[표 5] 현대 중국어 초성 체계

방법　　위치			순음	치경음	권설음	경구개음	연구개음
장애음	파열	무기	b[p]	d[t]			g[k]
		유기	p[ph]	t[th]			k[kh]
	파찰	무기		z[ts]	zh[tʂ]	j[tɕ]	
		유기		ch[tsh]	ch[tʂh]	q[tɕh]	
	마찰		f[f][7]	s[s]	sh[ʂ] r[r]	x[ɕ]	h[x]

향	비음	m[m]	n[n]			
음	유음		l[l]			

2.2.2. 현대 중국어 중성체계

중성체계는 음절의 중심을 이루는 1) 단모음과 2) 중모음(2중모음, 3중모음)으로 나눌 수 있다.

1) 단모음 체계[8]

현대중국어의 단모음은 학자에 따라 다르지만, 본고에서는 아래와 같이 본다.

[표 6] 현대중국어의 단모음 체계

혀의 높이＼혀의 위치	전설	중설	후설
높은	i[i],　　ü[y]	i[ɿ, ʅ][9]	u
가운데	e[e]	e[ə],　　e[ɤ]	o
낮은	e[ɛ]	a[a]	

2) 중모음 체계

중국어의 중모음체계는 ①상승이중모음과 ②하강이중모음 그리고 ③삼

7　[f]는 순치음이지만 따로이 분류하는 것은 비경제적이라 편의상 순음에 넣었다.

8　현대 중국어의 단모음체계를 본고에서는 이진화외(1999:8)에 따른다.

9　한어병음(拼音)으로는 [i]로 표기되지만, zh, ch, sh, r +[i]는 [ʅ]이고, z, c, s + [i]는 [ɿ]이며, 그 이외의 경우는 [i](bi/pi/mi, di/ti/ni/li, ji/qi/xi)소리이다. 또한 병음의 [e] 는 일반적으로 [ɤ]로 소리나고, 종성이 있을 경우는 [ən, əŋ]이며, er의 경우는 [ɚ]로 난다. 또한 중모음일 경우는 [ɛ]와 [e]로 난다. 곧 상승모음일 경우는 ie[jɛ], ue[yɛ]처럼 [ɛ]로, 하강모음일 경우는 ei[ej], uei[wej]처럼 [e]로 난다.

중모음이 있다. 한국어에서 중세국어에는 하강이중모음이 있었지만 현대국어에는 없다. 중국어에서 특이한 것은 반모음에 [y]계가 있다는 것이다. 물론 한국어에도 특이한 의[ɨ]계가 있다.

[표 7-1] 2중모음(상승)

핵모음 반모음	e[ɛ]	a[a]	o[o]
j계	ie[jɛ]	ia[ja]	
w계		ua[wa]	uo[wo]
y계	üe[yɛ]		

[표 7-2] 2중모음(하강)

e[e]	a[a]	o[o]	핵모음 반모음
ei[ej]	ai[aj]		j계
	ao[aw]	ow[ow]	w계

한국어에서 3중모음은 중세국어시기에는 있었지만 현대국어에는 없다. 그것은 한국어에서 하강이중모음이 근대국어를 거치며 단모음으로 바뀌면서 없어졌다.

[표 7-3] 3중모음

핵모음 반모음(상승)	e	a	o	핵모음 반모음(하강)
j계		jaw	jow	w계
w계	wej	waj		j계

2.2.3. 현대 중국어 종성체계

중국어의 중고음에서 종성체계는 6개로 1) 파열음(입성운미) [p, t, k]와 2) 비음(양성운미) [m. n, ŋ] 있었으나, 현대 중국어에서는 파열음 종성은 모두 없어지고, [m]은 [n]에 합류되어 두 종성 [n, ŋ]만 남았다.

[표 8] 중국어 종성의 변천

종성 분류	중국어 변천	중고 중국어	현대 중국어	한국음
파열음 (입성운미)	양순	p	없어짐	p
	치경	t	없어짐	l(t>l로 바뀜)
	연구개	k	없어짐	k
비음 (양성운미)	양순	m	n으로 합류	m
	치경	n	n	n
	연구개	ŋ	ŋ	ŋ

현대 중국어의 종성은 2개[n, ŋ]인데, 중성과의 결합에서 아래와 같은
제약이 있다. 곧 [n]은 단모음[i, ə, a, y], 중모음[wə, wa, ja, ya]의 8개
중성과 결합하고, [ŋ]은 단모음[i, ə, a, o], 중모음[wə, wa, ja, jo]의 8개와
결합한다. 가장 많이 결합하는 핵모음은 [a]이고, 핵모음 [o]와 결합하는
것은 종성 [ŋ]이다. [wəŋ]은 초성이 결합할 수 없다.

[표 9] 중국어 종성의 결합제약

핵모음 \ 중모음	i[i]	e[ə]	a[a]	o[o]	ü[y]	핵모음 \ 종성	결합수
단모음	in	ən	an		yn	n	4
	iŋ	əŋ	aŋ	oŋ		ŋ	4
w계		wən	wan			n	2
w계		wəŋ	waŋ			ŋ	2
j/y계			jan/yan			n	2
j계			jaŋ	joŋ		ŋ	2
핵모음빈도	2[i]	4[ə]	7[a]	2[o]	1[y]	n/ŋ	16

3. 현대 한국어 한자음의 양순음 초성과 대응하는 중국어

현대 한국어 한자음의 양순음 초성에는 [m, p, ph]가 있는데, 13,010자 중에 1,928자로서 14.82%를 차지하고 있다. 이 중 [m]이 581자로써 양순음의 30%이고, [p]가 980자로써 51%이고, [ph]가 367자로써 19%에 해당한다. 양순음 가운데서는 [p]가 과반이다.

3.1. 한국 한자음 [m]초성과 대응하는 중국어

[m]을 초성으로 가진 한자음의 음절을 중성에 따라 분류하면 7계열로 나누고 26개의 음절로 분류할 수 있다.

아래 [표 10]에서 보듯이 한국 한자음 [m]초성은 중성의 결합에서 제약을 보이고 있고, 종성과의 결합에서도 양순음의 초성은 음절구조상으로 6종성 가운데 양순음의 종성 [m, p]와는 결합을 꺼리는 제약이 있음을 알 수 있다. 그것은 초성과 종성에 양순음이 올 경우 발음이 불분명할 수 있기 때문일 것이다.[10]

한국어 초성 [m]에 대응하는 중국어의 초성은 [m]이 79%(457자)이고, 무초성이 19%(112자)이며 기타가 2%(12자)이다. 그러므로 한국어 한자음 초성 [m]에 대응하는 중국어 초성 또한 대부분 [m]이란 것을 알 수 있다. 그러나 중성에 따라서 이러한 경향은 차이를 보인다.

---

10 한국어 한자음의 범[pəm], 폄[phjəm], 법[pəp], 핍[phip] 등에서 양순 초성과 양순 종성이 부분적으로 나타나고 있다. 양순비음의 초성이 종성에 양순비음을 가진 것은 맘[mam]錢이 유일하다.

[표 10] 한국어 한자음 [m]초성과 결합하는 중성과 종성

중성 ＼ 종성	ø	n	ŋ	l	k
1) [mi](102)3	[mi](60)	[min](33)		[mil](9)	
2) [ma](109)5	[ma](16)	[man](41)	[maŋ](28)	[mal](10)	[mak](13)
3) [mu](110)4	[mu](57)	[mun](38)		[mul(7)	[muk](8)
4) [mo](96)4	[mo](57)		[moŋ](22)	[mol](3)	[mok](14)
5) [mjə](75)4		[mjən](30)	[mjəŋ](21)	[mjəl](10)	[mjək](14)
6) [mɛ](70)3	[mɛ](41)		[mɛŋ](16)		[mɛk](13)
7) 기타(19)3	[mjo](17) [mje](1)				[mək](1)
총 581자	249(43%)	142(24%)	87(15%)	39(7%)	63(11%)

3.1.1. [mi]계와 대응하는 중국어

1) [mi]와 대응하는 중국어

한국어 한자음 [mi](60)에 대응하는 중국어 초성은 [m]이 77%(46자)로써 대부분이다. 중성은 [i]가 53%(32자)이고, [ej, wej]가 47%(28자)이다. 중고음의 중성에 따라 현대음은 [mi]와 [mej]로 바뀐다. 중고음이 [mĭw]이면 [m]이 탈락하여 무초성[ø]이 된다.

    (1) [m](46) ： ①[mi](32)米米迷彌獼弭溯靡糜麋芈(←[mei])

           ②[mej](14)美媄眉湄媚楣嫩(←[mĭe])

    (2) [ø](14) ： [wej](14)尾未味微溦薇(←[mĭwəi])

2) [min]과 대응하는 중국어

한자음 [min](33)과 대응하는 중국어 초성은 [m]이 100%(33자)이고, 중성은 [i]가 88%(29자)이고 기타가 4자이다. 종성은 모두 [n]이다.

(1) [m](33)：　①[min](29)民珉泯岷愍旻玟閔憫(←[mǐěn])

②[mən](3)悶殙(←[muən])　③[mjan](1)滻

3) [mil]과 대응하는 중국어

한자음 [mil](9)에 대응하는 중국어 초성은 모두 [m]이고 중성 또한 모두 [i]이다. 입성의 종성 [t]에서 변천한 [l]은 모두 없어졌다.

(1) [m](9)：① [mi](9)必密蜜謐滵汩汩(←[mǐět])

3.1.2. [ma]계와 대응하는 중국어

1) [ma]와 대응하는 중국어

한국어 한자음 [매](16)에 대응하는 중국어 초성은 모두 [m]이다. 중성은 [a]가 56%(9자)이고 [o]가 44%(7자)이다. 이것은 중고음의 중성이 [a]와 [ɑ]에 따라 현대음은 [a]와 [o]로 변천하였다.

(1) [m](16)：　①[ma](9, 56%)馬傌禡麻(←[ma])

②[mo](7)摩磨麽(←[muɑ])

2) [man]과 대응하는 중국어

한자음 [man](41)에 대응하는 중국어 초성은 [m]이 71%(29자)로서 대부분이고, 무초성이 27%(11자)이다. 무초성은 중고음이 [mǐw]로 시작하기 때문이다. 중성은 [a]가 93%(38자)이고, 기타에 중모음 [ja, ya, wa] 등이 있다. 종성은 모두 [n]으로 대응한다.

(1) [m](29)：①[man](28)滿懑瞞曼優慢蔓蠻娩(←[muɑn])

②[mjan](1)娩

(2) [ø](11)： ①[wan](10)晚娩挽脕輓萬蟃橤(←[mǐwɐn])

②[yan](1)鞔

(3) 기타(1)： [lwan] 孿

3) [maŋ]과 대응하는 중국어

한자음 [maŋ](28)에 대응하는 중국어 초성은 무초성이 54%(15자)이고, [m]이 46%(13자)이다. 중고음의 [mǐw]가 현대음에서는 무초성[ø]으로 변천하였다. 중성과 종성은 [aŋ]이 대부분이다.

(1) [m](13)： ①[maŋ]莽漭芒茫邙汒㟃(←[mɑŋ])
(2) [ø](15)： [waŋ]亡忘惹妄望罔網輞惘蝄网(←[mǐwaŋ])

4) [mal]과 대응하는 중국어

한자음 [mal](10)에 대응하는 중국어 초성은 [m]이 50%(5자), 무초성이 40%(4자), 기타가 1자이다. 중고음이 [mǐw]일 때 무초성이 되며, 중고음의 중성 [uɑ]는 순음 뒤에서 [o]로 변천하였다. 입성의 종성 [t]에서 변한 [l]은 없어진다.

(1) [m](5)　： ①[mo](4)末沫秣濊, (←[muɑt])
②[mjɛ](1)濊(←[miet])
(2) [ø](4)　： [wa](3)襪韤韈(←[mǐwɐt])
(3) 기타[h](1)： [hwej]沫(←[xuɒi])

5) [mak]과 대응하는 중국어

한국어 한자음 [mak](13)과 대응하는 중국어 초성은 모두 [m]이고, 중성

은 [o]가 대부분(85%)인데, 중고음의 중성 [ɑ]^{11}가 한국어에서는 [a]로 수용
되었고 중국어에서는 [o]로 변천하였다. 종성은 파열음(입성)이기 때문에
없어졌다.

<ol>
<li>(1) [m](13) : ①[mo](11)莫膜漠寞瘼縸鄚鏌(←중고음[mɑk])
②[mu](1)幕, [mjaw](1)邈</li>
</ol>

3.1.3. [mu]계와 대응하는 중국어

1) [mu]와 대응하는 중국어

한국어 한자음 [mu](57자)에 대응하는 현대 중국어 초성은 무초성이
56%(32자)이고 [m]이 37%(21자)이며 기타가 4자이다. 그러므로 한국어
한자음 [mu]에서는 중국어에서는 무초성이 과반이고, 초성이 있을 경우는
[m]으로 대응한다고 할 수 있다. 현대중국어에서 무초성(영성모)은 중고음
이 [mǐw]로 시작하기 때문이다. 중성의 대응은 영성모를 포함하여 [u]가
72%(41자)로써 압도적이다. 이의 세부적 대응은 아래와 같다.

(1) [ø](32) : ①[u](32)武鵡無憮舞務巫誣戊霧母无(←[mǐu])
(2) [m](21) : ①[maw](11)茂貿瞀懋楙(←[məu]4성)
②[mu](5)畝拇鍪(←[məu]3성)
③[mow](3)蝥鍪繆(←[mǐəu])
④[mjow](2)繆(←[miəu])
(3) 기타(4) : ①[fu](2)撫嘸 ②[hu](2)憮膴

---

11 중고음의 비원순저모음 [ɑ]가 한국어에서는 가장 유사하게 비원순저모음 [a]로 수용
되었고, 중국어에서는 원순모음 [o]로 변천하였다. 이는 중국어 근대음에서 입성종성
이 사라지고 원순모음화된 것으로 보인다.

2) [mun]과 대응하는 중국어

한국어 [mun](38)과 대응하는 중국어의 초성은 무초성이 63%(24자)를 차지하고, 초성이 있을 경우 한국어와 같이 [m]으로 대응한다. 중국어 현대음에서 무초성은 중고음이 [mǐu]로 시작한다. 중성은 97%(37자)가 [ə]로 대응하는데 이것은 중고음의 핵모음이 [ə]이기 때문이다. 종성은 예외를 제외하고 한국어와 같이 97%(37자)가 [n]으로 대응한다.

    (1) [ø](24)   : ①[wən](23)文問聞紋蚊駁芠紊刎吻璺(←[mǐuən])
                     ②[u](1)伆

    (2) [m](13)   : ①[mən](10)門汶璊悗璺捫(←[muən])
                     ②[man](2)悗趣
                     ③[mjan](1)絻

    (3) 기타(1) : [paw](1)勹

3) [mul]과 대응하는 중국어

[mul](7)과 대응하는 중국어의 초성은 무초성이 71%(5자)로써 대부분이고 특이하게 2자가 [h]로 나타나는데 이는 중고음 초성이 [m]이 아니고 [x]이기 때문이다. 무초성이 대부분인 것은 중고음이 [mǐw]로 시작하기 때문이다. 중성은 모두 [u]이고, 종성은 파열음(입성) [t]가 한국음에서 [l]로 바뀐 것으로 모두 없어졌다.

    (1) [ø](5)   : [u] 勿物沕岉吻(←[mǐwət])
    (2) 기타(2) : [hu] 昒智(←[xuət])

4) [muk]과 대응하는 중국어

한국어 [muk](8)과 대응하는 중국어의 초성은 모두 [m]이고, 중성은 [o]

이며 종성은 입성이라 없어졌다. 중국어 중고음 [ə]가 원순모음화하여 현대
음에서 [o]로 나타나고, 한국어에서는 중고음 [ə]에서 원순모음화하여 [u]로
나타난다고 보아야 한다.[12]

    (1) [m](8): [mo](8)默墨嘿繆螺嫫(←[mək])

3.1.4. [mo]계와 대응하는 중국어

1) [mo]와 대응하는 중국어
한자음 [mo](57)와 대응하는 중국어 초성은 [m]이 93%(53자)로써 대부
분이고 중성은 중고음에 따라 현대음에서 [aw, u, ow, o] 등으로 나뉘는데,
[aw]가 47%(25자)로써 가장 많다.

    (1) [m](53) : ①[maw](25, 47%)冒毛矛貌兒芼茅蟊(←[maw])

                    ②[mu](11, 21%)母姆牟姥募(←[mu])

                    ③[mow](9, 17%)牟侔悴某(←[mǐəu])

                    ④[mo](7, 13%)模嫫謨謏(←[mu]2성)

                    ⑤[mej](1)某

    (2) [ø](2)   : [u](2)侮佮(←[mǐu])

    (3) 기타[h](2): [haw]耗秏(←[xɑu])

2) [moŋ]과 대응하는 중국어
한자음 [moŋ](22)과 대응하는 중국어 초성은 [m]이 95%(21자)이고,

---

12 우리가 '먹 묵(墨)'자라고 할 때, 중국어 중고음 [먹][mək]이 먼저 들어와 우리의
    훈(뜻)이 된 것이다.

무초성이 1자이다. 중고음 [muŋ]이 현대음에서 [məŋ]으로 변천한 것은 현대음에서 순음의 초성은 [oŋ]과 결합할 수 없다는 제약이 있기 때문에 [əŋ]과 결합한 것이다.

(1) [m](21)： [məŋ](21)夢蒙冢懞懞濛(←[muŋ])

(2) [ø](1) ： [u](1)雺(←[mǐu])

3) [mol]과 대응하는 중국어

한자음 [mol](4)과 대응하는 중국어 초성은 모두 [m]이다. 중성은 [o]이며 종성 [l]은 중고음에서 입성종성 [t]이기 때문에 없어졌다.

(1) [m](4)： ①[mo](3)沒歿圽(←[muət]) ②[mej](1)沒

4) [mok]과 대응하는 중국어

[mok](14)과 대응하는 중국어 초성은 [m]이 93%(13자)이고, 무초성은 1자이다. 중성은 13자가 [u]이고, 파열음 종성 [k]는 없어졌다.

(1) [m](13)： ①[mu](12)木目牧睦穆沐霂(←[mǐuk])

②[maw](1)翆(←[mɔk])

(2) [ø](1) ： [u](1)鶩(←[mǐu])

3.1.5. [mjə]계와 대응하는 중국어

1) [mjən]과 대응하는 중국어

한자음 [mjən](30)과 대응하는 중국어 초성은 모두 [m]이고, 중성은 [ja]가 97%(29자)이고, [a]가 1자이다. 종성은 모두 [n]이다.

(1) [m](30)：①[mjan]¹³(29)面麵免俛勉晃丙沔〰眠(←[mǐɛn])

②[man](1)芇

2) [mjəŋ]과 대응하는 중국어

한자음 [mjəŋ](21)과 대응하는 중국어 초성은 모두 [m]이고, 중성은 모두 [i]가, 종성은 모두 [ŋ]이 대응한다. 한국어 한자음이 [X-jəŋ](명, 병, 평, 경, 형, 령, 영)의 구조일 때, 중국어 현대음은 73%(221/302)가 [-iŋ]으로 대응한다.

(1) [m](21)：[miŋ](21)明命名洺銘酩冥瞑溟螟嫇皿鳴(←[mieŋ])

3) [mjəl]과 대응하는 중국어

한자음 [mjəl](10)과 대응하는 중국어 초성은 모두 [m]이고, 중성은 모두 [jɛ]이고 종성은 입성의 종성이라 모두 없어졌다.

(1) [m](10)：[mjɛ](10)滅搣蔑瀎瞲櫗蠛(←[miet])

4) [mjək]과 대응하는 중국어

한자음 [mjək](14)대응하는 중국어의 초성은 모두 [m]이고, 중성은 모두 [i]이며, 입성의 종성 [k]는 모두 없어졌다.

(1) [m](14)：[mi] 覓冪〰幦塓汨覛(←[miek])

_____

13 중국음 [mjan]의 현실발음은 [mjɛn]이기 때문에 중고음과 동일하다고 볼 수 있다.

3.1.6. [mɛ]계와 대응하는 중국어

1) [mɛ]와 대응하는 중국어

한자음 [mɛ](41)와 대응하는 중국어 초성은 모두 [m]이다. 중고음의 중성 [muɒi], [mai/mɐi], [muɑt]에 따라 현대음은 [mej], [maj], [mo]로 바뀐다.

> (1) [m](40) ： ①[mej](26) 魅妹寐媒眛每瞀梅玫枚髦朒脢(←[muɒi])
> ②[maj](10)買賣潕瞙邁講埋霾(←[mai], [mɐi])
> ③[mo](3)妺眛(←[muɑt]) ④[ma](1)罵
> ⑤[mjan](1)浼

2) [mɛŋ]과 대응하는 중국어

한자음 [mɛŋ]과 대응하는 중국어 초성은 모두 [m]이다. 중성은 88%(14자)가 [ə]이고, 종성은 모두 [ŋ]이다. 한국 한자음 [ɛŋ]의 66%가 중국음에서 [əŋ]으로 나는데, 이것은 중고음의 중성 [æ]가 연구개종성 [ŋ]으로 인해 중성이 후설화되었을 것이다.

> (1) [m](16) ： ①[məŋ](14)甿郳羆孟甍猛盟萌盰虻甍(←[mæŋ], [mɐŋ])
> ②[maŋ](1)盲(←[mɐŋ])
> ③[miŋ](1)甿(←[mæŋ])

3) [mɛk]과 대응하는 중국어

한자음 [mɛk](13)과 대응하는 중국어 초성은 92%(12자)가 [m]이다. 중성은 입성의 종성이 사라지면서 원순모음화된 [o]와 중고음을 유지한 [aj]

로 나뉜다.

    (1) [m](12)：①[mo](7)脈脉貃貘貉驀(←[mæk])

              ②[maj](4)麥脉脈脈(←[mæk])

              ③[mi](1)覓(←[miek])

    (2) 기타(1)：[hɤ](1)貉(←[ɤɑk])

3.1.7. 기타 ([mjo], [mək]'萸', [mje]'袂', [mam]'鑁')

1) [mjo]와 대응하는 중국어

한자음 [mjo](17)에 대응하는 중국어 초성은 [m]이 대부분(16자)이고, 무초성은 1자이다. 중성은 중고음에 따라 다양한데, [jaw]가 10자(59%)로써 가장 많다.

    (1) [m](16)：①[mjaw](10)妙苗描廟淼(←[mĭɛu])

              ②[maw](5)貓卯昴(←[mau])

              ③[mu](1)墓(←[mu])

    (2) [ø](1)　：[jaw](1)杳(←[ieu])

2) [mək](萸), [mje](袂), [mam](鑁)[14]과 대응하는 중국어

    (1) [mək](한)：[y](중)萸(←[ĭuk])

    (2) [mje](한)：[mej](중)袂(←[mĭɛi])

    (3) [mam](한)：[wan](중)鑁(←[mĭwɐm])

---

14 한국어 한자음 [m]초성에 [m]종성을 가진 것은 [mam]'鑁'이 유일하다.

현대한국어 한자음의 [m]초성은 현대중국어에서도 [m]초성이 79%로서 압도적이다. 다만, 한자음 [mi], [man], [maŋ], [mu], [mun], [muk] 등에서 현대중국어가 [wej](23%), [wan](24%), [waŋ](54%), [u](56%), [wən] (63%), [u](71%) 등의 비율로 무초성이 나타난다. 무초성은 특히 한국한자 음 [man], [mu], [mun], [muk]에서 [waŋ](54%), [u](56%), [wən](63%), [u](71%) 등으로 비율이 높다. 무초성은 중고음의 중성이 [ĭw, ĭu]일 때 변천한다.

중국어의 중성은 한국어한자음의 중성[i, a, u]와 같은 비율(69%, 45%, 45%)이 대체로 높다. 다만 한국어 [o]는 중국어 [u, aw](57%)와 대응하는 비율이 높다. 한국어 중모음 [jə], [jo]는 중국어 [i](47%), [jaw](65%)와 대응하는 비율이 높다. 다만, 한국어 [mun], [moŋ], [miən]은 중국어에서 [wən](63%), [məŋ](95%), [miŋ](100%)의 비율로 대응한다.

한국어 비음의 종성[m, n, ŋ]은 중국어에서 [n, ŋ]으로 대응하고, 입성의 종성 [p, l, k]는 모두 탈락하여 대응한다. 한국어 입성의 종성 [mal], mak]이 중국어에서 탈락하면서 한국어 [a]중성이 중국어에서 [o]로 대응하는 비율 ([mo](40%), [mo](85%))이 높다.

[표 11] 한국어 현대한자음 [m]초성과 대응하는 현대중국어 음절의 대응

중국어 / 한국어	[m] 초성 (79%, 457)	무 초 성 (19%, 112)	기타 (2%, 12)
[mi]60	[mi]32(53%), [mej]14(23%)	[wej]14(23%)	
[min]33	[min]29(88%), [mən]3, [mjan]1		
[mil]9	[mi]9(100%)		
[ma]16	[ma]9(56%), [mo]7(44%)		
[man]41	[man]28(56%), [mjan]1	[wan]10(24%), [yan]1	[lwan]1
[maŋ]28	[maŋ]13(46%)	[waŋ]15(54%)	
[mal]10	[mo]4(40%), [mje]1	[wa]4(40%)	[hwej]1
[mak]13	[mo]11(85%), [mu]1, [mjaw]1		

[mu]57	[maw]11(19%), [mu]5(9%), [mow]3, [mjaw]2	[u]32(56%)	[fu]2, [hu]2
[mun]38	[mən]10(26%), [man]2, [mjan]1	[wən]24(63%)	
[mul]7		[u]5(71%)	[hu]2
[muk]8	[mo]8(100%)		
[mo]57	[maw]25(44%), [mu]11(19%), [mow]9(16%), [mo]7(12%), [mej]1	[u]2	[haw]2
[moŋ]22	[məŋ]21(95%)	[u]1	
[mol]4	[mo]3(75%), [mej]1		
[mok]14	[mu]12(86%), [maw]1	[u]1	
[mjən]30	[mjan]29(97%), [man]1		
[mjəŋ]21	[miŋ]21(100%)		
[mjəl]10	[mjɛ]10(100%)		
[mjək]14	[mi]14(100%)		
[mɛ]41	[mej]26, [maj]10, [mo]3, [ma]1, [mjan]1		
[mɛŋ]16	[məŋ]14, [maŋ]1, [miŋ]1		
[mɛk]13	[mo]7, [maj]4, [mi]1		[hɤ]1
[mjo]17	[mjaw]10(59%), [maw]5(29%), [mu]1	[jaw]1	
[mək]1		[y]1	
[mje]1	[mej]1		
[mam]1		[wan]1	

한국어 \ 중국어	한국어 한자음 중성에 따른 중국어 중성빈도
[i]102	[i]70(69%), [ej]28(27%), 기타4
[a]108	[a]49(45%), [wa]31(29%), [o]22(20%), 기타6
[u]110	[u]49(45%), [wə]23(21%), [aw]12(11%), [ə]10(9%), [o]8(7%), 기타8
[o]96	[u]27(28%), [aw]28(29%), [ə]21(22%), [o]10(10%), [ow]9, 기타1
[jə]75	[i]35(47%), [ja]29(39%), [jɛ]10(13%), 기타1
[ɛ]71	[ej]26(37%), [aj]14(20%), [ə]14(20), [o]10(14%)
[jo]17	[jaw]11(65%), [aw]5(29%), 기타1

3.2. 한국 한자음 [p] 초성과 대응하는 중국어

한자음 초성 [p]와 결합하는 음절의 종류는 1)[pi]계 3, 2)[pə]계 4, 3)[pa]계 4, 4)[pu]계 5, 5)[po]계 4, 6)[pɛ]계 2, 7)[pjə]계 4종류로써, 모두 7계열 26종류이다. 한자음 [p]초성에서 순음의 종성 [m, p]와 결합하는 것은 [pə]계의 [pəm], [pəp] 2종류밖에 없다. [n] 종성과 결합하는 비율이 가장 높다.

[표 12] 한국어 한자음 초성 [p]와 결합하는 중성과 종성

중성＼종성	ø	m	n	ŋ	p	l	k
1)[pi]214	[pi]170		[pin]34	[piŋ]10			
2)[pə]67		[pəm]16	[pən]39		[pəp]2	[pəl]10	
3)[pa]207			[pan]53	[paŋ]65		[pal]39	[pak]50
4)[pu]226	[pu]115		[pun]72	[puŋ]11		[pul]25	[puk]3
5)[po]100	[po]24		[pon]2	[poŋ]31			[pok]43
6)[pjə]125			[pjən]28	[pjəŋ]39		[pjəl]26	[pjək]32
7)[pɛ]36	[pɛ]26						[pɛk]10
980	335/980 (34%)	16	228/980 (23%)	156/980 (16%)	2	100/980 (10%)	138/980 (14%)

3.2.1. [pi]계와 대응하는 중국어

1) [pi]와 대응하는 중국어

한국어 한자음 [pi](170)에 대응하는 중국어 초성은 [p]가 37%(63자), [ph]가 35%(59자), [f]가 26%(44자)비율로 대응한다. 중고음의 초성이 [b/p]이면 현대음의 초성은 [p]이고, 중고음이 [ph]이면 현대음은 [ph]로, 중고음이 [bĭw, phĭw]이면 현대음은 [f]로 대응하는 경향이 있다. 중성은 [i]가 65%(110자)이고, [ej]가 35%(58자)이다. 중고음의 중성이 [i]이면

현대음은 [i]로, 중고음이 [ĭe, əi]이면 [ej]로 대응하는 경향이 있다.

    (1) [p](63) : ①[pi](50)費匕比垈秕秘婢鼻鄙啚臂奰(←[bi/pi])

                      ②[pej](12)備卑碑悲憊錍(←[bĭe])

                      ③[pa](1)婢

    (2) [ph](59) : ①[phi](57)批枇仳庀丕裨埤狉狉澩觱(←[phi/bi])

                      ②[phej](2)妃轡

    (3) [f](44) : [fej](44)費肥妃非匪菲斐荆屝(←([bĭwəi/phĭwəi])

    (4) 기타(4) : ①[mi](2)秘祕 ②[hwa](1)匕(←[xwa])

                 ③[ʨhi](1)髀(←[ʈhĭɛŋ])

2) [pin]과 대응하는 중국어

한자음 [pin](34)과 대응하는 중국어 초성 [p]가 62%(21자), [ph]가 38%(13자)이다. 중국어 중성과 종성은 모두 [in]이다. 중고음의 초성이 [p], [b]에 따라 현대음에서 [p], [ph]로 대응하는 경향이 높다.

    (1) [p](21) : [pin](21)賓濱殯彬斌頻瀕份浜(←[pĭĕn]1성)

    (2) [ph](13) : [phin](13)貧嬪頻牝玭鬢(←[bĭĕn]2성)

3) [piŋ]과 대응하는 중국어

한자음 [piŋ](10)과 대응하는 중국어 초성은 [ph]가 70%(7자), [p]가 20%(2자), 기타가 1자이다. 중성과 종성은 [iŋ]이 90%이다.

    (1) [ph](7) : [phiŋ]憑聘娉俜凭溮(←[phĭɛŋ], [bĭəŋ])

    (2) [p](2) : [piŋ](2)氷仌(←[pĭəŋ])

    (3) 기타(1) : [ʥhəŋ](1)騁(←[ʈhĭɛŋ])

3.2.2. [pə]계와 대응하는 중국어

[pə]계의 음절에는 [pəm], [pən], [pəp], [pəl]의 4종류가 있다. 다른 음절의 종류와 달리 [pə]계는 순음의 종성[m, p]와 결합하는 특성을 가지고 있다. 그러나 대부분의 음절이 연구개 종성 [ŋ]과 결합하는데, [pə]계는 결합하지 않는 특성이 있다.

1) [pəm]과 대응하는 중국어

[pəm](16)과 대응하는 중국어의 초성은 모두 [f]이다. 중성은 [a]가 88%(14자)이고, [ə]가 2자이다. 종성 [m]은 대부분 [n]으로 합류되었다.

    (1) 초성[f](16) : ①[fan](13)凡帆範汎梵泛驪犯范

                    (←[bĭwɛm/phĭwɛm])

                  ②[fəŋ](2)梵汎(←[bĭuŋ])

                  ③[fa](1)汎(←[bĭwɛp])

2) [pən]과 대응하는 중국어

[pən](39)과 대응하는 중국어 초성은 [f]가 92%(36자)이고, 나머지가 3자이다. 중성은 [a]가 92%(36자)이다, 종성은 대부분(37자)이 [n]으로 대응한다.

    (1) [f](36) : ①[fan](35)番繁煩蕃藩樊幡燔袢嬔旛橎繙轓

                 (←[bĭw/phĭwɛn])

                ②[fən](1)幡

    (2) [ph](2) : ①[phan](1)番 ②[pho](1)繁

    (3) [p](1) : [po](1)番

3) [pəp]과 대응하는 중국어

[pəp](2)과 대응하는 중국어의 초성은 모두 [f]이다. 중성은 [a]이고 입성의 종성 [p]는 탈락한다.

    (1) [f](2) : [fa](2)法灋(←[pǐwɐp])

4) [pəl]과 대응하는 중국어

[pəl](10)과 대응하는 중국어 초성은 모두 [f]이다. 중성은 모두 [a]이다. 종성은 입성이라 모두 탈락한다.

    (1) [f](10) : [fa](10)罰伐閥筏馛罰(←[bǐwɐt])

3.2.3. [pa]계와 대응하는 중국어

1) [pan]과 대응하는 중국어

[pan](53)과 결합하는 중국어 초성은 [ph]가 47%(25자), [p]가 36%(19자), [f]가 17%(9자)이다. 중고음의 초성[b, p, phǐw]에 따라 현대음의 초성은 [ph, p, f]로 대응하는 경향이 있다. 중성은 [a]가 92%(49자)이고, 기타가 8%(4자)이다. 종성은 98%(52자)가 [n]이다.

    (1) [ph](25): [phan](25)般盤槃磐攀媻伴泮拌畔畔盼(←[buɑn])
    (2) [p](19) : ①[pan](16)斑班半伴靽頒絆瘢螌扳(←[pan])
                ②[pin](2)攽彬
    (3) [f](10) : ①[fan](9)反返飯軵蟠嬎(←[phǐwɐn])
                ②[fən](1)頒

2) [paŋ]과 대응하는 중국어

[paŋ](65)과 대응하는 중국어 초성은 [f]가 45%(29자), [ph]가 29% (19
자), [p]가 14%(9자), [m]가 12%(8자)이다. 중고음의 초성 [pǐw, b, m]에
따라 현대음의 초성은 [f, ph, m] 등으로 분화된다. 중성은 [a]가 89%(58자)
이고, [ə]가 7자이다. 중고음의 중성이 [a, ɑ, ɔ]이면 현대음에서 [a]로, 중고
음이 [ɐ]이면 [ə]로 변천한다. 종성은 모두 [ŋ]이다.

    (1) [f](29)   : [faŋ](29)方防放紡妨訪芳坊彷旄牥汸邡匚
                  (←[pǐwaŋ])

    (2) [ph](19)： ①[phaŋ](16)旁傍滂榜磅塝徬綁龐逄(←[bɑŋ])
                 ②[phəŋ](3)榜筹莠

    (3) [p](9)   : ①[paŋ](7)邦玤蚌傍徬蜯謗(←[bɔŋ],[pɑŋ])
                 ②[pəŋ](2)榜嗙(←[pɐŋ])

    (4) [m](8)   : [maŋ](8)尨牻厖駹哤蟒(←[mɔŋ])

3) [pal]과 대응하는 중국어

[pal](39)과 대응하는 중국어 초성은 [p]가 82%(32자), [f]가 4자, [ph]가
3자이다. 중성은 [o]가 54%(21자)이고, [a]가 36%(14자)이다.

    (1) [p](32)： ①[po](18)勃渤挬桲脖郭癶發蹳(←[puɑt][buət])
              ②[pa](12)友拔汱茇秡枚跋魃发(←[buɑt])
              ③[pej](2)茇拨

    (2) [f](4)   : ①[fa](2)發髮(←[pǐwɐt]) ②[fej](1)艬 ③[fu](1)綍

    (3) [ph](3)： [pho](3)柿酦鏺(←[phuɑt])

4) [pak]과 대응하는 중국어

[pak](50)과 대응하는 중국어의 초성은 [p]가 60%(30자), [ph]가 38%
(19자), [f]가 1자이다. 중고음의 초성 [p/b], [ph]에 따라 현대음의 초성은
[p], [ph]로 바뀐다. 중성은 [o]가 70%(35자)인데, 중고음의 중성 [ɑ], [ɔ]에
따라 현대음에서 [o], [aw, u]로 바뀐다. 입성의 종성 [k]는 없어졌다.

      (1) [p](30)   : ①[po](25)博薄搏駁駮泊剝豹曝亳皰(←[bak])

                ②[paw](5)雹爆窨朦薄(←[bɔk])

      (2) [ph](19): ①[pho](10)迫粕胉狛珀(←[phɑk])

                ②[phu](7)剝朴撲璞樸暜(←[phɔk])

                ③[phaj](2)拍拍(←[phɐk])

      (3) [f](1)   : [fu](1)縛

3.2.4. [pu]계와 대응하는 중국어

1) [pu]와 대응하는 중국어

한자음 [pu](115)와 대응하는 중국어 초성은 [f]가 81%(95자), [ph]가
10%(12자), [p]가 8%(6자), 기타가 2자이다. 중고음이 [pǐ], bǐ]로 시작하
면 현대음의 초성이 [f]로 바뀌고, [ph]로 시작하면 현대음에서 [ph]로 바
뀐다.

      (1) [f](95)   : ①[fu](85)釜付府附符夫扶孚阜副賻復傳敷賦訃父膚

                (←[pǐ/bǐəu])

                ②[fow](10)不否缶罘苤紑瓿(←[pǐu/bǐu])

      (2) [ph](12): ①[phow](7)剖掊婄垺誐裒(←[phəu])

                ②[phu](3)扶簿痡(←[phu])

③[phi](1)否 ④[phej](1)棓

(3) [p](6)　：①[pu](5)不部簿蔀 ②[paŋ](1)棓

(4) 기타(2)　：①[khow](1)縠 ②[thjaw](1)頮

2) [pun]과 대응하는 중국어

한자음 [pun](72)과 대응하는 중국어 초성은 [f]가 76%(55자)로서 대부분을 차지하고, 기타 [p]가 9자, [ph]가 7자가 있다. 중고음의 초성 [bĭu/bĭw], [p], [ph]에 따라 현대음의 초성은 [f], [p], [ph]로 바뀐다. 대부분의 중성과 종성은 [ən]이다.

(1) [f](55)　：①[fən](52)分粉妢汾芬扮粉紛雰賁幩墳渀蕡穦糞奮焚

　　　　　　　　　(←[bĭuən])

　　　　　　②[fan](2)畚畚(←[bĭwɛn]) ③[fej](1)蕡

(2) [p](9)　：①[pən](7)奔賁畚犇苯坌笨(←[puən])

　　　　　　②[pin](2)玢砏

(3) [ph](7)：①[phən](6)噴歕濆盆湓葐(←[phuən]) ②[phin](1)砏

3) [puŋ]과 대응하는 중국어

한자음 [puŋ](11)과 대응하는 중국어 초성은 [ph]가 6자이고, [p]가 5자이다. 중고음의 초성 [b], [p]에 따라 현대음의 초성이 주로 [ph], [p]로 바뀐다. 중성과 종성은 주로 [əŋ]이다.

(1) [ph](6)：[phəŋ](6)朋鵬傰棚弸倗(←[bəŋ])

(2) [p](5)　：①[pəŋ](4)崩繃堋塴嘣蹦(←[pəŋ]) ②[piŋ](1)挷

4) [pul]과 대응하는 중국어

한자음 [pul](29)과 대응하는 중국어의 초성은 [f]가 86%(25자), 기타에 4자가 있다. 중고음의 초성에 따라 [f]와 기타로 분화된다. 중성은 [u]가 76%(22자)를 차지한다. 입성의 종성 [t]에서 나온 [l]은 없어졌다.

    (1) [f](25) ： ①[fu](22)弗佛彿乀市芾波鞁由(←[pǐwət])

                    ②[fej](3)桃怫沸(←[pǐwəi])

    (2) [p](3) ： ①[pi](2)佛拂(←[bǐĕt]) ②[po](1)艴(←[buət])

    (3) [ph](1)： [pho](1)咄

5) [puk]과 대응하는 중국어

한자음 [puk](3)과 대응하는 중국어 초성은 모두 [p]이다. 입성의 종성 [k]는 없어진다.

    (1) [p](3)： [po](2)僰踣(←[bək]) ②[pej](1)北(←[pək])

3.2.5. [po]계와 대응하는 중국어

1) [po]에 대응하는 중국어

한자음 [po](24)에 대응하는 중국어 초성은 [p]가 58%(14자), [f]가 29%(7자), [ph]가 3자이다. 중고음의 초성 [p, p/bǐu]에 따라 현대음의 초성이 [p]와 [f]로 나뉜다. 중성은 [u]가 12자로써 가장 많다.

    (1) [p](14)： ①[paw](10) 呆保報寶褓葆琜鴇媽(←중고음[pɑu])

                  ②[pu](2)補步 ③[pej](1)菩 ④[po](1)跸

    (2) [f](7) ： [fu](7)甫俌輔酺蚥黼簠(←[p/bǐu])

(3) [ph](3)：[phu](3)譜普莆(←[phu])

2) [pon]에 대응하는 중국어

한자음 [pon](2) 대응하는 중국어는 [pən](1)과 [kwən](1)이다.

(1) [p](1)：①[pən](1)本(←[puən]) ②[kwən](1)橐(←[kuən])

3) [poŋ]에 대응하는 중국어

한자음 [poŋ](31)에 대응하는 중국어 초성은 [f]가 74%(23자)이고, [p]가 4자, [ph]가 3자, [h]가 1자이다. 중고음이 [bǐ, phǐ]로 시작하면 [f], 중고음의 초성이 [p]이면 [p]로 중고음의 초성이 [b]이면 [ph]로 대응한다. 중성과 종성은 [əŋ]이 대부분(30자)이다.

(1) [f](23)：[fəŋ](23)奉俸鳳封犎丰妦夆捀峰蜂鋒逢賵

  (←[bǐwoŋ])

(2) [p](4)：[pəŋ](4)琫菶縫唪(←[puŋ])

(3) [ph](3)：[phəŋ](3)捧蓬芃(←[buŋ])

(4) 기타(1)：[haj](1)夆(←[ɣɑi])

4) [pok]에 대응하는 중국어

한자음 [pok](43)에 대응하는 중국어초성은 [f]가 60%(26자), [ph]가 23%(10자), [p]가 7자이다. 중고음이 [pǐu/bǐu/phǐu]로 시작하면 [f]로, 중고음의 중성에 따라 [p], [ph]로 바뀐다. 중국어 중성은 [ə]가 84%(36자)로서 대부분이다. 한국어한자음 순음([m, p, ph]) 뒤의 [o]는 대체로 중국어에서 [u] 또는 [aw]로 대응한다. 한국어 입성의 종성 [k]는 중국어에서 없어진다.

(1) [f](26)　　：[fu](26)福匐踾輻復腹覆複馥輹服伏茯虙

　　　　　　　　　(←[pǐuk, bǐuk, phǐuk])

(2) [ph](10)：①[phu](9)扑羮墣僕纀濮攴(←[phuk, buk, puk])

　　　　　　　　②[phi](1)副

(3) [p](7)　　：①[po](3)蔔趵鶝(←[bək]) ②[pi](3)冨偪楅(←[pǐək])

　　　　　　　　③[pu](1)卜

3.2.6. [pjə]계와 대응하는 중국어

1) [pjən]에 대응하는 중국어

한자음 [pjən](28)에 대응하는 중국어 초성은 [p]가 79%(22자)로서 대부분이다. 그밖에 [ph]가 4자, [f]가 2자 대응한다. 중성은 [ja]가 86%(24자)로서 대부분이다. 종성은 96%(27자)가 [n]이다.

(1) [p](22)：①[pjan](20)變邊卞辯辨便弁抃昪(←[b/pǐɛn])

　　　　　　　②[pan](1)釆 ③[pəŋ](1)骿

(2) [ph](4) ：[phjan] 駢骿胼姘(←[bien])

(3) [f](2)　 ：①[fan]犿 ②[fən]抃

2) [pjəŋ]에 대응하는 중국어

한자음 [pjəŋ](39)에 대응하는 중국어 초성은 [p]가 62%(24자)이고, [ph]가 38%(15자)이다. 현대음의 [ph]는 중고음에서 유기음[ph]이 많고, 현대음의 [p]는 중고음에서 무성음이 많다. 현대중국어 중성은 [i]가 92%(36자)이고, 종성은 모두 [ŋ]이다.

(1) [p](24) ： ①[piŋ](22)兵丙秉炳柄病竝并餅屏(←[pǐɛŋ])

②[pəŋ](2)絣迸(←[pæŋ])

(2) [ph](15)： ①[phiŋ](14)屏瓶缾軿帡甹蛢軯頩(←[phieŋ])

②[phəŋ](1)怦

3) [pjəl]에 대응하는 중국어

한자음 [pjəl](26)에 대응하는 중국어 초성은 [p]가 65%(17자), [ph]가 31%(8자), 기타가 1자이다. 중고음의 초성[b/p, ph]에 따라 현대음의 초성 [p, ph]이 달라지고, 중성은 [je] 85%(22자)가 절대적이고 입성의 종성 [l]은 중국어에서 없어진다.

(1) [p](17)： ①[pjɛ](14)／別莂虌徶蟞鼈蚥胈(←[biet], [pĭɛt])

②[pi](3)鷩彆綼

(2) [ph](8)： ①[phjɛ](7)／胈瞥嫳撇鐅潎(←[phiet])

②[phi](1)潎(←[phĭɛi])

(3) [m](1)： [mjɛ](1)覕(←[miet])

4) [pjək]에 대응하는 중국어

한자음 [pjək](32)에 대응하는 중국어 초성은 [p]가 59%(19자), [ph]가 41%(13자)인데, 중고음의 초성[p], [ph]에 따라 현대음의 초성이 [p, ph]로 바뀐다. 중성은 [i]가 88%(28자)이고, 입성의 종성 [k]는 없어졌다.

(1) [p](19)： ①[pi](15) 壁碧璧緊襞躄闢椑湢皕薜擗(←[pĭɛk])

②[po](4)欂欂檗薜(←[pæk])

(2) [ph](13)： ①[phi](13)辟澼霹闢僻癖劈霹甓鸊鈲堛鷿

(←[phiek])

3.2.7. [pɛ]계와 대응하는 중국어

1) [pɛ]와 대응하는 중국어

한자음 [pɛ](26)와 대응하는 중국어의 초성은 [ph]가 65%(17자), [p]가 35%(9자)이며, 중성은 [ej]가 73%(19자)이다.

> (1) [ph](17)： ①[phej](11)培裴配陪坏胚岓醅(←[phuɒi], [buɒi])
> ②[phaj](4)俳徘排湃(←[buɒi])
> ③[phi](2)坏坏(←[phuɒi])
> (2) [p](9) ： ①[pej](8)倍杯盃背輩偝桮(←[puɒi]) ②[paj](1)拜

2) [pɛk]과 대응하는 중국어

한자음 [pɛk](11)과 대응하는 중국어 초성은 [p]가 73%(8자), 기타 ([ph]2자, [m]1자)가 있다. 중성은 [o]가 64%(7)이고, [aj]가 36%이다.

> (1) [p](8) ： ①[paj](4)白百柏佰(←[pɐk])
> ②[po](4)伯帛鮊怕(←[bɐk])
> (2) [ph](2)： [pho]魄洦(←[phɐk])
> (3) [m](1) ： [mo]陌(←[mɐk])

1) 한국어 한자음 음절 (1)[pi]계(214)는 중국어 초성이 [f]44(21%), [p]86(40%), [ph]79(37%)이고, (2)[pə]계(67)는 중국어 초성이 [f]64(96%), [p]1(1%), [ph]2(3%), (3)[pa]계(207)는 중국어 초성이 [f]43(21%), [p]90(43%), [ph]66(32%), (4)[pu](230)계는 중국어 초성이 [f]175(76%), [p]26(11%), [ph]26(11%), (5)[po]계(100)는 중국어 초성이 [f]56(56%), [p]26(26%), [ph]16(16%), (6)[pɛ]계(37)는 중국어 초성이 [p]17(46%),

[ph]19(51%), (7)[pjə]계(125)는 중국어 초성이 [f]2(1%), [p]82(66%), [ph]40(32%)의 비율로 대응한다.

2) 전체적으로 보면 한국어 한자음이 비원순모음인 ① [pi]계, [pa]계, [pɛ]계, [pjə]계에서는 중국어 초성이 [f]가 거의 대응하지 않고, 상대적으로 [p]의 비율(40%. 43%, 46%, 66%)이 높다. 그러나 한국어한자음이 [pə]계와 원순모음([pu], [po])일 경우에는 중국어 초성이 [f]로 대응하는 비율(96%, 76%, 56%)이 아주 높다.

3) 한국어 한자음의 중성이 [i], [u], [a]일 경우 중국어에서도 같은 중성이 [i]가 71%, [u]가 50%, [a]가 58%의 비율로 높다. 한국어 한자음의 중성이 [ə], [o], [jə], [ɛ]일 경우, 중국어에서는 [a]가 93%, [u]가 48%, [i]가 54%, [ej]가 51%의 비율로 우세하다.

4) 한국어의 입성종성은 중국어에서 없어진다. 중국어에서 종성 [n, ŋ]은 중성결합에 제약이 있어 한국어 [pun]은 중국어에서 [fən, pən, phən] 등으로 대응한다. 한국어 [pəm, pən]은 중국어에서 [fan, fən] 등으로 대응한다. 한국어 [poŋ]은 중국어에서 [fəŋ, pəŋ, phəŋ] 등으로, 한국어 [puŋ]은 중국어 [pəŋ, phəŋ] 등으로, 한국어 [pjəŋ]은 중국어에서 [piŋ, phiŋ], [pəŋ, phəŋ] 등으로 대응한다.

[표 13] 한국어 한자음 초성 [p]에 대응하는 현대중국어 음절

중국어 / 한국어	[f](384/980) 39%	[p](328/980) 33%	[ph](248/980) 25%	기타(20/980) 2%(초성) 고빈도
[pi]170	[fej]44	[pi]50, [pej]12,	[phi]57, [phej]2	[p]63, [ph]59, [f]44
[pin]34		[pin]21	[phin]13	[p]21, [ph]13
[piŋ]10		[piŋ]2	[phiŋ]7	[ph]7, [p]2
[piN]214	[f]44, [ej]44	[p]86, [i]73	[ph]79, [i]77	[p]86, [i]153
[pəm]16	[fan]13, [fəŋ]2			[f]16

[pən]39	[fan]36, [fən]1	[po]1	[pho]1, [phan]1	[f]36
[pəp]2	[fa]2			[f]2
[pəl]10	[fa]10			[f]10
[pəN]67	[f]64, [a]61	[p]1, [i]1	[ph]2, [o]1, [a]1	[f]64, [a]62
[pan]53	[fan]8, [fən]1	[pan]16, [pin]2	[phan]25	[ph]25, [p]16
[paŋ]65	[faŋ]29 [maŋ]7, [məŋ]1	[paŋ]7, [pəŋ]2	[phaŋ]15, [phəŋ]4	[f]29, [ph]19
[pal]39	[fa]2, [fej]1	[po]18, [pa]12	[pho]3	[p]32, [f]4
[pak]50	[fu]1	[po]25, [paw]5	[pho]10, [phu]6	[p]30, [ph]19
[paN]207	[f]43, [a]46	[p]90, [a]35	[ph]66, [a]40	[p]90, [a]121
[pu]115	[fu]85, [fow]10	[pu]5, [paŋ]1	[phow]7, [phu]3	[f]95, [ph]12
[pun]72	[fən]52, [fan]2	[pən]7, [pin]2	[phən]6, [phin]1	[f]55, [p]9
[puŋ]11		[pəŋ]4, [piŋ]1	[phəŋ]6	[ph]6
[pul]29	[fu]22, [fej]3	[pi]2, [po]1	[pho]1	[f]25
[puk]3		[pej]1, [po]2		[p]3
[puN]230	[f]175, [u]107	[p]26, [ə]11	[ph]26, [ə]12	[f]175, [u]107
[po]24	[fu]7	[paw]10, [pu]2	[phu]3	[p]12, [f]7
[pon]2		[pən]1		[p]1
[poŋ]31	[fəŋ]23	[pəŋ]4	[phəŋ]3	[f]23
[pok]43	[fu]26	[po]3, [pi]3	[phu]9, [phi]1	[f]26, [ph]10
[poN]100	[f]56, [u]33	[p]26, [aw]10	[ph]16, [u]12	[f]56, [u]48
[pjən]28	[fən]1, [fan]1	[pjan]20, [pan]1	[phjan]4	[p]22, [ph]4
[pjəŋ]39		[piŋ]22, [pəŋ]2	[phiŋ]14, [phəŋ]1	[p]24, [ph]15
[pjəl]26	[mjɛ]1	[pjɛ]14, [pi]3	[phjɛ]7, [phi]1	[p]17, [ph]8
[pjək]32		[pi]15, [po]4	[phi]13	[p]19, [ph]13
[pjəN]125	[f]2, [a]1	[p]82, [i]40	[ph]40, [i]28	[p]82, [i]68
[pɛ]26		[pej]8, [paj]1	[phej]11, [phaj]4	[ph]17, [p]9
[pɛk]11	[mo]1	[paj]4, [po]4	[pho]2	[p]8, [ph]2
[pɛN]37	[m]1	[p]17, [ej]8	[ph]19, [ej]11	[ph]19, [ej]19
중성의 빈도수 (980)	[u]142, [a]103 [ə]80, [ej]49 [ow]10	[i]123, [o]60 [a]38, [ə]21 [ja]20, [aw]15	[i]110, [a]41 [u]22, [ə]20 [o]17, [ej]14	[i]236, [a]189 [u]172, [ə]123 [ej]87, [o]78

3.3. 한국어 한자음 [ph] 초성과 대응하는 중국어

한국어 한자음 초성 [ph]와 결합하는 음절의 종류는 중성에 따라 7계열로 나눌 수 있다. 한자음 초성 [ph]에 대응하는 중국어의 초성은 [f]가 8%, [p]가 56%, [ph]가 33%로서 [p]가 과반을 차지하고 있다. [f]는 한국한자음 [phuŋ]에 53%, [phje]에 17%로서 [f]의 대부분을 이룬다.

중성과의 결합에서 [ph] 초성은 [m] 초성과는 거의 같으나, [p] 초성에 있는 [phə]계가 없다. 종성과의 결합에서는 [m], [p]초성과 많은 차이를 보인다. 곧 [m]초성에서는 순음의 종성 [m, p]와 결합하지 않으나, [p]초성의 [pəm, pəp]과 유사하게 [phum, phjəm, phip]에서 부분적으로 나타난다. 또한 [ph] 초성은 종성과의 결합에서 [m], [p] 초성보다 많은 제약을 보이고 있다. 그러나 순음의 초성 [m, p, ph]들은 공통적으로 순음의 종성 [m, p]와의 결합에 제약을 받고 있다.

[표 14] [ph]초성과 결합하는 한국어 한자음 음절의 중성과 종성

중성＼종성	ø	m	n	ŋ	p	l	k
1) [phi]68	[phi] 26				[phip]4	[phil] 34	[phik] 3
2) [pha]53	[pha] 36		[phan] 13			[phal] 4	[phjak] 1
3) [phu]21		[phum] 2		[phuŋ] 19			
4) [pho]59	[pho] 52						[phok] 7
5) [phjə]47		[phjəm] 3	[phjən] 32	[phjəŋ] 12			
6) [phɛ]42	[phɛ] 30			[phɛŋ] 12			
7) [phje]23 [phjo]53	[phje] [phjo]						

3.3.1. [phi]계와 대응하는 중국어

1) [phi]와 대응하는 중국어

한자음 [phi](26)에 대응하는 중국어의 초성에 [p]가 58%(15자), [ph]가 42%(11자), 기타([m])가 1자이다. 중고음의 초성 [p], [ph]에 따라 중국어 현대음 초성은 [p, ph]로 바뀌는 경향을 가지고 있다. 중성은 [i]가 85%(22자)이다.

    (1) [p](15) ： ①[pi](10)彼避彼披陂柀詖(←[pǐe])

                  ②[pej](4)被龓襬陂, ③[pa](1)罷

    (2) [ph](11)： [phi](11)皮罷披疲帔旇狓鈹鈚鮍(←[phǐe])

    (3) 기타(1) ： [mi]皼

2) [phip]에 대응하는 중국어

한자음 [phip](4)에 대응하는 중국어 초성은 [f]가 2자, [p]가 2자이다. 중성은 [a]가 2자, [i]가 2자이다.

    (1) [f](2) ： [fa]乏妚(←[bǐwɐp])

    (2) [p](2)： [pi]逼鵖(←[bǐəp])

3) [phil]에 대응하는 중국어

한자음 [phil](34)에 대응하는 중국어 초성은 [p]가 97%(33자)이고, [ph]가 1자이다. 중성은 [i]가 94%(32자)이다.

    (1) [p](33)： ①[pi](32)弻必苾邲觱筆畢蹕嗶滭蹕繹驆鏎鞸(←[piet]

             ②[pje](1)咇

(2) [ph](1)：[phje](1)匹(←[phĭĕt])

4) [phik]에 대응하는 중국어

한자음 [phik](3)에 대응하는 중국어는 모두 [pi]이다.

(1) [p](3)：[pi](3)煏腷愊(←[bĭək])

3.3.2. [pha]계와 대응하는 중국어

1) [pha]와 대응하는 중국어

한국어 한자음 [pha](36)에 대응하는 현대중국어 초성은 중고음의 초성 [p]와 [ph]에 따라 변천하였는데, [p]가 58%(21자)이고, [ph]가 42%(15자) 이다. 중성 또한 중고음의 중성[a, uɑ]에 따라 [a](39%, 14자)와, [o](53%, 19자)로 나뉜다.

(1) [p](21) ： ①[po](11)播嶓波跛庖磻譒紴簸(←[puɑ])

②[pa](8)巴把芭灞吧犯釟靶(←[pa])

③[paj](1)擺　④[pej](1)鑼

(2) [ph](15)： ①[pho](8)叵婆頗破坡駊皤鄱(←[phuɑ])

②[pha](6)杷爬皅虷釟葩(←[pha])

③[phaj](1)派(←[phai])

2) [phan]과 대응하는 중국어

한자음 [phan](13)에 대응하는 중국어 초성은 [p]가 77%(10자), [ph]가 2자, [f]가 1자이다. 중고음의 초성에 따라 [p, ph, f]로 바뀐다. 중성과 종성 은 모두 [an]이다.

(1) [p](10) : ①[pan](9)板鈑阪坂版瓣辦(←[pan/ban])

②[pjan](1)汴

(2) [ph](2) : [phan](2)判販(←[phan])

(3) [f](1) : [fan](1)販(←[pĭwɐn])

3) [phal]과 대응하는 중국어

한자음 [phal](4)과 대응하는 중국어는 [p]가 3자이고 [ph]가 1자이다. 중성은 [a]가 3자이고 입성의 종성은 탈락한다.

(1) [p](3) : [pa](2)八捌(←[pæt])[pin](1)汃(←[pĭĕn])

(2) [ph](1) : [pha](1)汃(←[phwæt])

4) [phjak]과 대응하는 중국어

한자음 [phjak](1)에 대응하는 중국어는 [pi](1)이다. 입성의 종성은 탈락한다.

(1) [p](1) : [pi](1)愎(←[bĭək])

3.3.3. [phu]계와 대응하는 중국어

1) [phum]과 대응하는 중국어

[phum](2)에 대응하는 중국어는 [phin]과 [piŋ]이다. 중고음의 중성에 따라 현대음의 중성으로 [i]가 선택되고 종성의 [m]은 [n]으로 합류되었다. 한국어 한자음에서 중성으로 [u]가 나타나는 것은 원순모음화된 것으로 보인다.

(1) [ph](1)： ①[phin](1)品(←[phĭĕm])

(2) [p](1) ： [piŋ](1)稟(←[pĭĕm])

2) [phuŋ]과 대응하는 중국어

[phuŋ](19)과 대응하는 중국어 초성은 [f]가 89%(17자)이고, 기타에
[phiŋ]과 [li]가 1자씩 있다. 중성과 종성은 [əŋ]이 84%(16자)이다.

(1)[f](17) ： ①[fəŋ](16)豊澧酆馮葑風猦諷楓(←[pĭuŋ/phĭuŋ])

②[fan](1)渢

(2)[ph](1)： [phiŋ](1)馮(←[bĭəŋ])

(3)[l](1) ： [li]豊(←[liei])

3.3.4. [pho]계와 대응하는 중국어

1) [pho]와 대응하는 중국어

한자음 [pho](52)에 대응하는 중국어 초성은 [p]가 51%(27자)이고, [ph]
가 42%(22자)이며, 기타 [f]가 3자이다. 중고음의 초성 [p/b, ph/b, bĭ]에
따라 [p, ph, f] 등으로 바뀐다. 중성 또한 중고음의 중성 [au, u]에 따라
[aw, u]로 바뀐다.

(1) [p](27) ： ①[paw](14)包抱胞飽枹褒暴褒ㄅ宗(←[pau], [bɑu])

②[pu](11)布祔哺捕逋餔(←[pu/bu])

③[po](2)蒲暴(←[pɑk/bɑk])

(2) [ph](22)： ①[phaw](16)泡袍炮炰鞄狍脬麃奅(←[bau/phau])

②[phu](6)浦圃匍鋪蒲(←[phu/bu])

(3) [f](3) ： [fu](3)枹脯罦(←[bĭəu])

2) [phok]과 대응하는 중국어

한자음 [phok](7)과 대응하는 중국어 초성은 [p]가 57%(4자), [ph]가
2자, 기타 [f]가 1자이다. 초성은 중고음의 초성 [p, b, pǐ]에 따라 [p, ph,
f]로 바뀌고, 중성 또한 중고음의 중성[au, u, ɔ]에 따라 [aw, u, o] 등으로
바뀐다. 입성의 종성 [k]는 탈락한다.

    (1)[p](4)   : ①[paw](2)瀑爆(←[pau]) ②[po](1)爆 ③[pi](1)幅

    (2)[ph](2)：[phu](2)暴曝(←[buk])

    (3)[f](1)   : [fu]幅(←[pǐuk])

3.3.5. [phjə]계와 대응하는 중국어

1) [phjəm]과 대응하는 중국어

한자음 [phjəm](3)과 대응하는 중국어 초성은 모두 [p]이고, 중성과 종성
은 [jan]이다. 한국어 종성 [m]은 중국어에서 [n]으로 합류되었다.

    (1) [ph](3)：[pjan](3)貶砭窆(←[pǐɛm])

2) [phjən]과 대응하는 중국어

한자음 [phjən](32)과 대응하는 중국어 초성은 중고음의 초성 [p, ph]에
따라 [p]가 50%(16자)와 [ph]가 50%(16자)로 나뉜다. 중성은 [ja]가
97%(31자)이고 종성은 모두 [n]이다.

    (1) [p](16) : [pjan](16)扁遍幅徧編緶鞭鯾(←[pien], [pǐɛn])

    (2) [ph](16)：①[phjan](15)片便扁諞楄蹁篇(←[bǐɛn/phǐɛn])

               ②[phan](1)片(←[phuɑn])

3) [phjəŋ]과 대응하는 중국어

한자음 [phjəŋ](12)과 대응하는 중국어의 초성은 [ph]가 92%(11자)이고, [p]가 1자이다. 중성은 [i]가 67%(8자)이고 그밖에 [ə]가 33%(4자)이다. 중고음의 중성이 [ǐɐ], [æ]에 따라 현대음에서 [i]와 [ə]로 바뀐다. 종성은 모두 [ŋ]이다.

    (1) [ph](12)：①[phiŋ](8) 平坪評苹(2성)泙姘(←[bǐɐŋ])

                  ②[phəŋ](3)怦苹(←[phæŋ])

    (2) [p](1)   ：[pəŋ](1)抨(←[pæŋ])

3.3.6. [phɛ]계와 대응하는 중국어

1) [phɛ]와 대응하는 중국어

한자음 [phɛ](30)와 대응하는 중국어 초성은 [p]가 67%(20자), [ph]가 27%(8자), 기타 2자([f], [tɕ])가 있다. 중고음의 중성 [ɑi, buɒi]와 [ai]에 따라 현대음에서 [ej]와 [aj]로 바뀐다.

    (1) [p](20)：①[pej](10)貝狽孛誖犕悖牌狈(←[pɑi, buɒi])

                  ②[paj](6)敗稗捭猈退(←[bai])

                  ③[pa](2)霸爅 ④[po](2)孛狈

    (2) [ph](8)：①[phej](7)沛湏佩珮斾筄(←[phɑi]) ②[pho](1)霸

    (3) 기타(2)：①[fa](1)筏(←[bǐwɐt]) ②[tɕy](1)棋(←[kǐu])

2) [phɛŋ]와 대응하는 중국어

한자음 [phɛŋ](12)와 대응하는 중국어 초성은 중고음의 초성 [ph, p]에 따라 [ph, p]로 바뀌고 그 비율은 [ph]가 75%(9자), [p]가 3자이다. 중성 또한 중고음의 중성 [æ/ɐ]와 [ɑ]에 따라 [ə]와 [a]로 바뀐다. 종성은 모두 [ŋ]이다.

(1) [ph](9)： [phəŋ](9)澎彭烹硎伻骈軒輣骍(←[phæŋ/bɐŋ])

(p) [p](3) ： ①[pəŋ](2)祊閍(←[pɐŋ]) ②[paŋ](1)彭(←[pɑŋ])

3.3.7. [phje]/[phjo]에 대응하는 중국어

1) [phje]와 대응하는 중국어

한자음 [phje](23)와 대응하는 중국어의 초성은 [p]가 74%(17자), [f]가 22%(5자), 기타([ph])가 1자이다. 중고음의 초성과 중성 [p/b]와 [phĭw/pĭw]에 따라 [p]와 [f]로 바뀌고, 중고음의 중성 [piei/bĭɛi]와, [pĭwɐi/phĭwɐi]에 따라 현대음의 중성은 [i]와 [ej]로 바뀐다.

(1) [p](17) ： ①[pi](16)閉陛狴椑閟㶹敝幣弊斃躄(←[piei/bĭɛi])

②[pa](1)廢(←[buɑt])

(2) [f](5) ： [fej](5)吠廢肺癈柿(←[phĭwɐi/pĭwɐi])

(3) [ph](1) ： [phej](1)肺(←[phɑi])

2) [phjo]와 대응하는 중국어

한자음 [phjo](53)와 대응하는 중국어 초성은 [ph]가 49%(26자), [p]가 47%(25자), 기타([ti], [tʂwo])에 2자가 있다. 중고음의 초성에 따라 [p]와 [ph]로, 중고음의 중성에 따라 [jaw]와 [aw]로 나뉜다.

(1) [ph](26) ： ①[phjaw](24)剽漂瓢嫖嘌僄飄縹殍䑛㢡(←[phĭɛu])

②[phaw](2)颮橐(←[phɑu])

(2) [p](25) ： ①[pjaw](23)剽標彪滮杓表髟穮猋飆飍飈(←[pĭɛu])

②[paw](2)豹虣(←[pau])

(3) 기타(2) ： ①[ti](1)杓(←[tiek]) ②[tʂwo](1)虦(←[tɕĭak])

1) 현대한국어 한자음 초성 [ph]에 대응하는 현대중국어 초성은 [p]가 56%이고, [ph]가 33%이며, [f]는 8%에 지나지 않는다. 중국어 초성 [f]는 한국어 한자음 [phuŋ]에서 89%(17/19)이고, 한국어 한자음 [ph]에 대응하여 나타나는 중국어 [f] 초성의 57%(17/30)에 해당하고, [phjə]계열에서는 [f]가 57%(27/47)이다.

2) 중국어 초성 [p]가 압도적으로 많은 계열은 한국어 [phi]계와 [phje]계로서 78%(53/68)와 74%(17/53)이고, 다음으로 [pha]계 65%(35/54)이다. 나머지는 [pho]계 [p]가 53%(31/59), [ph]가 41%(24/59), [phjə]계는 [p]가 43%(20/47), [ph]가 57%(27/47), [phɛ]계열에는 [p]가 55%(23/42), [ph]가 41%(17/42), [phje]계열에서는 [p]가 74%(17/23), [ph]가 4%(1/23), [phjo]계열에서는 [p]가 47%(25/53), [ph]가 49%(26/ 53)이다.

3) 중국어 초성 [ph]의 비율이 높은 것은 [phjə]계열로서 57%(27/47)가 [ph]이고, 특히 [phjəŋ]에서는 92%(11/12)가 [ph]이다. 다음으로 [ph]가 높은 것은 [phjo]계열 49%(26/53)과 [phɛ]계열로서 41%(17/42)인데, 특히 [phɛŋ]에서는 75%(9/12)가 [ph]가 대응한다. [pho]계열에서도 41%(24/ 59)로서 특히 [pho]에서는 42%(22/52)에 해당한다.

4) 한국어 한자음 중성 [i, a, u, o]에 대해 현대중국어는 [i]가 88%(60/ 68), [a]가 56%(30/54), [ə]가 76%(16/21), [aw]가 54%(32/59)로의 비율로 대응한다. 여기서, 한국어 한자음 [phuŋ]이 현대중국어에서 중성과 종성의 결합제약으로 [fəŋ]으로 대응되기 때문에 [ə]가 압도적으로 많다. 또한 한국어 한자음 중성 [o]에 대해 중국어의 중성은 [aw]가 많은 것은 순음과의

연관성으로 볼 수 있다. 일반적으로 한국어 한자음 [o]는 중국어에서 [u]가 32%(513/1581)로 압도적으로 많다. 한국한자음의 중모음 [jə, jo, je]에서 는 중국어의 중성은 [ja]가 72%(34/47), [jaw]가 89%(47/53), [i]가 70%(16/23)로 대응하여 그비율이 압도적으로 높다.

5) 입성의 종성[p, l, k]는 모두 탈락하고, [m]은 [n]에 합류되고, [n, ŋ]은 일반적으로 유지된다.

[표 16] 한국어 한자음 초성 [ph]에 대응하는 중국어 음절

중국어 한국어	[f]30/367 (8%)	[p]205/367 (56%)	[ph]121/367 (33%)	초성 빈도	초중성 빈도
[phi]26		[pi]10, [pej]4	[phi]11	[p]15, [ph]11	
[phip]4	[fa]2	[pi]2		[f]2, [p]2	
[phil]34		[pi]32, [pjɛ]1	[phi]1	[p]33, [ph]1	
[phik]3		[pi]3		[p]3	
[phiN]68	[f]2, [a]2	[p]53, [i]47	[ph]12, [i]12	[p]53(78%), [i]60	
[pha]36		[pa]8, [po]11 [paj]1, [pej]1	[pho]8, [pha]6	[p]19, [ph]14	
[phan]13	[fan]1	[pan]9, [pjan]1	[phan]2	[p]10, [ph]2	
[phal]4		[pa]2, [pin]1	[pha]1	[p]3, [ph1]	
[phjak]1		[pi]1		[p]1	
[phaN]54	[f]1, [a]1	[p]35, [a]19	[ph]18, [a]9	[p]35(65%), [ph]17(31%) [a]29	
[phum]2		[piŋ]1	[phin]1	[p]1, [ph]1	
[phuŋ]19	[fəŋ]16, [fan]1		[phiŋ]1	[f]17, [ph]1	
[phuN]21	[f]17, [əŋ]16	[p]1, [iŋ]1	[i]2	[f]17(81%), [ə]16	
[pho]52		[paw]14, [pu]11	[phaw]16, [phu]6	[p]27, [ph]22	
[phok]7	[fu]1	[paw]2, [po]1	[phu]2	[p]3, [ph]2	
[phoN]59	[f]1, [u]1	[p]31, [aw]16	[ph]24, [aw]16	[p]31(53%), [ph]24, [aw]32	
[phjəm]3		[pjan]3		[p]3	

[phjən]32		[pjan]16	[phjan]15, [phan]1	[p]16, [ph]16
[phjəŋ]12		[pəŋ]1	[phiŋ]8, [phəŋ]3	[ph]11
[phjəN]47		[p]20, [ja]19	[ph]27, [ja]15	[ph]27(57%), [p]20, [ja]34
[phɛ]30	[fa]1	[pa]2, [po]2 [pej]10, [paj]6	[phej]7, [pho]1	[p]20, [ph]8
[phɛŋ]12		[paŋ]1, [pəŋ]2	[phəŋ]9	[ph]9, [p]3
[phɛN]42	[f]1, [a]1	[p]23, [ej]10	[ph]17, [ə]9	[p]23(55%) [ph]17, [ej]17
[phje]23	[fej]5	[pi]16, [pa]1	[phej]1	[p]17, [f]5
[phje]23	[f]5, [ej]5	[p]17, [i]16	[ph]1, [ej]1	[p]17(74%), [i]16
[phjo]53		[pjaw]23, [paw]2	[phjaw]24, [phaw]2	[ph]26, [p]25
[phjo]53		[p]25, [jaw]23	[ph]26, [jaw]24	[ph]26(49%) [p]25(47%), [jaw]47

4. 결론

현대 한국어 한자음에서 양순음 초성 [m, p, ph]을 가진 음절들이 현대 중국어 음절에서 어떻게 대응되는가를 분석한 바를 정리하면 다음과 같다.

1) 음절의 종류에 상관없이 공통적인 대응규칙은 다음과 같다.
   (1) 한국어의 중성 [i, a, u]는 중국어에서도 [i, a, u]로 대응하는 비율
      이 높다.
   (2) 한국어의 종성 [p, l, k]는 중국어에서 모두 탈락한다.
   (3) 한국어의 종성 [m]은 중국어에서 [n]으로 합류되고, 한국어의
      종성 [n, ŋ]은 중국어에서도 유지된다.

2) 한국어 한자음 음절의 [m]초성은 중국어에서도 [m]초성이 79%로서 압도적으로 많다. 다만, 한국어 [maŋ], [mu], [mun], [muk] 등의 음절에서는 중국어의 초성이 무초성으로 대응하는 비율이 [waŋ]54%, [u]56%, [wən]63%, [u]71% 등으로 높게 나타난다. 중국어에서 무초성은 중고음의 중성이 [ǐw, ǐu]일 때 일어난다.

[m]초성을 가진 한국어 음절에서 [i, a, u]중성은 중국어에서 [i]70% ([ej]27%), [a]45%([wa]29%), [u]45%([wə]21%) 비율로 높다. 한국어 중성 [o]는 중국어에서 [aw]29%([u]28%)이고, 한국어 [jə]는 중국어에서 [i]47%([ja]39%)이며, 한국어 [jo]는 [jaw]65%([aw]29%)이다.

3) 한국어 한자음 음절의 [p]초성은 중국어에서 [f]가 39%, [p]가 33%, [ph]가 25%의 비율로 대응하며 [m]초성처럼 판단하기가 쉽지 않다. 그러나 한국어 음절에서 [p]초성과 결합하는 중성과 종성의 관계를 면밀히 살피면 그 대응관계의 비율이 달라진다. 곧 한국어의 [pə]계, [pu]계, [po]계의 음절들에서는 중국어 음절의 초성이 [f]로 대응하는 비율이 96%, 76%, 56% 등으로 높다. 특히 [pə]계([pəm], [pən], [pəl])의 음절은 94%이상이고, [pu]계([pu]83%, [pun]75%, [pul]86%)와 [po]계([poŋ]74%, [pok]60%)에서도 그 비율이 높다.

한국어 한자음 음절의 [p]초성이 중국어에서 [ph]초성으로 대응될 확률 (25%)은 가장 낮다. 그러나 중국어에서 [ph]초성으로 대응될 확률이 높은 음절은 [pan]이 47%, [puŋ]이 55%, [pɛ]가 58% 등이다.

한국어 한자음 [p]초성이 중국어에서 [p]초성으로 대응될 확률이 높은 음절은 [pi]계 (51%), [pa]계([pal]82%, [pak]60%), [pjə]계(66%) 등이 있다.

[p]초성을 가진 한국어 음절에서 [i, a, u]중성은 중국어 음절에서 [i]71%, [a]58%, [u]47% 비율로 높게 대응한다. 한국어 중성 [ə], [o],

[jə], [ɛ]는 중국어에서 [a]93%, [u]48%, [i]54%, [ej]51%와 같이 높은
비율로 대응한다.

4) 한국어 한자음 음절의 [pʰ]초성이 중국어에서 [f]가 8%, [p]가 56%
[pʰ]가 33%로 대응한다. 특히 중국어에서 [f]로 대응하는 음절은 특정화되
어 있다. 한국어 음절 [pʰuŋ]은 중국어에서 [f]초성으로 대응하는 확률이
89%이다.

한국어 한자음 음절에서 [pʰ]초성이 중국어에서 [pʰ]초성으로 대응하는
비율이 높은 음절은 [pʰjəŋ]이 92%, [pʰɛŋ]이 75%, [pʰjən]이 50%,
[pʰjo]가 49%, [pʰo]가 42%, [pʰi]가 42%, [pʰa]가 39% 등으로 평균
(33%)을 넘는다.

한국어 한자음 음절 [pʰ]초성이 중국어에서 [p]초성으로 대응하는 비율
이 높은 음절은 [pi]계([pʰil]97%, [pʰik]100%), [pʰan]77%, [pʰje]74%,
[pʰɛ]67% 등이다.

[pʰ]초성을 가진 한국어 음절에서 [i, a, u]중성은 중국어에서 [i]88%,
[a]54%, [ə]76%로 높게 대응한다. 한국어 중성 [o], [ɛ], [jə], [je]는 중국어
에서 [aw]54%, [ə]92%, [ja]72%, [jaw]89%로 대응한다.

참고 문헌

강신항(2000), 『한국의 운서』, 국어학회.

강신항(2003), 『韓漢音韻史 연구』, 태학사.

권인한(2009), 『중세 한국한자음의 분석적 연구』, 박문사.

김무림(1999), 『洪武正韻譯訓硏究』, 월인.

엄익상(2008), 『한국한자음 중국식으로 보기』, 한국문화사.

유창균(1991), 『삼국시대의 한자음』, 민음사.

이경철(2003), 『한·일 한자음 체계의 바교 연구』, 보고사.

이기문(1998), 『국어사 개설』, 태학사.

이돈주(2003), 『韓中漢字音硏究』, 태학사.

이병선(1993), 「古代 入聲韻尾 t의 r音化에 대하여-古代 國語 開音節 硏究의 一環으로」, 『國語學 論攷』, 亞細亞文化史.

이병운(2015), 「현대 베트남어 한자음 종성 [k/c]와 [ŋ/ɲ]에 관한 연구」, 『교사교육연구』 54-4, 이진호 역(2011), 『한국 한자음 연구』, 역락(이토지유키저(2007), 『朝鮮漢字音硏究』, 汲古書院).

허 웅(1986), 『국어음운학, 샘문화사.

郭錫良(2014), 『漢字古音手冊』, 北京, 中國: 商務印書館.

王 力(1996), 『漢語史稿』, 北京, 中國: 中華書局.

李珍華·周長楫(1999), 『漢字古今音表(修訂本)』, 北京, 中國: 中華書局.

언어지도를 활용한 세계 언어지리학의 연구 동향

김덕호

경북대학교

1. 들어가기

개별 단어의 변화사에 치중한 원자론적 연구에 관심을 보였던 小倉進平 (1944)과 河野六郎(1945) 이래 국어 방언 연구사에서 공통적으로 발견되는 문제점은 방언학의 본령에 해당되는 언어지리학적 비교 연구가 전제되지 않은 기술적인 방언 연구가 주류를 이루어 왔다는 사실이다. 이러한 문제점을 인식하여 방언학의 본령으로 돌아가자는 지적은 오래 전부터 있었다.[1] 그렇지만 방언 연구의 본령이라는 언어지리학적 연구는 어떤 다른 기술적인 연구보다 훨씬 더 많은 노력과 시간과 정력을 쏟아야만 하고, 애쓴 만큼의 결과를 얻을 수 있다는 보장도 없을 뿐더러 관심을 가진다고 하더라도 방법론이 부족하여 시행착오를 겪어야 하는 어려움 때문에 선뜻 나서기가 힘든 분야라고 생각된다. 다시 말하자면 언어지리학(Linguistics of Geography)

---

1 이익섭(1978:171)은 우리의 방언 연구가 언어지리학적인 방면에서 부진하다고 하면서 '비교 연구'라는 방언학 본연의 자세로 돌아가야 함을 역설하였다.

은 용어 자체가 언어학의 한 분야라고 생각되기보다는 지리학의 한 분야에 해당되는 것처럼 생각되고 있으며, 또한 현상 분석을 위한 특별한 방법론도 개발된 적도 없으며, 심지어 이 연구의 출발점에 해당되는 방언 자료의 처리와 정리에 대한 논의나 이를 이용한 언어지도의 제작 방법에 대한 연구도 부족하여 언어지리학적 연구를 꿈꾸는 일조차 어려웠다.

20세기 후반에 들어 방언의 분포를 확인하는 작업이 방언학 분야에서 중요한 연구 과정 중의 하나라는 인식이 확산되면서 이에 대한 여러 가지 시도가 이루어졌다. 특히 우리나라에서도 1990년대 후반에 들어서면서 언어지도를 제작하는 방법론에 대한 논의가 많이 있었다. 그런데 언어지도를 연구 목적에 맞게 그리는 것도 중요하지만 이를 이용하여 언어 현상을 설명하는 방법론에 대한 연구도 필요하다는 주장들이 나타났다.[2] 그렇다면 언어지도의 제작과 이를 활용하는 방법론은 어느 정도까지 진행되고 있는지 알아볼 필요가 있다.

이 글은 세계 각국의 언어지도 제작 상황과 이를 활용하는 언어지리학적 방법론의 최근 연구 동향을 소개하는데 그 목적이 있다.

2. 언어지리학적 연구와 언어지도의 활용

지리적 환경을 통해 지역어가 생성되고 발전하고 소멸하는 이론을 도출해보거나, 언어의 전파 경로를 추적한다든지 지역어의 특성이 잔존하는 지역의 공간적 특성을 파악한다든지, 지역 언어 요소들의 분포권을 설정하여 국가 단위의 언어지도를 작성하는 등의 작업을 하려면 특별한 이론 정립이

---

2 이승재(1986)는 방언 연구와 방언학의 다름을 인식하면서, 순수한 방언학의 연구 과제인 방언 상호간의 비교나 방언구획에 대한 치밀한 방법론의 부재를 지적하였다.

필요하다. 이러한 이론을 정립할 수 있는 분야가 바로 언어지리학이다.

　언어지리학적 연구의 전개 원리를 간단하게 소개하면 다음과 같다. 언어지리학은 동적인 언어 현상에서 시작된다. 조사된 언어 현상은 지도화 및 통계적 처리를 통해서 정적인 언어 사실로 바뀌고, 그 사실에 기초하여 언어와 지리의 관계를 만든다. 이러한 관계는 귀납적이거나 연역적 방법으로 기술된다. 언어와 지리의 관계는 언어의 형성 과정, 언어체계, 언어활동이 자연 지리적 관계나 인문 지리적 관계를 통해 해석되는데, 이런 관계는 곳에 따라 어떤 곳에서는 자연 지리적 조건이 강하게 작용하고 어떤 곳에서는 인문 지리적 조건에 의한 변화가 강하게 작용한다. 이 관계의 지역 간 차이는 결국 지역 간에 서로 다른 언어권을 만들게 된다. 이러한 언어권에서 다시 언어적 현상을 발생되거나 전파되는 과정이 반복한다. 그러면서 언어 지역은 변화하게 된다. 이러한 변화 과정이 언어지리학적 연구의 기본 전개 원리이다. 언어의 역사적 추이에 대한 연구가 역사언어학의 주된 분야라고 하면, 언어의 지리적 분화에 관한 연구는 언어지리학의 중요한 연구 대상이다. 따라서 언어의 지리적 분화 상황을 연구하는데 필수 전제인 언어지도의 작성은 언어지리학의 핵심 분야라고 할 수 있다(소강춘, 2001).

　언어지리학은 동적인 언어 현상에서 시작된다. 이러한 언어적 현상은 통계적 처리나 언어지도를 통해서 정적인 언어적 사실로 바뀌고 그 사실을 기초하여 언어와 지리적 환경의 관계를 규명할 수 있다. 음운 현상이나 어휘의 형태 변이가 인문 지리, 자연 지리, 문화 지리 등과 어떻게 관련되는가를 살피는 것이 이 분야의 주된 연구 과제이다. 즉 음운 및 형태 변이 현상의 발생 지역(방사 원점)이 갖는 지역적인 특성−가령, 변경 지역인지 혹은 반대로 정치·문화의 중심 지역인지를 살피는 것이 언어의 과거를 짐작하고 현재를 보면서 미래를 예측하는 실마리를 제공할 것이다. 이를 위해 지리적인 정보 및 언어외적인 정보를 동시에 조감할 수 있는 다양한 언어지도를 고안할 필요가 있다.

특정 음운 현상이나 형태 변이 현상의 발생과 확산에 대한 문제를 연구하다 보면, 공시적인 현상이 인문 지리, 자연 지리, 문화 환경 등과 어떻게 관련되는가에 대해서도 탐색할 필요성을 느끼게 된다. 이런 연구 과정을 통해 기존의 파동설이나 수지형설에 대한 문제점을 검토해 볼 수 있는 계기도 마련할 수 있다. 이처럼 음운 현상이나 형태 변이 현상에 의거한 언어의 공간적 분화가 역사적으로 어떠한 환경과 질서 아래에서 이루어졌는가를 종합적으로 살피는 것은 언어지리학 연구의 한 영역을 구축하는데도 꼭 필요한 과정이라고 생각한다.

언어와 지리의 관계는 언어의 형성과정, 언어체계, 언어활동과 자연 지리적 관계나 인문 지리적 관계를 의미하며, 지역에 따라 어떤 곳에서는 자연지리적인 조건이 강하게 작용하고 어떤 쪽에서는 인문 지리적 조건에 의한 변화가 작용한다. 이러한 관계의 지역 간 차이는 결국 지역 간에 서로 다른 언어권을 만들게 된다. 그리고 각 언어권에서는 그들대로 언어적 현상을 발생시키거나 전파하면서 이러한 절차를 반복한다. 그러면서 각 지역 언어는 점차 변화하게 된다. 그러한 변화 과정을 언어지도를 통해 구현하고 살피는 것이 언어지리학적 연구방법론이다. 이런 연구방법론에 입각하여 언어지도를 제작하고 적용하는 것이 바로 언어지도의 활용 원리이다.

언어지도 제작을 위해 반드시 선행해야 할 작업은 언어(방언) 자료의 정리와 분류이다. 자료의 활용도를 높이기 위해 조사된 방언 자료의 데이터베이스를 구축해 두면 연구 목적에 따라 컴퓨터를 활용해서 다양하게 분류하고 목적에 따라 데이터를 추출할 수 있다. 특히 방언 자료가 많고 복잡할수록 그 진가는 발휘된다. 그러므로 특별한 목적과 장기적인 계획을 감안하여 데이터베이스의 구조도 적절하게 디자인해야 한다. 연구 목적에 맞게 활용할 수 있는 유용한 언어 지도를 만들기 위해서도 이러한 작업은 반드시 필요하다.

현재 세계의 언어지리학자들은 과거 문헌 연구를 중심으로 이루어진 (역사)언어학으로부터 다양한 과학적 방법론을 도입하여 실제 언어 현상을 연구하는 단계로 지평을 넓히고 있다. 더 나아가서 그들은 방언 분포와 지리정보사이의 상호 관계를 분석하고, 언어의 생태학적(사회, 환경 등) 연구를 통해 언어적 인간(Homo loquens)의 실체를 규명하고자 한다.

3. 한국의 방언자료 처리와 언어지도 제작[3]

언어지도의 제작 목적은 언어지도를 통해 크고 작은 언어 경계를 확인하여 체계적인 의미를 부여해야 하며, 또 그 속에서 공간적 분포와 시간적인 변화의 관계를 찾아내는 데 있다. 따라서 언어지도는 조사 지역의 언어 자료를 지도상에 표현(Macaulay, R.K.S. 1985:175) "present the basic material in map")한 것이다.

언어지도는 "일정 지역 내에서 나타나는 언어적인 차이를 한눈에 알아볼 수 있도록 지도 형식을 빌려 표시한 것"(방언학사전, 2001:265)이라는 전통적인 개념처럼 단순히 2차원적 지도형식을 빌어 언어분화를 표시한 차원이 아니라 지도나 도면 또는 3차원 이상의 화상공간에 언어적 특질을 중심으로 기입해 놓은 것까지 포함한다. 언어지도란 지리적 공간 속에서 언어분화와 관련되는 여러 가지 지리적 정보와 관련한 언어분화 양상을 종이뿐만 아니라 온라인상의 화상 양식으로 표현한 것을 포함하는 광의의 개념으로 확대하여 이해해야 한다.

지금까지 세계 여러 나라에서 출판되거나 온라인상에 제공된 언어지도 형식은 매우 다양하다. 언어지도는 자료를 표현하는 방식에 따라 진열지

---

3 이상규 교수(경북대, 제7대 국립국어원장 역임)가 언어지도의 종류와 손쉽게 언어지도를 만들 수 있는 MapMaker라는 제작 도구를 소개하면서 방언자료 처리에 대한 새로운 전략을 제시한 글이다.

도(display map)와 해석지도(interpretive map)로 구분하고, 제작 방식에 따라 정질적 지도(qualitative map)와 정량적 지도(quantitative map)로 구분한다.

언어지도 형식은 컴퓨터가 보급된 이래 매우 다양한 모습을 보여주고 있다. 자료의 양과 형태 면에서, 그리고 표현 양식 면에서, 자료 처리의 종합화와 단순화 정도에 따라서, 자료의 시각적 표현 방식 등에 따라 다양하게 지도유형을 분류할 수 있다. 한편 컴퓨터의 성능과 DB(자료 기지)나 화상계열의 소프트웨어의 발달에 따른 표현기법의 차이, 혹은 언어지도 및 언어 데이터 구축 방식의 발달과정에 따라 그 차이점을 설명하기도 한다. 본고에서는 언어지도의 변천과정에서 전산화시기를 기점으로 하여 손으로 그리는 방식과 전산화 방식으로 구분하고 그 가운데 표현기법의 장점을 가진 유형을 중심으로 살펴보았다.

손으로 언어지도를 그리는 유형은 언어지도 그림을 그대로 오프셋(offset)으로 인쇄(마스타 인쇄 기법도 동일한 원리이다.)하는 오프셋 기법과 연구자가 직접 손으로 그린 지도를 인쇄 도안사가 트레이싱 종이(tracing paper)에 다시 옮겨 그리는 트레이싱 기법이 있다.

손으로 언어지도를 그리는 방법은 비경제적일 뿐만 아니라 정확도에서 신뢰도가 떨어질 수 있는 단점이 있다. 컴퓨터 보급이 일반화되면서 PC를 활용한 언어지도 제작 방법이 급속도로 발전하고 있다. PC를 활용하여 방언 자료를 정리하여 지도로 옮기는 일은 사실 단순 작업에 지나지 않기 때문에 방언 연구자들의 연구 과제에서는 벗어난다고 주장하기도 하지만 실제로 언어지도 제작 작업은 언어 자료에 대한 분석 능력을 신장하는 매우 효과적인 방식이다. 컴퓨터를 활용하여 보다 효율적으로 연구를 진행하기 위해서는 언어지도 제작 방법에 대한 연구가 현재의 시점에서는 매우 요긴한 연구과제가 아닐 수 없다.

지도 형식은 조사 지역의 크기나 지도의 규모 조사 지점 수, 조사 자료

종류, 지도 제작 방법 등에 따라서도 구분한다. 그리고 자료를 처리하는
방식이나 지도를 제작하는 전산화 방법도 매우 다양하다. 최근까지 전산화
된 언어지도 제작 방식은 기존에 개발된 소프트웨어를 활용하는 방식과
전면 전산화하여 지도를 제작하는 시스템을 활용하는 방식이 있다. 한국에
서는 필자가 MapMaker라는 방언지도 제작기를 개발하여 이를 활용하여
그린 언어지도가 있다([그림 1]).

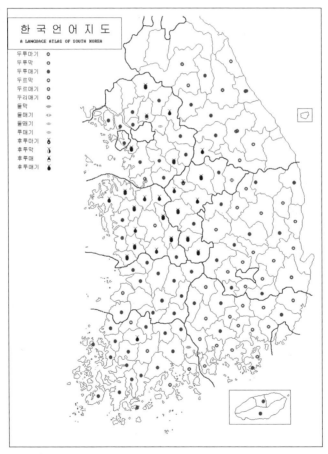

[그림 1] MapMaker 방언지도(이상규)

방언 지도 제작기(Map Maker)는 상징부호 언어지도를 제작하기 위한 도구로 다음과 같은 특징이 있다.

첫째, 사용자는 그래픽 유저 인터페이스의 도움으로 쉽게 지도를 만들 수 있다. 예를 들어, '새 지도 파일 생성' 메뉴만 클릭하면 팝업 창이 뜨면서 프로그램이 지도를 제작하는 데 필요한 자료들을 차례대로 열도록 안내한다. 사용자는 이렇게 프로그램에서 제시하는 절차를 따라가다 보면 쉽게 지도를 완성할 수 있다. 또한 동일한 바탕지도를 가진 여러 개의 개별 어휘 지도를 작성할 때 사용자 지정 환경(user defined preference)을 설정함으로써 동일한 절차를 반복하지 않도록 하여 지도 작성에 걸리는 시간을 최소화할 수 있다.

둘째는 연산 및 정렬 기능을 통해 방언자료의 분석과 해석이 용이하다. 즉, 지도 제작자는 방언형들을 자모순(order by alphabet)이나 빈도순(order by frequency)으로 정렬(sorting)할 수 있어 방언 분화형의 종류와 출현 빈도를 한눈에 파악할 수 있다([그림 2]).

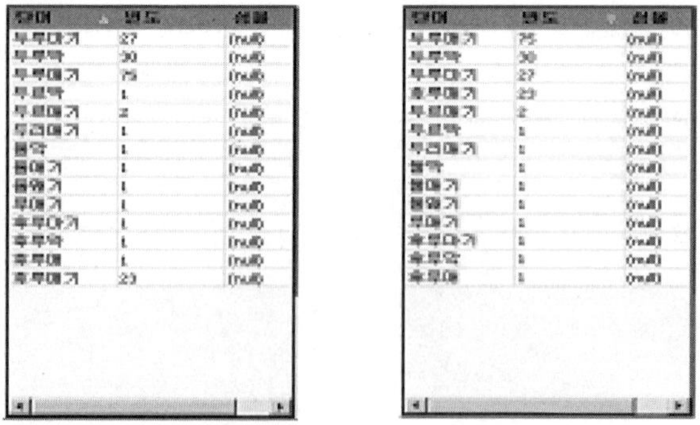

그림 2 자모순 배열과 빈도순 정렬

셋째는 좌표의 자동 설정 기능을 이용해 사용자가 원하는 형태의 지도를 자동적으로 쉽게 작성할 수 있다. 즉 이것은 다양한 형태의 지도들을 만들기 위해 사용자에게 많은 도움을 준다. 그러므로 보 연구에서 소개하고 있는 방언 지도 제작기는 지도를 제작하기 위한 아주 효과적인 프로그램이라고 생각한다.

이렇게 음성 자료와 전사 자료 등 방언 조사의 결과물을 데이터베이스 형태로 구축하고 또 언어지도로 제작하는 것에까지 컴퓨터를 활용하고 있지만 기존에 개발되어 소개된 각종 방언 연구를 위해 사용되는 소프트웨어는 효율성과 연계성 측면에서 한계가 있다. 즉, 연구자마다 서로 다른 소프트웨어로 방언 자료를 구축하고 언어지도를 제작함으로써 연구자 사이에 자료나 지도를 공유하기가 쉽지 않다. 또 개인마다 각각 따로 지정한 전사기호나 상징부호, 색상 등의 차이 때문에 발생하는 비효율성의 문제도 간단한 문제가 아니다.

따라서 컴퓨터를 활용한 방언 연구가 더욱 큰 성과를 이루어내기 위해서는 연구자 간의 공동연구를 통해 방언 자료를 관리하는 종합적인 시스템 개발을 추진해야 하며 더불어 자료의 관리와 지도 제작 방식에 대한 국제적 표준화를 서둘러야 할 것이다.

4. 방언 분포 분석에 대한 일본의 언어지리학 [4]

일본 언어지리학의 첫 번째 시대는 일본어 방언의 분류와 등어선의 발견으로 특징지을 수 있다. 초기의 언어지도는 1904년 新村出의 東西語法境界線槪略([그림 3])의 등어선속(Isoglosses) 지도와 1906년 국어조사위원회의 口語法分布図([그림 4])에서 이끌어 낸 동서 방언경계선의 발견이었다. 이

---

4 일본 국립국어연구소의 오니시 다쿠이치로(大西拓一郎)가 일본에서 언어지도를 활용하여, 방언 분포 정보를 읽고 분석하는 방법과 관점을 제안하고 있다.

러한 관점에서 방언학의 중심적 과제인 방언구획론을 설정한 것이 도조 마사오(東條操)이고, 그의 方言區劃図(1954)([그림 5])가 있다. 일본방언학계는 이 방언구획론에 동조했다.

[그림 3] 신무라(新村出)의 東 西語法境界線概略(1904)에서 등어선속

[그림 4] 口語法分布図

[그림 5] 도조 마사오(東條操) 의 方言區劃図(1954)

하지만 여기에 이의를 제기한 것은 야나기타 구니오(柳田國男)로 1930년에 제작한 '蝸牛考'를 통해서 방언주권론을 내세우면서 도조의 방언구획론과 대치하게 된다. 이처럼 방언학계의 양립된 두 주장은 실은 상세한 언어지도를 바탕으로 논의된 것이 아니었다.

구체적이면서도 신뢰할 수 있는 언어지리학적 논의는 다음 시대로 넘어가게 된다. 시바타 다케시(紫田武)의 '言語地理學의 方法'(1969)은 일본에서 언어지리학 연구의 절대적 역할을 한다. 그는 이토이가와(糸魚川) 지역조사 연구에서 언어지리학의 목적과 방법을 처음으로 제시하였으며 이것이 토대가 되어 전국적인 조사와 분포를 파악하기 위한 방법론을 수립하였다([그림 6]).

이러한 시바타의 방법론은 언어지리학을 '언어사 연구 방법의 하나'로 정립하게 한 계기가 되었다. 그가 제시한 8가지 단서 중 계승된 것이 '그 단어의 지리적 분포'이며 여기에 속하는 '인접 분포의 원칙'과 '주변 분포의 원칙'은 야나기타(柳田)의 '방언주권론'을 과학적으로 분석하는 계기가 되었다. 이토 이가와 조사의 공동연구자인 우마세 요시오는 유럽의 언어지리학 연구 성과를 소개하면서 일본의 언어지리학 확립에 큰 역할을 했다([그림 7]).[5]

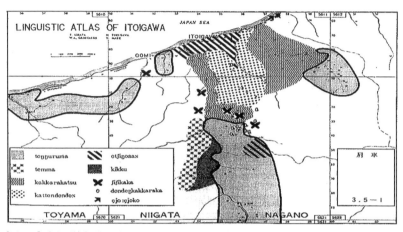

[지도 6] 糸魚川地方의 목말 지도

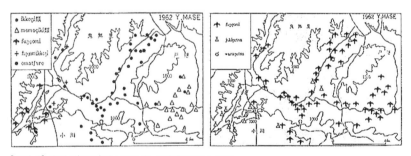

[그림 7] 우마세(1969)의 나가노현 동음충돌현상 지도

5 우마세(1969)는 동음충돌, 유음색인, 민간어원, 혼효 등 언어학의 변화에 관한 기본 개념을 지도로 설명하여 언어사 연구로서의 언어지리학 성격을 명확하게 했다.

일본어 언어지리학자들은 분류 연구의 결과물을 토대로 하여 주어진 방언 특징들의 지리적 분포를 분석하기 위하여 시바타 다케시(柴田武)의 방법론과 야나기타 구니오(柳田國男)의 방언 방사 이론 두 가지를 모두 따랐다. 그들은 중앙과 지방 사이의 거리뿐만 아니라 지형학적인 특징에도 초점을 두었다. 특히, 운송을 위한 길과 강의 선들이 분석을 위하여 강조되었다. 이 선들과 다른 지리적 정보들(등고선, 인구 등)이 방언 분포의 분석에 있어 중요한 역할을 했음은 말할 필요가 없다. 따라서 방언 분화와 지형 지도를 겹치는 것은 연구 방법으로서 이상적인 것이다.

그러나 문제는 지형 지도는 많은 특징들을 포함하는데, 이는 어떤 특징이 방언 분포에 가장 많은 영향을 미치는지 살피는 것을 어렵게 만든다는 것이다. 게다가 일반적인 지형지도는 고정된 숫자의 범위로 그려지므로, 만약 언어지도의 해당 범위가 지형지도의 부분과 다르면, 방언 분포와 다른 특징 간의 관계를 관찰하는 것이 어렵게 된다([그림 8]). 이런 경우, 다양한 범위의 지형지도가 손으로 그려지기 때문에 아주 많은 노력이 요구될 것이다.

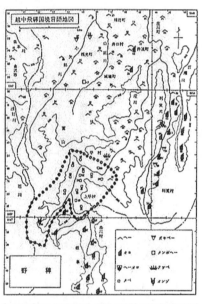

[그림 8] 사나다(1979) 야생 피(稗) 지도(도야마현)

한편 지리정보시스템(GIS)은 디지털화 된 지리학 정보를 분석하는 기술이다. 지리정보시스템(GIS)은 예전에는 너무 어렵고 지나치게 다루기 복잡해서 장애로 여겨졌던 지리 정보를 처리하는 것을 가능하게 했다.[6] 지리정보시스템에 기반한 지리적 데이터와 언어 데이터간의 비교는 완전히 새로운 전망을 보여준다. 오니시 다쿠이치로(大西拓一郎)는 표고 데이터나 인구 데이터에 방언 분포를 조합하여 특정 형식의 분포 영역에 대한 지리적 상황을 검토하고 있다([그림 9], [그림 10])(大西拓一郎 2007).

　일본 방언 분포의 원류라고 할 수 있는 동서 경계에 대해서도 GIS를 활용하여 지형과의 관계를 파악하는 것이 가능하게 되었고([그림 11]), 입체화한 지도([그림 12])도 가능하게 되었다. 이로써 GAJ의 데이터에서는 알기 어려웠던 특이한 데이터의 존재와 분포 영역에 대한 지리적인 상황도 확인할 수 있다(大西拓一郎, 2005).

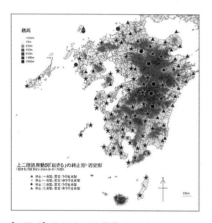

[그림 9] 규슈의 GIS 활용 분포와 표고

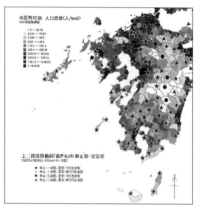

[그림 10] 규슈의 GIS 활용 분포와 인구밀도

---

6 GIS를 활용하는 것으로 교통, 표고, 촌락, 지형뿐만 아니라, 인구나 강수량과 같은 통합적 데이터를 지도 위에서 다루면서 방언 분포 데이터를 포함하여 조합하는 것이 가능하게 되었다.

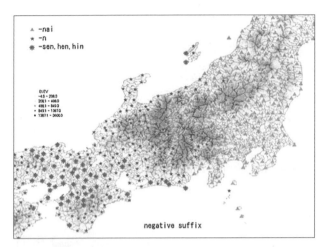

[그림 11] 부정사 분포와 표고

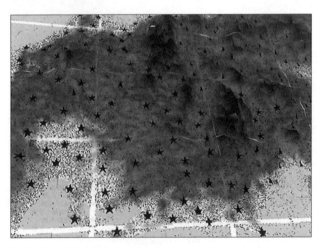

[그림 12] 부정사 분포의 입체도

다음 [그림 13]은 동부 일본을 주목해 보면 인구 밀도가 높은 도시 지역에서 격식 있는 장면에서 공통어형이 나타날 확률이 높다는 것을 보여 주고 있다. [그림 14]는 가족인 자신의 부친에 대해서 말할 때 경어 형식이 사용되는 경우는 주로 가족 규모가 작은 지역이라는 것도 알 수 있게 한다.

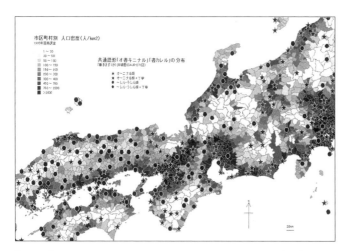

[그림 13] 대우도가 높은 장면에서의 공통어형 분포와 인구밀도(大西拓一郎, 2007)

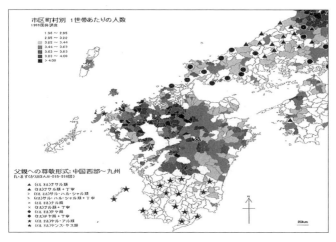

[그림 14] 가족에 대한 존경어와 가족 규모(大西拓一郎, 2007)

이는 GIS를 통해 언어 외적 지리 정보 관계를 파악할 경우 방언 분포는 언어의 역사만 말하는 것이 아니라는 것이다(大西拓一郎, 2007).

일본에서 언어지리학은 방언 분류로부터 출발하여 단어 개개의 역사를 규명하려고 했으나, GIS의 활용에 의해 역사적 관점에 사로잡히지 않고 언어정보와 언어 외적 정보를 지리공간에서 조합하는 방향으로 나아가고 있다. 이러한 조합에서 지리정보의 검토나 조합의 유효성에 대해서 신중하게 검토할 필요가 있지만, 그는 언어지리학이 나아가야할 목표가 분명해졌다고 말하고 있다. 곧 언어 정보의 지리 공간적 분포를 통해 언어에 관련된 인간의 활동을 밝히는 것이 언어지리학의 목표라고 주장하고 있다.

5. 일본의 언어지리학 분석 도구인 글로토그램(Glottogram)[7]

글로토그램(Glottogram)이란 '地點×年齡'의 언어 변화를 해석하기 위한 언어지리학적 접근 방법으로 어형·음형의 공간적, 시간적 전파의 양상을 찾는데 유용하게 이용된다.[8] 글로토그램은 일본 언어지리학계에서 이름을 붙이고 발전시킨 것이다. 일본어의 변화와 관계가 있는 가장 중요한 사회인구통계학적 요소들 중 하나가 세대(나이)차이다. 지리적인 관계와 연령을 X축과 Y축으로 교차하는 그래프인데, 지점에 대한 연령(세대간)의 차이가 이 그림 개발의 기초가 되었다.

용어 "glotto"(언어에 관련한) "gram"(그림)은 1969년에 처음 등장하였다. 다수의 글로토그램 수집물이 1980년대에 처음 선을 보였다. 1990년대까지 일본의 여러 지역에서는 글로토그램 제작이 일종의 유행이었다.[9] 1990

---

7 일본 오사카대학교(大阪大學校) 대학원의 사나다신지(眞田信治) 교수가 언어지리학
   연구의 특별한 방안인 글로토그램(Glottogram)을 활용한 연구의 역사와 그 방안을
   소개한 글이다.

8 그는 글로토그램(Glottogram)을 언어지리학과 사회언어학에서 동시에 다루고 있는
   데, 이런 태도는 이 방법론이 지점(지리적 요소)과 연령(사회적 요소)을 같이 다루기
   때문이다. 이것은 언어지리학과 사회언어학이 서로 공유할 수 있는 가능성이 높음을
   의미한다.

9 사나다신지(眞田信治 1990:281)는 '富山縣利賀谷'에서 조사한 액센트를 글로토그램

년대 말이 되면서 이러한 글로토그램 지도 제작 건수도 서서히 줄어들었지만 지금까지도 이러한 작업들은 코난대학(甲南大學) 방언연구회에서 이루어지고 있다.

글로토그램은 그림의 한 양식이기는 하지만 언어지도로 보기는 어렵다. 글로토그램은 언어접촉과 새로운 어형를 받아드리면서 생기는 언어변화의 역학을 상세히 보여주는데, 이것이 글로토그램의 강점이다. 하지만 글로토그램은 조사지역의 구획정리가 선형적이라는 점에 있어서 한계를 지닌다. 즉 언어지도로 나타내는 방법이 없기 때문에 광범위한 지역에서 일어나는 변화를 나타내는 것은 쉽지 않다.

독일에서 방언 상의 세대 차이가 지도 형태에서 표시되기도 했지만, 일반적으로 '地點×年齡'의 그림과 같은 개념은 서양에서 존재하지 않는다. 일본어 글로토그램은 그다지 가치 있게 보이지는 않는 것 같다. ―일본어 글로토그램이 무시되는 것인지 단순히 알려지지 않은 것인지는 명확하지 않다. 명백히 글로토그램은 데이터를 평면으로 표시할 수밖에 없다는 점에서 제한적이다. 이 점은 일반적으로 잘 알려진 사실이다. 그러나 첫 번째 단계에서 글로토그램의 개념에 도달하게 되고, 지도에 대한 보충 도구로서 그리고 구성 이론의 모델로서 글로토그램을 사용하는 단계가 되면 평면에 데이터를 나타낼 수밖에 없는 한계로 인한 불만족스러움에서 벗어나게 된다.

일본에서 다루어진 이론적 주제들은 일본에서의 언어현상에 대한 연구로부터 발생한 것이고 서양의 시점에서 구성된 이론적 체제 안에서 일본어 현상을 논의하거나 서양의 기준에 따라 사물을 보아야 할 필요는 없다. 필요로 하는 것은 연구 대상을 생생하게 설명하는 것이며, 연구의 대상에 따라

을 이용하여 해석하고 있고, 高橋顯志(1993:36)는 자연지리적 요인이 지역 간의 소통을 저해할 경우 말이 서로 달라지는 경우를 증명하기 위해 '物部川流域'의 9개 부락을 조사하여 '글로토그램 分布圖'로 나타내고 있다.

다른 방법들을 보강하면 된다. 다음 [그림 15]는 사나다신지(眞田信治)가 1971년에 제작한 '지리적 차이와 연령별 차이'를 그린 글로토그램 언어지도이다.

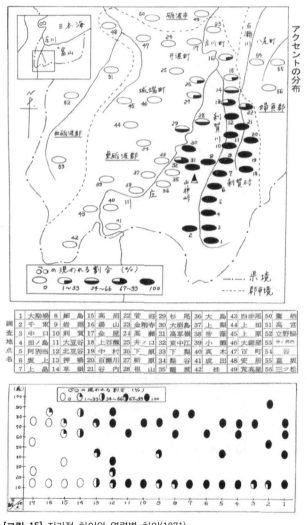

[그림 15] 지리적 차이와 연령별 차이(1971)

6. 중국어의 언어지리학과 언어지도의 해석[10]

6.1. 언어 전파의 방향

중국어 방언 분포의 역사적 변인을 푸는 실마리는 2가지가 있다. 하나는 '북방화'이고, 또 다른 하나는 남쪽의 중핵지역(Kernlandschaft)이다. '북방화'란 어휘가 북쪽에서 남쪽으로 전파하는 것을 말하고, 남쪽의 중핵지역(Kernlandschaft)이란 강회지역(남경과 양주 중심)이 북방화라는 언어 전파의 중계점으로 새로운 개신지의 역할을 하면서 주변지역에 강한 영향력을 미치고 있음을 함축하고 있다.

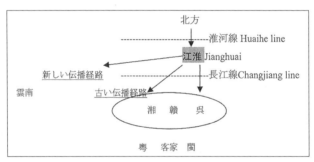

[그림 16] 전파 경로

이것은 중국 남서지역이 북부의 영향을 상당히 많이 받고 있다는 점과 남북 대립을 함께 분명하게 보인다고 알려졌다. 중국에는 두 강을 따라 생기는 2개의 큰 방언 경계(등어선 다발)가 있다. 긴 강을 따르는 경계는 역사적으로 더 중요한 것으로 회하선(淮河線)이라고 불리며, 짧은 것은 장강선(長

---

10 일본 가나자와 대학(金澤大學) 문학부 교수로 있는 이와타 레이(岩田礼)가 자신의 연구 프로젝트인 PHD(Project on Han Dialects, 漢方言프로젝트, 1989)에서 얻은 결과에 관하여 소개한 글이다.

江線)이라고 불린다. 이러한 상황은 장기간에 걸친 중남부 지방의 북방화 과정에 의해 형성되었다.

부계친족어간 '爺ye'에 대한 분포는 이러한 과정을 잘 보여주는 경우이다.

(1) 북방(동부): 〈아버지의 형〉
(2) 장강 유역: 〈아버지의 남동생〉
(3) 남방(주로 내륙부): 〈아버지〉

이 중 가장 오래된 용법은(3)이다. '爺 ye'는 회하선을 넘어 우선 강회지역에 도달하고, 다음에 장강선을 넘어 남하했지만 대부분은 바로 남쪽으로 진행된 것이 아니라, 위 [그림 2]의 '오래된 전파 경로'를 지나 남서쪽으로 전파되었다. '爺ye'가 〈아버지〉만을 가리킨다고 하는 본래의 용법은 거기에서 보존되었다. 이것에 반해서 북방과 강회에서는 다음과 같은 '지시 대상의 전이(semantic Shift)'가 일어났다.

(1) 북방(동부): 〈아버지〉→〈아버지의 형〉
(2) 강회: 〈아버지〉→〈아버지의 남동생〉

강회에서 생겨난 (2)의 용법은 [그림 16]의 '새로운 전파 경로'를 지나 운남(雲南)까지 전파했다. 이러한 분포를 '장강형 분포'라고 부른다.

[그림 17]은 현재 수도인 베이징이 방언 영향에 있어 제한적임을 나타내며, 난징시는 그 이웃지역(강회 Jianghuai)과 마찬가지로 중남부지방 내에서 중핵지역(Kernlandschaft)으로 역할을 한다. 장강(長江)의 역할은 중핵지역으로부터 언어 변이 특징과 관련하여 매우 중요하다.

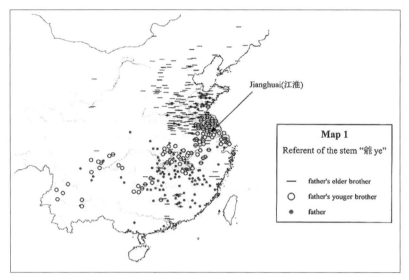

[그림 17] 부계친족어간 '爺ye'에 대한 분포지도

6.2. 어휘역사의 재구

문헌에 치우치지 않는 순수한 방언학적 접근은 최근까지 언어학자들의 연구범위에 조차 들지 못하는 반면에, 풍부한 문어자료 덕분으로 중국의 역사언어학은 문헌학적인 증거에 지나치게 많이 의존해 왔다. 지금까지의 어원학상의 연구는 문어 텍스트에 기록된 형태와 방언에서 드러나는 형태간의 일대일 대응관계를 찾는 데 주력했다. 그는 언어지리학이 이러한 점에 있어서 큰 기여를 할 수 있다고 믿고 있다.

'ABA 분포', '주권분포'에는 예외도 많이 알려져 있지만, 상황 증거가 갖추어지면 「A는 B보다 오래되었다」, 「주변에 분포하는 어형이 오래되었다」고 판단할 수 있다. 다음 [그림 18]에 있어서 [tomorrow]나 [morning]을 나타내는 어간 '朝zhao'는 장강 이남에 넓게 분포하지만, 거기에서 멀리 떨어져 북방에서도 보인다. 이 경우 '朝zhao'는 이미 단독으로 사용되지

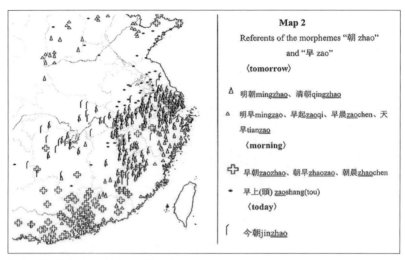

Map 2

Referents of the morphemes "朝 zhao"

and "早 zao"

〈tomorrow〉

△ 明朝mingzhao、清朝qingzhao

△ 明早mingzao、早起zaoqi、早晨zaochen、天
早tianzao

〈morning〉

✛ 早朝zaozhao、朝早zhaozao、朝晨zhaochen

➤ 早上(頭) zaoshang(tou)

〈today〉

ſ 今朝jinzhao

[그림 18] 어간 朝zhao와 早zao 분포지도

않고, 또 북방에서는 조어 능력도 부족한 형태소이기 때문에 오래된 형태의
잔존이라고 볼 수 있다.

　[tomorrow]와 [morning]에서 같은 어간이 공유되는 것은 인도·유럽어나
일본어와 평행적이다. 이것에 대응하는 [yesterday]와 [evening / night]를
나타내는 어형은, 어간 '夜ye'(또는 그 유의어)를 공유하고 있었다고 추정된
다. 한편, [tomorrow]와 [yesterday]를 나타내는 고어에는 '明日 mingri',
'昨日 zuorl'도 있었다. 이렇게 해서 고대 중국어의 날짜를 나타내는 말의
체계는 이중구조인 것이 된다.

　　　Ⅰ　昨日　　　今日　　　明日
　　　Ⅱ　昨夜　　　今日　　　明朝

　언어지리학은 또 종래의 문헌 어원학의 잘못을 바로잡을 수 있다. 예를
들면, 청조를 대표하는 뛰어난 고증학자이었던 정요전(程瑤田)은 문헌 언어

와 구어 어휘 중에서 음절두자음(initial)이 k-1의 순서로 나타나는 대량의 복음절어를 찾아내, 이것들이 모두 고대의 같은 어원 그룹으로 거슬러 올라가는 것이라고 주장했다. 방언 지도의 관찰에 근거한 전망에 의하면, 현대 방언의 k-1 어군은 비교적 새로운 시대의 산물이며, k-접두사가 증식한 것 및 스트레스 액센트의 발달(2 음절어의 '강-약'형, 삼음절어의 '중-약-강'형)에 의해서 약음절이 l-음절로 변화했던 것에 기인한다(이와타 2006, 2007).

6.3. 어휘들의 견인과 충돌

'견인'에서 잘 알려진 형태로 '유음견인'이 있다. 유음견인의 귀결은 하나의 형태를 둘러싸고 두 개의 의미가 싸우는 '동음충돌'이다. 동음충돌은 일반적으로 방언의 내부 현상이지만, 외부적 요인이 늦게 일어나는 경우는 지리적인 상보 분포의 형성에 의해서 충돌이 회피되는 일이 있다(우마세 1992, 이와타 2006). 이에 반해 하나의 의미를 둘러싸고 두 개의 형태가 싸우는 것을 '동의충돌'이라고 부른다. 동의충돌을 일으키는 것은 일반적으로 말의 전파라고 하는 외적 요인이다.

그는 자신의 최근 연구 결과물에서 질리에롱(J. Gilliéron)에 의해 분명히 인식되어 왔으나, 지금까지도 중국어 분야의 연구자들에게는 거의 알려진 적이 없었던 현상을 발견하게 되었다.

중국어 방언은 '방언 갈등'의 각축장이다. 어느 지역에 존재하는 어형 'P'가 인접한 지역에서 전파된 다른 어형 'Q'를 만났을 경우, 이 두 어형은 단일한 지시체(의미 범주) 'x'를 얻기 위해 상호간에 경쟁하게 된다. 이러한 형태의 충돌에서 몇몇 결과가 가능하다.

(A) 원래 형태인 'P'에 대한 최근 유입 형태인 'P'의 승리(혹은 그 반대)

(B) 어형 'P'를 'x'로부터 이웃영역인 'y'로 쫓아냄 : Q(x)→P(x)→P(y)

(C) 지시체를 변화시키지 않고 'P'와 'Q' 사이의 의미영역을 분할하기:
   P(x1)/Q(x2)

(D) 'x'에 대한 혼효형을 형성: {(P+Q)÷2}(x)

단일 어형에 대한 다른 지시체간의 충돌 : 동음이의어 충돌 오염된 어형은 중국어 방언계의 모든 장소에서 나타나왔다. 위에서 언급하였던 어휘 혼성이 그러한 것 중 하나이다. 동일한 어원끼리 끌어당겨 생기는 또 다른 작용은 의미상 관계없는 단어 사이에서 발생할 수 있는데, 이것은 분명히 또 다른 현상, 즉 동음이의어 충돌을 불러일으킨다. 이것은 또한 위의 동의어 충돌에서 지적하였던 것과 같은 유사한 결과를 낳을 수도 있다.

이 외에도 그는 '유추적 끌어당김'이라는 현상에 대해서도 설명하였다. 이 현상은 다소간에 문법화와 관계가 있는 것으로서, 어휘 형태소의 약화과정에 의해 유발된 것으로 추정하고 있다.

[그림 19]에서 [today]를 나타내는 북방 방언의 어형은 '個ge'(양사(量詞), '們men'(인칭대명사 복수어미)와 같은 부속어를 취하는 것이 많다. 그 가운데 '個ge'는 [tomorrow], [yesterday] 등 다른 시간어사에도 사용되고 있다. 이것은 '今日 jin ri'와 같은 2음절어의 마지막 성분이 약화(음성, 의미 쌍방의 약화)한 결과, '這一個 zhe yi ge(>zhei ge)'(이것), '那一個 na yi ge(>nei ge)'(저것), 또한 '我們 wo men'(너희들) 와 같은 대명사의 견인을 받기에 이르렀기 때문이다. 이것은 일종의 유추 작용의 산물이기도 하지만, 의미적 관련이 없는 특정의 어군에 의한 견인 작용이 상정되는 점에서 '유추 견인'이라고 부른다. '個ge'를 포함한 어형은 지금도 넓은 분포 영역을 가지고 있지만, '今天 jin tian'과 같은 표준어형으로 교체되어 가고 있다. 그러나 이것은 표준어 교육의 힘에 의한 것은 아니다. 즉 '個ge' > '天 tian'의 변화를 촉진한 요인이 방언 내부에 존재한 것이다. 예를 들면

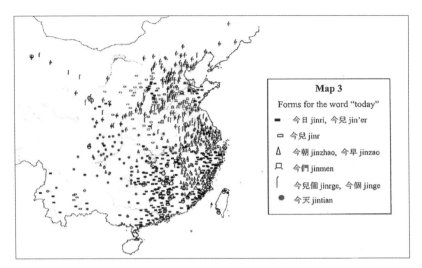

[그림 19] ⟨today⟩의 분포지도

'天 tian'의 양사적 용법의 본질은 방언화자가 '個ge'와 같은 무의미한 성분
에 만족하지 못하고 보다 표현력 풍부한 '天 tia'으로 바꾸어 사용하려고
하기 때문이다.

7. 프랑스 언어지도(1902-1910)에 새롭게 적용된
방언등급 측정 시스템[11]

방언측정법(DM DialectoMetry)은 언어지리학과 수적 분류측정학이 연
계되는 특징이 있다. 이 방법은 관찰자에게 보이지 않던 언어지도 자료 내의
구조적 패턴을 드러낸다. 통계적 분석 후에는 패턴과 구조가 언어지도에

---

11 오스트리아 잘츠부르크(Salzburg) 대학교 로망스어 문헌학부의 한스 괴블(Hans
   Goebl) 교수가 잘츠부르크 방언측정학파에서 개발한 방언등급측정법을 적용하여 산
   출한 언어지도제작적인 성과물에 대하여 소개한 글이다.

표시되고 이를 방언측정적 기준으로 논의하게 된다. 그는 2000년에 'Visual Dialecto Metry(VDM)'[12]이라는 방언측정 컴퓨터 프로그램을 활용하면서 잘츠부르크의 방언측정법은 다양하고 매우 다채로운-서로 다른 형태의 지도들을 그려낼 수 있었다고 말한다.

DM 프로젝트는 항상 적당한 언어지도와 그것에 알맞은 자료 처리방법을 선정한다. 결

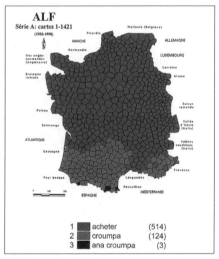

[그림 20] '사다'의 Gallo-Romance 호칭의 공간 분포를 보이는 '작업 지도' 예(ALF 6 acheter를 따라서)

과물은 매우 많은 양의 '작업 지도'(조사지점 혹은 '현장' N과 함께)인 (p)이다. 이 지점 p들, '작업 지도'의 내용은 'N × p' 차원의 데이터 행렬로 요약된다. 이 절차를 거친 후에만 양적 측정과 더불어 DM의 자료 (혹은 정보) 처리가 시작될 수 있다[그림 20]).

7.1. 언어지도(ALF)에서 데이터 행렬로

1997년에서 2000년 사이에 잘츠부르크 연구 프로젝트는 '프랑스 언어지도(ALF, Atlas Linguistique de la France)'의 원본 지도 626장을 분석하였다. 분석 목적은 이 ALF 지도상의 음성, 형태 그리고 어휘 변화를 분류하는 것이었다. 그 결과 데이터 행렬은 1,687개의 '작업 지도'와 641개의 '현장'

---

12 이 프로그램은 한스 괴블 교수의 연구 조교인 Edgar HAIMERI에 의해 제작되었고, 뒤에 Slawomir SOBOTA에 의해 최종적 지도제작 형식으로 고쳐졌다.

들을 만들어냈다.

7.2. 언어지도 격자의 기하학적 조정

DM의 분석 결과는 유의성 지표의 선택(Relative and Weighted Identity Value)을 어떤 식으로 하느냐에 따라 두 가지 기하학적 형태의 지도로 만들어진다. 하나는 상이한 공간적 기호의 조각 형태(jigsaw puzzle) 지도인 코로플레트 지도(choropleth map)[13]와 다른 하나는 선형적 기호들의 연결망에 의존하는 들보 지도(beam map)이다. 두 종류 모두 들로네(Delaunay)의 삼각측량 원칙과 보로노이(Voronoi)의 다각형화 원칙에 따라 조정될 수 있다.[14]

7.3. 개개의 유사성과 거리 행렬의 생성

'상관 일치값'(RIVjk)은 명사의 변별 자질 유사성에 대한 백분율에 의지하는 (한 쌍의) 현장유사성을 측정하는데 보통 적용된다. 모든 장소에서 발견되는 언어 유형(측정)보다 드물게 나타나는 자질들을 강조하기 위하여 마찬가지로 '가중 일치값(가중치 1과 함께)'[WIV(1)jk]이 적용되었다. 이러한 시각화로 말미암아 빈번한 자질은 '평범'한 것이므로, 빈번한 자질들보다 드문 '비범(더욱 중요한)'한 언어 자질들이 특별하다고 생각하는데 동의하게 되었다.

---

13 지도에 통계 수치를 표시하는 방법으로 수치를 구분하여 구역 단위 즉, 시·군·구·동 등을 각 단계에 따라 색채와 명암으로 나타내는 지도를 말한다.

14 기하학에서는 보로노이·들로네의 다이어그램(Voronoi–Delaunay diagram)이라고 한다. 이 두 과정은 지도제작의 필수요소로 국제 표준 기준에 해당한다.

7.4. 코로플레트(Choropleth) 지도와 아이서리스믹(Isarithmic) 지도[15] 제작 기술

유사성 혹은 거리 행렬에서 얻은 측정값의 시각화 과정에서 주어진 수적 변화가 알고리즘상 모양을 잘 갖춘 아이콘 변형물(여기서는 색상 혹은 음영, 선영)로 바뀌어야 한다. 이 지도는 산술평균을 기준으로 6-8개의 색 단계 (인간의 패턴 인식)로 만들어졌다. 청색 계열(차가운색)의 다각형은 산술평균 이하의 측정값에 대응하며, 적색(따뜻한 색)의 다각형은 산술평균 이상의 측정값에 대응한다.

유사성 지도의 방법론은 잘츠부르크 방언측정법(DM Dialecto-Metry)의 유형-진단 원칙을 잘 보여준다.

[그림 21]은 북부 'd'Oïl' 권역의 전형적인 유사성의 윤곽을 보여주는 지도로 ALF-p(지점) 343(La Chapelle -Yvon, Dép. Calvados)에 대한 유사성 지도이다. 유사성 지표는 상관 일치값 RIV343,k이고, 말뭉치는 1,687개의 '작업 지도'(총 말뭉치) 이며, 시각화 알고리즘은 MINMW MAX(6개-요소)이다. 이 지도의 좌측 하단에는 수 해설이 보이며 우측 하단에는 각각의 도수 분포도가 보인다. 이러한 도수분포도는 개별 빈

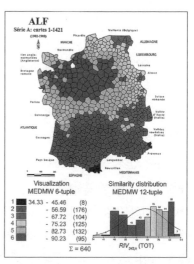

[그림 21] 북부 'd'Oïl' 권역의 전형적인 유사성 윤곽 지도

---

15 등치선도(等値線圖)로 번역 되며, 표면고도를 등고선으로 나타내는 방식에 기초하여 통계적 표면을 지도로 나타내는 지도 제작 방식을 말한다. 이 지도에는 실제현상을 나타내는 아이소메트릭(isometric) 지도와 평균현상을 지도로 표현하는 아이소플레트 (isopleth) 지도가 있다.

도의 양적 특징을 지시하며 통계적으로 중요하다. 도수분포도 막대기의 개수는 각각의 색상 단계 숫자의 두 배이다. 각 도수분포도 위의 곡선은 개별 빈도 분포의 두 통계적 지표 값(산술 평균과 표준편차)에 의해 계산된 정상분포를 표시한다. 이것은 주로 도수분포도 형태의 비교를 위해 통계적인 관련성이 있다.

사실 모든 유사성 지도는 기준점까지 증가하는 거리와 더불어 (일반적인) 방언 유사성의 감소를 반영하여 다소 조화롭게 구조된 아이콘 윤곽을 보여준다. 그럼에도 불구하고, 개별 방언 지형도는 그만의 특징을 갖는다. 그 결과, [그림 21]은 '전형적인 노르만계(Norman)' 아이콘 윤곽을 보이고 있다.

다음은 아이서리스믹(Isarithmic) 지도(등치선도 等値線圖) 제작 기술로 이루어진 벌집(Honeycomb) 지도([그림 22])와 들보(beam) 지도([그림 23])이다. 벌집 지도는 전통적인 등어선의 개념과 일치하며 널리 사용되고 있다. 들보 지도는 새로운 언어지리학 도구로 지도제작, 분류측정, 언어학적 측면에서 벌집 지도와는 논리상의 전환을 보인다.

[표 1] 벌집(Honeycomb) 지도와 들보(beam) 지도

	벌집(Honeycomb) 지도	들보(Beam) 지도
기본 격자의 기하학적 표본	다각형	삼각형
변수의 시각화	거리 값(RDV_{jk}으로 계산)	유사성 값(RIV_{jk}으로 계산)
언어학적 의미	점 사이 거리의 근거(대립)	점 사이 접촉의 근거(친밀)

이 두 종류의 지도는 인접하는 조사 지점 사이에 존재하는 유사성 혹은 거리감에 대한 정보만을 제공한다는 것에 주목해야 한다.

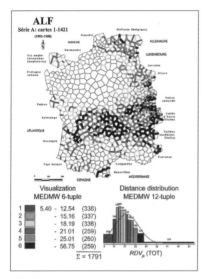

[그림 22] 벌집(Honeycomb) 지도

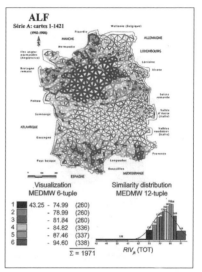

[그림 23] 들보(Beam) 지도

　　[그림 22]는 1791개의 지점 사이 거리값에 대한 일람을 보여주는 벌집 (Honeycomb) 지도로 거리 지표는 RDVjk 이고, 말뭉치 1687개의 '작업 지도'(ALF)이며, 시각화 알고리즘은 MEDMW(6개-요소)이다. 이 지도는 ALF 공간을 구성하는 선명한 경계에 대한 증거를 볼 수 있으며 연속적인 선들, 즉 '경계선이 없다'는 것도 볼 수 있다. 실제로 다소 심한 벌집 현상을 확인할 수 있다. 따라서 (동쪽의) 프랑코-프로방스어(Francoprovençal)과 (남쪽의) 루씰론의 카탈로니아어(Catalan in the Roussilon)의 특별한 위치 뿐만 아니라, 북서 구획도 발견된다.

　　[그림 23]은 1791개의 지점 사이 유사성값에 대한 일람을 보여주는 들보 beam 지도이다. 유사성 지표는 RIVjk 이고, 말뭉치 1687개의 '작업 지도'(ALF)이며, 시각화 알고리즘은 MEDMW(6개-요소)이다. 이것은 북쪽 'd'Oïl' 권역(Langue-d'oïl)의 중부 지역과 남쪽(Langue-doc, Provence) 의 다소 덜 눈에 띄는 지역들과 관계가 있다. 또 분명히 구별할 수 있는

북쪽과 남쪽 사이의 전이 지대도 관찰된다. 이것은 이 ALF 조사 지점 사이에, 북쪽과 남쪽의 핵심 지대에서 보다 유사점들이 훨씬 드물다는 것을 나타낸다.

분류측정학(DM)에서 볼 때 이 두 유형의 지도들은 다소 피상적이다. 그러므로 초기의 언어지리학적 분류에 있어서는 유용한 도구로 생각할 수 있으나 방언 연결망에 대해서 구조적으로 좀더 깊이 있는 분석을 위해서는 적당한 수단으로 생각할 수 없다.

유사성지도의 막대그래프들은 근본적인 유사성 분포의 통계적 본질을 나타낸다고 제안되어 왔다. 여러 막대그래프들을 비교하는 것은 유사성 분포 형태가 어떤 넓은 방언 지역에서 다른 넓은 방언 지역으로 변화한다는 것을 보인다. 그러므로 매개변수 지도에서 유사성 분포의 '특징적인 매개변수'(가령, 최소, 산술 평균, 최대, 중간값 혹은 표준편차)의 개요를 세우는 것 또한 필연적이며 그것을 언어지리학 패턴의 인지에 적용하는 것도 필연적인 것이다. 언어학적으로 관련된 특징적 매개변수는 '비대칭값'으로 이는 유사성 분포의 대칭성을 측정한다.

비대칭값 개요가 갖는 진정한 언어지리학적 관련성은 언어학적인 절충 혹은 교환의 개념으로 파악되는데, 이것은 결국 어느 정도 혼효가 되는 전이 지대와 함께 넓고 좁은 방언 지역 사이의 다양한 언어적 접촉과 절충 현상에 해당한다.

[그림 24]는 641개의 유사성 분포에 대한 비대칭값의 개요를 보여주는 코로플레트(Choropleth) 지도이다. 유사성 지표: RIVjk, 말뭉치: 1687개의 작업 중 지도(총 말뭉치), 시각화 알고리즘: MEDMW(6개-요소) 진한 청색 지대는 집중적인 언어 절충을 나타내며 이 지대에서 강력한 혼효화 과정이 일어났다. 적색 지대는 매우 약한 언어 절충을 보이며 이 지대는 언어 변화의 일반적인 과정에서 거의 벗어난 지대를 의미한다.

분류측정학 방법에서, (서로 다른 알고리즘을 가지고) 유사성 혹은 거리

행렬에 기초하여 이분지적 구조의
나무를 만드는 것은 상당히 쉽다. 이
발견적인 도구는 DM 분석에도 포
함돼 있다. DM에서, 최고로 중요한
것은 계통 수형도의 결과적인 단편
화를 공간으로 직접 제시하는 것, 즉
그것을 지도상에 공간적으로 투사
하는 것('공간화')이다. VDM을 활
용하면, 두 절차-(직후에 착색이 없
는)수형도의 구성과 착색의 공간화
-가 어렵지 않게 실현될 수 있다.

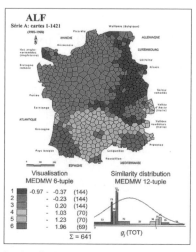

[그림 24] 매개변수 지도(비대칭값 일람의 예)

현저한 착색에 의해 표시되는 수
형도의 가지들과 지도상의 그 대응
물들을 '응집된 덩어리(dendreme)'
이라 부른다. 이 과정에서 '응집된
덩어리들(dendremes)'은 점차 축소
되어, 두 개 덩어리로 최종적으로 분
리되는데, 이는 수형도의 줄기(혹은
뿌리)에서 접합될 수 있다. '응집된
덩어리(dendreme)' 내부의 양적 이
질 성분은 분지된 수형도의 뿌리(혹
은 줄기)에서 더 많다. 계통 수형도

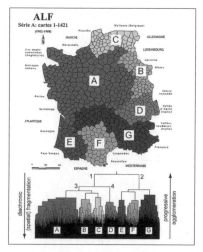

[그림 25] 수형도의 분류와 공간적 변화

의 통시적 해석은 공간적 분류화와 지역화에 집중하는데, 수형도 가지의
응집된 덩어리들의 위치는 그들의 상대적인 상호 유사성을 표시한다. [그림
25]는 641개의 방언 대상(ALF-지점들)의 수형적 분류 그리고 수형도의
공간적 변화를 보이고 있다. 이 지도에서 응집된 덩어리 B와 C는 응집된

덩어리 A나 응집된 덩어리 D보다 더 유사하다고 판단할 수 있다.

유사성 지도, 매개변수 지도 그리고 수형도(과 그 공간적 투사)등 이렇게 매우 정교한 지도제작 기술들[코로플레스(choropleth) 지도와 아이서리스믹(isarithmic) 지도]의 궁극적인 목적은 공간적인 방언처리 과정에서 나타날 수 있는 복잡한 얼개에 대하여 인간의 지식과 이해도를 증대시키는 것이다.

8. 독일의 'The Regionalsparache.de'(REDE) 프로젝트와 디지털 벤커 언어지도[16]

20세기 초중엽 이래, 독일어의 긴 역사와 그 공간적 변화에 있어 휴지기가 분명히 존재해 왔다. 이러한 역사적 과정을 거쳐, 다음과 같은 체계가 독일어에서 발생하였다. 문어 변화가 한결같은 문헌상의 언어를 형성하였다면, 구어 변화는 두 유형이 존재하였는데, 첫째로는 지역 방언이고 둘째로는 단일한 문어 규약의 지역적 발음들에서 비롯된, 지역적으로 분화한 표준 독일어이다. 1920년대 이래 근본적인 휴지기를 맞이하게 되었는데, 1898년의 발음 규약 제정을 시작으로, 국정 발음 규약은 1923년 라디오의 보급과 이후 텔레비전의 확대로 의사소통상의 영향력을 가지게 되었다. 이 표준 독일어 발음 규약의 명성은 더 오랜 지역적 표준의 가치를 급격하게 감소시켰고, 결과적으로 구어 독일어는 전혀 새로운 언어학적 구조에 이르게 되었다. 하지만 이러한 과정에서 새로운 국정 표준 발음 규약이 옛날 지역적 표준을 단순하게 대체하지는 못했다. 그것은 이전의 방언과 지역 표준 독일

---

16 독일 마아부르그 연구소에서 교수로 있는 요아킴 헤르겐(Joachim Herrgen)이 현재 계획하고 있는 '독일 언어지도(Deutscher Sprachaltas) 프로젝트'와 그 결과 개발하고 있는 디지털 벤커 언어지도를 소개한 글이다.

어의 조합인 지역적 발화 층위(Regionalsprachen)가 구어적 언어 체계로 계속해서 존재하고 있기 때문이다. 이것은 한 지역 내에서 언어적으로는 독일인 다수의 일상적인 발화로 계속해서 실질적인 구어 형태로 남게 되었다는 말이다. 그러나 이것은 놀라운 변형 과정을 겪게 되었고, 좁은 지역에 한정된 방언이 지역 방언으로의 발달에 의해 특히 두드러지게 되었다.

다음 [표 2]는 오늘날 중부 독일어(구어 Spoken)가 다양한 양식의 구조로 변화하는 경향을 보여 주고 있다.

[표 2] 중부 독일어의 다양화 구조(Kehrein, 2006; 94)

표준 독일어(Standard German)	
지역 강세(Regional Accent)	지역방언(Regiolect)
하위 지역방언(Lower Regiolect)	
방언(Dialect)	

'Regionalsparache.de(REDE)'의 목적은 구어 독일어에 대한 유구한 연구 역사 가운데 분명히 부족했던 두 가지 부분을 채우는 것이다. 첫째로, 180년 동안의 독일어 기본 방언에 관한 집중적인 연구에도 불구하고 (Schmeller, 1821), 지역적 발화 층위에 관한 포괄적인 서술 즉, 발화자 대부분의 일상적인 발화를 표현하는 다양한 구어체의 공간에 관한 서술이 이루어진 적이 없었다. 그러므로 첫 번째 목적은 오늘날의 구어 독일어의 다양한 구조에 관한 연구이다. 이것은 1) 연대가 여전히 전적으로 검토되지 않는 현대의 발화 층위의 분절에 대한 체계적인 조사를 포함한다.: 지역적 강세, 즉 구 지역 표준 독일어는 여전히 지속되며 발달되고 있다. 2) 발화자들의 대표적인 무리들 사이의 다양한 신 독일어 지역 발화 층위에 대한 완전한 언어학적 구조가 분석될 것이다(지역적 강세와 발달중인 방언 사이의 지역 변화 스펙트럼). 계획한 프로젝트의 이 부분으로 부터의 결과물은

공간을 가로지른 독일어 변화에 관해 기술하게 될 것이다. 말하자면 결국 지방 방언들을 단지 지도화할 뿐만 아니라, 모든 조사 지역에 대한 전체 변화 스펙트럼을 지도화한 언어지도를 얻게 될 것이다. 프로젝트의 이러한 부분은 마아부르그 연구소의 Roland Kehrein 박사에 의해 추진되고 있다.

이 조사에서 의사소통적 문맥은 독일 경찰서의 응급 콜 센터에서 일하는 경찰관들의 응급 전화 통화 답변을 통해 조사된다.[17] 이 결과물은 4개 (혹은 5개)의 의사소통적 문맥에서, 두 개의 관련된 사회 그룹에 대한, 150개 장소의 광범위한 연결망을 통해 정밀하게 비교할 수 있는 발화 자료로 구성된다. 이렇게 수집된 새로운 자료는 힘이 미치는 범위 내의 지방 방언과 구어 표준어 사이의 독일어 변화 스펙트럼에 대한 체계적인 조사라는 목적을 달성하게 될 것이라고 주장한다.

둘째로, 무수한 과거의 연구데이터와 발견들이 상호간에 혹은 지역 발화 층위에 관하여 현재의 데이터를 가지고 직접 비교되고 분석적으로 종합되는 적절한 '정보 구조'를 갖추지 못한다. 그러므로 두 번째 목적은 연구 중심의 정보 체계 확립이다.

두 번째 주요 목표는 IT를 활용하여 언어학적 입장을 해석하는 것이다. 수집된 새로운 자료는 인터넷 기반 GIS-양식의 정보 체계 내에 기존의 자료들과 연결된다. 이 목표는 독일어 지역 발화 층위를 위한 포괄적인 연구 중심의 정보 체계를 확립하는데 있다. 과거에 이루어 놓은, 연구 대상에 관한 풍부한 내용의 연구 결과와 자료(지도, 소리 문서, 논문, 사전, 연구 기관)와 미래 연구에서 얻어질 결과물들은 서로 연관된 연구를 위해 사용 가능한 쌍방향의 정보 체계로 결합된다. 이 프로젝트는 학문 공동체와 일반

---

17 경찰서 응급 콜 센터는 독일어권 전역에 분포되어 있으므로, 150개의 조사 지역을 균등하게 펼쳐진 연결망으로 구성하는 것이 가능하다. 각 지역마다 세 명의 제보자를 취했는데, 두 명은 경찰관 신분의 사람들이고 한 사람은 소위 'NORM'(즉 '비이동의, 나이든, 시골의, 남성' 발화자) 집단의 사람이다.

대중들에게만 지역 언어 연구의 결과를 제공하는 것은 아니다. 지역 언어학 연구 100년에 걸쳐서 자료의 체계적인 연결은 '언어 역학'이라는 신생 언어학 하위 분야를 위한 경험적 토대를 제공하게 될 것이다. 전혀 공통점이 없는 유형의 지역 언어 자료들이 서로 덧붙여질 수 있다는 점에서 자료의 다양한 사회 층위에 대한 교차 입증뿐만 아니라 언어를 역사적이고 지역적인 차원에서 검토하여 공간적이고 시간적인 역동성을 파악할 수 있을 것이다.

그러므로 'Regionalsparache.de(REDE)'은 다음과 같은 의의가 있다.

- 빠진 곳 없는 지역적 변화에 있어서 현대 독일어에 관한 연구 중심 정보 시스템 확립은 막대한 양의 방언학적, 사회언어학적, 변화언어학적인 데이터가 함께 묶이는 것으로, 언어학자들로 하여금 서로 관계 맺고 체계적인 비교 분석을 할 수 있도록 하였으며, 대중들에게는 포괄절인 정보의 원천을 이용가능하게 만들었다.

- 이 프로젝트는 최초의 데이터 수집이자 변화언어학적 구조에 대한 분석이며 현대 독일어의 지역적 발화 층위를 입증하게 될 것이다. 그러므로 이러한 현대 지역 발화 층위를 입증하는 표준에 가장 가까운 축인 '지역 강세'와 표준에서 가장 먼 축인 '방언' 그리고 중간에 위치하는 다양한 배열 등의 요소로 이루어지는 다양한 공간에 대한 조사와 분석이 필요하다.

이 프로젝트를 위한 기술적인 바탕과 초기의 데이터는, 가장 오래된 인터넷 간행물이자 규모와 밀도 면에서 현재까지 세계에서 가장 큰 언어지도인 '디지털 Wenker 지도'(DiWA)에 의해 제공될 것이다. 이러한 DiWA (〈www.diwa.info〉)를 기초로 하여 'Regionalsparache.de(REDE)' 프로젝트는 수직적, 공간적, 시간적인 차원에서 주요 현대 언어에 대해 완전한 구어 체계를 포괄적으로 그리고 언어학적으로 입증할 수 있다고 주장하고 있다.

마아부르그 연구소에서 현재 진행 중인 Digital Wenker Atlas(DiWA) 프로젝트는 Wenker의 언어지도를 학문적으로 분석하고 출판하는 것에 중점을 둔 것이다([그림 26]). 이 프로젝트의 첫 번째 목표는 독일 언어지도 (Sprachatlas des Deutschen Reichs)의 1,653장[18]의 원본 지도를 처음으로 모두 간행하는 것이다.[19]

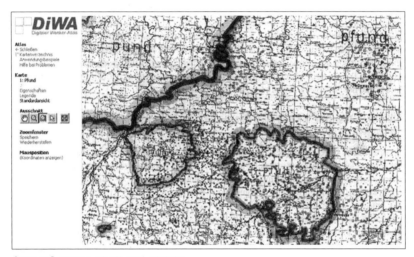

[그림 26] DiWA로 제공한 독일 언어지도

---

18 이익섭의 방언학(1984, 21)에는 원본 지도 수가 1,646장으로 밝히고 있어 차이가 난다.

19 이 지도들은 본 프로젝트의 전용 홈페이지인 http://www.diwa.info에서 쉽게 입수할 수 있다. 또한 이 작업에 대해 검색할 수 있고 탐색이 가능한 양질의 디지털 아카이브를 구축하고 있다.

DiWA는 독일 언어지도(Sprachatlas des Deutschen Reichs)의 온라인 버전 그 이상이라고 할 수 있다. 특별한 사항 중 하나는 언어지도를 통계학적이면서도 생생한 음성 데이터베이스 아카이브를 활용하여 지리정보시스템(GIS)으로 통합한 것이다.

투명기능과 겹침기능을 함께 사용하여 지리적인 참조 사항을 붙이는 방식은 Wenker 지도를 다른 어떤 전자 지도 위에도 겹치게 하거나, 그들을 현장별로 직접 비교할 수 있게 하였다. 이것은 방언 지역과 방언 현상 발생에 대한 해결 방안을 동시에 설명할 수 있게 하였다. 이러한 점은 Wenker 지도를 현대의 지역적 방언 지도와 비교했을 때, 언어 변화를 확인할 수 있는 새로운 장을 여는 것이다([그림 27]).

투명기능은 물론 순전히 언어지도에서만 한정된 것은 아니다. 이것은 언어, 시간, 공간, 사회 간의 복합적인 관계망에 대한 통찰력을 제공하면서 지형학, 문화역사학 혹은 사회·인구 통계학적인 지도 제작에도 부분적으로 이용 가능하다.

Wenker-Atlas(1880)   MRhSA(old-G)(1980)   MRhSA(young-G)(1980)

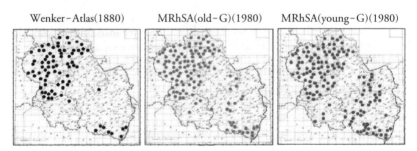

[**그림 27**] t-Deletion in hast(1880-1980)

9. 영국 언어지도 데이터의 분석을 통한 H-탈락의 (사회)언어학적 맥락[20]

이 발표는 영어의 다양한 H-탈락, 즉 모음 앞의 강세 음절에서 첫 번째 위치에 자리한 /h/가 실현되지 않는 현상에 관하여, 언어지도 데이터를 사용하여 언어학적 변이와 변화의 기제를 설명하고 있다. 이러한 목적으로 그는 'H-탈락' 현상을 면밀히 살펴보고 있다. H-탈락은 모음 앞의 강세 음절에서 첫 번째 위치에 자리한 /h/가 "hand on heart [ˈænd ɒn ˈɑ ː t]"나 "my head[mɪ ˈɛd]"에서처럼 실현되지 않는 현상을 말한다.[21]

이것은 영국 영어에서 가장 잘 알려진 비표준적 특징으로 매우 널리 분포되어 있는데, 일반적으로 '교양 없고', '부주의하며', '게으르다'라고 평가하면서 심하게 비난하기도 한다. 이 현상은 영국의 도회지 강세에 대한 설명 (cf. Foulkes/Docherty 1999)에서 분명히 나타나고 있으며, Wells (1982:254)는 이 현상을 영국에서 단일하면서도 가장 강력한 발음 관습임을 밝히고 있다.[22]

H-탈락은 영국 영어의 사회언어학 연구에서도 자주 분석되었는데, 이 현상은 실제로 노동자 계급 발화의 전형적인 특징의 하나로 간주할 수 있다. 게다가 H-탈락은 'Estuary English'를 코크니 영어와 다르게 만드는 특징 중 하나로 인용되는데, 전자는 발화자가 'H-탈락'을 피하는 종류의 영어로 간주한다. 'Estuary English'라는 용어는 지방색을 가장 잘 드러내는 런던의 발화 (코크니)에서 중간에 위치하는 종류를 부르는 말로도 쓰이며, 광역

---

20 독일의 밤베르크대학교에서 수석 전임강사로 있는 하인릭 라미쉬(Heinrich Ramisch) 가 언어지도 데이터를 이용하면 언어학적 변이와 변화의 기제를 더욱 잘 이해할 수 있다는 사실을 설명한 글이다.
21 여러 유럽 언어들에서 흔히 발견되고, 다양한 영국영어에서도 널리 발견되는 특성이다.
22 Wells, John. 1982. Accents of English, Cambridge: CUP(3 vols.).

런던(Greater London) 지역 발음의 표준형을 가리키기도 한다.

언어지리학적으로 볼 때, [h-]가 존재하거나 부재한다는 이분적 대립이 있으므로 H-유지 지역과 H-탈락 지역이 존재한다. 게다가 어두의 [h-]가 여전히 유지되는 지역들은 명백히 한정되어 있다.

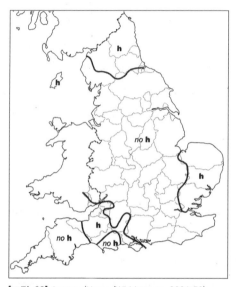

[그림 28] house (Upton/Widdowson 2006:58)

[그림 28]의 Upton/Widdowson의 '영어 방언 지도'에서 항목 'house'에 대하여 이러한 명백한 H-탈락/H-유지의 분포를 볼 수 있다. [h-]가 북쪽 지역(Northumberland, Cumberland 그리고 Durham)뿐만 아니라 동부 지역(East Anglia, Norfolk, Suffolk 그리고 Essex)와 일부 남서쪽 지역(Somerset, Wiltshire, Dorset)에서도 존재한다는 것을 확인할 수 있었다.

[표 3] 영어 방언 조사의 H-탈락

SED item	tatal number	[Ø]	[h-]	[hₗ-+V] [hⱼ-+V]	[j-]	[w-]	Maps
hand(VI.7.1)	325	248	77				LAE Ph220
horses(I.6.5)	329	264	65				
harvest(II.6.1)	307	258	49				
houses(V.1.1.1)	309	237	72				
hundred(VII.1.15)	320	239	81				
holly-bush(IV.10.9)	311	236	75				
half(VII.5.4)	311	256	55				
hammer(I.7.13)	309	234	75				
hames(I.5.4)	311	229	36	12	34		AES M114
heifer(III.1.5)	302	220	65		17		
hair(VI.2.1)	323	218	81		24		AES M308
herrings(IV.9.11)	316	203	71	3	39		
(too) hot(V.6.8)	311	208	85	1	13	4	
hear(VI.4.2)	326	195	7	55	69		AES M307
hearse(VIII.5.9)	309	223	57	18	11		LAE Ph221
home(VIII.5.2)	328	210	14	9	27	68	AES M97
halter(I.3.17)	301	231	70				
hay(II.9.1.2)	323	238	85				
hoof(III.4.10.1)	302	225	66	9	2		
hare(IV.5.10)	317	223	89	2	3		AES M318
hive(VI.8.8.1)	313	239	73				
head(VI.1.1)	364	208	86	1	69		AES M54
height(VI.10.9)	315	245	70				
how(many)(VII.8.11)	307	255	52				AES M22
holiday(VIII.6.3)	303	229	74				

그는 '영어 방언 조사(SED, Survey of English Dialects)'로부터 더 많은 H-탈락 항목들을 조사하고 분석하였다고 한다. 앞의 [표 3]은 조사한 25개의 항목을 목록으로 제시한 것이다. [표 3]에서 볼 수 있듯이 그는 '영어방언

조사[SED]'로부터 25개의 항목이 양적, 질적 관점에서 분석될 수 있다고
주장한다.

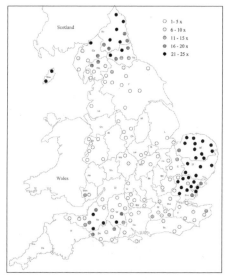

[그림 29] [SED]의 어두 [h-]분포지도(25개 항목)

　[그림 29]는 SED의 25개 항목에 대한 요약 지도인데, H‐탈락/H‐유지
지역 사이에 명백한 분리선이 없다는 것을 보여준다. 북, 동, 남쪽의 H‐유
지 핵심지역은 분명히 두드러지지만, 동시에 이 지역들이 어두 [h-]가 더욱
낮은 빈도로 발생하는 인접 지역에 둘러싸여 있다는 것이 명백하게 보인다.
이것은 특히 잉글랜드 남부의 여러 지역적 특성을 고려할 때 분명한 사실이
다. 이러한 분포는 H‐탈락이 단지 지역적인 특징일 뿐 아니라 사회언어학
적인 특징이라는 것을 분명하게 드러내고 있다. 그의 연구 결과는 H‐탈락
이 몇몇 교과서나 언어지도들 가운데 단일 항목 지도에서 제안되었듯이
간단하고 이원적인 특징이 반드시 아니라는 사실을 보여주고 있다. 최소한
어떤 변화에서는, 반모음을 사용하는 다양한 실제형들에 의해 데이터가 더

욱 복잡한 모습으로 나타난다. 이것은 특히 이러한 실제형의 지리적 분포를 분석하는 것과 시골과 도회간의 변화 관계를 고려하는 것과 관계가 있다. 이러한 사실을 참고하면 H-탈락의 언어지리학 데이터가 언어의 변화와 역사에 흥미로운 통찰력을 제공하는 그 이상의 예로 작용할 수 있으며, (사회)언어학적 변화에 대한 지식을 우리에게 제공할 수 있다고 주장한다.

10. 스페인 카탈로니아 언어지리학과 새로운 기술 절차[23]

오늘날 새로운 기술들은 데이터 편집, 데이터 처리 그리고 그 결과물을 공개함에 있어서 다양한 연구 대상들을 만족시키면서 연구자들로 하여금 새 방법으로 방언 데이터를 처리하도록 돕고 있다.

이 점에 있어서, 방언학은 최소한 두 가지 양상을 보인다. 1) 동시대의 언어 변화를 익히기 위한 새 데이터의 획득, 2) 언어변화 연구를 촉진하고 과거의 데이터를 오늘날의 결과와 비교하는 새로운 기회들을 창출하기 위하여 이전의 자료들을 재구(복구)하는 데 있다.

이 논문의 주된 목적은 자료의 지도제작상의 표현을 증진시키기 위하여 다양한 종류의 방언 자료들에 적용되었던, 서로 다른 지도 제작 기술들을 보여 주는데 있다. 카탈로니아 방언에서 지도 제작의 한 과정으로 Antoni M. Alcover가 약 1세기 전에 '카탈로니아 방언의 동사 활용(La flexió verbal en els dialectes catalans)'에서 수집한 데이터를 적용하고 있다. 이것은 카탈로니아어의 동사 형태론에 대한 완전한 총합체이다.

그녀는 5,000개의 동사 형태를 방언측정 계산에 이용함으로써, 그리고

---

23 스페인 바르셀로나 대학교의 마리아-필라 페리(Maria-Pilar Perea) 교수가 자료에 대한 지도 제작적인 표현을 향상시키기 위해 다양한 종류의 방언 자료를 여러 가지 지도 제작기술에 적용하는 과정을 보여준 글이다.

음성 합성을 통해 형태론적 형태의 음성으로 복구함으로써 이 방언 데이터에 적용된 새로운 자료들을 제시하고 있다.

더욱이, 그녀는 과거와 현대의 어휘 데이터를 결합시키는 동적인 지도제작의 새로운 유형을 제시하고 있다. 공간뿐만 아니라 시간을 참조함으로써 언어 표시의 두 축을 사용했고 언어변화 때문에 공간 내의 단어들의 표시는 겹쳐 나타난다. 그러한 이유로 그녀는 이것을 '방언 층위학'이라고 부르고 있다.

이 논문에서 설명한 세 절차에 따른 중요한 이점은 이 방법론을 다른 언어 즉 다른 종류의 방언 데이터에도 적용시킬 수 있다는 것이다.

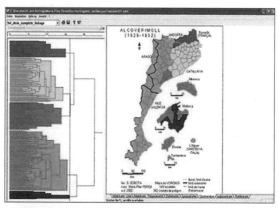

[그림 30] 방언측정: '동사 활용'의 수형도

[그림 30]은 괴블(Goebl) 박사의 VDM 프로그램을 활용하여 유사성 행렬에 대한 개요의 평가를 가능하게 하였고 (즉 최소, 최대, 중수, 표준 편차, 비대칭도) 다른 유형의 지도 (유사성 윤곽, 벌집 지도, 들보 지도, 클러스터 분석 수형도)를 표시할 수 있었다. 특히 클러스터 분석 수형도는 카탈로니아어가 방언의 이중 분화(동쪽 그리고 남쪽)에 의해 생겼다는 가설에 대한 증거를 제공할 수 있다.

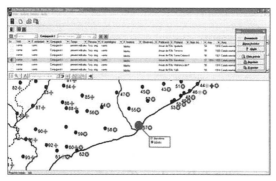

[그림 31] '동사 활용'에 음성 합성을 적용하기

[그림 31]은 '동사 활용'의 자료로부터 최대의 효율을 얻기 위하여, 발레아레스 지역(Balearic)을 음성 합성 기술을 이용하여 제작한 지도이다. 이목적을 달성하기 위하여, 음성 신호는 각각의 동사 형태에 대응하는 소리를 지지해야만 하며, 최종 산출물은 합성된 목소리의 생성으로 이것은 사용자의 요구에 따라 남성 혹은 여성의 목소리가 될 수 있다. 결과물을 나타내기 위하여, 합성된 소리연속은 [그림 31]처럼 자동적으로 생성된 각 지도에 나타나는 음성적 실현들에 따라 놓인다.

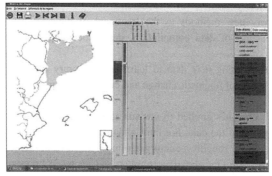

[그림 32] 방언 층 그림(지도): 14세기의 카탈로니아 단어 'repeló'
(거스러미)

[그림 32]은 통시적 자료를 가지고 제작한 역동적인 방언 층 그림(지도)이다. 발레아레스 정부(Balearic Governmnet)의 후원 아래 Germán Colón의 공동연구로 실행된 '방언 층 그림' 프로젝트는 역사적 어휘의 지도 제작에 초점을 두고 있다.

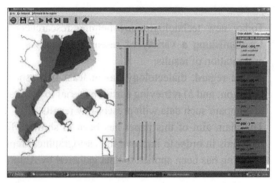

[그림 33] 방언 층 그림: 'repeló'(거스러미)의 연대순 전개

[그림 33]은 역동적인 방언 층 그림(지도) 가운데 연대순 전개를 보이는 지도로 제작된 것이다. 방법론적 관점에서, 많은 역동적인 지도들이 제작되고 있는데, 이러한 지도들은 1) 단어의 근원에서부터 시작하여 단어 (혹은 단어들)의 위치를 인정하고, 2) 세기의 변화에 걸친 진전을 보여주며 3) 지리적 분포를 관찰하는 것을 가능하게 하는 연대순의 축을 갖게 된다.

11. 나가기

필자는 2007년 도쿄에서 진행된 방언학 국제심포지엄에 참석할 수 있었고, 운이 좋게도 이 자리에서 언어지리학에 관심을 가지고 연구에 매진하고 있는 여러 나라의 방언학 전문 연구자들을 만날 수 있었다. 이 발표장에서 세계 각국의 방언학 연구자들의 발표를 들을 수 있었고 특히 세계 언어지리학 분야의 최근 연구 동향을 확인할 수 있었다. 그래서 이러한 연구 분야에서 언어지도의 제작 상황과 이를 활용하는 방법론의 최근 연구 동향을 국내에 소개하고자 이 글을 기획하게 되었다.

2007년 8월 일본의 국립국어연구소는 제14회 국제 학술 심포지엄을 개최하였다. '세계의 언어지리학(世界の 言語地理學, Geolinguistics around the World)'으로 각국의 언어지도의 제작 상황과 이를 활용하는 방법론을 소개하는 자리였다. 8월 22일과 23일 양일간 진행된 심포지엄은 세계 언어지리학(지리언어학)의 최근 연구 경향을 확인할 수 있는 자리였다. 첫째 날인 22일의 주제는 '각지의 언어지도 작성 상황(各地の言語地圖作成狀況, Current Trends in Geolinguistics around the World)'으로 세계 각국에서 언어지도를 제작하는 지리언어학의 최근 경향을 확인할 수 있었다. 둘째 날인 23일의 주제는 '언어지도의 활용 방법(言語地圖の活用方法, Application Techniques of Linguistic Atlas)'으로 언어지도를 활용하여 언어현상을 분석하는 다양한 방법을 소개하였다.

이 자리에서 한국, 일본, 중국, 오스트리아(프랑스), 독일, 영국, 스페인에서 지금까지 연구되어 온 언어지리학적 연구 주제들을 확인할 수 있었다. 특히 여러 나라에서 언어지도를 제작하는 방안을 개발하여 언어지도를 작성하는 동시에, 언어 현상을 설명하는 방법론을 개발하여 자국의 언어 현상을 언어지리학적 관점으로 연구해 온 과정들을 이해할 수 있었다.

김덕호(2005), 「언어지도 유형과 제작 기법의 변천」, 『어문론총』 43, 한국문학
    언어학회.

소강춘(2001), 「언어지도」, 『방언학사전』, 방언연구회, 태학사.

이상규, 김덕호, 강병주(2006), 『언어지도의 미래』, 한국문화사.

이상규(2007), 「방언 지도 제작기(Map Maker)를 활용한 방언 지도 제작」, 『世
    界の 言語地理學』, 日本國立國語研究所, 東京; 第14回 國際シンポジ
    ウム.

Joachim Herrgen(2007), "From Dialect to Variation Space: The 'Regional
    sprache.de' (REDE) Project", 『世界の 言語地理學』, 日本國立國語研究
    所, 東京; 第14回 國際シンポジウム.

Hans Goebl(2007), "Dialectometry: Theoretical Prerequisites, Practical
    Problems, and Concrete Applications (Mainly with Examples Drawn
    from the 'Atlas Linguistique de la France', 1902-1910)", 『世界の 言語
    地理學』, 日本國立國語研究所, 東京; 第14回 國際シンポジウム..

Heinrich Ramisch(2007), "Analysing Linguistic Atlas Data: The (Socio-)
    Linguistic Context of H-dropping", 『世界の 言語地理學』, 日本國立國
    語研究所, 東京; 第14回 國際シンポジウム.

Maria-Pilar Perea(2007), "Catalan Geolinguistics and New Technical
    Procedures", 『世界の 言語地理學』, 日本國立國語研究所, 東京; 第14回
    國際シンポジウム..

Wells, John(1982), Accents of English, Canbridge: CUP(3 vols.).

大西拓一郎(2007), 「日本における方言分布の分析」, 『世界の 言語地理學』, 日
    本國立國語研究所, 東京; 第14回 國際シンポジウム.

岩田礼(2007), 「中国語の言語地理学(2)-言語地図の解釈-」, 『世界の 言語地
    理學』, 日本國立國語研究所, 東京; 第14回 國際シンポジウム.

小倉進平(1944), 『朝鮮語方言の研究(上·資料篇,下·研究篇)』, 東京; 岩波書店.

河野六郎(1945), 『朝鮮方言學試攷-'鋏'語攷』, 東京; 東都書籍.

대구·경북지역어 연구 양상과 대구 문화[*]

김무식

경성대학교

1. 들머리

말은 말할이 사이에 서로 의사소통을 위한 도구일 뿐만 아니라 이를 통해 그 사회의 역사와 문화 그리고 사회의 여러 현상을 이해할 수 있다는 점에서 매우 중요하다. 말이 이러한 특징을 지니듯 지역어 자료도 그 지역사회의 역사와 문화 그리고 여러 사회 현상을 이해할 수 있으므로 그 가치는 매우 크다.

이 글에서는 지금까지 대구·경북지역어를 대상으로 연구한 연구 양상을 살펴보고 이를 통해 이 지역어에 대한 연구가 다른 지역어의 연구와 어떤 차이를 보이며 어떤 양상을 보였는지 살펴보고자 한다.[1] 이를 위해 시기별로

---

[*] 이 글은 『어문론총』 55(한국문학언어학회, 2011)에 실린 논문을 다듬은 것임을 밝힌다.

[1] 이 지역어를 대상으로 한 자료는 매우 많으며 필자가 수집하지 못한 자료도 많을 것이다. 이 글은 주제발표논문으로 이루어졌기에 개별 논의에 대한 언급은 가능하면

이 지역어에 관한 연구 결과를 살펴볼 것이며 특히 지역어와 지역문화라는 잣대 속에서 이를 심층적으로 살펴보고자 한다.

먼저 각 시기별로 이 지역어를 대상으로 연구한 결과를 살펴봄으로써 이 지역어 연구에서 주된 관심사나 연구의 흐름을 알 수 있을 것이며 이를 통해 이 지역어 연구에서 나타나는 주요 흐름이 이 지역과 어떤 관련성이 있는지 살필 것이다. 또 이런 연구 경향이 국어학사나 지역어연구사에서 어떤 의미를 가지며 앞으로 어떤 부분에서 더 연구가 필요하고 어떤 부분에서는 그 연구가 소략했는지 그 양상을 살펴서 그 원인에 대해서도 구명하고자 한다. 또, 지역어는 이 지역의 문화적 요소를 가장 많이 반영하고 있는 자료이므로 이런 부분에 대한 연구가 어떻게 이루어졌으며 이런 지역문화와 이 지역어의 연구사와의 관련성 등을 살펴봄으로써 이 지역어에 반영된 지역문화의 특징을 살펴보고 이를 통해 이런 연구의 방향성을 제시하고자 한다.

2. 지역어와 지역문화

2.1. 방언과 지역어

모든 언어는 그 수가 많든 적든 간에 하위 방언으로 구성될 뿐만 아니라 방언은 균질한 한 언어로부터 지리적 요인 또는 사회적 요인에 의하여 분화가 이루어진 언어의 변이체이다. 이런 점에서 볼 때, 방언은 지리적 요인 또는 사회적 요인에 의하여 분화된 언어형식으로 방언 스스로 독자적인 언어체계를 가진 것이며(이상규 2003:22), 이들 방언은 모두 대등한 자격을

배제했음을 밝힌다. 혹여 빠진 부분이나 잘못 이해한 부분이 있다면 양해를 구하고자 한다.

지닌 말이다.

이러한 학술적인 접근 외에도 방언은 널리 사용되는 어휘이며 간혹 사투리와 같은 의미로 쓰이기도 한다. 방언을 지위가 낮은 사람이 사용하는 세련되지 못하고 품위가 없는 말이거나 표준어(공용어)[2]에 대응되는 지역어라는 뜻으로 사용되기도 하지만 언어학에서는 이런 의미로는 더 이상 사용하지 않고 사투리와 구별하여 가치중립적인 의미로 사용하는 것이 일반적이다.[3] 방언이 자연적인 사회 활동에 의하여 형성된 말이라면 표준어는 국어 정책적 측면에서 이루어진 인공적이고 추상적 성격을 지닌 말이다. 우리 국어의 경우 표준어는 서울 지역어를 기반으로 이루어졌으므로 서울말과 가깝기는 하지만 서울말과 일치하지는 않으며 이런 점에서 표준어와 일치하는 방언은 없다고 할 수 있다. 국어라고 할 때 표준어를 지칭하기도 하지만 표준어는 국민들의 원활한 의사소통을 위해 만들어진 인공적인 말이며 그 자체로서 독립된 체계와 성문화된 규범을 가지고 있으므로 넓은 의미에서 볼 때 표준어도 국어 방언의 하나로 볼 수도 있다.

방언의 다른 말[4]로 사용되었던 지역어(地域語)라는 이름도 1980년대를 거치면서 학술적인 술어로 자리를 잡게 되었다. 대구·경북지역어를 대상으로 연구한 성과 중에서 지역어란 이름을 가장 먼저 사용한 것은 배대온(1979)이다. 이러한 술어의 사용과 함께 80년대를 거치면서 최근에는 학술적인 술어로 정착되게 되었으며 국어사전에서 풀이한 이 어휘의 의미를 제시하면 다음과 같다.

2　지금부터는 모두 공용어라는 이름 대신 표준어로 통일하여 사용함을 밝힌다.

3　방언과 사투리, 방언과 표준어에 대한 개념은 앞의 책 이상규(2003:21-45)를 참고하기 바람.

4　방언과 같은 의미로 사용되었던 어휘는 '사투리, 시골말, 토박이말, 무쩐말, 엇진말, 지방말, 지역어' 등이 있다(이상규 2003:21).

(1) ㄱ. 표준국어대사전: 어떤 한 지역의 말. 주로 방언 구획과는 관계없이 부분적인 어떤 지역의 말을 조사할 때에 그 지역의 말을 이른다. 경주 [지역에] / 지난 방언 조사는 강화도 [지역어를] 대상으로 실시되었다.

ㄴ. 우리말큰사전: 어떤 한 지역의 말.

ㄷ. 금성국어대사전: 임의의 어떤 한 지역의 언어 체계. 주로 일정한 방언 구획과는 직접적인 관계없이 부분적인 어떤 지역의 언어를 조사할 때에 그 지역의 언어를 이름.

위의 사전에 제시된 풀이를 검토할 때 지역어는 적어도 주로 방언 구획과는 직접적인 관계가 없는 어떤 한 지역의 말을 가리키는 것임을 알 수 있다. 원래 방언이란 술어와 지역어란 술어가 같이 사용되다 방언 구획이라는 문제가 제기되자 방언 구획 문제를 피해가기 위한 방편으로 마련된 술어가 바로 지역어이다. 즉 '○○지역어'는 특정 지역의 말을 방언 구획에 의한 방언권과는 무관하게 '○○지역'에서 사용되는 국어 또는 말이라는 의미로 상정할 수 있다. 따라서 지역어라는 술어는 방언 구획을 고려하지 않은 채 특정 지역의 말을 하나의 독립된 언어체계로 바라보는 것이며 지역어연구는 이런 지역어를 대상으로 전체 체계를 기술하거나 특정 언어 현상을 연구하는 영역이라고 할 수 있다.

2.2. 지역어와 그 문화

특정 사회집단이나 국가, 민족을 이해하는 첫 걸음은 그 구성원이 사용하고 있는 말의 습득과 이해로부터 시작되며 이는 말이 지니고 있는 문화적 특성과 중요성에 대해 웅변하는 증거이다. 또 일상생활에서 '한국어문화권, 중국어문화권, 일본어문화권, 독일어문화권, 영어문화권' 등으로 사용되는 것을 보더라도 말은 그 자체로서도 문화이자 전체 문화를 구성하고 있는 한 하위 영역이기도 하다.

다음은 문화 및 언어문화에 관한 사전적 풀이 내용이다.

  (2) 문화의 사전적 풀이
    ㄱ. 표준국어대사전: 자연 상태에서 벗어나 일정한 목적 또는 생활 이상을 실현하고자 사회 구성원에 의하여 습득, 공유, 전달되는 행동 양식이나 생활양식의 과정 및 그 과정에서 이룩하여 낸 물질적·정신적 소득을 통틀어 이르는 말. 의식주를 비롯하여 언어, 풍습, 종교, 학문, 예술, 제도 따위를 모두 포함한다.
    ㄴ. 금성국어대사전: 사회 구성원에 의하여 습득·공유(共有)·전달되는 행동 양식 내지 생활 양식의 총체(總體). 자연 상태와 대립되는 것이며 또한, 그것을 극복한 것임. 언어·풍습·도덕·종교·학문·예술 및 각종 제도 따위.
    ㄷ. 위키백과사전: 문화는 일반적으로 한 사회의 주요한 행동 양식이나 상징체계를 말한다. 문화란 사회사상, 가치관, 행동양식 등의 차이에 따른 다양한 관점의 이론적 기반에 따라 여러 가지 정의가 존재한다. 인류학자들은 정형화할 수 있고 기호로서 의사소통할 수 있는 모든 인간의 능력을 문화로서 정의한다. 한편, 동물학에서는 문화를 동물 생태계에서 위치하고 있는 인류의 행동 양식으로 이해하기도 하며, 고고학은 역사적 유적에 집중한다. 또한 사회인류학은 사회 제도와 인간의 상호관계로서, 문화인류학에서는 규범과 가치로서 문화를 다룬다.

  (3) 언어문화의 사전적 풀이
    ㄱ. 표준국어대사전: 일상의 언어생활 또는 언론, 문학, 출판 등 언어

에 의하여 이루어지는 모든 문화를 통틀어 이르는 말.
ㄴ. 금성국어대사전: 일상의 언어생활 또는 문학·연극·매스커뮤니
케이션 등 언어에 의하여 이루어지는 모든 문화를 이르는 말.
ㄷ. 조선어대사전: 말을 하고 글을 쓰는데서 언어규범을 지키고 보장
하는 언어사용의 문화.

위에 제시한 사전적 풀이를 검토하면 문화는 학문의 분야에 따라 다른 성격을 지니기는 하지만 적어도 그 사회를 구성하고 있는 인류가 습득하고 공유하여 전승시켜온 주요 행동·생활양식이나 이를 통하여 이루어진 물질적·정신적인 것을 가리키는 말이다. 이런 문화를 구성하는 요소 중의 하나인 언어문화는 말을 매개로 하여 이루어지는 모든 문화를 가리키며 이에는 일상의 언어생활을 비롯하여 문학, 연극, 매스커뮤니션 등과 같은 다양한 문화재가 있다. 이러한 문화는 그 사회구성원의 특징에 의하여 문화의 성격이 다르듯이 언어문화도 특정 국어나 특정 국어의 지역어의 차이에 따라서도 문화의 차이가 나타남은 자명한 일이다. 이런 점에서 대구·경북지역어도 이 지역어만이 가지고 있는 말의 특징이 있을 것이며 이 지역어를 매개로 한 고유의 언어문화 현상도 있을 것이다. 즉, 대구·경북지역어를 매개로 한 모든 언어문화 활동이 포함되는데 이는 이 지역어학, 언어교육, 문학, 민속학, 연극학, 영화학 등과 같이 이 지역어와 관련되는 다양한 형태의 문화 활동이 모두 포함된다. 다만 이 글에서는 주로 이 지역어학과 관련된 내용을 중심으로 그동안의 연구 성과를 검토하고 이를 통해 이 지역어를 매개로 하는 지역어문화의 연구에 대한 전망을 해보고자 한다.

한편, 언어문화와 관련된 연구 활동은 크게 보아 다음과 같이 소급될 수 있다. 첫째, 지역어 그 자체가 언어문화이므로 이 지역어를 연구 대상으로 하여 이루어진 연구 활동과 다른 문화적 요소와 관련된 연구로 구분할 수 있으며 이는 각각 기존의 이 지역어와 관련된 방언학의 연구와 언어와 문화

의 관련성을 연구한 분야로 구분할 수 있다. 이 방법은 언어문화의 개념에 대해 좁은 의미로 파악하느냐 넓은 의미로 파악하느냐 하는 문제로 귀결될 수 있는 문제이다.

둘째로 특정 개별 주제를 중심으로 언어문화를 연구하는 방법이다. 이는 언어문화 현상에 대해 관심이 있는 특정 주제를 선정하여 이를 중심으로 언어문화를 깊이 있게 연구하고 이를 통해 일반화를 시도하는 방법과 특정 주제를 선정하지 않고 일반적인 언어문화 현상을 있는 그대로 관찰하고 기술하는 방법이다.[5] 이런 연구 방법은 각각 특정 주제를 대상으로 심화함으로써 언어문화 간의 관계를 명확히 할 수 있는 이점을 얻을 수 있거나 특정 지역을 중심으로 연구함으로써 언어문화 간의 관계를 알 수 있다는 이점이 있기도 하다.

2.3. 대구·경북지역어와 그 특징

이미 앞 절에서 논의한 대로 최근에 설정된 '지역어'란 술어는 방언구획을 전제로 하는 것이 아니므로 대구지역어 또는 경북지역어로 설정한다고 하더라도 결코 낯설거나 이상한 술어는 아니다. 다만 이 두 술어 모두 행정 단위를 대상으로 그 행정단위 내에서 사용되는 말을 가리킨다면 이 지역어와 행정단위가 일치하지 않을 수도 있으며 이를 고려한다면 그렇게 바람직한 술어는 아니라고 할 수 있다.[6] 그렇지만 앞에서도 논의했듯이 행정단위가 현실 생활에서는 여러 가지 측면에서 기능을 발휘하고 있다는 점을 고려한다면 이러한 행정단위를 매개로 한 술어도 그 의미가 있음은 분명하다.

이 두 지역을 나타내는 지도를 보면 다음과 같다.

---

5 이에 대해서는 왕한석(2009:7)에서 이미 기술된 바 있다.
6 이 문제에 대해서는 이상규(2000:517)에서 이미 지적된 바 있다.

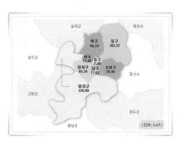

[그림 1] 경상북도지도와 대구광역시지도[7]

대구 및 경북지역어에 대한 기존의 연구는 방언사, 방언구획을 포함하여
음운, 문법, 어휘연구에 이르기까지 많은 연구가 이루어져 있어서 이 두
지역어에 대한 포괄적인 기술이 가능할 만큼 많이 이루어졌다.[8] 종래 이
지역어에 대한 연구는 행정단위를 중심으로 이루어진 경북방언 또는 경북지
역어라는 이름 아래 이 지역어의 음운·문법·어휘적 특징을 중심으로 기술
이 이루어졌다. 경북지역어에 대한 종합적인 기술은 방언학 관련 개론서나
이상규(1995; 1998; 2000)에 비교적 자세히 정리되어 있어서 일반적인 논
의는 덧붙일 필요성을 느끼지 못한다. 물론 이러한 논의도 개별 하위 지역어
를 중심으로 볼 때 이러한 일반적인 기술 내용이 세부적으로 일치하지 않는
부분도 있다. 이는 언어의 분화양상과 방언의 속성, 경북지역의 지형적 특성
을 고려한다면 충분히 이해되며 개별하위 지역어에 대한 세부 논의만이
더 필요할 뿐이다. 경북지역어라는 관점에서 볼 때 대구지역어는 상하개념
으로 파악되며 기존의 경북지역어의 특징에서 대구지역어만이 갖는 특징으
로 좁혀질 수 있으므로 이론의 여지가 상대적으로 줄어들 것이다.
  그럼 대구지역어는 무엇인가?

---

7 이 자료는 각각 경상북도와 대구광역시의 누리집(Homepage)에서 인용했다.
8 20세기 들어와서 대구·경북지역어를 대상으로 연구하거나 조사한 결과물은 모두 515
  편 정도로 추정된다.

이 문제는 어쩌면 매우 간단한 문제로 판단되는데 이는 대구지역어를 단순히 현재의 대구광역시권역으로 보면 해결될 문제이기 때문이다. 그렇지만 역사적으로 접근하면 이 문제도 결코 간단하지 않다. 가까이는 1995년에 달성군이 대구광역시에 편입된 사실과 1981년 대구직할시가 되면서 편입된 달성군의 월배, 성서, 공산면과 칠곡군의 칠곡읍, 경산군의 안심읍이 문제가 될 수 있다. 더욱이 대구시로 이름이 바뀌기 전의 대구부 시절로 나아간다면 더 문제는 복잡해질 수 있는 것이 이 문제이다. 이러한 행정단위 문제를 떠나서 국어학적으로도 문제는 있을 수 있는데, 단순히 대구지역어를 행정단위를 전제로 볼 것인지 아니면 대구말씨라는 관점에서 볼 것이냐에 따라 그 성격이 달라지기 때문이다. 따라서 이 글에서는 이 부분에서 어떤 쪽을 택하더라도 문제가 있으므로 지역어라는 명칭이 방언경계와 무관하게 사용되는 점을 고려하여 현재 시점의 대구광역시를 경계로 하는 언어로 정의하고자 한다.

그렇다면 대구지역어는 어떤 특징을 지닌 말인가?

지금까지 축적된 연구 성과를 바탕으로 대구지역어의 음운, 문법, 어휘적 측면에서의 특징을 기술하고 그 얼개를 짜는 일은 그리 어려운 일은 아니기에 이 글에서는 그 대강의 논의마저 줄이고 이상규(2000)로 대신하고자 한다.[9]

---

9 이는 이상규(2000:517-544)를 중심으로 그 대강의 얼개를 그려볼 수 있기에 이로 미룬다. 이 논의에서는 경북지역어의 음운·문법·어휘에 대한 특징을 비교적 자세히 제시하고 있으므로 이를 중심으로 얼개를 짜는 일은 어렵지 않은 일이다.

3. 대구·경북지역어의 연구 성과와 그 양상

이 절에서는 기존의 논의에서 주로 다루었던 경북지역어의 연구 성과를 살펴보고 다시 대구지역어만을 연구 대상으로 다룬 성과에 대해서 살펴봄으로써 이 두 지역어에 대한 연구사적 특징을 살펴보고자 한다. 또 지역어와 문화적 속성과의 관련성을 대해 연구한 논의에 대해서도 살펴봄으로써 지역어와 지역문화의 상관성에 대해 연구사적으로 어떤 경향을 나타내는지 살펴보고자 한다.

3.1. 경북지역어의 연구사

3.1.1. 경북지역어 연구의 약사

경북지역어에 대한 방언연구사의 기술은 최명옥(1986)과 이상규(1992)에서 이루어졌으며 최명옥(1986)에서는 연구사적 구분으로 세 단계로 구분하여 기술하고 있고 이는 이상규(1992)에서도 최명옥(1986)의 시대 구분을 바탕으로 논의를 전개했다. 이를 살펴보기 위해 최명옥(1986)의 시대구분을 제시하면 다음과 같다.

(4) 최명옥(1986)의 시대구분
ㄱ. 제1단계(1910~1950년): 일제하 역사언어학적 방언 연구
－개체사적 연구
ㄴ. 제2단계(1950~1970년): 구조기술언어학적 방언 연구
－방언연구의 소강기
ㄷ. 제3단계(1970~): 구조주의방언학 및 생성방언학적 연구
－방언연구의 활성기

위의 시대구분은 80년대 중반 또는 90년대 초반까지의 연구 성과를 바탕으로 한 연구사이며 이러한 시대구분은 방언연구에 도입한 언어이론의 적용과 관련 지위 구분한 것이다. 이러한 태도는 전반적인 시대 구분의 잣대로 사용하는 데는 큰 문제가 없지만 국어학사와 달리 초창기에 상대적으로 연구자 및 관심의 부족으로 연구가 성글게 된 것은 어쩔 수 없는 일로 판단된다. 이상규(1992)의 연구사 검토 이후의 연구 성과를 살펴보기 위해 연도별, 주제별로 이 지역어 관련 연구물을 계량화하여 제시하면 다음과 같다.

[표 1] 경북지역어의 연도별, 주제별 연구결과표

연대	음운론		문법론	어휘론	지역어 조사	구획/경계	문헌 연구	일반론	계
	음(성)운	초분절소							
1910~49년	1				1			8	10
50년대~	2	7							9
60년대~	3	7	6	1	5	2	1	1	26
70년대~	12	10	12	3	2	3		6	48
80년대~	32	13	23	3	3	2	6	6	88
90년대~	40	34	29	10	9	8	8	12	150
2000~09년	37	29	24	38	28	5	7	26	194
계	127	100	94	55	48	20	22	59	525
	227								

위의 [표 1]을 통해 볼 때 시간이 흐름에 따라 연구량의 절대 수치는 매우 가파르게 상승하고 있음을 볼 수 있다. 50년대부터 90년대에 이르기까지는 거의 매 기간마다 연구량이 그 이전의 양에 비해 한 배 정도의 비율로 증가하고 있음을 볼 수 있으며 2000년대에는 연구량의 증가비율이 그 이전에 비해 다소 둔화된 모습을 보이고 있다. 이는 학계의 연구 인력의 양성과도 관련이 있는 것으로 판단되는데 70년대부터 방언 연구에 관심이 고조되기 시작한 이래 연구 인력이 확충되면서 절대적인 연구량이 늘어날 수 있었

지만 90년대로부터 2000년대에 이르기까지 연구량의 증가 비율이 상대적으로 낮은 것은 방언 및 지역어 연구에 대한 열기가 상대적으로 약화되고 신규 연구 인력의 수혈이 줄어들어 연구력이 약화되고 절대적인 연구량의 증가도 낮아진 것으로 판단된다. 이는 1990년대와 2000년대의 연구량의 비교를 통해서 드러난다. 2004년부터 국립국어원에서 실시하고 있는 지역어조사 사업에 따른 조사보고서나 이와 관련된 노작물을 제외한다면 2000년대는 1990년대에 비해 연구량이 크게 달라지지 않았음을 볼 수 있다.

연구자 증감 및 평균 연구편수

연대에 따른
연구량 증감 그래프

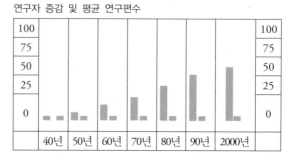

	40년	50년	60년	70년	80년	90년	2000년	

이러한 연구량의 절대적인 증감의 원인이 단순히 방언학에 대한 관심이나 연구 인력의 확충에 따라서 늘어난 것인지 아니면 다른 원인에 기인하는지를 살펴보기 위해 각 연대별로 연구 인력의 증감에 대해서 살펴보면 다음과 같다. 40년대 이전에는 모두 4명의 연구자에 의해 이루어졌으며 1인당 평균 2.5편을 저술했으며, 50년대에는 7명에 의해 이루어졌는데 1인당 평균 저술은 1.3편이, 60년대에는 13명에 의해 이루어졌는데 1인당 평균 저술은 2.0편이, 70년대에는 34명의 연구자에 의해 이루어졌으며 1인당 평균 저술은 1.4편이, 80년대에는 48명의 연구자에 의해 이루어졌으며 1인당 평균 저술은 1.8편이, 90년대에는 61명의 연구자에 의해 이루어졌으며 1인당 평균 저술은 2.5편이, 2000년대엔 75명의 연구자에 의해 이루어졌으며

1인당 평균 저술은 2.6편이다. 위의 자료를 통해 볼 때, 경북지역어에 대한 연구자의 수가 절대적으로 늘어나기도 했지만 1인당 평균 저작물 수가 꾸준히 늘어났음을 알 수 있고, 90년대 이후에도 비슷한 양상은 지속되고 있다. 이는 90년대 이후에는 이 분야에 신규 연구 인력의 수혈이 부족함을 드러내는 지표이기도 하다. 이런 연구 인력의 지표를 본다면 이상규(1992)에서 70년대 이후를 방언연구의 활성기로 잡았지만 90년대 중후반 이후부터는 활성기라고 할 수가 없다. 적어도 2000년대 이후의 연구 성과물은 이전의 시기에 비해 수적으로나 질적으로 뒤지는 연구는 아니지만 연구 인력 측면에서 봤을 때 신규 연구 인력의 진입이 정체된 상황을 고려한다면 지역어 연구에서 새로운 정체기로 판단할 수 있는 측면이다.

앞의 [표 1]을 보면 시대적인 지표뿐만 아니라 주제에 따른 지표도 확연히 드러남을 알 수 있다. 지금까지 이루어진 525편을 대상으로 주제별 편중도를 살펴보면 음운론 분야가 43.4%, 문법론 분야가 17.9%, 어휘·의미론 분야가 10.5%, 지역어조사가 9.1%, 일반론이 11.2%, 문헌연구가 4.2%, 방언구획이나 경계 분야가 3.8%를 차지하고 있으며 음운론 분야에서도 주로 성조를 다룬 초분절요소가 전체 연구량 대비 19.1%를 차지하고 있어서 그 편중도가 매우 심함을 알 수 있다.

앞의 자료를 통해서 분명히 알 수 있듯이 가장 두드러진 분야는 음운론 분야이다. 60년대와 2000년대를 제외하면 음운론 분야는 모두 연구량의 거의 절반에 해당할 정도로 비중이 높은 것이 특징이다. 이는 일차적으로 연구자들에게 이 분야의 주제가 그 원인이 어디에 있든 더 매력적이고 이 지역어의 연구에서 상대적으로 더 중요하게 다가갔다고 판단할 수 있다. 특히 음운론 분야의 비중이 상대적으로 더 높아지게 된 배경 중의 하나는 이 지역의 초분절소인 성조 현상에 대한 관심이 상대적으로 높고 이에 대한 해결이 아직도 제대로 이루어지지 않은 점을 들 수 있다.

또 다른 요인은 음운현상이 다른 지역어와의 차별성이 분명하고 구조주의 언어학의 도입과도 무관하지 않을 것으로 판단되며 특히 중부지역어와의 차별성이라는 측면에서 볼 때 음운현상이나 음운체계의 차이가 두드러지는 점도 그 요인 중의 하나로 판단된다. 이 지역어의 특징인 성조 문제나 여러 가지 음운현상을 고려할 때 음운론 분야의 연구 비중은 앞으로도 상당 기간 동안 확연히 줄어들지는 않을 것으로 판단된다.

언어학의 기본 영역 중에서 가장 연구량이 미흡한 부분은 어휘·의미론 분야이다. 60년대에서 80년대에 이르는 시기에는 이 분야 연구량의 증감에는 뚜렷한 경향을 추출할 수 없으며 오히려 80년대에는 이 분야의 비중이 더 줄어든 경향마저 보이고 있다. 이런 경향이 90년대 접어들어 그 비중이 늘어나기 시작해서 2000년대에는 그 비중이 상당히 늘어난 경향을 볼 수 있다. 이처럼 2000년대 접어들어 어휘 및 의미론 분야의 비중이 상대적으로 많이 늘어난 것은 방언조사나 조사된 자료의 활용이 용이했고, 그동안 축적된 방언학 관련 연구가 있었기에 가능했던 것으로 판단된다. 또 그동안 이 분야에서 연구의 편중성이 심화된다는 학계의 반성도 일조를 한 것으로 판단된다. 이와 함께 방언 및 지역어 일반론에 대한 연구도 확대되었음을 볼 수 있는데 이런 현상도 그동안 축적된 세부 분야별 연구 성과가 있었기에 가능했던 것으로 판단된다. 다른 주제는 시대별 흐름에 대해 큰 차이를 보이지 않지만 문법론 분야는 오히려 전체 연구결과물 속에서 그 비중이 상대적으로 줄어들고 있음을 볼 수 있다. 이는 문법론 분야의 연구결과물의 절대치가 줄어든 것이 아니라 상대적으로 다른 분야의 연구물이 증가하면서 그 비중이 줄어든 결과이다.

3.1.2. 90년대 이후의 연구 경향[10]

90년대 음운론 영역의 연구는 이전 시대에 이루어진 개별 음소나 개별 지역어에 대한 음운현상의 연구는 계속 이어졌지만 가장 두드러진 점은 초분절소인 성조 및 음운사와 관련된 연구였다. 즉, 이전 시기의 연구처럼 개별지역어에 대한 음운체계와 그에 따른 음운현상에 대한 연구, 어중유성 자음 문제, 유기음화, 경음화, 모음조화, 이중모음 등에 관한 연구가 단편적 으로 이루어졌다. 가장 두드러진 분야는 성조 분야인데 지역에 따른 성조의 음성적 실현 양상에서부터 성조 기술방법론, 다른 지역과의 성조실현형의 비교, 중세국어와의 비교, 복선음운론적 관점에서의 기술에 이르기까지 매 우 다양하게 나타난 시기였다. 이러한 성조 분야의 연구는 2000년대에도 이 경향이 지속되었는데 이 시기에는 성조사에 대한 관심이 커졌고 다른 지역과의 비교, 억양과의 관련성 문제, 문장에 따른 성조의 실현 양상 등으로 그 관심이 넓어진 시기였다. 또, 90년대에 접어들면서 이전 시기에 비해 두드러지게 등장하기 시작한 방언음운사에 관한 관심도 더 심화·확대되었 으며 2000년대에도 이런 경향은 이어졌다. 또, 80년대부터 도입되기 시작 한 실험음성학적 기법에 의한 방언음운론의 연구 성과는 90년대, 2000년대 를 지나면서 더 확대되었고 이는 음운론 전반으로 확산되는 양상을 보이고 있다. 이러한 논의에도 불구하고 여전히 개별지역에 대한 음운목록에 대한 문제, 성조영역에서는 성조소의 설정, 표면성조형의 기술 문제, 하위 지역어 에 따른 성조 실현 양상 문제, 중세국어와의 관련성 문제, 성조기술상의 표시 문제 등에 이르기까지 논의가 되어야 할 부분은 매우 많은 것으로 판단된다. 또 일반 지역어조사와 함께 구술발화에서의 음운현상, 세대차나 계층에 따른 사회언어학적 측면에서의 접근도 필요한 부분이다.

---

10 이 절에서는 주목할 만한 개별 연구의 성과는 논의를 생략하기로 한다. 이러한 논의가 마땅히 이루어져야 하지만 이 글에서는 이런 세세한 논의보다 그 흐름만 파악하고 세부적인 논의는 국립국어원에서 발간되는 국어학연감을 참고하기 바란다.

이상규(1992)에서 지적한 바와 같이, 이 지역어에 대한 격어미 및 활용어미체계에 대한 연구는 70년대 중후반부터 80년대를 거치면서 그 기초를 놓고 확대·생산했다면 90년대와 2000년대에는 이런 기초적 작업 위에 형태론적 분석과 기능에 대해 지역어 중심으로 더욱 심화된 시기였으며 이를 바탕으로 통사·화용론적 층위로까지 그 관심이 확대된 시기였다. 이 시기의 주된 관심사는 높임법, 활용어미체계와 그 기능, 시제, 피·사동법, 부정법 등이었다. 이러한 문법론 분야의 관심에도 불구하고 여전히 이 지역어의 한 특징으로 판단되는 형태소의 융합에 의한 축약형에 대한 형태소의 분석과 그 기능에 대한 논의는 여전히 미흡하고 더 관심을 가져야 할 부분으로 판단된다.

어휘·의미론 분야의 연구는 이전 시기에 비해 외적인 양의 증가는 이루어졌지만 여전히 더 많은 관심을 가져야 할 부분 중의 하나이다. 90년대에는 방언사적 관점에서 다룬 어휘론과 개별 지역에 나타난 어휘 및 방언 어휘의 분화 양상에 대해 주목한 연구가 대부분이었고 그 양도 많지 않은 편이었다. 이런 경향은 2000년대에도 그대로 이어졌으며, 여기에 호칭어에 대한 관심과 어휘지도를 통한 방언구획 및 어휘분화 양상에 대한 연구가 추가되었다. 이전 시기에 비해 어휘·의미론 분야의 관심이 확대된 것은 분명하지만 이 분야에 대한 체계적인 연구는 상대적으로 미흡한 편이다. 이전 시기부터 이루어져 왔던 개별 지역어의 특징적인 어휘체계에 대해 연구한 결과가 많으며 이 시기에 나타나기 시작한 어휘의 분화양상에 대한 논의가 더욱 확대될 때 이 분야의 연구 성과가 더 확연해질 것으로 판단된다.

이 시기에 이루어진 다른 특징적인 연구는 문헌자료에 반영된 방언 및 문학 작품 속의 방언에 관한 연구, 방언 속에 반영된 삶과 문화에 관한 연구, 방언사전의 편찬, 국립국어원에서 시행하고 있는 지역어조사 사업 및 민족생활어조사 사업이다. 이 가운데 방언사전의 편찬은 이미 이루어진 방언조사와 지금까지 이루어진 연구를 종합한 산물이기에 매우 중요한 의미를 지니는 것으로 판단되며 국립국어원에서 시행하고 있는 지역어조사 사업이나 민족생활어조사 사업도 이 사업이 종료되어 더 많은 연구자가 이 자료를 접하거나 일반인이 쉽게 접근할 수 있다면 지역어 연구자에게 더 많은 연구의 편의성을 제공하여 방언 연구에 자극제가 될 것이다. 특히, 기존의 방언조사와 달리 지역어조사에는 구술발화가 담겨 있을 뿐만 아니라 음성파일까지 제공할 예정이어서 연구자에게 방언연구의 또 다른 영역을 제공할 수 있을 것으로 판단된다. 또 일반인들에게도 이런 자료가 공개될 때 순수학문으로만 머물러 있던 국어학 분야의 연구 성과가 일반인들에게 제공되어 개별지역어는 물론 중방언권, 나아가 국어학 분야에 관한 관심을 불러일으키고 지역어문화에 대한 관심을 일으킬 수 있는 좋은 계기가 될 것이다. 이 시기에 많이 전개된 문헌자료 및 문학작품 속에 담긴 방언에 대한 연구와 이들 방언을 통한 삶의 양식과 문화에 대한 논의는 방언학 연구의 외연을 더 넓혔으며 이런 연구는 더 체계적으로 확대·생산할 필요가 있을 것으로 판단된다. 또 이 연구에서는 기존의 문학작품 속에서의 방언이 배경 지역어를 얼마나 합리적으로 수용하고 있는지도 살펴봄으로써 국문학과 국어학의 상호보완성을 확인할 수 있을 것이라는 측면에서도 많은 연구가 필요한 부분이다.

3.2. 대구지역어 연구와 그 흐름

대구지역어라는 범주 속에 포함될 수 있는 연구물은 지금까지 연구된 연구결과물의 세부 내용에 부분적으로 언급된 연구까지 고려한다면 그 외연이 넓어질 수 있지만 연구의 초점을 이 지역으로 한정시키면 그 범위는 매우 제약되어 있다. 대구·경북지역어의 연구물 515편 중에서 대구지역으로 초점이 맞추어진 연구물은 대략 52편이다.[11]

이를 시기별로 표로 제시하면 다음과 같다.

[표 2] 대구지역어의 연구 현황표

연대	음운론		문법론	어휘론	지역어 조사	구획/ 경계	문헌 연구	일반론	계
	음(성)운	초분절소							
1910~49년								1	1
50년대~		1							1
60년대~		1	1		4				6
70년대~	1	1	1						3
80년대~	2		3						5
90년대~	4	11	1						16
2000~09년	8	6	1	3				1	19
계	15	20	7	3	4			2	51
	35								

위의 [표 2]를 통해 볼 때 대구지역어의 연구 경향도 경북지역어의 연구 경향과 비교해 볼 때 크게 다르지 않음을 볼 수 있다. 세부지역어에 대한 연구이므로 연구의 범위도 제약되는 것이 일반적이지만 음운론의 편중 현상이 매우 심한 편이다. 이 중에서도 초분절소와 관련된 논의가 가장 많은 비중을 차지하며 여기서는 성조의 실체, 성조와 억양과의 상관성, 성조와 음운현상과의 관련성, 다른 지역 성조와의 비교 연구 등이다. 일반 음소와 관련해서는 주로 단모음의 중화와 관련된 연구 및 음운현상과 관련된 예가 대부분이다. 더욱이 이 지역어에서는 자음체계상으로 치조마찰음의 된소리는 존재하지 않으므로 이런 논의는 논의 자체가 이루어지지 않았다. 또 문법론에 대한 연구는 높임법, 서법, 굴곡어미 정도로 요약될 수 있을 정도로 소략하며 어휘·의미론에 관한 연구도 같은 경향을 보인다. 이런 사실은 이 지역이 일찍부터 대도시로 발전하면서 외지인과 접촉이 많다는 사실로 인해 방언조사 지역에서 제외된 사실이 많았기에 이런 결과를 가져온 것으로

---

11 앞에서도 말했지만 이 수치는 연구물에 부분적으로 언급된 세부 내용까지 고려한다면 더 넓어질 수도 있겠지만 여기서는 대구지역어를 중심으로 기술한 연구만을 대상으로 한 수치이다.

판단된다. 더욱이 이런 사실과 함께 인접하는 지역어를 대상으로 논의를 하면서 대구지역어에 대한 논의도 부가적으로 하는 경우가 많아서 이런 현상이 빚어진 것으로 판단된다. 이는 가장 기초적인 논의라고 할 수 있는 이 지역어의 음운에 대한 논의가 나성숙(1974)이 유일하다는 점에서 짐작하고도 남음이 있으며 이 연구도 일본에서 발표된 점은 시사하는 바가 크다.[12]

위의 연구 경향을 통해서도 알 수 있지만 지금까지 대구방언 또는 대구지역어라는 이름 아래 이루어진 연구는 존재하지만 적어도 대구지역어가 갖는 음운, 문법, 어휘체계나 그 특성 그리고 대구지역어와 대구문화가 갖는 문화적 속성에 대한 연구는 거의 없거나 매우 미미하다. 더욱이 경북지역어에 대한 연구결과와 비교해 보아도 큰 차이점을 발견하기가 힘든 부분이다. 이런 점에 비춰 볼 때, 대구 또는 경북지역어를 연구하는 연구자들도 대구지역어라는 속성에 대해 한 번쯤 고민하고 더 깊이 있게 이 문제를 다루고 관심을 더 기울여야 할 부분이다. 한편 지방화 시대, 지역문화, 지역축제를 지방자치 단체에서 매우 강조하면서도 어쩌면 가장 고유하고 오래된 문화재이면서도 현재 그대로 통용되고 있는 지역어에 대한 규정이나 특징을 기술한 실체조차 없다는 것은 문제라고 하지 않을 수 없다.

또 대구에 영남감영이 옮겨온 이래로 경상도에서 대구가 차지하는 비중과 일제 강점기와 해방이후의 대구라는 지역공간과 문화, 그리고 지역어와의 관련성에 대한 논의는 보이지 않는다. 근대화가 이루어지기 전까지 경상도에서 대구지역어가 차지하는 비중은 어느 정도였을까? 적어도 근대화 이전 시기에 지역어의 세력에 관한 판도는 어떠하며 그런 그림 가운데서 대구지역어의 위상에 대한 논의가 필요할 것이다. 흔히, 경구개음화와 움라

---

12 이런 기초적인 논의가 국내의 방언연구자에게서 이루어진 것이 아니라 국외의 논의에서 처음으로 이루어졌다는 것은 그만큼 이런 논의 자체가 국내의 방언연구자로부터 외면을 받았는데 이는 이런 논의가 국내 연구자에게서는 그 필요성을 느끼지 못할 정도로 이는 기본 명제로 인식을 했다는 증거로 볼 수도 있다.

우트 현상에 대해 남쪽으로 갈수록 더 심화되고 북쪽으로 갈수록 약화된다는 것은 이미 일반화된 통설이다. 그렇다면 이 두 음운현상의 핵방언은 어디일까? 그야말로 남쪽 바닷끝에서 시작하여 위로 북상을 했는지 아니면 경상도방언의 특정 핵방언에서 발현하여 확산된 것인지도 생각해볼 일이다.

3.3. 지역어와 지역문화의 상관성

3.3.1. 지역어 및 지역문화 연구

이 절에서 말하는 지역문화라는 개념은 순수 국어학 또는 방언학의 연구성과를 제외한 부분을 가리키는 말로 한정하고자 한다. 이런 관점에서 본다면 이 부분의 연구는 순수 국어학의 영역이라기보다 다른 학문 영역과의 관련성 속에서 연구되는 협동연구나 관련 응용국어학의 영역에 가까운 내용이다. 대구·경북지역어와 관련 지역문화를 담고 있는 연구 결과는 대략 48편에 이르며[13] 이를 영역별로 나누어 표로 제시하면 다음과 같다.

[표 3] 연대별·주제별 지역어와 문화 관련 연구결과표

주제	지역어 종합	친족어휘	높임법	어휘와 문화	문헌속의 지역어와 문화	
					고문헌	근·현대문학
70년대	1	1		1		
80년대		2	1	1		
90년대	2	1		5	5	1
2000년대	1	8	4	3	1	10
계	4	12	5	10	6	11

---

13 실제 내용을 기준으로 하면 이 부류에 들어갈 수 있는 노작이 더 많을 수 있겠지만 여기서는 주로 논의의 초점이 어디에 있느냐를 기준으로 삼았다. 실제로 순수 음운·문법·어휘영역의 논의에서도 이러한 문화적 부분이 간간히 언급된 경우를 볼 수 있기 때문이다.

위의 표에서 알 수 있듯이 각 주제별로 분류된 연구결과는 대체로 1990년대에 접어들면서부터 활발한 논의를 보이기 시작함을 알 수 있다. 60년대나 70년대, 80년대에도 국어학 영역에서 본다면 이런 분야의 논의가 이루어졌지만 방언학이나 지역어 연구에서의 논의라기보다 순수 국어학의 영역에서 논의가 이루어졌기 때문에 이런 경향을 찾아보기가 힘든 것이다. 이런 연구는 적어도 국어학 내적으로 그 지식체계가 축적되어 이를 바탕으로 논의가 가능할 때 주변의 응용국어학 쪽으로 나아갈 수 있다는 점을 고려하더라도 방언학 및 지역어학이 성립된 초창기에는 그 논의의 관심사에서 밀릴 뿐만 아니라 논의를 위한 바탕도 결여되어서 논의가 쉽지 않았을 것으로 판단된다. 이런 점에서 이 분야의 연구가 최근에 많이 나타난 점은 선행 국어학의 연구가 있었고 이 분야의 자료 및 지식체계의 축적이 있었기에 가능했던 것이다.

대구지역어 및 대구지역문화와 관련된 저작물은 매우 제한되어 있다. 이러한 연구는 천시권(1971; 1976; 1980), 현풍곽씨 한글편지 자료를 연구한 일련의 백두현(1997; 1998; 1999; 2005), 문학과 관련된 연구로 이상규(1999; 2001ㄱ; 2001ㄴ), 김태엽(2005; 2007), 김무식(2007)의 논의를 들 수 있을 정도이다. 물론 이밖에도 단편적으로 언급된 논의는 더 확보할 수 있겠지만 이처럼 연구의 초점을 맞춰 논의한 경우는 더 찾기가 힘들 정도로 이제 이 분야에 대한 연구는 이제 겨우 첫걸음을 디딘 단계이다.

3.3.2. 지역어와 지역문화의 상관성, 그 연구 방법

지역어, 나아가 방언과 같은 말의 연구에서 그 현상을 설명하고자 할 때는 일차로 언어 내적 설명이 이루어져야 하며, 이럴 때 언어학자는 가장 행복하다. 더욱이 현대 언어학이 정립된 이래 언어 외적인 문제로 언어 현상을 설명하려는 태도는 바람직하지 않은 태도로 여겨왔고 지금도 이 사실은 변함이 없는 언어학의 기본 명제 중의 하나이다. 이런 관점에서 볼 때 지역

어 연구를 지역문화와 관련지어 설명하려는 태도는 얼핏 모순되는 방법일
수도 있다. 이러한 모순에도 불구하고 지역어와 지역문화의 관련성에 대해
중시하고 논의를 하는 것은 단순히 언어 현상을 설명하는데 언어학의 기본
적 태도를 버리자는 이야기가 아니라 단지 이러한 언어학의 기본 설명 방법
은 일차적이고 기본적인 설명 태도로서 그 의미를 가지며 단지 지역문화와
의 상관성이라는 관점에서 그 설명의 틀을 하나 더 만들자는 뜻이며 이를
통해 언어학과 문화와의 상관성의 연구를 통해 언어학의 외연을 더 넓히자
는 이야기이다.

[표 4] 언어와 문화의 상관성

말								
음성층위	음운층위	형태층위	통사층위	어휘층위	화용층위	문화 요소a	문화 요소b	문화 요소c
음성규칙	음운규칙	형태규칙	통사규칙	어휘규칙	화용규칙	문화규칙		
언어학적 층위						문화적 층위		
언어·문화적 층위								

위의 도표에서 알 수 있듯이 언어학적 층위는 언어학적 논증을 그대로
하는 것이며 여기에 추가적으로 문화요소 측면에서 논거를 더 확보하여
그 설명의 틀을 다양화하자는 방법이다. 예를 들어, 지역어나 방언학의 연구
에서는 이미 기존의 방언학 연구에서 중시하고 있는 요소인 '혼인, 교육,
시장, 생업, 교통 및 도로망, 민속, 종교' 등과 같은 제 요인을 규칙화하여
언어 내적 논증에 추가적으로 언어외적 요소인 문화요소를 규칙화하여 논거
로 이용하자는 취지이다. 이런 관점은 기존의 이 분야의 연구에서도 확인할
수 있는 부분이며 이를 통해 학제 간의 연계성을 높이고 문화라는 관점
아래 언어학이 사람과 문화를 이해하는 데 실질적인 도움을 줄 수 있는
길이기에 의미가 높다고 할 수 있는 부분이다.[14] 또 언어내적 설명에 언어외

적 논거까지 덧붙는다면 더 확고한 논증이 될 수 있다는 점에서 이 방법은 의미가 있는 것이다.

이 지역어를 대상으로 한 연구 중, 안귀남(2007)[15]은 문경지역어의 친족 호칭어의 분화양상에 대한 논문인데 이 연구는 이러한 연구 경향을 잘 드러 내는 연구 중의 하나이다. 이 연구는 문경지역어를 핵방언권과 전이지역으로 나누고 이를 언어학적으로 설명하려 한 논문이다. 일차적으로 이 연구에서는 언어학적 관점에서 설명하고 있지만 현리지역에 등장하는 어형에 대해서는 문화적인 인자로 설명하고 있다. 안귀남(2007: 43)에 제시된 호칭어 '형수(兄嫂)' 관련 어휘를 제시하면 다음과 같다.

(5) 형수
　　ㄱ. 형순님(벌바위, 교촌)　　ㄹ. 아지매(각서, 완장, 유곡, 적성, 위만)
　　ㄴ. 형수님(수예)　　　　　　ㅁ. 형수(완장, 유곡, 적성, 위만)
　　ㄷ. 형수씨(각서)　　　　　　ㅂ. 새아지매(현리)

위의 예 (5ㅂ)은 안동방언적 요소를 나타내는데 이는 지리적 요인과 함께 현리 지역이 지니고 있는 마을의 성격, 즉 영남의 퇴계학맥과 혼반을 맺고 형성된 동성 마을이라는 특징에서 찾고 있음을 볼 수 있으며 이는 이런 현상을 설명하는데 매우 유용한 기제임을 증명한 것이다.

이문규(2002)는 대구방언과 안동방언의 성조체계를 비교한 연구인데 이

14　이런 관점에서 볼 때, 김완진(1979)의 연구결과는 이른 시기에 그 방향성을 제시한 연구이기도 하다.

15　기본적으로 이 글에서는 안귀남(2007)의 논의나 이문규(2002)의 논의에 대해 그 논증의 타당성이나 결론의 타당성에 대해 논의하고자 하는 것이 아니다. 다만 이 글의 전개에 편의를 위하여 두 필자의 논문을 예로 들었을 뿐이다. 혹여 필자가 든 의도와 달리 두 논문의 필자에게 누가 가는 부분이 있다면 모두 필자의 잘못이다.

문규(2002:116)의 자료를 가져오면 다음과 같다.

(6) '안＋후속 성분'의 표면 성조형

ㄱ. 대구 방언

- 안＋상승조형: 안곱다[HL2], 안곱으이[HL3], 안곱드라[HL3]
- 안＋저조형: 안뽑는다[HL3], 안뽑으이[HL3], 안뽑드라[HL3]
- 안＋고조형: 안잡는다[L2HL], 안잡으이[LHL2], 안잡드라[L2HL]

ㄴ. 안동방언

- 안＋상승조형: 안곱다[LHL], 안고우이[L2HL], 안곱드래[L2HL]
- 안＋저조형: 안뽑는다[L2HL], 안뽑으이[L2HL], 안뽑드라[L2HL]
- 안＋고조형: 안잡는다[L2HL], 안잡으이[L2HL/LHLL], 안잡드래[L2HL]

이 연구는 두 방언의 비교를 위해서 많은 실례를 들어서 설명을 하였고 그 결과 두 방언의 성조는 기본적으로 같은 유형으로 결론을 짓고 있으며 다만 '안－부정문'과 설명의문문의 성조에서 차이가 나타남을 지적하고 있다. 같은 필자는 대구방언의 경우 운율구 내의 성조가 어절의 구성요소와 관계없이 단일화 경향을 보이는 것으로 설명하고 있으며 이는 경남방언의 영향으로 설명하고 있다. 이 논의에서도 경남방언의 영향관계에 대해 언어학적 논거뿐만 아니라 어떤 경로를 통해 경남방언의 성조가 영향을 끼쳤는가 하는 문제를 추가했다면 더 확고한 논증과 함께 문화적 지도까지 살펴볼 수 있었을 것이다.[16]

---

16 물론 이문규(2002)의 논의는 성조 문제 자체로도 그 논의가 매우 복잡할 뿐만 아니라

다음은 동사 '모르다(不知)'의 경북·경남지역어에 대한 군 단위별 실현 음성형을 한국방언자료집에서 인용한 것이다.

(7) 모르(不知)-지/ -더라/ -으면 / -(아/어)서[17]

(영풍)모르'고/ 모르드'라/ 몰라스/ 모르'므 (봉화)모르'고/ 모르드' 라/ 모링'이/ 모르'므 (울진)모'리고/ 모'르드라/ 모'리는/ 몰레스 (문경)모'리고/ 모리드'라/ 모리'므/ 몰라스 (예천)모리'고/ 모리드' 라/ 모리'므/ 몰라서 (안동) 모르'고/ 모르'드라/ 모르'만/ 몰라스 (영양)모르'고/ 모르드'라/ 모리'믄/ 몰라스 (상주)모리'고/ 모리드' 라/ 모리'므/ 몰라스 (의성)모리'지/ 모리드'라/ 모리'믄/ 몰라스 (청송)모리'고/ 모리드'라/ 모'리모/ 몰라스 (영덕)모리'고/ 모리드' 라/ 모리'믄/ 몰레스 (금릉)모르'고/ 모르드'라/ 모르'므/ 몰라스 (선산)모르'고/ 모르드'라/ 모르'므/ 몰라스 (군위)모리'고/ 모리드' 라/ 모리'므/ 몰라스 (영일)모리'고/ 모리드'라/ 모리'마/ 몰라스 (성주)모리'고/ 모리드'라/ 모리'므/ 몰라스 (칠곡)모르'고/ 모르드' 라/ 모르'믄/ 몰라스 (경산)모리'고/ 모리드'라/ 모리'마/ 몰라스 (영천)모리'고/ 모리드'라/ 모리'마/ 몰라스 (고령)모르'고/ 모르드' 라/ 모르'므/ 몰라스 (달성)모리'고/ 모리드'라/ 모리'므/ 몰라스 (청도)모리'고/ 모리드'라/ 모리'마/ 몰라스 (월성)모르'지/ 모리드' 라/ 모리'믄/ 몰라스

문화적 설명의 기제를 덧붙이는 것이 오히려 더 논의의 초점을 흐렸을 수도 있었기에 이 기제를 포기했을 것으로 판단된다.

17 모음 'ㅡ'와 'ㅓ'의 중화형은 'ㅡ'모음으로, 모음 'ㅔ'와 'ㅐ'모음의 중화형은 'ㅔ'모음 으로 표기했음을 밝힌다.

(8) 모르(不知)-지/ -더라/ -으면 / -(아/어)서

(거창)모리´지마는/ 모르´드라/ 모르´멘/ 몰라´스 (합천)모르´지마
는/ 모르´드라/ 모리´믄/ 몰라´스 (창녕)모르´지/ 모르´드라/ 모르´
메는/ 몰라´스 (밀양)모리´지마는/ 모르´드라/ 모르´멘/ 몰라´스
(울주)모리´지/ 모리´드라/ 모리´몬/ 몰라´스 (함양)모르´지/ 모르´
더라/ 모르´면/ 몰라´서 (산청)모르´지/ 모리´드라/ 모르´멘/ 몰라´
스 (의령)모르´지/ 모르´드라/ 모르´멘/ 몰라´스 (하동)모리´지/ 모
리´드라/ 모리´믄/ 몰라´스 (진양)모리´지/ 모리드´라/ 모리´모/ 몰
라´스 (함안)모르´지/ 모르´드라/ 모르´면/ 몰라´스 (의창)모르´지마
는/ 모르´드라/ 모르´모/ 몰라´스 (김해)모르´진/ 모르´드라/ 모´루´
믄/ 몰라´스 (양산)모르´지/ 모르´드라/ 모루´믄/ 몰라´스 (사천)모
리´지/ 모리´드라/ 모리´믄/ 몰라´스 (고성)모리´지/ 모리´드라/ 모
리´멘/ 몰라´스 (남해)모리´지마는/ 모리´드라/ 모리´모/ 몰라´스
(통영)모리´지/ 모리´드라/ 모리´모/ 몰라´스 (거제)모리´지마는/
모리´드라/ 모리´모/ 몰라´스

이미 다른 논의에서도 알 수 있지만 얼핏 보면 단순할 것만 같은 위의
자료 (7)과 (8)의 자료를 성조 문제에서도, 동사의 표면음성형을 두고 보더
라도 쉽게 해석이 가능한 부분은 아니다. 위의 자료에서 표면음성형의 경우
전설모음화가 실현된 어형인 '모리다'형과 그렇지 않은 '모르다' 어형으로,
성조의 실현형으로 각각 구분지어서 지도에 표시하면 다음과 같다.

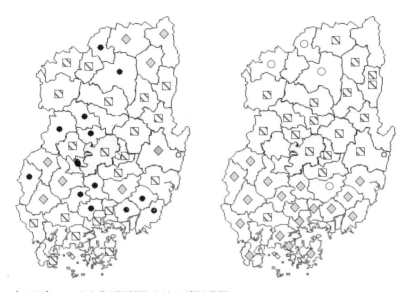

[그림 2] '모르다'의 음성형(왼쪽)과 성조실현(오른쪽)
음성형: ▨(모리다) / ●(모르다) / ◆(혼합형)

위의 [그림 2]에서 보듯이 용언 '모르다'의 성조형의 실현은 비교적 지리적 분포로 볼 때 그 설명이 어느 정도 가능성이 보이지만 전설모음화와 관련된 음성형은 지리적으로 설명이 쉽지 않은 양상을 보인다. 물론 이 두 현상을 단순히 한 어휘를 대상으로 해서 일반화하는 데도 설명을 하는 것이 쉽지 않음을 볼 수 있으며 전체로 확대한다면 더 어려운 문제에 부딪칠 수 있을 것이다. 특히, 어휘나 문법 층위에서 서로 관련이 있는 지역도 음운 현상과 관련된 문제에서는 다르게 나타날 수 있는데 이런 문제점을 문화층위에서 해결할 수 있는 방법을 모색하는 것은 어떨지 모르겠다.

어쩌면 이런 문제가 언어학자의 고민의 첫 출발점이자 마지막 종착점이 아닐까?

4. 마무리

자연어의 기본 속성은 바뀌고 그에 따라 예상하지 못한 변이형이 생기는 일이며 이를 뒤쫓아 가면서 규칙을 찾고 정리하는 일이 언어학자의 몫임은 누구나 알고 있는 자명한 일이다. 모든 말이 그렇지만 지역어와 방언학 관련 자료는 더욱 이런 현상이 심한 편이다. 이 글에서는 대구·경북지역어의 연구 성과의 조망을 통해 앞으로 연구에 도움을 받을 뿐만 아니라 지역어와 지역문화라는 주제 아래 이 지역어에 대한 논의를 하려고 했다. 주제발표라는 논제의 제약과 시간상의 제약으로 인해 개별 연구 성과에 대한 논의는 제대로 언급하지 못했다. 지역어와 지역문화라는 시각 속에서 이 지역어에 관한 연구 성과를 조망한 결과 지역문화라는 구호는 일상 속에 난무하지만 이런 문화의 가장 첨병인 개별지역어에 대한 조망이나 지역어문화에 대한 연구는 매우 드물었다. 이런 점은 이쪽에 관심을 가진 연구 인력이나 개별 지방자치 단체에서도 관심을 갖고 접근해야 될 것으로 판단되는 부분이다. 다만, 이런 논의가 지역어와 지역문화에 대한 관심을 갖는 계기가 되고 이 방면의 연구가 더욱 확산될 수 있기를 기대하며 문화 층위에서 지역어를 접근하는 것은 적어도 지역어 연구에서는 많은 도움이 될 것으로 판단된다.

국어국문학회(1990), 『방언학의 자료와 이론』, 지식산업사.

김무식(2008), 「국어연감-방언-」, 『국어연감』, 국립국어원.

김완진(1979), 『문학과 언어』(국어학연구총서 7), 탑출판사.

백두현(1994), 「경상방언의 통시적 연구성과와 그 전망」, 『인문과학』 10, 경북 대학교.

안귀남(2007), 「방언지도를 통해본 문경지역 친족호칭어의 분화양상」, 『어문론총』 46, 한국문학언어학회.

왕한석(2009), 「한국의 언어문화 연구를 위한 몇 가지 제언」, 『세계한국어문학회 학술대회 발표문』, 세계한국어문학회.

이문규(2002), 「대구방언과 안동방언의 성조 비교 연구」, 『어문학』 77, 한국어문학회.

이상규(1992), 「경북방언 연구의 성과와 전망」, 『남북한의 방언 연구』, 경운출판사.

이상규(2000), 『경북방언사전』, 태학사.

이상규(2000), 「경북방언의 특징」, 『경북방언사전』, 태학사.

이상규(2003), 『국어방언학』, 학연사.

최명옥(1986), 「동남방언의 연구와 특징에 대하여」, 『새국어생활』 7, 국립국어원.

---

18 본 연구의 논의와 직접 관련된 저작물만 제시하며 나머지는 국립국어원에서 발행한 『국어학연감』과 이상규(1992, 2003)를 참고하기 바람.

방언의 미래를 생각한다*

이상규
경북대학교

인문학의 연구 방법이 자료의 조사와 처리를 컴퓨터를 활용함으로서 대량의 자료 수집과 처리를 하는 방향으로 발전되고 있다. 한편 소위 인공지능 분석의 시대에 들어서서 인문학과 통계학이나 컴퓨터공학 등의 자연과학분야와의 융합적인 방향으로 나아는 진전된 모습을 곳곳에서 찾아볼 수 있다. 현대에 들어서서 최근의 문명 발전의 통시사를 미국의 조선사 연구학자인 Wagner박사는 ① 거대 철기문화 시대(Big-Iron Era, ~1990), ② 개별 퍼스널컴퓨터 시대(Personal Computer Era, 1980~1999), ③ 기계학습 시대(Machine Learning Era, 2000~2009), ④ 인공지능(AI)의 딥러닝 시대(Deep-Learning Era, 2010~현재)[1]로 구분하고 있다. 현재 딥러닝 시대에는 사람이 처리할 수 있는 자료처리 능력의 한계에서 훨씬 벗어나 대량의 자료를 처리할 수 있게 되었다.

---

* 방언학회 특강 자료, 2018. 6. 22. 세명대학교

1 Milan Hejtmanek(2018), "The Wagner-Song Munkwa Project and it's Legacy", Asian & Near Eastern Languages, GYU Conference.에서 재인용한 것임.

따라서 언어 체계적 관점에서의 아주 미시적이고 제한된 방언 조사 방법에서 한 걸음 더 나아가 대량의 방언 조사를 통한 방언 텍스트 데이트와 방언음성 데이터를 어떻게 확보해야 하며 또 이를 어떤 방식으로 데이터를 관리하고 활용할 것인가 그 미래를 예측해 나가야 할 것이다.

본고에서는 특히 대량 방언 자료의 처리 방식으로 토플로지 데이터 분석 방법(Topological Data Analysis)의 도입과 이를 활용하여 빅데이터 속에서 일정한 구조를 발견할 수 있는 방안으로 방언연구의 미래를 설계해야 할 것을 제안하며 이와 함께 방언연구의 목적이 보다 더 확장되어야 할 것과 당면한 남북 언어의 통일을 위한 기반 마련을 위해 방언학이 어떻게 기여해야 하는지? 그리고 대량 방언 자료의 확보를 위해 필드언어학의 방법의 변화와 방언지도 제작의 기술적 한계를 뛰어넘기 위한 방안을 모색해 보고자 한다.

1. 방언연구의 목적의 확장

우리는 현재 AI시대에 들어선 딥러닝 시대를 살고 있다. 국어학의 일부로서의 방언학이 인간학의 일부로서 방언학으로 그 본질이 변화하고 있다. 지금까지 방언 연구의 목적은 한 언어의 지리적 혹은 사회적인 다양성을 조사하고 공시적 체계를 기술하여 공통어(대표성을 띤 표준어)의 체계적 기술에 기여하는 것을 일차적인 목적으로 했다. 일정한 시간의 변화에 따른 언어 변화의 다양성을 문헌자료에서만 확보하기 힘들기 때문에 지리적 혹은 사회적 다양한 변이형을 통해 한 언어의 통시적 변화를 기술하는데 기여하는 것을 목적으로 해 왔다. 곧 "한 언어는 상호 의사소통이 가능한 방언의 집합이다.(A Language is a collection of mutually intelligible dialects)"라는 J. K. Chambers & P. Trudgill(1980:3)의 가정을 전제로 하여 우리나라에서도 1980년도 이후 군단위 면단위를 중심으로 한 지역어 조사가 한때 활발하게 전개된 바 있었다. 이러한 분위기는 1979년부터 한국정신문화연구원에서 시작한 전국방언조사의 시행과 더불어 자료집의 간행과 함께 국립국어원에서 시작한 2006년 남북지역어조사 사업에 이르기까지 매우 고무적으로 전개되어 왔다.

한편 중국의 왕력(王力)은 자신의 『漢語音韻史』의 서론에 한어음운사 연구를 위해 기초지식으로 갖추어야 할 네 가지 가운데 방언을 들고 있다. 이기문(1961:13)의 『國語史槪說』에서도 "문헌의 결함을 보충하기 위하여" 방언학을 연구한다고 하였다. 1980년대 이후 곽충구(1991), 백두현(1992), 최전승(1995) 등은 방언을 국어사 연구에 단순하게 활용만 한 것이 아니라 개별 방언 자체에 대한 통시적 연구까지 확장시켜나갔다. 그리고 이병근(2004)의 『어휘사』를 통해 문헌자료와 방언자료를 입체적으로 재구성하여 방언의 어휘 분화 과정을 보다 정밀하게 기술하였다. 이 기간 동안 방언연구를 통한 국어사연구는 더욱 풍성한 성과를 이루어내었다. 최전승(1995)은 '쇠쥬'와 '댄쵸'와 같은 변이형을 통해 규칙의 상관관계의 추상성이나 일반성의 확보나 규칙 순위라는 보다 정밀한 음운론적 기술이 가능하도록 하기 위해 그동안 국어사에서 금기 사항이었던 필사 전라도 판소리 자료와 한국정신문화연구원에서 조사한 전국구비문학 채록 자료까지 방언 자료로 활용하였다. 움라우트와 단모음화라는 규칙 순위와 피보기 규칙 등 다양한 해석의 가능성은 바로 자료의 다양성과 매우 긴밀한 관계가 있었다. 이처럼 방언자료의 질적 문제에 대한 경계를 넘나들지 않을 수 없었던 것은 그만큼 방언자료의 미세한 조사 결과가 없었던 탓이기도 하다.

방언 연구가 공시적으로 지역 혹은 사회요인에 따른 방언의 분화를 체계적으로 기술하는데 머물러 있을 수 없음은 아래의 몇 가지 사례를 통해서도 입증된다.

첫째, [의] : [어]가 100% 변별을 보이는 데이터에서는 매우 분명한 변별적 음소로 처리할 수 있지만 99~1% 사이로 통계적 분포가 다른 것은 어디까지 음소대립으로 인정해야 할 것인가? 아니면 이러한 상황을 어떻게 해석해야 할 것인가? 이와 유사한 예로 [ㅸ]의 반사형과 [ㅿ]의 반사형이 뚜렷이 동서 방언 차이로 드러난다. 전라방언의 [ㅿ]분화형이 경상방언보다 우위이나 [ㅸ]의 반사형을 그 반대의 양상을 보이고 있다. 전통적인 대립이라는 음소분석의 기준이 대량 방언 자료를 해석하는 데는 무력해 질 수 있다. 6모음체계 지역인 경상방언에서 '외'와 '위'의 이중모화과정을 설명하는데 단모음화를 거친 다음 다시 이중모음으로 변화했다는 기술이 과연 타당성을 갖는 것일지 의문이다. 둘째, 어떤 변화가 언어지리적으로나 사회계층적으로 일목요연하게 계기적으로 나타난다면 문제가 없는데 'ㄴ믈 > 노물', 건너뛰기(Jumping diffusion)이나 단절(discontinuance diffusion), 급격한 변화(Radical Change)를 보이는 규칙변화에서 일탈되는 자료를 재해석하려는 노력을 해야 할 것이다. 셋째, 역사적으로 고립된 차용형(솔/졸)이나 화석형(얼게미) 등의 자료의 분포만을 드러낸다면 무슨 소용이 있는가? 넷째, 구개음화, 움라우트, 전부모음화 등의 다양한 음운 현상의 규칙적용의 범위나 제약의 면제의 폭을 언어지도에는 담아 낼 수가 없다.

향후 방언 연구는 우선 대량의 방언 자료 속에서 구조적 증거를 찾아낼 수 있는 다양한 분화형을 대량으로 확보하는 일이 무엇보다 중요하다. 이쯤해서 2000년 이후 생태다양성의 중요성이 강조되면서 언어 또한 중심과 주변의 양항적인 가치로서가 아닌 다양성의 관점에서 그 가치를 새롭게 평가되어야 한다는 목소리가 나오기 시작하였다. 이상규(2007) 『방언의 미학』과 가장 최근 정승철(2018)의 『방언의 발견』에 이르기까지 표준어에 상대되는 가치로서가 아닌 대상으로서 방언의 중요성이 논의되고 있다.

방언 연구의 목적이 공시적인 언어의 하위체계로서만이 아니라 통시적으로 언어사의 기술을 위해 도움을 주기 위해서도 가급적이면 다량의 방언자료를 수집하고 관리해야 할 필요성이 제기 된다. 그리고 방언을 통한 계통적 유래를 가진 분화형이나 차용형조차도 매우 중요한 대상이 아닐 수가 없다. 부추의 방언형인 '솔', '줄', '소풀'의 어원적 유래는 계통적인 접근을 하지 않으면 좀처럼 풀리지 않는다. 그리고 고대로 거슬러 올라가 경주의 향가나 고구려의 지명이나 인명에 퉁구스 언어가 잔존되었을 가능성을 전혀 무시할 수 없을 것이다. 여진의 관제에 속하는 '휘판(官)'의 형태가 「찬기파랑가」에 '花判'으로 대응될 가능성이 충분하다. 이러한 관점에서 방언의 연구는 공시적 연구와 통시적 연구 그리고 계통적인(차용) 연구의 세 가지 관점으로 확대시킬 필요성 있다고 판단된다.

한편 방언은 그 지역의 문화의 전통과 체계를 갈무리하고 있다. 경북 안동지역의 '식해'는 다른 지역과 그 제조방법에서부터 차이를 지니고 있다. 특히 제례에 사용되는 음식 문화의 차이의 한 에로서 경북 상주지역에서는 결혼식 음식으로 '콩나물힛집'이라는 다산과 장수를 기원하는 민속음식이 존재한다. 따라서 방언 연구의 목적은 언어문화라는 측면에서 그 영역이 확대되어야 할 것이다.[2]

위에서 말한 방언 연구의 목적을 좀 더 확대된 것으로 인식하다면 자연스럽게 방언의 연구가 언어학의 주변 곧 역사나 문화적 관점으로 그 시각을 확대한다면 우선 방언자료를 Big데이터로 구축할 수 있는 쪽으로 나가야 할 것이다. 그러기 위해서는 한 국가의 표준어 관리와 더불어 방언의 조사와 활용을 위한 국립방언연구원의 설립이 절실하게 필요한 시점이라고 할 수 있다.

---

2 오니시 다쿠이치로 저, 이상규·다키구치 게이코 역(2015), 「민속과 풍습」, 『현대방언의 세계』, 한국문화사.

2. 표준어와 남북언어의 문제

한국어 공동체는 매우 다양하다고 할 수 있다. 근대 한국어의 이상은 규범주의에 바탕을 둔 사전과 문법에 우리말을 온전하게 담아내는 일이 그 당시 당면과제였다. '조선어학회(한글학회)'가 추진했던 『조선어큰사전』 사업과 더불어 어문 규정의 제정이 바로 그것이다. 한국어는 서울말이어야 하듯이 독일어라면 독일 수도의 한 변이형만을 골라 "한 나라의 언어이어야 하고, 모든 독일 사람은 그들만을 포괄해야 한다"고 생각했듯이 언어를 표준화해야 한다는 강박의 결과물이다. 조선조 500년 우리말을 잡초처럼 너무 오래 방치해 두었던 결과이다. 언어의 지리적 혹은 사회적 변이를 사회 통합과 애국심에 반하고 국가와 민족에 반하는 경멸의 대상으로 이데올로기화한 것은 일제 식민 강점기하에서 만들어낸 결과이다. 우리는 그동안 규범과 문법 부재의 오랜 기간 동안 흘러왔지만 국어학자들이 호들갑을 떨어온 만큼 우리의 말과 글이 그처럼 많은 혼란과 급격한 변화가 있었던 것은 결코 아니다.

그 시대에 민간 학술 단체가 이끌어 온 우리말의 규범화와 큰사전 편찬 사업의 노력을 국가가 회수한 뒤에 『표준국어대사전』이라는 견고하게 갇힌 언어 상자를 만들었다. 규범주의자와 그들에게 매료된 학자들은 서울 언어는 '옳고', 지방의 언어는 '그름'으로 편을 갈라놓고 그것을 기반으로 하여 규범집(문법과 사전)을 탄생시킨 것이다. 그런데 놀랍게도 당시 환산 이윤재와 외솔 최현배 선생의 생각은 조금 달랐다. 한국어의 지리적 혹은 계층적 변이형을 최대한 사전에 담아내기 위해 환산은 '전등어(어원 분화형)'와 '각립어(음운 분화형)'라는 개념을 만들었으며,[3] 외솔은 비록 제한적인지만

---

3 이윤재, 「사정한 조선어 표준말 모음의 내용」, 『한글』 제4권 제11호, 1936. "표준어를 될 수 있으면, 전 조선 각 지방의 사투리를 있는 대로 다 조사하여 여기에 대조하여 놓는 것이 떳떳한 일이겠으나, 이것은 간단한 시일에 도저히 성취할 수 없는 것일뿐더

『시골말 캐기 잡책』을 만들어 언어의 다양성을 유지하도록 사전 올림말에 방언을 최대한 퍼 담으려는 노력을 보였다. 안타깝게도 당시 상황으로 보면 그 방언 조사는 매우 제한적일 수밖에 없었다.

그러니 1933년「마춤법통일안」을 제정하면서 한 나라의 언어 규범을 "서울 지역의 중류계층"으로 고정하였다. 이는 엄밀하게 말하면 일본의 동경어 표준정책과 같은 맥락에서 이루어진 것이다. 그러나 동경의 표준어는 1943년 동경 공통어로 바뀌었으나 우리는 그대로 유지하다가 남북 분단 이후에는 서울-표준어와 평양-문화어라는 두 가지 언어권력화가 가세함으로서 다시 이를 통합할 어떤 노력도 하지 않고 있다.

필자는 지난 2006년도 국립국어연구원에서 시작했던「남북지역어조사 사업」을 추진하면서 공통어 정책을 제안한 바가 있다. 많은 사람들이 인지하고 있는 어휘·음음·문법을 공동모델로 삼자는 이야기이다. 매우 추장적인 것 같지만 남북 분단의 통합을 위해서도 이러한 조치가 필요하다. 한국어의 기원 문제를 두고 표준어와 문화어의 정치적 투쟁은 눈에 보이지 않겠지만 엄청나게 치열하게 전개될 것이다.[4] 이러한 측면에서 공통어 정책의 전환은 시간을 두고 추진해 나가야 할 과제라고 할 수 있다. 그러기 위해서는 엄청남 공력을 투입해서 미세한 방언조사를 시행해야 할 것이다. 이러한 언어의 다양성을 보존하는 일은 방언 연구뿐만 아니라 한국어 공동체의 결속을 위해서도 절실하게 필요한 일이다.「겨레말큰사전」사업 추진으로 중단된 남북 지역어 조사사업이 다시 점화되어 미래 한국어의 기반을 마련

러, 분량이 너무 많아 인쇄에도 곤란을 면하기 어려울 것이므로, 그리 못된 것을 매우 유감으로 생각하는 바이며, 여기에 유어로 대조한 것은 다만 서울에서 유행하는, 즉 서울 사람으로서 여러 가지 쓰는 서울 사투리만을 수용함에 그쳤습니다. 그리고 각 지방의 사투리 전부를 조사 수집하는 것은 이후 별개의 사업으로 할 작정입니다."

4 고대 한국어의 기원에 대한 문제도 고구려 중심이냐, 신라 중심이냐에 따른 논의도 언어 정치적 측면에서 남북 간의 팽팽하게 대립하고 있다.

하는 일을 꾸준하게 전개해야 할 것이다. 이와 함께 대량을 방언 조사와 더불어 담화의 텍스트 자료의 코퍼스 기반을 구축하여 보다 객관적으로 남북 공통어를 추출하는 기반을 준비해야 할 것이다. 그리고 다양한 변이형의 토대가 구축될 때에 방언의 변화와 변이 추이에 대한 연구의 타당성이 더욱 확보될 것이다.

3. 방언 연구 목적과 필드의 변화

우리나라에서는 국가적 단위에서 비록 국부적인긴 하지만 방언조사를 시행한 두 차례의 경험이 있다. 그러나 빅 데이터로서의 방언조사가 아닌 언어 연구를 위한 매우 제한된 항목을 한정한 조사였다. 방언 조사는 지역 구어에 대한 조사와 지역 구어가 반영된 텍스트 조사로 구분될 수 있다.

첫째, 지금까지 방언조사는 언어학적으로 유의미한 항목만을 선택하여 제한된 항목을 질문지나 체크리스트를 만들어 조사를 수행해 왔다. 그러나 최근 방언질문지에 의한 방언조사에 대한 한계와 방언 연구의 목적이 확대됨에 따라서 방언조사의 대상이 점차 확대되는 방향으로 흘러가고 있다. 특히 사회조사를 위해서 계량조사 방법이 음성데이트 구축과 함께 추진되는 사례도 있다.[5] 나카이 세이이치(中井精一 2005)는 300여 명의 조사자들이 도야마현의 전철역에서 현지인을 대상으로 직접 인터뷰하거나 혹은 휴대전화의 메일을 이용한 대량의 음성데이트와 방언자료를 빅데이트를 구축하고 있다.

둘째, 방언의 텍스트화의 문제는 담화자료 구축과 마찬가지로 고도의 기

---

5 나카이 세이이치(中井精一) 저, 이상규·이순형·김경숙 공역(2005), 『사회언어학적 조사와 연구방법』, 이회.

술이 필요할 것이다. 지금까지 텍스트와 유리된 방언이 간헐적으로 문헌기록에 간간히 섞여 있는 제한된 텍스트 자료를 가지고 개별 지역 방언사를 구축한다는 일은 결코 용이하지 않다. 텍스트 자료에 실린 방언 자료 조사를 수집하는 것만으로는 방언 연구의 목적에 부합하는 자료를 얻어내기 쉽지 않다. 우리나라에서도 이처럼 제한적인 조사 항목의 한계를 극복하기 위해서 2006년부터 시행한 남북방언조사에서는 담화조사 방법이 활용되기도 하였다. 현재 방언 음성자료의 코퍼스 구축의 기술적인 한계가 있기 때문에 담화 텍스트를 대량으로 구축하여 방언 코퍼스를 구축할 필요가 있다.

텍스트 방언 조사의 지역적 제한성을 뛰어넘기 위해 순순한 방언 텍스트를 체계적으로 구축한 경험은 거의 없다. 앞에서 살펴본 바와 같이 구비문학 조사나, 민속조사 방안으로 그리고 담화문법 연구를 위한 정도의 텍스트 방언 조사 결과가 있을 뿐이나 지금까지 나온 자료를 구어의 빅데이트 구축의 방식으로 방언 담화의 기록 자료로서 생활 담화조사나 구비문학 조사의 데이트화를 시도해야 할 것이다. 앞으로 문어의 빅데이터인 방언의 담화 코퍼스 구축과 마찬가지로 순수한 방언 텍스트를 코퍼스로 구축하기 위해 자료를 조사하는 방안도 강구되어야 할 것이다.

향후 방언조사는 기록전사 자료와 방언 텍스트에서 추출한 자료와 음성 자료를 연동해서 사용할 수 있는 전산화 화여 데이트를 집게 할 수 있도록 방언자료의 코퍼스 구축을 위한 소프트웨어를 개발하여 활용할 수 있도록 환경을 바꾸어야 할 것이다.

앞에서 살펴본 바와 같이 방언연구의 목적이 확장되고 또 도시화가 진전되는 상황의 Field 환경이 변화되고 있기 때문에 종래의 고전적 방언 연구 방식은 이미 해가 저물고 있다. 이제 새로운 사고방식으로 새로운 방언 연구의 아침의 창문을 열어야 할 것이다. 조사한 언어 자료를 구축하는 자동 전산시스템으로 언어지도까지를 그리는 작업이 비교적 용이해진 상황이다. 따라서 지리적 분포 내에서 방언의 역사적 변천과 공시적 분포만을 해명하는 방식에서 더욱 확장하여 생활어휘, 식산의 종합적 분포(최명옥 2015:255-272), 농촌어휘나 산촌어휘(中井精一 2000) 등의 조사 대상이 점차 확대되는 모습을 보여주고 있는 것은 매우 긍적적인 측면이라 할 수 있다.

　최근 일본에서 활발하게 논의되고 있는 필드언어학의 연구 주제가 바뀌고 있다. 전통적이 방언 조사는 주로 개인 생활 중심의 조사였다면 필드언어학에서는 개인 생활보다 사회집단의 인간관계를 중시하는 데 초점을 맞추고 있다(中井精一 2001:8). 개인이 네트워킹의 실태나 개인 네트워킹에 따는 결속되는 집단 사이의 동태적인 언어 특징에 대해 그동안 너무 무관심해 왔다는 지적이다. 이러한 동태적 언어지도 제작을 위해 나카이 세이이치(中井精一)의 방언조사 방식으로 휴대폰, 이메일, 카톡방, i-mode(NIT회사에서 개발)을 통한 앙케이트 질문방식을 활용하는데 그 사례를 들어보면 아래와 같다.

　　　✉ **조사의뢰 e-mail**
　　수강생 여러분께
　　나카이입니다. 아래 사항에 대해 좀 가르쳐 주십시오. "비가 후리후리다"라는 말을 듣고 비가 "억수로 내린다"라는 사람과 "지금 곧 비가 쏟아질 것같다."라는 사람이 있습니다. 여러분은 어떻습니까?...

　　　✉ **조사 답신**
　　목, 26일 10월 2000. 14:36:52+0900
　　희야시 테리코입니다. 답장이 늦었습니다. 저는 "비가 억수로 내린다"라는 뜻으로 생각합니다.

　다량의 정보를 확보하기 위해 재학생들에게나 혹은 매 전철 구간마다 현지조사를 하는 방식도 활용한다. 특히 메일 조사방식은 정확한 제보자 신분 확인이 가능하지만 거주지나 출신지 정보를 확인하기 어렵고 나중에 자료 처리를 하는 공정이 어렵기 때문에 질문지 형식을 전산처리하여 휴대폰이나 이메일 조사를 실시하기도 한다. 개별적으로 해결해야 할 많은 문제가 있는 것으로 보이지만 전통적인 방언조사 방식에서 뛰어넘어 새로운 환경에 걸맞는 다량의 자료 조사 방식으로 새롭게 나갈 필요가 있다.

4. 정태적 방어지도에서 동태적 방언지도로

방언자료를 수집한 이후 이를 지리적으로나 사회계층적인 분포 양상이나 확산이나 변화의 방향성을 확인하기 위해서는 방언지도(dailect map)를 주로 활용해 왔다. 용도를 중심으로 방언지도의 제작 방식은 지리적인 분포도(상징지도, 등어선지도 등) 제작에서 사회계층적 방언지도화(오기노 쓰나오 1994: GLAPS / 다카하시 겐지 2002: 볼링언어지도)와 지리 및 계층 등 다층적 변인을 고려한 방언분포를 구현하려는 GIS(오니시 다쿠이치로, 2015: 일본 Mandara)방언지도에서 방언거리측정 지도(Segy 1973), 방언 변화방향 지도(이기갑 1998), 입체 표층지도(Hans Goeble 2000) 등이 있다.

결국 방언지도는 다양한 방언의 분, 변화의 방향(출발과 종결), 규칙 제약의 차이의 표현, 도시 위계의 차이(건너뛰기 확산), 언어 외적 요인의 반영 등의 정보를 한곳으로 모아 다양한 방식으로 연출하여 이를 해석하는데 도움을 줄 수 있도록 하는 것이 목적이다. 그러나 종래의 방언지도(지리·사회)에서는 조사 지점간의 위계(인구, 교통, 인구의 집산)에 대한 정보가 배제된 상황의 그림일 뿐이다. 물론 거시적인 방언 분화형의 분포를 이해하는 데에는 도움이 되지만 변화의 출발과 종결, 방언 어휘의 역사적 정보, 규칙의 제약이나 특징의 표현 등 보다 전문적인 지식을 그려내는 데는 실패했다고 할 수 있다.

종래 정태적인 방언지도가 가지고 있는 정보 전달의 한계는 ① 모든 방언지도가 동질적인 것으로 처리(인구, 구성원, 지리적 거리 등), ② 방언 변화의 추이나 방향 예측이 불가능하다. ③ 연구 목적에 맞는 방언지도 제작이 매우 어렵다는 문제를 안고 있다. 따라서 정태적 방언지도를 뛰어넘기 위한 노력을 해야 할 것이다. 궁극적으로 마련한 자동 방언지도 제작 시스템을 구축하는 것이 목적이 아니라 연구자의 목적에 알맞은 지도 제작이 그 궁극적 목표이다. 방언의 변화 추이와 방향을 드러낼 수 있고 심지어는 규칙의 차이조차도 지도상에 현현시킬 수 있으며 나아가서는 지리적 층위와 사회 계층적 층위도 함께 구동시키려고 하는 목표가 필요하다.

한 세 가지 정도의 동태적 방언지도 제작을 위한 세 가지 방안에 대해 살펴보자.

첫째, 최근 빅데이터 처리를 위한 통계분석 프로그램을 활용한 2차원적 평면도에서 방언지도에서 설명하지 못했던 다양한 미시 정보를 처리할 수 있는 가능성이 매우 커졌다. 엑셀을 활용한 빅데이터 처리를 좀 더 발전시킨 SAS, SPSS, R 등의 통계 솔루션을 방언지도와 함께 활용한다면 방언지도에서 구현하지 못한 언어변화 추세에 대한 정보를 보다 정밀하게 관찰할 수 있는 가능성이 보인다.

통계 솔루션으로서 토폴로지 자료 분석(Topological Data Analysis) 방법을 방언데이터 분석에 활용한다면 언어지리적, 사회계층적, 역사적 변화 정보까지를 담아낼 가능성이 높다. 이러한 방법론은 일본에서 이미 GIS를 방언지도 제자 소프트로 전환시킨 MANDARA의 시스템을 활용하고 있으나 활용하기가 결코 쉽지 않다.

지도에 가두어둔 자료를 R-솔루션의 방식으로 펼쳐보았을 때 훨씬 자료 해석이 쉬워질 수 있다는 가정 아래에서 Map-maker로 제작한 상징부호지도와 대비해 보자.

넷째, 음성 언어지도 제작은 일본에서 기시에 신스케(岸江信介)·기베 노부코(木部暢子)·이시다 유우코(石田祐子)의 음성 자료의 구현을 위해 지금까지의 방식은 Transcriber1.4로 수동으로 음성 파일을 적절하게 잘라서 엑셀에 구축하여 언어지도로 링크하는 수준이다. 이미 구어 자료의 코퍼스 구축을 위한 자동 태깅 기술은 널리 활용하고 있지만 음성 자료의 자동 태깅 기술의 가능성은 현재로서는 요원해 보인다.

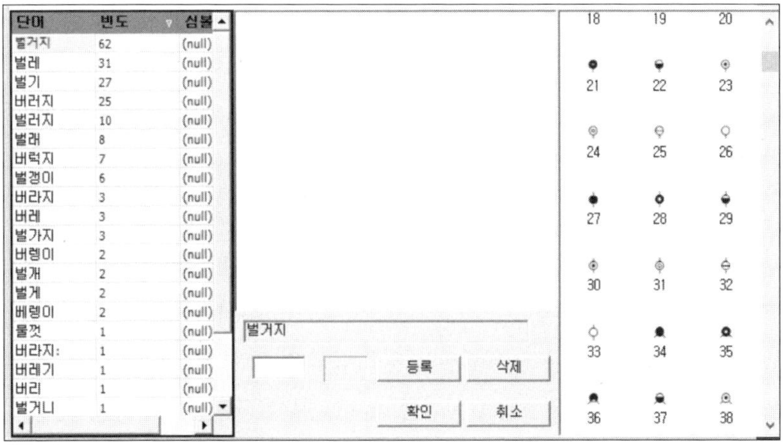

[그림 1] 방언 변이형의 출현 빈도

예를 들어 한국정신문화연구원에서 간행한 『한국방언자료집』에서 '벌레'의 방언형을 Map-maker를 활용하여 변이형의 출현 빈도는 [그림 1]과 같다. 이 데이터를 활용하여 그린 지도는 [그림 2]와 같다. 이 상징지도는 다양한 변이형의 지리적 분포를 나열하는 수준의 지도에 머물고 있다. 두 가지 강력한 세력을 지닌 '벌레'와 '버러지'의 경쟁관계나 혹은 이들의 변화의 방향의 과거와 미래를 전혀 예측할 수 없는 단순한 진열지도에 수준에 머물고 있다. 그 뿐만 아니라 매 지점의 인구수나 교통 관계나 주변 지리적

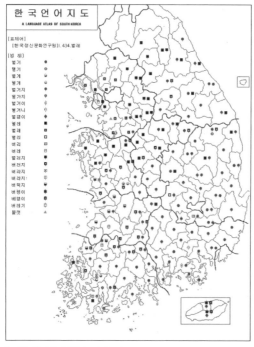

[그림 2] '벌레'형의 방언 지도

환경 등 방언 분화나 통합을 유발할 수 있는 제반 요인들은 전혀 드러나지 않는다.

지금까지 언어지도 제작의 기술이 데이터를 지도에 자동으로 배열하는 수준의 기술에 머물고 있기 때문에 이를 뛰어넘어선 방언 분화의 방향이나 추이나 연구자가 필요한 정보만 추출하여 동태적 방언지도를 제작하기 위해서 토플로지 자료 분석(Topological Data Analysis)의 방식을 이용하면 매우 효율적이라 할 수 있다. 가능하다면 토플로지 자료 분석에 의한 결과를 반영할 수 있도록 방언지도 제작 프로그램을 새롭게 구성해야 할 것이다. 예를 들면 SEAL에서 시도한 원그래프(Cricle Graphs)를 사용한 확산지도로 제작한다면 두 경쟁 관계에 있는 방언의 확산 추이를 쉽게 판별해 볼 수 있을 것이다. 어중 '-g-'의 약화 탈락의 판세를 지도를 통해 용이하게 판독할 수 있을 것이다.

R-솔루션을 활용하는 경우 다양한 방식으로 방언 분화형의 경쟁 관계라든지 변화 방향이라든지 심지어 규칙의 순위나 분화형의 확산 방향 등 다양한 정보를 미시적으로 분석할 수 있는 이점이 있다. '벌레'의 방언 분포에서 지역별 '벌레'형의 방언 분화형 간의 경쟁 관계를 판독할 수 있다. '벌레'와 '벌게'와의 어중 '-g-'의 잔류 유무나 접사 '-어지', '-앙이'의

세력 분포의 경쟁 관계를
이 그림 자료를 통해 읽을
수 있다.

　[그림 3]은 '냉이'의 방
언분화의 지역적 동태적
분화 상황을 읽을 수 있도
록 R-솔루션을 활용한 것
인데 이러한 동태적 분포
상황을 방언지도에 현현할
수 있는 시스템 개발이 요
청된다. 수집된 자료를 곧
바로 방언지도로 옮기기

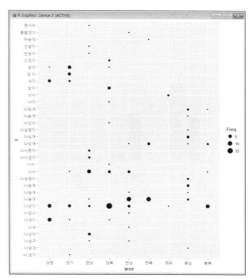

[그림 3] R프로그램을 이용한 '냉이'의 지리적 동태분석

이전에 R-솔루션을 활용하면 매우 유리하다. 종래에 정태적인 방언지도에
서는 지점별로 균질적인 상징부호로만 표현할 수밖에 없기 때문에 해당
지점의 숨은 정보들을 읽을 수가 없게 된다. 다만 Fukusima(2002)는 SEAL
을 통해 방언 세력과 동태적인 변화 방향의 추세를 표현하기 위해 노력하기
도 했지만 빅데이터 시대의 방언 연구를 위해서는 토플로지 자료 분석
(Topological Data Analysis)의 방식을 활용하는 것이 매우 유리하다.

　[그림 4]는 엑셀을 활용한 계량적 분석 방식으로 한글 언간자료에 나타나
는 ㄷ-구개음화 현상을 가문별 성별로 분석한 토플로지 자료 분석
(Topological Data Analysis)의 사례이다. 제한된 자료, 자료의 일관성에
대한 검토가 전제되지 않은 상황에서 현풍곽씨 언간에서는 다른 가문의
언간과는 달리 남성이 여성보다도 ㄷ-구개음화의 빈도가 낮은 결과로 해석
될 위험성을 보여주고 있다. 토플로지 자료 분석 자료가 대량의 자료가 아니
거나 자료 간의 방언 출현의 빈도 차이를 고려하지 않은 경우 이와 같은
위험한 오류를 가져올 수 있는 것이다. 결국 대량의 자료 처리를 효과적으로

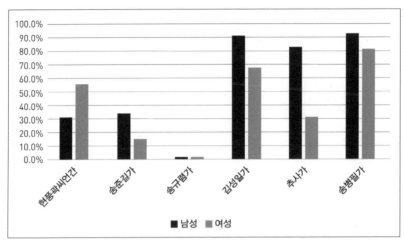

[**그림 4**] 언간에 나타나는 ㄷ-구개음화의 성별 차이(안주현 2018:69)

대비하기 위해서는 앞으로 예견될 수 있는 다양한 문제들을 충분히 검토할 시간이 필요하다.

끝으로 우리나라에서도 GIS의 활용의 가능성은 이미 2000년 벽두부터 제기되었지만 아직 방언 연구에서 이를 활용하거나 혹은 방언 연구용으로 전환한 소프트웨어가 소개된 것을 보지 못했다. 그러나 일본 국립국어연구소의 경우 오니시 다쿠이치로(大西 拓一郎, 2015)를 중심으로 GIS를 활용한 일본 방언 분석을 위한 MANDARA라는 자체 소프트웨어를 개발하여 활용하고 있다. 방언 자료의 공간정보 뿐만 아니라 지리정보(표고, 철도, 인구밀도 등)를 입체적으로 방연하여 방언의 전파방향, 전파속도 등의 정보와 함께 언어외적 정보(지역사회집단, 우월성)까지를 표현해내고 있다. 그러나 방언정보와 방언외적 정보가 이가 맞지 않거나 상관의 일반성을 잃어버린 경우에 대한 오류들이 종종 발생하기도 한다.

5. 방언 변이의 풍속화

방언 연구는 결국 방언 변이의 풍속화를 여러 가지 지표에 따라 효율적으로 그려내고 이를 해석하는 일이라고 할 수 있다. 앞에서도 말했지만 방언 연구의 목적이 언어의 내질적인 체계의 기술에서 한 걸음 더 나아가 방언의 문화와 사회 풍속과 긴밀한 관계도를 그려내는 쪽으로 그 진폭이 넓어진 것은 사실이다.

종래 현지에 나가 제한된 질문지를 가지고 조사하는 방식에서 다량의 방언 데이터를 구축하더라도 딥러닝의 시대 다양한 토플로지 자료 분석 기술을 가지고 대량 방언 자료의 처리 능력을 갖추게 되었다.

이러한 시대 변화에 맞추어 방언 조사의 방식 또한 변화를 시도해야 한다. 다양한 방언 담화의 음성 자료와 함께 텍스트 자료를 구축하고 이를 대량 코퍼스로 전환하는 기술을 갖추어야 할 것이다. 아울러 이를 해석하고 판독하기 위해 다양한 토플로지 자료 분석 솔루션에 대한 인식과 이를 응용하고 활용할 수 있는 융합 기술력을 갖추어야 할 것이다.

이러한 AI시대를 대비한 방언 연구는 방언학 자체의 발전뿐만 아니라 인문학과 지역문화를 살찌게 하는 원동력이 될 것은 분명하다. 따라서 국립 방언연구원의 설립과 함께 남북의 방언조사와 남북통일 언어 정책으로서 공통어의 기반을 확보하기 위해서도 규범중심의 언어 연구에서 살아있는 문화 중심의 방언연구가 보다 활성화되기를 기원한다.

참고 문헌

김영황(2013), 『조선어방언학』, 태학사.

中井精一 外(2013), 『世界の言語景觀 日本の言語景觀』, 桂書房.

나카이 세이이치 저, 이상규·이순형·김경숙 공역(2005), 『사회언어학적 조사와 연구방법』, 이회.

Milan Hejtmanek(2018), "The Wagner-Song Munkwa Project and it's Legacy", Asian & Near Eastern Languages, GYU Conference에서 재인용한 것임.

상멍빙·최휘 저·이상규 외 역(2017.), 『한어방언지리학』, 한국문화사.

슈테판 그리스(Stefan Th. Gries) 저, 최재웅·홍정하 역(2013), 『언어학자를 위한 통계학』, 고려대학교출판문화원.

안주현(2018), 『언간의 음운현상에 대한 계량적 연구』, 경북대 박사학위 심사제출논문.

오니시 다쿠이치로 저, 이상규·다키구치 게이코 역(2015), 『현대방언의 세계』, 한국문화사.

오니시 다쿠이치로 저, 이상규·다키구치 게이코 역(2015), 「민속과 풍습」, 『현대방언의 세계』, 한국문화사.

이상규 외(2018), 『방언학 연습과 실제』, 한국문화사.

이상규(2012), 「동아시아의 음식 어휘의 분포와 확산」, 일본지리언어학회 발표문.

이상규·김덕호·강병주(2006), 『언어지도의 미래』, 한국문화사.

李相揆 外(2011), 「日本における方言研究の動向と展望」, 『言語文化研究』第19卷, 日本德島大學總合科學部.

李相揆(2004), 「パーソナユンピコータお活用した韓·日の方言資料の地圖製作現況」, 日本 『社會言語科學』 第7卷 第1號.

李如龍(2007), 『漢語方言學』, 高等教育出版社, 제2판.

李仲民(2014), 『地理言語學的實踐』, 一切智智國制文創有限供司.

明治書院(2002), 『日本語學』, 「いま言語地圖お考える」, 明治書院.

이승재(2004), 『방언연구』, 태학사.

이윤재(1936), 「사정한 조선어 표준말 모음의 내용」, 『한글』 제4권 제11호.

정승철(2018), 『방언의 발견』, 창비.

정승철(2013), 『한국의 방언과 방언학』, 태학사.

曹志耘(2007), 『漢語方言的地理言語學研究』, 商務印書館.

최명옥(2015), 『한국어의 방언』, 세창출판사.

다키구치 게이코(2012), 『일본의 컴퓨터 언어지리학』, 경진.

고노 로쿠로 저, 이진호 역(2012), 『한국어 방언학 시론』, 전남대학출판부.

홍정아·유원호·강병규(2016), 『R을 이용한 코퍼스언어학 연구』, 역락.

Deokho Kim & Sanggyu Lee(2016), "LINGUISTIC MAPS & DIALECT DATA PROCESSING", *Dialectologia 16*.

DiG(2006), *Dialectologia Geolinguistica*, mouton de gruyter.

Hans Goeble(2010), "Dialectometry: theoretical prerequisties, parctical problems, and concrete applications (mainly with examples drawn from the", *Atlas linguistique de la France (1902-1910)*, Dialectologia.

제2부

세계 속의 방언학

"秦晋读清平如浊平"解[*]

– 也论晋语的平声不分阴阳现象 –

项梦冰

北京大學

　　有些汉语方言古平声今读平声、不存在清浊分调的现象。学术界对此有创新（回头演变 retrograde change）和存古（未发生分化 unsplit）两种不同的分析。本文试图厘清明代袁子让《字学元元》(1603)"秦晋读清平如浊平"的含义、为平声无清浊分调是回头演变的结果这一分析建立文献证据链。全文共分三节：一、古平声无清浊分调现象的方言；二、古平声无清浊分调现象的性质；三、"秦晋读清平如浊平"解。

---

* 本文的研究工作获国家社科基金重大项目"基于中国语言及方言的语言接触类型和演化建模研究"（批准号：14ZBD102)和北京大学中文系"汉语的社会和空间变异研究工作坊(2018)"的资助。博士生倪志佳曾通读初稿和二稿、提出了不少很好的修改意见。论文曾在"继承与创新：庆祝《方言》创刊四十周年学术讨论会"(2018-10-27～28)上宣读。

一、古平声无清浊分调现象的方言

　　绝大多数汉语方言古平声依古声母的清浊分化为阴平和阳平两个调类、例如北京话：

　　　　坡平声戈韵滂禾切(滂母) ₋pʰo˥ ≠ 婆平声戈韵薄波切(並母) ₋pʰo˦

　　　　偷平声侯韵託侯切(透母) ₋tʰou˥ ≠ 头平声侯韵度侯切(定母) ₋tʰou˦

　　　　千平声先韵七然切(清母) ₋tɕʰiɛn˥ ≠ 前平声先韵昨先切(从母) ₋tɕʰiɛn˦

不过也有少数方言古平声今读平声、不存在分调问题。例如太原话：

　　　　坡平声戈韵滂禾切(滂母) ₋pʰɤ˩ = 婆平声戈韵薄波切(並母) ₋pʰɤ˩

　　　　偷平声侯韵託侯切(透母) ₋tʰəu˩ = 头平声侯韵度侯切(定母) ₋tʰəu˩

　　　　千平声先韵七然切(清母) ₋tɕʰie˩ = 前平声先韵昨先切(从母) ₋tɕʰie˩

　　当然、汉语方言古平声的今读实际上存在着相当复杂的情况、有些方言除了清浊分调、还有全次浊分调、送气分调、韵尾分调等其他类型的分调、因与本文讨论的问题无关、这里不做介绍。

　　『汉语方言地图集』(曹志耘 2008) 语音卷 002 图 (下文简称为 P002 图) 为"平声的分化"(Division of the *Píng* Tone)。930 个汉语方言点共分为四大类。其图例本文转写如表一。注释是 P002 图原有的。

[表一] 汉语方言平声的分化[①]

	A：一分	B：二分	C：三分	D：四分
1	平	清平｜浊平	清平｜浊平阴｜浊平阳	清平｜清平阴｜浊平阴｜浊平阳
2		平阴｜清平阳	清平｜清平阳｜浊平	平阴｜清平阳｜全清平阴｜浊平阳
3		平阴｜浊平阳	清平｜全清平阴｜浊平	清平｜全清平阴｜浊平阴｜浊平阳
4		平阴｜次清平阳+浊平阳	清平｜浊平阴｜全浊平	清平｜全清平阴｜浊平阴｜全浊平
5		清平+全浊平阳｜浊平阴	清平｜浊平阳｜次浊平	全清平｜次清平｜浊平｜全浊平
6		清平+次浊平阳｜浊平阴	其他[②]	清平｜浊平｜全浊平阴｜全浊平
7		平阴｜平阳		

P002 图对 930 个汉语方言点的平声分化是按实际的今调表现归纳的、并不考虑造成分化的原因。如果只看古平声是否存在清浊分调、则表一可以概括为两类：

有清浊分调：B1^{774}、B2^6、B3^{21}、B4^1、B5^3、B6^9、C^{78}、D^{10}(总共 902)

无清浊分调：A24、B74(总共 28)

请注意 B1 共 774 个方言点、占 930 个点的 83%、是汉语方言的主流。B2 所辖的 6 个调查点、从其他学者发表的材料来看、古平声依古声母清浊分化为两类的规律相当整齐(具体调查点未必跟 P002 图集重叠；除非已并入其他调、否则举例时只选古平声字)：

无棣(张金圈 2015)：平声 213 高天初婚衣｜阳平上 55 穷寒人·比马

平陆(侯精一、温端政 1993)：阴平 41 灯梯开三诗｜阳平 13 田题穷寒棉

石首(赵元任等 1948)：阴平 55 坡刚初飞妖｜阳平 13 桃穷蛇娘爷

崇阳(黄群建 2002)：阴平 22 刀汤肝书衣｜阳平 21 婆堂钳人移

灌阳(白云 2005)：阴平 53 刀天斧烧衣｜阳平 22 平全红门王

澄迈(何大安 1981)：阴平 22 边刀亲飞英｜阳平 41 堂钱符明圆

不过 902:28 的这种概括仍然存在问题。王莉宁 (2012、2016:30-41)根据汉语方言地图集数据库的语料进行整理、无清浊分调的方言点是 29 个、包含了 A 类所有 24 个调查点、其余 5 个调查点为：

新疆：和田、焉耆、伊宁 (P002 图归 C6)；阿克苏 (P002 图归 B7)

安徽：铜陵 (P002 图归 B3)

王莉宁 (2012) 指出：阿克苏、和田古平声今已不分阴阳、一部分读降

调 [51]、一部分读升调 [34]、看不出分化规律 (王莉宁 2016:35 改为：一部分读降调 [51]、阿克苏另一部分读升调 [34]、和田另一部分读 [24]、两个点古平声的分化都看不出明显规律)。可见和田应由 C6 改归为 B7。其他三个 B7 调查点分别为河北阳原、湖北嘉鱼、广西灵山、王莉宁(2012) 都归为平声清浊分调的方言。河北北京师范学院、中国科学院河北省分院语文研究所 (1961) 曾绘制一幅河北方言声调图、阳原归平声、上声、去声、入声四调区。阳原县地方志编纂委员会 (1997:665) 指出阳原方言"平声不分阴阳"、调值为 42、例字如：朱粗姑西朋图蛇门。根据徐冬雪 (2018)、阳原县方言古平声今读的内部差异如下：

[表二] 阳原方言古平声今读的内部差异

方言片	代表点	古平声	
		清	浊
北片	西城镇(城关)	平声 22	
东片	东城镇	平声 42	
西片	东井集镇	平声 21	
西南片	揣骨疃镇	阴平 42	阳平 22

即阳原县方言可以分为四片、以平声不分阴阳为主流、大多数方言"东该通开"和"铜皮门龙"的声调相同、都是平声、只有西南片不同、分为阴平和阳平两调。P002 图的调查点为东坊城堡乡、徐冬雪(2018)划归北片、可见当属于平声无清浊分调的方言。嘉鱼按照赵元任等(1948、簰州)、黄群建(2002、城关)、都是古平声依古声母清浊分化为阴平和阳平两调。灵山按谢建猷(2007)的描写、城关话古平声依古声母清浊分化为阴平和阳平两调(P002 图的调查点为新圩镇漂塘村)。

属于 C6 的调查点共 16 个、王莉宁(2012)只将其中的 3 个归为平声无清浊分调的方言。上文已指出和田应由 C6 改归为 B7。按照刘俐李(1994:182)、焉耆属于平声不分阴阳的方言、应由 C6 改归为 A。伊宁没

有语料可查、本文按王莉宁(2012)归为平声无清浊分调的方言。其余 13 个 C6 调查点根据其他学者发表的资料来看、确实都属于平声清浊分调的方言。例如云南永胜(据何守伦 1989)：阴平 434 边汤｜阳平 31 田人；江西新余(据李如龙、张双庆 1992)：阴平甲 35 多机｜阴平乙 24 拖欺｜阳平 25 旗河；湖南沅陵(据杨蔚 1999)：阴平 55 高天罗｜阳平 13 排绸球。其中沅陵次浊平主要归阴平、但也有一些字归阳平(例如：熬阳)；全浊平主要归阳平、但也有一些字归阴平(例如：徒床)。

P002 图归 B3 的铜陵县朱村、王莉宁(2012)认为跟 A 类中的永州市岚角山土话类型相同、都是保留了古全浊声母、同时平声不按声母的清浊分阴阳。例如铜陵平声为 [21] 调：多 tʊ√｜车 tsʰeɪ√｜猪 tɕʏ√｜灰 hueɪ√｜丝 sʅ√｜高 kɔ√｜钩 kiʏ√｜三 sã√｜心 ɕiŋ√｜搬 põ√｜春 tsʰən√｜姜 teiã√｜灯 tən√｜清 tɕʰiŋ√｜东 tom√｜茄 zieɤ√｜茶 zaɤ√｜排 vɤ√｜梨 ŋiɤ√｜桥 ziɔ√｜油 iʏ√｜潭 dã√｜咸 ɦiã√｜林 ŋiŋ√｜还 ɦuã√｜民 miŋ√｜糖 dã√｜城 zən√｜铜 dom√。而且连调也无法区分阴阳、例如：丝条丝瓜｜多少 sʅ√ diɔ√｜梳子 suɤ tsʅ·｜头发 dʏ√ faɤ√｜肥皂 veɪ√ zɔ√｜胡子 βuɤ tsʅ·。古平、去、入都没有发生清浊分调，今读平声 [21]、去声 [13]、入声 [213]、这也许与平、去、入是低调有关：当原调是低调时、浊声母降低音高的幅度不大、它与清声母字的声调区别不明显、难以形成音位对立、因而在共时平面上表现出没有发生清浊分调的面貌[1]。王太庆（1983）曾经描写过铜陵县城话、平声清浊分调：阴平 55 刀批梳衣、阳平 11 桃皮胡姨。王文特别提到："在铜陵方言内部、城区和农村的话有一些差别。城区阴平是高平调、阳平是低平调、差别显著；农村则阴平调较低、与阳平调比较接近。"可见铜陵吴语平声应当是清浊分调的。蒋冰冰（2003:63）曾经指出"吴语宣州片各地平

---

1 在保留古全浊声母的情况下、声调的分化并不以形成音位对立为前提。事实上绝大多数吴语的阴阳调都不存在音位对立、因为它们的分布是互补的、即阴调只配清声母、阳调只配浊声母。

声都分阴阳"、书中描写的铜陵县太平乡方言平声清浊分调：阴平 53 专天飞粗、阳平 31 唐徐龙寒。姚小烈（2007）描写过铜陵县东联乡毛桥村的方言、"这里相对偏远、受外界影响较小。" 平声也是清浊分调：阴平44 波轻医、阳平 22 菩埋黄。不排除铜陵县朱村古清平、浊平今读同调的可能性、不过即便如此、似乎也不宜看作存古、因为它明显可看作因阴平、阳平接近而导致的调类合并、而且是晚近音变[2]。本文铜陵点仍按平声清浊分调处理。

关于永州岚角山土话、王莉宁（2012）已指出："据调查者的音系描写、永州岚角山的清平字与浊平字的调值经仔细听辨略有区别、阳平起点略低、但差异很不明显、从'对立、互补、音相近'的处理原则来看、可归并为一个音位。"可见永州岚角山属于清浊分调的方言。事实上、李星辉（2003、2004、2016）描写永州岚角山土话、平声就是两个：阴平 33 阳平 11。不过从辖字来看、有一部分浊平字已归阴平、因此永州岚角山土话应从 A 类改归为 B3 类（平部｜浊平部）。如果施用同样的原则、很多吴语里的阴阳调都可以合并、例如绍兴话阴去 33 和阳去 11 完全可以根据分布互补（分别配清、浊声母）、读音相近归并为一个去声。

经过上述讨论、最后确定的古平声无清浊分调的方言仍然是 28 个、罗列如表三、注明 P002 图的类别及 P001 图所呈现的调类数目。

[表三] 古平声无清浊分调现象的方言

调查点	方言归属	原类别	调类数	调查点	方言归属	原类别	调类数
河北平山	晋语	A	4	新疆和田	中原官话	C6	3
河北宣化	晋语	A	4	新疆伊宁	中原官话	C6	3
河北阳原	晋语	B7	5	新疆阿克苏	中原官话	B7	3
河北赞皇	晋语	A	4	甘肃定西	中原官话	A	3

---

2 因为朱村保留了古全浊声母、我们认为发生阴平、阳平合并的可能性比较小。

河北张北	晋语	A	5	甘肃临夏县	中原官话	A	3
山西太原	晋语	A	4	甘肃秦安	中原官话	A	3
山西平遥	晋语	A	5	青海乐都	中原官话	A	3
山西右玉	晋语	A	4	青海同仁	中原官话	A	3
内蒙古呼和浩特	晋语	A	4	宁夏隆德	中原官话	A	3
内蒙古太仆寺	晋语	A	4	甘肃武威	兰银官话	A	2
陕西靖边	晋语	A	4	甘肃永登	兰银官话	A	3
陕西志丹	晋语	A	4	河北石家庄	冀鲁官话	A	3
新疆吐鲁番	中原官话	A	3	河北唐海	冀鲁官话	A	3
新疆焉耆	中原官话	C6	4	江西瑞昌	江淮官话	A	5

　　古平声无清浊分调的方言在 930 个调查点中仅占3%、主要集中在晋语和中原官话、兰银官话、冀鲁官话、江淮官话也有分布(如图一所示)。瑞昌是江淮官话中平声不分阴阳的孤点。根据曾国祥 (1983)、陈昌仪 (2005:132)、瑞昌方言平声调为（曾/陈）：51/55刚初知飞鹅床才扶/诗时天田。曾国祥 (1983) 特别指出瑞昌方言"平声不分阴阳、中古平声字中不论清声母字还是浊声母字、今音都是平声、如刚与才、中与华、诗与词都是平声。"

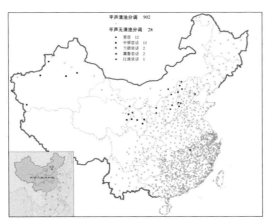

[图一]　平声无清浊分调方言的地理分布

二、古平声无清浊分调现象的性质

平声不存在清浊分调现象可以有创新和存古两种截然相反的分析。如下图所示：

平声 → 清浊分调 → 阴平阳平合调 平声 ↗ 清浊分调 平声分阴阳的方言
中古汉语　平声分阴阳的方言　平声不分阴阳的方言　中古汉语 ↘ 平声 平声不分阴阳的方言

平声不分阴阳是创新的结果(A)　　　　**平声不分阴阳是存古的结果(B)**

对于前一种分析、Hsieh（1973）指出：

在秉持谱系树理论的学者看来、中古汉语分化成六个现代大方言（即官话、吴语、湘语、客家话、粤语、闽语）之前平声即已经发生分化、而少数方言平声不分阴阳看似为中古平声例外性的保留、而实际上可能是回头演变造成的结果。六大方言没有一个以保留中古的平声不分化作为自己的特征。当某个大方言的一个具体方言表现为平声不分阴阳时、它往往被平分阴阳的绝大多数同类方言所包围。例如根据袁（1960）的研究、11 种方言可以相当好地代表官话的各个分支、而只有官话核心区域附近的太原方言是平声不分阴阳的、其他 10 个官话方言平声都分阴阳。

汉语方言分区 Hsieh（1973）采用六分法、其中的客家话包括赣语在内。六分法可以 Chao（1968:96）做代表。袁（1960）指《汉语方言概要》（文字改革出版社）、29 页有 11 个官话方言的声调对照表、平声不分阴阳的方言只有太原一个。对于后一种分析、Hsieh（1973）指出：

在秉持波浪理论的学者看来、也可能平声的分化在中古汉语里就已发生、那些平声不分化的地区只不过是一些没有跟进演变大势的保守的言语社团而已。这种假设可以得到一个事实的支持：所有现代方言

的平声分化条件都是相同的、即清平归阴平、浊平归阳平。

Wang（1987）对上述两种假设都不认同：

前一种解释的困难在于无法说明回头演变的动因。在大量的音变文献中、回头演变极为罕见。除非有充分的共时证据（参看 Weinreich 1958）或社会语言学支持（参看 Janson 1977）、否则一般情况下应尽可能避免回头演变这种音系解释。第二种解释的不足则在于我们无法说明为什么山西方言可以跟其他方言、尤其是官话方言共享大量的音变、而唯独不参与平分阴阳这一音变。说一个言语社团可以有意或无意地选择经历哪些音变是不太合理的。

Wang（1987）认为：

如果把这些发展视为合并而非分化、问题就迎刃而解了。官话方言在语音的许多方面都是最为创新的、例如浊阻塞音声母的清化、塞音韵尾的消减等等(参看 Chen & Wang 1975)。文化中心在语言演变上通常较快、正如文化演变的其他方面一样。山西正好处在官话区的中部、因此也就站在了阴平、阳平合并演变的前沿—阴平、阳平最晚从唐季以来就是有区别的两个调型。同样的、官话作为一个大方言、其声调发生了较多的合并、而分化则极为罕见、自然也就成了汉语方言声调演变的领头羊。

Wang（1987）的设想如下图所示：

平分阴阳　　　↗　阴阳合并平声不分阴阳的方言

中古汉语　　　↘　平分阴阳平声分阴阳的方言

平声不分阴阳是创新的结果(C)

可见 C 本质上跟 A 相同、平声阴阳不分是阴平、阳平合并的结果。区别在于：按照 A 方案、所有的现代方言都经历了创新、大多数方言只走了一

步、而太原类的方言则走了两步。演变的起点是平声、上声、去声、入声的四调系统 (four-tone system)。按照 C 方案、大多数方言维持了中古平声阴阳二分的格局 (存古)、而太原类的方言则往前走了一步、阴阳合并为平声。演变的起点是四声八调系统 (four-tone system with eight pitch shapes)。

其他学者的讨论大体都不超出上述三种方案。例如潘悟云 (1982) 可以归为 C 方案、丁邦新 (1989) 可以归为 B 方案、何大安 (1994) 可以归为 A 方案。丁邦新 (1989) 力证中古音以及中古以前的声调系统只有四个声调、《切韵》以四声分卷、"要推测当时四声实有八调或更多的调值、恐怕不易令人信服"。对于一个方言中始终未见分化痕迹的声调、例如北方官话中的去声没有分读阴去、阳去的现象[3]、是认为去声从未分化呢？还是分化以后又合并了呢？丁邦新 (1989) 认为"正确的态度应该是看材料说话、如果没有证据、还是不作空洞的推断。因为要说一个声调分而为二、后来又原封回头合而为一、在语音学的理论上应该尽量避免。(参见 Wang 1983)。"按：Wang (1983) 即 Wang (1987)、丁文的"引用书目"不误、但正文都作"Wang (1983)"。Wang (1987) 先有未发表的版本流通。

---

3 实际上北方官话有区分阴去、阳去的方言。例如根据河北省昌黎县县志编纂委员会、中国社会科学院语言研究所(1960)、昌黎方言去声分阴阳：阴去 55 做快富｜阳去 24 柜饭被。不过阳去调已经很不稳定、多数用在轻声前、只有少数能单说或用在两字组、三字组的末了、而且都有又读(大部分又读阴去、小部分又读阴平、少数字又读阳平；凡能单说或用在两字组、三字组末了的、又读都是阴去)。按照侯精一、温端政(1993:41)、山西有 16 个方言区分阴去和阳去。这些方言分属晋语和中原官话(本文把晋语也视为官话的一支)。临汾城区话去声不分阴阳、但四乡去声大都分阴阳、未包括在 16 点内。如果 "北方官话" 的所指是广义的、则去声分阴阳的方言就更多了。例如江淮官话泰如片、黄孝片去声通常都分阴阳。据张盛裕、张成材(1986)、陕西柞水分阴阳去。据周政 (2009:17)、陕西平利北区的洛河、长安、兴隆、汝婳、南区的八仙等五个乡镇去声都分阴阳。据柯西钢 (2013:6)、陕西白河的茅坪话区也分阴阳去。这些分阴阳去的陕南方言都具有很多江淮官话黄孝片的特点。

何大安(1994)考察了 14 个有详细语料的山西方言、其古平声的今读表现可以分为如下四类：

[表四] 14 个山西方言古平声的今读表现

	单字调是否分阴平、阳平	连读是否分阴平、阳平
大同、陵川、沁县	是	是
永济、汾西、长治、吉县、忻州、原平、运城	是	否
平遥、文水、祁县	否	是
山阴	否	否

其中沁县、忻州、原平古清平字和古清上字、次浊上字今调相同、不过连读时都能区分两类来源不同的字。而所谓连读能区分阴平、阳平、也不是说所有的连读环境下都能区分、例如平遥只在某些词组结构中、文水只在儿化词中能反映阴平、阳平的区别、而祁县则仅仅是以幽灵成分浮现在后字上(即古清平字和古浊平字在前字位置时对后字是否变调会产生不同的影响)。何大安（1994）认为这类区分阴平、阳平的连调不能于韵律和谐一端求解、属于"变读变调"(variational tone-sandhi)、不能与此一地区、甚或同一方言当中的"韵律变调"(metrical tone-sandhi) 混为一谈。可见阴平、阳平是这些方言中固有的两个调类、其分别保存在连读中、但在个读(单念)时合而为一。也就是说单字调反映了由分而合的演变方向。

Wang（1987）、丁邦新（1989）对于回头演变并非绝对排斥、而是强调要有证据。何大安(1994)等于为回头演变补上了必要的共时证据、从而确定了声调完全回头演变的存在。

确定一个语言或方言的调类系统要综合考虑其连调表现是一些学者提倡的做法[4]。王辅世（1956）已经指出：

如果同调值的音节和某调的音节连读时、不遵守同一种变调规律、

那就表示、在单读时、那些音节虽有共同的调值、但它们实际上并不属于同一调类。如果只因调值相同、就说它们属于同一调类、在叙述变调规律时、必须说明这一类音节中的哪些音节变调、哪些不变。那就会出现大量的例外、规律也就不成其为规律了。

一言以蔽之、"由变调现象我们可以找出在单读时看不出来的调类"(王辅世 1956)。侯精一(1980)也明确指出分别平遥方言的阴平、阳平"要把连读变调和语法结构结合起来看"。下面以王辅世 (1956) 所举的滦县中部方言为例。滦县方言只有平声 11、上声 213、去声 55 三个单字调、但是根据连调表现可以知道滦县是区分阴平和阳平的:

平声甲_{古清平字、古清入字} 11＋轻声_{本调为平声甲或上声} 3→11＋3

例如:方家 faŋ˩ tɕɛ˩·| 桌子 tʂuə˩ʌ tsʅʌ˩·

平声乙_{古浊平字、古全浊入字} 11＋轻声_{本调为平声甲或上声} 3→21＋3

例如:房家 | 镯子 faŋ˩ tɕɛ˩·| 桌子 tʂuə˩ʌ tsʅʌ˩·

其中"家"的单字音为 tɕɛ˩、轻读后韵母起了变化。从古音来源说、平声字包含了古平声字和古全浊入字以及部分古清入字、单念的声调都是 11、可是在本调为平声甲或上声的轻声字前却分成了整齐的两类、足见阴平、阳平的合并是相当晚近的事、它必定发生在入派三声之后。从全县的方言看、也依然存在单字调区分阴平和阳平的方言 (据滦县文化志编纂委员会 1990:245)、如表五所示。

---

4 也有学者对此持不同意见。王福堂(1999:165, 167, 168)认为:"由于变调和单字调不属于同一语音层面、二者具有不同的性质、在处理两个系统的关系时就不能对它们等同看待、否则就会造成声调系统的混乱。""如果把合流而成的一个单字调再勉强分开、以便和几个变调分别对应、造成的混乱将是显而易见的。""作为共时的声调系统、目前已经合流的声调再加区别、不仅否定了调类演变的事实、也削弱了声调系统的合理性。"当然、这种看法并不否认连调在研究历时演变中的作用。

	平声		上声	去声
	阴平	阳平		
油榨片东北片	44	34	212	51
城关片东片	33		213	52
榛杨片西片	55	11	314	51
安各庄片北片	33		212	52
茨榆坨片西南片	55		213	52

为了便于理解、本文斟酌着给各方言片的名称加注了方位名称。大体上只有东西两头的少数几个乡镇是四调系统、其他都属于三调系统。而由各片的调值比较、我们也很容易看出三调系统是四调系统发生阴平、阳平合并的结果。油榨片异常接近的阴平、阳平调值则提示了并调的原因。当然、由于单字调类及其调值以及连调都是在不断变化的、无法从现今的声调情况直接看出并调的条件是完全可能的、甚至还会出现像山阴这种在共时层面没有任何证据显示它曾经发生过平声回头演变的方言。不过站在方言比较的立场、亦即表四所呈现的平声分合格局、我们依然可以推断表四的山阴类方言是平遥类方言的进一步发展。

何大安（1994）发表之前或之后、不少汉语方言学者都是采用 A 方案来处理类似太原这类平声不分阴阳的方言、但不一定使用"回头演变"一类的术语、也不一定进行理论层面的探讨、例如侯精一（1980）、刘俐李（1989）、沈明（1999）。不过何大安（1994）发表之后也仍有学者对 A 方案持不同的意见。王临惠（2001）首先提出质疑：

> 在太原型的方言中引按：指平声不分阴阳的晋语、平声存在着连调分阴阳的现象、如：娄烦、古交、清徐、文水、平遥、孝义、介休等。这种现象当是全浊声母对调值的影响在方言中的残存形式、既不能作为平声调先分后合的佐证、因为没有合并的条件、也不能支持"变调即本调"的理论。丁邦新（1989）说："绪言中提到山西方言平声

只有一类、要从历史的角度来观察、现在我们也许可以认为山西的平声是存古的现象、从方言亲属树的看法立论、晋语本来和北方官话就可能是平行的姊妹方言、前者平声一类、后者两类、并不冲突。"山西的平声"既为存古现象、连调中的阴平、阳平就不能是本调。因此、太原型的方言连调中区分阴阳的现象为他的"变调即本调"理论提供了反证。

王临惠(2003:100)进一步把反对 A 方案的理由概括为两点：

声母的清浊在声调的分化过程中有着无以取代的作用、但并不等于说声母的清浊对立就一定能造成声调的阴阳对立。晋语并州片的平声不分阴阳、整个汾河流域大多数方言去声不分阴阳、都说明无论声母是清是浊都没有影响声调的分化。有人认为汾河中游的平声不分阴阳是晚期形式、它曾经历过一个由分到合的过程、今方言连调中可以区分部分阴阳平就是分化的残留。这一观点值得商榷：第一、平分阴阳的条件是声母的清浊、合并的条件是什么很难说得清。第二、连调中区分阴、阳平的现象在方言中大都是零散的、不系统的。这不是平声曾经分阴阳的残留、而是声母的清浊对调值影响的痕迹。晋语从保留入声、平声不分阴阳这些现象上来看、较之于官话、它的发展是滞后的、但它的全浊声母清化则与官话是同期的。 那么、在声母的清浊对声调的调值影响还未达到形成不同调类的程度时、这种影响就因全浊声母的清化而中断了、目前方言里这些零散的、不系统的区分阴、阳平的形式正是这种中断形式的具体表现。

以上内容又见于钱曾怡 (2010:183)、该部分为王临惠、吴永焕执笔。乔全生 (2003、2008:275-278) 则从文献记载和演变时间不足两方面提出质疑：

记载这种语音现象的直接历史材料可以上溯到 220 年前反映并州片方言的刊于乾隆时代的《方言应用杂字》。该书中清浊平互注的用例

反映了平声不分阴阳的事实 (潘家懿 1996)。1324 年的《中原音韵》平声已分阴阳、晋语的平声当时分不分阴阳、没有记载、如果说晋语十四世纪像中原官话一样平声已分了阴阳、到十七八世纪《方言应用杂字》又合流了、三四百年的阴阳合流比起近千年的平分阴阳的时间似乎短了些、且时至今日、我们尚未发现十四世纪前后晋语平分阴阳的文献资料。所以、单从连读变调可以区分阴阳平这一点来说明晋语平声历史上曾经历过分阴阳的阶段而后又合并成一个平声(何大安 1994)、理由似乎还不够充分、起码缺乏合并的条件。

按照潘家懿 (1996) 的介绍、《方言应用杂字》全称《新刊较正方言应用杂字》、为此书作序的是"介棉"(即今山西介休县)举人张豫昭、刊较者乃"(山西)定阳增广生员张国播"。书前署有"乾隆三十八年文光堂重锓"字样、"就是说、这本童蒙课本是公元 1773 年出版的、距今已有 222 年历史。""在《方言应用杂字》里、对来自中古的平声字的注音除用清平字注清平字、浊平字注浊平字以外、还有大量的清浊平声字互注的字例、由此可见、当时的晋中话平声不分阴阳、只有一个调类。"例如:

清平注清平:弓公 商伤 妃非 司思 当丹 抄超 恭公 霜双 冬东

浊平注浊平:鸣名 贫平 投头 池驰 沉陈 神辰 牌排 堂唐 南难

清浊平互注:厅亭 蔽乔 央羊 方房 花华 因寅 初除

宣施 (引按:"施"当为"旋"之误)

房方 防方 前千 渠区 蟠潘

乔全生 (2007) 在接受王临惠 (2003:100) 看法的同时、再次强调了有关晋语平声不分阴阳的文献资料。一条是1603年袁子让《字学元元》卷八所说的"秦晋读清平如浊平"、一条是乔全生 (2003) 已提到过的 18 世纪记载并州片方言的《新刊较正方言应用杂字》古清浊平字互注的材料[5]。乔全生

5　乔全生 (2008:248-254)内容大体同乔全生 (2007)、但略有修改。比如新增了一条

"秦晋读清平如浊平"解　459

(2007) 因此推论："晋语早在十六、十七世纪之前平声就是一个、没有阴阳之分。这只是发现的有记载的文献、而在实际读音中平声不分阴阳的时代还可能更早。""如果认为晋语核心地区并州片的平声是先分阴阳、而后又合流、起码缺乏足够的历史记载和演变的机制条件。"

笔者认为 A 方案大概是最稳妥、最符合实际情况的处理。不过回头演变说缺乏文献记载支持的说法被一再提到、无疑成了 A 方案无法回避的问题。我们认为平声的回头演变事实上有完整的文献证据链、而关键的一环就是《字学元元》。在展开分析之前、我们先简要讨论一下上文介绍过的对不同处理方案的若干批评意见[6]。

1. 无法说明回头演变的动因。这是Wang (1987) 对于 A 方案的批评。的确、分开了为什么又要再合回去？不过请注意分化跟合并是在不同机制下产生的演变：前者是因为声母的清浊对于音高所产生的影响、而后者则很可能跟阴平、阳平的调型、调值接近或听感接近有关。当阴平、阳平合并为平声后、所处的音系背景也跟当初分化时很不一样、最显著的一点是不存在浊塞音、浊塞擦音声母了。既然分化跟合并有着完全不同的机制、因此就不必回答为什么分开后还要再合回去这样的问题。至于并调造成了"回头演变"的结果、那只是赶巧了（阴平或阳平也可以跟上声或去声发生并调、这时就没有回头演变的问题）。

2. 无法说明为什么山西方言可以跟其他方言、尤其是官话方言共享大量的音变、而唯独不参与平分阴阳这一音变。这是 Wang (1987) 对于 B 方案的批评。这个批评虽然很切题、不过也有些形而上、很难进行回答。如果

晋语平声不分阴阳的文献资料：1918 年修订的《闻喜县志》卷八记载："城西南十里外缺浊平声、乃'同'亦读'通'、'田'亦读'天'、'情'亦读'清'。"按：民国《闻喜县志》为余宝滋修、杨轼田纂、余宝滋序于民国七年十二月、杨轼田序于民国八年一月十五日。修订时间为 1917~1918(历时 13 个月)、出版时间为 1919 年。

6 李小凡 (2015) 曾评论过王临惠 (2003)、乔全生 (2008) 的意见、请参看。

站在 B 方案的立场，那么也可以对 C 方案提出类似性质的问题：诚然，文化中心在语言演变上通常较快，可是为什么真正的文化中心，例如北京地区、南京地区、洛阳地区、西安地区等，反而没有发生阴平、阳平的合并，而相对比较保守的晋语（刘勋宁 1995 曾把晋语称为"北方话里的山里话"）反而在平声的演变上走得最快？

3. 合并的条件是什么很难说得清。这是王临惠（2003）对 A 方案的批评之一。调类合并是汉语方言普遍发生的语音演变行为，有许多已经完成，还有许多则正在发生。调类合并的常见动因是两个调类的调型调值接近（尤其是听感的接近）、闭音节的开音节化、连读变调的影响以及语言接触（包括方言接触）等。确定音变有一定的手续，对于音类的合并而言，并不存在条件问题（只有音类的分化才需要追究条件）。至于演变的动因，无论是分化还是合并，都并非确定音变的前提。当然，各方言调类合并的具体动因都值得研究。

4. 连调中区分阴、阳平的现象不是平声曾经分阴阳的残留，而是声母清浊对调值影响的痕迹。这是王临惠（2003）对连调区分阴平、阳平现象的不同解读。我们认为这种解读是无法接受的。从理论上说，如果声母的清浊对声调的调值影响还未达到形成不同调类的程度，而一旦全浊声母发生了清化，同一调类因声母清浊不同而自然产生的变异也必定随着条件的消失而消失。如果居然还能保留两类调值，那就说明分化业已形成，是两个调类。这是唯一符合逻辑的说法。

5. 三四百年的阴阳合流比起近千年的平分阴阳的时间似乎短了些。这是乔全生（2003）对于回头演变的质疑之一。为音变配置时间大概是一件非常困难的事。我们完全无法预测实现一个音变需要多长的时间。音变的内容、发生时的社会背景等多种因素都会影响到这个问题的答案。拿声调的合并来说，一两代人就可能产生显著的变化。下面看三个具体的案例。据钱曾怡（2001:83），随着时间的发展，山东三个声调的方言在不断增多。

如胶东地区招远、乳山等地、五六十年代方言普查时、还是四个声调、三十年后的今天再去调查、已是三个声调（特别是新派读音）。再如江阴话按照赵元任（1928/1956：76－77）、是七调系统、除上声只有一个外、平、去、入都分阴阳；而按照鲍明炜（1998：144－145）、"老年人能分阳平与阳去、调值有明显差别。阳平开始稍平后升、阳去有明显降升。有的中年人已不分、年轻人大多不分。"即年轻人大多已变为六调系统。上海话按照Edkins（1868：11）的记录是八调系统、到赵元任（1928/1956：76－77）、已在六调系统和七调系统之间摇摆(阳上阳去合并、阳平阳去接近或合并)、到了许宝华、汤珍珠（1988：8）、最占优势的中派音(一部分老年人、绝大部分中年人和小部分青年人)干脆成了五调系统(阳平阳去合并、阴上阴去合并)、仅仅 120 年时间而已。

三、"秦晋读清平如浊平"解

乔全生（2007）所举的两条文献资料、《新刊较正方言应用杂字》（1773）反映某些晋语平声不分阴阳的性质比较明确、不过时代较晚。至于《字学元元》（1603）的"秦晋读清平如浊平"、则并非乔所说的瑕疵问题（袁子让对秦晋语平声不分阴阳的记载稍嫌笼统)、而是今人的误读。下面略做辨析。袁子让《字学元元》卷八"方语呼声之谬"条：

> 袁氏曰：声原不谬、而方语不同、互有彼此之讹……他如燕东读浊平如清平；秦晋读清平如浊平；吾楚人亦读清平如浊平、而又读去声如清平；荆岳之间读入声如去声、读去又如平声、而读平声复如去声；齐人读入如平；鲁人读入如去；蜀人读入如平、而叙嘉之间读去亦如平。此皆韵内之混也……

袁子让为郴州人、主要生活在明万历（1573～1620）年间。袁子让认

为：就正音(雅音)而言、本无音谬问题、只是因为方言各不相同、才"互有彼此之讹"。因此他试图通过正音来描写各地方言的特点7。以声调来说、"燕东读浊平如清平"、"秦晋读清平如浊平"、而袁子让的家乡郴州则不仅"读清平如浊平"、而且还 "读去声如清平"。荆州 (今湖北西南部)、岳州 (今湖南省北部)一带则 "读入声如去声、读去又如平声、而读平声复如去声"。齐人、蜀人"读入如平"、鲁人"读入如去"、叙、嘉一带"读去亦如平"。虽然我们已无法弄清楚袁子让衡量方言时所用正音声调的具体发音、但"秦晋读清平如浊平"绝对不能理解为一个系统内的清平、浊平合流、否则燕东 (读浊平如清平) 和秦晋 (读清平如浊平) 需要分开来说、"吾楚人亦读清平如浊平、而又读去声如清平"就完全不可理解了。荆岳之间"读去又如平声、而读平声复如去声"亦可说明袁子让不是在谈系统内部的调类合流问题、否则没必要颠来倒去说两遍。这类表述只有理解为袁子让在做两个声调系统之间的比较才符合逻辑。罗常培 (1934) 认为袁子让等"是从以韵书矫正方音的立场来说话、并不是为方音而研究方音。"何耿镛 (1994:57)也认为袁子让等是 "拘泥于《切韵》系统的陈腐观念、站在以韵书的标准来匡正方音'谬误'的立场来说的。"其实袁子让衡量方言的标准并非抽象的韵书、而是有具体发音的正音(雅音)系统8。耿振生 (1992:44-46) 把袁子让的上述工作归为"比较方言学"、是"以 '正音' 去衡量各地方言"、"这种观念是错误的、但能记录下许多方音真相、亦有可以称道之处。" 耿说最为到位。

---

7 我们不清楚袁子让的心里有没有一个汉语方言分类的框架。不过"燕东"、"秦晋"、"荆岳之间"一类的说法都只能理解为地域概念。"秦晋"即陕西、山西一带。如果没有具体说明、自然是以首府西安和太原为代表。从今天的角度来看、是中原官话和晋语的通行区域。

8 刘晓英 (2017:44) 认为《字学元元》的正音系统既不同于《洪武正韵》音系、也与当时的北音不相同、既有承自韵书传统的书面旧音、同时也结合了当时的实际语音、说明袁氏"求雅存正"、试图拟制一个兼通古今的读书音系统。

赵元任曾于 1935 年调查过郴县(良田)方言、其今调类跟古四声的关系如表六(据杨时逢 1974 下册 810 页声调比较表及 811-817 页同音字表)。

[表六] 郴县(良田)方言今调类跟古四声的关系

		阴平 24 ˦	阳平 31 ˧	上声 53 ˥	去声 35 ˦
平	清	知多秋			
	浊		迟求梅		
上	清			纸果体	
	次浊			米马雨	
	全浊				在舅是
去	清				拜救世
	浊				第示闹
入	清		北德法		
	次浊		灭力药		
	全浊		夺杂实		

阴平的实际调值为 324、上声的实际调值为 453。郴县方言平声依古声母的清浊分为阴阳两类、古清上、次浊上今读上声、古全浊上、古去声今读去声、古入声今读阳平。郴州市志编纂委员会（1994:623，625）指出："郴州市四周与郴县相邻、方言与郴县话相同。全市虽地处湘境、由于众多历史原因、其方言音系都不属湘方言、而属西南官话。声调分阴阳上去四类。"具体的调值为：阴平 33、阳平 21、上声 53、去声 13。声调的特点是"平分阴阳、入声消失；入声全入阳平。"何团强（2010:47)根据单字音的实验分析、将郴州市区四个调类的调值描述为：阴平 45、阳平 41、上声 53、去声 213。

《字学元元》成书已有 400 余年、无论郴州话还是袁子让心中的正音、都难免会发生若干变化。不过根据袁子让对楚语声调的描述以及现代学者对郴州方言的描写、可以推断明代郴州话的调类有 5 个、即阴平 (清平)、

阳平（浊平）、上声、去声、入声[9]。其特点是：阴平读得像正音的阳平（读清平如浊平）、去声读得像正音的阴平（读去声如清平）。而就声调系统本身而言、入声跟阳平相当接近。《字学元元》卷二"平入二声之辩"条说（注意本文加着重号者）：

> 袁氏曰：四声唯上去无混。其混者、人自乱之。**独入声多有类平声者、非入本类平也。平中有浊平、声稍近入、而读入声者又怅怅不知其辩、与浊平一类读之、**沿袭之误久矣。予尝试读等者、读止摄、遇摄之入、及果摄、假摄之入、皆读如本摄浊平字。如："其"平"乞"入、"尼"平"匿"入、"皮"平"弼"入、"齐"平"七"入、"时"平"失"入、"夷"平"益"入、"离"平"栗"入、"徒"平"秃"入、"除"平"出"入、"蒲"平"暴"入、"模"平"木"入、"鈕"平"促"入、"胡"平"縠"入、"卢"平"禄"入、"傴"平"屋"入、"罗"平"落"入、"摩"平"莫"入、"莪"平"咢"入、"驼"平"铎"入、"那"平"诺"入、"爬"平"拔"入、"霞"平"瞎"入、"查"平"刹"入、"华"平"滑"入、皆平入一类读之。**叩其异同、则曰：在低昂长短发声之不同尔。**噫！四声四种、岂至相若而以抑扬别哉！予故对举平入之似者、使别之、然约其概、唯止遇果假四摄有之尔。盖四摄之浊平肎入、而四摄中唯群疑定泥澄娘並明奉微从邪床禅匣喻来日十八浊母有之、其余无也。[引按："傴"是多音字、这里应读 wú、《集韵》平声模韵尤孤切："怪辞也。"]

9　刘晓英（2017:64–66）认为《字学元元》的正音声调袭用中古平、上、去、入四声、而俗音的声调则具有浊上归去、入归阳平、平分阴阳等特点、该书附录『字学元元』俗同音字表只列阴平、阳平、上声、去声四调。本文认为『字学元元』的俗音系统应当还保留入声、只是跟阳平已经非常接近。

袁子让对"入声多有类平声者"有进一步的说明、即平声中的浊平"声稍近入"、而"浊平省入"能够形成对比的、限于止遇果假四摄的十八浊母(群疑定泥澄娘並明奉微从邪床禅匣喻来日)。所以上引 24 对平、入对比字对儿、都是古浊平字(全浊次浊都有)对古入声字(清浊都有)、即入声只有一个、它跟阳平非常接近。可见袁子让的方言阴平、阳平是分得非常清楚的。如果"吾楚人亦读清平如浊平"是指阴平、阳平合并、就不应该说"浊平省入"而应该说"平声省入"、比字时也不应当 24 对字的第一个字统统都是浊平字。可见"读清平如浊平"和"浊平省入"虽然都是比较、可是一个是调类系统之间的比较(站在正音的立场看方言)、一个是调类系统内部的比较、性质完全不同。

《字学元元》卷一"四声平上去入辨"条引四声歌:"平声平道莫低昂、上声高呼猛烈强。去声分明哀道远、入声短促急收藏。"而袁子让有如下评论:

> 予谓刘士明关中人、各就其方音而品之尔。自予意断之、平固平也、上实未尝猛也、去亦未尝哀也、入亦未尝短也。

意思是说、不同的学者往往是以自己的方音来解说四声的。在袁子让看来、"入亦未尝短也"、即入声已非短调、而且跟阳平(浊平)相近、即所谓"平中有浊平、声稍近入"、然而叩其异同、仍有"低昂长短发声之不同"。《字学元元》卷二"入声定式之辩"条也说"入类浊平、则讹读愈以难辩。"很显然、袁子让也是在以自己的方音来解说四声。他所描述的入声情形、跟 290 多年后传教士记录的武昌话和成都话简直如出一辙。Ingle (1899) 记录的武昌话有上平、下平、上声、去声、入声五调。Ingle 在引言中指出:

It is well, also, to remember that there is much confusion between the lower even (下平) and the entering tone (入声). [同样要记住的是、下平和入声已混得厉害。]

Grainger (1900) 记录的成都话也有五个调:

Tones: –The tones are marked in the usual order from 1 to 5……The 5th tone is sometimes difficult to distinguish from the 2nd, being less abrupt than the 5th tone in Southern Mandarin. Still, it is a distinct tone and is not confounded with the other four tones as in Northern Mandarin. [声调：声调用通常的 1 至 5 的顺序标记……第五调有时不容易跟第二调区分开。它不如南部官话里的第五调短促。尽管如此，它仍是一个独立的调类，而不像北部官话那样已混入其他四个调类。]

今天的武汉话、成都话、郴州话都没有入声调，古入声字今读阳平调。可见西南官话入声调的消失是相当晚近的事（今天的西南官话还仍有部分方言保留入声），而西南官话入声由促转舒、跟阳平调接近，万历年间的郴州话已是如此。

现在回到"秦晋读清平如浊平"的问题上来。袁子让的这种比较相当于今人说"枣强话往往把普通话声调中的上声读成阴平，把阴平读成上声。"（马金江 2012:200）意思是枣强话上声的调值跟普通话阴平的调值相同或相近，枣强话阴平的调值跟普通话上声的调值相同或相近。"读清平如浊平"、"把阴平读成上声"一类的表述从专业的角度说当然是不准确的，因为调类和调值之间并无固定的联系[10]。不过这种比较的一个好处是可以让人马上抓住一个方言的声调发音特点。因此袁子让"秦晋读清平如浊平"所蕴含的信息是：

　　① 秦晋在《字学元元》时代清平、浊平分调（即分为阴平和阳平两调）
　　② 秦晋的清平（阴平）在《字学元元》时代读如正音的浊平（阳平）

如此一来，从以平、上、去、入四声分卷的《切韵》（601）到"平分二义"的《中原音韵》（1324）、"秦晋读清平如浊平"的《字学元元》

10　叶盛（1987:61–62）、钱曾怡（2007）都辨析过济南"把阴平读成上声、把上声读成阴平"的说法，请参看。

(1603)、再到清浊平声字可以互注的《新刊较正方言应用杂字》(1773)、晋语平声从由合而分再到部分晋语由分而合就形成了完整的文献证据链。以今日的情形来看、晋语平分阴阳的方言仍占多数、拿《汉语方言地图集》中的晋语选点来说、古平声是否依古声母的清浊分化的方言点数是 29:12、而单字调平声不分阴阳的方言亦有相当一部分还能在连调中区分阴平和阳平。站在方言比较的立场、最自然的设定是有一部分方言发生了回头演变（由分而合）。其他平声不分阴阳的官话方言也应作如是观。其古平声是否依古声母的清浊分化的方言点数依次是：中原官话 71:11；冀鲁官话 33:2；兰银官话 16:2；江淮官话 41:1。它们的调类数目对比也很有意思(A、B 分别代表平声分阴阳的方言和平声不分阴阳的方言)：

[表七] 部分官话方言的调类数目统计

	七调系统		六调系统		五调系统		四调系统		三调系统		两调系统	
	A	B	A	B	A	B	A	B	A	B	A	B
晋语			6		10	3	13	9				
中原官话					4		62	1	5	10		
冀鲁官话							30		3	2		
兰银官话							3		13	1		1
江淮官话	2		17		17	1	5					

　　表七所呈现的趋势非常明显：平声不分阴阳的方言总是伴随着调类数目的减少、越往左、出现 A 类方言的概率就越大、约往右、出现 B 类方言的概率就越大。从前文的表三和图 1 可知、中原官话平声不分阴阳的方言都分布在西北、属于汉语分布的晚近开发区、而这些方言又基本属于三调系统、对比中原官话五调系统(4)加四调系统(62)的主流、阴阳平不分(11)是调类系统简化的结果非常明显。从表七还可以看到、A、B 有可能在四调系统或三调系统形成势力接近的分布、前者如晋语的四调系统(A^{13}:B^9)、后者

如中原官话的三调系统(A^5:B^{10})和冀鲁官话的三调系统(A^3:B^2)、这种情况说明官话方言的调类系统简化并不是只有阴平、阳平合并、还可以有其他途径。下面对比北京、烟台、博山、银川、吐鲁番(简称吐市)、秦安、定襄、太原、瑞昌等九个方言的声调:

[表八] 九个官话方言的声调对照

	平			上			去		入		
	清	次浊	全浊	清	次浊	全浊	清	浊	清	次浊	全浊
北京 4	阴平	阳平		上声			去声		阴阳上去	去声	阳平
烟台 3	平声	去声		上声			去声		上声	上声去声	去声
博山 3	平声	上声					去声		平声	去声	上声
银川 3	平声	上声					去声				
吐市 3	平声			上声			去声		平声		
秦安 3	平声			上声			去声		平声		
定襄 3	上声	平声		上声			去声		平声		
太原 4	平声			上声			去声		入声		
瑞昌 5	平声			上声		阳去	阴去	阳去	入声		

表八地名后的数字为单字调数。北京、太原根据北京大学中文系语言学教研室（2013）、烟台根据钱曾怡等（1982:15-16）、博山根据钱曾怡（1993:74）、银川根据高葆泰、林涛（1993）、吐鲁番根据周磊（1998）、秦安根据郭沈青（2013）、定襄根据范慧琴（2007:13）、瑞昌根据曾国祥（1983）。定襄上声、平声范慧琴（2007:13）原称阴平上、阳平、本文为了方便讨论改了调名、并不是说原书的调名不好。定襄古入声字单念或处于末字位置时读平声、处于前字位置时为短促调、有喉塞尾、这里按单字的读法为准、不立入声调。站在北京话的立场来看、烟台是阳平和去声发生了合并[11]、博山、银川是阳平和上声发生了合并、吐鲁番、秦安、太原、瑞昌是阴平和阳平发生了合并、定襄是阴平和上声发生了合并。表八

并未囊括官话平声演变的所有类型、不过已可看出阴平、阳平合并只是各种合并方式中的一个选项。如果没有特别的理由、回头演变是太原平声不分阴阳的最优解释。要是把太原类晋语平声不分阴阳看成是存古、不仅跟多数晋语平分阴阳的格局无法契合、而且也让晋平声调的演变缺少了阴平、阳平合并这种发生概率要高于阴平或阳平跟上声或去声合并的选项、这显然是不合理的[12]。如果把晋语视为官话的一支、站在整个官话的立场来看、这一点就更加显豁。

此外、从晋语内部的情况来看、平声无清浊分调的方言主要分布在太原及其周边地区、以及晋语分布区的外围、都属于创新度比较高的地区、而相对比较保守的吕梁片、平声通常都是清浊分调的、请参看图二（据 P002 图的晋方言点数据和《中国语言地图集》第二版[中国社会科学院语言研究所等 2012]汉语方言卷 B1-13 图绘制）。可见晋语某些方言平声无清浊分调的现象实为清浊分调的后续演变结果。

要是依乔全生（2007）把"秦晋读清平如浊平"解读为平声不分阴阳并推论"晋语早在十六、十七世纪之前平声就是一个、没有阴阳之分"、则将面对难以解决的"演变的机制条件"问题。P002 图陕西共 21 个调查点、山西共 24 个调查点、平声是否清浊分调的方言点数依次是 19:2 和 21:3。5 个平声不分阴阳的调查点都属于晋语。陕西平声不分阴阳的方言分布在陕北。可见无论陕西山西、平分阴阳都是主流、如果"晋语早在十六、十七世纪之前平声就是一个、没有阴阳之分"、那么平分阴阳就只能视为 17 世

---

11 烟台阳平的范围跟北京话不完全相同：古次浊平部分随清平走、部分随全浊平走。

12 阴平、阳平本来是中古平声因声母清浊不同而产生的分化、分化的初始阶段必定是调型相同、只是高低有别。其后可能维持这种格局、也可能发生变化。但阴平、阳平跟上声、去声的接近跟合并一定要以声调（调型调值）的演变为前提。因此从概率上说、阴平、阳平合并的概率要高于阴平、阳平跟上声、去声的合并。当然这只是理论上的估算、不一定符合实际情况。但即使各种合并选项不存在概率上的明显差别、完全缺失一种合并选项也是不太合理的。

纪后的演变。问题是此时的北方方言早已完成了古全浊声母清化的演变、不具备阴阳分调的语音条件了。

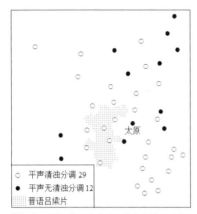

[图二] 晋语平声无清浊分调方言的地理分布

白云 (2005)、《灌阳观音阁土话研究》、南宁：广西民族出版社.

鲍明炜 (1998)、《江苏省志·方言志》、南京：南京大学出版社.

北京大学中文系语言学教研室 (2013)、《汉语方音字汇》、北京：语文出版社.

曹志耘 (2008)、《汉语方言地图集》、北京：商务印书馆.

Chao, Yuen Ren (赵元任) (1968)、*Language and Symbolic Systems*(语言和符号系统), Cambridge：Cambridge University Press.

陈昌仪 (2005)、《江西省方言志》、北京：方志出版社.

郴州市志编纂委员会 (1994)、《郴州市志》、合肥：黄山书社.

丁邦新 (1989)、汉语声调的演变、《中央研究院第二届国际汉学会议论文集·语言与文字组》、台北：中央研究院.

Edkins, J. (1868)、*A grammar of colloquial Chinese, as exhibited in the Shanghai dialec* (Second Edition, Corrected)(上海口语语法订正版), Shanghai：(American) Presbyterian Mission Press(美华书局).

范慧琴 (2007)、《定襄方言语法研究》、北京：语文出版社.

高葆泰·林涛 (1993)、《银川方言志》、北京：语文出版社.

耿振生 (1992)、《明清等韵学通论》、北京：语文出版社.

Grainger, Adam (钟秀芝) (1900)、*Western Mandarin* (西蜀方言), Shanghai：American Presbyterian Mission Press(美华书局)

郭沈青 (2006)、甘肃秦安五营方言音系、《中国语学研究·开篇》第 25 卷.

河北北京师范学院、中国科学院河北省分院语文研究所 1961《河北方言概况》、天津：河北人民出版社.

河北省昌黎县县志编纂委员会·中国社会科学院语言研究所 (1960)、《昌黎方言志》、北京：科学出版社.

何大安 (1981)、澄迈方言的文白异读、《中央研究院历史语言研究所集刊》第五十二本第一分.

何大安 (1994)、声调的完全回头演变是否可能、《中央研究院历史语言研究

所集刊》第六十五本第一分.

何耿镛 (1994)、《汉语方言研究小史》、太原：山西人民出版社.

何守伦 (1989)、《永胜方言志》、北京：语文出版社.

何团强 (2010)、永州和郴州市区方言声调实验研究、湖南师范大学硕士学位论文.

侯精一 (1980)、平遥方言的连读变调、《方言》第1期.

侯精一·温端政 (1993)、《山西方言调查研究报告》、太原：山西高校联合出版社》.

黄群建 (2002)、《鄂东南方言音汇》、武汉：华中师范大学出版社.

Hsieh, Hsin-I(谢信一) (1973)、A New Method of Dialect Subgrouping(方言分类的新方法), *Journal of Chinese Linguistics* (中国语言学报) 1:1.

Ingle, James Addison (1899)、 *Hankow syllabary* (汉音集字), Hankou: Kung Hing (公兴) [本书第二版由 N. B. S. S. Mission Press 1915 年于汉口出版。本文据黄群建主编《湖北方言文献疏证》所收的朱建颂《〈汉音集字〉疏证》(287-397) 及 Ingle《〈汉音集字〉引言》(398-402)。武汉：湖北教育出版社、1999.]

蒋冰冰 (2003)、《吴语宣州片方言音韵研究》、上海：华东师范大学出版社.

柯西钢 (2013)、《白河方言调查研究》、北京：中华书局.

李如龙、张双庆 (1992)、《客赣方言调查报告》、厦门：厦门大学出版社.

李小凡 (2015)、调名琐议、《中国方言学报》第4期.

李星辉 (2003)、湖南永州岚角山土话音系、《方言》第1期.

李星辉 (2004)、湖南永州岚角山土话音系、载鲍厚星等《湘南土话论丛》、长沙：湖南师范大学出版社.

李星辉 (2016)、《湖南永州岚角山土话研究》、长沙：湖南师范大学出版社.

刘俐李 (1989)、乌鲁木齐回民汉语的单字调连读调和调类的共时演变——兼论声调层次、《新疆大学学报》(哲学社会科学版) 第1期.

刘俐李 (1994)、《焉耆汉语方言研究》、乌鲁木齐：新疆大学出版社.

刘晓英 (2017)、《〈字学元元〉研究》、长沙：湖南师范大学出版社.

刘勋宁 (1995)、再论汉语北方话的分区、《中国语文》第6期.

滦县文化志编纂委员会（1990）、《滦县文化志》、滦县：滦县文化志编纂委员会.

罗常培（1934）、中国方音研究小史、《东方杂志》第7期.

马金江（2012）、《炳烛斋闲话》、北京：北京艺术与科学电子出版社.

潘家懿（1996）、从《方言应用杂字》看乾隆时代的晋中方言、山西师大学报（社会科学版）第2期.

潘悟云（1982）、关于汉语声调发展的几个问题, *Journal of Chinese Linguistics*（中国语言学报）10:2.

钱曾怡（1993）、《博山方言研究》、北京：社会科学文献出版社.

钱曾怡（2001）、《山东方言研究》、济南：齐鲁书社.

钱曾怡（2007）、谈谈音类和音值问题、《语言教学与研究》第1期.

钱曾怡（2010）、《汉语官话方言研究》、济南：齐鲁书社.

钱曾怡等（1982）、《烟台方言报告》、济南：齐鲁书社.

乔全生（2003）、晋语与官话非同步发展(一)、《方言》第2期.

乔全生（2007）、晋语的平声调及其历史演变、《中国语文》第4期.

乔全生（2008）、《晋方言语音史研究》、北京：中华书局

沈　明（1999）、山西晋语古清平字的演变、《方言》第4期.

Wang, William S-Y.(王士元)（1987）、A Note on Tone Development（声调演变札记）, in *Wang Li Memorial Volumes* (English volume)（王力纪念文集英文卷）, Hong Kong: Joint Publishing Company.

王辅世（1956）、怎样分析和记录汉藏语系语言的声调、《中国语文》6月号.

王福堂（1999）、《汉语方言语音的演变和层次》、北京：语文出版社.

王莉宁（2012）、汉语方言中的"平分阴阳"及其地理分布、《语文研究》第1期.

王临惠（2001）、汾河流域方言平声调的类型及其成因、《方言》第1期.

王临惠（2003）、《汾河流域方言语音的特点及其流变》、北京：中国社会科学出版社.

王太庆（1983）、铜陵方言记略、《方言》第2期.

谢建猷（2007）、《广西汉语方言研究》、南宁：广西人民出版社.

徐冬雪（2018）、河北张家口阳原方言语音研究、山西大学硕士学位论文.

许宝华·汤珍珠（1988）、《上海市区方言志》、上海：上海教育出版社.

杨时逢（1974）、《湖南方言调查报告》、台北：中央研究院历史语言研究所.

杨　蔚（1999）、《沅陵乡话研究》、长沙：湖南教育出版社.

姚小烈（2007）、铜陵方言语音研究、广西民族大学硕士学位论文.

叶　盛（1987）、《学点音韵知识》、上海：上海教育出版社.

曾国祥（1983）、瑞昌方言语音系统、《九江师专学报》第1期.

张金圈（2015）、《无棣方言志》、广州：世界图书出版广东有限公司.

张盛裕·张成材（1986）、陕甘宁青四省区汉语方言的分区(稿)、《方言》第2期.

赵元任（1928·1956）、《现代吴语的研究》、北京：清华学校研究院/科学出版社.

赵元任等（1948）、《湖北方言调查报告》、上海：商务印书馆.

中国社会科学院语言研究所等（2012）、《中国语言地图集第二版·汉语方言卷》、北京：商务印书馆.

周　磊（1998）、吐鲁番汉语方言音系、《方言》第2期.

周　政（2009）、《平利方言调查研究》、北京：中华书局.

Dialects of the South East Asian Chinese Diaspora : A Cambodia Case Study

Dana Scott Bourgerie

Brigham Young University

1. Introduction

Chinese have been in Southeast Asian for centuries — and as early as the Chinese Ming Dynasty. The eminent scholar and traveler, Zhou Daguan described an existing community of Chinese in his 13th century *Customs of the Cambodians (Harris, 2007)*. They left China for over many years and for different reasons — to trade, to flee poverty, and to escape political persecution. Different Chinese populations (or ethno-linguistic groups) followed established trade routes from various areas in mostly southern China, around the Fujian and Guangdong provinces. This chapter outlines the populations that have developed and evolved in Mainland Southeast Asia (Cambodia, Vietnam, Laos, and Burma), with special reference to Cambodia as a case study.

[Table 1] Timeline of Chinese contact with Cambodia (Bourgerie, 2017, p. 162)

- 140 BCE (Han Dynasty, Emperor Wu conquered southern territories)
- Vietnam corridor (Schliesinger, 2011, p. 198)
- 1st-6th-century CE Funnan Kingdom
- 1276 Song loyalist refugees to Indochina (Yen, 1985)
- 1296 Zhou Daguan visit (Harris, 2007)
- 1609 Portuguese visitor to Phnom Penh (3000 of 20,000 Chinese in the city) (Schliesinger 2011; Yen, 1985)
- Ming/Qing refugees to Cambodia and Vietnam (Xia Ding in (Edwards, 2009, p. 180) (Edwards, 2009)
- Koxinga collapse (Formosa) circa 1683
- 1860's movement from Cholon, the Chinese enclave in Saigon
- 18th and 19th Century as miners, traders, plantation workers (Schliesinger, 2011, p. 199)
- Late-mid 19th century. Recognition of overseas Chinese by China (Yen, 1985) (Yen, 1985)
- 1920s. Almost half the population of Phnom Penh said to be Chinese (Schliesinger 2011, p. 199)
- 1930's economic crisis caused a surge in Chaochao (Teochiu) migration, supplanting the Cantonese.
- Most immigration ceased in 1952-53 with new laws (Yen, 1985, Chapters 5-6)

Chinese migration to Cambodia and to Southeast Asia continued through the nineteenth century and into the mid-twentieth century (especially miners and traders) until movement was significantly limited by new immigration laws in 1952-53 (Willmott, 1967, pp. 16-17). Until the nineteenth century, these migrants were often considered traitors to the motherland (Edwards, 2009, p. 181; Yen, 1985, pp. 16-22) making it difficult from them to return to China and providing an incentive to establish a permanent place in their newly adopted countries such as Cambodia (Pan, 1990)

Although in many places in Southeast Asia ethnic Chinese suffered persecution (Pan, 1990, Chapter 4), they have historically found relatively good acceptance in Indochina (Willmott, 1967). Two major exceptions to this positive reception was their treatment under Khmer Republic of the Lon Nol regime (1970-1975) and during the Pol Pot's Khmer Rouge (1976-79). During the Khmer Republic, Chinese were frequently suspected as communist sympathizers; during the Khmer Rouge, ethnic Chinese were singled out as capitalists and targeted for extermination (Edwards, 2009, pp. 177, 200-210; Pan, 1999, pp. 147-148; Suryadinata, 2013, pp. 280-281; Van & Sokmandy, 2009, p. 239).

For centuries ethnic Chinese have played vital economic roles and have dominated the business and education sectors in Cambodia and elsewhere in Southeast Asia (Willmott, 2007). The populations have been largely urban, though certain groups, such as the Hainanese, have been involved in farming—especially pepper production (Willmott, 1967, p. 21). However, whether urban or rural, the Chinese role in Cambodia has been long-lasting and substantial.

2. What is a Chinese: Issues of Identity

To understand the Chinese communities in Southeast Asia, one first needs to address the complexity of what it means to be Chinese. In most of Southeast Asia, ethnic Chinese are relatively well integrated into the culture through intermarriage and education. Most speak at least one of the national languages and in many cases do not speak any variety of Chinese at all.

Lynn Pan, in the *Sons of the Yellow Emperor* (Pan, 1990, p. xi), describes that ambiguity around Chinese identity.

> I am one of thirty million people whose historical experience I try to invoke…; I am part of the Chinese diaspora. I was born in Shanghai, made an émigré by the terror campaigns of the Communist Party, and was educated, in a manner of speaking, in Hong Kong, British North Borneo and England, where I eventually established a base. I was going to say 'made my home', but that would suggest I had put down roots, whereas I often get the feeling when I am in England that my real life lies elsewhere, though exactly where it lies is difficult to say."

Issues of identity are complex and evolving. Indeed, it is ultimately difficult to define the concept of "Chineseness." The issue is further complicated by the terminology itself—in Chinese, in English, and in the local languages. Table 2 below outlines five ways to refer to ethnic Chinese in the Chinese language. Each is laden with political and cultural implications.

With respect to Chinese ethnic groups living outside of China, the first four terms are plausible, but 华人 *Huaren* is the generally preferred as the most neutral. 中国人 *Zhongguoren* —if used at all in South East Asia—is typically reserved for PRC citizens (or possibly people from Taiwan, Hong Kong, or Macau) living as expatriates in the local

[Table 2] Chinese Abroad Terminology

华裔 *Huayi*	Ethnic Chinese
华侨 *Huaqiao*	Of Chinese ethnicity living abroad (usually born in China)
华人 *Huaren*	All Chinese outside of greater China
海外华人 *Haiwai Huaren*	Adopted foreign citizenship, 'Chinese Overseas'
c.f. 中国人 *Zhongguoren*	Chinese citizen (technically including Chinese minority groups)

countries. To many a term like 华侨 *Huaqiao* implies lack of permeance and connection as local citizens─a source of significant sensitivity for ethnic Chinese in many South East Asian countries (Ma & Cartier, 2003; Pan, 1999; Tan, 2013).

English terms are less precise and often used in more technical senses. The term *ethnic Chinese* covers a range of backgrounds, from recent immigrant to multi-generational Chinese citizen. *Chinese* as an identifier is even more ambiguous and more used in the West. Some scholars and authors even adopt the Romanized Chinese term when writing in English (e.g., *Hua*). Lastly, one sees the variants of "x-born Chinese" (e.g., American born Chinese--or ABC). In language teaching circles is common to refer to heritage speakers, including with Chinese.

There are other indirect ways to get at Chinese identity within Southeast Asia. Individuals strongly identifying with their Chinese heritage are more inclined to seek a Chinese language education and to affiliate with a Mahayana Buddhist temple, though religious identification may not be as reliable a marker as it once was.[1] For cultural and political reasons, those of Chinese heritage have at times avoided Chinese self-identification. For example, during the Khmer Rouge era in Cambodia (1975-1979), ethnic Chinese were disproportionately targeted for their higher levels of education and wealth, thus leading to de-emphasis of their heritage. However, these same characteristics have led many younger Cambodians to reclaim their heritage as a marker of middle-class status. Similarly, ethnic Chinese in Northern Vietnam are likely undercounted because of more widespread negative sentiment toward Chinese.[2]

3. Cultural Interaction and Intermarriage

Because of a large degree of intermarriage in most Southeast Asian countries since the 19th century, identity is further obscured. Cambodian language terms for locals of Chinese heritage, show a variety distinction (see table 3 below),

---

1 In an earlier report on Chinese Education in Cambodia (Bourgerie 2017), many younger people in Cambodia report both Chinese self-identity and Theravada affiliation, the predominant Buddhism in Cambodia.

2 The 2009 Vietnamese census shows just around 1000 Hua, or ethnic Chinese, in Hanoi. In contract Ho Chi Minh city shows around 500,000. Although the Chinese population is reportedly smaller in the north, it seems likely the anti Chinese attitude caused Sino-Vietnamese to be underreported.

[Table 3] Cambodian (Khmer) Language Terms for Ethnic Chinese Identity (Edwards 2009)

Kmae-cen	General term for Sino-Cambodians
Cen	From China, or short for *Kmae-cen*
Cenchiw	'raw Chinese' New arrivals
Kouncen	'Children of Chinese'
Kounciwcen	'Grandchildren of Chinese'
Koun-Kat Cen or Koun-Kat	'cut child Chinese'

The Chinese language terminology Cambodia varies as well (Table 4 below), generally mirroring overseas usage. 华人*Huaren* is the widely accepted term throughout Southeast Asia.

[Table 4] Chinese Language Terminology in Cambodia for Ethnic Chinese

(柬埔寨) 华人 (*Jianbuzhai*) *Huaren*	'Cambodian Chinese'
华裔 *Huayi*	'Chinese descent'
华侨 *Huanqiao*	'Overseas Chinese'
混血 *Hunxue*	'Mixed blood'

In summary, any description or count of Ethnic Chinese in Cambodian or elsewhere in Southeast Asia is fraught with difficulty. There are various degrees of hesitancy about identifying as Chinese (*Hua*) or *Cen* and a need to establish local identity. In my own survey (Bourgerie, 2017) at Cambodian Sino-Cambodian Chinese schools, I ultimately relied on a combination of factors (school choice, religious identity, family origin, and self- identity) to locate participants in the overall cultural space.

Pan (1999, p. 14) attempts to graphically capture the layers and complexity of the concept, noting the sometimes two-way dynamic of movement into the various groups.

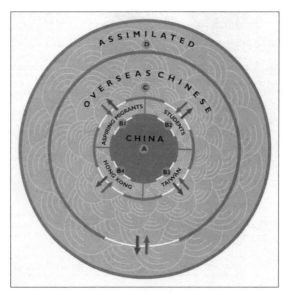

[**Figure 1**] Symbolic Representation of Varieties of Chinese
(Pan, 1999, p. 14)

In short, the notion of Chinese identity—although theoretically important—remains problematic and fluid.

The Chinese Diaspora: An Evolving Concept

Ethnic Chinese can be found in almost any corner of the world and the term diaspora has become widely used to describe these far-flung populations (Pan 1998). However, this term is not without its problems either (Barrett, 2012, pp. 1-5). Until recently, diaspora was strongly associated with forced dispersion and expulsions of Jewish populations, and to some extent with Armenians and Greeks populations.

Some have argued the term should be reserved only for populations that were forcibly relocated as opposed to those who migrated for other reasons. Yet, Chinese populations — especially in the last 500 years — have experienced emigration related to famine, war, political oppression (Pan, 1990) have experienced severe hardships as they fled conditions in China proper. They have been targets of wholesale massacres (e.g., in Indonesia and in Cambodia) as they fought persecution in new homelands. Lack of permanence is another feature of diaspora concept as it has traditionally been conceived — a desire to eventually return to a homeland.[3]

Moreover, the term diaspora has become commonly used for major populations dispersed outside of a homeland country, including Chinese, Indian, Nigerian, etc. The term is used here in its wider sense to refer to dispersed communities outside of their historical homeland. (In this sense there is overlap with the concept of heritage community). Figures 2 and 3 below show the extent of the world-wide Chinese diaspora, with figure 2 indicating the larger populations by larger circles. Figure 2 shows locations of populations with reference also to the particular dialects spoken — historically southern dialects. In fact, Chinese populations can be

---

3 This *sojourner* concept has been challenged by some and has become less a part of the diaspora concept in recent times, as the term has been broaden considerably now is used regularly to include Chinese communities abroad (e.g., The Routledge Handbook of the Chinese Diaspora (Tan, 2013).

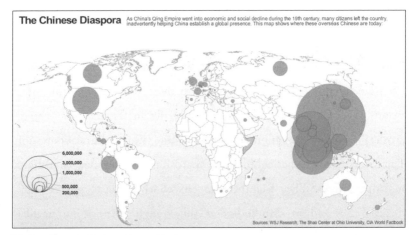

[Figure 2] World-Wide Chinese Diaspora

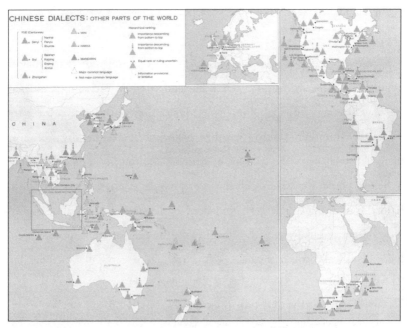

[Figure 3] Chinese Communities Around the World (SA Wurm, 1988)

found in every continent, with the majority outside of China located in Southeast Asia. Figure 3 indicates distribution by dialect.

It is extremely difficult to reliably estimate Chinese populations outside of China. Even when country censuses include information on ethnicity (e.g., Vietnam), the process is complicated by problems of self-identity and reporting. In countries such as Cambodia where no official statistics exist, the estimates can vary widely. Table 5 gives a 1997 estimate of Sino-Cambodian Chinese as 300,000 while the Sino-Cambodia Association (personal correspondence, 2014) estimates a population of around 1 million among a current country total of about 16 million.

[Table 5] Chinese Overseas Populations in Selected Asian Countries (Ma & Cartier, 2003)

Locale	Total Population in 1997	No. of Chinese Overseas in 1997	Chinese Overseas
	(millions)	(thousands)	% of Total Population
Asia	2382.6	25,515.00	1.1
Indonesia	204.3	7,310.00	3.6
Thailand	60.1	6,358.00	10.6
Malaysia	21	5,445.10	25.9
Singapore	3.5	2,311.30	66
Philippines	73.4	1,030.00	1.4
Vietnam	75.1	1,000.00	1.3
Burma	46.8	1,000.00	2.1
Cambodia	11.2	300.00	2.7
Japan	126.1	234.30	0.2
Laos	5.1	160.00	3.1

The 2009 Vietnam census indicates over 800,000 residents of Chinese heritage—just less than 1% of country's population, but somewhat less than Ma and Cartier's 2003 estimate. The great majority of Vietnam's mostly Cantonese Chinese population is reported to be in the southern third of the country and especially in Ho Chi Minh City (Saigon) (see table 6 below). Because large percentage of those fleeing during the Vietnam war era were Chinese, the approximately 1 million population in Ho Chi Minh City was drastically reduced.[4] Moreover, because of the centuries of conflict and anti-Chinese bias, often centered in the north,(Pan, 1999, pp. 228-233), Sino-Vietnamese population number are likely under-reported in censuses.

[Table 6] Ethnic Chinese Populations in Vietnam by Major Populations (over 10,000)

Territory	Total Population	Chinese Population	% of total population
Whole country	85,846,997	823,071	0.96
Northern Midlands and Mountains	11,053,590	42,236	0.38
Bắc Giang	1,554,131	18,539	1.19
North and South Central Coast	18,835,154	20,057	0.11
Bình Thuận	1,167,023	10,243	0.88
Central Highlands	5,115,135	23,882	0.47
Lâm Đồng	1,187,574	14,929	1.26
Southeast	14,067,361	550,297	3.91
Bình Dương	1,481,550	18,783	1.27

---

4 Between 1978 and 1989 around a million refugees left Vietnam and reported 60-70% of them were ethnic Chinese. Therefore, the Sino-Vietnamese population was reduced by over 600,000. The majority of these refugees were from the south.

Đồng Nai	2,486,154	95,162	3.83
Bà Rịa–Vũng Tàu	996,682	10,042	1.01
Hồ Chí Minh	7,162,846	414,045	5.78
Mekong River Delta	17,191,470	177,178	1.03
Kiên Giang	1,688,248	29,850	1.77
Cần Thơ	1,188,435	14,199	1.19
Sóc Trăng	1,292,853	64,910	5.02
Bạc Liêu	856,518	20,082	2.34

Data source: 2009 Vietnam Census

4. Chinese Varieties in Southeast Asia

Following Yuan's seminal survey, traditionally, Chinese dialects are divided into seven major groups, (Yuan, 1983). Table 7 outlines the approximate percentages in China proper and figure 4 maps the geographic distribution of the major groups within China.

[Table 7] The Chinese Dialect Groups 汉语方言 (Yuan, 1983)

Group	~Percentage	Locales
Mandarin Group 北方	70.9%	North of Yangzi River, Southwest
Wu 吴语	7.1%	Shanghai, Suzhou, Wuxi
Xiang 湘语	3.2%	Hunnan
Gan 赣语	1.9%	Jiangxi, Southern Anhui, Southeast Hubei
Min 闽语	4%	Eastern Guangdong, Fujian, Taiwan, Hainan
Hakka	2.9%	Scattered areas in Guangdong, Taiwan
Yue 粤语	5%	Western Guangdong, Hong Kong, Macau

Historically, the Southeast Asian Chinese communities fall into five main ethnolinguistic groups: Chaozhou dialect (Teochew), Cantonese, Hakka, Hainanese, and Fujianese (Hoikeen). Three of the five are part of the Min group and all are considered southern dialects. The communities are associated with local cultural associations (会馆 *huiguan*) related to the dialect group. The proportions of each of these are different in each country. For example, Cambodia is majority Chaozhou (60%) with a significant number of Cantonese (~20%), whereas Vietnam is majority Cantonese. Part of the distribution can be accounted for by examining historical trade routes—Min dialect groups frequently went by ship from coastal China locations to prominent Southeast Asian ports (see figures 5 below).

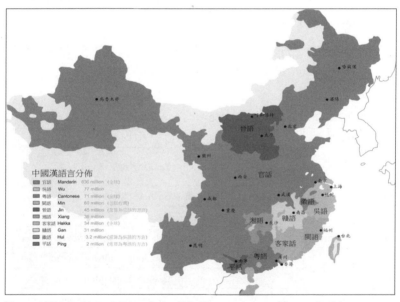

Figure 4 Dialect Map of China (https://creativecommons.org/licenses/by/3.)

[Figure 5] China Trade Routes to Southeast Asia (Source: Reid 1996)

Despite recent emergence of expatriate communities form various locations in China, virtually all of the historical South East Asian diaspora has its origins in Southeastern China provinces (see figure 6) below.

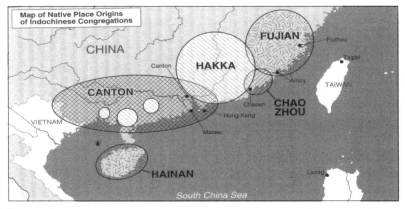

[Figure 6] Places of Origin for Southeast Asian Diaspora Source (Barrett, 2012)

5. Associations and Dialects

5.1. Cambodia Associations

Like in many parts of the world, ethnic Chinese in Southeast Asia are organized into ethnolinguistic associations (会馆huiguan) based on place of origin, and often under the auspices of a umbrella organization. For example, Cambodia has representative associations for

[Figure 7] Sino-Cambodia Association of Cambodia 柬埔寨王国柬华理事总会
(photo credit: Dana Scott Bourqerie)

each of the major Chinese dialects spoken there (table 8 below). These associations play important roles in the Chinese community, often sponsoring Chinese language schools and supporting business interests of the local Chinese community. The Foundation of Associations of Chinese in Cambodia co-publishes a Chinese language newspaper, the Cambodian Chinese Daily (柬华日报). The 2014 Sino-Cambodian Business Year book lists 67 associations throughout Cambodia, with 20 of those in the capitol of Phnom Penh.

[Figure 8] Distribution of Chinese Association (会馆) in Cambodia

[Table 8] Chinese Associations in Cambodia

Association	Origin
柬华理事总会 The Foundation of Associations of Chinese in Cambodia	Umbrella Association
潮州会馆 Chaozhou Association	Chaozhao area of Guangdong
广肇会馆 Guangzhao Association	Western Guangzhou province、including、肇庆 Zhaoxing city area
客属会馆 Kejia (Hakka) Association	Guongdong Province
福建会馆 Fujian Association	Fujian Province
海南会馆 Hainan Association	Hainan Island

Source: (The Foundation of Associations of Chinese in Cambodia 柬华理事总会, 2010)

5.2. Vietnam Associations

In addition to Cambodia, other locations within Southeast Asian also have associations, which also typically affiliated with particular ethnolinguistic groups as well. Vietnam has among the largest Chinese population in mainland Southeast Asia. Table 9 below show selected census figures for Vietnam locations with Chinese numbers over 10,000.

[Table 9] Selected Chinese Populations in Vietnam

Location		Chinese population	% of total population
Country	85,846,997	823,071	0.96
Northern Midlands and Mountains	11,053,590	42,236	0.38
Bắc Giang	1,554,131	18,539	1.19
North and South Central Coast	18,835,154	20,057	0.11
Bình Thuận	1,167,023	10,243	0.88
Central Highlands	5,115,135	23,882	0.47
Lâm Đồng	1,187,574	14,929	1.26
Southeast	14,067,361	550,297	3.91
Bình Dương	1,481,550	18,783	1.27
Đồng Nai	2,486,154	95,162	3.83
Bà Rịa-Vũng Tàu	996,682	10,042	1.01
Hồ Chỉ Minh	7,162,846	414,045	5.78
Mekong River Delta	17,191,470	177,178	1.03
Kiên Giang	1,688,248	29,850	1.77
Cần Thơ	1,188,435	14,199	1.19
Sóc Trăng	1,292,853	64,910	5.02
Bạc Liêu	856,518	20,082	2.34

Source: 2009 Vietnam Census (Vietnam Department of Population and Labour Statisitics, 2009, pp. 134-225)

The majority of these associations are located in Ho Chi Minh City (especially in the Chinese quarter of Cholon) and in the central Vietnamese city of Hoi An. Both of these locations have historically large ethnic Chinese population. Moreover, because of historical connections to Cambodia[5], the largely Cantonese population maintains close relations with Cambodian Cantonese associations.

[Figure 9] Hoi An, Vietnam Cantonese Association
(photo credit: Dana Scott Bourgerie)

[Table 10] Chinese Associations in Vietnam (会馆)

Association	Location	Notes
明乡嘉盛会馆 Mingxiang Jiasheng	胡志明市／提岸 Ho Chi Minh City/Cholon	Established in 1698, reestablished 1831, 1901, and 1962. Currently listed as a national cultural relic

---

5 Ho Chi Minh City (formerly Saigon) lies in the southern third of present-day Vietmam, called Cochinchina
   when it was a French protectorate of Cambodia (1867-1946).

Association		胡志明市第五郡堤岸陈兴道路380号 No. 380 Chenxing Rd. Cholon, Ho Chi Minh, City https://www.facebook.com/groups/23163566 0551663/?ref=gysj)
福建會館 Fujian Association	會安 Hoi An	46 Tran Phu St, Hoi An, Vietnam http://seasia.go2c.info/view.php?oc=vnHoiAn ChineseHalls
廣肇會館 Guangzhao Association	會安 Hoian	176 Tran Phu Street, Hoi An https://www.vietnamonline.com/attraction/th e-chinese-assembly-halls.html
潮州會館 Chaozhou Association	會安 Hoian	157 Nguyen Duy Hieu Street, Hoi An https://www.vietnamonline.com/attraction/th e-chinese-assembly-halls.html
琼府会馆 Qiongfu Association	會安 Hoian	Hainanese affiliation 10 Tran Phu Street, Hoi An
潮州乂安会馆 Chaozhao Yi'an Association	胡志明市 Ho Chi Minh City	胡志明市第五郡阮鹰街676号 No. 676, Minhou Street, Ho Chi Minh City
溫陵會館 Wenling Association	胡志明市 Ho Chi Minh City	Fujianese affiliation, The oldest temple in Vietnam http://vnfjba.com/cn/index.php?m=content&c =index&a=show&catid=15&id=32 14/4, Block 6, Kha Van Can Street, Linh Dong Ward, Thu Duc District, Hồ Chí Minh
霞漳会馆 Xiazhang Association	胡志明市 Ho Chi Minh City	Established in 1809 Fujian origin (漳浦县 Zhangpu County), 胡志明市第五郡第十四坊阮斋街八零二号 No. 802 Yuzhai Street, Square 14, Ho Chi Minh http://vnfjba.com/cn/index.php?m=content &c=index&a=show&catid=15&id=33
中華會館 Zhonghua	會安 Hoian	Origin: 福建泉州 Quanzhou, Fujian Former name: 華商會Chinese Chamber of

		Commerce; Established in 1741 Address: 64 Tran Phu St, Hoi An https://gushi.tw/hoi-an/ https://www.vietnamonline.com/attraction/the-chinese-assembly-halls.html
Association		

5.3. Laos Associations

Among the countries of former French Indochina, Laos has a small Chinese population as much of its earlier population emigrated because of various internal upheavals (1975-1979), especially in the context of the rise of the Pathet Lao and the anti-Chinese sentiment related to Chinese troop incursions (Pan, 1999, pp. 170-171). Table 11 shows the precipitous drop in reported Sino-Lao population from 1975-1996. 2005 Lao census data does not even register Chinese among the top ten ethnic groups of at least 1.8% of population (Lao Statistics Bureau, 2015, p. 37).

[Figure 10] Vientiane Chinese Association (photo credit: Dana Scott Bourqerie)

[Table 11] Estimated Chinese Population in Laos

	1975	1996
Vientianne	45,000	3000
Pakse	10,000	1,000
Luang Prabang	5000	550
Savannakhet	3000	650
Tahkhek	1,500	Under 100
Total	**64,500**	**Under 5,300**

Source: (Pan, 1999, p. 171)

Like Northern Vietnam, where anti-Chinese sentiment has been notable, it seems certain that there is underreporting of Chinese ethnicity. Moreover, similar to Cambodian and many other places in Southeast Asia, there is a significant degree of inter-marriage with the majority group, rendering ethnic identity problematic and population estimates unreliable. Nevertheless, the ethnic Chinese in Laos remains a presence through associations in the capitol and elsewhere.

[Table 12] Chinese Associations in Laos (会馆)

Association	Location	Notes
老挝万象中华理事会 Vientiane Chinese Council of Laos	万象 Vientiane	093/2 Chao Anou Road, Vientiane, Laos. P.R.P. O. Box 126 http://vclchinese.com/index.php/2012-05-31-19-38-50/65-as/asia/laos/106-2012-06-01-03-24-54
老挝潮州同乡会 Chaozhou Association of Laos	万象 Vientiane	23/1Thatluang South P.O.Box 638 Vientiane, Laos http://chinachaoshang.com/zhenwen.asp?id=3511 http://www.chaorenwang.com/corpa/corpacon.asp?recno=75

6. Chinese education

With substantial Chinese populations come Chinese language schools, typically connected to ethnic associations. Historically schools often taught in the dialect associated with the association, but in recent decades instruction as shifted to Mandarin for political and practical reasons. Originally the purpose of Chinese education was cultural—to preserve traditions. However, as China's cultural institutions exerted more influence on overseas Chinese education, Mandarin replaced dialect instruction. Moreover, Mandarin became more important vocationally toward participating in China-based businesses.

[Figure 11] Class in Minsheng School, Phnom Penh (photo credit: Dana Scott Bourgerie)

In Cambodia, long established schools taught in one of the five dialects found in Southeast Asia. These schools were closed during the Khmer Rouge period (1975~1979) and did not reopen until the late 1990s and early 2000s—this time in Mandarin. Chinese schools are now found in all but three Cambodian provinces (figure 12 below).

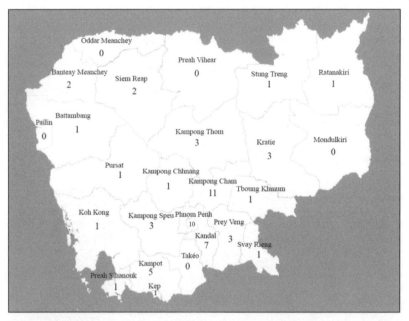

[Figure 12] Chinese schools in Cambodia
(Huashang Daily Society Publishing 柬埔寨华商资讯, 2014)

The capitol of Phnom Penh and nearby Kampong Cham province have largest number of schools and the largest is Phnom Penh's Duan Hua School. Table 13 shows some of the major schools in the capital.

School Name	Affiliation	Notes
端华正校（公立） Duan Hua (Tuon Fa) Chinese School (Public) 端华分校（公立） Duan Hua School Branch Campus (Public)	潮州会馆 Chaozhou Association	K-12, evening classes Day enrollments: ~13,000 Students, Evening Chinese courses: ~2700 Teachers: 300 2015) Established: 1914, reopened in the 1970s
集成学校（公立） Ji Cheng School (Public)	海南会馆 Hainan Association	Established: 1932, Reopened 1992 Teachers: N/A Enrollment: ~1700
民生学校（公立） Min Sheng School (Public)	福建会馆 Fujian Association	Enrollment: K (~600) 1-6 (~600), 7-10 (~200) Teachers: 50 Established: 1927. Closed 1970-79 Re-established 1999
崇正学校（公立） Chhong Cheng School (Public)	客属会馆 Hakka Association	K-12 Established 1992 Enrollment: ~3-4000 students; 80% Sino-Cambodian, 20% Khmer Teachers: 97
广肇学校（公立） Guang Zhao School (Public)	广肇会馆 Cantonese Association	Established: ~1950, Reopened 1995 Enrollment: ~1600 Teachers: 65
培华学校（公立） Pei Hua School (Public)	- - - -	Established: 1994 Enrollment: ~100, K-5 Teachers: 12
华明学校（公立） Hua Ming School(Public)	铁桥头理事 Iron Bridgehead Association 福建 Fujian	Established: 1966, re-opened 2001 Enrollment: 300+ (Day 100, evening 200) Teachers: 30
立群学校 Li Qun School	Private	Established: 1964, Reopened 1994 Enrolment: N/A Teachers: N/A

Source: The Foundation of Associations of Chinese in Cambodia and researcher interviews with principals 2014-15

Cambodian Chinese schools are now well integrated into the larger system and all but one of the Phnom Schools are considered public — that is, they are required to meet certain standards and teach Khmer courses along with Chinese.

Like Cambodia, Vietnam has a variety of Chinese language schools, which also affiliated with an association. As the majority the Vietnamese Chinese population is Cantonese, most schools there are affiliated with a Cantonese association.

[Table 14] Some Chinese Schools of Vietnam

School Name / Location	Affiliation	Notes
西貢廣華學校 Saigon Cantonese School	广肇会馆 Cantonese Association	
同德學校 / 提岸 Tongde School / Cholon, Ho Chi Minh City	Cantonese	
禮義中文學校 / 會安 Liyi Chinese School/Hoi An	Cantonese	
穗城(越秀)學校/提岸 Suicheng (Yuexiu) School / Cholon	穗城會館 Suicheng Association (Cantonese)	Established: 1910, Closed: 1975 712 Nguyễn Trãi, Quận 5, TPHCM, VIETNAM
端华中学 Duan Hua High School / Cholon, Ho Chi Minh City /	潮州會館 Chaozhou Association	Originally Chazhou dialect as a classroom language, but changed to Mandarin after WWII:

Laotian schools are not as numerous as those in Cambodia, but still enjoy an important status in the capitol and in the provinces.

[Table 15] Chinese Schools of Laos

School Name/Location	Affiliation	Notes
龍城中正學校 Luang Prabang Zhongzheng School Luang Prabang, Laos)	Hainanese 中華會館 Zhonghua Association	North Central Laos Originally called 興華學校Xinghua School https://chungchengschool.wordpress.com/
華僑公立寮都中學/萬象Laotian Overseas Public High School/Vientiane	Cantonese	https://www.facebook.com/laos.hk http://www.lieutou.net/ worldwide alumni site
老撾百細華僑公学 Pakse, Laos Overseas Chinese School	潮州理事会 Chaozhou Office	Established in 1933 Champasak Province http://blog.udn.com/SOMVANG88/7651883
崇德学校 / 沙湾那吉 Chongde School/ Savannakhet	Cantonese	Western Laos, Savannakhet Province Established in 1931 http://www.hgzz.net/baike/107573.html

In all three countries of these former French Indochina, the Chinese education ministry is increasing influential. Many of the Chinese association schools have a relationship with Mainland China's Hanban (汉办 [Office of Teaching Chinese]) and Qiaoban (侨办 [China Bridge Office]) guest teacher programs.[6]

Besides supporting standard Mandarin (and eschewing dialect study), Hanban influence has helped move local schools toward simplified characters over previously favored traditional form.

---

6 These two programs (Hanban, 2014a, 2014b),are a part of China's Office of Teaching Chinese·(国家汉办) overseas outreach program. Both programs allow Chinese as a Chinese as a Second Language Teachers(mostly newly trained teachers) to gain experience internationally.

7. Chinese Media

[**Figure 13**] Phnom Penh Newspapers (photo credit: Dana Scott Bourgerie)

With Chinese communities comes local Chinese language media. Of course, unlike schools and associations, these are not dialect specific, nor are the typically affiliated with the constitute place of origin associations. Instead they tend to be sponsored by the umbrella organization, such is the case with Cambodia Daily (柬华日报), which is affiliated the Foundation of Associations of Chinese in Cambodia (柬华理事总会). Although subscriptions in Cambodia are down significantly since before the Khmer Rouge period and its associated suppression of Chinese langauge, there are still a number of daily papers in Cambodia and they have influence disproportionate to their circulations. Newspapers found in the offices of the associations and in many stores.

[Table 16] Cambodia Chinese Newspapers

Chinese Name	English Name	Est. Circulation
柬华日报	Cambodia Chinese Daily	2000
华商日报	Chinese Business Daily	2000
高棉日报	Khmer Daily	2000
星洲日报	Singapore Daily	1000-1500
金边晚报	Phnom Penh Evening Paper	1000-1500

Source: The Foundation of Associations of Chinese in Cambodia (柬华理事总会)

Through associations with other ethnic Chinese communities in Southeast Asia, it is also common to see newspapers from other countries (e.g., The Singapore Daily 星洲日报 in Cambodia), but papers from Greater China are much less common.

8. Cambodia Linguistic Notes

8.1. Contact

With centuries of contact between five major ethnolinguistic groups interfacing and various national languages, there is naturally instances of mutual influence. In the Cambodian context, we can find the following instances of contact induced variation[7].

Adjectival Phrases

- 我爸爸 *ngoh bahba*→ *bahba ngoh* (Cantonese) 'my father'
- 我学校 *ngoh hohkhauh*→ *hohkhauh ngoh* (Cantonese) 'my school'

Phonological

- Implosive and voiced initials (e.g., Cantonese *mihnbauh* 'bread' and 本地 *bundeih* 'native.' ([ɓ] and [ɗ] respectively
- Nasality to Cantonese vowels and (e.g. saan 'three' à sãan

Lexical

- *Bang* 'bread' French > Khmer > Chinese
- Paucity of FPs and Mandarin substitutions

8.2. Language Use and Identity

Language use among Sino-Cambodians is complex. With few exceptions, they speak and read at least some Khmer in addition to knowing at least one dialect of Chinese. Virtually no Sino-Cambodians are native Mandarin speakers and they generally move in different social circles from Mainland Chinese expatriates, despite significant economic ties among business leaders. Residents from greater China have their own schools and rarely attend local Chinese temples. Mandarin does serve as a lingua franca between members of the various ethno-linguistic groups and between Sino-Cambodians and non-local Chinese. It is also common for members of the smaller groups (i.e., those who are not Chaozhao or Teochiu) to speak more than one dialect.

---

7 These examples are from notes and tapes from 2014-15 in Phnom Penh.

For part of the Cambodian Chinese community that is firmly con-
nected with their Chinese heritage, the overall context]presents like dia-
glossic or even triglossic situation: Khmer in general society, Mandarin
at the Chinese schools, and a dialect at home and in the association
offices. However, the degree and nature of identity continues to shift.
For example, in my survey of students in Phnom Penh Chinese high
schools (Bourgerie, 2017), language use is much less stable than it would
be in a true diaglossic situation. Identity is also more fluid and language
use more mixed among younger Sino-Cambodians attending Chinese
schools. Only a small percentage of these students saw themselves as
primarily Chinese and most held a dual identity (Table 17). As an in-
direct measure of identity, many Chinese speaking young people, now
identity with Cambodian Buddhism (Theravada) rather than Chinese
Buddhism (Mahayana). Some see themselves as both (Table 18).

[Table 17] Family Ethnic Identity (Bourgerie, 2017, p. 172)

Family Identity	Both	Chinese	Khmer
Percentage	79.6%	4.1%	14%
Count	117	6	22

[Table 18] Religious Identification (Bourgerie, 2017, p. 173)

Religion	Both	Mahayana	Theravada
Percentage	13.6%	9.5%	75.5%
Count	20	14	111

With respect to Sino-Cambodian friends, the large majority use both Khmer and Chinese, reflecting more of a general bilingualism (Table 19 below).

[Table 19] Language Use with Friends (Bourgerie, 2017, p. 174)

Language with Friends	Chinese	Khmer	Both
Percentage	4.5%	18.2%	74.2%
Count	6	24	98

8.3. Writing

Although traditional characters have been the norm in the Chinese diaspora around the world—including the countries of former Indochina—there has been movement recently toward simplified character use. Traditionally, schools in Cambodia have used teaching materials developed locally or in other South East Asian countries, such as Malaysia and Singapore. Whereas Singapore has mixed use of traditional and simplified writing, Malaysia has favored. More recently, more material from Mainland China have been introduced under the influence of the China's Hanban.

9. Concluding Notes

In many ways the diasporas of Cambodia and the other former French Indochina countries share characteristics with other parts of Southeast

Asia. The same five ethno-linguistic group predominate and they are fairly well integrated into to their respective societies through inter-marriage and bilingualism. However, despite that integration, ethnic Chinese populations have a complicated and ever fluctuating relationship with their home countries. Sometimes persecuted and other times enjoying status, nevertheless the Chinese have endured and preserved much of the identity and culture of their historical culture, including language. The close interaction of dialects with each other and with the dominant national language has created a unique language context where contact and change can be observed.

Barrett, T. (2012). *The Chinese Daspora in South-East Asia: The Overseas Chinese in Indo-China*, 1870-1945. London: I.B. Tauris.

Bourgerie, D. S. (2017). Education in the Cambodian Chinese Diaspora. In O. E. Kagan, M. M. Carreira, & C. H. Chik (Eds.), *The Routledge Handbook of Heritage Language Education* (pp. 161-178). New York London: Routledge.

Edwards, P. (2009). The Ethnic Chinese in Cambodia. In S. Hean (Ed.), *Ethnic Groups of Cambodia* (Vol. 2009, pp. 174-280). Phnom Penh Cambodia: Center for Advanced Studies.

Hanban. (2014a). Confucius Institute Headquarters. Retrieved from http//:english. hanban.org

Hanban. (2014b). 汉语桥 [Hanyu Qiao; Chinese Bridge]. Retrieved from http://www.hanban.edu.cn/chinesebridge

Harris, P. (2007). *A record of Cambodia :The land and its people* (P. Harris, Trans.). Chiang Mai, Thailand: Silkworm Books.

Huashang Daily Society Publishing 柬埔寨华商资讯. (2014). *Sino-Cambodia Business Information Yearbook*. Phnom Penh: Huashang Daily Society Publishing 柬埔寨华商资讯,.

Lao Statistics Bureau. (2015). *Results of Population and Housing Census*. Retrieved from Vientianne, Laos: https://www.lsb.gov.la/pdf/PHC-ENG-FNAL-WEB.pdf

Ma, L. J. C., & Cartier, C. L. (2003). *The Chinese diaspora: space, place, mobility, and identity*. Lanham, Md.: Rowman & Littlefield.

Norman, J. (1988). *Chinese*. Cambridge: Cambridge University Press.

Pan, L. (1990). *Sons of the Yellow Emperor: a History of the Chinese Diaspora*

(1st U.S. ed.). Boston: Little, Brown.

Pan, L. (1999). *The Encyclopedia of the Chinese overseas*. Cambridge, Mass.: Harvard University Press.

SA Wurm, M. W. L. (1988). *Language Atlas of China* (S. Adolphe Ed. Vol. 102). Hong Kong: Longman Group.

Schliesinger, J. (2011). *Ethnic Groups of Cambodia, Volume 1: Introduction and Overview* (Vol. 1). Thailand: White Lotus.

Schliesinger , J. (2011). *Ethnic Groups of Cambodia, Volume 2: Profile of Austro-Asiatic-Speaking Peoples* (Vol. 2). Thailand: White Lotus.

Suryadinata, L. (2013). Southeast Asian policies toward the ethnic Chinese: A revisit. In C.-B. Tan (Ed.), *Routledge Handbook of the Chinese Diasopora* (pp. 274-289). New York: Routledge.

Tan, C.-B. (2013). *Routledge handbook of the Chinese diaspora*. London: Routledge.

The Foundation of Associations of Chinese in Cambodia 柬华理事总会 (Ed.) (2010). *The Foundation of Associations of Chinese in Cambodia 柬华理事总会成立20周年*. Phnom Penh: The Foundation of Associations of Chinese in Cambodia 柬华理事总会,.

Van, T., & Sokmandy, N. (2009). The Ethnic Chinese In Cambodia: Social Integration adn Renaissance of Identiy In C. f. A. Study (Ed.), *Ethnic Chinese of Cambodia* (Vol. Center for Advanced Study, pp. 235-280). Phnom Penh: Center. (Reprinted from: 2009).

Vietnam Department of Population and Labour Statisitics. (2009). *The 2009 Vietnam Population and Housing Census: Completed Results*. Retrieved from Hanoi, Vietnam:

Willmott, W. E. (1967). *The Chinese in Cambodia*. Vancouver: Publications Centre, University of British Columbia.

Willmott, W. E. (2007). Varieties of Chinese Experience in the Pacific.

Yen, C.-H. (1985). *Coolies and Mandarins: China's Protection of Overseas*

Chinese During the Late Ch'ing Period (1851-1911). Singapore: Singapore University Press.

Yuan, J. (1983). *Hanyu Fangyan Gaiyao [Outline of Chinese Dialects]*. Beijing: Wenzi Gaige Chubanshe.

方言学とGIS

大西拓一郎

日本　國立國語研究所

1. はじめに

　GIS（地理情報システム）が方言学に導入されるようになって、10年以上になる。これからもさらに盛んに活用され、いずれは目新しいものではなくなるだろう。方言学とGISはどのような関係にあるのか。対象である方言ならびにその学問である方言学について整理しながら、この点を考察する。

2. 方言と方言学

　方言は、場所によることばの違いである。正確に言えば、歴史的に同系統の言語の場所による異なりである。今述べたことは、あまりにもあたりまえのことであるが、人文学ではときとして、もっとも肝心なこと

が置き去りにされたまま議論が展開されることがありがちなので、論頭で明記しておくことにする。

そのような方言を研究するというのは、どのようなことであろうか。たとえば、それぞれの方言が、ことばとしてどのような性質を有しているのかを解明する研究がある。また、それぞれの方言の要素(おもに語彙)を集める研究がある。これらは、日本語、韓国語、中国語、あるいは西洋の言語など、どの言語でも広く行われてきた。

同時に、なぜ方言はあるのかということも追究されてきた。むしろ、こちらのほうが先であろう。もっとも素朴な疑問として、なぜ方言はあるのかということがあったはずだ。なぜなら、最初に方言の存在に気付くのは、ことばに違いがあるからである。なぜ、ことばの違いがあるのか、なぜ、場所が異なるとことばが違うのか。方言を研究すること、つまり方言学の原点はここにある。

日本の方言学の創始者である東條操の考えの根幹であった方言区画論を直接引き継ぐ研究は現在存在しない。それは方言区画論が表面的に有していた方言の線引きとその困難――より厳しい表現をするなら失敗――が1960年代半ば以降、研究者たちの目を背けさせてしまったことによることは確かである[1]。しかし、方言区画論の真意はそのような線引きにとどまるものではなく、ことばの違いとしての方言がどのようにしてできたのかを明らかにすることにあった (東條操 1938・1954、大西拓一郎 2014)。

方言区画論を東條操の教えるままに実施することは、現実的ではなく、前に進めなくなることは必至である。それは、現実の方言が東條操の論述を拒むということに如実に表れている。たとえば「境界線で

---

1 金字塔とも言える日本方言研究会(1964)をもって、方言区画論は終焉を迎えた。

はなく境界地帯」のような表現を重ねても（東條操 1951・1954・1957）抽象的な観念にとどまり、実際の方言の現実には対処できない。

　だからといって、方言がどのようにしてできたのか、なぜ方言があるのか、という素朴な疑問は否定されるものではない。むしろ、方言に向き合い、方言を真摯に研究するなら、これは究極の課題にほかならないことがわかるはずだ。ともすれば、あまりにまっとうすぎて、荒唐無稽に感じ、一笑に付してしまう研究者もいるかもしれない。しかし、どのような分野であっても、対象の起源にアプローチすることは必然の道である。方言学においてもそのことは変わらない。方言形成論と呼ばれることもある、方言はなぜあるのかへの挑戦は、遠い将来の課題として、かたわらに置いておくようなものではなく、直接取り組むべき目標なのである。特に、方言学が長い期間をかけて、データを積み重ねてきた今、いよいよその機は熟したと考えて良いはずだ。

3. 方言と人間

　方言について考察する場合、基本にすえておくべきことは、方言は言語であるということである。これもまた当然のことのように思われるであろうが、意外にスキップされがちなことなのである。

　方言が対象とする事象、すなわち言語としての方言が表す現実世界が、遠い昔のふるさとの思い出に結びつくことが少なからずある。そのためになにがしかのノスタルジックなイメージや雰囲気を方言に付与しがちである。冷静に考えれば理解されるように、これは、今現在、その土地で方言を使って生活している人たちには無関係なことである。研究者であっても都会人であることが多いために、そのことが気付かれにく

いという事情もあるのかもしれない[2]。

　方言は言語であり、それを使っている人たちにとっては、意思疎通のための道具である。補足しておくと、意思疎通のための道具は、言語に限らない。言語に付随したフィラーや間合いなども不可欠である。また、身振り手振り、表情といったノンバーバルな手段も重要で、ここにも地域差がある。とはいえ、意思疎通の道具として、その中心に位置するのが言語であることについては、否定されないはずだ。

　人間は集団を構成して生きている（河合香吏編 2009）。その集団の中で、もっとも主要な意思疎通の道具として使われるのが言語であり、方言である。そして、それが方言と認識されるのは、その言語に地域差があるからである。

4. 方言と地理空間

　方言は言語であり、言語として方言を扱う場合、方言であるために考慮すべき特殊な点や要求される特異な視点は何もない。

　それでは、方言が言語から区別される点はどこにあるのか。それは前節末にも記したように地域差である。同じ系統の言語どうしでありながら、地域差があることで、方言として存在することになる。

　つまり、方言を方言たらしめている決め手は、地理空間にある。ただし、それは物理的な地理空間が存在しているゆえでないことは容易に理解されるであろう。地理空間に対応した形で、人間の集団、すなわち共同体が存在していること、共同体が地理空間を区切る形で存在している

　2　都会人としての研究者の視点の問題点については、菅豊(2013)参照。

こと、そのことにより集落や村落といった共同体の領域が存在していること、つまり共同体が地理空間を基盤として成立していることが最大の決め手であり、その共同体内における意思疎通の道具である言語に共同体どうしの差異があることにより、単なる言語ではない、方言としての認識が生み出されるのである。

5. 方言地図

　方言は場所によることばの違いであるから、方言に関する情報は、ことばについての情報と場所についての情報の両方を兼ね備えていることが必須である。言い換えると、方言と地理空間の関係が明示されていなければならないことになる。

　それが明示されているなら、一覧表であってもデータは情報として必要な要件を満たしていることになる（表1）。

[表1] 言語と場所の対応表

動詞否定辞過去形	場所
−ナンダ	富山県西礪波郡福岡町福岡
−ナンダ	岐阜県大野郡白川村鳩谷
−ナンダ	福井県丹生郡越廼村蒲生
−ナンダ	京都府竹野郡丹後町肯安
−ナンダ	長野県北安曇郡小谷村大字中
−ナンダ	山梨県北巨摩郡長坂町長坂上条東村
−ナンダ	島根県鹿足郡津和野町万町
−ナンダ	鳥取県岩美郡岩美町浦富

－ナンダ	兵庫県美方郡温泉町湯
－ナンダ	岡山県苫田郡上斎原村本村
－ナンダ	広島県高田郡吉田町柳原
－ナンダ	香川県丸亀市本島町尻浜
－ナンダ	滋賀県伊香郡西浅井町塩津浜
－ナンダ	三重県員弁郡藤原町坂本
－ナンダ	大阪府豊能郡能勢町吉野
－ナンダ	静岡県磐田郡水窪町地頭方有本
－ナンダ	愛媛県西宇和郡伊方町湊浦
－ナンダ	高知県安芸郡東洋町白浜
－ザッタ	島根県隠岐郡五箇村大字北方字岳野
－ザッタ	広島県山県郡大朝町字間所
－ザッタ	山口県阿武郡須佐町下三原上
－ザッタ	鳥取県東伯郡大栄町大字由良宿
－ザッタ	岡山県新見市菅生西谷
－ザッタ	愛媛県越智郡上浦町井ノ口
－ザッタ	香川県三豊郡豊中町大字下高野字南部落
－ザッタ	福岡県遠賀郡芦屋町大字山鹿字柏原
－ザッタ	大分県南海部郡宇目町千束
－ザッタ	宮崎県西臼杵郡五ヶ瀬町三ヶ所貫原
－ザッタ	愛媛県東予市周布
－ザッタ	徳島県三好郡山城町寺野
－ンカッタ	新潟県佐渡郡相川町下相川
－ンカッタ	富山県東礪波郡利賀村利賀
－ンカッタ	福井県武生市上大坪
－ンカッタ	長野県小県郡真田町真田

ーンカッタ	長崎県上県郡上対馬町大字西泊浦浜
ーンカッタ	島根県迩摩郡仁摩町大字仁万港区
ーンカッタ	山口県阿武郡須佐町下三原上
ーンカッタ	広島県佐伯郡大野町塩屋
ーンカッタ	岡山県玉野市宇野
ーンカッタ	徳島県徳島市蔵本町
ーンカッタ	福井県大飯郡大飯町本郷
ーンカッタ	愛知県愛知郡東郷町和合字北蚊谷
ーンカッタ	大阪府泉南郡阪南町鳥取
ーンカッタ	三重県志摩郡大王町波切
ーンカッタ	宮崎県東臼杵郡北浦町大字古江字地下

　しかしながら、このデータは、理解が難しい。その難しさを生み出しているのは、地名である。ここに列挙された地名から、それがどこであるのかは、たとえ研究者であってもすぐには把握できない。

　地名が示す場所を示すには、地図が役立つ。そこで、地図上に方言形を書き込むアイデアがうかぶだろう。ところが、これは必ずしも良案ではない（図1）。地図上に方言形を書き込んでもわかりづらさは解消されないのである。

　これを解決する方法は、語形を記号に置き換えることである。これは、記号法と呼ばれる方言地図描画の方法である（図2）。この方法を用いることで、分布の全体像がきわめて明瞭に把握できるようになる。

[図1] 語形書き込み地図

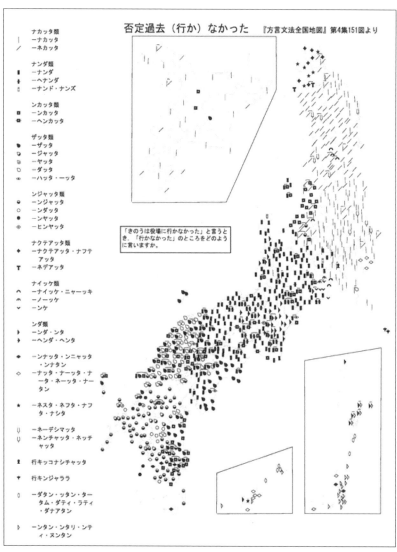

否定過去（行か）なかった　『方言文法全国地図』第4集151図より

ナカッタ類
| −ナカッタ
/ −ネカッタ

ナンダ類
−ナンダ
−ヘナンダ
−ナンド・ナンズ

ンカッタ類
−ンカッタ
−ヘンカッタ

ザッタ類
−ザッタ
−ジャッタ
−ヤッタ
−ダッタ
−ハッタ・−ッタ

ンジャッタ類
−ンジャッタ
−ンダッタ
−ンヤッタ
−ヒンヤッタ

ナクテアッタ類
−ナクテアッタ・ナフテアッタ
T −ネデアッタ

ナイッケ類
−ナイッケ・ニャーッキ
−ノーッケ
−ンケ

ンダ類
−ンダ・ンタ
−ヘンダ・ヘンタ
−ンナッタ・ンニャッタ・ンナタン
−ナッタ・ナーッタ・ナータ・ネーッタ・ナータン
★ −ネスタ・ネフタ・ナフタ・ナシタ
−ネーデシマッタ
−ネンチャッタ・ネッチャッタ
行キッコナシチャッタ
行キンジャララ
−ダタン・ッタン・タータム・ダティ・ラティ・ダナタン
−ンタン・ンタリ・ンティ・ヌンタン

「きのうは役場に行かなかった」と言うとき、「行かなかった」のところをどのように言いますか。

[図2] 記号法による地図

方言学とGIS　521

同時に地図という表現方法が持つ視覚化の力がいかに大きいかということも理解されることだろう。

　われわれの日常生活の中で地図はしばしば活用される。おもに使われるのは、目的地までたどりつくための道案内であろう。最近では、スマートフォンのアプリでも表示され、そちらの方が紙媒体より普通に使うという人も多いかもしれない。そのような地図は、施設・建造物などがどこにあり、道路や鉄道との関係、河川の位置、また標高など汎用性を持った基本的な情報が過不足なく掲載されていて、一般図と呼ばれる。日本では、国土地理院が刊行する地形図がよく知られており、少し前までは登山を趣味とする人の必携品であった(最近では登山の際もGPSなどの電子機器の利用が主流になりつつある)。

　そのような一般図に対し、方言の分布を表す地図――方言地図、あるいは言語地図とも呼ばれる――は、主題図である。主題図は、特定の目的に特化して表現する地図である。新聞やテレビのニュース等でも、たとえば、全国の人口変動の地方差の様子などといったことを示すために用いられる地図があるが、やはり特定の目的で描かれる地図であるから、主題図である。

　一般図の作成は、定められた作業手順を踏まえて行われる。いわばルーチンワークであるが、むしろルーチンを厳守することによってこそ、正確な一般図ができる。

　一方、主題図は、ルーチンワークでは作成できない。方言地図を作成する場合、それぞれの対象に合わせた観点を用意する必要がある。そして、その観点は、多少なりとも作成者ごとに異なるものであり、だれもが完全に一致することはありえない。また、その観点を記号に(結果的には地図として)どのように反映させるかには、より適切な表現方法があるのは確かであるにしても[3]、絶対的な基準は立てにくい。その点で、主題

図としての方言地図の作成にあたっては、一枚ごとに観点や表現力が問われ、おのずと時間を要することになる。

　方言学者であっても誤解があるので、専門外の人であればなおさらのことであるが、方言地図・言語地図は主題図であることを周知してもらえることを常に願っている。一枚の方言地図を作成することは、対象について1本の論文を作成する、あるいはそれ以上に労力を要する研究活動なのである。その方言地図を見れば、その対象のことが視覚的に把握される。それは、その対象についての論文を読んだに等しいことを理解すべきである。その方言地図を見るまでは、対象について未知であったことを思い出してほしい。これは、方言地図作成の努力に対する評価の低さを懸念し続けてきた立場からの切実な願いである。

6. GIS

　GIS（地理情報システム：Geographical Information System)は、さまざまな情報を地理空間の位置をキーに照合・分析するためのツールである。方言の情報は、場所(それぞれの方言が使われている位置)のデータとともに成立するわけだから、GISを使って分析することができる。

　当然、方言地図の描画も可能である。大西拓一郎(2016a)は、すべてをGISで描画した方言地図集である[4]。しかし、GISの最大の利点はさまざ

3　主題図一般については、浮田典良・森三紀(1988・2004)、浮田典良(2005)を参照。

4　ただし、GISによる方言分布の描画において、同一地点・同一項目の複数回答(併用)は、地図上の特定位置に記号が重ねて置かれる(GISソフトによっては併用には簡単に対応できないものもある)ことが一般的であり、併用を記号の並列で表現できるシンプルな画像としての地図描画(この場合、GISのように位置情報をデータとして持

まなアイデアに基づく分析をすぐに実施できることにある。GISがない時代には、研究所補助者に指示をして、再描画を繰り返すといったようなことが求められた。当然、研究補助者の雇用、描画成立までの時間、トライアンドエラーによる修正など、さまざまな手間と時間を要したことが、デスクトップ上で高い自由度を持って実現できるようになった。

　方言分布の分析においてGISが大きな役割を果たすのは、分布をさまざまな形で描画することのほか、言語外の情報とのオーバーレイ(地図の重ね合わせ)を通して、照合することにある。特に統計的地図(階級区分図＝コロプレスマップ)の再描画は、手作業では負荷がきわめて大きいが、GISでは数値の区切りなどを必要に応じて設定し直せることのメリットは、はかりしれない。

　図3は、父親に対する尊敬語の使用と世帯別人口の関係を示している。世帯のサイズが小さい－－小家族制－－の地域ほど、父親に対する尊敬語を用いることがわかる。このことから、尊敬語が単に動作主体に対する敬意を表すものではなく、話し手と聞き手との間に距離を持たせる機能を有していることも捉えることができる (大西拓一郎 2016b)。

　図4は、東海地方において、約30年で、動詞否定過去を表すンカッタ(例：行カンカッタ)が拡大したようすを示している。人口密度もあわせて示しているので都市性との関係が捉えられる。ンカッタは新しい形式(伝統的にはナンダ、例：行カナンダ)である。新語形は都市部で発生し、そこから放射状に広がるようなイメージがこれまであったが、実際には人口密度の低い非都市的なところで新形式ンカッタは発生し、愛知県という行政範囲を埋めるように広がったことが確認される。その他の事例と照合しても、新形式の発生と都市性との間には、相関が存在しな

───────────

つことができない)を専門にしたグラフィックソフトの方が優位なこともある。

いことがわかってきた(大西拓一郎 2017)。

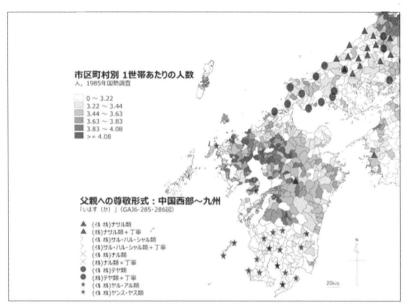

[図3] 世帯人口と敬語

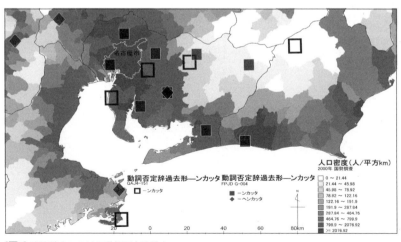

[図4] 東海地方における動詞否定辞過去ーンカッタ

図5は、富士川沿いの動詞否定辞(非過去)の分布を川の流路ならびに標高とともに示している。富士川に釜無川と笛吹川が合流する甲府盆地には、西日本の形のンが分布している。このンは周囲の東日本の形ナイならびにナイの古形と考えられているノーに囲まれ、他の東日本から分断される形で分布している。これは、古く(約400年前)江戸時代に、改修された富士川による交易が開始され、内陸に生活必需品の塩[5]が西日本から運ばれるとともに西日本の人々との交流が行われ、西日本のことばであるンも内陸に伝えられたことによると考えられる(大西拓一郎　2016b)。このようにGISは、歴史的考察にも活用できる。

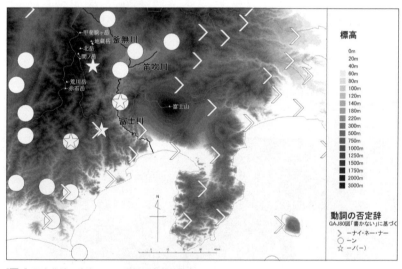

[図5] 甲府盆地を中心とした動詞否定辞の分布

5　日本では内陸では塩が生産されないため、沿岸部から運ぶ必要がある。加えて、良質の塩は、西日本の瀬戸内で生産され、全国に流通した。

GISはこのように、仮説検証型の研究を強力に後押ししてくれる。ただし、これは、やや教科書的な表現であって、実際に活用している立場で言うと、ひらめいたアイデアをその場で実践的に確認できるという点に大きいメリットを感じる。それに伴い、さまざまな角度から分布に切り込んでいくことができる。筆者にとって、データベースソフトとGISソフトは研究上欠かすことができない最重要ツールとなっている(大西拓一郎 2013)。

7. 方言学と人間性・科学性

　多くの人が誤解しているが、方言学は言語学ではない。方言学を説明するにあたり、方言という言語を研究する言語学と捉えがちである。その捉えかたの中においては、方言学は言語学の中で方言という特定の対象を研究しているにすぎないことになる。

　第3節において、方言は言語であることを主張した。その点だけを見るなら、方言学は言語学であるということになりそうである。しかし、方言とは何かを再確認したい。方言は、場所によることばの違いである。このことを本論の冒頭に記した。この点を忘れてはならない。すべての文脈から切り離されて、方言は言語として認識されているわけではないのである。方言が方言として存在するのは、(場所による)ことばの違いに気づく人間がベースにある。したがって、方言学もそのような人間の存在＝人間性と無関係に成立することはない。

　ことばの違いに立脚した言語学の一分野として対照言語学がある。差異性への着目という点では、方言学に類似する。対照言語学にならって、方言学の中に対照方言学という方法が構想されることもある。対照

言語学は、ことばの違いに注目しつつも、真にねらうのは普遍性 (universality)であり、方言学とは方向が異なる。しかしながら、それ以前に、方言学はそもそも差異性を前提としているわけで、方言学は当初から「対照」なのである。したがって、対照言語学があるからと言って、対照方言学などという称号をわざわざしつらえ、言語学の前に跪く必要はない[6]。

次に、科学性について考えよう。学問における科学性の基本は、再現可能性である。これを確保するには何が必要か。基本は、共有できるデータである。

ときに、定量化やGISの利用によって、科学性が標榜されることがなきにしもあらずだが、手法だけでは、科学性は確保されない。研究素材が共通で利用できないことには、再現可能性も保証されない。したがって、GISを使えば科学といったことにはならない。

共有できるデータを構築することは、大きな労力を要する。また、悲しい事実であるが、その労力に対する評価はあまり高くない。分野にもよるのであろうが、理論優先の人たちは、表面的なインテリジェンスを重視しがちで、データの重要性をなかなか理解しない傾向がある。人文学は、研究と評価に時間を要することが一般的で、本来そのような文脈から切り離して成果が評価できないはずなのであるが、そこを素通りして、声高に一過性の手柄が主張される傾向には、大いに違和感をおぼえる。

人間性と科学性について述べたが、科学性が人間性を越えるのではな

---

6 大西個人は、学問の名称など、どうでも良いと思っている。たとえば、言語地理学を地理言語学と言い換えても、本質は何も変わらない。肝心なのは、研究を支える精神である。注意喚起したいのは、名称をふりかざすことにより、その精神がないがしろにされがちであるということにある。

い。人文学において重要なのは、人間性を科学性が支えることである。

　方言学の基本は、ことばの異なりに気づき、その差異性を追求することにある。異なりに気付くのも人間であれば、異なりを生み出したのも人間である。数値やグラフや方言地図が先行するわけではない。

　方言という対象の中にあり、また方言という対象を支える人間ならびに人間性に対し、再現可能性を常に意識しながら展開させて行くことで、方言学の科学性は確保される。

　したがって、方言学において(また人文学一般において)、人間性が常に優先されるのは当然である。ただし、このことは、一方で、誤解を招く可能性があるので、次のことを記しておく。それは、人間性は単なる直感ではないということである。過剰な形式化には注意が必要であるが[7]、恣意的な直感にのみ頼っていたのでは、本質を見誤ってしまう。

　たとえば、第6節に示した「父親に対する尊敬語使用」は、直感では大家族制度の方がそれを支えるように思われがちであるが、事実はそれに反する。「尊敬語」という用語に含まれる「尊敬」が、現実に適合しない「直感」を発生させてしまうらしい。この場合は、尊敬語の本質を見抜くことが必要だ。

　人間性と科学性に論を戻すと、両者の関係を共存やバランスと片付けるのは思考停止である。方言学において、基本は人間性である。人間性を基盤としながら、科学性による裏付けを求めることが常に必要なのである。

7　理論研究の行き過ぎた形式化に対し服部四郎(1979)は「言語的intuitionに反する」として警鐘を鳴らした。

8. 出発点への回帰

　方言は、場所によることばの違いである。したがって、方言学は、場所によることばの違いとしての方言の解明がその目的であり、同時に出発点である。

　どのような研究にも言えることだが、展開とともに特定の対象を追究するあまり、全体を広く見渡すことができなくなりがちである。同時に、研究者も人間であるから、自分の都合の良いように対象の捉え方を解釈する傾向にある。

　方言学においては、ことばだけに集中しがちで、それが言語学との冊封関係を生み出してしまったことは、前節で述べた。それと並行的に、場所の扱いについて考えてみよう。国立国語研究所の全国的な方言地図集『日本言語地図』『方言文法全国地図』は、データの豊富さと正確さにおいて、高い評価を得ている。これらの地図集では、国土地理院による50,000分の1地形図をもとにしたメッシュ区切りによる地点番号システムが採用されており、調査地点を6桁の数字でコード化して扱っている。この方法は、日本における小地域の方言地図でも継承され、桁数を増やして8桁化で対応されることも多い。同時にこのコードは、経度緯度に変換することが可能であり、ポイントデータとしてGISで利用できる。つまり、全体が一連の流れの中にあり、GISによる応用的な展開までシームレスに繋がっている。表面的には、問題なく喜ばしい流れにある。しかし、出発点で見落としてはならないことがあった。それは、調査地点は、本来的にはポイントデータと等価ではなかったはずだということである。

　調査を実施する場合、必要に応じて集落を選び、その代表として話者を選定する。その話者から、そこの方言を聞き取る。データを提供して

くれたのは人であるから、地図上の要素としては点、GISで扱う場合は
ポイントデータである。しかし、出発点は集落だったはずだ[8]。本来的に
は面(GISではポリゴンデータ)なのである。面(ポリゴン)で、名義尺度の
(非連続的な)言語データを扱うことは、繁雑さと地図化の限界との格闘
を必ず招く。点(ポイント)ならば、それが回避される。そこで、地図上
の場所を便宜的に調査「地点」として、扱っているのである。地点番号シ
ステムというきわめて便利な手法の背景には、実は、このようなテクニ
カルな事情があることは、忘れられがちである。方言分布データの本質
は、個人ではなく、集落を意図したものであったことは、認識しておく
べきである。

　研究の進展は、それ自体、望ましいことであり、それを引きずり下ろ
すようなことはあってはならない。方言学もGISを活用する方向に進ん
できた。一方で、展開とともに、本質が忘れられてしまうこともある。
方言学における「方言」もそうであった。単に言語としては、方言は成り
立たない。同じように「地点」も再認識が求められる。時折は、出発点に
戻りながら、本来の方向を確認して進めば、行き先を見誤ることはない
はずだ。

9. むすび

　研究は、対象と向き合い、その本質を見抜くことである。それは、ひ
とりでなしえることではなく、多くの先人が積み重ねた(成功だけではな

8　『日本言語地図』第1集付録の『日本言語地図解説－方法－』pp.33-34(国立国語研究
　　所　1966)を参照。

く失敗も含めた)伝統を踏まえ、新たな知見を求めていくことである。大切なのは、手法ではない。経験と知識の獲得と共有で、それこそが学問なのである。方言と方言学においてもそのことは何ら変わるところはない。方言学にとってGISは道具である。GISのために方言学があるのではない。何(方言)をどのように解明するか(方言学)という意思のもとで、GISはその力を発揮する。方言学者は、その力を利用して、さらに思索を深めていく。方言学とGISの理想的な循環関係を維持しつつ、将来の展開を期待しよう。

参考文献

浮田典良[うきた・つねよし](2005)『地図表現半世紀－私の描いた主題図126－』、京都：ナカニシヤ出版。

浮田典良・森三紀[もり・みつとし](1988)『地図表現入門』、東京：大命堂。

浮田典良・森三紀(2004)『地図表現ガイドブック－主題図作成の原理と応用－』、京都：ナカニシヤ出版。

大西拓一郎(2013)「言語地図の作成ツール－方言分布を把握するために－」『日本語学』32-14、pp.162-172。

大西拓一郎[おおにし・たくいちろう](2014)「言語地理学と方言周圏論、方言区画論」小林隆[こばやし・たかし]編『柳田方言学の現代的意義』pp.145-161、東京：ひつじ書房。

大西拓一郎(2016a)『長野県伊那諏訪地方言語地図』、私家版。

大西拓一郎(2016b)『ことばの地理学－方言はなぜそこにあるのか－』、東京：大修館書店。

大西拓一郎(2017)「言語変化と方言分布－方言分布形成の理論と経年比較に基づく検証－」大西拓一郎編『空間と時間の中の方言－ことばの変化は方言地図にどう現れるか－』pp.1-20、東京：朝倉書店。

河合香史[かわい・かおり]編(2009)『集団－人類社会の進化－』、京都市：京都大学出版会。

国立国語研究所編(1966)『日本言語地図1』、東京：大蔵省印刷局。

菅豊[すが・ゆたか](2013)『「新しい野の学問」の時代へ－知識生産と社会実践をつなぐために－』、東京：岩波書店。

東條操[とうじょう・みさお](1938)『方言と方言学』、東京：春陽堂。

東條操(1951)『方言の研究』、東京：刀江書院。

東條操(1954)「序説」東條操編『日本方言学』pp.1-86、東京：吉川弘文館。

東條操(1957)『方言学の話』、東京：明治書院。

日本方言研究会編(1964)『日本の方言区画』、東京：東京堂出版。

服部四郎[はっとり・しろう](1979)「表層アクセント素と基底アクセント素と
　　アクセント音調型」『言語の科学』7、pp.249-262。

河川流域の地域特性と方言
-神通川・庄川流域における報恩講料理に注目して-

中井精一

富山大学

1. はじめに

　北陸地方は、背後に白山、立山連峰の急峻な山地を擁し、冬季は対馬海流によって発生した上昇気流がこれらの山地によって降雪となり、豪雪地帯を形成する。また、福井県嶺北地方では、足羽川、九頭竜川。加賀地方では、手取川。富山県内では、庄川、神通川、黒部川などの日本海へ流下する河川はいずれも急流であって、下流には扇状地や沖積平野が形成されているが、かつてはこういったところの多くはラグーンであって、それゆえ加賀平野や富山平野は、中世以降に開発された水田や集落が多く、西日本各地に比べ歴史が浅いとも言える。

　北陸地方は、に近畿地方の北方にあって、西日本文化圏の東端にある。北陸地方は、浄土真宗の盛んな土地として知られているが、ここに浄土真宗が普及するのは、本願寺五世綽如が、明徳元年(1390)に井波(現富山県南砺市井波町)に瑞泉寺が建立されてからである。ここを北陸地方

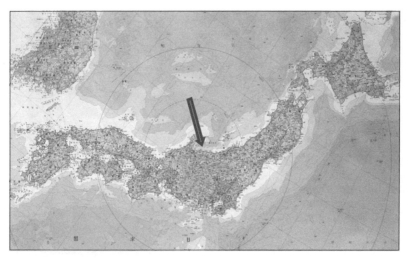

[図1] 北陸富山県の位置

　の真宗普及の拠点とし、六代巧如がこの寺に下向し、その子である如乗
が住持となったことで北陸の一大拠点となった。その後、八世蓮如は、
文明三年(1471)に、越前吉崎(現福井県あわら市)に進出したことで北陸
の教勢が拡大するとともに、この時期に富山県高岡市伏木に勝興寺が、

　また富山県南砺市城端に善徳寺が創建され、浄土真宗はこの富山県
西部地方の三か寺を拠点として活動した。したがって今日でも北陸、特
に富山県では、浄土真宗の信仰は深く根をはり真宗王国と呼ばれるほど
浄土真宗の家が多い。真宗は、合理性を重んじ、作法や教えも簡潔で
あったことから、庶民に広く受け入れられたが「門徒物知らず」と揶揄さ
れることが多い。また、墓や石碑あるいは位牌がなかったり、門松や〆
縄を飾らなかったりというような民俗性の少ない教団であるという理解
もある。

　本稿では、神通川ならびに庄川流域における方言分布の実態を、当該
地域の人々に今なお強い影響を与えている浄土真宗との関係から分析

し、社会環境の差異が方言圏形成に与える影響について、検討してみたいと思う。

2. 神通川および庄川の流域について

　富山県の言語や文化を大きく東西に区分する場合、富山市西部の呉羽丘陵をおおよその境界とし、その東部を呉東、西部を呉西と呼び習わされてきた。呉東の代表的河川としては、神通川。呉西の代表的河川には庄川がある。

　神通川は、岐阜県および富山県を流れ、流域面積は2,720km²におよぶ一級河川である。岐阜県高山市の川上岳(かおれだけ)に源流とし、岐阜県内では宮川(みやがわ)と呼ばれる。富山県との県境にある神通峡あたりで高原川と合流し、富山市笹津付近で富山平野に出る。平野部では直線的に北流し、富山湾に注ぐ。上・中流部は急流で、支流の高原川の水源地域が多雨地帯であるため、下流域では昔から水害が多く、明治末に河道を付け替え、以後、富山市での浸水は見られなくなった。

　庄川は岐阜県北部および富山県西部を流れる一級河川で、流域面積は1,180km²で、流域には、合掌造りで知られる白川郷や五箇山などがある。源流は、烏帽子岳と言われ、岐阜県高山市荘川町牧戸で御手洗川と合流し、御母衣湖から白川村を経て北上し富山県に入る。その後、庄川峡を経て、砺波市庄川地区で平野部に出て北流し、庄川と小矢部川によって形成された砺波平野を潤し、射水市新湊地区で富山湾に注ぐ。

　富山県には、東から黒部川、片貝川、早月川、常願寺川、神通川、庄川、小矢部川と七つの河川があるが、神通川には富山市、庄川には高岡市および砺波市といった都市が形成されているのは、この２つ河川流域

のみである。

[図2] 庄川流域と神通川流域

　河川流域は、河川とその周囲の地形で構成され、その空間は生態圏に
近いが、農山村の集落が、河川の流れに沿って形成されてきたことを考
えれば、ひとつの社会経済圏を形成しているともいえる。
　この2つの流域は、ともに岐阜県飛騨地方を源流としているが、当該地
域の人々のあいだでは、マチのあり方や暮らしの作法、ハレの行事や日
常の言葉遣いなどが呉東と呉西では違うと理解されていて、100メート
ル満たない呉羽丘陵が、富山県の東西を分ける「意識の境界線」となって
いる。

3. 庄川・神通川流域のがんもどきの方言

3.1. 庄川・神通川流域における方言調査

2008年より、国立国語研究所の大西拓一郎氏をリーダーとする科研費(2008～2010)および人間文化研究機構の連携研究(2011～2013)において庄川流域における方言調査を、また総合地球環境学研究所の内山純蔵氏をリーダーとするプロジェクト(2010～2012)において、神通川流域にて、方言調査を実施した[1]。

3.2. がんもどきの方言分布

まずは、西部庄川流域に注目したい[2]。最上流域の岐阜県白川村では、ほとんどの地点でガンモドキを使用していた。上流域の旧上平村および旧平村ではほとんどがマルヤマを使用しているが、東部の旧利賀村ではNRやガンモドキも使用されている[3]。中流域の旧庄川町および砺波市周辺ではマルヤマを中心に、マルアゲが使用されている。一方、下流域の高岡市では、マルアゲが最も多く、マルヤマやガンモの使用が見られ、沿岸部ではヒリョーズやヒローズなどの回答がまとまってなされていることがわかる。

---

1 庄川流域については、上流の岐阜県白川村から富山湾沿岸の新湊(現射水)市までの176地点で調査を実施し、詳細は、『庄川流域言語地図 2013年版』にまとめた。神通川流域については、上流は、岐阜県境と隣接する旧細入村から富山湾沿岸の新富山市岩瀬までの159地点で調査を実施した。詳細は、『神通川流域言語地図』にまとめる予定である。

2 記号には濃淡をつけてあり、淡い記号は、ガンモドキとの併用を示している。

3 旧利賀村には、神通川流域の旧八尾町へのルートもあって、生活圏が庄川流域と神通川流域の2つからなっている。

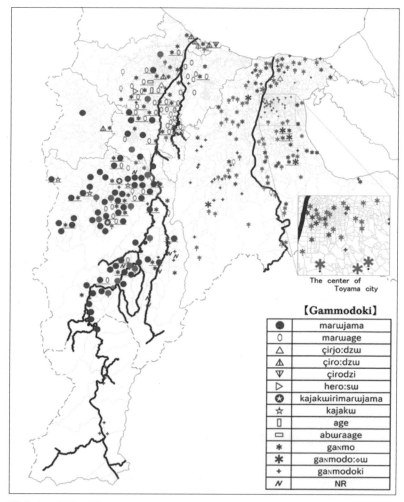

[図3] 庄川・神通川流域におけるがんもどきの方言分布

　神通川流域に目をやると、上流域から下流域まで、ほとんどの地点で
ガンモドキあるいはガンモを使用していて、わずかに中流域にガンモ
ドーフを見るだけで、庄川流域に比べてほとんど語彙的バリエーション
はない。

[図4] 商品名にもなっているマルヤマ(砺波市にて)

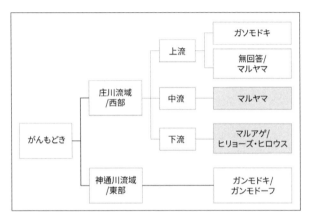

[図5] がんもどきの分布概略

3.3 がんもどきの経年変化

　庄川流域のがんもどきの方言分布について調査した川本(1973)によれば、上流域の旧上平村および旧平村ではほとんどがマルヤマを使用しているが、東部の旧利賀村では、ほとんどがNRであった。また、中流域では今日と同様、マルヤマを中心に、マルアゲが使用されている。下流域の高岡市では、マルアゲ、マルヤマ、ヒローズが使用されるが、ガンモの使用は認められない。またヒローズの使用範囲は、今日より広いかったことがわかる[4]。

1970年代初頭に実施された川本の調査と今回の調査結果を比較すれば、庄川流域における40年余に、下流域においてガンモが侵入し、拡大しつつある一方、中流域にはほとんど変化がない。また上流域の旧利賀村では、NRからガンモドキに変化した、ということが言えよう。川本(1973)では、NRは、交通が不便ゆえにがんもどきという食品が普及していないことによる、との判断をしていて、この40年で当該地域の食品の流通および食品に対する知識が変化したことが、この変化につながったものと考えられる。

3.4 語形の史的変遷と地域差

　庄川河口の日本海沿岸域で使用されるヒリョーズ・ヒローズ(ヒロウス)は、今日でもがんもどきの方言として近畿地方中央部で使用されている。北陸地方では、石川県金沢市や能登地方でヒリョーズ・ヒローズ(ヒロウス)といったヒローズ系の語形が広く使用されている。

　『富山湾沿岸グロットグラム』によれば、高岡市の伏木や旧新湊市新湊、滑川市三ヶ、魚津市魚津、黒部市三日市、入善町入善、朝日町泊といった沿岸部やかつての北前船の寄港地周辺で使われることが多い。

	氷見市脇	氷見市氷見	高岡市伏木	新湊市新湊	新湊市海老江	富山市東岩瀬	舟橋村舟橋	滑川市滑川	滑川市三ヶ	魚津市魚津	黒部市三日市	入善町芦崎	入善町入善	朝日町泊	朝日町境	青海町市振	青海町青海
80	N	■	◑✳	✚▲	✚	▲	✚	✚	▲	△	▲	▲	N	▲	N	✚	✚
70	■	■	▲	▲	N	✚◑	✚	✚	✚	✚	▲	✚▲	N	▽✚	✚	✚	◑✚
60	▲	■	◑✳	▲	✚	✚	◑	✚	▲	◑▲	▲	◑	N	▲	◑	✚	✚
50	✚	✳	◑✳	▷	✚	◑	◑	◑	◑	◑▲	◑	◑	N	◑	◑	✚◑	◑Ψ
40	✚	▽✳	◑	◑	◑	◑	◑	◑	◑	◑	◑	✚	N	◑	✚◑	✚	◑
30	■	◑✚	✳	✚	◑	◑	◑	◑	◑	◑	◑	◑	◑	◑	◑	N	N
20	■	✚	↻	◑	◑	◑	◑	◑	◑	△	◑	◑	◑	◑	◑	N	N
10	✚	✢	↻	N	N	N	◑	◑	◑	◑	◑	◑	N	◑	◑	N	N

　4　川本の調査は、1970年9月〜71年3月に、庄川流域を中心に71地点で実施された。

記号	語形
L	ガンモドキ
っ	ガンモ
イ	ヒロズ
カ	ヒロジ
オ	ヒロウズ
ク	ヒロウジ
ケ	ヘロズ
ソ	ヒィヨズ
チ	キロズ
よ	マルヤマ
	マツリヤマ
M	マルアゲ
h	アブラアゲ
i	アブラゲ
べ	アゲ
そ	ガンコ
!	NR

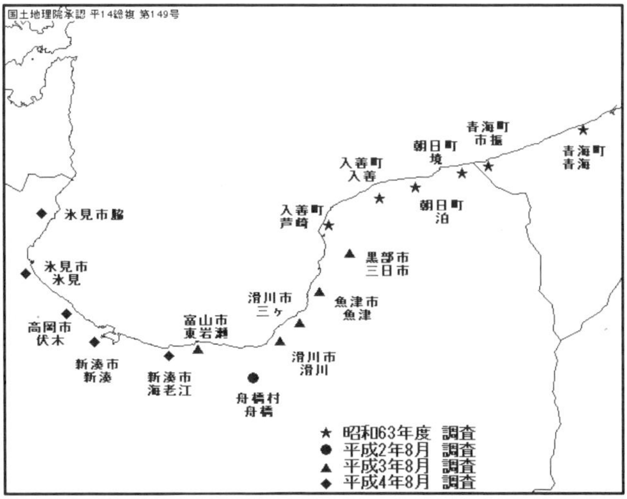

[図6] 富山湾沿岸における「がんもどき」の方言分布

[図7] ヒロウス(京都・錦市場にて)

　ヒリョーズ・ヒローズは、天明7年（1787）森島中良著『紅毛雑話巻之二』の「飛龍頭此邦にて云油揚の飛龍頭（Filhós）はポルトガルの食物なり、其製左の如し　ひりうづは彼国の語のよしなり、粳米粉、糯米粉各七

合、右水にて煉合せ、ゆで上て油揚にしたる物なり」とある。つまり、ポルトガルのFilhósは、小麦粉を練って油で揚げたお菓子だが、日本では、油で揚げた豆腐加工品であり、形状や油で揚げる工程がよく似ているため飛龍頭と同一視されるが、実際はかなり違う食品と言っても差し支えない。京都や大坂では「がんもどき」はこの飛竜頭と同一視されていて、嘉永5年（1853）喜田川季荘著『類聚近世風俗志別名守貞漫稿』の「飛龍子京坂にて「ひりゃうす」江戸にて「がんもどき」と云雁戻也豆腐を崩し水を去り牛房笹搔厭の実等を加へ油揚にしたるを云也」などと記され、古くから、上方語のヒリョーズ(ヒローズ)、江戸語のガンモドキという対比があった。

[図8] ポルトガルの菓子Filhós

[図9] 中村楼(京都東山区 祇園)

マルヤマは、京都市東山区円山に由来すると考えられている。円山周辺には、江戸時代のはじめころから祇園豆腐で有名になった藤屋と中村屋という二軒の茶屋があって、串を2本刺し、焼き上がった豆腐に、京風の白みそをつける田楽があった。京を訪れた旅人が八坂神社に参拝した際には、必ずこの地の田楽を食べたと言われるほどの評判となり、中村屋は現在でも中村楼と名をかえて門前で続いている。京に上る人々と京から各地に下る人々の話をつうじて、祇園豆腐の名は全国に広く知れ渡

るとともに、円山は豆腐料理の代名詞となっていった。このことが北陸庄川流域に伝わるに及んで、豆腐加工食品であるがんもどきをマルヤマと言うきっかけになったのではないだろうか[5]。

4. 呉西・加賀のがんもどきと報恩講

4.1. 精進料理とがんもどき

　がんもどきは、木綿豆腐を布袋などに入れて水をよく切って、がんもどき用の練り桶に入れ、にんじん、レンコン、ごま、切りこんぶなどに、やまといもをすってつなぎに入れる。それを丸めて一度目は弱火にして、二度目は高温の油でひっくり返しながら、きつね色になるまで揚げる。

　がんもどきは、もともとは精進料理のもどき料理であって、肉の代用品として作られたものと言われる。名前の由来は諸説あるが、最も知られているのは雁の肉に味を似せたとされることから「がんもどき」だという説である。他にも鳥の肉のすり身を鶏卵大に丸めて煮たり蒸したりする料理「丸(がん)」に似せて作ったという説や、がんもどきの中にきくらげではなく安物の昆布で代用したところ、丸めた形の表面に糸昆布が現れてその様子が雁が飛んでいるかのように見えたからという説などが存在する。

5　川本 (1978) においても、「丸山」(または「円山」)は、京祇園の後の地のことであり豆腐はそこの名産であるという。石川・富山に分布する「がんもどき」のマルヤマは，ここで作られた食品に産地「丸山」の名称を冠して移入したものではないかと思う。と記されている。

富山県西部の砺波地方では、マルヤマあるいはマルアゲ。石川県加賀地方ではヒローズあるいはミイデラと呼ばれ、報恩講などの仏事の膳には直径12 cm以上にもなる特大のものがお平をかざる。マルヤマあるいはマルアゲは、今日でこそ手軽に手に入るようになったが、かつては特注で、報恩講料理以外で食べることのなかったこの地域のご馳走であった[6]。

4.2. 浄土真宗と報恩講

　北陸地方は、浄土真宗の盛んな土地として知られているが、親鸞聖人の祥月命日(しょうげつめいにち)の法会(ほうえ)である「報恩講(ほうおんこう)」は、現在でも盛大に営まれていて、往時の教勢をうかがい知ることができる

　浄土真宗では、東本願寺は11月28日、西本願寺は1月16日を親鸞の命日としていて、その遺徳を偲んで「報恩講」が営まれている。北陸では、これを「ほんこさま(富山)」あるいは「ほんこさん(石川・福井)」、「おこさま(福井)」と呼び、各地の寺院や信徒の自宅でお勤めを行った後、心尽くしのお斎がふるまわれてきた。

6　川本 (1978) では、マルヤマ・マルアゲ・ヒローズの分布地域の話者は、これまた異口同音、「がんもどき」という食品は昔からあったと述べている。このことと関連してはなはだ興味深く思われるのは、ミイデラ・マルヤマ・マルアゲ・ヒローズの分布地域の話者が、「がんもどき」という食品の用途を，古くは仏事専用であったと説明することが多いのに対し、ガンモドキの分布地域の話者は、いつでも食べると説明していることである。とあるが、庄川流域では、マルヤマは報恩講のご馳走のひとつとされてきた。

[図10] 報恩講の斎(砺波市旧中島家にて)

4.3. 報恩講料理と豆腐加工品

　富山県西部地方の五箇山地方や砺波
地方で聞いた話では、「報恩講」の準備
は、春のまだ浅い頃から始まる。雪解
けの山に芽吹くワラビやゼンマイなど
の山菜は、良いものは「報恩講」のため
に取り分け、普段使いのものとは別に
保存してきた。また、豆やイモ、野菜

[図11] 庄川流域の報恩講料理

などもその年に収穫した中でもっとも出来映えの良いものや、中元など
で受け取った形のいい干ししいたけなども「報恩講」用として取り分け、
とっておきの食材を集めて丹精込めた料理をしてきたという。
　料理の内容は地域や家により多少違いがあるが、膳には、平椀に盛り
つける「お平」に、マルヤマ(がんもどき)や堅豆腐(かたとうふ)、生揚(な
まあげ)の煮物。「中盛り」には三色くず切りなど。「つぼ」は、金時豆また
ササギ豆の甘煮。「じんだ」は、ひいた青豆のあえ物。「おつけ」はいとこ

煮。そしてごはん。さらにおけそくと呼ばれる餅や赤カブの漬け物などの膳にのりきらない料理が、重箱や大鉢に盛って出される。

　富山県内での報恩講では、野菜などを小豆と共に煮た「いとこ煮」は欠かせない一品で、大根、人参、ごぼう、里芋など丸いものは大きさによって輪切り、半月、いちょうに切り、豆腐、油揚、こんにゃくは色紙に切る。これらを軟らかく煮て、別に軟らかく煮た小豆と一緒にして味噌で味つけをする。名前の由来は、似たような材料をいとこの関係にみたてたとか、親鸞聖人の遺徳をしのんで食べるからとの説があるが、よくわからない。

　このほか各地の報恩講料理には、欠かせない一品があって、富山県五箇山(ごかやま)地方や石川県白山麓では、堅豆腐 7。富山県砺波地方や石川県加賀地方では、がんもどき。福井県越前地方では油揚(厚揚げ)などがあり、それぞれの報恩講料理の地域色となっている。

5. 河川流域の地域特性と方言の分布

5.1. フロンティアとしての北陸、そして浄土真宗

　北陸地方は、背後に白山(はくさん)、立山連峰の急峻な山地を擁し、海岸部には急流によって形成された沖積平野が連なり、これらの多くは、比較的新しい時期に開発された開拓地でもあった。

7　富山県五箇山地方や石川県白山麓では、通常の木綿豆腐よりも凝固剤のにがりを多く配合し、強い力で絞るため水分が少なくなって堅い豆腐(堅豆腐)できる。現在は、この地方の豆腐店で、いつでも買うことができる。しかしながらかつては正月や祭り、お祝い事や報恩講といった行事のときに限ってつくっていた、と言われる。

[図12] 富山県南砺市井波の瑞泉寺

　冒頭でも述べたが、富山県に浄土真宗が普及するのは、開拓農民によって新しく開かれたこの地が、まだそれほど時を経ていない14世紀の終わりであった。本願寺五世綽如は、この時期に富山県西部に瑞泉寺が建立し、その後、八世蓮如は、福井県に吉崎御坊を拠点に定めるとともに、この時代には富山県西部の高岡市に勝興寺、南砺市城端に善徳寺が創建した。

　当時の布教は、村々に信仰を結ぶ講を中心に発展していったと言われ、庶民が講をとおして、同じ村だけではなく、近隣の村人ともつながることになった。浄土真宗の盛んな能登や加賀さらには越前、近畿では大和や河内、それに近江、中部では飛騨や美濃、伊勢や三河などでは、国家のガバナンスが弛緩する室町期には各地で惣が形成されていた。また国人や地侍が割拠していて、蓮如の活動はこの地侍を含めた諸国の惣

に働きかけた結果、急速に拡大した。各地の地侍は、支配地域に寺を造営し、その一族が僧侶となるような民間の寺ができて、この寺々が惣のきづなの結び目になり、その建物は自衛のための砦になった。また同信のよしみで一国の門徒が横にむすびあうようにもなった。

　一向一揆とは、浄土真宗本願寺教団によって組織された、僧侶、武士、農民、商工業者などによって形成された宗教的自治、一揆の事であるが、本願寺派に属する寺院、道場を中心に形成され、越中では文明11年(1479年)頃から天正4年(1576年)にかけて、越中の瑞泉寺と土山御坊門徒らが中心となった[8]。

　ロバート・ベラーは「徳川時代の宗教」で、日本が非西欧諸国の中でいち早く近代化への適応に成功した理由として、浄土真宗がプロテスタンティズムの代役を果たしたと指摘したことで、よく知られている。浄土真宗とプロテスタンティズムとの関係については諸説があって、なお専門家による十分な検討が必要かもしれないが、少なくとも中世期に北陸・富山県一帯で普及した浄土真宗の信仰は、今日でもこの地域の人々の精神生活に浸透していて、日常生活のさまざまな場面でその影響が見られる。

5.2. 「がんもどき」の拡大と報恩講

　富山県にはおよそ1700の寺院があり、そのうち浄土真宗の寺院は本願

8　瑞泉寺や善福寺、勝興寺は、越中国の真宗寺院の触頭役(ふれがしらやく)として近世期を通じて富山県の拠点寺院として存在し、本山である京都の東本願寺や西本願寺とのあいだで交流が絶えなかった。庄川流域でがんもどきをマルヤマと呼ぶのも京都に出かけた当地域の僧侶あるいは京都の本山から遣わされた僧侶によって、行事食とともにもたらされた可能性が高い。

寺派(西)、大谷派(東)、単立あわせて1200弱と言われる。先にも述べた
が、浄土真宗では寺に附属する門徒を横断する形で講が形成され、門徒
－寺－講－本願寺というピラミッドができていた。

　蓮如は門徒に寄合、談合を奨励し、信仰について語りあう敬虔さと同
時に、談笑し、共に飲食する喜びを伝えた。宗祖親鸞の忌日に行われる
報恩講は、浄土真宗では最も大切な行事であり、各家の報恩講は雪深い
この地の人々にとっては、暗く閉ざされる雪の時期をひかえ、その年に
とれた作物を料理して食べ、収穫に感謝する収穫祭やクリスマスのよう
な行事でもあった。日本社会が豊かになり、娯楽が増えた今日では想像
することができないぐらいこの地の人々にとって報恩講は特別の日で
あった。

　富山県西部地方や石川県加賀地方では、報恩講の膳に特大のがんもど
きがのぼる。しかし、庄川源流域の岐阜県白川村や富山県五箇山地方の
一部では、「がんもどき」という食品を聞いたことはあるが、そのものに
ついてはよくわからないと言う老人が多い。また、神通川流域には共通
語と同じ語形のガンモドキやガンモドーフを使用する人が多いが、これ
らの地域の人も「がんもどき」という食品がはいってきたのは、それほど
昔のことではないと言う。

　マルヤマやマルアゲ、ヒローズやミイデラを使用する人々は、「がん
もどき」は、昔からあったが、報恩講や法事の時にしか食べることはな
かったと説明していて、「がんもどき」の拡大・浸透には報恩講料理が大き
く関わっていることが推測される。つまり、福井県北部では大きな厚揚
が、石川県平野部ではがんもどきが、石川県山間部では堅豆腐が報恩講
料理の「お平」に載っている。また、富山県西部平野部では、がんもどき
が、その山間部では、堅豆腐や焼き豆腐、富山県東部平野部では焼き豆
腐が報恩講料理で使用されている状況をもとに考えてみれば、報恩講料

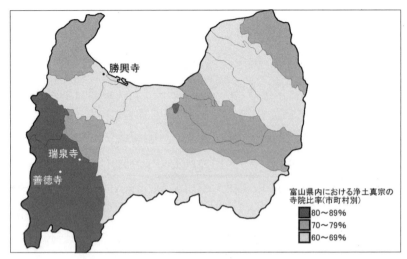

勝興寺

瑞泉寺
・
善徳寺

富山県内における浄土真宗の
寺院比率(市町村別)

80〜89%
70〜79%
60〜69%

[図13] 富山県における浄土真宗の寺院比率

理でがんもどきを使用しない地域では、マルヤマやマルアゲ、ヒローズ
やミイデラといった方言形がなく、共通語と同じガンモドキの使用にと
どまっていることと符合する。

　富山県の浄土真宗の拠点は、中世以来、井波の瑞泉寺、高岡伏木の勝
興寺、城端の善徳寺で、これらは富山県西部の庄川流域にある。図9
は、富山県内の寺院を宗派別に集計し、浄土真宗系の寺院に注目し、市
町村別にその比率を求めたものである。その結果、井波の瑞泉寺や城
端の善徳寺といった庄川流域にある拠点となった寺院のある南砺市が、
高い比率となった一方、神通川流域の富山市は平均を下回わる結果と
なった。

　富山県西部の庄川流域には、1390年に本願寺五世綽如が瑞泉寺を建立
したことからもわかるように、早くから北陸地方における浄土真宗の拠
点であった。一方、富山県東部の神通川流域は、そのような歴史もこれ
に比するような拠点は存在しなかった。

庄川流域と神通川流域は、ともに岐阜県飛騨地方を源流としているが、豆腐加工品である「がんもどき」を、庄川流域では、上流部ではガンモドキや無回答。中流部ではマルヤマ。下流部ではマルアゲやヒリョーズと呼んでいるが、東部の神通川流域では共通語と同じガンモドキと呼び、ふたつの河川流域の方言分布は、様相を異にしている。

　その理由については、神通川流域の都市である富山市と庄川流域にある高岡市や砺波市の都市特性や、富山市域の大部分が旧富山藩領であったのに対して、高岡市や砺波市が旧金沢藩領であって近世期の統治手法や宗教政策の違いが、地域特性に反映し、方言分布の差異となって顕在化していることも考えられる。したがって、原因の仔細は、これからの調査によるべきかもしれないが、中世以来の浄土真宗の浸透とそれにともなう真宗行事の差異や報恩講料理の違いが、「がんもどき」の方言分布に影響を与えている、と考えるのは大きな間違いではないように思う。そうだとすれば、北陸富山県においては、浄土真宗の普及およびその信仰の浸透が、方言圏形成に影響を与えている、とも言えるのではないかと考える。

　「がんもどき」の方言形をもとに、庄川流域および神通川流域というふたつの河川流域を比較することで、宗教が地域特性をはぐくみ、その地域特性を方言が健在化させることが、はっきりと見えてくる。

宇佐美英機（校訂）(2002)『近世風俗志(守貞謾稿)〈5〉』(岩波文庫版)、岩波書店。

何必醇（著）福田浩（翻訳）(1988)『豆腐百珍(原本現代訳)』、教育社。

川本栄一郎 (1973)「富山県庄川流域における「がんもどき」の方言分布とその解釈」、『金沢大学語学・文学研究』、4Right。

川本栄一郎 (1977)「富山・石川・福井三県における「がんもどき」の方言分布とその歴史」『金沢大学教育学部紀要 人文科学・社会科学編』26。

久保尚文 (1983)『越中中世史』、桂書房。

佐伯安一 他編 (2009)、『五箇山の報恩講料理』、五箇山もてなしの心の醸成事業実行委員会。

佐伯安一 (1994)「慶事と行事のごっつお ～土地柄と伝承性～」、『県民カレッジ平成6年度テレビ放送講座「とやま食の風土記」』。

佐伯安一 (2006)『富山民俗の位相 －民家・料理・獅子舞・民具・年中行事・五箇山・その他』、桂書房。

真田信治 (1979)『地域語への接近』秋山書店。

塩原紘栄 (1994)「信仰に息づく食の文化 ～神仏との交わり、人との交わり～」、『県民カレッジ平成6年度テレビ放送講座「とやま食の風土記」』。

篠田統 (1976)『豆腐の話』(駸々堂ユニコンカラー双書)、駸々堂。

下野雅昭 (1983)「富山県の方言」、『講座方言学6 中部地方の方言』、国書刊行会。

中井精一・笹原佑宜 (2008)『富山湾沿岸グロットグラム調査報告書』、富山大学人文学部日本語学研究室。

中井精一 (2009)『神通川流域における言語の変容－グロットグラムデータをもとに－』富山大学人文学部日本語学研究室。

中井精一 (2014)『庄川流域言語地図 2013年版』、富山大学人文学部日本語

学研究室。

中井精一（2015）『神通川流域言語地図』、富山大学人文学部日本語学研究室。

堀田良 他編（1989）『日本の食生活全集16 聞き書 富山の食事』農山漁村文化協会。

守田良子 他編（1988）『日本の食生活全集17 聞き書 石川の食事』、農山漁村文化協会。

深井甚三・本郷真紹・久保尚文・市川文彦（1997）『新版県史富山県の歴史』、山川出版社。

森島中良（1972）『紅毛雑話・蘭説弁惑』(生活の古典双書)、八坂書房。

RNベラ－（1996）『徳川時代の宗教』、岩波文庫(池田 昭（翻訳))。

付記
李相揆教授の御退官をお慶び申し上げます。世界的に著名な李相揆教授に、慶北大学校文科大学にてお会いし、その学風に触れ、公私にわたりご指導いただけたことに心から御礼申し上げます。今後もその学恩に報いられるよう方言研究に邁進したいと思っています。

東アジアの言語景観の地域差

井上史雄

明海大學教

1. 言語景観と経済言語学

　本稿では、経済言語学（言語経済学）の可能性と有効性を示したい[1]。ことばとお金の関連について、様々な具体的データを使って考える。経済言語学の研究材料の一つは言語景観で（庄司他2009、内山他2011、多言語化現象研究会2013）、看板も主な研究対象になる（Backhaus 2007）。「景観」はドイツ語のLandschaftに基づき、言語景観はSprachlandschaftにあたる。英語ではlinguistic landscapeと言われ、国際会議もある。言語景観は経済言語学の分野での実証的・実践的研究材料である。本来音声である言語が目に見え、視覚化されるわけだから、視覚言語学、映像言語学vis-

---

1　本稿は以下の講演に加筆したものである。『東アジアの日本語景観と外行語の地域差』東アジア日本語教育・日本文化研究学会第22回国際学術大会2018年8月25日大連大学。以下の講演の一部も取り入れた。『言語と経済－都会の中の田舎－』ULS16．2018年9月11日大分大学。

ual linguisticsの一分野である。映像人類学 visual anthropologyとも関連する。

　本稿前半では言語景観を扱う。言語景観という可視的データによって、言語使用状態を確認する。また言語景観形成のメカニズムと背景を歴史的な変遷に基づいて追求する。言語景観研究の目標は、多くの実例のバリエーションを集めて、法則性を見出すことである。地域的変異、時代的変異を考察する。「地理は時間を反映する」という立場から、通時的研究から理論を求める。

　日本語が海外で使われるようになったのは、近年の日本の経済発展と日本人の海外旅行のおかげと分析されるが、戦前の事情も対照すると、新たな位置づけができる。

■ 言語景観の質と量

　言語景観としての法則性はいくつかあるが、その一つとして、「景観に出る量と質とは比例関係にある」と、言えそうである(井上・包2015)。多く使われる言語には間違いが少なく、まれにしか使われない言語には間違いがある、という傾向である。

　中国における日本語表示の例をあげる。「いらっしゃいませ」に「ん」と付けたために逆の意味になった。「いらっしゃいません」は台湾でも見つかる。知り合いが上海で撮った写真がある[2]。日本人が嫌いだからわざと不快な表現にしたと思ったそうである。しかし韓国語も英語も変だから、おそらく翻訳ソフトを使ったのだろう。同じことを面白がる人は多いようで、インターネットでfunny Englishで検索すると、類例がたくさん見つかる。

2　河崎みゆき氏の友人による。実例は省略する。

■経済言語学の成立時期

次に経済言語学を取り上げる。経済が言語の背景にあると解釈でき、経済言語学という分野が成り立つ(クルマス1993、井上2011b)。以下では三つのデータが一致することを示す(Inoue 2015)。1身近に観察できる言語景観、2信頼性の高い国際的世論調査、3従来は考えられなかった大量データで手軽に傾向を探れるグーグル検索である。お互いに組み合わせると、世界中の言語について、大きな位置付けができる。経済発展の著しい3か所(アメリカ、ヨーロッパ、東アジア)が目立つ。

出発点として、言語と経済の関係を扱う研究領域が、いつごろ成立したかを見る。言語への関心は、戦争のたびに高まっていた。グーグルエヌグラムビューアーGoogle Ngram viewerという検索方法がある。グーグルブックスGoogle Booksでは、今驚異的な量の本がインターネットで読める。そのデータを使って、ことばの使い方の変化がすぐにグラフに出るようになった(井上2017)。20世紀末期には戦争が影を薄くして、言語と経済が人々の関心を引いたようである(Inoue 2015)。経済言語学が成立したのもこのころである。

グーグルトレンドGoogle trendでは、21世紀に入ってからグーグル検索で使われた単語の頻度数が分かる。同じく「言語・経済・戦争・政治・宗教」の5語を検索してみた(Inoue 2015、井上2017)。約10年の動きを見ると、戦争warへの関心はトップで、次が言語languageである。

2. 戦前日本国外の多言語景観

■戦前移住(植民)地の言語景観と言語接触

言語景観の実例として、日本国外の過去と現在をみる。いわゆる植民

地の言語景観によって、当時の多言語状況についての情報を得る試みである。海外の日本語景観を通じて、戦前の多言語状況を検証する。

　以下では国内外の日本語景観の具体的考察を試みる。戦前の大量の絵はがきや古写真を資料にした。一例として図1に瀋陽(戦前の奉天)の絵はがきを示す。カタカナ表示が目立つ。過去からの流れを追い、多様なデータをたくさん集めると、メカニズム・傾向性が浮かび上がる。戦前の日本人の言語観の偏り(国語押しつけ)は、方言撲滅運動と基盤が同じで、旧植民地でも見られた。「脱亜入欧」の思想が背景にあった。植民地で日本語を捨てるかという言語忠誠心language loyaltyはヨーロッパとアジアで対照的だった。国家内の位置(日本語が公用語か)という違いもあったが、差別的な発想もうかがえる。

[図1] 瀋陽(奉天)の絵はがき

■日本語領土拡大史と移民言語

　日本語使用域は第2次世界大戦までは拡大する方向だった。その過程で国内外に移民の言語の影響があった。図2に概略図を示す。江戸幕府成立後の鎖国政策までは、日本と外国との渡来人・移民は、常にありえた。また言語的影響もあった。開国と1868年の明治維新のころから、他言語の影響が大きくなった。ことに台湾、朝鮮半島などの旧植民地の言語で相互影響が見られた。1945年の終戦で領土は縮小した。それ以降は、かつての領土が復帰する動きがあり、一方で他言語(ことに英語)の流入が甚だしくなった。

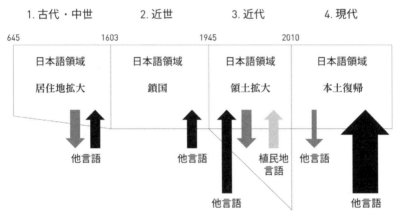

[図2] 日本語領土拡大史と移民言語

■台湾の言語状況

　旧植民地の言語景観を振り返る。日清戦争による台湾領有(1895)後の言語状況は、他書に譲る。過去の台湾言語景観の材料は、高(2004)である。1925年と1930年に撮られた大量の写真と、各時期の多くの写真を含む。戦前の台湾商店街の日本語使用を見ると、ひらがな、カタカナ、漢字が使われている (井上2011a)。

図3でみると、日本支配時代50年間のうち1925年と1930年の5年ほど
の間に変化が見られた。21世紀に同じ場所で撮った写真とも対照でき
る。他の地域の写真も合わせて集計した。50年間の支配の前半より後半
でカタカナが増える。またアルファベットも増え15％である。日本語普
及の情勢を反映するのだろう。ひらがなよりもカタカナが多いのは、戦
前日本領土内のカタカナの象徴性を示すが、当時の教科書でカタカナ先
習だったことも関係する。
　なお漢字は中国語を表すとは限らない（日本語・中国語のどちらを表すか
決定できないこともある）ので、日本語・中国語の言語別集計はしない。

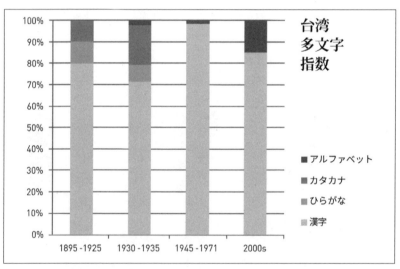

[図3] 台湾の文字景観の変遷

　1945年以降の中華民国時代の漢字一辺倒は、（多くは別の場所の写真
だが）台北一般の様子を反映すると思われる。アルファベットが混じる点
が後述の旧満州の中華人民共和国と違うところである。英語の流入は旧
満州と同じ程度である。中華民国は言語的な単一主義政策をとり、台湾

語(みん南語)を禁止して北京語(普通話)を導入した。また日本語を抑圧し、原住民諸言語も大事にしなかった。これが言語景観に反映されている。また親米政策は看板などの英語使用に反映している。

なお20世紀末期には注音字母がレストランのメニューや幼児洋品店の看板に見られた。

■ 旧満州の言語状況

中国東北部に1932年に成立した「満州国」は現在日本では旧満州と呼ばれ、中国では「偽満州国」と呼ばれる(張2011)。建国後「五族協和」(日本人・漢人・朝鮮人・満洲人・蒙古人)が唱えられたが、言語使用から言うと空虚に響く。日本語が中国語などと接触したが(桜井2015)、現地の日本人は中国語にも、(支配層が捨てた)満州語にも無関心で、国語(日本語)の教育を行った。当時は言語を主な基準とした国民国家の思想が優勢だったという事情を考慮に入れるべきだが、多言語状況を認め、多言語話者を資源として活かすという発想は薄かったようにみえる。

この地域の言語景観の歴史を知る資料として、武(2008)と李(2005)を利用した。かつての満鉄(東清鉄道)関連建築の古写真とその後の写真の対比、および戦前の満州の絵はがきを集成復刻した本である。このデータを時代別・地域別にグラフ化した。図4参照。

満鉄は、ロシア資本が清朝から権利を得て東清鉄道として建設したもので、1930年以前には駅設備・支線にはロシア文字(キリル文字)が観察される。しかし街は違う。戦前の大量の絵はがきの例を見ると、商店街ではひらがな、カタカナ、漢字が使われている。1932年以降の写真ではひらがな・カタカナが増えるし、アルファベットが混じる(井上2011a)。

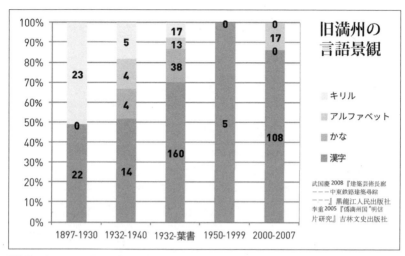

[図4] 旧満州の文字景観の変遷

　このように旧満州国では、文字の上からは多言語化が進んでいたし、標語では「五族協和」をうたっていたが、当時の政治体制や教育をみると、多言語状況を生かしていたとは考えられない。

　1949年以降の中華人民共和国時代の写真では漢字一辺倒、簡体字であり、アルファベットが混じらない。学問ではソ連(ロシア)との交流があったが、キリル文字なしである。中華人民共和国ではソ連と同様に国家内の多言語・多民族状況を是認する政策をとり、民族自治区を作ったりした。しかし東北3省(旧満州)の言語景観には反映されていない。

　図5で地域別にみると大差がある(武2008)。満鉄支線の画像にはキリル文字が多く観察されるが、満鉄関係以外の街頭の写真が少ないからである。ハルビンはキリル文字が観察されるが、街の写真も混じるので、アルファベットが多い。

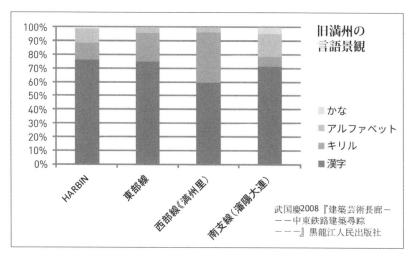

[図5] 旧満州の文字景観の地域差

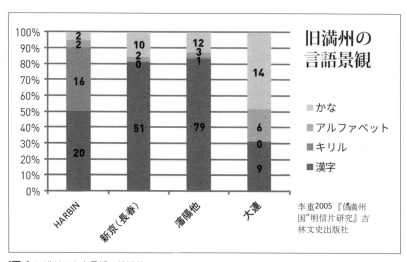

[図6] 旧満州の文字景観の地域差

ここでは大連を区別しなかったが、図6で絵はがきにしぼって地域の違いを見ると、大連にかなが多かった(李2005)。日本と大陸をつなぐ海陸運輸の中継点として、日本人が多かったためと考えられる。なお現在でも大連には日本語表示が多いという観察がある。2018年に学会で大連に行ったが、市内のごく一部分に限るようである。

■ 朝鮮半島の言語景観

　次に1910年にいわゆる日韓併合を受けた朝鮮半島をみる。日本政府の支配を受け、朝鮮総督府の統治のもとに様々な言語政策が実施された。当時の言語景観(文字)を示す写真・絵はがきによると、中国文化圏に属していたこともあり、漢字が圧倒的である。

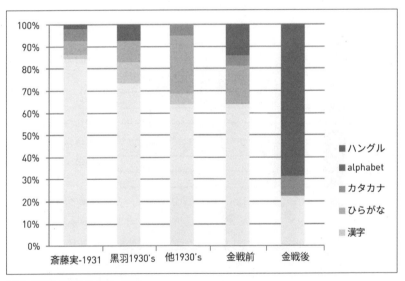

[図7] 朝鮮半島の文字景観の変遷

　図7の1930年前後からの写真や絵はがきで見ると、漢字が減る傾向に

ある。ハングルも使われるが、ひらがな・カタカナの使用のためである。戦後にはハングルが急速に増えた(井上2011a)。

戦後の写真ではハングルが圧倒的になった。なお21世紀の韓国大都市の一部では、ひらがな・カタカナが観察される。またアルファベットもよく使われる。

■ 戦前日本語領域の言語景観

図8で戦前日本語使用地域の全体を見渡す。資料の性格から言って、太平洋戦争直前のものが多い[3]。アメリカとインドネシア(旧オランダ領)ではアルファベットが多い。台湾・朝鮮・南洋は漢字が多い。南洋は日本本土に似ている。かつてドイツの委任統治だったが、言語的影響は強くなかった。

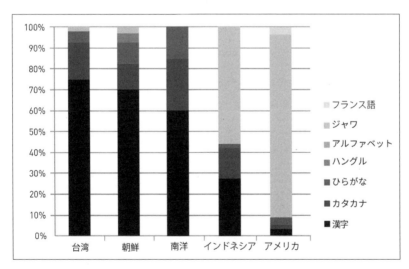

[図8] 戦前日本語領域の言語景観

---

3 朝日新聞聞蔵Ⅱビジュアル資料による。

■旧日本語領域の文字景観

　旧日本語使用地域の戦前戦後の動きを図9で見渡す。上記のいくつかの棒グラフを要約するために、漢字0点、ひらがな1点、カタカナ2点、アルファベット3点、ハングル4点を与えて、平均点を計算した。時代的推移がはっきり見える(井上2011a)。日本占領期にはひらがな、カタカナのおかげで、指数が上がった。終戦後は、朝鮮ではハングルが勢力を得たが、旧満州では漢字一辺倒になった。21世紀に入って、アルファベットが普及した。

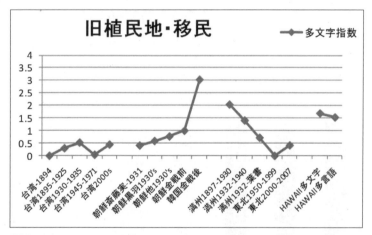

[図9] 日本語領域の言語景観変遷

■国内外の多文字指数と規制

　以上をまとめると、国内でも国外でも漢字が優勢で、かなは多くないし、アルファベットも居留地などを除くと表れない。つまり戦前の植民地の文字景観は当時の日本国内と似ていたと言える。一方ハワイやインドネシアのように、漢字かな以外の文字を使っていた地域・時期は、例外的に高い数値で、国内とは違っていた。ただし、21世紀の日本の一部は

これに近くなっている。

　言語接触の有無は、文字化言語のばあいは景観に現われる。ことに定住が進んだばあいの移民では、商店名や商品名(輸入品)という広い意味の景観に、接触の状況が反映される。

　景観に表れた文字には、経済要因が働く以外に、象徴としての多言語使用がある。情的機能により、時には不経済覚悟で、言語選択language choice、文字選択character choiceが行われる(井上2017)。帰属意識、国民意識の表示が、移住地では意図的に行われる。国内の言語景観の調査により、外国語の使用増加については、ホスト社会の対外意識の変化が影響することが読み取れる。現代日本の多言語多文字表記が、商業的イメージで行われるのは、日本が平和な証拠である。

　以上では、日本語使用者の移住などによる言語景観の変遷を分析した。社会言語学でいう地位計画status planningの問題にあたる。以下では個々の単語の流入について扱う。

3. 外行語：日本語の海外進出

　第3章として外行語Lendwordを取り上げる。社会言語学でいう実体計画corpus planningの問題である。単語の借用には経済的背景がつきまとうことを見る。借用語は日本語では外来語と呼ばれ、多くの研究が行われた。同じ借用でも日本語が外に出る現象もあり、まれに研究されることがあった。外行語という名を付けた人がおり(三輪1977)、便利なのでここでも使う。外来語も外行語も借用語なので、「水のように高いところから低いところに流れる」という一般論・法則性はあてはまる(楳垣1963)。つまり言語の市場価値を反映する。

■外行語と経済

　外行語の世界分布を見よう。20世紀末期の国立国語研究所NINJALによる「日本語観国際センサス」のときに、具体的な外行語を上げて、世界各国での使用状況を探るという画期的な研究があった(井上2000、2001、2011b)。信頼できる調査データだが、わずか4語である。しかし後述のGoogle　trendsの結果との一致は明らかで、双方の結果の信頼性を語る。図10の地図で見ると、外行語は経済発展の著しい3地域(アメリカ、ヨーロッパ、東アジア)で多く使われる。欧米で使われる外行語はkimono, shogunのように古くからの単語で、アジアのはsakura, sukiyakiのように新しく広がった単語である。

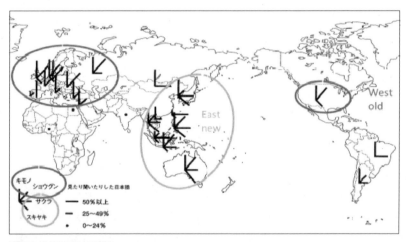

[図10] 外行語4語　28国家

　インターネットの発展で従来は想像さえできなかったすばらしいデータが手に入る(井上2013)。Google trendsの生データは、ダウンロード可能である。従来報告されていた外行語を集めておいて、ある一日を使って、114語が世界でどう使われているか(検索されたか)をダウンロードし

た。それを大きい数表にまとめ、集計して、世界地図にしたのが図11である（井上2012）。○の大きさは、145か国のうち外行語の多い国家の語数を示す。図10と同じく、経済発展の著しい3地域(アメリカ、西欧、東アジア・オセアニア)に目立つ。ただし中国のようにアルファベットを使わない国家は[4]、○が小さくなる。

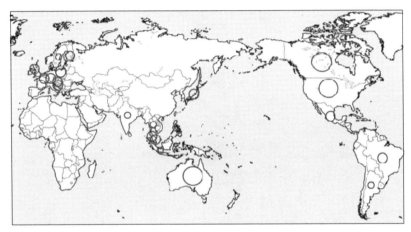

[図11] 外行語114語

■ 経済言語学的指標

　以上の外行語数値データに、さらに言語外の経済指標と組み合わせることを考えた。日本からの貿易輸出額のデータをダウンロードし、国別に付き合わせて散布図を描いた(井上・柳村2015)。図12の横軸が外行語使用数、縦軸が貿易輸出額を示す。両対数グラフである。ほぼ右上がりの傾向を示し、正の相関がある。近似曲線を入れて、全体の傾向を把握した。細かく見ると、右上にはアメリカとヨーロッパ諸国が分布し、ア

4　さらに中国ではGoogleが使えない。

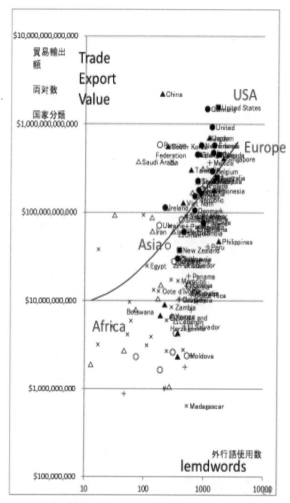

[図12] 外行語と貿易輸出額

ジアはその下で、世界の3か所が際立つ。アフリカは左下である。外行
語を多く使う国は、貿易輸出額が多いわけである。なお左上は貿易輸出
額が多いのに外行語使用数が少ない国である。漢字を使う中国やアラビ
ア文字を使う中東諸国、さらに韓国やロシアのように、アルファベット

を使わない国も、貿易量にくらべて外行語が少ない。グーグルのデータは検索に使われた単語の集積なので、アルファベットで検索すれば他の文字を使う国の数値が低くなる。これらの例外を除くと、貿易量と外行語数はきれいな相関関係を描いた。

以上、昔は想像もできなかった全世界の言語使用に関するインターネットのビッグデータを分析した。文字にも注意を払う必要があるが、全体としては外行語が経済と密接に関係することが明らかになった。

■外行語の歴史と経済

次に同じ外行語の過去の状況を見よう。OED, Oxford English Dictionaryで、各単語の初出年を知ることができる(井上2012)。図13の棒グラフでは、1600年以来の400年間を50年ごとに示した。縦軸は各時期に記された初出年の語を示す。1868年の明治維新前後にたくさん外行語が出たことが分かる。次の時期、日露戦争から第1次・第2次世界大戦のときには、減った。20世紀後半にはやや増えた。

同じデータについて、Google trendsの検索数を調べた。結果を図14の散布図にした。横軸は400年間の初出年、縦軸はGoogle trendsの検索数である。古い時代に英語に入った単語と最近英語に入った単語が多く検索されている。昔から定着したことばと最近のことばが、今よく使われているのだろう。

ラベルを付けて、どんな単語かを考察した。1868年以前の江戸時代の外行語は、タタミtatami、ベントウbento、モグサmoxa、ショウユsoy、サムライsamuraiなどである。当時の風俗や産物が目立つ。明治時代にはたくさんの単語があって、しかもあまり使われていないので、グラフでは読み取れない。将軍を指すタイクン(大君)tycoonとツナミtsunamiが目立つ。20世紀末期には、ニンテンドーnintendo、ウォークマンwalkma n、カラテkarate、オタクotakuなど、近代技術に関する単語が目立つ。

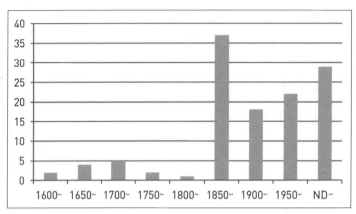

[**図**13] 外行語のOED初出年

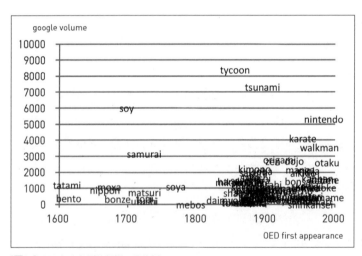

[**図**14] OED初出年別外行語の具体例

■ 外行語の研究法

外行語の研究は、日本語以外でも可能である。実際に英語からの外行語は、数が多くて、処理しきれないほどである。アメリカ英語とイギリス英語の広がり方の違いも分かった。中国語、韓国語、スペイン語から全世界への外行語の地図もたくさん出力した。ここで紹介した日本語についての手法を広げれば、全世界の諸言語の相互影響が分かるはずである。

一方で、文字の違いが働いて、経済交流が隠れるという欠点も明らかになる。中国語と他言語との借用関係は、文字だけでなく、翻訳・意訳が多い点からも、単純ではない。その解決のためには、何らかの方策が必要である。若い人の登場を待つ。さらに国家ごとの地図や数値データを提供しているのは今はGoogleだけで、中国の百度baiduでは、分からない。中国語とGoogleはいわば冷戦時のような敵対関係にある。お互いに理解しあい、譲り合えば、相互に得ることが大きい。この点でも、平和・友好を祈る。

■ 外行語とGLP言語総生産

以上をまとめよう。多くの外行語を初出年や使用率によって集計してみると、個別例にまどわされずに、大きな流れを読み取ることができる。借用語の背景には、人々の交流がある。平和的な経済交流があると、言語の交流も盛んになる。一方戦争があると、ことばの交流も薄くなる。かつての日本による中国侵略のときに、バカヤロのような日本語が広がったし、クーニャン(姑娘)やロートル(老頭児)のような中国語が日本に入った。ブルームフィールドのいう親密借用intimate borrowingである。しかし長続きしなかった。言語の借用、文化の交流には、平和が必要なようである。

人々の交流・接触の背後で大きく働くのは経済要因である。国ごとの交流には国民総生産GDPが影響を及ぼす。ところが一言語が多くの国で使われることがある。中国語は中国、台湾、シンガポールなどで使われる。英語はアメリカ、イギリス、オーストラリア、ニュージーランドはじめ世界の多くの国で公用語になっている。言語総生産GLP, Gross Language Productというとらえ方が可能である(井上2011b、2017)。

4. 言語間方言学

以下では外行語を中心に個々の単語の流入について扱う。国内の地域差・方言差に着目する点が第3章と違う。

■日本・中国の地域差 (外来語・外行語)

外行語のまとまった研究は、インターネット検索の普及まで、困難だった。ここではGoogle検索を活用して、日本語、中国語、韓国語の借用語(外来語＋外行語)を扱うが、方言差に注目する。Google検索では、国家内の分布も示されるので、言語間方言学interlingual dialectologyの研究が従前に比べて格段に便利になった。

地理的近接効果Geographical proximity effectは、distance decayとして現れる。経済言語学の原理の一つでもある。西日本の外来語(南蛮語)に見られる(井上2007)。地理的近接効果が働くと同時に、歴史的経緯から、近親憎悪も作用する。

■移民の出身地・供給地

　移民の出身地・供給地には地域的な偏りがある。これが言語の借用に影響を与え、方言差を反映する。華僑は中国南部(福建省)出身が多く、在日韓国・朝鮮人は済州島出身者が多い。ハワイ日系人は広島付近が多い。また台湾に住んだ日本人は九州出身者が多い。満州には長野県や山形県出身者が多く、サハリンには東北出身者が多かった。

■日韓のさつまいも方言

　日本語の方言が借用された古典的な例としては、サツマイモが知られている(井上2007)。対馬方言の「孝行芋」がコグマとして韓国の南部に広がった。旧満州に住んだ中国朝鮮族も使うから、かつてはもっと広く分布していた可能性がある。

■日本語由来の韓国語地域差

　韓国語への外行語は数が多かったが、醇化運動によって、韓国固有語への置き換えが行われ、単語リストが刊行されている[5] (国立国語院2005)。しかし気づかれずに使われている語も多い。その場合、南部特に釜山地域では、ソウル地域よりも多く使われるという観察がある。試行的な小規模な研究として、若い韓国人4人のデータを掲げる[6]。101語につき使用度を〇3

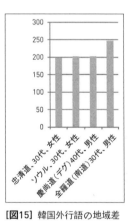

[図15] 韓国外行語の地域差

　5　リスト中の以下の日本語は、西日本の方言の影響を示す：「かけ（×）」「押しピン」
　　「ちんば」。日本語の単語の意味分野や初出年は様々で、このリストを元に分析する
　　価値があるが、日本語表記に誤植・誤記がある。
　6　倉持益子・金　順任の共同研究による（2010.11.）。

△2×1として計算した。図15に示すように、日本に近い全羅南道(光州・木浦付近)の男性の使用率がやや高い。

　具体的な単語例としては、様々な文献に以下があげてある。아카징키赤チンキ、입빠이イッパイ、구두クツ、잠깬뽕ジャンケンポン、스메끼리爪切り、ベニ(口紅)(베니)－립스틱、メガネ(메가네)안경、ハンカチ(한카치)－손수건、あたり＝食中毒(아다리)－식중독、サンダル(산타루)－샌들、ネジ(네지)－나사、くさり－チェーン(구사리)－체인、ノギス(노기스)－자의 종류、見当(겐또)－여측、추측、新しい(아다라시)－새로운、ウキー浮き輪(우끼)－튜브。

　また金志淑(2017)は、次の語を日本語からの借用語と扱っている。テッキリ"最高だ"、スリ"買いだめ"、モンペ"農作業着"몬뻬、エンコ"なくなる"、鉄板"一番偉い"、ユトリ"余裕"、癲癇"駄々をこねる"、感じ"格好いい"、ケンセイ(牽制)"ふしだら"、牽制"邪魔する"。偶然の一致・類似の可能性もあり、意味のずれが大きいものがあるので、精察が必要である。

■中国朝鮮族の日本語

　中国朝鮮族の言語にも日本語由来の語がある[7]。韓国の醇化運動の影響を受けていないので、古いものを残す可能性があるが、西欧語からの外来語などは、同源による一致の可能性もある。皿 사라、釜 가마、缶詰간즈메、上着 우와기、もんぺ 몬뻬、袴下コシタ 고시다、袖カバー 소데가바、チョッキ 쪼끼、ランニング 나닝구、トレバ 도레바、コップ 고뿌、テーブル 테불、スパナ 쓰빠나、ベンチ 벤찌、タイヤ 다이야。

　7　李斗石教授（1961年吉林省生れ、福建師範大学福清分校副院長）の御教示による。

■関西弁「関東煮」のアジア進出

　日本の方言が外行語になる例としては、今のところ関西弁の進出が多い。日本の方言の中で、関西弁の経済価値は別格なのである。インターネットジャーナルDialectologiaにもGoogle検索で得られる店名などのOkini, maidoの世界地図が掲げられている[8]。

　「おでん」の例は、興味深い。「おでん」を関西では「関東煮」(かんとだき)と言う。台湾では「黑輪　おでん」と呼ぶ[9]。ダ行音とラ行音の区別のない台湾の中国語(閩南ミンナン語)のおかげで、日本語の「おでん」が「オレンolen」と発音され、「黑輪」(繁体字)と書かれた。1985年に台湾のセブンイレブンが「おでん」を"關東煮"として導入した。図16は1998年の台湾での写真である。左上ののれんの絵に手書き略字の「関東煮」とひらがな「おでん」を書いて、日本風であることを示している。その右に「黑輪」(繁体字)olenの写真がある。形は昔の田楽ざしの焼き豆腐を伝えている。この写真によると、台湾の「關東煮」と「黑輪」は、上位概念と下位概念(全体と部分)の違いがある[10]。

[図16] 台湾の「関東煮」と「黑輪」

8　Dialectologiaのokini, maidoの世界地図はダウンロードに時間がかかる。
　www.publicacions.ub.edu/revistes/ejecuta_descarga.asp?codigo=725

9　もう少し詳しく歴史をたどる。そもそもの起源は中国から入った豆腐である。室町時代に広がり、固い豆腐を串に刺し、火であぶって食べた。それが一本足で踊る「田楽踊り」に似ていたので「おでん」と呼ばれた。一方江戸で《煮込みおでん》を「おでん」と呼ぶようになった。この食品が関西に伝わったときに、従来の関西の「おでん」と区別するために「かんとだき」〈関東煮〉と呼ばれた。

10　なお韓国語でも「오뎅」オデンと言うが、中のかまぼこを言うそうで、台湾と同様、形としては元の語源に近いと言える。

「関東煮」は中国(大陸)にも伝わった。中国のインターネット検索サイト「百度」でも豊富な情報検索ができる。「1997年中国大陸の日資本コンビニ(便利店)の罗森(ローソン/Lawson)がおでんを大陸に取り入れ」たそうである。

最近の動きは、グーグルトレンドでも分かる。図17で簡体字の「关东煮」の地図を見ると、中国の地域差が大きく、ほぼ海岸部だけである。経済発展が著しく、日本との交流の多いところに先に普及した。グーグルトレンドでは、多くの国の内部(省、州、県)の違いも表示される。研究材料が豊富にかつ迅速に提供されているわけで、言語間方言学の将来は明るい(井上2007)。

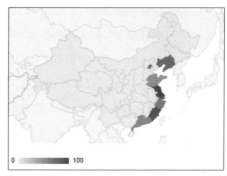

[図17]「关东煮」の中国地図(グーグルトレンド)

■ 中国語諸方言の日本流入

以下では逆方向、中国語方言の日本流入を扱う。日本語にとっては近代中国語からの借用語(外来語)だが、立場を変えれば、中国語からの外行語である。地理的近接効果が確かめられるが、経済的条件が働く。満洲国成立(1932)の前後に中国東北地方との往来が盛んになったおかげで、そこの中国語が入った(桜井2015)。クーニャン(姑娘)やマントウ(饅頭)、ギョウザ(餃子)は、当時到来したことばだ。遊びの名ポコペンも中国語起源とされる。人が行き来すると、ことばが運ばれる。

現在でも中国語はことばの違いが大きく、中国南部のことばは「普通話」(北京語)とは別の言語と言いたいほどの違いがあり、通じない。以下

には中国南部からの借用語の例をあげる。

　香港などで使われることばは広東「語」と呼ばれる。広東語から日本語に入った外来語は、食品のワンタン(雲呑)はじめ、色々ある。ヤムチャ(飲茶)、チャーシュー(叉焼)、シューマイ(焼売)は、尻取りとして覚えやすい。ショーロンポー(小籠包)は上海語から入ったと言われる。海路は陸路より便利なので、中国南部からことばが伝わったのだ。

　どの地域から伝わったかを確かめるのに、実物の伝播事情を探る方法がある。一方、言語的に発音の類似を手がかりにすることもできる。ここではインターネット検索によって文字表記の地域差を観察する。図18によると「飲茶」は確かに広東付近でよく使われる。

　図19によると「飲茶」は日本では、近畿と関東で多く使われる。専門店の多さに影響されたのだろう。単なる地理的距離でなく、経済的・人的交流の多さを反映している。

　焼売(焼卖,シュウマイ,シューマイ,しゅうまい)につ

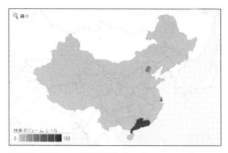

【図18】「飲茶」の中国地図(グーグルトレンド)

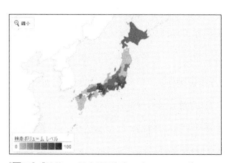

【図19】「飲茶」の日本地図(グーグルトレンド)

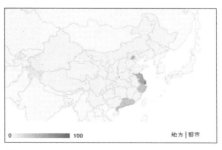

【図20】「焼売」の中国地図(グーグルトレンド)

いては、事情が複雑である。図20によると「焼売」は広東省に多いが、他地方でも使われる。実物が広東省特有の物ではないからである。

図21によると「焼売」は日本では、近畿と関東・北海道

【図21】「焼売」の日本地図(グーグルトレンド)

で多く使われる。経済的に先進的な地域である。

■ 明るい3か所の有力言語

以下では、地球全体を見渡すことにする。経済発展の著しい地域と遅れている地域では、言語状況に大きい違いがあることが読み取れる。人工衛星から撮った夜の地球を見ると(井上2017)、明るい地域が世界の3か所にある。北アメリカ、西ヨーロッパ、東アジアである。地理的分布はGDPの地図とそっくりである。経済力のある地域で、ここでの標準語、公用語は生命力・活力がある。

この関係は東アジアにしぼっても観察される。図22に示す。夜明るい地域は、都市部、経済発展の著しい場所である。国ごとの違いがはっきり分かる。北朝鮮とミャンマーのように、隣国と比べて

【図22】中国の明るい地域

夜暗い国は、GDPも低い。明るさは経済発展に関係する。経済が発展し余裕があると夜の照明が整うという因果関係がある。

夜の明るい光はエネルギーの無駄づかいともいえる。しかし同じよう

な店が二つあって、片方は暗い通りにあり、もう一つの店は明るい通り
にあったら、夜どちらに行くだろう。印象だけでなく、安全さも夜の明
るさに関係する。経済的に豊かになると、夜も明るくできる。

　夜明るい地域は、Google検索で見たように、言語景観が豊かで、外国
語使用が多い。また中国の借用語で見たように、他地域の借用語を受け
入れ、ときに外行語の供給地や受容地になる。つまり夜の明るさと経済
と言語景観は相互に深い関連を示す。

5. まとめ・言語間方言学

　以上で言語景観と外行語を手がかりに、ことばの地域差を観察した。
多言語状況の可視化手段としての言語景観の意義を確認して、経済言語
学への道を開いた。人間の交流・経済を反映する言語現象として外行語を
扱い、言語間方言学の可能性を確かめた。日本国内の地域差、中国・韓国
の地域差を利用して、地理的近接効果が働くことを見た。データがとき
に断片的であっても、多量であれば、傾向性・一般性・法則性がつかめ
て、科学的研究の糸口になる。グーグル検索によれば、言語と経済は検
索数が増える傾向にある。両者の関連する経済言語学についての関心も
今後増えると期待される。

井上史雄 (2000)『日本語の値段』、大修館。

井上史雄 (2001)『日本語は生き残れるか―経済言語学の視点から―』、PHP新書。

井上史雄 (2007)『変わる方言　動く標準語』、筑摩新書。

井上史雄 (2011a)「日本語景観の地理と歴史にみる言語接触」山下暁美編、『多言語社会の日本語教育に関する社会言語学的総合研究』。

井上史雄 (2011b)『経済言語学論考―言語・方言・敬語の値打ち―』、明治書院。

井上史雄 (2012)「日本語の世界進出―グーグルでみる外行語―」、陣内他編『外来語研究の新展開』、おうふう。

井上史雄 (2013)「外行語と外来語」、『日本語学』32 15。

Inoue, Fumio (2015)「The economic status of Chinese and Japanese: an international survey, internet searches and linguistic landscape」、『中国語言戦略』(2015.1)、pp.10-22、appendix。

井上史雄 (2017)「経済言語学と言語景観」、『ことばと社会』19、三元社。

井上史雄・包聯群 (2015)「内蒙古文字景観の社会言語学―文字の社会類型論―」、社会言語学XV。

井上史雄・柳村裕 (2015)「外行語世界分布の国別因子分析―Google Trendsによる傾向―」、『計量国語学』30-2。

内山純蔵・中井精一・ダニエルロング (2011)『世界の言語景観 日本の言語景観』、桂書房。

楳垣実 (1963)『日本外来語の研究』、研究社。

金志淑 (2017)「日本語由来の韓国語―釜山・慶尚道地域の方言を中心に」、『国文目白』56。

クルマス、フロリアン (1993)『ことばの経済学』、大修館。

高伝棋（2004）『穿越時空看台北』、台北市政府文化局。

国立国語院（2005）『일본어 투 용어 순화 자료집』、(韓国)国立国語院。

桜井隆（2015）『戦時下のピジン日本語－「協和語」「兵隊日本語」など』、三元社。

庄司博史，P・バックハウス，F・クルマス編著（2009）、『日本の言語景観』、三元社。

多言語化現象研究会編（2013）『多言語社会日本－その現状と課題－』、三元社。

張守祥（2011）「旧満洲国の言語景観」、『日本研究』、韓国中央大学校。

Backhaus, Peter (2007) Linguistic Landscapes (Multilingual Matters)。

武国慶（2008）『建築芸術長廊－中東鉄路建築尋踪－』、黒龍江人民出版社。

三輪卓爾（1977）「外行語の昨日と今日－－海を渡った日本語－－」、『言語生活』312。

李重（2005）『偽"満州国"明信片研究』、吉林文史出版社。

和文要旨

　本稿では、経済言語学の可能性と有効性を示す。前半では言語景観という可視的データによって、言語使用状態を確認する。言語景観を材料にした視覚言語学の一分野と位置付ける。地域的変異、時代的変異を考察し、戦前の事情も対照すると、日本語・中国語・韓国語の地位計画について、新たな位置づけができる。

　後半では外行語を取り上げる。実体計画として、単語の借用には経済的背景がつきまとうことを見る。外来語も外行語も借用語なので、一般論・法則性があてはまり、言語の市場価値を反映する。日本語・中国語・韓国語の相互借用関係の実例をあげ、地域差をもとに、地理的近接効果の現れ方、経済要因の作用などを見る。インターネット検索の成果を活用する。

　キーワード：言語景観、外行語、経済言語学、言語間方言学、地理的近接効果

Abstract

Geographical differences of linguistic landscapes in East Asia

Fumio INOUE
Meikai University

In this paper, we show the possibility and effectiveness of econo-linguistics. In the first half, we check the state of language use by visual data called linguistic landscape. It is positioned as a field of visual linguistics with language landscape as a material. We will consider regional variation and historical change by contrasting the circumstances before the war. We can construct new positions of status planning for Japanese, Chinese and Korean languages.

In the second half we will discuss "lendwords", which were words exported abroad from Japanese. As a phenomenon of corpus planning, borrowing a word has an economic background. Both borrowed words and lendwords are borrowings, so the general theory and the rule of law of borrowings are applicable. Borrowings reflect the market value of the language. Examples of mutual borrowing relationship between Japanese, Chinese and Korean are given. Based on regional differences, we observe the geographical proximity effect and the effects of economic factors. The results of Internet search were utilized.

Keywords: Linguistic landscape, Lendword, Econolinguistics, Interlingual dialectology, Geographical proximity effect

LINGUISTIC MAPS
& DIALECT DATA PROCESSING[*]

Deokho Kim[1] & Sanggyu Lee[2]

Kyungpook National University

Abstract

The present study explores the major accomplishments made thus far with special consideration of the path of development linguistic map making has taken hitherto in Korea and Japan. The purpose of creating linguistic maps is to identify linguistic boundaries, either big or small, and assign systematic meanings as well as determine the relationship between spatial distribution and change by time. The linguistic maps should be understood in their broader concept that show the various geographic information related to linguistic branches within a particular geographic area as well as relevant trends and aspects in linguistic branches on not only paper but also online screens and images. This study

* This work was supported by the National Research Foundation of Korea Grant funded by the Korean Government(NRF-2013S1A5A8025734)

1. first author 2. corresponding author

classifies linguistic maps into manual method maps and computerized maps, for which the time of computerization has been identified as a standard for classification, and explores their types focusing on those demonstrating high performance in presentation techniques.

Keywords: Linguistic map, Dialect map, Computerized linguistic map, Audio linguistic map, Dialect data, Sejong Plan

1. Introduction

The purpose of creating linguistic maps is to identify linguistic boundaries, either big or small, and assign systematic meanings as well as determine the relationship between spatial distribution and change by time. Hence, linguistic maps gather the linguistic data collected from a certain research area and "present the basic material in the map" (Macaulay, R.K.S., 1985:175).

According to the traditional notion of a linguistic map, "a linguistic map is to express the linguistic differences within a particular region in the form of a map"(The Society of Dialectology, *The Dictionary of Dialectology*, 2001:265). However, the linguistic maps should not be understood in this traditional notion that shows the linguistic branches in the form of a map, but they should be understood in their broader concept that shows the linguistic characteristics on three-dimensional online screens as well as on the maps or schematics.

2. Types of linguistic maps

Linguistic maps published around the world or distributed online have come in various forms. In general, linguistic maps are categorized as i) display maps and interpretive maps depending on their form of presenting data; and ii) qualitative maps and quantitative maps depending on their way of producing maps.

The types of linguistic maps have been further diversified since computers have gained popularity. Linguistic maps can be classified more exhaustively into variety of types in accordance with the quantity and form of data, the way of presenting data, the level of comprehensiveness and simplification of data processing, the form of visual presentation of data, etc. Meanwhile, the differences among diverse types of linguistic maps are explained by means of the different presentation techniques used depending on the performance levels of computers as well as the advancements made in software of databases or graphic systems, or the different developmental stages in creating linguistic maps and linguistic data. The present study classifies manual method maps and computerized maps, and examines their types focusing on those which demonstrate high performance in presentation techniques.

2.1. Manually created linguistic maps

Manually created linguistic maps are produced by displaying dialect transcripted form or symbolic markers manually in each area on a blank map. The manually created linguistic maps are further classified into two types; i) offset method through which the manually created linguistic maps are printed offset (the same method is applied to master printing) and ii) tracing method through which a researcher draws a map manually and a printing designer transfers them to a tracing paper.

Such manual methods of creating linguistic maps are uneconomical and also lack the credibility in accuracy. Those linguistic maps produced by mimeograph machines around 1950s are not only crude but also barely legible.

2.2. Computerized linguistic maps

Map-making methods using PCs, which organizes dialect data and transferring them to maps, are very effective in enhancing the analytical capacity of linguistic data.

The types of linguistic maps are diversified according to the size of the research area, the scale of a map, the number of research areas, the types of data, the methods of map-making, etc. Furthermore, the methods of data processing and the ways of computer-based map-making are also diverse. Computer-based map-making methods either utilize the previously developed software programs or develop and use a fully computerized map-making system.

2.2.1. Linguistic maps using the existing software

The process of computerization of linguistic map-making in Korea can be condensed into a search for dialect data collecting methods, techniques of creating images on a blank map and printing them out, symbolization of dialect data and displaying them on a blank map, etc. At the beginning, such word processors as 'OHP', 'boseokgeul' and 'hangeul' were mainly used in computerizing the data. Mail merge or the method through which grids were established and the areas were specified on a blank map was mainly employed for image display and print-out. Recently previously developed software programs (bitmap, paint brush, photo shop, illustrator) are utilized for image-making on a blank map and print-out. Yet no exhaustive software has not been developed which enables computers to cover the whole process from linguistic map-making to print-out in establishing data base for dialect data.

In-Sang, Jung(1985) first used dBASE II in creating linguistic maps, while Chung-hoi,Kim & Yun-pyo, Hong & Byung-sun,Kim & Kang-chun,So(1991) used dBASE III. As Deok-ho,Kim(2002)'s linguistic map making method using mail merge has been widely distributed, the method of making isogloss maps using graphic software programs like photoshop, ArcView, mass flow controller for windows, etc. has been spread out.

2.2.2. Grid-matrix maps

A location map is based on a detailed the map of basis, while in a grid-matrix map the overall structure of the regions or the map of basis are abstractly represented and systematized in the grid. Chung- hoi, Kim(1992) introduced the Grid-matrix technique of an exclusive linguistic map making system using Boseokgeul II and HANDB into the

Korean academic world (Fig 1).

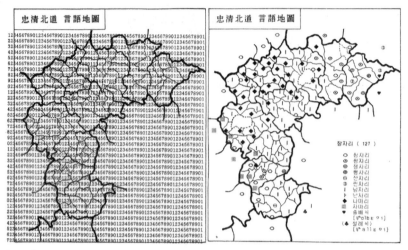

[Fig 1] Chung-hoi. Kim(1992)'s linguistic map of ChungCheongbuk-do

In Japan, Ogino-Tsunao(荻野綱男) developed a linguistic map-making software called GLAPS(Ogino, 1994). GLAPS produces maps which are expressed in cross-table method and glottogram method. In this program, 80 by 80 columns of grid are encoded and converted into diskette files. Takahashi-genzi(高橋顯志)'s 'Boring linguistic map' arrays graph paper-like grid patterns on a blank map and draws the linguistic distribution on each area.

Actually this is a two dimensional expressive method. However it not only expresses the information of many different strata but also suggests a frequency glottogram technique which displays information of the informant. SYMVU(designed by Harvard University's Computer Graphic Laboratory), a British linguistic map-making program, is another location map-making method, which was utilized for the Welsh dialect data analysis by Alan R. Thomas(1980). Likewise a cartogram which is a type of grid map and cluster-type maps has been widely used for data processing of special information since GIS program was released.

2.2.3. Dialect search and linguistic maps

A 'dialect search program' was developed as a part of Sejong Plan (2001), which not only searches dialect data but also identifies linguistic distributions on a map (Fig 2). The program was developed by two professional researchers, that is Gil-su, Tu & Dong-eon, An (2002). And this Plan was supported by National Institute of the Korean Language in the South Korea.

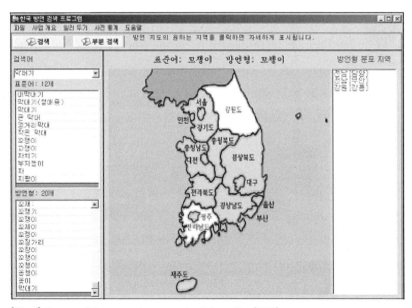

[Fig 2] Korean dialect search system by Sejong Plan(2001)

This program is very useful for search for dialect data. It marks dialect distributions on a linguistic map in color, employing the unique Arcview's mask technique. The linguistic Map produced by the search system has a couple of drawbacks; i) it falls behind in accuracy, and ii) it cannot input the data. But the graphic search is possible.

2.2.4. Symbolic sign linguistic maps

Symbolic sign linguistic maps use various symbolic signs and colors on a map. Among others, the National Institute for Japanese Language started to computerize the whole process of making symbolic sign linguistic maps from 'Grammar Atlas of Japanese Dialects (GAJ, 方言文法全國地圖)' Vol. 5. A GAJ is created by folding many layers of image of maps and letters, signs and colors of dialects. Since a GAJ basically uses Adobe Illustrator, but signs in each area are made to automatically select a form of differentiation in dialect, it can be considered to be a fully automatic program for linguistic map making.

Another type of symbolic sign linguistic map is SEAL system developed by Fukushima, Chitsuko (1983) (Fig 3). This system also operates in Windows English versions. It can process the linguistic data from other countries and create maps for them. Furthermore it can create interpretative maps which reflect the frequencies of lexicon. Sang-gyu,Lee (2003) developed KSEAL by adding three more letters to SEAL in order to transcribe dialect data in Korean (Fig 4). Symbolic sign linguistic maps are most efficient in expressing geological distribution of linguistic data, but it has a limit as to reflecting detailed areal information causing differentiation in language. And Sang-gyu,Lee

(2005) developed MAP MAKER (a linguistic Map making tool), which can make symbolic sign linguistic maps in a easier way in Windows (Fig 5).

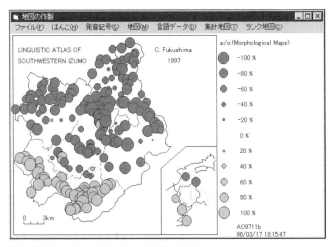

[Fig 3] Fukushima, Chitsuko (1983)'s SEAL

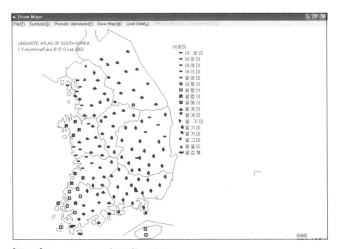

[Fig 4] Sanqqyu Lee (2003)'s KSEAL

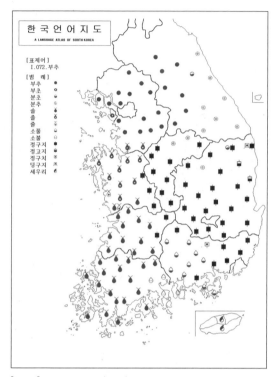

[Fig 5] Sanqqyu Lee(2005)'s MAP MAKER

2.2.5. Audio linguistic maps

Audio linguistic map is made by simultaneously displaying both en-
coded linguistic forms and voices of the informants collected at the spots
on a linguistic map. It uses previously developed software and adding
voice information to the linguistic map.

Such linguistic maps are created by using previously developed soft-
ware like Excel 2000, File maker Pro 5.5, Acrobat 5.0, etc. in the proce-
dure of ① date input, ② making sign fonts, ③ converting into signs,
④ making a blank map, ⑤ making new file using File maker Pro, ⑥

making PDF format and programming of fonts. And then Acrobat link property is utilized to hyperlink each single sign by the link tool and connect them with the voice file.

Audio linguistic map was developed by Kishie Shinsuke (岸江信介) at University of Tochushima as a linguistic map making program for natural discourse data (Fig 6). Nakai Seiichi (中井精一) at University of Toyama developed an Audio linguistic map making system using GIS.

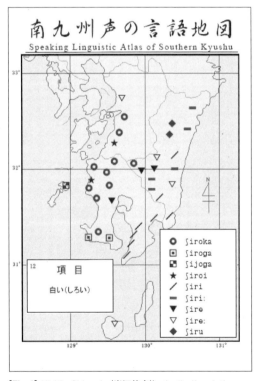

[Fig 6] Kishie Shinsuke(岸江信介)'s Audio linguistic map

In the South of Korea, The National Institute of The Korean Language (2007) further plans to develop a tool which can systematically manage computerized programs for voice data as well as data of dialect transcription including Audio linguistic map production (making) based on MAP MAKER (Fig 7).

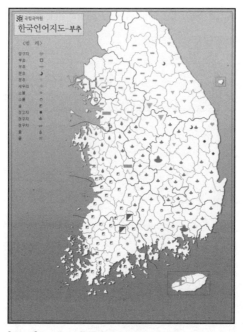

[Fig 7] N.I.K.L. (2007)'s Audio linguistic map

2.2.6. Dialect perception maps

A perception map is a type of linguistic Map which is attempted to divide the dialects by examining the linguistic perception of the dwellers or reflect the dialectal differences on a map based on socio-perceptual differences. Dennis R. Preston (1989) surveyed the perception level of the American dialect among the people living in Hawaii and divided the language and dialects. Perceptual Dialect Maps of Korea were developed by Young-cheol, Lim (1992) with Daniel Long and Isao Onishi, Deokho, Kim (2001) and Deokho, Kim & Kishie, Shinsuke & Takiguchi, Keiko (2012) intergrated the native speaker's cognitions in the Gyeongsangbuk-do of the South Korea and made the Perceptual dialect map of nonlinguistic feature (Fig 8).

[Fig 8] Deok-ho, Kim (2001, 2012)'s Impressive Isogloss dialect map (Perceptual dialect map)

2.2.7. Multi-dimensional linguistic maps using GIS

The GIS-Research at University of Toyama founded 〈人文科學とGI
S〉 in 2003. It has tried to interpret the factors for differentiation in
language multi-dimensionally, using MANDARA, a supporting system
for geological information analysis. Especially the ways to develop the
techniques to use the geographic information system (GIS) in making
linguistic maps as interdisciplinary studies among folklore, socio-linguis-
tics, etc. will be actively examined. In the future Audio linguistic map
making utilizing the geographic information system should be attempted
in a full scale. Currently Nakai Seiichi (中井精一) and Kibe Nobuko
(木部暢子) at University of Toyama are actively discussing the methods
to make Audio linguistic map.

3. Tools for linguistic Map making

3.1. Development of tools for linguistic Map making

The methods of making linguistic maps are rapidly developing. It has
developed from the direct input of dialect form on a map, via the sym-
bolic map-making method by which dialect form is converted into sym-
bolic signs (signs, numbers, colors, etc.) to the method by which the
informants' voice data are simultaneously presented on a map.
Furthermore three dimensional geographic features are also used as the
basis of linguistic maps, which show linguistic distributions on a map
with such various geographical marks as rivers and mountains expressed

on it. The presentation techniques in linguistic map making using geo-graphic information system has reached the level of more than three dimensional world, synthesis of time and space, and presenting the virtual environment of linguistic geography by simulating the time and space of the past and future. In the near future linguistic maps will make it easy to search voice data and also make it possible to connect them with transcripted data.

Many analysis tools for the study of language have been introduced in the world, and recently various tools for linguistic maps using graphic tools and Excel have been introduced. I myself introduced SEAL in the linguistic world of Korea. However, the SEAL was originally developed in Japan, thus it has many limits.

3.2. Characteristics of linguistic Map maker

The linguistic Map Maker has been introduced in Deokho, Kim (2010). This program is the tool for making symbolic sign linguistic maps and has many advantages as follows.

1) It makes it possible to produce linguistic maps very easily in Windows. When clicking 'new file creation' in the menu, a pop-up comes on, which leads to open the necessary files to make maps according to order so that one can easily produce maps just following the procedure the program suggests. Furthermore this program has a setting function which minimizes the time of map-making. One can set for the use of basic blank maps, the use of basic coordinates, and the use of random symbolic signs by clicking file -> setting change in order. Such basic

setting of use is a very useful function in making many different word maps with the same blank maps. It prevents repeating the same procedure to make new maps and thus can minimize the time in making maps.

2) The analysis and interpretation of dialect data can be simplified through its arithmetic and sorting function. In other words, the program has the function which sorts dialect form in the alphabetical order or in the order of frequency and makes it possible to catch the types of dialect differentiated form and the frequency of occurrence at a glance, and thus helps to select which words should be put on dictionaries.

3) The automatic coordinate setting function makes it possible to produce the type of maps the user wishes. When a basic map is used for a map-making as a base, the desired basic map is scanned and coordinates are built one by one on the blank map, using image tools. However, the map maker's function to generate coordinator data automatically makes it easy to produce desired types of maps.

4. Concluding remarks
- New strategy for base of dialect data

Until now linguistic maps have been produced based on the generation of data base on each area after local data are surveyed, and then interpretation of language differentiation has been attempted. However, it is necessary to seek for a new method for base of dialect data. First, word networks should be constructed by systematizing the data collected on the spot. Language differentiation should be interpreted based on these word networks, and then linguistic maps should be produced accordingly.

The construction of word networks should be done by composing the semantic relationships among the words using facet-system. Likewise word networks should be constructed according to 1) etymological factors of language differentiation, 2) morphological factors of language differentiation, and 3) phonetic and phonological factors of language differentiation based on the dialect data. And the interpretation of language differentiation should be attempted at the stage of base of the data. Accordingly clearer linguistic maps can be created.

Chung-hoi, Kim, & Yun-pyo. Hong & Byung-sun, Kim & Kang-chun, So (1991). "Study on the computational resources of dialects", *Korean Computer Science* (The first issue), Korean Computational Science Institute.

Chung-hoi, Kim (1992). *Linguistic geography of Chungbuk dialect*, Inha University Press, 173-225.

Deokho, Kim (2001). "Research on the impressive Isogloss", *EOMUNHAK* 73, HANKUKEOMUNHAKHOE, 1-20.

Deokho, Kim (2002). *The Linguistic geography of Gyeongsangbuk-do dialectology*, Wolin Press.

Gil-su, Tu & Dong-eon, An (2002). "Korea dialectology search program development", *Korean and information*, THEHAKSA.

Sang-gyu Lee (2003). linguistic mapping system using computer, Kyungpook National University linguistic Mapping lab.

Sang-gyu Lee (2005). "Processing of data and linguistic dialects map", *Dialectology* (The first issue). The Korean Association for Dialectology.

In-Sang, Jung (1985). "Processing method of dialects data using a computer", *Dialect* 8, Institute of Korean Mental Culture.

The National Institute of The Korean Language (2007). *Audio linguistic map*, The N.I.K.L. of South Korea.

The Society of Dialectology (2001). *The Dictionary of Dialectology*, THEHAKSA.

Young-cheol, Lim (1992). 在日・在米韓國人および韓國人の言語生活の實態, 日本くろしお出版.

田原廣史 (2002). コンピータと方言研究, 21世紀の方言研究, 國書刊行會.

井上史雄 (2002). "言語地圖의 魅力", 日本語學 9月.

高橋顯志 (2002). "Boring 言語地圖", 日本語學 9月.

大西拓一郎 (2002). "言語地圖製作の電算化", 日本語學 21.

富山大學人文學部GIS硏究會 (2003). 人文科學とGIS, 富山大學人文學部GIS 硏究會.

中央大學校日本學硏究所 (2004). "東アゼア聲の言語地圖の作成に向けて", 聲 の言語地圖 硏究發表會.

Alan R. Thomas (1980). *Areal Analysis of Dialect Data by Computer*, Cardiff Unov. of Wales Press.

Dennis R. Preston (1989a). *Perceptual Dialectology: Nonlinguists' Views of Areal Linguistics*, Dordrecht Foris.

Dennis R. Preston (1989b). *Hawaiian Perception of United State Dialect Distribution*, Published by Foris Publications Holland.

Deokho Kim (2010). "Production of a dialect map utilizing map maker", *Dialectologia*. Special issue, I. Universitat de Barcelona, 21-46.

John Ambrose (1980). "Micro-scale language mapping: An experiment in Wales and Brittany", *Discussion Papers in Geolinguistics* 2. North Staffordshire Polytechnic Dept.

Fukushima, Chitsuko (1983). *Pasokon niyoru Gengo-chirigaku eno Aputoochi (An Approach to Linguistic Geography Assisted by a Personal Computer- SEAL User's Manual)*, Private edition.

Deokho, KIM, & Shinsuke, KISHIE, & Keiko, TAKIGUCHI (2012). "The Study of Perceptual dialectology in Kyungpok dialects", *Journal of Language and Literature Volume* XX, The Faculty of Integrated Arts and Sciences, The university of Tokushima, 117-137.

Ogino-Tsunao(荻野綱男) (1994). *GLAPS no Tsukaikatk(How to use GLAPS)*, Private edition.

Macaulay, R. K. S. (1985). "Linguistics Map: Visual Aid or Abstract Art?", *Studys In Linguistics Geography*, Croom Helm, 175.

제3부

이상규 교수 저술 소개

사회언어학적 조사와 연구 방법
·현대 방언의 세계·방언학 연습과 실제
- 컴퓨터를 활용한 언어지리학의 실천 선물 -

이순형

경북대학교

일찍이 캐임브리지 대학교 출판부에서 펴낸 챔버·트루드길(J. K. Chambers ·P. Trudgill) 공저인 『방언학(Dialectalagy)』을 번역, 출판하신 경력이 있으신 선생님을 처음 만난 자리에서 한 질문이 있다.

「한국어 방언학자가 일본 학자와 교류하며 일본저서를 번역하는 게 괜찮은지요」 참으로 당돌하면서 선입견어린 우문(愚問)에 선생님은 '이미 늦은 감이 있다, 더 일찍했었더라면 좋았다'는 현답(賢答)으로 맞아주셨다.

2005년 이상규 선생님과는 일본 도야마대학교(富山大学)의 나카이 선생님(中井精一)의 방한을 계기로 인연을 맺게 되었다. 나카이 선생님의 저서 『현지 조사와 데이터베이스 정리의 기초 사회언어학적 조사와 연구 방법(이회, 2006)』를 한국어로 번역하면서이다. 돌이켜보면 옛말에 강산도 변한다는 10여 년을 선생님과 알고 지내 왔다. 그간에 『조선어방언사전』(한국어문화사, 2009), 『사라진 여진 문자-여진문자의 제작에 관한 연구-』(경진출판, 2015)로 이어지는 세 번의 일한번역 저서를 내는 공역 작업이 있었다. 그 가운데 두 권은 2006년과 2016년에 문화체육관공부 우수 학술

저서(역서)로 선정되는 기쁨을 누렸고, 2009년의 조선어방언사전은 신무라 이즈루 기념재단의 기금으로 출판된 것이기에 선생님과의 작업 덕분에 번역 가로서는 영광스런 경험을 했다고 할 수 있겠다. 그럼에도 불구하고 돌이켜 보면 영광스런 경험에 대한 기억보다는, 작업의 흔적인 공역서와 더불어, 선생님의 학문에 대한 뜨거운 열정에 대한 기억만이 지금껏 떡하니 자리하고 있는 것 같다. 학문을 하는 사람의 자세로, 세간에서는 논리성, 창조성 등을 운운하지만 선생님을 통해 부단한 학문에 대한 열정 또한 중요한 자세 임을 배운 것 같다.

선생님의 퇴임기념 논문집을 출간하면서 선생님의 저서에 대한 서평을 작년부터 의뢰받았다. 하지만 자격미달을 내세워 이리저리 핑계를 대다 늦 게나마 적어 남기고 싶은 한 줄이 있다는 것을 깨닫게 되었다.

- 연구한 내용을 교육으로 연계시키고 다시 교육을 통해 얻어진 경험을 연구로 환원하는 작업의 실천, 바로 언어지리학의 실천자이시라는 것을. -

본고에서는 사회언어학 특히 방언학 연구를 위한 교과서나 개설서 격인 두 권의 역서를 소개하고자 한다. 일반적인 언어정보와 방언에 관한 정보에는 큰 차이가 있다. 그것은 바로 방언에 관한 정보에는 반드시 공간 정보가 필요하게 된다는 점이다. 그 때문에 분포도나 언어지도의 작성과 고찰이 중요한 연구 수단이 된다. 본고에서 소개하고자 하는 두 권의 역서도 이 공간 정보, 즉 언어지리학과 관련된 기술을 하고 있다는 점에서 맥을 같이 한다.

먼저,『현지 조사와 데이터베이스 정리의 기초 사회언어학적 조사와 연구 방법』(이회, 2006)는 최근까지 발전을 이어오고 있는 일본의 '지역특성'을 반영한 사회언어학 연구를 위한 저서로, 처음으로 사회언어학을 배우려는 사람이 반드시 숙지해 두어야 할 연구에 필요한 기술과 응용에 대해 알기 쉽게 정리한 일종의 교과서에 가까운 책이라고 할 수 있다. 특히 이 책은 번역작업에 직접 참여한 터라 감회가 남다르다. 언어지도 문외한이었던 역자에게도 프로그램만 있으면 쉽고 간단하게 누구나가 다 재미있게 언어지도를 그릴 수 있겠다는 인상을 받았던 기억이 지금도 생생하다.

제1장에서는 일본 사회언어학 엄밀하게는 방언조사를 위한 데이터 수집과 조사에 대해 기술하고 있다. 그리고 제 2장은 엑셀을 이용하여 수집한 조사 데이터를 입력하여 전산화와 집계에 대해, 제3장에서는 Mandara라는 프로그램을 써서 언어지도를 만들고 제5장에서는 이를 아크로뱃 프로그램을 이용하여 음성언어지도를 만들어 PDF파일로 가공하는 과정을 설명하고 있다. 제6장에서는 지리분석 도구로 알려진 시판용 ArcGIS를 활용한 지도 작성에 대해, 마지막으로 제7장에서는 언어지도 작성의 역사와 정보처리에 대해 기술하고 있다. 이 책 한권과 해당 지도 작성 소프트웨어 프로그램만 있으면 사회방언학을 처음 배우는 학습자들도 누구나 손쉽게 언어지도를 그릴 수 있게 될 정도로 알기 쉽게 엮어진 저서이다. 그러나 이러한 이 책에도 아쉬운 점은 있다. 이 책에 나온 방언지도 작성 프로그램이 일본 열도를 대상으로 하고 있다는 점과 그로 인해 내용 이해를 위한 그림에 들어간 설명이 전부 일본어로 되어있다는 점이다. 한국판 GIS프로그램을 활용한 언어지도 작성 설명이었으면 더할 나위없는 훌륭한 한권의 교재가 될 수 있었다는 아쉬움이 크다.

다음으로, 책의 표지에서부터 언어지도의 매력을 한껏 발산하고 있는『현대 방언의 세계』(한국문화사, 2015)은 일본어의 방언학에 대해 그 기초 개념, 방법과 과제, 새로운 연구 시점을 평이하게 풀이한 개설서에 가까운 한 권이라고 할 수 있겠다. 일본어의 방언학의 개설서는 많이 있지만, 한 사람의 저자에 의해 기초 개념부터 방법론, 전망에 이르기까지

선입견이나 입장의 치우침 없이 기술된 저서는흔하지 않다. 그리고 기존의 연구 성과를 균형 있게 다루면서도 저자 나름의 지견을 가지고 언어체계, 언어변화의 모델, 예를 들면 '인접 전파 모델'이 가지고 있는 문제를 명확히 지적하고 있는 점은 본 저서의 백미이다. 제 1장에서는 방언이란 어떠한 말인지를 정리하고 있다. 방언이란 '특정의 언어 속에 내재하는 변이이자, 특정의 지역 언어의 총체를 의미한다'고 기술하고 있다. 제 2장에서는 지금 까지의 방언구획론에 근거하여 일본어 방언을 16개로 나누어 설명하고있 다. 제 3장부터 제 6장까지는 방언의 성립과 그것과 상응하는 중요한 지리 적 분포를 검토하고 있다. 지금까지 방언학 혹은 언어지리학이 주장해 온 '인접 전파 모델'과 그 위에서 성립된 지리적 배열(방언주권론으로 대표된 다)에서 탈피하기 위해 분포현상을 다면적으로 분석하는 GIS(지리정보시 스템)의 활용 의의를 지적하고 있다.

방언이란 어떠한 것인가를 정확히 인식하고, 각 장마다 사용된 지도는 언어의 공간정보를 상세히 제시하고 있어 방언에 흥미를 지니고 더욱더 새로이 방법론을 모색하려고 하는 사람에게 있어 적확한 방향성을 보여줄 한 책이다. 하지만, 기술 내용에 의문이나 불만이 전혀 없는 것은 아니다. 제 1장에서 '언어'와 '방언'의 구별에 대해 논의가 불충분하지는 않은지, 연구사적으로 방언주권론의 영향이 과대하게 기술하고는 있지 않은지, 제시 된 지도의 사이즈를 일관되게 할 필요는 없었는지, 표지에서처럼 언어지도 의 좌표를 컬러로 표시하거나 지도의 사이를 일관되게 할 필요는 없었는지 (두 쪽을 할애하는 지도는 도리어 파악하기 어려운 점이 있다) 등이다.

마지막으로, 저자가 어느 인터뷰 기사에서 밝힌 대로 "앞으로 언어지도가 방언형의 언어적 분포만 보여주던 한계를 극복하고 사회언어학적인 목적을 위해서도 활용될 수 있는 가능성을 보여주는 책"이라고 설명한 『컴퓨터를 활용한 방언학 연습과 실제』(한국문화사, 2018)에 대해 간단히 언급해본다.

이 책은 저자의 서문에서 소개하고 있는 바와 같
이 개인컴퓨터를 활용해 언어자료를 구축하고 그
것을 기반으로 효율적으로 언어지도를 그릴 수 있
는 구체적 방법, 국내외 언어지도 연구현황과 활
용법 등을 담았다. 학생들 스스로가 조사하고 체
험하는 참여자 중심의 수업방식으로 변화를 통한
창의교육을 위해 만든 학습자 중심의 방언학 교재
이다.

앞서 두 권의 역서에서 지적한 아쉬움을 이 책은 보란 듯이 해결하고
있다. 저자가 한국 방언 지도 제작에 유리한 Map-maker를 자체적으로
개발하여 언어지도를 그릴 수 있게 설명하고 있다. 또한 본문 내용과 특히
언어지도의 다양한 좌표를 컬러 인쇄하여 한 눈에 알아볼 수 있도록 해설하
고 있다. 무엇보다 이 책의 백미는 방언학을 이해하는 데 그치지 않고 학습
자 스스로가 실제로 시연하고 연습할 수 있다는 점이다. 저자는 학습자 중심
의 교재라고 서언에서 밝히고 있지만, 각 장마다 관련 분야의 참고 문헌을
방대히 싣고 있어 방언학에 관심을 갖고 새로이 더 연구를 하고자 하는
연구자에게 있어서도 이 책은 유효한 지침서 역할을 하리라 여겨진다.

30여 년을 방언학과 언어지리학을 연구한 학자가 강단을 떠나기 전 마지
막으로 남긴 방언학 저서는 다름 아니 방언학의 창의 교육을 위한 교재이다.
마지막까지 연구-교육-연구의 학문의 선순환을 실천하신 이상규 선생님께
사회언어학적 관점에서 일본어교육학을 연구하고 있는 일문학도는 절로 머
리가 숙여진다.

경북 상주 지역의 언어와 생활

안귀남

상지대학교

국립국어원은 급격한 사회변화로 소멸 위기에 있는 지역어를 어휘, 음운, 문법의 고유 어형뿐만 아니라 문장과 담화 차원까지 온전히 정리·보전하기 위해 총 10년(2004~2013)의 지역어 조사 사업을 수행하였다. 이 책은 그 가운데 2005년 상주 지역어 조사 결과물의 일부인 '구술 담화'만을 정리한 것으로서 2007년 『구술자료 총서(7-1)』(태학사)로 간행되었다.

이 책의 내용 구성은 두 부분으로 나눠진다. 도입부분에서는 국립국어원 지역어 조사 사업의 배경 및 전체적인 개요가 제시되었으며, 조사 과정에서는 조사 지점, 제보자, 조사 방법, 전사 및 주석 원칙, 표준어 대역에 대해 설명하고 있다. 본론은 상주 지역 구술 담화의 내용이 5장으로 구성되어 있는데, 한글 전사와 표준어 대역을 함께 볼 수 있도록 배치를 하였으며, 각 장의 끝에 주석을 제시하였다. 마지막 부분에는 찾아보기가 포함되어

있다.

1장은 조사 지점인 상주시 공성면 봉산리 마을 유래, 동네 성씨 구성, 집안 내력, 선보기, 혼례 과정, 결혼생활이 포함 되었으며, 2장에는 혼례 음식 및 잔치 음식과 한국전쟁 당시 종군, 첫날밤, 신행에 대한 내용이 포함 되었다. 3장에는 질병 및 신혼살림에 대한 내용이 포함된다. 4장에는 자식 키우기와 상주지역 전통음식과 만드는 방법, 집짓는 방법 등 식생활과 주거 생활이 포함되었다. 5장에는 가신 숭배와 고사 음식, 세시 풍속과 음식, 옛날이야기, 질병의 증세 및 민간치료법에 대한 생생하고 자연스러운 구술 담화가 포함되어 있다.

이 구술 담화는 경상북도 상주시 공성면 봉산리에 289번지에 거주하는 나상득(조사당시 76세) 할아버지와 김명월(조사당시 74세) 할머니의 구술 발화를 녹취하여 한글로 전사한 것이다. 김명월 할머니의 구술에는 시집을 오기 전후 과정에서 시집살이의 애환과 혼례를 전후한 음식 만들기 등 식생활 및 가신 숭배, 금기, 세시 풍속이 포함되어 있으며, 나상득 할아버지의 구술에는 한국전쟁 종군에 대한 이야기와 집짓기를 중심으로 한 주거생활과 가신 숭배, 금기, 세시 풍속 등 민속에 관한 내용은 상주 지역 사람의 기본적 인 삶을 반영하며 이 지역의 문화와 정신을 담고 있다.

이 책의 조사과정을 살펴보면 다음과 같다. 2005년 본 조사의 일환으로 경상북도 상주시 공성면 봉산리를 일차 조사 지점으로 선정하였다. 상주시 공성면은 경상북도 북서부에 위치하며, 상주, 김천, 구미 지역을 중심으로 하나의 방언권을 형성하고 있다.[1] 조사 기간은 2005년 7월 14일에서부터

---

1 천시권(1965)에서 의문형어미에 따라 '상주, 문경, 김천, 구미, 선산' 등을 '-여'형 지역으로 구분하였으며, 『동국여지승람』(1530, 중종 25년)의 '우도 상주진'은 현재 '경북 서부 방언, 상주, 선산방언권'을 일컫기도 하는데, '상주, 문경, 선산, 금릉, 김천' 지역을 포괄하는 의미로 해석된다. 상주 방언은 '상주방언권, 경북 서부 방언(이하 상주 방언)'을 의미하는 것으로 파악한 바 있다(안귀남 2007:424).

2005년 9월 24일에 걸쳐 이루어졌다. 전체 조사 시간은 총 28시간 정도였으나 구술 담화 가운데 약 4시간의 조사 분량을 전사한 것이다. 독자들의 편의를 위해 표준어 대역과 전사 등을 수정 보완하였고, 어려운 낱말을 주석으로 풀이하였고, 색인을 덧붙여 조사 결과 보고서의 내용과 순서를 새로 편집하여 상세한 정보를 제공하려고 노력하였다.

전사 방법은 소리 나는 대로 전사하는 것을 원칙으로 하였다. /ㅔ/와 /ㅐ/가 구별되지 않는 곳이므로 중화된 /E/를 [에]에 가까우면 [ㅔ]로 [애]에 가까우면 [ㅐ]로 전사하였고, /ㅡ/와 /ㅓ/ 구별되지 않지만 [ㅡ]에 가까우면 [의로 [ㅓ]에 가까우면 [어]로 음성적인 표기로 전사하였는데, 이것은 상주 방언의 단모음 체계가 6모음체계에 근거한 것으로 보인다. 담화 자료에서 악센트와 음장 표시는 매우 중요하지만 악센트 표시를 원문에 하면 너무 복잡하기 때문에 주석 자료를 중심으로 표시하였다. 비모음은 비모음 기호 (˜), H(높은소리)는 (')로 H:(긴소리이면서 높은 소리)는 (' ^)로, H:^ (높은 소리로 굴곡이 있는 긴소리)는 (^) L:(평탄한 긴소리)는 (:)(::)로 표시하였다. 제보자의 웃음이나 기침 등 비언어적 행위는 괄호 안에 따로 이를 표시하였다. 전사 단위는 어절 단위를 기본으로 전사할 것을 원칙으로 하였으나, 동일한 억양으로 소리 나는 경우 어절보다 큰 단위로 전사하는 경우도 많았다.

이 책의 성과와 의의는 다음과 같다. 이 책은 상주 지역 토박이들이 자연스럽게 구술하는 발음과 내용을 그대로 전사한 구술 발화 자료집이다. 그러므로 전사된 구술 자료를 통하여 조사 지역의 어휘, 음운과 문법적인 특징을 이해할 수 있을 뿐만 아니라 이 지역 토박이들의 말하기 방식과 민속적 특징을 파악할 수 있다는 점, 구술 담화 연구의 자료로서 요긴하게 이용될 수 있다는 점, 해당 자료의 음성 파일을 보존함으로써 한국어의 변화 양상을 추적할 수 있는 토대를 마련하였다는 점에서 그 의의를 찾을 수 있다.

이 책을 포함하여 지역어 조사 사업을 통해 확보한 71개 지역(국내 61지점, 국외 10지점)의 구술 담화 자료는 언어학의 새로운 '방언 담화론'[2] 분야를 여는 토대를 마련하게 되었다는 점에서도 그 의의를 찾을 수 있다. 예컨대, 상주 지역의 담화 자료는 어휘나 문법 관련 어형은 물론 문장이나 담화 차원까지 조사할 수 있게 됨으로써 2000년대 초 상주 지역의 생생한 언어 모습과 풍부한 방언 자료를 확보할 수 있게 되었다. 나아가 음성 녹취 자료 및 한글 전사 자료의 디지털화를 통해, 지역어 음성 및 한글 데이터베이스를 구축함으로써 생생한 방언 자료를 보존하고 말뭉치로서의 방언 자료를 컴퓨터로 분류·검색하는 작업이 가능해졌기 때문이다.

최근 새로운 방언 연구 방법론으로서 구술 발화에 근거한 방언 연구의 가능성이 확인된 바 있다.[3] 이와 같이 구술 발화의 언어적 가치는 최근 한국 언어학계의 관심을 가져온 입말 연구와 말뭉치에 의한 언어 연구를 통해 새로운 관점에서 언어를 바라보게 하였다는 점에서 그 성과를 찾을 수 있다. 그러나 현재 상주 지역의 담화 자료를 대상으로 한 방언 담화론의 논문은 확인되지 않는다.

이제 남은 과제는 상주 지역 구술 발화의 분석을 통해 상주 지역 입말의 고유 문법을 발견해 내는 것, 다양한 담화적 장치를 찾아내는 것, 구술 발화가 보여주는 특정 표현의 사용 빈도를 통해 언어 변화의 방향과 정도를 알아내는 것[4], 새로운 어휘 발굴과 담화 표지 등을 찾아내는 것이다.

상주 지역 방언은 매우 독특한 악센트 체계를 가지고 있지만 이 책에서는 그 특징이 온전하게 파악되지 못한 상태이므로 음성 자료를 바탕으로 그

---

2 방언 담화론은 방언을 사용하는 토박이들의 말하기 방식에 대한 연구이다. 담화 표지 또는 특정의 담화 진행 방식 등은 구술발화가 이어지는 동안 자연스럽게 표출되어 나오기 때문에 우리는 구술발화를 통하여 특정 방언의 담화 양상을 파악할 수 있다.

3 이기갑(2008), 「국어 방언 연구의 새로운 길, 구술 발화」, 『어문론총』 제48호, 한국문학언어학회.

4 이기갑(2010), 「구술발화의 전사와 분석」, 『배달말』 47, 배달말학회.

체계적 특성을 중점적으로 논의해 볼 필요가 있다. 또한 경북 서북 방언의 문법적인 특징으로 집중적으로 논의된 '-여'에 대한 연구 성과를 고려할 때를 '담화분석'의 관점에서 논의해 볼 수 있을 것이다.

언어지도의 미래

김경숙

경북대학교

이 책은 한국과 일본에서 연구되고 있는 언어지도 와 그 제작 방법에 대해 소개하고 있다. 개인 컴퓨터 를 활용하여 구축된 언어 자료를 기반으로 언어지도 를 그리는 방법과 그 실천에 대해 안내하고 있다. 컴퓨터의 발달은 방언연구의 새 장을 여는 데 지대한 역할을 수행하였다. 조사된 방언 자료의 집계, 그래 프화, 방언지도, 방언사전, 데이터베이스의 작성 등  방언학과 관련된 거의 모든 작업에 컴퓨터가 효율적으로 이용되고 있기 때문이다. 특히 언어 자료의 지도화는 자료에 대한 해석을 용이하게 하며 글로는 생각할 수 없었던 현상이나 몰랐던 것들을 보게 된다. 또한 지리적 분포로부터 역사를 추정할 수도 있게 된다. 따라서 일본을 비롯하여 전 세계 적으로 지리방언학자들은 언어지도의 전산화에 많은 노력을 기울이고 있다.

현재 일본의 언어지도 전산화 기술은 세계 최고 수준이라 평가해도 손색 이 없다. 국립국어연구소 홈페이지에 공개된 여러 대학 연구실 단위의 수백여 건의 언어 지도화 연구 성과는 괄목할 만하다. 순수 언어 지도화 연구 성과가 약 400여 건에 이를 정도이다. 한국에서의 언어 지도 제작의 전산화 과정은 방언자료의 데이터 구축 방식에 대한 모색, 백지도의 화상화 및 출력 방식, 방언자료의 부호화와 백지도 상에 진열하는 문제 등으로 집약된다. 방언 자료의 데이터 처리 과정에서 언어지도를 제작하여 출력하는 모든 과정을 전면 전산화로 처리할 수 있는 프로그램이 이상규 교수를 중심으로 한 경북대학교 언어지도 연구실에서 개발되어 활용되고 있는 단계이다.

이에 책에 소개된 한·일 학자들의 논저를 요약·정리하면서 현재 한국 및 일본의 언어지도 제작 및 전산화의 현황을 살펴보고, 언어지도의 미래에 대해 전망해 보고자 한다. 이 책은 크게 3장으로 구성되어 있다. 1장 '언어 지도란 무엇인가', 2장 '한·일 언어지도의 전산화', 3장 '언어지도의 미래' 가 그것이다. 여기서는 2·3장에 소개된 연구 성과를 중심으로 한국과 일본 으로 구분하여 검토해 본다.

1. 한국의 언어지도 전산화

80년대 이후 PC 보급이 확대되면서 컴퓨터를 활용한 언어지도 제작 방식 이 발전하였다. 전산방식을 이용한 방언지도 제작은 90년대부터 방언자료 의 데이터베이스화 방식, 언어지도 제작과 화상작업, 상징부호화된 방언형 을 백지도에 기입하는 프로그램 개발 문제 등으로 본격화 되었다. 이들에 대한 구체적인 논의를 각 단원별로 소개된 논저에 따라 차례로 그 의의를 중심으로 진행해 보고자 한다.

1.1. 한·일의 언어지도 제작 현황과 그 전망 (이상규)

초창기 한국의 데이터 전산화는 주로 'OHP', '보석글', '흔글'과 같은 워드프로세서를 이용하였으며, 백지도의 화상화 및 출력문제는 비트맵, 페인트 브러시나, 포토샵, 일러스트레이터 등 기존의 소프트웨어를 활용하였다. 화상 진열 및 출력방식은 워드의 메일머지나 백지도 상에 그리드를 설정하여 지점을 지정하는 방식이 주로 이용되었다.

한국방언지도의 전면 전산화 프로그램으로 대표적인 것이 SEAL을 활용한 한국언어지도 제작시스템인 KSEAL이다. 1983년 Chitsuko & Yusuke Fukushima는 PC에서 작동하는 언어지도 제작시스템을 개발하고, 이를 여러 차례 수정 보완하여 SEAL6.3E판(영어판)을 2003년에 개정하였다. 여기에 이상규 교수의 요청으로 한글 방언자료를 전사할 수 있도록 'i, ɐ, h' 등 3개 문자를 추가하여 KSEAL를 제작하게 되었다. 즉, KSEAL은 SEAL을 기반으로 한 한국방언자료 데이터 구축 및 언어지도 제작 전용 전산시스템이다. KSEAL를 활용한 언어지도 제작 방법이 구체적으로 소개되어 있어 간편하게 활용할 수 있게 하였다. 특히 이 프로그램은 한·중·일 언어지도 제작에 두루 활용할 수 있을 뿐 아니라, 방언 분화형의 출현 빈도수를 반영한 확산지도(diffusion map), 언어데이터의 정량적 분석에 의한 대조지도(contrast map)를 그릴 수 있는 장점이 있는 우수한 시스템이다. 다만 일본에서 개발된 도구이기 때문에 KSEAL을 자유롭게 운용하는 데는 여러 가지 한계점이 있다.

1.2. 언어지도 작성법–보석글II를 이용하여 (김충회)

이 글은 국어 전산화 발전에 선두 역할을 하였던 고 김충회 교수의 박사학위 논문(1992) 가운데 '언어지도의 작성' 부분을 발췌한 것이다. 언어지도의 전산화를 본격적으로 논의하기 시작한 의의를 지니고 있어, 그 구체적인 언어지도 제작방법을 소개하고 있다. 기본 자료 입력은 워드프로세서 '보석글II'를 이용하고, 자료의 분류 및 정리는 한글 데이터베이스인 'HANDB'를 활용하였다. 언어지도 제작은 '보석글II'를 이용한 방언형 기호가 들어갈 지점을 지정한 뒤, 별도로 제작된 기본지도 도면에 프린트를 이용하여 겹쳐 찍는 방식인 그리드(grid)제작 기법을 취하여 90여 장의 충북 방언지도를 제작하였다.

1.3. 전산처리에 의한 언어지도 작성에 대하여
-「훈글」워드프로세서로 만든 언어지도 (김덕호)

한국 내에서 널리 확산되어 등어선 지도를 그린다든지, 도나 군 단위의 언어지도 제작 방법으로 가장 일반적으로 활용된 방언지도 제작 방식이므로, 그 구체적인 제작 방식을 소개하고 있다. 페인트 브러시(포토샵, 일러스트레이터와 같은 화상 소프트웨어 등을 포함함) 등을 활용하여 그린 백지도 위에 워드프로세서 '훈글'의 메일머지 기능을 이용하여 적절한 방언 분화형을 상징부호로 묘사하는 방식이다. 다양한 지도를 정확하게 그려낼 수 있을 뿐 아니라, 하나의 파일로 저장하는 것이 가능하여 많은 용량을 차지하는 자료를 계속 정리할 수 있는 이점이 있다. 그러나 기존의 소프트웨어를 연계한 방식이므로, 엄밀한 의미에서 언어지도의 전면적 전산화로 보기는 어렵다.

1.4. 한국 방언 검색 프로그램 개발 (두길수 · 안동언)

21세기 세종프로젝트(2001)의 일환으로 개발된 '한국방언검색 프로그램'으로 방언자료 검색으로 그 성능이 아주 뛰어난 점에서 의의가 크다 하겠다. 언어지도는 마스크 기법을 활용하여 방언분포를 채색으로 표시하여 대략적인 방언 분포도는 보여 주었으나, 데이터 입력이 불가능하여 언어지도 제작 시스템으로서의 정교한 기능은 갖추지 못하였다. 이 프로그램은 Microsoft Visual C⁺⁺로 작성되었으며, 데이터베이스는 Microsoft Access를 사용하였다. 지금까지 조사 연구된 30여 권의 방언자료집들 중에서 전자 파일로 수집한 21권의 방언 자료를 일정한 형태로 가공·정리하여 한국방언 분포를 쉽게 검색할 수 있도록 하였다.

1.5. 겨레말 방언지도 제작기(Map Maker) (이상규)

전면적인 전산화로 이루어진 방언지도 제작 전용도구로 현재 가장 발전 된 방식이라 할 만하다. 상징부호 언어지도 제작용으로 윈도우즈 환경에서 작성 시간을 최소화하여 간편하게 제작할 수 있으며, 연산 및 정렬 기능을 통해 방언 분화형의 종류와 출현 빈도수를 한눈에 파악할 수 있게 하였다. 또한 좌표 설정 자동 기능을 활용해 원하는 형태의 다양한 지도도 쉽게 작성할 수 있는 등의 장점이 있다. 이 프로그램은 새지도 파일 생성, 저장된 파일열기, 지도 출력, 설정 변경 등의 기본 프로그램으로 이루어져 있다. 지도제작을 위한 데이터 구축방법으로 백지도, 좌표데이터, 어휘데이터 구 축에 대한 논의를 시작으로 구체적인 프로그램 실행에 대해 상세하게 소개 하고 있다.

2. 일본의 언어지도의 전산화

일본에서는 서구 지리언어학의 발전과 보폭을 같이 해 올 정도로, 언어지 도 제작 방법과 기술에서 상당한 업적을 쌓아왔다. 최근 컴퓨터 기술의 발달 로 방언자료의 데이터 구축에서부터 언어지도 및 음성지도 제작까지 전과정을 전산화하는 단계까지 발전하였다. 현재 일본에서 진행되고 있는 대표적인 언어지도 제작의 전산화 방법을 소개된 논저에 따라 그 의의를 중심으로 살펴보면 다음과 같다.

2.1. 보링 언어지도 - 글로토그램(지역X연령) 분포도 (다카하시 켄지高橋顯志)

일종의 '언어지층학' 또는 '언어층위학'이라고도 하는데, 글로토그램(지역×연령) 분포도 형식을 언어지도 상에 도식화한 지도이다. 마치 지질학에서 땅에 수직으로 구멍을 파서 차례로 겹쳐진 토질을 비교하여 지형의 변화과정을 설명하는 방식처럼, 한 지점에 한 사람의 화자가 아니라 세대가 다른 복수의 화자들을 조사하여 그것을 가로축에 지점(에히메현愛媛県-코우치현高知県)으로 나타내고 세로축에 연령(10대~80대)을 배치한 글로토그램(지역×연령) 분포도와 같은 표현방식이다.

방언 분포의 역사적 설명을 위한 표현 방식으로 일반적인 상징부호로 그려진 언어지도를 평면도라 하면, 글로토그램으로 그려진 보링 언어지도는 언어변화의 단층도라 할 수 있다. 이러한 접근방식은 말이 사방으로 균일하게 확산되어 간다는 기존의 방언주권론에 대한 반론으로 제기되기도 하였다. 지리언어학이 언어사의 규명을 목표로 하고 있기 때문에 사람들의 다양성 중에서 '역사'에 직접 관계가 있는 '연령'의 부분에 주목하여 '지역'과 '연령'을 축으로 하는 이차원의 언어지도를 고안해 낸 것이다. 나아가 장면, 남녀, 학력, 직업 등과 같은 다양성을 고려한 이차원·삼차원 글로토그램도 구성이 가능하다.

2.2. 방언분화형 파악을 위한 PC활용 방법 (후쿠시마 치즈코福嶋秩子)

1983년 개발한 이래 수차례 업그레이드하여 PC의 Windows상에서도 작동하는 일본 언어지도 제작 시스템을 위해 최초로 개발된 SEAL프로그램을 통해 방언자료를 보다 용이하게 처리하게 되었음을 소개하고 있다. 즉, SEAL은 언어자료의 자유로운 입력과 진열, 언어형식에의 상징부호 할당과 언어지도 작성, 단어 형태의 실현 빈도수 반영 및 지도상의 빈도수 표현 등에서 탁월한 면을 보이고 있다. 대응되는 언어적 요소를 근거로 지도의 유형화를 보여줌으로써, PC가 깔끔한 언어지도 제작뿐만 아니라, 구조적으로 언어지도를 검증하는 매우 유용한 수단임을 확인시켜주고 있다.

2.3. 음성의 언어지도 (기시에 신스케岸江信介 · 기베 노부코木部暢子 · 이시다 유우코石田祐子)

전산화로 제작된 언어지도 상에 부호와 함께 생생한 제보자의 담화자료를 제공할 수 있는 프로그램이 도쿠시마德島 대학교 기시에岸江 교수 연구실을 중심으로 자연담화자료의 음성 언어지도(2002)로 개발되었다. 음성 언어지도제작은 시판되는 소프트웨어를 이용하여 상징부호 언어지도를 만들고 여기에 음성 정보를 부가하는 방식이다.

엑셀2000과 Filemaker Pro 5.5, Acrobat5.0과 같은 시판 소프트웨어를 이용하여 ①데이터 입력, ②기호 폰트 제작, ③기호로의 전환, ④백지도 준비, ⑤Filemaker Pro로 신규 파일 제작, ⑥PDF화와 폰트의 프로그래밍 과정으로 언어지도 작성, ⑦Acrobat상의 링크 프로퍼티를 활용하여 상징부호에 링크 툴 만들기 ⑧각 기호마다 음성파일 연결하기 ⑨음성 언어지도 완성하기 등의 과정을 통해 만들어진다. 음성언어지도 제작은 미래의 방언 연구를 위한 새로운 방향을 제시하고 있다. 제작이 간단하고 자유롭게 증보할 수 있어 무한히 이용 가능하다. 향후 GIS프로그램을 활용한 다차원의 입체적인 언어지도를 구성할 수 있는 방향을 제시하고 있는 셈이다.

2.4. 언어지도 작성의 전산화
-『방언문법전국지도』제5집을 예로(오니시 다쿠이치로大西拓一郞)

일본 국립국어연구소(2002)에서는 『방언문법전국지도(GAJ)』제5집부터 전면적으로 언어지도화 과정을 전산화하였다. GAJ는 지도와 문자, 방언형의 부호 또는 색깔을 화상으로 여러 장을 포개어 언어지도를 제작하는 방식으로, 시판되는 아도비사의 화상소프트웨어(draw계)인 일러스트레이터(Illustrator)를 활용한 것이다. 각 지점에 기호가 자동적으로 방언 분화형을 선택하도록 하는 플러그인(Plug-in)을 개발함으로써 일러스트레이터를 지도작성용 툴로 변신하게 하였다. 말 그대로 언어지도 제작의 자동화를 꾀한 LMS(Language Map System)은 '언어지도 작성용 플러그인 기능을 갖춘 프로그램이다.

일러스트레이터에서는 화상 전체를 레이어와 각 레이어상의 오브젝트(백지도·지점·기호/색상/문자)의 조합으로 구성된다. 마치 투명한 OHP시트와 같은 레이어를 층층이 겹쳐서 지도를 만든다. 각 파일 중에서 기호나 색채 등에 명칭을 부여하고 이를 관리하는 기능을 가진 스워치(swatch)를 활용하여 언어지도 제작의 전면적인 전산화가 가능해졌다.

2.5. 필드언어학과 GIS - GIS에 의한 새로운 방언연구의 가능성과 그 전략
(나카이 세이이치中井精一)

지역사회의 삶이나 산업구조의 변화에 따라 방언연구도 국어사 편중의 전통적인 방언연구에서 벗어나 인접학문과의 교류를 통한 학제적 연구에 활발한 논의가 있어야 할 것이다. 도시화된 현대사회에서도 여전히 '지리적 분포로부터 언어의 사적 변천과정을 해명해야 한다.'는 패러다임을 갖고 반성 없이 농어촌을 조사 필드 대상지로 삼아 논의한다는 것이야말로 오늘날 방언학이 사양길에 직면한 원인임을 설파하고 있다.

여기서 현대 도시사회의 라이프 스타일의 다양화에 따른 퍼스널 네트워크에 바탕을 둔 개인 언어에 주목할 필요성을 제기하고 있다. 또한 지리정보를 데이터베이스화하여 지도나 그래프 등의 기법을 통해 표현하는 지리정보시스템(GIS)이 정체된 필드언어학을 타개하는 실마리로 제기하고 있다. 이 2가지를 포함할 수 있는 방법론적 가설을 준비하고 현실적 대응을 위한 검증 작업으로, 퍼스널데이터 수집 방법인 휴대메일을 이용한 데이터 수집과 GIS를 활용한 방법론을 소개하고 있다. 곧, 휴대전화 메일 기능을 이용하여 질문을 송신하고 답신하는 방식으로 정보를 수집·정리하여 GIS소프트웨어 MANDARA를 이용하여 언어지도를 작성하였다.

지금까지 이 책을 검토하면서 얻은 향후 지리언어학이 지향해야 할 과제를 제시하는 것으로 글을 마무리하고자 한다. 담화·구술 조사를 통한 담화문법의 체계화, 사회 계층적 언어 차이의 조사를 통한 사회언어학적 연구 영역의 확대, 한·중·일 언어접촉에 따른 기초어휘들의 지리분포에 대한 면밀한 조사와 통일된 언어지도화 작업, 이용하기 쉬운 형태로 가공된 원 방언 자료의 데이터베이스화를 통한 공개, 음성언어지도(talking map)나 화상·텍스트·음성 파일을 조합한 하이퍼미디어 사전(Cyberlemma) 간행, 선행 언어지도와의 비교를 통한 리얼타임의 언어 변화에 대한 체계적인 분석, 복수 지도에 대한 종합적 해석, GIS시스템과의 제휴를 통한 언어지도 제작 시스템의 호환 등에 대해 많은 지리방언학자들의 성과를 기대해 본다.

한글공동체
-다양성을 통합하는 공동체로서의 한국어와 한글-

김덕호

경북대학교

『한글공동체』라는 말은 다분히 사회과학적인 뜻을 가진 표현이라고 볼 수 있다. 이 책에서는 '나'와 '너'가 아닌 '우리'로 통합할 수 있는 공동체로서 한글과 한국어의 위상을 살펴보자는 것이 주목적이다. 머리말에서 필자는 『한글공동체』가 바르고 품격 높은 우리말과 우리글을 세계에 널리 알리고 나누어 우리 문화를 융성시키고, 문자가 없는 이웃 나라와

종족들의 구어 자산을 한글로 기록하여 보호하는데 역할을 할 수 있다고 밝히고 있다. 이러한 『한글공동체』는 차별적 공동체가 아닌 한글을 통한 통합적 공동체로서 한글과 한국어로 소통이 가능하도록 다양성을 지닌 그 자체로 통합하자는 의미에서 한글 나눔의 시대를 만들기 위함이라고 필자는 기획 의도를 밝히고 있다. 20세기 초 일제 강점기 동안 우리말글을 지키기 위해서 혼신의 노력을 다해온 민족 선각자들은 한글을 통해 민족 상상의 공동체로 결집하면서 한글을 지키는 일이 곧 나라를 되찾는 길이라 생각했

다. 그러한 노력이 결실을 맺어서 해방 후 한글과 한국어를 지키는 여러 가지 활동이 이루어졌으며, 이제 21세기 지구촌 시대에 접어들면서 한글과 한국어를 나누어 인류공영에 이바지할 수 있다고 생각한 필자는 개별적인 특성을 무시하는 입장에서 융합이 아니라 다양성을 지닌 그 자체로 병존의 의미를 담은 통합적인 『한글공동체』를 제안하고 있다.

이 책은 총 4부로 되어 있다. 제1부 한글의 겉과 속, 제2부 우리 문화의 금자탑, 한글, 제3부 한글 지식·정보의 생산과 관리, 제4부 한글공동체로 구성된다. 각 부분에 세부 주제를 보면 다음과 같다. 제1부 한글의 겉과 속에는 1. 훈민정음 창제를 둘러싼 문제 2. 잠적해 버린 상주본 "훈민정음" 3. "세종실록" 분석을 통한 한글 창제 4. 한글, 과연 과학적인 문자인가? 5. 익선관 내부 "훈민정음" 제자해 이다. 제2부 우리 문화의 금자탑, 한글에는 1. 조선시대 한글 재판 판결문 2. 식민 조선의 한글, 조선어학회 사건 3. 박정희 대통령의 한글 전용화 담화문 4. 한글 전용화 선포 그 이후 이다. 제3부 한글 지식·정보의 생산과 관리에는 1. 한국 국어 정책의 미래 2. 생태적 관점에서의 한국어 정책 3. 국립국어원 한국어문 정책 연속 토론회 이다. 마지막으로 제4부 한글공동체에는 1. 국어기본법에 근거한 외래어 표기법 분석 2. 우리의 말과 글은 문화의 나이테 3. 창조적 문화 기반, 한국어종합기반사전 4. 남북 한글공동체로 되어 있다.

가히 한글과 한국어에 관련된 많은 문제를 다루고 있다고 할 수 있다. 특히 한 나라의 국어정책을 입안한 경험이 있는 필자가 지닌 지식의 폭을 다분히 느낄 수 있는 내용으로 구성되어 있다. 또한 그동안 수많은 학술적인 연구 업적을 보유하고 있고, 국어와 관련된 전문적인 식견이 높은 학자인 필자가 이 분야에 관심이 많은 일반인 독자도 흥미롭게 읽을 수 있는 내용으로 글을 쉽게 전개하고 있다는 점이 눈에 띄는 특징이다.

제1부 '한글의 겉과 속'에서는 주로 훈민정음과 한글 창제에 관한 내용을 다루고 있다. '훈민정음 창제를 둘러싼 문제'에서는 한글날의 유래와 훈민

정음 반포에 대한 속 이야기 및 한글 창제자와 창제에 대한 독창성을 둘러싸고 발생한 여러 가지 억측들을 일축하고, 세종이 직접 창제했다는 여러 가지 증거를 제시하고 있다. 또한 자모 명칭이나 배열의 변천을 정리하고 있고, 해례본의 가치와 최근 이루어지고 있는 훈민정음 영어 번역본에 대한 문제점을 제시하고 있다. '잠적해 버린 상주본『훈민정음』'에서는 얼마 전에 상주에서 발견된『훈민정음』해례본이 발견되기까지의 경위와 이 판본의 가치에 대해서 국어 전문가로서의 평가와 국어정책 입안자로서의 의미 있는 제안을 하고 있는 부분이 눈여겨볼 만한 대목이다. 향후 전 인류가 공유해야 할 세계적인 우리의 문화 자산을 온전하게 보존하기 위해 문화재 관련 법안을 강화하고 해외 유출을 방지하기 위한 특단의 대책 마련을 촉구한 내용이 눈에 띈다. '『세종실록』 분석을 통한 한글 창제'에서는 국어학자로서 연구 과정을 제시한 내용으로 관련된 사료의 순차적인 검토를 통하여 한글 창제 과정을 둘러싼 여러 가지 문제를 살펴보고 있다. 특히 예의에서 해례본과 언해본으로의 계기적인 이행 과정에서 내용상 표기를 위한 상당한 변개과정이 있었음을 밝힌 것이 탁견이라고 할 수 있다. '한글, 과연 과학적인 문자인가?'에서는 한글의 창제 과정에 있어서의 과학성에 대한 새로운 해석을 시도하고 있다. 세종의 훈민정음 창제는 순환적이고 융합적인 동아시아의 음양오행 사상을 우리식으로 재해석하고 응용한 고갱이라고 밝히고 있으며, 이에 역학과 성음의 관계와 예악을 기반으로 한 정음, 정성의 체계화를 시도한 역작이라고 밝히고 있다. 또한 한자 차자로 인한 불통의 어려움을 겪고 있는 백성들에게 소통의 생활을 열어준 표음문자이고, 그 해설서인『훈민정음』해례본은 현대 언어학적인 원리를 능가하는 변별적인 대립과 계열적, 통합적 원리를 고스란히 담고 있다고 제시하고 있다. 뿐만 아니라 위대한 한글의 보다 나은 발전을 위해 디지털 시대를 맞이한 우리가 무엇을 해야 하는지 제안하고 있다. '익선관 내부『훈민정음』제자해'에서는 2013년 세종의 익선관으로 추정되는 유물과 그 모자 내부에『훈민정음』의 글자가 들어 있어서 세간에 화제가 되었다가 우발적 사건으로 끝난 일을 소개하고 있다. 만일 이 익선관이 세종의 것으로 판명된다면 한글 창제에 대한 세종의 열정을 다시금 되새길만한 중요한 사료가 될 개연성을 지닌 것이었다. 하지만 수차례 고증의 절차와 시료에 대한 탄소 연대 측정 결과, 17세기 이후 유물로 판명되었다. 이 글을 통해 필자는 이러한 유물에 대해 관심과 성원을 보내준 많은 분들과 언론에 심심한 유감을 솔직하게 전하고 있다. 물론 아직까지 풀리지 않은 의문이 한두 가지가 아니지만 유물의 연구 과정에서 세심한 주의가 필요하다는 교훈을 보여주고 있다.

제2부 '우리 문화의 금자탑, 한글'에서는 우리 말글살이 문화 속에 한글이 어떻게 확산되어 왔는가 하는 과정을 보여주는 내용이다. '조선시대 한글 재판 판결문'에서는 한글이 백성들에게 편리하게 사용되기를 원했던 세종 이후 민간에 한글이 얼마나 보급되었는가 하는 문제를 다루고 있다. 그런데 한글 사용을 금지한 성종 이후 개화기까지 약 500여 년간 당시 지배 계층에게 통용문자로 인정받지 못했던 불우한 기간도 있었다. 그럼에도 불구하고, 그동안 관에서 통용되던 관부문서의 일부와 백성들끼리 소통되던 사인문서와 심지어 왕실에서 사사롭게 하달되던 전교에 한글 사용은 보편화되고 있었다. 그러다가 고종의 칙령에 의해 한글이 공식적인 국가 문자로 선언되었다. 이후 1970년대 박정희 대통령의 한글 전용화 선포 이래로 2005년 국어기본법에 규정이 만들어지면서 명실상부하게 한글은 우리의 말글살이 문화에 중심으로 자리매김을 하게 되었다. 이러한 과정에 조선시대 소송문서가 한글 확산에 중요한 발판이 되었던 자세한 내막을 설명하고 있다. 다음으로 '식민 조선의 한글, 조선어학회 사건'에서는 식민지 시대에 우리말글을 지켜내기 위해 33인의 선각자들이 겪어야 했던 조선어학회 사건 전모를 제시하고 있다. 또한 조선어학회 관련 인사들의 한글보급을 위한 활동성과를 다시금 재조명하는 기회를 제공하고 있다. '박정희 대통령의 한글 전용화 담화문'에서는 '한글'이 전 국민의 소통 문자로 자리 잡기까지 역사적으로

4가지 중요 국가 어문 정책 중에서 1970년 1월 1일부터 한글 전용화를
실시한다는 박정희 대통령의 담화문에 대한 내용이다. 그리고 필자는 이를
국가와 사회의 미래를 예단한, 나라 글자의 탁월한 개혁 정책 가운데 하나라
고 평가하고 있다. '한글 전용화 선포 그 이후'에서는 1970년부터 시행된
한글 전용화 정책 이후 달라진 우리말글 생활에 대한 여러 가지 일들과
관련 정책들에 대한 필자의 경험과 생각을 기술하고 있다. 필자는 한글 전용
화 정책을 한글의 미래를 보장할 만한 중요한 어문정책이며 정치적 결단이
라고 평가하고 있다.

제3부 '한글 지식·정보의 생산과 관리'에서는 제7대 국립국어원 원장으
로서 국가의 어문정책을 입안하는 일에 깊이 관여하면서 경험했던 필자가
여러 가지 문제들을 소개하는 내용이다. 특히 우리말글의 미래를 위해 추진
해야 할 몇 가지 중요한 일들 중에 한국어와 한글 관련 지식 및 정보의
생산과 관리를 체계적으로 추진해야 한다는 필자의 혜안을 담고 있다. 먼저
'한국 국어 정책의 미래'에서는 세계적으로 언어멸종 시대를 맞이하여 공존
을 위해 어떤 언어 기획이 필요하고, 이러한 언어 기획에서 국가 어문 정책
의 순환적 관리 모형을 제안하고 있다. 또한 현재 적용되고 있는 국어 규범
의 문제점을 성찰하고 바람직한 관리를 위한 현안을 제안하면서 미래 우리
말글의 소통과 국가 어문정책의 대안을 모색하고 있다. 다음 '생태적 관점에
서의 한국어 정책'에서는 공존을 위한 언어적 다양성을 인정하면서 우리말
의 다양성을 살리기 위해서 필요한 노력을 제안하고 있다. 특히 국가의 언
어, 지식 정보를 충분히 담을 수 있는 광범위한 한국어 기반 사전의 구축을
시도해야 하는데, 이를 위해 1차 세종계획 이후, 후속 세종계획의 조속한
추진을 제안하고 있다. '국립국어원 한국어문 정책 연속 토론회'에서는 한
국어문 정책의 올바른 길 찾기에 필자가 평소 고심했던 여러 가지 정책적
대안을 모색하고 있다. 특히 외래어 표기법, 로마자 표기법과 같은 한국어
어문 규정의 핵심적인 논점들과 표준어와 방언 문제, 순화어 문제, 영어전용

문제 및 전문용어 관리 문제를 수차례의 연속 정책토론회를 통해 합리적인 대안을 모색하면서 집적된 중요한 견해를 제시하고 있다.

제4부 '한글공동체'에서는 외래어 표기법의 문제나 지역 말의 문화적 가치 확보하기 위한 노력 및 한국어종합기반사전을 통한 창조적인 문화 기반 마련과 통일시대를 대비하여 남북 한글공동체 교류의 필요성을 밝히고 있다. 먼저 '국어기본법에 근거한 외래어 표기법 분석'에서는 필자가 평소에 관심을 가지고 있는 우리나라 외래어 표기법의 문제점을 정밀하게 분석하고, 이러한 문제점을 극복할 수 있는 대안을 제안하고 있다. 특히 국어기본법에 철저하게 의거하여 현행 외래어 표기법의 체계적인 불균형과 각각 별도로 구성된 국가별 외래어 표기 용례에서 나타난 오류를 지적하면서 외래어 표기법의 표준화를 제안하고 있다. 또한 인명 지명 표기 원칙도 통일할 것을 제안하고 있다. 다음 '우리의 말과 글은 문화의 나이테'에서는 지역 말에 내재된 언어 지식 및 문화 요소의 속살을 발굴하여 고급문화 정보로 구축해야 한다는 제안을 하고 있다. 이러한 의지와 노력이 우리 문화를 더욱 살찌우고, 다양성을 인정하면서 차등과 차별을 극복하기 위한 대안이라고 주장하고 있다. '창조적 문화 기반, 한국어종합기반사전'에서는 한 국가의 사전 사업은 국가와 민간이 협동하여 이루어내야 하는 고도의 지적 축적물이라고 밝히면서, 한국어종합기반사전의 구축을 제안하고 있다. 이러한 한국어종합기반사전은 우리 문화를 잘 담아내기 위해서 반드시 필요한 그릇이며, 미래의 창조적 문화 기반을 구축하기 위해서도 필수적인 요건이라고 밝히고 있다. 마지막으로 '남북 한글공동체'에서는 분단 70년 간 간극에서 비롯된 남과 북의 언어적 차이를 줄이고, 민족어의 통일적인 발전을 꾀하기 위해 그동안 이룩한 여러 가지 일들을 소개하고, 필자의 견해를 피력하고 있는 내용이다. 2003년 북쪽의 사회과학원과 학술교류를 시도하면서, 그해 11월에 이루어진 남북 공동학술대회를 비롯하여 이루어진 여러 가지 협력 사업의 성과를 제시하고 있다. 특히 남북 지역어 조사 사업과 남북 겨레말큰

사전 편찬 사업, 북한 초중고 교과서 분석 사업, 남북 학술 전문용어 분석 사업 등 실로 남북한 관계를 개선하기 위해 물꼬를 트는 일들이 여러 가지 있었다. 그러면서 남북의 언어 문제는 앞으로 이루어질 통일 시대를 대비해서라도 반드시 해결해야 하는 중요한 민족의 책무임을 제안하고 있다.

　이상에서 살펴보았듯이 필자는 이 책을 통해 한글과 한국어에 관련된 많은 문제를 다루고 있다. 그런데 한 국가의 어문정책을 담당했던 필자의 생각을 몇 장의 서평으로 담아낸다는 것이 어쩌면 역부족한 일이 아닐까 우려된다. 다만 그 의의를 정리한다면 이 책은 한글공동체에 속해 있는 일반 국민들에게 생활 속 우리말글의 중요함을 느낄 수 있게 할 것이고, 한국어와 한글의 미래를 염려하는 전문 연구자들에게는 중요한 지침이 될 것이다. 또한 현재 어문정책을 담당하고 있는 정책입안자들에게는 중요한 참고 자료가 될 수 있을 것이다.

한어방언지리학

민영란

위해대학교

이 책은 2005년 중국문사출판사에서 출판된 교재 성질을 띤 학술전문서적이다. 언어의 다양한 지리적 분화를 체계적으로 기술한 방언의 개설서라는 점에서도 매우 유용한 가치가 있고 한어와 중국문화를 이해하는데 통로역할을 할 것이라는 점, 중국의 다양한 방언지역이 어떻게 나뉘어져 있는지 그러한 구분의 근거가 무엇인지 잘 설명되어 있는 책이라는 점에서 학술저서로서의 가치가 있다.

제 1장 서론부분에서는 방언에 대한 개념을 정리하였고 방언 지리학의 등장에 대해 역사적으로 서술하였다. 이 책에서는 방언의 언어학의 의미를 한 언어의 지역적 변이형이라고 정의하였다. 중국서한말년에 양웅이 지은 '방언'은 일종의 비교방언 어휘의 전문서라고 하였다. 방언학에 대해서는 방언을 연구하는 언어학의 한 갈래로 보았다.

현대방언학은 바로 벤터와 질리에롱의 시행한 두 가지의 조사를 기반으

로 하여 차츰 형성되었다. 1960년대에 와서 윌리엄 라보브(William Labov)
의 뉴욕시의 일부 주민들이 사용하는 영어의 차이점에 대해 조사를 하였는
데 이 두 가지 조사연구를 기반으로 사회방언학이 형성되었다. 방언학은
이때로부터 방언지리학과 사회방언학으로 구분되었다.

한어방언학은1918년 베이징대학교 민간가요 수집으로부터 시작되어1924
년에 방언조사회를 설립하고 '방언지도제작'과 '방언음성조사확정'을 제시
하였다. 언어방언 조사연구의 구체적인 전개는 1928년 중앙연구원 역사언
어연구소가 설립된 후 엄청난 분량의 방언조사를 하였는데 기술과 기록위주
로 되어 서구와는 다른 학술전통이 형성되었다. 방언학의 주체는 기술방언
학이며 역사방언학과 방언지리학은 보조적인 정도였다.

방언지리학과 방언지도의 소개와 탐색은 외국서적의 유입, 번역, 그에
대한 평론으로 이루어졌다. 1954년 치크바와의『언어학개론』, 저우지아귀
(周嘉桂), 가오밍카이(高名凱) 역, 레오나드 블름필드의『언어』(袁家驊
역,1980), 페르디난드 소쉬르의『일반언어학 교정』(고밍카이 등 번역,
1982) 팔머의『언어학 개론』(李榮 등 역, 1983), 하시모도 만타로의 '언어
지리유형학'(余志鴻 역, 1985), 호케트의『현대언어학 교정』(索振羽·叶蜚
声 옮김, 1986) 등 많은 책들이 번역되었고 여러 출판사와 언어학 잡지들에
서 방언지리학 관련 논문이 번역 소개되고 이에 대한 평론도 나왔다.

중국에서 방언 지리학을 소개하고 제창한 린위탕(林語堂), 그리고 천치상
(岑麒祥 1936)의 방언지리학에 대한 소개는 최초의 문헌이라 할수 있다.
고밍카이(1954)에서 지리방언학에 대한 간략한 소개가 있고 천치상(1956)
에서 방언지리학의 발전사와 소개한 글이 있다. 위엔쟈화(袁家驊1958),
저우전허(周振鶴), 유루제(游汝杰 1986)는 문화적 시각에서 방언 문제를
다루었고 후지민(1990), 후퉁쟝(徐通鏘 1991)에서는 역사언어학 시각에서
방언학을 다루고 소개하였다. 류궈휘(刘国辉 2000)는 역사비교언어학의 시
각으로 다루었고 유루제(1984)는 방언지리와 역사, 행정, 지리 간의 긴밀한

관계로 방언지리학을 다루었다. 그의 방언지리학에 대한 연구성과는 '한어방언학교정'이다. 이와타이(1995)의 평론, 초찌윈(曹志耘 2002, 2004)의 두 편은 한어방언 지리학 건설을 탐색한 논문이다.

방언지도, 조사방법, 지도제작, 지도해석과 관련하여 천치상(1936, 1956)의 저서를 들 수 있다. 허끙융(何耿鏞 1984)에서는 방언지도에 대한 비교와 평론이 이루어졌고 황징후(黃景湖 1987)에서는 지리지도 표시법으로 방언지도제작의 절차와 방법에 대해 상세히 소개하였다. 주지엔숭(朱建頌 1990)에서 방언지도의 작용, 지도 제작절차, 유형에 대해, 잔버후이(詹伯慧 1991), 류우쯔지(陸致極 1992)에서는 방언지도 재료취급과 방언조사자료 결과물로 지도에 표시하는 문제, 천치광(陳其光 1998)에서는 방언지도의 간략한 소개, 천짱타이(陳章太 2001) 등에서는 방언특징 분포지도를 제작하는 일의 중요성, 장웨이자(張維佳 2004)에서는 방언 지도 디지털화가 방언지도 제작의 새로운 추세라고 주장하였다.

방언지리학의 개념에 대해 이 책에서는 정의하지 않고 『언어학명사해석』(1960), 『심판사해』(1979), 『간명언어학사전』(1984), 『사회과학대서전』(1984) 등 사전의 해석을 이용하여 견해에 따라 서로 다른 해석을 가하고 두 가지 점을 지적하였다. 한어방언 지리학과 한어기술방언학은 상호보충하고 협력보완하는 관계라는 것과 방언지도는 방언지리학의 필수내용이라는 점을 분명히 하였다. 그리고 한어기술방언학은 '자음'만 조사연구하지만 한어방언지리학연구는 어휘에 대한 조사와의 비교측면에서 비롯된다 는 점을 지적하였다. 그리고 한어방언학이 '자음'조사에만 치중한다는 것은 현실과도 부합되지 않으며, 방언지리학의 조사연구에 대해 말하면 한어기술방언학은 음운을 확인하는데로부터 시작되어 체계적인 발음, 단어의 음운변화, 어휘와 문법을 조사하는 절차 모두가 한어방언지리학에 채용되어야 한다는 견해를 내놓았다.

방언지도 목적에 대하여 일부학자들은 언어형식의 역사적 변화를 연구하

는 데 두고 일부 학자들은 방언분류의 추세를 나타내는 데 두었다. 한어방언
지리학의 발전사는 아직 전문적인 연구성과가 부족하여 소개에는 무두 사례
뿐이라고 하였다.

린위탕(林語堂 1927)은 '전한시대의 방언구역고'를 발표하였고 뤄창페
이(羅常培 1931)는 절운의 어-우 양음가 및 그 방언고'를 발표하고 고토
아사타로우(候藤朝太朗 1931)는 '중국 입성의 지리연구'를, 중앙연구원 역
사언어연구소는 지역방언에 대한 조사를 하였는데 그중 적지 않은 방언지도
가 포함되었다.

벨기에 신부 구루텔(1943, 1945, 1946, 1958, 1998) 논문집에서는 처음
으로 언어지리학을 한어 연구에 운용하여 방언지도를 제작하였다. 1960년
대로부터 2004년 언문출판사, 과학출판사, 상무인서관, 인민출판사를 비롯
한 여러 출판사들에서 중국과학원 언어 연구소, 일본국립아세아아프리카 언
어문화연구소를 비롯한 많은 연구소와 언어학자들의 학위논문에 이르기까
지 방언지도, 음운연구, 방언구획, 방언지리학 연구논문들이 쏟아져 나왔다.

제2장에서는 주로 방언지도의 형식, 분포와 지도제작 문제에 대해서 소개
하였다.

방언지도는 형식에 따라 점상분포지도, 등어선지도, 면상분포지도로 나누
어 고찰 하였다. 방언지도는 다른 각도에서 항목의 수량에 따라 단일항목
지도와 다수항목 지도로 나눌 수 있다. 단일항목지도는 한장의 지도에 여러
개의 다른 항목의 지리분포를 함께 나타낸다. 방언지도의 형식적 측면에서
의 분류방법가운데의 하나는 기술지도와 해석지도이다. 기술지도는 방법지
도를 만드는 원자료를 간단하게 지도위에 입력한다. 기술지도를 만드는 방
법은 두 가지로 나누어볼 수 있다. 하나는 원자료 지도이고 다른 하나는
편집지도이다. 해석지도는 주요 3변이형이 한 지역에서 부터 다른 지역까지
분포하는 상태를 전시함으로써 보다 일반적인 진술을 하기 위한 것이다.

방언분포의 지도지점은 지점 분포의 척도를 구분해야 한다. 거시적인 척

도의 분포지점(성급마다 하나), 중간적인 척도의 분포지점(현급마다 하나), 미시적인 척도의 분포지점(향가 진의 행정단위마다 하나) 등이 있다. 크게 구분하면 거시적 또는 미시적 인 것 두 종류로 나눌 수 있다. 분포지점이 성긴 방언지도는 주로 거시적인 상황을 제공하는데 그 목적이 있고 배치지점이 조밀한 방언지도는 미시적인 장면을 지도하는데 그 목적이 있다. 방언지리학 연구의 주요 목표는 바로 언어형식의 역사적 변천 문제를 규명하는데 있어서 주요한 변이를 빠뜨리지 않도록 하는것이다. 이것은 등어선의 정확성에 대해서도 중요하다. 비교적 이상적인 방법은 행정지역이나 지리지역에 따른 분포지점에 기초를 두고 방언차이의 실제 정황에 따라 조정하면서 지리지역의 균형문제를 적당히 고려해야 한다는 것이다.

방언 분포 지도는 행정지역 지도를 점상방언 지도의 기본으로 삼고 행정지역 지도를 기본 지도로 하여 제작하는 것이다. 가장 좋은 방법은 최근의 행정지역과 지명 변경상황을 설명하는 것이다. 점상특징 방언 분포 지도는 각종 부호를 사용하여 가가의 언어 특징을 표시하는 동시에 방언 특징의 위치를 대표하도록 해야 한다. 등어선을 그리는 방법에는 등분원칙에 따라 표현상 서로 배척하는 두 개의 방언지점의 중간을 등어선이 통과하도록 하는 방법과 표현상 서로 배치하는 두 개의 방언경계지점 중간에 있는 행정지역 분계선과 등어선이 겹치도록 하는 방법이 있다 (이때 행정구역 분계선을 통과할 때만 적합).

표상분포지점을 그리는 방법에는 등어선을 경계로 하는 것과 행정지역을 경계로 하는 두 가지 방법이 있다. '중국방언지도집'에서 방언조사는 50년대 방언조사의 성과, 이전의 연구, 최근의 조사 등을 근거로 하여 성과 구로 나누어 배정하였다. 방언조사는 종이지도와 전자지도 두 종류로 나누었다. 종이지도 제작을 수공으로 완성한 후에 스캐너를 이용하여 전자형식으로 바꾸어 다시 가공한다. 사실상 윈도스 그림판 도구로 훌륭한 방언지도를 제작할 수 있다. 비교적 복잡한 방언지도는 전문적인 제작용 소프트웨어를 사용하여 제작한다.

제3장에서는 언어특징의 지리분포 유형과 등어선 이론을 전개하였다.

언어특징의 지리 분포 유형을 살필 때 구체적인 언어형식의 대립을 '정특징'과 '부특징'으로 갈라서 유용하게 보여주었다. 언어 특징의 지리적 분포는 연속분포와 불연속 분포로 나누어 보여 주었다. 사실상 불연속 분포는 넓은 의미에서 연속 분포로 볼 수 있다. 이에 대한 이론모형은 실제 언어에서 자주 부딪치는 문제이며 비중심지 역의 방언이 달라지는 현상과도 관련된다고 하였다.

불연속 분포의 형성원인에 대하여 이는 흔히 이민으로 인한, 자존현상 또는 수평적인 변화와 관계가 있다고 하였다. 어떤 언어특징을 지닌 거주민이 원거주지를 떠나 어떤 특징을 지니지 않은 지역에 들어가면 불연속 분포가 형성될수 있다. 외부방언의 잠식이나 방언중심으로 확장되는 새로운 음운변화가 흔히 지리적으로 불균형한 상태로 나타내면서 불연속분포를 조성하게 된다. 인접하지 않은 두 방언에서 수평적 변화가 발생하는 것도 새로운 특징의 불연속 분포를 조성한다고 하였다. 이 책에서는 여러 학자들의 견해에 따라 광동, 홍콩지역의 하카말, 민난, 민둥 지역의 민방언 등에서의 음운 고찰을 통하여 불연속분포상황과 원인을 밝히였다.

이탈리아 방언학자인 볼링거(Dwight bolinger)와 시언스(Donsald A. sears)의 언어 양상에서의 '구역모형'을 네 가지로 갈라 소개하였다, 고립구형모형, 양 날개 구역모형, 주요구역모형, 만기구역모형에서 바르톨리의 네 가지 구형모형에서 '주요구역모형'을 제외한, "고립구형모형'과 '양 날개 구형모형'이 상충된다는 점외에 다른 세 구형모형은 사람들의 경검과 상당히 일치하고 있다고 하면서 그 적용의 타당성에 대해서는 충분한 검증이 필요하다고 하였다.

이 책의 저자는 진어(晉語)에 대한 진술은 전형적인 '고립구역모형'이라고 하면서 독자에게 지형지도를 기초로한 진어분포지도를 제공하지 못한 점을 안타깝게 생각한다고 하였다.

등어선의 이론에 대하여 우선 등어선이란 무엇인가에 대하여 설명하였다. '등어선'이라는 단어는 리트비아 언어학자 빌렌스타인(J. G. A. Bienstein 1982)이 처음으로 사용하였다. 등어선은 동일한 언어선이라는 뜻이다. 중국에서는 '동어선', '등어선', '동음권선'이라도 부른다. 이것은 방언지도에서 경쟁적인 언어특징이나 형식이 분포하는 지역의 경계선을 말한다. '요목 지도에서 발음이 같은 지역을 하나의 선으로 이은 것이 바로 등어선 이다'(잔버휘 1991/2000, 323) 이 책에서는 발음이 같은 지역을 선으로 연결하는 것이 무한히 가능하다고 하였다.

등어선 그리는 데에는 두 가지 방법이 있다. 통상적으로 등어선과 이어선이다. 두 가지 등어선은 본질적으로 차이가 없다. 언어특징의 정확한 분포를 알 수 있다면 이 두 가지 등어선 간의 전환은 쉬운 일이다. 이 책의 등어선 지도는 대부분 단선 등어선 지도이다. 등어선의 의미는 언어특징이나 형식 분포의 지리경계를 명확하게 나타 내는데 있지, '어떤 음운이 확실히 어느 선까지 끝나고 어떤 음운이 어느 선부터 시작하는가'를 설명하는데 있지 않다고 하였다. 그리고 지점을 촘촘하게 배치한 등어선은 새로운 사실에 따라 수정해야 한다고 지적하였다.

등어선이 방언분포구역에 작용하는 방식에는 절단방식(가르는 방식)과 삽입방식(안에 끼여 들어가는 방식)이 있다. 전자는 절단하는 방식으로 전체지역을 두개 지역으로 나누는 등어선을 가리키고 후자는 폐쇄된 고리가 전체지역안에 삽입되어 두개 지역으로 만드는 등어선을 가리킨다.

전체지역은 절대적일 수도 상대적일 수도 있다. 한어 전체 지역으로 보면, 라인관화가 국한된 지역이다. 한어분포지역은 '절대적인 전체지역'이고 라인관화, 시난관화분포는 '상대적인 지역'이라고 하였다.

등어선과 언어특징 분포와의 관계를 보면 정특징을 지닌 방언은 '등어선 내부' 방언이고 부특징을 지닌 방언은 '등어선 외부'방언이다.

동북에서 서남까지 전역을 관통하는 것은 으뜸등어선, 서북쪽에 나타나는 것은 버금등어선, 동부에 나타나는 것은 부등어선이다. 버금등어선과 부등어선은 모두 소속지역에서 한개 면을 구성하고 있다. 등어선 내 지역과 버금등어선이 구성하는 면은 상보관계이다. 등어선의 변화는 언어의 변화를 대표한다. 등어선의 변동을 관찰하려면 시간이 명확하고 화자의 배경이 뚜렷한 여러 언어자료가 필요하다. 따라서 여러 방언들이 빈번하게 접촉하는 조건을 갖춘 지역에서는 수맥관측과 같은 방식으로 일정한 시기에 방언자료를 기록하고 그 변화를 추적할 수 있다.

등어선의 유형구분에 따라 동음선, 동어선, 동의선 등등으로 분류할 수 있다. [지도 3-03]에서 뭇별들이 달을 둘러싼 등어선은 우뜸등어선, 뭇별들을 에워싼 등어선은 버금등어선이다. 필요할 때 에워싼 면적의 크기에 따라 제1으뜸 등어선, 제2으뜸 등어선, 제1버금 등어선, 제2버금 등어선들로 명명할 수 있다.

등어선 내의 선은 부등어선이며 등어선 내부의 선이 아닌 것은 정등어선이다.

그 밖에 규칙등어선과 분할등어선을 설정하는 것도 필요하다. 전자는 어떠한 규칙이나 규칙이 구현된 지리경계를 나타내고 후자는 어떠한 규칙이나 규칙이 구체적으로 분할된 지리경계를 나타낸다.

등어선 간의 공간관계는 주로 동일한 전 지역에 작용하는 등어선에 대한 말이다. 중첩, 평행, 교차, 무관함4가지 관계모형에서 앞의 3가지 공간관계는 두줄의 등어선으로 조합할 수 있다[지도 3-13] 참조).

등어선속에 대하여 평행이나 중첩관계를 지닌 다수의 등어선은 등어선속을 구성하며 서로 교차하는 여러 가닥의 등어선은 등어선속을 구성한다는 견해에 대하여 저자는 등어선이 사면팔방으로 상호 교차되어 있어 사실상 일치하는 것은 거의 없다고 하였다. 초기 등어선을 그린 지도는 언어의 진실한 측면을 보여 주었다. 대부분의 상황에서 방언 간에는 한칼로 자른 듯이 분리할 수 있는 명확한 경계선이 존재하지 않는다고 하였다. 그리고 한어에서는 제일 중요한 등어선 속이 대개 관화와 비관화 사이에 존재한다고 하였다. 이 책에서는 백분율 수치를 이용하여 규칙등어선을 그릴 것을 제안한다. 백분율을 통해 규칙등어선을 긋는 것이 기술적으로 쉬울 뿐만 아니라 실제 언어를 반영하는데도 훨씬 유리하다. 그러나 백분율을 어떻게 파악하는 지에 대해서는 아직 연구가 필요하다. 물론 백분율에 따라 규칙등어선을 긋는 것이 다른 음운규칙에서 보면 그 사정이 달라질 수 있지만 음운규칙에 따라 적절하게 규정해야 한다는 것이 필요하다.

등어선 또는 등어선 속의 등급 문제는 이론에서 실천에 이르끼까지 아직 해결하지 못했다고 하였다. 등어선의 지리와 문화의 관련성 문제에 대하여 등어선은 항상 지리와 정치문화의 경계선과 관련된다는 점을 불름필드의 증언으로 인증하였다. 갈라진 등어선으로 분할한 지역은 모두 특정한 사회 역사적 배경이 있다고 하였다. 한어방언에 대해 등어선과 정치경계선이 겹쳐 나타나는 예가 많다고 하였다. 동남 연해지역과 서북 연해지역으로 귀납하면 민어 내부에서 가장 중요한 언어특징적 차이를 나타내는 등어선이 바로 이 두 지역 사이를 통과한다고 하였다. 그리고 이 두 지역의 경계가 진나라의 진안군과 제안군의 경계선과도 겹친다고 밝히면서 이 책에서는 이러한 연관성을 설명하는 등어선 지도를 아쉽게도 제공하지 못했다. 지금의 한어방언 구획에는 늘 신구 행정지역 요소가 그속에 뒤섞여 있다. 일부 방언지역의 경계선은 등어선을 그어서 만든 것이 아니라 여러 대표지점과 정치구역의 경계선이 뒤섞여 있는 것에 따라 얻은 것이다. 등어선과 정치경계선은 일치한 것인지 아닌지를 판단하기가 그다지 쉽지 않다. 관할 지역은 장기적으로 안정되어 있는지, 경내 거주민이 장기적으로 안정되어 있는지, 주변지역과의 관계는 어떤지 등 많은 요소들이 모두 등어선과 정치경계선에 일치하는 문제에 영향을 미친다. 대표지점과 신구정치지역 경계선으로 방언을 구분하는 것은 일반적으로 좋은 결과를 얻을 수는 있지만 이러한 구획

결과는 실제상황과 맞지 않는 지역이 예상보다 더 많을 수 있다. 이러한 방언구획 작업에 대하여 방언을 대량 조사하고 등어선을 그어야 하는 일은 여전히 진행해야 할 기초 작업이라고 본다.

이 책에서는 '주강삼각주 자음대조'와 '유어논고' 중의 '사터우방언 동음자회'를 근거로 하여 남해사터우, 유어방언을 논의하였다.

남해 사터우(沙頭)의 유어방언에서 고음 '비(非), 부(敷), 봉(奉)'성모자의 현재 발음을 보면, 어떤 방언에서는 고음 '비(非), 부(敷), 봉(奉)'모자를 여전히 순중음 으로 발음하는 현상을 지니고 있다고 하였고, '봉(捧)' 같은 특별한 글자나 외진 지역의 소수방언을 제외하면 대략 관화, 간어, 상어에는 기본적으로 이러한 방언이 없다고 할 수 있다. 그러나 민어 일부분 하카말, 지난성의 일부 우어에서는 이러한 현상이 상대적으로 뚜렷하다고 하였다.

사터우방언에서 대체적으로 고음 전탁음이 오늘날 파열음으로 발음될 때 서로가 양평양상을 만나면 유기음으로 발음하고 양거, 양입을 만나면 무기음으로 발음한다는 것, 이 규칙은 광저우방언에서도 마찬가지라 하였다. 즉 고음 비(非)계렬 글자를 오늘날 파열음으로 발음하는데 양(陽)성조가 일률적으로 유기음과 만나면 예외없이 모두 유기음으로 발음하는 경향이 있다는 것, 기타 계열글자에서는 양평, 양상을 만날 때만 유기음으로 발음하는 경향이 있다는 것, 양거, 양입을 만나면 무기음으로 발음하는 경향이 있다는 것을 지적하였다. 유일한 예외가 광저우방언에 있는데 장(章)계열의 글자가 파열음 양거를 만나면 모두 유기음으로 발음한다는 것이다.

저자는 '비(非), 부(敷), 봉(奉)'모자의 유어방언에서 3가지의 다른 변화모형, 즉 대부분 유어방언의 변화모형, 난해 사터우의 변화모형, 펑카이(封開), 난펑(南豊)의 변화모형을 들어 세 가지 모형의 공통점은 모두 순경음화하는 음운변화가 발생한 것이라 하고, 난하이(南海)와 펑카이(封開)의 유어방언에서 양순음으로 발음하는 현상은 민어(閩語)와 하카말과는 성질이 다르다고 하였다.

간어에서의 고음 전탁성모 보존현상의 존재여부에 대하여 우어와 오래된 상어 에서는 전탁성모를 보존하고 있다고 하였다. 쑤저우는 우어를 대표하고 쌍펑은 오래된 상어를 대표한다고 하면서 이 두 방언에서는 고음전탁성모를 여전히 탁음으로 읽는다고 하였다. 후커우 등지의 간어에서는 고음전탁성모를 오늘날 파열음 파찰음으로 발음하면 유성음을 유지하게 되며, 오늘날 마찰음으로 발음하면, 무성음화가 일어날 수 있다는 것. 따라서 이들은 우어와 오래된 상어와 동일한 부분을 공유하고 있다고 하였다. 그리고 유성 파열음과 파찰음을 가진 간어는 대부분 전탁이 차청에 합병된 후 다시 차청이 유성화한 결과라고 하였다. 우어와 오래된 상어의 유성음은 고음을 보존한 것이며 후커우(湖口), 싱즈(星子) 등지에서의 간어의 유성음은 새로운 개신에 속하는 것이다. 양자의 성질은 완전히 다르다고 하였다.

랜청(連城), (신촨(新泉)), 린펀에서의 '수(水)'를 [f-]로 읽는 성질에 대하여 이 책에서는 남방한어에서 '수(水)'자를 [f-]로 읽는 것은 장(章)계열의 일부 마찰음 성모자가 합구(合口)라는 조건하에서 [f-]로 변화한 것으로 해석할 수 있다고 하였다.

렌청(신촨) 하카말의 고음 숭(崇)모, 생(生)모자는 f- 로 발음하는 것이 없다. 화난 일부 방언에서 수(水)자를 [f-]로 발음하는 것은 각각 달리 변화해 온 결과라고 하였다.

계량과 층위의 대응 및 해석지도의 중요성에 대하여 계량분석은 표면상 비슷한 현상들의 혼동을 피하기 위해 실시하는 방법이라고 하였다. 단순히 계량에만 의존하면 표면상 유사한 현상을 구별 못할 때가 있다. 이 때 층위의 대응, 심지어 음류의 분합 상황과 결합해야 표면상 비슷한 현상의 혼동을 피할수 있다는 것이다. 표면상으로 혼동을 피하기 위해 사용하는 또 다른 방법중 하나는 원 데이터 지도나 가공지도를 계통적인 시스템에 포함시키는 것이다. 예를 들어 '차(茶)자 성모발음 특징의 지리분포만 관찰하면 배후에 숨어 있는 음류의 분합차이를 발견할 수 없다. 따라서 해석지도가 필요하다는 것이다. [지도 3-27]은 [지도 2-26]에 따라 다시 그린 지도로서 이를 통해 싱즈와 후커우 분류의 방언은 광평과 우닝 분류의 방언과는 다르다는 것을 볼 수 있다고 하였다.

방언 분류상 개신가 고음 유지 특징의 효능에 대하여 이 책에서는 방언을 분류하는데 있어 개신이나 고음유지의 특징을 어떻게 보아야 할지에 대해서는 아직 통일된 견해가 없고 이론과 실천에서 보다 많은 탐색이 필요하다고 하였다. 방언 간 공동으로 개신하고 공동으로 고음유지하는 것은 대립적인 것이 아니라 방언을 분류하는 데 모두 균형 있게 채택할 수 있는 것이다. 개신의 특징이든 고음유지의 특징이든 방언의 친소문제를 설명하는데는 모두 문제점이 있다. 각 방언은 동일한 언어에서 분화되어 왔다. 공동으로 고음을 유지한다는 것으로 관계의 친밀 여부를 설명할 수 있다고 하였다. 이 책에서는 여전히 공동으로 일어나는 개신이나 고음 유지가 항상 긴밀한 관계를 갖는 방언에서 발생한다는 것이라고 했다.

방언분류의 모형으로 경위분명형과 중심분명형, 이 두 가지 모형을 채택할 수 있다. 이 분류기준은 대내적으로는 일치성을, 대외적으로는 배타성을 가진다고 하였다. 앞의 모형은 뒤의 모형을 간략화한 모형으로 삼을 수 있다는 것이다. 뒤의 모형은 충분한 자료가 필요하며 분포지점이 밀집할수록 정확성이 높다. 앞의 모형은 뒤의 모형을 배척하나 뒤의 모형은 오히려 앞의 모형을 수용한다고 하였다. 뒤의 모형은 더욱 정확하며 언어의 실제적인 쓰임을 보다 잘 반영할 수 있다. 이러한 대규모의 계량 분포 분석을 기반으로 하여 한어방언분포의 연구방향으로 삼아야 한다고 주장하였다.

제4장 한어방언구획도를 구분하였다.

최초 한어방언구획도는 1922년에 교회가 주관하여 편찬한 기독교사업의 통계집 이다. 중국언어구역 분할도에서 한어 아닌 경우로는 투판어, 티벳어, 몽골어, 세 가지로 구분하였다. 한어는 관화, 우어, 민어, 유어어, 하카말

등 5종류로 구분하였다. 이 중에서 관화는 '중국의 언어와 방언'의 부분적 소개에서 북부관화, 남부관화, 서부관화 3유형으로 구분하였지만 지도에는 반영되지 않았다고 밝혔다. 현재관점에서 비추어 볼 때, 중국언어구역의 분할도에서 대체로 간어와 상어를 관화로 구분하고 휘어(徽語)를 관화와 관화, 우어 전이지역으로 구분하고 핑화(平話)는 유어어로 구분하였다.

'신보지도(申報地圖)에서의 언어구역도를 보면, 1934년 상하이 신보관에서 출판한 '중화민국신지도'는 20세기 30년대에 출판한 중국 최초 현대 지도집이다. '중국민국지도' 및 '중국분성신도'를 '신보지도'로 통칭한 것이다. 중국현대지도의 선구자라 할 수 있다.

고등교육 교재에서 한어방언구역 설명도는 교육용 참고 지도로서 '한어 방언의 설명도'의 주요 목적은 학생이 한어방언 구획상황과 각 방언의 분포 상황을 파악하는데 있다고 하였다. 중국언어구역 분할도 및 신보지도에서의 언어구역도는 모두 성의 경계선은 있지만 건국후에 행정구역과 국경선이 변하였다. 80년대 이후에 베이징대학교 중문과의 '한어방언학' 수업에서 한어방언 분포도를 사용한 것이다([지도4-10]). 이 책은 교육용 참고지도로서 학생들이 기억하기에 편리하게 하였다. '현대한어 방언구역 설명도'를 제작함에 있어서 황버룽(黃伯榮), 료쉬둥(蓼旭東)이 주관한 '현대한어'는 8구역도에서부터 7구역도 Ba판까지, Ba판에서부터 Bb판까지 새로운 것을 내놓았다. 그리고 현재 사용되는 성경계선을 표시하였다.

백과전서 및 학술저서에서 한어방언구획도를 소개하였고 '중국언어지도 첩'에서 중문과 영문 2가지 판본을 소개하였다. 이 책은 획기적인 이미를 가지며 현재 한어방언연구수준을 대표할 수 있는 한어방언지도라고 하였다. 방언에 따라 제작된 지도는 방언의 분포를 표현하며 이 책의 각 설명도 뒤에 '방언'잡지에 게재된 중국어 방언구획초고를 제시하도록 하였다는 것이다.

관화구획도에 대하여 '신보지도'에서의 언어구역지도는 관화의 하위방언

구획을 포함한다고 소개하였고, 타이완성의 언어방언지도에서는 일제시대에 출판한 '일-타이 페이 대사전(日臺大辭典1907)'이 타이완의 첫번째 언어지도이다. 홍위인의 '타이완 방언의 여행'(1992)의 마지막에 수록한 '타이완의 한어방언 분포도'와 '타이베이 지구분포도는'는 실제 조사자료에 따라 최초로 제작한 한어방언분포 지도라고 하였다.

한어방언구획에 대하여 한어는 중국 티베트어족에 속한 언어이며 역사적으로 상고한어, 중고한어, 근대한어, 현대한어 등으로 분류한다고 했다. 상고한어는 현대까지의 언어, 중고한어는 남북조 수, 당, 송, 시대의 언어, 근대한어는 원, 명, 청 시대의 언어, 현대한어는 중화민국 때부터의 언어인 셈이라고 하였다. 그리고 상고, 중고 한어의 분류에 대해 설명하고 나서 간어, 관화, 휘어, 진어, 하카말, 민어, 우어, 상어, 유어어, 평화, 바수어, 기타에 대하여 상세하게 분류하고 소개하였다.

제5장 전제연구에서는 한어방언의 거시적 구획, 미시적 구획, 고음 미모자의 현재발음을 통해서 본 유어어에 대한 하카말 영향, 민시 하카말에서의 '인(寅)'자 발음에 대하여 고찰하였다.

한어방언의 거시적 구획은 거시적인 척도나 중간척도의 분포지점으로 배치된 방언지도를 기초로 한 방언구획이다.

한어방언 미시적 구획은 거시적 구획을 기초로 하면서 미시적 척도의 분포지점 으로 배치된 방언지도에 근거하여 1급방언의 경계나 하위분합에 대하여 구체적으로 기술하는 방법이다. 여기에서 여러가지 특별한 지점방언이나 소지역방언의 귀속문제에 대하여 구체적인 처리방법을 제시해준다.

남북대립과 관화(민다린)의 정의에 대하여 이 책에서는 거시적인 시각에서 가장 현저한 차이는 남북간 방언의 대립이라고 하였다. 즉 비관화방언과 관화방언의 대립이다. 이에 대해서는 고음 '미(微m)'모자, '일(日z)모자, '오(五)'자의 현재발음을 대상으로 설명하였으며 이 글자들의 현대발음이 모두 남북대립의 중요한 참조사항이 될 수 있다고 하였다.

진어의 지위에 대하여 이 책에서는 동남의 여러 방언은 입성을 보유하고 있다. 한어의 전체 지역으로 보았을 때 입성 하나만으로 진어와 비진어의 대립을 완전하게 나타낼 수 없다고 하였다. 간화의 전체 지역을 말하자면 입성이 있는 것으로는 진어와 비진어의 대립을 구분하지 못한다. 방언지리학 입장에서 볼 때 입성으로 진어를 1급 방언으로 독립시킨다는 것은 합리적이지 않다고 하였다.

남방방언의 구획은 관화와 비관화의 대립의 기초위에서 수립된 것이다. 소위 남방 방언이란 비관화방언을 가리킨다. 이 책에서는 남북대립은 대체로 고음 '미(微m)' 모자가 m-류 발음방법을 대표하는지로 대표될 수 있고 동남 전체 지역에서도 남북 대립의 등어선, 곧 양상 등어선이 존재한다고 하였다. 이것은 대략 우어, 민어, 하카말, 유어어와 간어, 상어로 구분할 수 있다. 전자는 남방형에 속하고 후자는 북방형에 속한다고 하였다.

남부방언의 하위구분과 1급방언의 분할을 보면 남부방언의 내부에는 여러가지 중요한 음운차이가 존재한다. 이에 따라 하위구분을 보다 미세하게 하면서 1급방언을 하위분류해야 한다. 남부방언의 하위구분과 1급방언의 분할은 양상등어선을 둘러싸고 있는 정특징 부분을 하나의 전체지역으로 정하고 나서 다시 등어선 작업을 한다. 하카말과 전 지역에서 고음 비(非f), 부(敷f), 봉(奉v) 성모자가 뚜렷하게 순중음을 보유했는지를 기준으로 그린 등어선은 민어, 하카말과 우어, 유어어를 구분할 수 있다. 하카말과 민어내부에 여전히 중요한 음운차이가 존재한다. 하카말과 민어를 구분하는 것은 고음 전탁성모의 무성화 방식과 고음 지(知)계열 글자의 현재발음으로 구별할 수 있다. 하카말과 민어를 제외하면 남부방언에 인접하지 않는 우어와 유어어만 남는다. 음운차이의 원칙에 따라 우어와 유어어는 각각 1급 방언으로 본다고 하였다.

이 책에서는 민어 중심구역의 음운특징을 지적하고 나서 민어를 비관화로 규정하고 남부방언으로 규정한다고 하였다. 민어와 하카말은 같은 구조로 규정하고 우어(吳), 유어와 대립한다고 하였다. 그러면 민어는 비관화를 하위분류할 때 가장 먼저 분리되었거나 남부방언에서 가장 먼저 분리되었다고 하였다.

하카말 중심구역의 음운 특성을 지적하고 하카말은 비관화어로 규정하고 하카말을 남부 방언으로 규정한다고 하였다. 하카말과 민어를 같은 구조로 규정하고 우어와 유어와는 대립시킨다고 하였다. 하카말은 민, 하카조에서 민어를 분리하고 난 후에 남은 부분은 확실히 공통적인 음운현상을 가지고 있다고 하였다.

우어중심구역의 음운 특징을 지적하고 나서 우어를 비관화어로 규정하고 남부 방언으로 우어와 유어를 같은 조로 하고 민-하카말과 대립시킨다고 하였다. 남부방언 에서 파열음 파찰음의 존재여부를 근거로 하여 그린 삼분 등어선이 우어와 비우어를 구별한다고 하였다. 그 다음에 고음 비(非), 부(敷), 봉(奉) 성모자가 뚜렷하게 양순음을 보유하는지에 따라서 민-하카말과 유어어를 구별한다고 하였다.

유어어 중심 구역의 음운특징을 지적하고 나서 유어어를 비관화어로, 남부 방언으로 규정한다고 하였다. 유어와 우어를 같은 조로 하고 민어 하카말과 대립 시킨다고 하였다.

하카-간 방언의 분합에 대하여 이 책의 한어방언의 거시적 구획의 계층 구조에 따르면 간어는 중부방언으로 상어와 같은 조에 속하고 하카말은 남부방언으로 유어, 유어어, 민어와 같은 조에 속한다고 하였다. 양자는 같은 실현 지역이 아니기 때문에 분리되지도 통합되지도 않는다고 하였다.

하카말에서 탁상이 음평으로 변한 인식에 대하여 이 책에서는 하시모토 민타로(1973), 왕푸탕(王福堂 1998)의 부동한 견해를 들어 하카말에서 고음 차탁 상성, 전탁 상성, 차탁 상성 글자가 음평에 귀속하는 음운특징은 본질적인 특징이 아니므로 이것에 따라 하카말과 간어를 구별하는 것은 부족하다고 하였다. 그 이후의 관련 저서에서도 여전히 탁상성이 음평에 귀속하는 것이 하카말과 간방언을 구별하는 기준이 되었다고 하였다. 간어에서 전탁상성이 음평에 귀속되는 현상이 분명한 방언들은 주로 동부와 남부의 이각지역에 집중되어 있으며 내향적인 종심도가 결여되면서 기다란 띠 모양의 분포로 뻗어 나간 것을 볼 수 있다. 이러한 분포현상은 전탁상성이 음평에 귀속된 것은 스스로의 변화로 설명할 수 있다고 하였다. 계량적 분포 관점에서 볼 때 고음차탁상성자를 현재 음평으로 읽는 것은 하카-간 방언의 경계를 확정 짓는데 분명한 역할을 할 수 있다고 하였다.

이 책에서는 간어에서의 탁 상성이 음평에 귀속되는 다른 성질이 분명하다고 하였다. 이책의 한어방언분류프레임에 따르면 난평방언은 하카말에 속한다. 그러면서 난평방언은 하카말과 간어의 혼합방언이라고 하였다. 따라서 난평방언이 하카말에 귀속된다는 것은 언어상으로 근거가 있을 뿐만 아니라 이민의 역사연구 결과와도 부합한다고 하였다. 난간의 탁 상성이 음평에 귀속된다는 것을 하카말의 기저층 또는 그 영향으로 간주하는 것이 방언지리학의 일반적인 분석원칙에 부합된다고 하였다. 하카말에서 탁 상성이 음평에 귀속되는 심층적 의미는 다음과 같다. 하카말은 기저층에서 양성 상성조를 가지는 방언이다. 이 양성 상성조가 일부분 전탁 상성지와 차탁 상성지를 포함한다. 이러한 특성들이 하카말을 광둥어, 유어어, 민어와 하나로 뭉치게 하고 관화, 상어간어와 대립한다고 하였다.

간어의 특례방언에 대해 간어 각 방언에서는 성조유형의 분합배치가 어떠한지 독립적인 상성조와 양거조가 있는지, 차탁상성과 독립적인 양거조가 있는지, 차탁 상성과 청(清)상성이 함께 존재하는지, 전탁 상성과 탁 거성이 함께 존재하는지 등은 보편적인 상황이다. 가장 전형적인 난평 방언은 마땅히 하카말에 귀속되어야 하고 기타 방언들도 하카말의 기저층으로 간주해야 하거나 하카말 영향의 결과로 수용해야 한다고 하였다.

후이저우 벙언의 귀속문제에 대하여 이 책에서는 우어에 포함시킨다는 것은 취할만한 처리방안이며 동남방언은 중부방언과 남부방언 양계열로 분할할 수 있다고 하였다. [지도 5-26]에서는 우어와 휘어의 분포구역을 전역으로 제작한 것으로서 그것은 단지 휘어와 남부방언의 심층적인 관계 및 휘어와 우어의 지리적인 일체성을 제시하는데 의의가 있다고 하였다. 그러나 휘어를 남방방언에 분포할 수 있으면 그것을 우어에 합병시키는 것이 가장 합리적이라 하였다.

이 책에서는 한어방언의 일반적 원칙에 대해 논의하였다.

이 책에서는 계층원칙, 음운차이의 심도원칙, 지리적 종심도원칙, 비대칭원칙, 중심 전형원칙, 부(負)등어선을 무시한 원칙, 약세방언의 건너뛰기 확산원칙 등 7가지 원칙을 논의하였다.

한어방언의 미시적 구획은 미시적 척도 분포지점의 언어특징 분포도를 기초로 한다. 어떤 지도의 조사는 이미 미시척도의 분포지점에 속하나 총체적으로 볼 때 여전히 중간척도의 분포지점을 위주로 한 것이다. '중국지언어도첩'에서 경계선이 이미 사실을 상당히 반영하고 어떤 1급방언의 하위분류도 상당히 합리적이나 총체적으로 그것은 여전히 거시적 구획범주에 속한다고 하였다.

앞에서 논의했던 한어방언 거시구획의 일반적인 원칙은 대체로 미시구획에만 적용된다. 특별히 계층원칙, 비대칭원칙, 중심전형원칙이 그러하다. 계층원칙에 따르면 유어어는 첫번째 단계에서의 구분으로 광푸계(廣府系)와 비광푸계의 대립으로 나누어 고찰하였다.

하카말 중심지역의 제1단계 하위분류는 중심지역과 비중심지역의 대립으로 제 1단계 하위구분을 한다고 하였다. 하카말 전역에 대한 하위분류는 쟈잉(嘉應)계와 비쟈잉계의 대립으로 나뉜다고 하였다.

하카말 후이저우지역에서는 두 가지 방언이 유행한다. 하나는 하카말이고 다른 하나 는 현지어로서 후이저우말이라고 한다. 학계에서는 후이저우말의 귀속문제가 논의 된다.

후이저우말의 귀속문제를 두고 황쉐어전(黃雪貞1987a), 슝정휘(熊正輝

1987)는 후이저우시의 방언은 하카말에 속하면서 하카말의 독립적인 하위 방언의 하나가 된다고 하였다. 잔버휘, 장르썽(張日昇 1987)은 후이저우 시내의 하카말은 남다른 품격을 지닌다고 하면서 '장기적으로는 유어 방언의 영향을 받아 유어어 특징을 가진 하카말'이라 하였다. 여러 학자들의 부동한 견해를 살펴 보고나서 후이저우말은 초기 하카말의 음류 대립구조를 그대로 유지하고 있는 표현을 제외하고 다른 특징들은 모두 최근에 개신한 음운변화이다, 후이저우말이 독자적으로 가지는 표현은 하나도 없다고 하였다. 하카말은 일급방언으로서 하카말의 하위방언을 구분하는데 있어 역사적인 심도를 반영할 수 있는 음운기준을 택해야 한다. 그리고 음운특징의 지리적 분포가 종심도를 가지는 지도 고려해야 한다. 지금까지는 후이저우 말을 하나의 독립적인 지역으로 보는 것은 음운차이의 심도원칙에 부합하지 않을 뿐만 아니라 지리적 종심도 규칙에도 부합하지 않는다는 것이다.

고음 미(微)모자의 현재음을 통해 본 유어어에 대한 하카말 영향을 여러 학자들의 견해를 종합하여 보면 하카말은 고음 미(微)모자를 현재m-으로 발음하는 현상이 높은 백분율로 발음하는 방언들이 분포상 종심도를 가지지 않고 우위성을 보이고 있어 모두 하카-유어에 인접한 지역에 있을 뿐만 아니라 심지어 유어어가 둘러싸고 있는 범위 안에 있는 것이다. 따라서 이러한 높은 백분율은 하카말의 본래 모습을 반영하지 못하고 있는 데 이것을 우세 방언인 유어어의 영향을 받아서 생긴 결과로 보고 있다. 그리고 유어어와 인접한 하카말에서 높은 백분율을 차지하는 고음 미(微)모자들을 현재 m-으로 발음하는 방언들은 주로 남부지역, 특히 주장삼각주 지역에 있다는 것이다.

민시(閩西) 하카말에서의 '인(寅)'자 발음에 대하여 이 책에서는 가설로 제시하여 '인(寅)'자를 이지절(以脂切)로 발음하는 것은 옛 팅저우부(汀州府) 하카말의 특징인 데 하카말 영향을 받아서 본부 관할 경내의 민어와 주변지역의 일부 간어와 민어에서도 '인(寅)'을 이지절로 발음하는 현상이 나타났다고 하였다. 소수의 팅저우부 하카말이 관하에서는 '인(寅)'을 이지절로 읽지 못하는 하카말과 다른 방언의 영향을 받아서 '인(寅)'을 이지절로 발음하는 상황도 생긴다고 하였다.

이 책은 한어방언지리학이라고 하지만 지금까지 나온 방언 및 방언지리학에서 제공한 자료가 풍부하고 학자들의 각이한 견해를 조리 정연하게 정리하여 한어방언 지리학 뿐만 아니라 세계 방언지리학과 관련한 자료로 프랑스를 가로 지른 등어선속, 잉글랜드 남부를 가로지른 등어선속을 지도로 보여주어 세계적인 방언지리학을 정리하는 데 도움을 줄 수 있는 자료를 제공하였다. 중국의 유명한 학자들의 대표적인 견해와 세계적으로 이름난 학자들의 대표적인 견해를 제시하고 거기에 해당한 비평을 가한 토대 위에서 방언지리학에 대한 이론수준을 한 단계 높여주었다. 사실과 조사자료에 근거하여 옛 방언분포도를 참고로 제공하고 실제자료에 근거한 새로운 방언자료에 의한 분류, 분포도를 작성하여 이해하기 쉽고 참고적 가치가 큰 방언지리학 입문서라 할 수 있다. 이 책에서는 방언지도와 관련한 지도를 도합 161개나 제공하였다.

방언의 발음특징과 관련한 일부 방언의 음운특성의 분계선, 입성분포 현황도, 일부 방언 특징과 관련한 발음지도와 유형, 개별적 언어특징 관련 분포유형, 발음의 분포, 일부 방언의 현재 순음 발음 여부의 계량분포도 보여주었다. 등어선과 관련하여 규율등어선, 분합등어선, 규율등어선과 분합등어선의 종합, 여러 방언발음 등어선, 방언의 현재발음 등어선, 덕랭절로 발음하는 등어선, 파열음과 파찰음의 삼분 등어선, 고음 미모자의 등어선, 등어선 예시도, 일부 성모 등어선 등도 지도로 보여 주었다. 방언 구역 설명도를 비롯한 분포구역 설명도, 한어방언구역 설명도, 중국언어지도집 설명도, 민어 중심구역 설명도, 보통화 기초방언 구획 설명도 등도 지도로 보여 주었다. 여러 행정구역과 방언, 지리구역 분할도, 지세와 방언, 방언구획도 점상 분포와 등어선 결합, 방언분포와 면상분포의 결합, 문형분포도, 각종

명칭분포를 지도로 보여주었을 뿐만 아니라 지도로 보여주기 어려운 방언음 간격지도, 방언간 근접율지도, 백분율로 계산한 언어거리, 방언간 친소간계를 표시한 군집수형도, 그리고 등어선과 언어특징분포 간의 관계, 등어선의 기본 공간 관계, 공간 관계의 조합 등, 방언분포지점의 효과, 한어방언사용과 관련한 지도도 눈앞에 펼쳐보였다. 옛 자료로 양웅 방언지명과 치수도를 보여주었으며 방언의 개신표현, 하위분할도 보여주었다. 이 책을 보면서 다음과 같은 이해하기 어려운 몇 가지를 제기하면서 결말을 대신하고자 한다.

방언지리와 방언구획을 어떻게 할 것인가에 대한 이론적 근거와 이 두 결합이 가능한지에 대해 더 알고 싶고, 하카말 범위의 확정과 하카-간 방언의 분합에 대한 이론적 근거에 의한 명확한 지도표시가 궁금하다.

제1장에서 방언지리학에 대한 학자들의 견해를 자세히 소개하고 거기에 대한 관점을 종합하여 정의를 명확히 내리지 못했으며 대표적인 관점에 대한 풀이와 비판이 따라가지 못한 점이 아쉽게 생각된다.

이 책에서는 백분율 수치를 이용하여 규칙등어선을 그릴 것을 제안했다. 그러나 백분율을 어떻게 파악하는 지에 대해서는 아직은 연구가 필요하며 백분율에 따라 규칙등어선을 긋는 것이 다른 음운규칙에서 보면 그 사정이 달라질 수 있어서 음운규칙에 따라 적절하게 규정해야 한다. 이런 이론적인 문제가 여전히 난제로 되고 있다.

등어선 또는 등어선 속의 등급문제는 어떻게 순서대로 규정할 것인가의 문제는 아직 해결하지 못했다. 단순이 기술적인 측면에서 어휘나 문법을 기준으로 한어방언을 구분하는 데는 다음과 같은 문제가 제기된다. 어휘등어선 혹은 문법등어선을 기준으로 하여 얻은 방언지역이 발음등어선을 기준으로 얻은 방언지역과 성질이 같은가 그렇지 않은가? 어휘구획이나 문법구획이 발음구획과 조합할 수 있는가? 어떻게 조합할 것인가? 이러한 문제들에 대해서 깊이 있는 연구가 부족하다. 그리고 이러한 종류의 구획에 대한 의의와 음운구획과의 관계에 대해서도 심층적인 인식이 의연히 부족한 상태이다. 그밖에 등어선의 중요성에 대한 서열 논의에 있어서 언어특징의 지리 분포 유형과 등어선 유형을 분리할 수 있는가 하는 것도 문제이다.

방언지도에서 등어선은 지도상에 표시되는 경쟁적 특징이나 형식의 분계선을 가리키는데 한장의 지도에 등어선을 하나만 그릴 수도 있고 몇 가닥의 등어선을 그릴 수도 있지만 일반적으로 너무 많으면 복잡하여 보기가 쉽지 않다. 분포지점이 서로 같고 언어자료가 서로 일치하는 상황에서 점상방언지도, 선상방언지도, 면상방언 지도를 서로 맞물려 종합적인 방언지도를 구상한 [지도 2-06]은 점과 선이 결합된 지도이고 [지도 2-07]은 점선면이 결합된 지도다. 이 밖에 지도와 지도의 결합, 지도와 지도의 종합된 지도로 이루어진 부분은 너무 복잡하여 파악하기 어려운 점도 없지 않다. 방언의 실제 지리적 공간 관계 방언의 친소 관계를 표현할 때 구집수형이 직관적이지 못한 단점도 보인다.

한어방언에 대해 등어선과 정치경계선이 겹쳐 나타나는 동남 연해지역과 서북 연해지역으로 민어 내부에서 가장 중요한 언어특징적 차이를 나타내는데 이 두 지역의 경계가 진나라의 진안군과 제안군의 경계선과도 겹친다고 밝히면서 이 책에서는 이러한 연관성을 설명하는 등어선 지도를 아쉽게도 제공하지 못했다.

음운차이의 심도 원칙에 의한 한어방언구획은 구체적인 작업방식에서 세분화된 문제를 의연히 더 검토할 바가 있다고 본다. 이 책에서는 리롄진(李連進)의 핑화와 유어어는 음운 면에서 많은 상이점(18개)이 있다고 하면서 이러한 상이점들은 국부적인 대립이나 늦은 시기의 음운변화로 생긴 분기라고 하였지만 설득할만 한 근거를 제공하지 못하고 있다. 따라서 핑화는 '우, 샹, 유어, 민, 간, 하카, 진, 휘 등의 방언 및 관화와 평행하는 하나의 독립적인 방언체계'로 보아야 한다는 근거를 제기하지 못한 점도 아쉽다.

한어는 역사적으로 상고한어, 중고한어, 근대한어, 현대한어 등으로 분류한다고 하면서 상고한어는 현대까지의 언어라고 하였는데 현대까지라면 현대한어를 포괄한다는 말이 아닌가. 현대한어는 중화민국 때부터 현재까지라는 말과도 모순되지 않는가 하는 의문점을 남긴다.

민어에서 '인(寅)'자를 이지절(以脂切)로 발음하는 것이 민시 하카말의 영향이 아니라는 설명과 분포 양상에 대한 이론적 근거가 희박한 점, 분포 양상을 뚜렷이 들어내 보이지 못한 점이 아쉽다고 보아진다.

인문 지식·정보의 미래
-우리의 지식·정보를 오롯이 담아낼 국어사전을 위하여-

이현주

국립국어원

이 책은 '보다 더 나은 국어사전의 미래를 위해서'라는 부제에서 알 수 있듯이 국어사전의 발전을 위한 저자의 오랜 연구와 정책 경험에서 비롯된 혜안을 담고 있다. 저자는 머리말에서 국가 지식의 경쟁력을 강화하기 위해서는 인터넷 정보 통신과 과학 기술의 발전으로 방대하게 늘어난 지식과 정보를 잘 활용할 수 있도록 국가가 지식 정보를 체계적으로 관리하는 문제에 관심을 가져야 한다고 주장한다. 그리고 국어사전이 다중에게 이러한 지식 정보를 효율적으로 전달하는 중요한 역할을 할 수 있다고 보고, 우리 국어사전이 국가 지식의 경쟁력을 강화하고 창조적 문화 기반이 되는 '국가 인문 지식·정보의 심장'이 되어야 한다고 역설한다. 또, 이러한 '보다 더 나은 사전'을 통해 정부와 국어 단체, 학계가 서로 정보를 공유하고 협업하여 국민의 국어 능력 향상, 국어 정보화, 국어사전 지식 강화의 기반을 마련함으로써 궁극적으로는 단순한 의사소통의 도구로서의 국어가 아닌 문화 예술의 창의력을 키우고 국가 지식 산업의 일부로 국가 선진화에 기여하는 창조적 국어 시대를 열어 나가며 한국어와 한글을 세계 사람과 함께 나누는 새 시대를 열어가자고 호소한다.

머리말의 이러한 호소를 통해서 이 책은 사전의 발전 방향을 논의하는 것에 그치지 않고 후학들과 어문 정책 담당자들에게 국어 정책의 발전에 대한 방향성을 제시해 주고자 쓰인 것이라는 것을 충분히 짐작할 수 있다.

이 책은 총 3장으로 구성되어 있다. 제1장의 주제는 언어 생태적 관점에서 본 사전 지식, 제2장은 인문 지식정보의 미래, 제3장은 국가 사전 지식의 생산과 관리이다. 각 장의 세부 주제를 살펴보면 다음과 같다. 제1장에서는 01. 왜 언어의 다양성이 중요한가?, 02. 언어 지배와 공존, 03. 위기에 처한 언어의 다양성, 04. 다양한 언어의 정원이라는 세부 주제들을 통해 언어 다양성과 사전의 관계에 대해 살펴보고 있다. 제2장에서는 01. 지혜의 심장, 국어사전, 02. 국어사전이란 무엇인가?, 03. 사전에는 없고, 책에만 있는 인문지식, 04. 사전과 인간 지식정보를 세부 주제로 다루면서 과거와 현재의 우리 국어사전을 살펴보고 앞으로 사전이 인문 지식과 정보를 다양하게 담아내야 함을 기술하고 있다. 마지막으로 제3장에서는 01. 협업과 공유의 가능성, 02. 창조적 문화 기반, 한국어종합기반사전, 03. 비판적 관점에서 본『표준국어대사전』, 04.『표준국어대사전』의 체계적 미완성, 05.『국어대사전』제작의 균형 감각으로 나누어 많은 지면을 할애하여 국가 사전으로서의『표준국어대사전』의 한계점을 지적하면서 저자가 생각하는 '보다 더 나은 국어사전'의 미래 모습을 그려 보이고 있다.

이 책의 전반을 통해 저자가 그려내고 있는 사전은 그 외연이 실로 넓으며, 제한된 매체에 갇혀 있지 않고 끊임없이 변화하는 것이다. 또, 단순히 모르는 정보를 찾는 용도로 소비되는 것이 아니라 새로운 생산과 창조에 기여하는 것이어야 한다.

"이처럼 사전은 인류가 이룩해온 보편적 지식을 어휘 단위로 간략하게 규정하는 지식의 둥지라고 할 수 있다. 따라서 사전 정보의 관리야말로 국가 지적 경쟁력을 제고하는 매우 중요한 수단인 동시에 국가 발전 전략의 일부라고 할 수 있다."

"사전은 한 국가 지식·정보의 심장과 같다. 단순히 낱말의 뜻을 찾거나 표기법을 확인하는 정도로 활용되는 것이 아니라 자연언어 처리를 위한 의미적 마이닝 기초 정보를 확대하기 위한 정보 처리 기술력의 핵심으로 발전시킬 필요가 있다."

제1장 언어 생태적 관점에서 본 사전 지식에서는 언어 다양성 보전의 중요성을 주장한다. 한 언어의 어휘는 세상을 이해하고, 지역 생태계 내에서 생존하기 위한 지식과 사물들의 목록의 총체이며 개개의 언어는 인간이 외부 세계를 이해하고 그것을 표현할 상징체계를 만들어 내어 말하고 사고할 수 있도록 해 주는 방식이며, 창의성의 기반 동력이다. 그러므로 언어의 위기는 곧 생태계의 위기이며 인류의 위기가 된다. 세계 곳곳에서 나타나고 있는 다양한 언어 자원의 붕괴는 인류가 축적해 온 인류의 지적 자산의 몰락으로 이어지게 된다. 저자는 어떤 발전이든 그 발전은 다양성이 전제되어야 하며, 오직 다양성이 보장될 때만이 진보적 발전이 가능하다는 측면에서 언어 다양성의 중요성을 강조하고 있다.

광복 이후 서울 중심의 표준화 정책으로 인해 표준어는 옳고 방언은 잘못이라는 편협한 가치가 우리 사회를 지배하게 되면서 상대적으로 풍부하고 다양한 방언은 내팽개쳐진 반면, 산업화와 도시화, 세계화의 과정에서 외국어를 대량으로 수용함으로써 자국 언어의 생산 능력이 급격하게 저하되어 우리말의 어휘 기반이 취약해지게 되었다는 것이다. 이렇듯 저자는 우리말의 다양성을 보존하지 못한 데서 우리말의 위기의 원인을 찾고 있다. 따라서 이러한 위기를 극복하기 위한 방안으로 "바닷가에서 소금을 굽고 배를 타고 고기를 잡고 사는 이들이나 지게를 짊어지고 땔감을 구하고 절기에 맞추어 씨를 뿌려 농사를 짓는 이들의 언어에 담겨 있는 누적되어 온 체험적 언어 지식·정보가 얼마나 소중한지를 깨닫고 잃어버린 우리의 변두리 말을 표준어와 함께 관리하고 언중들의 사용의 힘에 따라 어문 정책을 운용해야 우리말의 생태적 기반이 튼튼해질 수 있다"고 제안한다.

한 개별 언어의 새로운 낱말의 공급원이라고 할 수 있는 신조어의 국가적 관리에 대해서는 넘쳐나는 새로운 말을 국민들에게 어떻게 소통시키는가라는 근본적인 목표와 부합하도록 적절한 정책적 고려를 해야 한다고 조언하고 있다. 국어의 생성과 소멸의 궤적을 추적하기 위해 신조어를 조사하고 이들의 생명력과 소통력을 측정하여 신중하게 여러 단계의 여과 장치를 거쳐 정착된 말만 국어사전에 올리고 그 가운데 규범성이 보장되는 것만 엄격하게 심의하여 '표준국어사전'에 올려야 한다는 것이다.

방언은 지역의 문화와 전통과 관련 있는 언어 유산으로서 무한한 가치를 지닌 것이므로 지역 방언형의 대표적인 어원 형태는 비록 사용자의 수가 적거나 사용 지역의 범위가 좁더라도 사전의 올림말로 올려 관리해야 한다고 밝히고 있다. 지역의 문화와 전통, 우리 선조들의 삶의 방식과 흔적이 스며 있는 소중한 어휘들이 표준어의 둥지 밖에서 서성이다가 문명의 변화와 함께 우리 곁에서 사라져 가고 있음을 안타까워하면서 다양한 겨레말의 유산을 잃게 되는 결과를 가져오게 될 것을 우려하고 있다.

이러한 위기의 상황에서 저자는 다양한 우리말의 정원을 가꾸기 위한 어문 정책적 대안으로 지역적, 계층적 기준으로 규정된 표준어를 '한민족 간에 두루 소통되는 공통성이 가장 많은 현대어'라는 '공통어'의 개념으로 확대하고 '한민족의 방언 가운데 보통 사람들이 두루 사용하는 공통성이 가장 많은 현대어'를 표준어의 기준 바탕으로 삼는 공통 표준어의 제정을 조심스럽게 제안한다.

제2장 인문 지식정보의 미래에서는 먼저 인류의 창조적 미래를 위해 국가가 지식·정보를 어떻게 관리해야 하는지에 대한 정책 방향을 제시하고 있다. 21세기 지식·정보 기반 사회에서는 물적 생산성보다 지적 생산성의 능력이 국가 경쟁력을 좌우하므로 지식의 조합과 융합을 통해 새로운 지식을 낳는 창조적 원동력이 필요하다고 보고 이를 실현시킬 수 있는 국가 지식·정보 체계화와 융합의 모델을 제시하였다. 다중이 전문가 집단과의 협업을 통해 정확하고 신뢰성 있는 지식·정보를 생산할 수 있도록 하고 엘리트층에서 생산한 고급 지식도 다중들이 사용할 수 있도록 재구성하여 엘리트층과 다중 간의 순환적 소통의 환경을 만드는 국가 지식 공유 관리 체계가 그것이다. 이러한 지식 공유 관리 체계는 인터넷과 언어 정보 처리 기술을 활용함으로써 효율적으로 구축될 수 있다고 보고 있다.

저자는 사전이 이러한 지식정보 공유 관리 체계가 되어야 한다는 점을 염두에 두면서 사전의 여러 용어의 검토를 통해 사전의 역할을 살펴보고 백과사전과 국어사전의 차이점, 사전의 유형들을 차례로 살펴보았다. 그리고 최초의 우리말 사전인 『말모이』부터 저자가 국립국어원장 재직 시절 기획했던 개방형 한국어 지식 대사전까지 국어사전 발간의 역사를 살펴봄으로써 국가 지식·정보의 미래를 보다 더 나은 사전으로 열어가야 한다는 생각을 다음과 같이 기술하고 있다.

"사전은 한 시대를 살아가는 인간언어 문화의 총 목록이며 거울이다. 풍성한 언어문화는 곧 당대의 지식 정보라고 할 수 있기 때문에 그만큼 귀중한 것이다. 지난날에는 이처럼 다양하고 복잡한 언어 정보를 관리하기에 힘에 겨웠지만 지금은 지식 정보를 관리하는 데 컴퓨터를 활용함으로써 그만큼 용이해졌다. 신속하게 한 시대의 언어의 풍경화를 기술적으로 관리하고 또 그것을 토대로 더 폭넓은 언어정보를 생산할 수 있도록 할 필요가 있다. 이러한 일은 어느 개인이 할 수 있는 일이 아니기 때문에 국가가 나서서 행할 수밖에 없다."

제3장 국가 사전 지식의 생산과 관리에서는 먼저, 사전과 관련하여 해결해야 할 여러 어문 정책 대상의 문제점들을 짚어본다. 어문 규정, 전문(학술)용어, 신조어, 고유어의 절멸, 넘쳐나는 외국어, 로마자 표기 등 풀기 어려운 국어 정책 문제에 대한 해결 방안을 모색하고 있다.

다음으로, 국어의 다양한 지식과 정보를 충분한 공급하여 문화 창조의 기반이 될 수 있는 "한국어종합기반사전"을 만들 것을 제안하고 있다. "한국어종합기반사전"은 "다른 사전의 원천으로 활용될 수 있도록 풍부한 올림말과 풀이가 갖추어져 있으며, 구조적으로 변형이 가능한 형태를 가진 사전"으로 우리말 자산 전반을 모은 기반 사전을 의미한다. 저자는 국가와 민간이 협업 관계를 유지함으로써 국가 사전 지식을 공유하는 협력 방안을 내놓고 있다. 국가는 각종 저작물 원천 자료를 공급받아 정보 처리 기술을 활용하여 "한국어종합기반사전"의 형태로 국가 사전 지식 자료를 구축하여 관리하는 한편, 웹상에서 사전 지식을 지원하는 체계를 구축하여 민간에 제공한다. 이러한 지식·정보를 제공받은 민간의 출판사나 대학 연구소는 다양한 사전과 저작물을 출판하여 사용자들에게 공급함으로써 역동적으로 지식 생산을 통합 관리하고 다중의 지식 기반이 강화될 수 있을 것이라고 주장한다.

국가 지식 정보의 관리 도구로서의 종합 국어사전이라는 저자의 관점에서 보면『표준국어대사전』은 여러 가지 문제점을 안고 있다.『표준국어대사전』의 이름 문제부터 체계적 미완성, 미등재 어휘, 넘쳐나는 한자어, 표기의 오류, 표준이라는 명명에 맞지 않게 실린 방언과 북한어 등의 거시 구조적 문제점과 함께 미시구조 측면에서도 뜻풀이의 체계적 균형성 등의 문제점들을 구체적이고 상세하게 지적하였다. 그러나 저자는 국가적으로 처음 편찬, 발간한 종합 국어사전의 문제점을 비판하는 데만 머물러서는 안 된다고 판단하고 앞으로 언어정보 처리의 기술력을 강화하여 이를 기반으로 지속적으로 사전 내용을 발전시켜 나가며 국민의 지식 기반을 강화할 수 있는 규범사전으로 진화하기를 바라면서 표준국어대사전의 발전 방향을 제시하는 것으로 이 책을 맺고 있다.

폭넓은 연구를 하고 국어 정책의 지휘자 역할을 했던 저자가 이 책을 통해 제시한 국어사전의 미래상과 그것을 통해 그려 내고 있는 국어 정책의 미래를 이해하기에 이 글을 쓰고 있는 필자의 식견이 너무 좁고 부족하여 저자와 이 책에 누를 끼치고 있는 것이 아닌가 하는 걱정이 앞선다. 그러나 필자는 이 책에서 저자의 국어사전과 우리말에 대한 무한한 열정과 애정, 후세대의 국어학자들과 국어 정책 담당자들에게 보내는 애정이 담긴 충고와 조언을 조금이나마 읽어낼 수 있었다. 저자가 바라고 있는 우리의 문화와 지식·정보를 오롯이 담아내어 새로운 문화 창조의 기반이 되는 국어사전을 만드는 일에 조금의 힘이라도 보탤 수 있기를 기대하면서 부족한 서평을 마무리하고자 한다.

방언의 미학
-살아있는 우리말, 방언을 보다-

홍기옥

위덕대학교

지난 세기 동안 서방제국의 식민지 정책으로 언어 다종성이 무너지거나 다양한 언어 변이형이 획일화되고 있지만 언어학자들은 이러한 문제를 뒤로 물리쳐 둔 채 언어 내부의 구조 분석에 몰입해 왔다. 인류 문화와 역사의 증거이자 가치 있는 자산인 다양한 언어나 방언이 소멸되는 것은 인류의 지적 문명의 재앙이자 다가올 불행을 예고하는 신  호라고 할 수 있다. 민족이나 부족의 언어를 조직적으로 멸시하고 짓밟는 언어 식민지화에 대한 문제점도 의식하지 않았던 언어학자들은 이제 지난 시대를 한번 쯤 되돌아보아야 한다. 모든 부족이나 민족의 언어나 방언은 나름대로 가치를 지니고 있고, 그들 삶의 지혜와 생존 전략뿐만 아니라 감정과 정서가 반영되어 있어 그들이 언어와 관련해서 사회적 결속을 어떻게 하고 있는지를 보여주는 값진 인류 자산이다.

이 책의 내용은 피지배 민족이나 또는 부족의 언어 혹은 그들의 방언이 겪어야 했던 식민지 시대의 고통과 우여곡절을 되돌아보는 언어관과 문화관에 대한 관심이다. 어떤 언어나 방언이 사멸한다는 것은 인문학자들에게 있어 귀중한 지적 재산의 상실을 의미하며, 결국 그 언어가 나타내는 문화체계의 상실로 귀결되는 인류문화의 비극이라고 할 수 있다.

현재 통용되고 있는 한국어나 조선어도 일개 변방의 언어, 지역의 언어로 전락하거나 소멸할 수 있다. 더불어 이들 언어로 구성되는 우리의 문화도 몇몇 강대국의 언어에 떠밀려 일개 변방 문화로의 몰락을 우려하지 않을 수 없다. 어떤 공동체의 언어가 다른 공동체의 언어보다 우수하다는 것을 이론화하는 것은 곧이어 식민 언어지배의 시도를 정당화하는 데 가담하게 만든다. 조선조 오랜 시간 동안 한문과 한자가 우리의 말과 글을 억압해 왔고 또 일제 식민지 기간 동안에 일본어가 우리의 말과 글을 지배했으며, 그 이후 영어가 우리의 말과 글 속에 세포분열 하듯 우리말과 글을 포식하고 있다. 현재 진행되고 있는 영어의 세계화 국면은 예전 일제가 자행했던 조선과 대만의 언어식민지화나 서구 유럽의 여러 나라가 콩고, 알제리, 차드를 언어적으로 식민지화 했던 상황보다 훨씬 내면적으로 정교하고 폭압적으로 진행되고 있다.

그와 마찬가지로 언어가 근대국가주의 이념과 결합하면서 국어가 초 중심 언어의 자리를 차지하고 변방의 언어인 방언은 주변언어로 인식하게 되었다. 주변 언어인 방언은 국어를 견고하게 하고 국어의 위엄을 갖출 수 있도록 역사성을 뒷받침해 줌에도 불구하고 방언을 타자화하여 희극화의 대상으로 또는 열등화의 대상으로 치부하고 있다.

언어학자들은 모호하게 혹은 그릇 규정을 했던 '방언'을 식민지배자들은 '알아들을 수 없는 모호한 말'로 그 가치를 폄하하고 훼손시켜 왔다. 표준어는 잘 분화되고 규범화한 형태이고 '방언'은 가치가 떨어지는 다양한 하위 변이형을 가진 것으로 잘못 이해해왔다. 민족적 특성을 드러내는 규범어로서의 '표준어'는 정치, 문화, 영역에서 우위를 점유하여 동일한 위상을 가졌던 방언을 포식하면서 발전했다. 언어와 언어가 지배 종속관계로 변환되는 언어 식민주의화 현상과 더불어 개별 언어 내부에서도 국어와 방언, 또는 표준어와 방언, 중심언어와 주변언어가 상호지배 또는 포식관계로 변화했지만 대부분의 언어학자들은 이를 관망해 왔다. 언어 식민주의화와 언어 포식은 결국 언어나 방언의 다양성을 깨트리는 주범이라고 할 수 있다.

국어와 방언이라는 용어를 정확하게 정의 내리기도 힘이 들지만 그 용어가 언어의 식민화와 언어 포식을 정당화하는 수단으로 사용된다면 국어와 방언이라는 이분법적인 명칭을 버려야 한다. '방언'은 억압을 받은 하나의 언어이며, '국어'는 정치적으로 성공한 하나의 방언일 뿐이다.

지난날 우리는 삶의 편의주의를 위해 모든 것을 표준화함으로서 편리함이라는 것을 손에 쥐었지만 다른 한 편으로는 비표준의 것들은 인간들의 관심 밖으로 밀려나 소멸의 운명을 맞이해야만 했다. 이 표준화라는 함정 때문에 지구에 존재하는 생물 종의 다양성이나 인류문화의 다원성이 무너지는 불균형이 증폭될 수밖에 없다. 그리고 자본이 지배하는 중심부는 거대하게 발전했지만 변두리는 차츰 생명력을 잃고 퇴락하는 운명의 길을 겪게 된 것이다.

이제 거시적 관점에서 미시적 관점으로, 표준화에서 다원화의 관점으로, 자본 중심에서 변두리로 우리의 눈길을 되돌려야 한다. 지난 세기 수수방관하여 잃어버린 인간 삶의 유산을 다시 복원하고 이를 불러 모아 새로운 생명력을 불러 넣어야 한다. 죽어 가는 강을 살려내고 사라진 새와 물고기를 다시 되돌아오도록 노력해야 하듯이, 소수의 언어인 변두리 방언의 미학이 우리의 일상 속에 소생할 수 있도록 해야 한다.

속도와 편리함에 익숙해지는 사이에 생물의 다양성뿐만 아니라 우리의 문화와 언어 자산이 훼손될 위험성은 점차 커지고 있다. 인류 미래의 운명이 걸린 생태계, 문화, 언어의 다양성을 존중하고 절멸 위기에 있는 그들의 생명력을 유지하고 복원하기 위해 함께 행동한다면 21세기는 진정한 보상이 있을 것이다. 진화라고 하는 발전과 변화는 오로지 종의 다양성의 기반 위에서만이 가능하듯이 언어의 변화도 언어의 다양함으로 창조해 내는 과정이라고 할 수 있다. 언어의 대표 단수만 옹호하는 일은 언어의 다양성 자체를 무너뜨리는, 곧 진화에 역행하는 일이다.

방언은 변두리 사람들이 아끼고 사랑해 왔으며 아직 온기가 남아 있다는 점에서 가치가 있다. 근대화의 이정표였던 표준어의 지평을 더 넓히면서 방언을 새로운 각도에서 재해석하려는 노력을 언어 규범을 멸시하는 행위로 여겨서는 곤란하다. 내팽개쳐진 언어문화 유산에 대한 안타까움, 이제 사라져 버리면 다시는 재현하지 못할 현실 앞에서 언어와 방언의 소중함을 호소하기 위해 저자는 '방언의 미학'이라는, 이 책을 썼다.

이 책은 총 4장으로 구성되어 있다.

1장에는 표준어에 밀린 방언의 여러 유형을 국어학자의 눈으로 살피고 있다. 언어식민주의의 관점에서 국어와 표준어, 방언의 관계를 개관하여 언어에서의 사회적 계급 관계로 언어의 유형을 바라보고 있다. 나아가 방언의 여러 가치를 민속, 종다양성, 음식문화, 세시풍속과 놀이의 방언 어휘와 연결하여 살펴보고 있다. 또한 방언의 분화 양상과 분화 요인을 문화 차이와 연결하여 정리하였다. 표준어는 한 나라를 대표하는 교육용 언어로서 지역 일상어가 일부만 포함되어 있으며 순화어와 외래어 등 인공적으로 다듬은 말인 동시에 대체로 글말의 성격이 강하다. 반면 방언과 같은 일상어는 일상 대화에서 통용되는 입말의 성격이 강하며 어린이부터 노인에 이르기까지 사용자 층에 따라 매우 다양한 사용 양상을 보인다. 지역 일상어인 방언은 지역 사회, 문화와도 밀접한 관련을 맺는다. 문화 지리학적인 관점에서 문화권과 방언권 간에 어떤 연관을 갖는지 탐색해보는 것은 한국어의 방언 분화를 이해하는 데 도움을 받을 수 있을 뿐만 아니라 그 역으로 우리나라 방언분포의 이해를 통해 전통문화의 분화양상을 이해하는 데도 도움을 줄 수 있을 것이다. 현재의 방언을 통해 우리는 과거와 만날 수 있으며, 또 과거를 되돌아 볼 수 있다. 저자는 방언은 우리 선조들의 일상 삶의 현장을 재구할 수 있는 실마리를 마련할 수 있는 단서로 바라보고 있다.

2장에서는 '문학 작품에 비친 언어의 주술'이라는 소제목으로 문학작품에 나타난 방언, 방언의 문학 장치로서의 기능에 대해 초점을 주고 정리하고 있다. 방언은 민중들의 살아 있는 언어(living language)이다. 방언은 민중들의 삶 속에 살아 움직이는 일상 언어라는 점에서 민중성과 변두리(지역)성, 토착성(현장성)과 계층성을 지니고 있어 사람들이 살아가는 다양한 삶의 방식이 말 속에 나타나 있다. 문학 작품에서 방언을 활용함으로써 심미적 충격이나 운율적 효과를 부여하거나 등장인물의 향토적 개성을 효과적으로 부각시키는 데 이용하기도 한다. 시인들은 향토적 특성, 심미성, 민족의식 등 정서적 층위를 드러내는 효과와 함께 형식적인 측면에서 시어, 율격, 음운 등과 '낯설게 하기'와 같은 표현 형식적 효과를 드러내기 위해서도 방언을 이용한다. 문학 작품 가운데 특히 시, 소설, 희곡, 시나리오 등에서 향토색이 짙은 분위기를 연출하거나 변두리 인물의 개성적 성격을 묘사하기 위해서나 문학 작품에 심미적 충격을 주기 위해서 지역 방언 또는 일상어를 이용하는 것이다. 방언은 한 언어의 역사뿐만 아니라 사람들이 살아온 잔해, 자취, 세월의 위엄이 아로새겨진 오랜 삶의 주름이라고 할 수 있다. 어쩌면 방언에 배어 있는 토속적인 가락, 장단, 말투, 억양이나 눈에 보이지 않는 질펀한 심상이나 맛깔이 작품의 행간에 생동감 있게 얽혀지게 되는 것이다.

3장에서는 우리나라의 대표적인 사전인 『표준국어대사전』의 문제점을 살피고 이에 대한 문제를 해결하기 위한 대안을 저자가 제시하고 있다. 한 나라의 규범어를 규정하여 불편 없이 사용하게 하려면 사전에 그 내용을 실어 활용할 수 있도록 해야 한다. 그런 의미에서 『표준국어대사전』을 국립 기관에서 국가사업으로 추진했던 정신을 고려한다면 "표준어를 교양 있는 사람들이 두루 쓰는 현대 서울말로 정함을 원칙으로 한다."라는 '표준어 규정'을 철저하게 지켜야 할 것이다. 그러나 표준국어대사전에는 이 표준어

규정에 어긋나는 사례들이 매우 많이 나타난다고 저자는 지적하고 있다. 실제로 표준국어대사전에는 검토를 거치지 않은 외래어, 신조어, 유령어, 방언, 북한어 등이 대량으로 실려 있다. 그 중 북한어는 북쪽의 『조선어대사전』에 올림말로 실린 개화기 경성 방언이, 북한어로 둔갑하여 실린 예들이 많다는 점을 지적하고 있다. 또한 방언의 올림말 선정의 기준이 모호하여 마구잡이로 방언어휘를 표제어로 올린 점을 비판하고 있다. 더불어 띄어쓰기와 사잇소리 문제, 접사, 신어, 순화어, 전문어, 개인어, 지명 표기, 유의어·반의어·계열어·하위어 등의 뜻풀이 등에서의 문제도 예를 들어 지목하고 있다. 나아가 사전의 미래지향적인 형태인 웹기반 사전 편찬 기술을 국가 발전 전략으로 제시하고 있다. 이제 한국어를 단순한 의사소통의 한 수단으로만 연구하는 것이 아니라 자연언어로서의 특성을 기계적으로 처리하여 다양한 기술 창출과 학문 발전을 기대할 수 있는 자원으로 다루어야 한다. 사전 편찬의 완성도를 높이기 위해 컴퓨터를 활용하는 하나의 방안으로, 기존 사전의 올림말이나 뜻풀이 체계의 불균형 유형을 검토하고 이를 토대로 하여 개념, 관계, 속성을 자동으로 추출하는 온톨로지 기반 연구의 가능성을 저자는 제시하고 있다. 시소러스의 기법으로 올림말의 선정이나 균형적인 배치의 문제를 해결할 수 있다고 보며 이를 국가적인 차원에서 단계적으로 접근할 필요성에 대한 언급을 하고 있다.

4장에서는 '식민국어에서 세계 언어로'라는 소제목으로 우리말, 한글의 방향성을 담고 있다. 황국 식민화 정책과 조선어, 표준어 제정 과정과 배경, 표준어 제정 찬반론, 아시아의 소통과 문화공동체의 가능성, 한국어 학습 열풍, 외국어로서의 한국어 교육방안, 한글 파괴 현상에 대한 우려, 남북의 언어 차이, 한민족의 의사소통과 공통어, 남북 언어의 통일을 위한 모색, 언어 횡단으로서의 겨레말큰사전 등으로 우리말의 과거와 현재, 미래의 모습을 발전 지향적으로 담고 있다.

최근 우리글과 우리말을 배우고자 하는 외국 거주 학습자들의 수효가 엄청나게 증가하고 있다. 얼마 전까지만 해도 외국인 유학생이나 재외 동포들에 대한 교육의 수요뿐이었는데 비해, 최근 아시아 지역의 많은 학습자들의 수요가 늘어나고 있어 이 문제의 해법에 대한 진지한 논의가 필요하다. 그러한 측면에서 남북의 통일된 규범과 문법의 틀을 새롭게 조정할 필요가 있다. 또한 사전 편찬의 기술적인 측면에서 종이 사전이든 전자 사전이든 웹 사전이든 간에 관련 어휘의 체계나 뜻풀이의 균형에 대한 기술력을 높일 필요가 있다. '시소러스'나 '온톨로지'와 같은 웹기반 사전 편찬 기술에 대한 연구와 적용 또한 매우 필요한 일이다.

이제는 남북이 함께 새로운 미래로 새로운 문화적 지평을 향해 달려가야 한다. 역사적으로 가장 혹독하게 피지배의 굴레를 경험한 지역이 아시아이며, 언어가 가장 복잡하고 다른 지역 또한 아시아이다. 이 아시아가 새롭게 소통할 준비를 해야 한다. 아시아 여러 나라가 이제 서로 다름을 두려워할 것이 아니라 서로 다름을 인정하고 받아들여 새로운 내면적 소통이 이루어지는 21세기 평화를 이끌어 가야한다고 저자는 역설하고 있다. 우리는 언어를 통해 우리나라는 물론, 북한, 아시아 문화 발전의 방향성을 찾을 수 있다. 우리가 사용하고 있는 말에서 그 단서를 찾은 것이다.

둥지 밖의 언어
-지혜의 심장, 우리말 사전 지식의 진화를 위하여-

천명희

안동대학교

‘둥지’는 ‘깃들이기 위해 지은 집’이다. 저자는 이 책에서 ‘둥지’가 이른바 식민주의의 영향으로 만들어진 엉성한 규범어인 ‘표준어’이며 그리하여 깃들이지 못하고 밖에서 서성이는 우리말에 대한 관심과 이를 처리하기 위한 고민을 진지하게 풀어놓고 있다. 저자는 머리말에서 국립국어원 원장 임기 동안 있었던 각종 민원의 근원은 규범의 문제보다 이를 실천하고 이행하는 잣대인 국어사전을 개혁해야 문제를 최소화할 수 있다는 신념으로 집필을 시작하였다고 밝히고 있다. 이 책은 우리 사전의 문제점을 언급하고 사전지식의 끊임없는 변화가 이루어져야 함을 주제로 하여 규범언어의 틀에 맞춰진 현재의 국어사용 실상과 정책들에 대해 평가하며 아울러 우리 말 어휘의 다양성과 이의 수용 방법에 대해 주로 논하고 있다.

이 책은 『표준국어대사전』가 담당할 수 있는 지식 자원이 포화 상태에 이르렀고 새로이 생산되는 지식 영역의 대중화를 위해서 무엇보다 사전 지

식의 기준을 새로 설정하고 대상 자료를 수집하고 관리하는 기술을 고도화
해야 함을 강조하고 이러한 일은 개인이 주도할 수 없기에 국가가 참여하고
다중이 협업하는 이른바『옥스포드영어사전(Oxford English Dictionary)』
의 편찬 형태를 취해야 함을 이야기한다. 아울러 지식 혁명의 시대에 방대한
지식과 정보에 적응할 수 있는 새로운 지식환경을 만들어 내는 일을 매우
중요한 국가적 과제로 보고 있으며 다양한 지식을 체계화하여 사전을 편찬
하고 이를 공유함으로써 다중의 지식 평준화를 이룰 수 있도록 웹기반 국어
사전의 구축과 말뭉치(corpus)의 구축 필요성에 대해서 강조하고 있다.

　이 책은 크게 다섯 부분으로 나뉘어져 있다. 먼저 '왜 언어 다양성이
중요한가'의 주제로 언어 지배의 발생과 이로 인해 야기된 문제를 언급하고
언어 다양성이 위기에 처했음을 여러 언어의 예시를 통해 보여주고 있다.
책은 1927년 프랑스 식민 통치 하에 있었던 코트디부아르의 언어 실상으로
시작된다. 프랑스의 지배 하에서 원활한 의사소통을 위해 네 가지의 사전을
사용하는 예를 통해 15세기 이후 서구의 열강들이 피지배 국가의 민족과
부족에 대한 언어 지배를 진행한 역사를 이야기 한다. 그 결과 토착민의
언어는 지배자의 언어로 대체되었고 언어의 절멸이 인류가 당면한 심각한
문제이며 인류의 지적 문명의 재앙이 될 수 있음을 알리고 있다.

　또한 언어와 문화 소통 방식에 대한 반성을 '언어 지배(language domi-
nation)' 방식과 '언어 횡단(trans-language)' 방식으로 구분하고 지난 세기
언어 식민 지배 국가들이 언어지배의 방식으로 약소국가나 부족의 언어와
방언을 벼랑 끝으로 내몰았던 점을 상기하며 식민주의 잔재가 묻은 '한국어
의 세계화'라는 용어의 사용을 거부한다. 그리고 다중 언어의 교육과 정책의
기조는 지배적 방식이 아닌 상호 대등한 '언어 횡단' 방식으로 진행되어야
할 것을 이야기 하고 있다. 그리고 언어지배의 양상이 한 국가 안에서는
도시언어(표준어)가 변두리 언어(방언)을 포식하는 관계로 나타나며 중심
의 공동체가 변두리 공동체보다 우월하다는 점을 이론화하고 정당화하고

있는 현실을 안타까워하고 있다. 일제가 식민 지배 방식으로 '국어'와 '민족'이라는 이념을 필요로 했듯이 민족주의자들은 저항의 방식으로 '국가'와 '민족'이라는 이념이 필요했고, 식민주의적 방식으로 표준어를 설계하는 당위성을 지배자인 일본 당국과 민족운동가가 함께 공유하고 인정할 수밖에 없었다는 언급은 1936년 강점기 하에서 일궈낸 '표준어'의 제정이 서울 언어 중심으로 성립되고 다른 모든 방언은 표준어에 비해 열등한 것으로 간주하게 된 원인임을 이야기 한다.

고유의 문화를 이어가지 못한 민족은 결국 소멸하였던 인류의 역사에서 민족의 문화를 담은 언어의 중요성은 부각되며 따라서 이른바 '둥지' 속의 언어에만 사로잡혀 우리 민족의 삶의 방식이 고스란히 녹아 있는 '둥지' 밖의 언어를 방치한다면 우리 역시 동일한 길을 가게 될 것은 자명하다.

마지막 부분의 언급은 중요한 의미를 지니고 있다고 생각된다. "소수민족이나 부족의 언어를 조직적으로 멸시하고 짓밟는 언어 식민지화에 대해서는 일말의 문제점도 의식하지 않고 언어의 미시 구조의 체계화에 골몰해 왔던 언어학자들은 이제 지난 시대를 한 번쯤 뒤돌아보아야 한다."는 내용은 현재의 인문학의 위기와도 일맥상통한다고 볼 수 있다. 국어학자들이 그동안 국어의 미시구조에 대한 탐구에만 골몰하고 스스로 만족하며 대중적 기여에 소홀한 결과가 나타나고 있음은 부정할 수 없을 것이다.

이 장에서는 절멸되거나 위기에 처한 언어들의 현실을 여실히 보여주고 있다. 언어 절멸의 원인은 사회에 미치는 사회, 문화, 경제, 군사 등 다양한 유형의 압력에 대한 반응 때문이며 한 언어가 절멸하면 그들의 생활양식도 사라진다는 점에서 매우 불행한 문화 붕괴의 징후임을 환기시키고 있다. 토착 언어와 문화를 원시적이고 후진적이라고 무시하면서 그것을 서구의 언어와 문화로 대체하는 것이 현대화와 진보의 선행 조건이라는 생각은 잘못이며 언어는 복잡한 생태계의 일부로서 엄청난 양의 토착 언어의 지적 자원을 버려두어서는 안 된다고 보고 있다.

다음으로는 '언어 생태적 관점에서 본 사전 지식'을 통해 사전으로 구성된 이른바 '둥지' 언어의 한계에 대해 언급하고 국어의 외연을 넓혀야 함을 강조하고 있다. 71년의 기간으로 이루어진 『옥스퍼드 영어사전』의 편찬 일화는 사전편찬에 정부와 지성인, 대학과 민간 기업을 비롯한 온 국민의 관심이 집중된 과제였음을 보여주고 있다. 이에 비해 우리 『표준국어대사전』은 겨우 8년만에 졸속으로 추진하여 누더기가 되었고 편찬 작업의 무성의한 국가 지원 체제에 대한 문제점을 지적하고 있다.

그리고 현대의 '책'이 현대 대중들에게 지식을 전달하는 매체로서의 한계를 보이고 있기 때문에 책에 실린 내용을 지식체계로 끌어들이기 위해서는 디지털화가 선행되어야 하며, 디지털화된 텍스트를 대량 말뭉치로 전환하여 사전에 실리지 않은 각종 고급 지식 정보를 추출하고 뜻풀이를 하여 온라인으로 다중에게 순환식으로 보급하는 형태로 발전시켜야 함을 강조하고 있다. 또한 이 장에서는 방언이 국어를 견고하게 하고 국어의 위엄을 갖출 수 있도록 역사성을 뒷받침해주는데도 타자화 되었고 희극화 또는 열등화의 대상으로 치부되고 있는 현실을 이야기하며 언어 식민주의와 언어 포식이 언어나 방언의 다양성을 깨뜨리는 주범이라고 보고 있다. 식민지 시대에 일제와 함께 민족 언어학자들 다수가 합의하여 만든 '표준어'는 근대화의 이정표 역할을 했지만 다양한 방언을 포식했음에도 불구하고 절대 권위를 드러내었고 어떤 누구의 비판도 허락하지 않는 일부 학단의 종속적 도제주위의 개혁 필요성도 언급하고 있다.

언어의 분열을 막는다는 명목으로 지나친 표준어 중심의 국어 정책이 사전편찬에까지 영향을 미쳐 방언을 올림말로 선정하는 데 제약을 가한 결과 현재 어떠한 사전에도 등재되지 않은 다수의 방언 어휘에 대한 의미를 확인할 수 있는 길이 없는 실정이며, 향토색이 짙은 방언을 활용한 각종 문학 작품에 나타난 방언 어휘도 언중의 관심 밖으로 밀려나게 된 현실을 지적한다. 향후 국어사전 편찬에서 방언을 최대한 올림말로 살려내어야 하며 이를 위해 다양한 방언 분화형 가운데 어디까지 올림말로 올려야 할 것인지에 대한 원칙과 기준에 대한 진지한 연구가 선행되어야 함을 강조하고 있다. 또한 이 장에서는 우리 고유의 생활양식이 깃들어 있는 언어의 숨결이 결코 표준어로만 재단할 수 있는 것이 아니라고 하며 전통문화와 관련한 다양한 토착 어휘들이 구체적으로 사전에서 어떻게 관리되는지를 살피고 있다.

저자는 표준어의 개념을 재검토하기 위한 전제로서 우선 표준어와 비표준어로 양분하는 방식을 점진적으로 폐지해야 하고, 표준어는 임의적인 성격이 많기 때문에 포괄적 개념만을 규정하고 개별 낱말에 대한 규정은 지양하며, 국어규범을 강요하기 보다는 언어기술 위주로 전환하거나 국어사전에 반영하는 방식을 취해야 한다는 점도 밝히고 있다. 또한 표준어의 기준에서 한 차원 나아가 '공통어'의 개념으로 확대하여야 함을 강조하고 있다.

'지혜의 심장, 국어사전'에서는 현행 국어사전의 문제점을 구체적으로 지적하고 있다. 저자는 사전이라는 한자말 대신 우리말의 둥지 곧 '말둥지'라는 용어의 사용을 제안한다. 그리고 현행 『표준국어대사전』이 어문규정에 담긴 내용을 토대로 한 '표준어'의 범주와 사전에서 담고 있는 '표준어'의 범주가 일치하지 않는 문제가 있음을 지적하고 규범을 반영하고 「국어기본법」의 정신을 충실하게 담아낼 수 있도록 관리 및 운용 방식이 전면 개편되어야함을 강조하고 있다. 특히 기존 사전을 오려붙이는 방식과 같은 수작업으로 이루어지는 사전 편찬 작업에서는 올림말 어휘의 계열적 체계 공백이 필연적이며 이를 위해 정보 처리 기술 가운데 어휘망을 활용하여 올림말의 계열성, 반의어, 유의어, 동음이의어, 상하위어 간의 계열적 어휘 체계와 뜻풀이를 정교하게 하여야 한다고 지적하고 있다.

또한 이 장에서는 현재 사전에서는 찾아볼 수 없으나 실제 사용되고 있는 어휘들의 다양한 사례를 직접 보여주고 이들을 수용하기 위한 노력이 필요하다는 점을 강조하며 언어의 다원성을 지켜내기 위해서 표준어의 둥지 외연에 있는 각 분야의 언어들을 국어의 자산 안으로 끌어안아야 한다고 이야기하고 있다.

그리고 『표준국어대사전』의 편찬과 개정 작업이 필요한 이유와 향후 개선 방향에 대해 8가지로 나누어 구체적으로 언급하고 있다. 이에 따르면 『표준국어대서전』이 담당할 수 있는 지식 자원은 포화 상태이며 새롭게 생산되는 지식 영역의 대중화를 위해서 사전 지식의 기준을 설정하고 또 그 자료의 생산과 관리를 강화해야 한다. 다음으로는 규범과 국어기본법 시행령을 철저하게 실현하는 사전으로의 변화이다. '표준어' 둥지 밖의 언어 자산에 대한 관심을 가져 전문용어, 신어, 한자어, 민속생활어휘, 지역어, 인문·사회·과학의 각종 전문 학술용어 등을 규범에 맞도록 재정비하여 외연을 넓혀야 한다. 이 때 언어 정보 처리 기술력을 강화하여 텍스트로 구성된 선형적 사전 지식 정보를 비선형적인 의미 구조화를 꾀한 디지털 데이터로 구축해야 하며 품격 높은 국어 정보의 융합 처리가 가능한 웹기반 규범 사전이 되어야 한다. 구축된 사전은 국립국어원이 각종 저작물의 원자료를 공급받아 말뭉치로 구축하고 사전 미등재 용례를 데이터베이스로 구축한 후 이를 다시 사전 관리 기술을 활용하여 종합 관리하며 향후 국어 지식을 총괄하는 종합국어대사전을 설계하기 위한 전략적 방안이 마련되어야 한다.

이어서 '국가 사전 지식의 생산과 관리'는 사전편찬 기술의 발전과 향후 나아가야 할 방향에 대한 언급이다. 새로운 변화에 적응할 수 있는 지식 관리 생산 모형 개발을 서둘러야 함을 강조하고 국가는 지식 자원을 국민에게 공개, 공유하는 개방적인 위키노믹스(wikinomics) 방식을 응용해야 함을 이야기한다. 또한 현재의 국어사전이 규범사전의 격식을 갖추지 못하면서 종합 국어사전의 방식으로 만들어져 그 정체성을 잃어버렸음을 지적하고 국어사전이 '일반어'를 효율적으로 찾아볼 수 있도록 배려해야 함을 강조한다. 이어 어문규정에 엄격한 규범사전으로서의 『표준국어대사전』이 되어야 하며 이를 위해 「국어기본법」에 충실한 적용이 필요하며, 전문 학술용어 부재의 심각성을 지적하며 이의 신속한 제공에 대해 언급하고 있다. 범람하는 신어와 외국어에 대한 우려를 해결할 수 있는 방안과 로마자표기의 통일화의 필요성도 언급되어 있다.

마지막으로는 '기호, 그 속에 숨어 있는 비밀'은 문화콘텐츠로서 기호의 중요성을 강조하고, 문자 자체에 숨어 있는 문화의 원형을 발굴하여 콘텐츠화 할 것을 언급하고 있다. 또한 언어를 새로 생산하는 창구인 동시에 언어 절멸을 알려주는 신호등인 문학 언어의 중요성도 확인하고 있다.

최근 국립국어원에서는 다행히 말뭉치 구축 사업을 진행하고 있다. 이는 이 책의 전체에 일관되게 필요성이 언급된 언급한 국어 지식 관리의 첫발걸음이라 할 수 있다. 향후 종합국어사전을 설계하기 위한 전략적 방안 수립과 2차 '세종계획'과 같은 국가정보지식 관리를 위한 후속 기획이 절실한 때에 10년 전에 발간된 책 속의 내용이 전혀 새로운 것이 아님을 확인할 수 있다.

시어방언사전
-시인의 언어로 시를 읽다-

조정아

경성대학교

시인이 시를 쓸 때 단어 하나에도 수십 번 수백 번 고민하고, 고치기를 반복한다. 몇 줄 안 되는 짧은 시 속에 시인의 생각과 감정을 그대로 담아내려면 시어 하나 하나를 소홀히 할 수 없는 탓이다. 시인은 하나의 시어가 자아내는 느낌과 분위기, 다른 시어들과 함께 만들어내는 오묘한 조화, 시어가 가진 고유의 온도와 색깔을 예민하게 따져서 가장 적

합한 시어를 찾아내는 작업을 수없이 반복한다. 그렇게 치열한 창작의 과정을 통해 시 한 편이 탄생하고, 이 시로 시인은 독자와 소통한다. 독자가 이런 시를 온전히 이해하기 위해서는 시인의 호흡과 감정선을 따라 시인의 언어 그대로 시를 읽어 나가는 것이 중요하다. 그런데 이때 시인이 시 속에 숨겨놓은 방언과 맞닥뜨린다면 어떨까? 시인과 동일한 방언권의 독자에게는 방언이 전혀 장애가 되지 않겠지만, 시인과 다른 방언권의 독자는 갑작스레 마주하게 된 낯선 방언이 생경하게 느껴질 것이다. 다음은 대구방언을

나타나는 이상화의 시이다. 특히 밑줄 친 시어에 주목하면서 읽어 보자.

(1) 압으로는 琵瑟山 뒤로는 八公山
   그복판을 흘너가는 琴湖江 물아
   쓴눈물 긴한숨이 얼마나 <u>쌧기에</u>
   밤에는 밤 낮에는 낮 이리도 우나

   　　　　　　　　　　　　　　-이상화, 大邱行進曲

(2) 나비 제비야 <u>깝치지마라</u>
   맨드램이 들마꼿애도 인사를 해야지
   아주까리 기름을 바른이가 지심매는 그들이라 다보고십다.

   　　　　　　　　　-이상화, 쌔앗긴들에도, 봄은오는가

　위 시에서 '쌧기에'나 '깝치지마라', '맨드램이', '들마꼿', '지심' 등의 경북 방언을 알지 못한다면 이상화 시인이 표현하고자 한 것을 오롯이 느끼고 수용할 수 있을까?

　'쌧다'가 대구방언에서 "많다"는 의미로 사용된다는 것을 알지 못하는 서울 지역 독자는 '쓴눈물 긴한숨이 얼마나 쌧기에'의 의미를 전혀 다른 의미로 받아들일 수밖에 없어서 시의 전후 흐름에 갸우뚱할 것이다. '맨드램이'가 흔히 알고 있는 "맨드라미"라는 꽃이 아니라 "민들레"라는 사실을 알게 된다면, '지심'이 "김을 매다, 잡초를 뽑다"는 의미의 "김"이라는 것을 알게 된다면, 서울 지역 독자는 당혹스러움을 넘어 시인에게 배신감을 느낄지도 모르겠다. 물론 시를 이해하고 해석하는 것은 온전히 독자의 몫이기 때문에 동일한 시에 대한 해석도 모두 개인차가 있으며, 독자마다 다양한 해석이 존재하는 것도 문학의 특성이다. 그러나 시어로 쓰인 방언의 의미를 전혀 엉뚱하게 이해하고 잘못 해석하는 것은 다른 차원의 문제이다.

　이 시를 쓰면서 아마도 이상화는 '깝치지 마라' 외에도 '재촉하지 마라',

'조르지 마라' 등 여러 시어 후보들을 떠올렸을지 모른다. 그러다가 서로 비슷한 의미를 가진 몇 가지 시어들 중에서 이 부분에 들어가기에 가장 적당한 말로 '쌉치다'라는 대구 방언을 선택했을지 모른다. 적어도 이상화에게 'ㅅ갑치다'가 가지는 말의 어감과 가치는 '재촉하다'나 '조르다'보다 더 생생한 현장감을 주어 시 전체의 맛을 살리는 역할을 하는 것으로 느꼈을 것이기 때문이다.

표준어를 써서는 느낌이 살지 않는, 방언만의 정서가 분명 존재한다. '그립다쌓는'을 '그립다고 자꾸 그러는'이라는 표준어로 바꾸어 놓는다고 같은 느낌을 줄 수 있을까? '사부재기/사부제기'와 '조용히'가, '돌멩이'와 '돌삐'가 같은 의미와 느낌을 가지는 말일 수 없다. '머리뚱하이 먼 산을 본다'를 '물끄러미 먼 산을 본다'라는 표준어로 바꾸어 놓으면 동일한 정서를 표현할 수 있을까? 시인을 포함한 방언 화자에게 방언과 방언에 대응하는 표준어, 즉 '머리뚱하이'와 '물끄러미'가 같은 의미와 느낌으로 인식되지 않는다.

말의 느낌과 색깔, 온도가 완전히 동일한 것을 찾기 힘들다. 하물며 시어라면 동일한 느낌과 색깔, 온도를 가지는 말이 존재하기 어려울 것이다. 그렇기 때문에 시인은 자신의 감정을 표현하기 위한 최적의 언어를 찾아서 수만 가지 언어에서 고르고 또 골라 시를 쓴다. 그런 시어를 매개로 시인과 독자는 서로 소통하고 호흡한다. 시인의 호흡을 그대로 따라가기 위해서는 시인이 쓰는 언어를 온전히 이해하는 것이 필수적인 것이다.

또 다른 측면에서 시어는 진부한 일상적인 언어로부터 일탈하여 보다 신선한 느낌을 주는 것이어야 한다. 그리고 새로운 이미지를 창출하거나 율격이나 리듬감을 살리는 데에도 효과적으로 기능할 수 있어야 한다. 이렇게 시어의 모색 과정에서 방언이 선택 받는다면, 방언에 익숙하지 않은 독자에게 신선함과 생경함을 주는 효과도 있다. 아래에 예시한 시를 읽으면 느낄 수 있는 것처럼 시인은 독자가 일상적으로 사용하는 언어가 아니라 새로운 언어를 사용하여 독자의 호기심을 불러일으키고, 지루하고 뻔하지 않은 느낌을 준다. 물론 해당 방언권 독자들에게는 고향에 있는 듯이 친숙하고 토속적인 느낌을 줄 수 있다.

(1) 배나무접을 잘하는 주정을 하면 토방돌을 뽑는 오리치를 잘 놓는
　　　먼 섬에 반디젓 담그려 가기를 좋아하는 삼촌 삼촌엄매 사춘누이
　　　사춘동생들 (백석, 여우난골족)
(2) 아이고 자잘궂에라!
　　　작년에 댕기논 쑥갓씨로 삽짝가새
　　　다문다문 흩쳐논 지가 한 달포는 됐시까, 엊지역에 깨굼밭비가 살
　　　째기
　　　니리는 거 겉디마는 그단새 좁쌀제끼
　　　겉은 포란 새싹이 뺄쯉하이 돋았구마는 (상희구, 춘삼월)

어쩌면 시 한 편을 완성하는 것은 멋진 그림 퍼즐을 완성하는 것과 비슷한 작업일지 모른다. 서로 모양과 크기가 다른 퍼즐 조각들을 이리저리 잘 맞추어 큰 그림 퍼즐을 완성하듯이 서로 의미와 느낌이 다른 시어들을 하나하나 재구성하여 하나의 시를 이루어내는 것이다. 완성된 퍼즐에서 퍼즐 조각 하나를 떼어내고 다른 모양과 크기의 퍼즐 조각을 넣을 수 없듯이, 완성된 시의 시어 하나라도 다른 것으로 바꾼다면 전체 시의 의미와 느낌이 달라질 수밖에 없다. 그래서 시어 하나하나가 중요하며, 시 곳곳에 방언을 사용하고 제대로 해석할 수 있도록 노력해야 할 것이다.

시나 소설과 같은 문학작품에는 작가의 방언이 자연스레 녹아 있고, 시인이나 소설가가 자신에게 익숙한 어휘들로 작품을 창작하는 것은 너무나 당연한 일이지만, 그 작품을 읽고 공감하고 싶어 하는 독자 입장에서 방언은 종종 작품 이해의 걸림돌이 되기도 하는 것이다. 시인과 동일한 방언권의

독자가 아닐 경우 방언의 의미를 제대로 알지 못해서 오독할 가능성이 매우 높을 뿐 아니라 방언에 대한 이해 없이 작가의 감성을 오롯이 느끼기에는 한계가 있다. 그러한 한계를 극복할 수 있도록 도와주는 것이 바로 『시어방언사전』이다. 시인의 느낌과 감정에 이르는 길을 잃은 독자에게 이 책은 시인에게 가는 길을 찾아주는 등불이 되어 주고 손잡고 함께 걸어주는 친구가 되어 준다.

『시어 방언 사전』은 김소월, 김춘수, 박목월, 박재삼, 백석, 상희구, 서정주, 신경림, 유치환, 이상화, 이육사, 정지용, 조지훈, 최남선, 현진건 등 70여 명에 이르는 근대 이후 시인들의 작품에 나오는 방언 어휘를 수집·추출하여 체계적으로 정리하고, 시에 나타난 방언 어휘의 의미를 방언학자의 눈으로 정리한 책이다. 여기서 방언학자의 눈으로 정리했다는 것은 뜻풀이 방식을 보면 잘 드러난다. 일반적인 사전의 형식에 따라 각 표제어는 '품사-의미-예문-출처'의 순서로 구성되어 있지만, 아래 예와 같이 의미 부분에서 국어학적 접근이나 방언학적 설명, 기존 해석의 오류 지적 및 수정 보완 등을 덧붙여 놓아서 방언 어휘에 대한 이해의 깊이를 더하였다.

나우리치다 [동] 잔파도가 일다. 잔잔한 파도가 일다. 물결이 일다. 『문장』에 실린 이육사의 『아미』라는 작품의 일부이다. '나우리치오'에 대해 심원섭(1998: 338)은 기본형을 '나우리치다'로 보고, '나우리'는 '잔 파도'의 의미를 지닌 낱말로 처리하고 있다. 그리고 아직도 경상도 해안지방에서는 '나브리'라는 발음이 잔존해 있으며, '나우리치다'는 '잔 파도가 일다'라는 뜻으로 풀이하는 것이 타당하다고 밝히고 있다. 그러나 이와 함께 원래 '나브리 나우리'는 『한국방언자료집 7』에 'Ⅰ. 550 (보충) 노을/아침노을' 항에 보면, '노을, 노울, 놀, 놀이, 나올이, 나울이, 잰노리, 뿔새, 나구리, 나부리' 등의 방언형이 실현된다. 경북 내에서도 경주

지역에서는 '붉새'형이, 상주 안동 지역에서는 '나구리', '나부리' 형으로 실현된다. 특히 안동지역에서는 '나우리', '노을'과 같은 어형이 실현된다. 그러니까 '나우리치다'를 아무런 근거 없이 '잔파도가 치다'로 해석하는 일은 매우 위험한 발상이라 아니할 수 없다. 아마 '저녁 황혼 노을이 퍼져 가는 모습을 파도에 비유하여', '나우리치다'로 노래한 것으로 이해해야 할 것이다. #"촛불처럼 타오른 가슴속 思念은/ 진정 누구를 애끼시는 贖罪라오/ 발아래 가드기 황혼이 나우리치오//"(이육사, 아미)

'나우리치다'라는 하나의 표제어에 대해 이 책에서는 단순히 뜻풀이만 한 것이 아니라 표제어의 해석과 관련한 기존의 논의를 비판하면서 '나우리'가 '노을'의 방언형인 근거를 상세하게 제시하고 있다. 그리고 이육사 시에 나타나는 '발아래 가드기 황혼이 나우리치오'라는 구절의 의미가 "발아래 가득히 저녁 황혼 노을이 퍼져가는 모습을 마치 파도가 치는 것에 비유하여 노래한 것"이라고 풀이하고 있다. 이와 같이 잘못된 오독을 비판한 경우는 이 책 곳곳에 잘 기술되어 있다. 예를 들어 표제어 '답답다'에서 이상화의 『빼앗긴 들에 봄은 오는가』에서 '답답워라'가 아니라 '답답하다'로 수정한 예나 '무지개'를 '무지기, 큰 뱀'으로 해석한 권영민(1999)의 견해를 반박한 예, 이육사의 『年譜』에서 '문바지'를 '입는 바지의 일종'으로 풀이한 이원조 편(1946)의 견해를 비판하는 예 등에서 상세하게 비판의 근거를 제시하면 잘못된 오독을 바로잡고 있다.

이 책은 다양한 방언권에 속하는 여러 시인의 작품에서 표제어를 추출했기 때문에 우리나라 각 지역 방언형이 제시되어 있으며, 해당 방언권에서 어떤 의미와 형태로 사용되고 있는지 상세하고도 폭넓게 기술하고 있다는 특징이 있다. 북한 지역부터 제주도까지 각 방언권별로 뜻풀이의 예를 보이면, 아래와 같다.

(1) 빠좋다 [형] '빠좋다'는 '빼다'의 의미를 가지고 있는 대구방언형이다. 접속어미 '-어서'는 대구방언에서는 '-개주고', '-가아', '-주고' 등으로 실현된다. 대구방언에서 '빼다'는 자의에 의해서나 또는 타의에 의해 이루어지는 일이라면 '빠좋다'를 사용한다. 이와 함께 경상방언에서 '빠좋다'가 '빠뜨리다'의 의미로도 사용되기도 한다. … (이하 생략)

(2) 옴시런이 [부] 고스란히. 전라방언으로 '오쓰라기, 오쓰락허니, 옴쓰레기, 옴씨락' 등의 어휘가 함께 사용됨. … (이하 생략)

(3) 오시럽다 [형] '걱정스럽고 불안하다'는 의미로 함경도 방언에서는 '오시랍다'가 사용된다. '오시랍다'는 김태균의 「함북방언사전」과 곽충구(2001)에서도 '어떤 일이 걱정이 되어 근심스럽고 불안하다'는 뜻으로 해석하고 있다. … (이하 생략)

(4) 덜거기 [명] 수놈 장끼. '수꿩'의 평북방언 … (이하 생략)
    물꼬시나무 [명] 멀구슬나무의 방언으로 '멀구슬나무'를 해남지방에서는 '물꼬시나무' 혹은 '몰꼬시나무'라고 부른다. 전남 해남군청 임업서기인 최우영님의 도움으로 '물꼬시나무'의 학명을 알게 되었다. 시인 문효치는 "바다의 문"이라는 시에서 "물 넘겨다 보던 … 몰꼬시나무를 아시나요.…처럼 몰꼬시나무를 활용한 예가 있다. '물꼬시나무'나 '몰꼬시나무'는 '멀구슬나무'를 의미한다. … (이하 생략)

(5) 도채비꽃 [명] 도깨비꽃. '도체비'는 제주지방의 방언이다. 도체비꽃이 파랗게 피어있는 모습을 묘사한 부분이다. … (이하 생략)

(6) 수껑 [명] 나무를 숯가마에 넣어 구워 낸 검은 덩어리의 연료. '숯'에 대응되는 경상지역 방언형은 '수껑'이다. '수껑'이라는 말은 15세기에 '숫ㄱ'으로서 '숫ㄱ'이 '숫ㄱ이, 숫ㄱ을, 숫ㄱ으로'로 곡용되었는

데 이 '숫ㄱ'에다가 '-엉'이라는 접사가 첨가되어 '숫ㄱ엉'형이 이 방언에서는 고스란히 남아 있는 셈이다. 충청방언에서는 어말 'ㅅ ㄱ'가 'ㄱ'이 탈락한 '숫'의 형태로 남아 있으며 경기방언에서는 어 말파찰음화를 거쳐서 '숯'으로 되었다. … (이하 생략)

위에서 '수껑'의 예에서처럼 경상방언과 충청방언, 경기방언에 이르기까 지 각 지역의 방언형에 대해 종합적으로 기술한 내용도 있지만, 표제어 '아 래'의 뜻풀이와 같이 방언학적 관점에서 전문적인 해설을 하고 있는 경우도 심심찮게 발견된다.

아래 명 어제의 전날, 때로는 가까운 며칠 전을 뜻하기도 함. '아래'는 중부방언의 '그제, 그저께'에 해당하는 경상방언형이다. 시간 계열어가 중부방언에서는 '긋그제, 그제, 어제, 오늘, 내일, 모레, 글피, 그글피, 그그 글피'와 같이 연쇄배열을 보이는데 비해 경북과 경남지역의 경우는 매우 상이한 어휘 대립체계를 보여주고 잇다. 경북은 '저아래, 아래, 어제, 오늘, 내일, 모래, 저모래'와 같은 배열을 보이고 있다. 경북지역이나 경남지역 에서는 시간 계열어가 오늘을 기준으로 하여 전후 3일까지만의 개념이 분화되어 있을 뿐이다. 곧 '긋그제, 그글피, 그그글피' 등은 계열관계의 체계적인 빈자리를 보인다. 아울러 그 대립 명칭도 '저-', '그-'가 붙은 다른 지역의 대립체계에 비해 훨씬 간단하고 단순한 체계를 보여주고 있다.

한편, 시어 방언이 물론 문학언어로서의 가치와 방언학적 자료로서의 가 치도 가지지만, 방언이 언어의 변화를 보여주기도 하기 때문에 언어의 박물 관과 같은 구실을 하기도 한다. 가령 현대국어의 '조마조마'에 해당하는 '서마서마', '어마어마' 등은 언간(諺簡) 자료에 나타나는 'ㅅ마ㅅ마'와 관련된 방언형으로 고어 해석의 실마리를 제공한다.

(1) 서마서마 ㋬ 조마조마하며 마음 졸이는 상태를 나타내는 흉내말.
　… (이하 생략)

(2) 어마어마 ㋬ '서마서마', '조마조마' 등과 같이 '위태로운 느낌으로
마음 졸이는 상태'를 일컫는 말. 여기서는 험하고 위태로운 산골짜기
를 겁을 먹고 마음 졸이며 기어 나왔다는 뜻이다. 이숭원 교수의
『원본 정지용 시집』에는 '어마어마 한 곳을 간신히 기어나왔다는
뜻이 내포되어 있다'고 풀이한다.… (이하 생략)

또한 이 책에서는 표제어에 따라 어원적인 설명을 덧붙이고 있는 기술도
발견할 수 있다. 아래의 예에서 '비닭이'라는 방언은 이육사와 박용철의
시에 등장하는데, 현대어 "비둘기"에 해당한다는 뜻풀이 외에도 기존에 논
의된 어원에 대한 가설도 함께 제시하고 있다.

비닭이 ㋱ 비둘기. '닭이 아니다'라는 의미의 비닭(非닭)에서 나왔다
고 하는데, '날아다니는 닭(飛닭)'을 의미했을 가능성도 있다. 빛닭이
어원으로 '빛이 나는 닭'을 의미했다는 설도 있다. 이 외에도 비두로기,
비다라기, 비달기, 비다리, 비다라 따위로도 쓰였다. … (이하 생략)

그리고 이 책은 다양한 생활 어휘를 풍부하게 수록하고 있어서 생활사
연구에도 많은 도움이 될 수 있다. 아래 예에서 보듯이 음식이나 복식, 생활
관련 도구 명칭 등이 다양하게 수록되어 있다.

(1) 물구지떡 ㋱ 물구지는 파나 마늘과 비슷하게 생긴 야생초 '무릇'의
함경도 방언이다. '무릇'은 백합목 백합과의 외떡잎식물로 여러해살

이풀이다. 줄기는 … '물구지떡'은 물구지(무릇)와 둥굴레의 뿌리를 삶은 다음 여기에 다른 곡물과 섞어 범벅처럼 만든 떡인데 가랑잎에 담아 먹는다. … (이하 생략)

(2) 웃티 囘 윗옷. 윗저고리. 위에 걸치는 옷. '상의(上衣)'를 뜻하는 경상방언형이다. 경상도에서는 주로 '우투리, 웃도리, 윗도리, 웃드리, 웃또리' 등의 방언형이 있으며, '웃티'는 고어(古語) 형식이다. … (이하 생략)

(3) 따배이 囘 여인들이 물동이같은 무거운 것을 머리에 일 때 머리가 아프지 않게 짚 같은 것을 동그랗게 엮어 물동이와 머리 사이에 고이는 것을 말한다. … (이하 생략)

　

생활 어휘 뿐만 아니라 특이한 형태를 보이는 어미부터 속어, 개인어, 구에 이르기까지 시에 등장하는 다양한 방언형을 표제어로 삼아 기술하였다는 점도 이 책의 특성이라고 할 수 있다.

(1) 새레 囘 -는커녕. '말할 것도 없거니와 도리어'의 의미. #"함초롬 젖여 새초롬하기는새레 회회 떨어 다듬고 나선다(정지용, 流線哀傷)"

(2) 쌍골라 囘 중국인을 지칭하는 속어. #"저기 드란 쌍골라는 大腸/ 뒤처젓는 왜놈은 小腸//"(정지용, 爬虫類動物)

(3) 나이롱뻥 囘 화투놀이의 일종 …(이하 생략)

(4) 애조롭다 囹 '애처럽다'라는 의미의 개인어. …(이하 생략)

(5) 내 눈이 티눈이다 囝 글자를 모르는 무식한 사람. 일자 무식쟁이 …(이하 생략)

　

다양하고 폭넓은 어휘를 수록하고 있을 뿐만 아니라 백과사전과 같이 상세하게 뜻풀이를 제시하고 있어서 해당 어휘에 대한 구체적인 지식까지 한꺼번에 알 수 있어서 독자의 편의를 도모하고 있다.

(1) 오로촌 명 만주의 유목민족. 중국의 동북지방에 거주하는 소수민족의 하나. 러시아에서는 바이칼호 이동(以東)에서부터 아무르강 유역에, 중국에서는 내몽골의 대흥안령(大興安嶺), 흑룡강성의 소흥안령(小興安嶺), 두 산맥 안에 산다. 매우 예절 바른 부족으로 한국인과 비슷함. … (이하 생략)

(2) 신미두 명 신미두(지명). 평북 신천군 운종면에 속한 큰 섬. 조기의 명산지이기도 함. … (이하 생략)

여러 작가의 수많은 작품 속에서 다양한 방언을 각각의 특성에 맞게 적합한 뜻풀이와 해설을 제공하고 있는 이 책을 읽으면서 문학작품이라는 보물창고 속에 쌓여있는 보석 같이 귀한 방언을 보기 좋게, 그리고 반짝반짝 빛나게 잘 배열했다는 느낌이 들었다. 귀한 보석을 찾아서 빛나게 만들어 놓은 두 분 저자에게 존경과 경의를 표하면서 후학으로서 이제 각자의 취향과 TPO에 맞게 방언이라는 보석을 잘 활용해서 더욱 귀하고 빛나게 해야 하는 의무감도 느끼게 되었다.

책의 표지에서 소개한 대로 『시어 방언 사전』은 "시에 나타난 방언의 의미를 잘 알고 시를 이해하는 데 도움을 주기 위한 책"이며, "이미 번역되어 나온 시집 중 방언 어휘에 대한 오류가 있는 시어를 일반인에게 제대로 전달하기 위한" 책이기도 하기 때문에 "시를 제대로 파악하기 위한 기초 도구"라고 할 수 있다. 그러나 실제 내용을 살펴보면 시어에 대한 방언 자료집, 방언학 연구서로 불러도 될 만큼 충실하고도 유익한 내용을 담고 있다.

앞으로 이런 시어 방언 사전을 비롯하여 각종 문학작품별, 각 작가별로 확대되고, 방언권별로 축적되어 통합적으로 제공된다면 방언을 통한 문학작품의 이해와 분석에 많은 도움이 될 수 있을 것이며, 이는 방언 연구에도 크게 기여할 수 있을 것이다.

경북방언사전

한송이

국립국어원

최근 몇 년 사이 사투리가 안방극장을 장악했다. 부정적인 캐릭터들(조직폭력배, 사기꾼 등)이 사용하는 언어로만 등장되던 사투리가 생활어로 자연스럽게 등장한 것이다. 케이블방송 tvN에서 인기리에 방영 했던 드라마 '응답하라' 시리즈 얘기다. 부산을 배경으로 90년대 팬덤문화를 소재로 한 응답하라 1997(2012)을 시작으로 서울 신촌 하숙집을 배경  으로 한 응답하라 1994(2013), 쌍문동 골목길에 다섯 가족을 배경으로 한 응답하라 1988(2015)까지 제작 되었다. 특히나 응답하라 1994는 다음편이 방송될 때까지 끙끙 앓으며 기다린다는 의미의 '응사앓이'라는 신조어까지 만들어냈을 정도다. 이 드라마의 흥행코드 중 하나는 서울로 갓 올라와 같은 하숙집에 살게 된 영남, 호남, 충청 출신의 1994년 대학 신입생들이 중심이 돼 거침없이 뱉어내는 사투리다. 이에 힘입어 정부의 표준어 정책에 밀려 사라져간 사투리의 '부활'은 최근 유행하는 복고형 드라마, 영화뿐 아니라 사투리 활용을 권장하는 각종 지방자치단체의 사업에 힘입은 바 크다. 지역 특색을 살리고 옛것을 보존하는 차원에서 지자체의 기념사업도 속속 등장하고 있다.

그럼에도 시장 조사 전문기관인 '엠브레인 트렌드모니터'가 온라인을 통해 전국 만 19세 이상 성인 남녀 1000명을 대상으로 사투리 사용에 대한 전반적인 인식을 조사한 결과(2013년) '특정 사투리를 쓰는 사람에게 편견이 있다'는 답변이 전체의 27.2%로 집계됐다. 특히 이러한 인식은 연령대가 높을수록 더 강했다. 조사에는 실제 사투리 사용이 면접이나 프레젠테이션에서 부정적인 영향을 준다는 인식도 각각 58.7%, 75.3%로 높은 수치를 기록했다.

이러한 편견은 사투리 사용자 측에서도 도드라진다. 수도권을 제외한 지방에서 '현재 사투리를 사용하지 않고 있다'고 답한 사람 중 '원래 쓰지 않았다'(73.0%), '학교 직장을 옮기면서 자연스레 바뀌게 됐다'(16.2%)는 답변 외에 '사투리를 쓰지 않으려고 노력한다'는 비율은 10.8%를 차지했다. 이들 중 대부분이 '비즈니스나 업무 때문'이라고 하거나, '학교나 직장에서 따돌림을 받지 않기 위해서'라고 답했다.

표준어 교육이 일반화되고 매스컴 특히 텔레비전의 영향 때문에 방언은 점차 표준어로 바뀌게 된다. 특히 표준어로의 대체는 낱말에서 두드러지게 나타나는데 이러한 변화 때문에 세대에 따른 언어 차이도 뚜렷하게 발생한다. 현대적인 학교 교육을 받은 세대와 그렇지 못한 세대의 차이는 표준어 사용 능력에서 압도적으로 나타나는데, 아마도 50~60대를 기준으로 하여 그 이전과 이후의 언어 차가 상당할 것으로 추정된다. 여기에 텔레비전의 영향력이 가해지는데, 텔레비전은 세대를 불문하고 영향을 미치므로 이미 표준어 교육을 받은 세대의 경우 그 영향력은 미미하다 할 수 있지만, 교육

받지 못한 세대나 나이든 세대의 경우에는 영향력이 클 수밖에 없을 것이다. 그 결과로 실제 방언 조사를 가보면 70대의 노인이라 할지라도 상당한 표준어 구사 능력을 갖추고 있어 과거처럼 60대 이상의 노인들을 찾아 방언 조사를 하던 방식은 통하지 않는다는 사실을 실감하게 된다. 그러나 방언은 독자적인 체계와 역사를 지니고 있어 우리말의 다양성을 보여 주는 귀중한 언어재이다. 언어학적으로는 우리말의 변이와 역사를 보여 주는 자료일 뿐만 아니라 문화적으로는 방언이 사용되는 지역의 언어문화 그리고 언어에 투영된 그 지역 사람들의 삶의 모습을 알 수 있는 자료로서의 귀한 가치를 지닌다.

'…나비 제비야 깝치지 마라/맨드램이 들마꽃에도 인사를 해야지…'

이 예시는『경북방언사전』머리말 첫 페이지에 나오는 것이다. 한글맞춤법 통일안이 제정(1933년)되기 전인 1920년대 주로 활동했던 대구 출신 저항시인 이상화(李相和)의 시 '빼앗긴 들에도 봄은 오는가'의 한 구절이다. 여기서 '깝치지 마라'는 '서두르지 마라', '맨드램이'는 '민들레'라는 뜻의 대구 사투리이다. 방언의 뜻을 잘 몰라 그동안 '까불지 마라', '맨드라미'로 잘못 옮겨져 논쟁이 됐던 표현들이다. '깝치다'는 대구방언에서 '재촉하다' 라는 의미로 사용되며 동음이의어로서 '손목이나 발목을 접치다'라는 의미로도 사용된다. 또한 '맨드램이'를 '맨드라미'로 해석하는 경우『표준국어대사전』에 따르면 7~8월에 꽃이 피기 때문에 이 작품의 계절적인 배경이 되는 이른 봄이라는 상황에 맞지 않는다.

『경북방언사전』을 펴낸 이상규 선생님은 오래전부터 언어의 종 다양성에 대해 언급하며 언어와 문화의 상관성을 피력하셨다.

"방언은 단순히 언어의 한 종류로 그치는 것이 아니라 그 안에 지역민들의 지식체계와 정서, 사상체계와 문화 등이 담겨있다. 방언이 열등하다고 내치고 배격한다면 이는 마치 우리의 언어체계를 스스로 약탈하는 것과 다를 바가 없다고 생각한다. 나는 '규범성을 중시하자는 입장을 고수하면서도 방언을 내치면 안된다'는 생각을 가지고 있다. 따라서 표준어의 언어통일이라는 토대위에서 지방어의 다원성을 보존해주어야 한다."

이러한 생각을 가지게 된 이유에 대해서 선생님의 옛 이야기를 잠깐 언급하면, 다음과 같다. 대학원을 졸업하고 한국학중앙연구원에서 연구원으로 일하면서 전국방언조사를 할 기회가 있었다고 한다. 경상북도 지역 담당이 었는데 군 단위 23개 지역으로 나누어 현장 조사를 하면서, '언어의 다양성'에 대해 알게 되셨다고. 특히 '언어의 다양성'에 호기심을 가지고 연구를 시작하다가 이런 언어의 다양성이 제대로 지켜지지 못하고 소멸돼가고 있음을 발견했다고 한다. 이를 위기라고 생각해 바로 잡아야겠다고 다짐했다고 말씀하셨다.

이것을 정리한 것이 『경북방언사전』이다. 특히 이 책에서 각종 문학작품을 예로 들고 있는 것은 왜곡된 자료들이 규범성 있는 교과서에까지 그대로 실리고 그것이 잘못 알려지고 있다는 사실 때문이라고 한다. 이러한 점에 착안하여 보다 풍부한 지역 방언 자료를 수집 조사하여 출간해야겠다는 판단으로 1990년대 초반부터 경상북도에서 시행한 "경상도 고향말씨 자랑대회"(1~6회)에 출연한 자료와 기타 여러 가지 경북 방언이 반영된 문헌자료를 수집 조사하여 어휘 항목을 뽑고 또 실재로 사용된 예문을 간추려서 이 사전으로 구성하였다. 690여 페이지 분량에 1만여 개의 표제어를 실은 이 사전은 품사, 뜻풀이, 예문, 지역 및 출전 등의 순서로 배열돼 경북지역

방언에 대한 포괄적인 이해를 돕고 있다. 여기서 어휘 항목을 뽑고 사용 예문을 간추렸다. 수록된 방언은 권말에 별도 색인을 넣어 경상도 방언을 표준어로도 알 수 있게 했다. 특히나 방언사전이기 때문에 표제어에 성조와 장음 표기를 함께 하였으며 기저형을 밝힐 필요가 있는 표제어에 대해서는 활용형이나 곡용형을 제시하여 밝혀두었다. 또한 방언형의 변화 과정을 확인하기 위한 표제어에 대해서는 고어 문헌의 예를 밝혀두기도 하였다. 그럼에도 사전 형식에 실을 수 없는 언어학적 특징들은 '경북방언의 특징'이라는 제목의 논문을 부록에 수록하여 경북방언이 가지는 음운적, 문법적, 어휘적 특징을 정리하고 있다. 이러한 방대한 작업과 노력으로 이 책은 학술원 우수 도서로 선정되었다.

이 책이 출판된 시기가 2000년이니 벌써 20년이 다되어 간다. 이후 방언 사전이 얼마만큼 출판되고 활발하게 연구되고 있는지 살펴보면, 교보문고 기준 23건 정도만 검색됨을 알 수 있다. 20여 년 전에 펴낸 이 책이 방언을 연구하고 특히 경북방언을 연구하는 사람들에게 바이블처럼 여전히 남아 있는 것이 제자로서 뿌듯하면서도 그 이상의 것으로 한 단계 뛰어넘는 연구를 하지 못함이 죄송스럽기도 하다.

각각의 언어에는 그 언어를 쓰는 공동체의 독특한 세계관과 문화의 복합체가 반영되어 있다. 즉 언어에는 세계의 이해 방식, 철학 체계, 그리고 문제의 해결 방식이 담겨 있다. 언어가 사라지는 것은 그 언어 체계에 반영된 사고와 문화가 사라지는 것이며 인류가 가지고 있던 소중한 자산이 없어지는 것이다. 그러므로 절멸 위기의 언어를 보호하는 것은 전 세계적으로 문화의 다양성을 유지하기 위한 매우 중대한 과업이라 할 수 있다. 곁에서 지켜본 선생님은 여전히 열정이 가득하시다. 선생님께 공부를 배운 제자로서, 국어학을 연구하는 학자로서 그 열정을 이어갈 수 있도록, 그래서 이 과업을 풀어나갈 수 있도록 끊임없이 문제의식을 가지고 해결하고자 정진하겠다는 마음가짐을 다시 한 번 가지면서 이 글을 마치고자 한다.

연보 年譜

논저 및 기타 발표

논 문

1979. 1. 「'-을 / 를'의 범주와 의미분석」,『문학과 언어』1권, 문학과 언어연구회.

1979. 1. 「현대국어의 VP-보문 분석」, 경북대학교 대학원 석사학위 논문.

1979.12. 「현대 국어의 VP-보문화 분석 고찰」, 경북대학교 대학원 석사학위 논문.

1980. 1. 「동남방언의 사동법」,『문학과언어』2권, 문학과 언어연구회.

1980.12. 「'-을 -를'의 범주와 기능」,『문학과 언어』1권, 문학과 언어연구회.

1981. 1. 「관형어의 몇 가지 특질」,『한글경북』2권, 한글학회 경북지회.

1981. 1. 「동남방언의 여격(1)」,『한국방언학회』2권, 한국방언학회.

1981.12. 「동남방언의 사동법」,『문학과 언어』2권, 문학과 언어연구회.

1982.12. 「동남방언의 어미. '-어(가아)'」,『조규설교수환력기념논문집』, 영남 대동간행위원.

1983. 1. 「동남방언의 '-어(가아)'」,『조규설교수화갑기념논집』.

1983.12. 「경북지역어의 주격 [-이개]」,『어문논총』17권, 경북대학교 인문대학.

1983.12. 「경북지역어의 현지조사」,『방언』7권, 한국정신문화연구원.

1984. 1. 「경북지역어의 친족명칭」,『여성문제연구』18권, 효성여자대학 여성

문제연구소.

1984. 1. 「경북지역어의 주격 '-이가'」, 『어문논총』 17권, 경북대학교 인문대학.

1984.12. 「울주지역어의 음운」, 『어문논총』 18권, 경북대학교 인문대학.

1984.12. 「15세기 경북지역 고문서의 이두」, 『목천 유창균박사화갑논문집』 14권.

1985.12. 「[-거라] 명령법 어미의 기능과 방언차」, 『소당 천시권박사화갑논문집』 15권.

1985.12. 친족명칭의 혼란상」, 『새마을연구』 5권, 경북대 새마을연구소.

1985.12. 「신후담의 [해동방언]에 대하여」, 『인문과학』 1권, 경북대 인문과학연구소.

1986.12. 「경북방언에서의 미확정서법(1)」, 『어문논총』 20권, 경북대학교 인문대학.

1986.12. 「방언자료의 처리방법」, 『문학과 언어』 7권, 문학과 언어연구회.

1987. 1. 「음소체계의 언어지도화」, 『문학과언어』 7권, 문학과언어연구회.

1987. 1. 「함께 쓰고 싶은 경북방언」, 『국어생활』 11권, 국립국어연구원.

1987. 1. 「규칙순위와 음소재구」, 『어문론총』 21권, 경북대학교 인문대학.

1989. 1. 「경북방언의 어휘에 대하여」, 『여성문제연구』 23권, 효성여자대학교 여성문제연구소.

1989.12. 「서북 경북 방언의 통시음운론적 연구」, 경북대학교 박사학위논문.

1990.12. 「경북방언의 격어미 형태구성과 기능」, 『어문논총』 24권, 경북대학교.

1991. 1. 「경북, 충북방언의 어휘분화」, 『서재극교수회갑기념논집』, 서재극교수회갑기념논집간행위원회.

1991. 1. 「경북방언의 경어법」, 『새국어생활』 1권 3호, 국립국어연구원.

1992. 1. 「경북방언의 청자대우법」, 『김형수교수회갑기념논집』, 김형수교수회갑기념논집간행위원회.

1992. 1. 「경북방언의 맛갈과 특징」, 『한글사랑』, 한글사랑,

1992. 1. 「조선어문연구부편 〈방언집〉의 검토」, 『주시경학보』 10권, 주시경학보.

1996. 1. 「언어지도의 상징부호화에 대하여」, 『언어연구』 13권, 대구언어학회.

1997. 1. 「존대형태소 '-시-'의 두 가지 기능」, 『어문론총』 31권, 경북어문학회.

1997. 1. 「영남방언의 특징」, 『한국어문』 4권, 한국정신문화연구원.

1998. 1. 「사투리를 무형문화재로」, 『샘이깊은물은』, 샘이깊은물은.

1998. 1. 「경북방언의 성격」, 『청암김영태박사회갑기념논집』, 청암김영태박사회갑기념논집간행위원회.

1998. 1. 「계열어의 방언분화 양상」, 『어문학』 62권, 한국어문학회.

1998. 8. 「멋대로 고쳐진 이상화의 시」, 『문학사상』 8호, 문학사상사.

1999. 9. 「상화시에 나타난 방언과 텍스트」, 『수련어문논집』 25호, 신라대학교.

2001. 2. 「육사 시에 나타난 안동방언」, 『어문학』 72호, 한국어문학회.

2001. 6. 「상화 시에 나타난 방언」, 『영남학』 1호, 경북대학교 영남문화연구원.

2001.12. 「남한 방언의 어휘의 지리적 분화 양상」, 『이광호교수회갑기념논문집』, 이광호교수회갑기념논문집간행위원회.

2001.12. 「한국어 어휘지도 제작과 방언 차이에 대한 해석」, 『인문론총』 35호, 경북어문학회.

2001.12. 「문학 작품에 나타난 방언 분석」, 『한민족언어학』 39호, 한민족언어학회.

2003. 2. 「문학 작품에 나타난 방언 분석」, 『새국어생활』 13권 4호, 국립국어연구원.

2003. 9. 「퍼스털컴퓨터를 활용한 한국방언자료의 지도제작」, 『어문학』 81권, 한국어문학회.

2004. 「방언 자료의 처리와 언어지도」, 『방언학』 창간호, 한국방언학회.

2004. 8. 「컴퓨터를 활용한 한일 방언자료의 지도 제작 현황」, 일본 『사회언어과학』 7권 1호.

2004. 9. 「방언 조사 항목 어휘 선정의 원칙과 방향」, 『남북 언어 동질성 회복을 위한 제3차 남북 국제 학술회의 논문집,』 국립국어원.

2004.12. 「방송 언어와 방언」, 『방송과 우리말』 창간호.

2005. 6. 「방언자료 처리와 방언지도」, 『방언학』 1권 1호, 한국방언학회.

2005.11. 「방언 지도 제작기를 활용한 방언 올림말」, 『한국사전학』 6호.

2005.12. 「방언지도 제작기를 활용한 방언 지도 제작」(공동), 『방언학』 2, 한국 방언학회.

2005.12. 「한국 방언지도 제작 시스템(KSEAL) 개발」, 『어문론총』 제43호, 한 국문학언어학회.

2007. 「Hangeul, The Greatest Letters」, 『Koreana』, vol.21 no.3.

2007. 「Linguistic Imperialism and Trans-language」, 『asia africa』, 2007 Asia Africa Literature Festival in Jeonju.

2007. 6. 「문학작품 속의 방언」, 『방언학』, 한국방언학회.

2007. 6. 「여성결혼이민자 한국어 교육의 과제」, 『어문론총』 46, 한국문학언어 학회.

2007. 「절멸 위기의 언어 보존을 위한 정책」, 『새국어생활』 17(4).

2008.10. 「《표준국어대사전》의 현재와 미래」(공동), 『표준국어대사전』, 날개 를 달다」, 국립국어원.

2008. 「훈민정음 영인 이본의 권점 분석」, 『어문학』 100호.

2009. 2. 「지역방언 연구의 전망」, 『지역민속학』 창간호, 지역민속학회.

2009. 4. 「생태적 관점에서의 한국어 정책의 현안과 과제」, 『한국어사전학』 13호, 한국사전학회.

2009.10. 「디지털 시대의 한글의 미래」, 『우리말연구』 25호, 우리말학회.

2009.12. 「순종 원년 함창 군수가 발급한 한글 고시」, 『어문론총』 51호, 한국문 학언어학회.

2009.12. 「17세기 황여일의 숙부인 완산 이씨 한글 유서와 소지」, 『동아인문학』 16권.

2010. 9. 「훈민정음의 첩운 권점 분석」, 『최명옥 선생 정년 퇴임 기념 국어학 논총』, 최명옥선생정년퇴임기념 국어학논총간행위원회.

2010.12. 「장방청 발급 계방수호 완문 분석」, 『어문론총』 53호, 한국문학언어 학회.

2011. 6. 「일본의 방언 연구 동향과 전망」, 『방언학』 13호, 한국방언학회.

2011. 8. 「《국어기본법》에 근거한 《외래어 표기법》 문제」, 『국어국문학』 158

호, 국어국문학회.

2011.12. 「日本における方言研究の動向と展望」, 『言語文化研究』 19권, 德島大學總合科學部.

2012.12. 「잔엽 상주본 〈훈민정음〉 분석」, 『한글』 298호, 한글학회.

2012.12. 「"명왕신덕 사이함빈"의 대역 여진어 분석」, 『언어과학연구』 63호, 언어과학회.

2013.   「인문 지식·정보의 미래」, 『미래가 보인다』, 국제미래학회, 박영사.

2013. 6. 「을유본《유합》에 나타나는 김해 방언」, 『방언학』 17호, 한국방언학회.

2013.12. 「한국 국어 정책의 미래」, 『어문학』 122호, 한국어문학회.

2013.12. 「《세종실록》분석을 통한 한글 창제 과정의 재검토」, 『한민족어문학』 65호, 한민족어문학회.

2014.12. 「1692년 화원승 신민의 한글 편지 분석」, 『고전적』, 한국고전적보존협의회.

2014.12. 「여암 신경준의 《저정서(邸井書》 분석」, 『어문론총』 62호, 한국문학언어학회.

2015. 4. 「훈민정음에 대한 인문지리학적 접근」, 『한민족어문학』 69호, 한민족어문학회.

2016. 1. 「LINGUISTIC MAPS & DIALECT DATA PROCESSING」, 『Dialectologia』 16(2016), Universitat de Barcelona.

2016. 6. 「병와 이형상의 〈추록언문반절설〉 분석」, 『국학연구론총』 17호, 택민국학연구원.

2017. 6. 「이상정 장군의 육필 유고 『표박기(飄泊記)』 분석」, 『동아인문학』 39호, 동아인문학회.

2018. 8. 「Debunking Myths about the Creation Background of Hunminjeongeum」(공동), 『국제언어문학』 제40호.

1985. 7. 이상규 외, 『국어통사론』, 진명출판사.

1986. 7. 『방언학개설』, 경북대학교 출판부.

1988. 7. 『방언연구방법론』, 형설출판사.

1989. 7. 『방언연구방법론 개판』, 형설출판사.

1989. 7. 『韓國放言資料集-경북편』, 한국정신문화연구원.

1992. 7. 『언어학개론』, 형설출판사,

1992. 7. 『남북한 방언연구』, 경운출판사.

1994. 7. 『경상북도방언자료집』, 경상북도.

1995. 7. 『방언학』, 학연사.

1996. 7. 『내일을 위한 방언연구』, 경북대학교 출판부.

1998.12. 『의미와 상상』, 박이정.

1998.12. 『경북방언의 문법 연구』, 박이정.

1998.12. 『방언, 국어학강좌 6』, 태학사.

1999.12. 『국어학강좌 6』, 태학사.

1999.12. 『의미와 상상』, 박이정.

1999.12. 『경북방언 문법』, 박이정.

2000.12. 『경북방언사전』, 태학사. (학술원 우수학술도서)

2001. 3. 이기문·이상규, 『문학과 방언』, 역락.

2001.12. 『이상화시전집』, 정림사.

2002.10. 『새롭게 교열한 이상화 정본시집-빼앗긴 들에도 봄은 오는가』, 홍익
포럼. (문화체육관광부 우수학술도서)

2003. 『국어방언학』, 학연사,

2003. 1. 『영남지역의 언어와 문학(영남시인의 시 작품에 쓰인 문학방언)』,
대구대학교 출판부.

2004. 1. 『컴퓨터 언어지리학의 방법과 실천』, 경북대학교 언어지도연구실,
2004. 1.

2004. 2. 『국어방언학』, 학연사.

2005. 6. 『위반의 주술, 시와 방언』, 경북대학교 출판부.

2005. 8. 『국어국문학, 미래의 길을 묻다』, 태학사.

2006. 1. 『사회언어학적 조사와 연구방법』(나가이 세이치(中井精一) 저, 공역), 이회. (문화체육관광부 우수학술도서)

2006. 7. 『언어지도의 미래』(공저), 한국문화사. (문화체육관광부 우수학술도서)

2007.11. 『방언의 미학』, 살림.

2007.12. 『경북 상주 지역의 언어와 생활』, 태학사.

2008.11. 『둥지 밖의 언어』, 생각과나무.

2008.   『한국어의 규범성과 다양성』(공저), 태학사.

2009. 8. 『조선어방언사전』, 한국문화사.

2009.12. 『이상화 문학 전집-산문편』, 북랜드.

2009. 1. 『남환박물』(이형상 저, 공역), 푸른역사.

2011.10. 『한글 고문서 연구』, 도서출판 경진. (학술원 우수학술도서)

2012. 1. 『지역어조사 보고서』(공저), 국립국어원.

2013. 1. 『미래가 보인다』, 박영사.

2013. 8. 『조선어학회 33인 열전』, 역락.

2013. 8. 『한글 고목과 배자』(공저), 도서출판 경진.

2013.10. 『훈민정음통사』, 사단법인 올재. (한국연구재단 우수학술도서)

2013.10. 『주해 악학습령』, 국립국악원.

2014. 1. 『외국어로서의 한국어 교육을 위한 한국어』, 계명대학교 한국학연구원, 계명대학교 출판부.

2014. 4. 『역주 여사서언해 권1, 2, 3』, 세종대왕기념사업회.

2014. 4. 『여진어와 문자』, 도서출판 경진.

2014. 4. 『대구 경북의 이해』, 양서원.

2014. 5. 『역주 여사서언해 권4』, 세종대왕기념사업회.

2014. 9. 『한글 공동체』, 박문사. (세종도서 학술부문 우수도서)

2014.10. 『명나라 시대 여진인』, 경진출판,

2014.10. 『한글 고문서를 통해 본 조선 사람들의 삶』, 도서출판 경진.

2014.11. 『여소학 언해 권1, 2, 3』, 세종대왕기념사업회.

2014.11. 『대구 경북 언어 연구』, 다운미디어.

2014.12. 『애산 이인 평전』, 경진출판.

2015. 1. 『인문 지식 정보의 미래』, 박문사.

2015. 3. 『훈민정음 통사』, 사단법인 올재. (올재실렉션)

2015. 4. 『사라진 여진문자』(공저), 경진출판, (문화체육관광부 우수학술도서)

2015. 8. 『이상화 문학전집』, 경진출판.

2015.10. 『여소학 언해 권4, 5, 6』, 세종대왕기념사업회.

2015.10. 『현대 방언의 세계』(공저), 한국문화사,

2015.10. 『역주 경신록언석』, 세종대왕기념사업회,

2015.11. 『역주 동국신속삼강행실도 열녀도 권1·2·3·4』, 세종대왕기념사업회.

2015.11. 『역주 동국신속삼강행실도 열녀도 권5·6·7·8』, 세종대왕기념사업회.

2015.12. 『금나라 시대 여진어』(공저), 태학사.

2015.12. 『시어방언사전』(공저), 역락.

2016. 4. 『증보정음발달사』, 역락.

2016. 7. 『소통학: 학문, 문화, 응용』(공저), 대영문화사.

2016. 8. 『경북내방가사 1』(공저), 북코리아.

2017. 1. 『경북내방가사 2』(공저), 북코리아.

2017. 1. 『경북내방가사 3』(공저), 북코리아.

2017. 6. 『한어방언지리학』(공저), 한국문화사.

2017.10. 『오르간』, 도서출판지혜.

2017.12. 『경주말(語)의 보존과 활용』, 나정문화사.

2018. 1. 『직서기언』, 경진출판사.

2018. 1. 『(컴퓨터를 활용한) 방언학 연습과 실제』(공저), 한국문화사.

2018. 2. 『명곡 최석정의 경세훈민정음』, 역락. (한국연구재단 우수학술도서 선정, 세종도서 학술부문 우수도서)

2018. 6. 『(외래어 지나치다) 맑스 마르크스 마릌스』, 경진출판.

2018.11. 『여암 신경준의 저정서』, 역락.

1995.11.11. 「영남 방언의 특징」, 『한국방언연구의 회고와 전망』, 한국정
신문화연구원.

2001. 6.27. 「세계화의 바람과 대구사람」, 『세계화의 바람과 대구사람』,
대구광역시 지방공무원교육원.

2002. 4.18. 「『2003년 대구하계U대회』 이념 구현과 그 실천적 과제」,
2003 대구하계U대회 심포지엄.

2002. 4.18. 「大邱U大會의 바람직한 開催方向과 課題」, 2003 대구하계
U대회와 지역발전.

2002. 5.29. 「영남 시인의 시작품에 쓰인 문학방언」, 대구광역시 지방공
무원교육원.

2002. 5.30. 「일반인들이 활용할 수 있는 통합 학제간 방언자료 조사의
필요성과 방법에 대하여」, 국립국어연구원 월례세미나.

2003. 5. 1. 「한일의 언어지도 현황과 그 전망」, 동경대학교 대학원 언어
정보학처리전공 특강.

2003. 6.19. 「韓日言語地図製作の現況とその展望」, 国立国語研究所
第1研究室.

2003. 7.29. 「韓日言語地圖製作の現況とその展望」, 레아다쿠대학교 초청
특강.

2003.11. 「한민족 언어지도 제작과 그 전망」, 제7차 사전남북겨레말큰
사전편찬회의, 평양.

2003.11.29. 「변방 시대, 시와 방언」, 전국 6대광역시 및 제주도문인 교류
세미나 초청 특강, 울산광역시문협.

2004. 6.24. 「방언조사 항목 선정의 원칙과 방향」, 남북국제학술대회발표
대회.

2004. 7. 2. 「언어제작 시스템 SEAL의 운용 방법」, 21세기 세종계획 한
민족언어정보화, 영남대학교 국제관, 2004년도 2차 모임.

2004.12.24. 「Map-Maker를 활용한 방언사전 구축방안」, 남북국제학술

대회발표대회, 중국 선양 글로리라 플라자 호텔.

2005. 5. 6.　「대학구조개혁의 중심에 서는 대학」, 『대학교육』 vol.135, 한국교육협의회.

2006. 5.15.　「우리 시대의 언어생활과 어문 정책」, 한국어문회.

2006.10.24.　「한국어 교육의 정책 방안」, 세명대학교 인문사회과학연구소 초청 특강.

2006.11. 4.　이상규 외, 「Map Maker를 활용한 방언지도 제작」, 『동아시아 방언학술대회』, 경성대학교 한국학연구소,

2006.11.30.　「내면 소통을 위한 대안 『겨레말큰사전』」, 『겨레말큰사전』, 남북공동편찬위원회 기조연설, 중국 북경.

2006.12. 6.　「전문용어표준화 협의회 인사말」, 전문용어표준화 협의회.

2007. 5.25.　「언어 횡단을 지향하는 한국어 교육의 과제와 전망」, 국제한국언어문화학회 기조연설.

2007. 8.22.-23. 「Map-maker 언어지도 제작 기술」, 世界の言語地理學, 제14회 국립국어연구소국제포럼.

2007. 8.23.-24. 「언어 제국주의를 넘어서」, 제13차 말나눔잔치, 우리말로 학문하기 모임.

2007.12. 6.-2007.10. 「지구촌 시대, 한국어의 갈길」, 『LIFE INSURANCE』 vol.344.

2007.10.　「한국어 교육 방향」, 『문학사상』.

2007.10.　「한국어 세계화 어디까지 왔나」, 『문학사상』.

2007.11.3.　「한국어 세계화 어디까지 왔나」, 『대조분석과 한국어 교육』, 이중언어학회 제21차 전국 학술대회 추계대회.

2007.12.14.　「남북학술·전문용어비교사전 예비사업 결과에 대한 검토」, 『남북학술·전문용어비교사업: 성과와 과제』, 통일문제연구협의회, 속초 켄싱턴스타호텔.

2007.12.20.　「언어 제국주의와 언어횡단」, 『겨레말소식』, 겨레말큰사전남북공동편찬사업회.

2007.12.　「한국이 새로운 전 지구적 질서를 구축하는 중추적 역할을」,

<table>
</table>

한국어교육기관대표자회의 동계워크숍 제4차 총회.

2007.　　　「韓文, 世界上最优秀的文字」,『Koreana』, vol.15, no.3.

2007.　　　「방언자료의 처리와 언어지도」,『世界の言語地理学』, 第14
　　　　　回 国立国語硏究所 국제심포지엄.

2007.　　　「What is a dialect?」,『The Yeungnam Observer』, vol.29, no.3.

2007.　　　「언어의 다양성과 공통성」, 제18차 세계언어학자대회 유치를
　　　　　위한 특강.

2007.　　　「한국어 교육 현황과 전망」, 한국어교육학회 겨울 학술대회.

2007.　　　「언어횡단으로서 한국어 교육」, 한국어교육학회 2007년 겨
　　　　　울 학술대회 주제발표.

2008. 1. 6.　「다중의 시대, 언어 소통 기획」,『다중의 시대, 언어 소통 기획
　　　　　국내외 한국어 교육의 현황과 과제』, 문화체육관광부·국립
　　　　　국어원.

2008. 3. 3.　「〈세종학당〉 다중의 시대, 언어 소통 기획」, 국립국어원,

2008. 5.23.　「웹 기반 사전이 체계적 기술을 위한 제언」, 우리말로 학문학
　　　　　기 모임 발표문.

2008. 5.23.　「한글진흥정책공개토론회 축사」,『한글진흥정책공개토론
　　　　　회』, 파주출판단지 아시아출판문화정보관 이벤트홀.

2008. 8. 9.　「한국어 교육의 오늘과 내일」, 국제학국어교육학회 제18차
　　　　　국제학술대회.

2008.10. 8.　「사전 지식 생산과 관리를 위한 국가 전략」,『표준국어대사
　　　　　전』 개정 웹 사전 발표 자료집, 국립국어원.

2008.11. 5.　「한중일 자국어 보급의 현황과 과제」,『한중일언어문화교류
　　　　　확산을 위한 국제학술대회』, 동북아공동체연구회.

2008.　　　「Congratulatory Address」,『The 18th International Congress
　　　　　of Linguists』, The Linguistics Socity of Korea.

2008.　　　「절멸 위기의 언어」, 제18차 세계언어학자대회 분과 발표.

2009. 2.13-17.「한·중·일의 외래어 수용 정책」, 일본 북해도대학교 동아시
　　　　　아 언어·문화의 비교 국제학술 심포지움.

2009.10.23.	「언어는 고도로 응축된 지식의 별이다」, 서울문학인대회 심포지엄.
2009.10.	「한중일 자국어 보급 정책 및 현안」, 한중일 언어 문화 교류확산을 위한 국제 학술회의 기조 강연.
2009.11. 6.	「한국어 교육의 오늘과 미래」, 『중국한국조선어교육연구회』, 강소성 양주대학교.
2009.	「손글씨가 만들어가는 한글세상」, 윤디자인연구실, 온한글.
2009. 2.13.	「韓·中·日의 外來語 受容 政策」, 도야마대학교 동아시아 언어·문화의 비교 국제학술 심포지움.
2010.10.21.	「스토리텔링이란 무엇인가」, 국립국어원 문화학교 특강.
2010.11.22.	「오염된 모국어 새롭게 가다듬는 숨 고르기」, 한국방송대학보.
2010.	「한국어학습사전과 낱말 교육」, 동남아시아 한글교사협의회 초청특강, 말레이시아.
2010.	「한국어학습사전과 낱말 교육의 늪」, 동남아시아 교사협의회 발제강의, 말레이시아.
2011. 1.10.	「스토리텔링을 활용한 창의력 교육 전략」, 대구광역시교육연수원 직무교육 연수, 대구광역시교육청.
2011. 1.27.	「스토리텔링을 활용한 창의력 교육 전략」, 『전북국어교사모임 영·호남 국어 학술대회』, 전국국어교사모임·전라북도교육청.
2011. 4.20.	「스토리텔링의 이해」, 스토리텔링 1기 과정, 대구광역시지방공무원교육원.
2011.	「방언의 미학」, 경상북도지방공무원교육원 국어능력향상과정 2기.
2011.	「스토리텔링이란 무엇인가」, 경상북도지방공무원교육원 스토리텔러양성과정 3기.
2011.	「국제사회 이해교육과 커뮤니케이션」, 대구광역시 교육청.
2011.11.2.	「국어기본법 추진 배경」, 대구광역시 국어책임관 연찬회 특강.

2012.11.22.	「시 속에 베여있는 방언의 향기」, 경남대학교 인문과학연구소.
2013. 1.24.	「포개어진 갈등의 수사학」, 『대구경북 문학의 지역성 탐색, 제1회 일제강점기 대구와 민족문학』, 대구문화 재단.
2013.	「우리말의 다원성에 대한 새로운 성찰」, 『말과 글』(여름호), 한국어문기자협회.
2013. 6.28.	「잔엽 상주본 『훈민정음』 해례본」, 『기록인』 2013 여름 vol.23, 국가기록원.
2013. 8. 5.-10.	「한글 문화와 한글 공동체」, 2013 재외한국어 교육자 국제학술대회 기조강연.
2013. 9. 7.	「생태주의 언어관에 입각한 어문 정책의 방향」, 『2013년 제3차 통합과 소통의 국어정책 개발을 위한 포럼』, 국립국어원.
2013. 9. 7.	「한국 국어 정책의 미래」, '국립국어원'과 '어문학회' 공동 학술발표대회.
2013.10. 7.	「한국 국어 정책의 미래」, 『쉬운 언어 정책과 자국어 보호 정책의 만남』 국제학술대회, 한글문화연대.
2013.11. 2.	「훈민정음 창제의 실록 기록에 대한 재검토」, 2013년 한민족어문학회 추계 전국학술대회, 한민족어문학회.
2013.11.	「한글 보급과 문학의 역할」, 완판본문화 학술세미나, 전주 완판본 보존회.
2014. 2.25.	「애국지사 애산 이인 선생의 역사적 재조명과 추모사업 방향」, 『대구시의회 독립유공자 예우 및 의료복지 지원방안』, 대구광역시의회.
2014. 7.28.	「스토리텔링을 활용한 창의력 교육 전략」, 대구광역시교육연수원 직무교육 연수, 대구광역시교육청.
2014.11. 1.	「상주본 『훈민정음』 해례본과 그 출처」, 『훈민정음 해례본과 학가산 광흥사』, 경상북도 유교문화회관 교육관, 안동시.
2014.11. 1.	「상주본 훈민정음 해례본과 그 출처」, 훈민정음 해례본과 학가산 광흥사, 안동유교문화회관.

2014.11.	「훈민정음의 인문지리적 접근」, 한민족어문학회 창립 40돌 기념 전국학술대회, 한민족어문학회.
2014.11.28.	「대구경북 방언의 특징」, 대구경북의 언어, 대구경북학회.
2014.12.12.	「동경이의 어원과 그 유래」, 경주개 동경이의 보존과 활용방안 세미나, 서라벌대학.
2015. 3.14.	「문학에 나타난 방언」, 경남대학교 방언보존회 특강, 경남대학교.
2015. 4. 7.	「문화콘텐츠와 스토리텔링」, 문화체육관광부 한국게임산업연구원.
2015. 4.29.	「이상화 시인의 시 세계」, 대구광역시 대구문학관 특강, 대구문학관.
2015.11. 7.	「한국 채소 명칭의 방언 분화」, 『동아지리언어학국제전제연토회』, 도야마대학교.
2015. 9.10.	「사회방언학의 이론」, 중국해양대학교 특별 초빙 특강.
2016. 2. 1.	「성리학과 인성 교육」, 영천향교 특강.
2016. 2.27.	「훈민정음에 대한 열 가지 오해」, 세종사랑방, 용산전자타운.
2016. 4.22.	「대구문학의 역사성과 그 미래」, 국립한국문학과유치추진위원회 발대식.
2016. 7.25.	「인이의 생와 항일 투징」, 경상북도 독립운동기념관.
2016. 8. 9.	「한국의 여진어 문자 자료에 대하여」, 중국사회과학원 초청 특별 강연.
2016. 8.30.	「국립방언연구원 설립의 필요성과 당위성」, 『바람직한 지역어 보전 정책 방안 모색을 위한 전문가 간담회』, 국회의원회관 제1간담회의실.
2016. 9.22.	「애산 이인과 근대 교육운동」, 『광복71주년 기념 애산 이인 추모학술대회』, 애산 이인 기념사업회.
2016.10.25.	「국립 한국문학과 설립의 필요성과 당위성」, 문학진흥 중장기대책 마련 제3차 지역순회 토론회, 부산문화재단.
2016.12.16.	「계몽운동기의 신교육구국운동」, 『대구근대교육 기원찾기

심포지엄』, 대구광역시 교육연구정보원.

2017. 1.	「정부가 국민 언어 복지 정책 수립을 준비해야」, 『한글새소식』 제533호.
2017.	「훈민정음, 그 오해의 깊은 뜻」, 『the T』 제10호, 혁신 2호.
2017. 1.24.	「안동지역과 훈민정음」, 안동, 한글을 간직하다, 유교문화보존회.
2017. 3.22.	「도동서원과 소학」, 대구광역시 달성군 현풍 향교 특강.
2017.	「시인 김춘수와 강신석 화백」, 『대구예술』 152호.
2017.	「시인 이상화 시의 현장」, 『대구예술』 155호.
2017.	「시인 김윤식의 시의 현장」, 『대구예술』 156호.
2017. 9.22.	「한글 및 한국어 세계화와 우리 문화로서의 진흥 전략」, 『한글세계화 및 한류 문화확산 세미나』, 국회의원회관, 김두관·정갑윤·이명수의원실 주관.
2017.10.12.	「안동 지역의 한글의 보급과 그 추이」, 울산광역시 주최 최현배 선생 추모 한글날기념학술대회.
2017.10.27.	「보한재 신숙주의 생애와 업적」, 『보한재 신숙주 선생 다시 보다』, 고령신씨대종회, 국립한글박물관강당.
2017.11. 3.	「한국어의 형성과 신라 방언」, 『경주말 보조노가 활용』, 2017년 신라문화재 학술대회.
2017.11. 6.	「대구정신과 대구 시민」, 대구광역시청별관, 대구광역시의회 주관.
2017.11.10.	「한글 및 한국어 세계화와 우리 문화로서의 진흥전략」, 몽골 울란바토르 세종학당 개교 10주년 기념 특강.
2018. 1.15.	「언어 분석 도구 활용 방법론」, 미국 브리검영 대학교.
2018. 3.27.	「훈민정음 창제의 배경」, 에드워드 월레트 바그너박사 추모 학술대회, 미국 브리검영 대학교.
2018. 6.12.	「명작의 본향 대구, 근대 문인들의 숨결」, 대구광역시 수성구 용학도서관 초청 특강.
2018. 6.22.	「방언학회 특강」, 방언학회전국발표대회, 세명대학교.

2018.10.11.	「곽재우장군 연관, 문화유산과 활용」, 비슬밸리 지역 문화유산과 창달, DGIST.
2018.10.12.	「훈민정음 연구의 미래」, 『세종대왕즉위 600돌 및 527돌 한글날 기념학술대회』, 한글학회, 세종문화회관.
2018.10.	「한글의 시대, 한글의 세계화를 위하여」, 『문학사상』 552호.
2018.10.23.	「애산 이인 선생의 독립 투쟁과 나라 사랑」, 운경재단 인문학 특강.
2018.11. 5.	「신라의 언어와 문자」, 경주시청공무원 특강.
2018.11. 6.- 9.	「신라의 언어와 문자」, 제4회 세계한글작가대회, (사)국제 PEN한국본부.
2018.11. 8.	「신라의 언어와 문자」, 『세계한글작가대회』, 제4회 세계한글작가대회.
2018.11.22.	「남북 학술·전문용어 통합과 방언조사 추진 방안」, 국립국어원 주최, 국회 의원회관 세미나실.
2018.11.25.	「한국에 소재한 여진어 자료」, 일본 니가타대학교 주최, 동아시아의 언어.
2018.12.12.	「훈민정음 창제의 실제」, 세종대왕 즉위 600돌 기념 학술강연대회, 한글학회.

인터뷰

1989. 9.25.	「용기-」, 영남신문.
1989.11.26.	「베르린 장벽 와해와 한반도의 미래」, 영남일보.
2000. 2. 5.	「허만하 시인과 知的 우정 '매료'」, 매일신문.
2000. 4. 5.	「앵무새의 혀, 詩」의 비정치성」, 경북매일.
2000. 5.22.	「다시 찾아온 5월이여, 인연의 오랏이여」, 경북대신문.
2001. 8.27.	「학벌중심 사회, 그 구조적 해체는 언제?」, 경북대신문.
2001.11.12.	「방언은 선조들의 정신적 문화유산」, 고려대학교신문.
2002. 5.24.	「대구와 경북의 경계」, 대구신문.

2002. 6. 5.	「대구의 웨스트민스터 사원」, 경북일보.
2002. 6.21.	「새롭게 태어나는 길이 무엇일까?」, 대구신문.
2002. 6.25.	「메세나 운동과 지역 문화 예술」, 경북일보.
2003. 8.23.	「'하나 되는 꿈' 이루어진다」, 매일신문.
2004.10. 8.	「사투리는 표준어 들러리 아닌 민족문화」, 매일신문.
2006. 8.25.	「베트남 결혼 이주여성들과 함께」, 세계일보.
2006. 8.26.	「베트남 결혼 이주여성들과 함께」, 매일신문.
2005. 8.29.	「『겨레말큰사전』 편찬 의의는?」, 영대신문.
2006. 9. 1.	「언어 강국, 한국어의 열풍」, 매일신문.
2006. 9. 7.	「금기를 어겨야 변화한다」, 매일신문.
2006.10.17.	「커버스토리-"언어는 국력 … 우리말 세계화 나설 것」, 『주간한국』, 한국일보, 2143호.
2007. 5.	「인터뷰-국립국어원 이상규 원장」, 『월간 말』, 월간말.
2007.	「이 사람-국립국어원 이상규 원장, 국어의 힘을 말하다」, 『국어의 힘』 제2호, 전국국어상담소연합회.
2007. 8.31.	「한국어 교사, 다문화 가정의 눈물을 닦아주어야」, 오마뉴스 인터뷰.
2007.10.21.	「국립국어원과 EBS 간의 이주민을 위한 한국어 교육 추진」.
2008. 1.30.	「〈인터뷰〉 이상규 국립국어원장」, 연합뉴스.
2008. 2. 1.	「〈연합인터뷰〉 이상규 국립국어원 원장」, 연합뉴스.
2008. 3.	「사람과 사람-고유 문화 콘텐츠가 국가 경쟁력」, 『시사저널』, 제959호.
2008. 4.13.	「〈통일초대석〉 '소통 물꼬' 트는 이상규 국어원장」, 연합뉴스.
2008. 7.15.	「미국 문화에 맞는 한국어 교재개발」, LA 중앙일보 인터뷰.
2008. 9.30.	「YS의 '겡제' 발음, 역사가 깊네」, 조선일보.
2008.	「말글통신-이상규 국립국어원장」, 『말과 글』, 한국어문교열기자협회.
2008.10. 9.	「언어 기계화 등 정보기술 활용 국어정보화 수준 한 단계 높여」, 전자신문.

2008.10. 9. 「강지원의 정책데이트 91회 우리말 사랑」, 한국정책방송.

2008.10. 9. 「[오늘 562돌 한글날] 이상규 국립국어원장 인터뷰」, 전자신문.

2008.10.17. 「고유문자 없는 나라에 한글 보내요」, 한겨레.

2009. 7.28. 「다중 협업 방식으로 국가 지식 강화를」, 경북일보.

2009. 1.29. 「〈인터뷰〉 퇴임한 이상규 전 국어원장」, 연합뉴스.

2009. 4. 4 「표준어 정의, 빨리 바꿔야」, 매일신문.

2009. 8. 6. 「국립중앙도서관 대구 분관 추진을 환영하며」, 영남일보.

2009. 8. 4. 「국가 지식기반 진화의 기회」, 매일신문.

2009. 9. 7. 「아시아는 마지막 남은 위대한 언어의 순례지」, 경북일보.

2009. 9.18. 「언어는 고도로 응축된 지식의 별이다」, 경북일보.

2009.10. 9. 「외면받는 토속어, "한글 다양성 위축"」, YTN뉴스.

2011. 6.28. 「'띄어쓰기'와 '붙여 쓰기'」, 경북일보.

2011. 6.29. 「물의 도시 쑤저우의 밤하늘」, 경북일보.

2012. 6.30. 「'고담 大邱'의 슬픔」, 영남일보.

2013. 2.27. 「세종대왕 '익선관' 추정 유물 공개」, YTN 뉴스.

2013. 2.27. 「세종대왕 쓰던 왕관 추정 유물 공개돼, 경북대 이상규 교수 연구
팀…익선관에 훈민정음 제자해 활자본 들어」, 서울신문.

2013. 5.22. 「전 국립국어원장의 고백 "띄어쓰기, 나도 자신 없다"」, 조선일보.

2013.10. 2. 「일약탈 추정 세종 '익선관' "세종대왕 것 아니었다"」, 문화일보.

2013.10. 8. 「[김문이 만난사람] 한글 세계화에 앞장서는 국어학자 이상규 경
북대 교수, "대한민국은 한글 공동체… '돌아온 한글날'은 진정
한 축제"」, 서울신문.

2013.10. 9. 「대한민국은 한글 공동체 … '돌아온 한글날'은 진정한 축제」, 서
울신문.

2014. 7. 4. 「좋은 사전을 만들어내는 역량은 국력과 비례」, 세계일보.

2015. 4. 2. 「환수되지 못한 문화재 7만 6천여 점 이상」, YTN.

2016. 8.30. 「사라지는 제주어 살리는 방안 있을까?」, 제주도민일보.

2016. 8.30. 「국어학 경계 넘어 역사, 문화, 인류학 종합접근 필요」 제주일보.

2017. 1. 「이달의 공감 멘토-전 국립국어원장 이상규」, 『다시 웃는 제대군

인』, 국가보훈처, vol.131.

2017. 1.24. 「'훈민정음 해례본 목판 복원' 일반에 첫 공개」, KBS 뉴스.

2017. 9.25. 「[인터뷰] 이상규 교수 "한글 세계화 위해 정체성부터 찾아야"」, 브레이크 뉴스.

2017.10. 8. 「상주본 훈민정음 해례본 재산적 가치는 얼마?」 파이낸셜뉴스.

2018. 4.28. 「나의 삶 나의 길 "남북한 지역어 조사 먼저 재개돼야 언어 이질성 조금이라도 줄일 수 있어"」, 세계일보.

2018. 9.20. 「[인터뷰] 이상규 전 국립국어원장, "세종학당 한국어 교육으로 한류 주도해야"」, 브레이크 뉴스.

문학활동

1978년 『현대시학』 「안개」로 시인 추천 완료. '낭만시' 동인.

시집으로 『종이나발』(그루), 『대답 없는 질문』(둥지), 『헬리콥터와 새』(고려원북스), 『거대한 낡은 집을 나서며』(포엠토피아), 『오르간』(지혜), 『13월의 시』(작가와비평), 『불꽃같이 굴러가는 낙엽』(글누림), 『아르미따』(경진) 등이 있다.

그 외 수필집 『이상규의 추억 산문집 오래된 불빛』(역락)과 소설 『포산 들꽃』(작가와비평)이 있으며, 평론집으로 『이상화 시의 기억공간』(공저, 수성문화원), 『이상화 문학전집』(경진출판)이 있다.

또한 『100년의 문학용어사전』(2008, 아시아) 편찬고문, 겨레말큰사전 편찬이사를 역임하였다.

수 상

1989 일석학술장려상(국어학회, 국어학회회장)

2000 이슈투데이베스트칼럼상(이슈투데이, ㈜이슈투데이)

2004 대통령표창장 제147305호(행정자치부 행정자치부장관)

2006 한국문학예술상 작품상(포스트모던)

2011 외솔학술상(외솔학회, 외솔회 회장)

2012 봉운학술상(언어과학회, 언어과학회 회장)

2014 한류문화대상(한류문화재단·국회, 대한민국 국회)

2014 한글진흥 및 발전 공로 표창(대구광역시장)

2015 제18회 한국문학예술상 특별부문(한국문학예술진흥회)

2017 경북대학교 학술상(경북대학교, 경북대학교 총장)

2017 매천황현문학대상((사)대한민국문학메카본부, 문학상 대상)

우수도서 선정

2000.12. **학술원 우수도서** 『경북방언사전』, 태학사.

2001. 3. **문화체육관광부 우수도서** 『문학과 방언』(공저), 역락.

2002.10. **문화체육광광부 우수도서** 『새롭게 교열한 이상화 정본시집 – 빼앗긴 들에
도 봄은 오는가』, 홍익포럼.

2006. 1. **문화체육관광부 우수도서** 『사회언어학적 조사와 연구 방법』(나가이 세이
치(中井精一) 저, 공역), 이회.

2006. 7. **문화체육광광부 우수도서** 『언어지도의 미래』(공저), 한국문화사.

2011.10. **학술원 우수도서** 『한글 고문서 연구』, 도서출판 경진,

2014. 9. **문화체육관광부 우수도서** 『한글 공동체』, 박문사.

2015. 3. **올재 실렉션 우수도서지원사업** 『훈민정음 통사』, 사단법인 올재.

2015. 4. **문화체육관광부 우수도서** 『사라진 여진문자』(공저), 경진출판.

2018. 2. 대한민국 한국연구재단 우수학술지원 『경세훈민정음』, 역락.

2018.11. 경북대학교 도서지원사업 『여암 신경준의 저정서』, 역락.

경 력

1979.12. - 1982.12. 한국정신문화연구원 방언조사연구원

1982.12. - 1983.12. 울산공과대학 국어국문학과 조교수

1983. 1. - 1985. 1. 경북대학교 국어국문학과 전임강사

1985.10. - 1988.12. 경북대학교 국어국문학과 조교수

1989.10. - 1999. 1. 경북대학교 국어국문학과 부교수

1991. 8. - 1994. 7. 경북대학교 인문대학 학생과장

1994.10. - 2019. 2. 경북대학교 교수

1995. 3. - 1996. 3. 경북대학교 학생처장(부처장)

1997.10. - 1997.10. 고향말씨자랑대회 심사위원심사위원장

2000. 2. - 2003. 8. 전국대학 인문학연구소협의회 사무국장

2001. 3. - 2002. 8. 교육인적자원부 기초학문육성위원

2002. 9. - 2003. 8. 동경대학교 대학원객원연구교수

2002.10. - 2004.10. 제2건국범국민추진위원회추진위원

2002. 9. - 2003.10. 대구하계유니버시아드 이념제정위원회이념제정위원
실무소위원

2003. 9. - 2005. 9. MBC방송국 우리말위원회위원장

2004. 2. - 2006. 2. 국립국어연구원 남북지역어 조사추진위원회위원장

2006. 1. - 2009. 1. 국립국어원 원장(1급)

2006. 1. - 2009.10. 겨레말큰사전 편찬위원회이사

2006.10. - 2009.10. KBS 한국어위원회위원

2007. 6. - 2009.12. 경상북도민속의 해 추진위원

2007. 9. - 2007. 9. 다문화가족지원센타 선정 심사위원

2008.10. - 2013.10. 중국 절강외국어대학교 객원교수

2008.10. - 2010.10. 경상북도 문화재위원

2008.12. - 2011.12. 중국 칭다오해양대학교 고문교수

2011. 8. - 2013. 8. 경상북도 문화재위원

2015. 8. - 2015. 8. 중국사회과학원초청 연구조사

2015. 3. - 2016. 3. 한국어문학회 회장

2016.12. - 2016.12. 입법고시 출제위원출제위원

2017. 6. - 2017. 9. 경상북도청(신도청) 건물명칭 제정위원건물명칭 제정위원

2017. 8. - 2018. 1. 미국 BYU 연구교수

2018. 8. - 2022. 8. 민강학원 교육재단 이사

2019. 2. 28.　　　　경북대학교 교수 퇴임

기 증

2007. 1. 9. 국립국어원 도서실 기증, 소장 고서 《여사서》 외 49종.

2012.11.27. 대구광역시 대구문학관, 시집 480권, 김춘수 시인 육필 등, 개관기념.

2014. 7.30. 경북대학교 중앙도서관 기증, 국어학 전공도서 및 시집 등 7, 146권.

2016. 5.19. 국립한글박물관, 논어 강보 외 고서 7점 기증, 국립한글박물관.

　　　　　국립한글박물관, 한글고문서, 내방가사 및 간찰 기타 387점.

　　　　　국립한글박물관, 병와 이형상 가문 한글 편지, 15점.

2016.11.21. 소장 미술품 50점, 위덕대학교 개교 20주년기념 사업회 기증.

교과서 수록 저작물

2010.　　(주)미래엔, 초등 국어4, 1학기 지도서: 국어 방언학, 학연사, p.232.

2011.　　유웨이중앙, 고등 국어, 교과서: 우리말로 학문하기의 사무침, 푸

른사상사, p.292.

2011.　㈜미래엔, 초등 국어4, 1학기 지도서: 국어 방언학, 학연사, p.232.

2012.　유웨이중앙, 고등 국어, 교과서: 우리말로 학문하기의 사무침, 푸른
사상사, p.292.

2012.　비상교육, 중등 국어, 1학기 교과서: 방언의 미학, 살림, p.63.

2012.　비상교육, 중등 국어3, 2학기 지도서: 방언의 미학, 살림, p.40.

2012.　㈜미래엔, 중등 국어, 2학기 교과서: 한글 피어나다－옷을 입은
한글, 국립국어원, p.160.

2012.　비상교육, 중등 생활국어, 1학기 교과서: 독서평설, 지학사, p.155.

2012.　비상교육, 중등 생활국어, 1학기 교과서: 방언의 미학, 살림, p.55.

2012.　천재교육, 중등 국어, 2학기 교과서: 방언의 미학, 살림, p.185.

2012.　㈜미래엔, 초등 국어4, 1학기 지도서: 국어 방언학, 학연사, p.232.

2012.　㈜미래엔, 중등 국어, 1학기 교과서: 방언의 미학, 살림, pp.224
－225.

2012.　금성출판사, 중등 국어·생활국어, 2학기 지도서: 새국어생활 제
18권 제3호, 국립국어원, pp.167－169.

2013.　유웨이중앙, 고등 국어, e교과서: 우리말로 학문하기의 사무침,
푸른사상사, p.292.

2012.　유웨이중앙, 고등 국어, 교과서: 우리말로 학문하기의 사무침, 푸
른사상사, p.292.

2013.　비상교육, 중등 국어, 1학기 교과서: 방언의 미학, 살림, p.63.

2013.　비상교육, 중등 국어3, 2학기 지도서: 방언의 미학, 살림, p.40.

2013.　㈜미래엔, 중등 국어, 2학기 교과서: 한글 피어나다－문화의 옷을
입은 한글, 국립국어원, p.160.

2013.　비상교육, 중등 생활국어, 1학기 교과서: 독서평설, 지학사, p.155.

2013.　비상교육, 중등 생활국어, 1학기 교과서: 방언의 미학, 살림, p.55.

2013. 천재교육, 중등 국어, 2학기 교과서: 방언의 미학, 살림, p.185.

2013. ㈜미래엔, 초등 국어4, 1학기 지도서: 국어 방언학, 학연사, p.232.

2013. ㈜미래엔, 중등 국어, 1학기 교과서: 방언의 미학, 살림, pp.224-225.

2013. ㈜교학사, 중등 국어, 지도서: 둥지 밖의 언어, 생각의 나무, p.233.

2013. 천재교육, 중등 국어, 지도서: 방언의 미학, 살림, p.416.

2013. 천재교육, 중등 국어, 지도서: 방언 이야기, 태학사, p.417.

2013. 창비, 중등 국어, 1학기 지도서: 새국어생활 제18권 제3호, 국립국어원, pp.235-237.

2014. 비상교육, 중등 국어, 1학기 교과서: 방언의 미학, 살림, p.63.

2014. 비상교육, 중등 국어3, 2학기 지도서: 방언의 미학, 살림, p.40.

2014. 비상교육, 중등 생활국어, 1학기 교과서: 독서평설, 지학사, p.155.

2014. 비상교육, 중등 생활국어, 1학기 교과서: 방언의 미학, 살림, p.55.

2014. ㈜교학사, 중등 국어, 지도서: 둥지 밖의 언어, 생각의 나무, p.233.

2014. 천재교육, 중등 국어, 지도서: 방언의 미학, 살림, p.416.

2014. 천재교육, 중등 국어, 지도서: 방언 이야기, 태학사, p.417.

2014. ㈜지학사, 중등 국어, 지도서: 둥지 밖의 언어, 생각의 나무, p.155.

2014. 창비, 중등 국어, 1학기 지도서: 새국어생활 제18권 제3호, 국립국어원, pp.235-237.

2015. ㈜교학사, 중등 국어, 지도서: 둥지 밖의 언어, 생각의 나무, p.233.

2015. 천재교육, 중등 국어, 지도서: 방언의 미학, 살림, p.416.

2015. 천재교육, 중등 국어, 지도서: 방언 이야기, 태학사, p.417.

2015. ㈜지학사, 중등 국어, 지도서: 둥지 밖의 언어, 생각의 나무, p.155.

2016. ㈜교학사, 중등 국어, 지도서: 둥지 밖의 언어, 생각의 나무, p.233.

2016. 천재교육, 중등 국어, 지도서: 방언의 미학, 살림, p.416.

2016. 천재교육, 중등 국어, 지도서: 방언 이야기, 태학사, p.417.

2017.   천재교육, 중등 국어, 지도서: 방언의 미학, 살림, p.416.

2017.   천재교육, 중등 국어, 지도서: 방언 이야기, 태학사, p.417.

2017.   ㈜지학사, 중등 국어, 지도서: 둥지 밖의 언어, 생각의 나무, p.155.

가족 사항

아내   이정옥, 위덕대학교 교수, 경북여성정책개발원장 역임
맏아들   학근, 고려대학교 및 법학전문대학원, 법무법인 위(WE) 변호사
맏며늘   김시정, 이화여자대학교 컴퓨터공학과, 고려대학교 MBA,
             AIA 전산과장
맏손녀   윤 6세
둘째 손녀   은 3세
둘째 아들   학성, 경북대학교 농과대학 대학원, 대구광역시 소속 공무원
둘째 며늘   이민지, 경북대학교 농과대학, 대구광역시 소속 공무원
맏손자   건 3세
셋째 손녀   린 2세

편집을 마치며

김덕호

경북대학교

여수 이상규 선생님은 경북대학교 국어국문학과에서 35년간 재직하시다가 2019년 2월에 퇴직하셨다. 그동안 선생님과 가까운 거리에서 지내게 된 것은 크나큰 행운이었다.

선생님은 멀리 보는 혜안을 가진 분이셨다. '높이 나는 새가 멀리 본다'는 말이 있듯이 선생님은 발전을 위해 열심히 노력하셨고, 그래서 항상 몇 걸음 앞을 내다보는 혜안이 있으셨다. 평소의 말씀에서도 다른 사람보다 앞선 생각을 담고 있으신 분이셨다.

선생님은 아이디어가 탁월하셨다. 국립국어원장 재임 시절 국력을 신장하는 방법으로 해외에 한국어와 한국문화를 알릴 수 있는 전진 기지를 건설해야 한다고 제안하셨다. 그 결과 세종학당 재단이 설립되어 현재 전 세계 170여 개의 세종학당이 운영되고 있다.

선생님은 집중력이 대단하셨다. 선생님을 뵙기 위해 연구실 문을 두드리고 들어가 보면 항상 목표를 이루기 위해 집중하는 모습을 볼 수 있었다. 이런 집중력으로 집필에 임하셨기에 놀라운 성과를 이룰 수 있었을 것이다.

선생님은 시간 낭비도 전혀 없으셨다. 선생님께서 언젠가 허리의 통증으로 병원에 입원해, 다음날 수술을 받아야 하는 때가 있었다. 병문안을 갔더니 안정을 취해야 함에도 불구하고 꼿꼿이 누워 책을 읽으시며, 그것이 안정을 취하는 가장 좋은 방법이라고 말씀하셨다. 시간을 허투루 낭비하지 않으시는 모습은 후학들에게 좋은 귀감이 될 것이다.

2017년 12월 어느 날, 선생님의 퇴임기념집을 준비하자는 의견이 있어서 2018년 1월에 간행위원회를 결성했다. 이후 수차례 회의를 거듭하면서 생각들을 수렴한 결과, 관련 전공의 후학들에게 도움이 될 수 있는 논문집 형태로 구성하면 좋겠다는 쪽으로 의견이 모아져 기념논문집을 발간하게 되었다. 우선 국내외 관련 분야의 유수한 학자들에게 연락을 드려 원고를 요청하니 국내 11분과 해외 5분이 기꺼이 원고를 보내주시기로 약속하셨다.

국내에서는 서강대학교 곽충구 교수, 경남대학교 김정대 교수, 김일성종합대학교 김영황 교수, 경북대학교 백두현 교수, 전북대학교 이태영 교수, 목포대학교 이기갑 교수, 전주대학교 소강춘 교수, 부산대학교 이병운 교수, 경북대학교 김덕호 교수, 경성대학교 김무식 교수, 국립국어원 이현주 선생이 귀한 원고를 보내주셨다.

국외는 중국 북경대학교 샹멍빙 교수, 미국 브리검영대학교 스콧보우켈리 교수, 일본 국립국어연구소 오오니시 타쿠이치로 교수, 도야마대학교 나가이 세이이치 교수, 메이카이대학교 이노우에 후미에 교수가 귀한 원고를 보내주셨다.

보내주신 원고의 면면을 보면 방언학 연구 분야에서 대단히 중요한 주제들이고, 앞으로 방언학계의 발전을 위해 도움이 될 수 있는 내용이었다. 그래서 책의 제목도 『세계 방언학의 풍경(The Landscapes of World Dialectology)』으로 잡게 되었다.

이 책은 간행위원장인 백두현 교수의 간행사와 오세영 교수, 권재일 교수의 축하 글로 시작한다. 또한 평소 문화예술 활동에 관심을 가지면서 친분을 쌓은 강신석 화가, 전진원 화가, 강병인 화가, 권기철 화가, 최용대 화가께서 선생님의 퇴임을 진심으로 축하하는 마음을 모아 보내주신 그림으로 서문을 장식하게 되었다.

제1부 한국 속의 방언학에서는 국내에서 보내주신 원고를 담았다. 방언 지도 제작기(MapMaker)를 활용한 방언 지도 제작(이상규·이현주), 조선어 지역방언론(김영황), 합천 활인대비(活人臺碑)의 비문 연구(백두현), 경상남도 함안군 행정구역 이름 변천사(김정대), 방언사전 편찬의 의의와 과정 그리고 그 구조-『두만강 유역 조선어 방언사전』의 경우-(곽충구), 완판본 『열녀춘향수절가』의 등장인물 '상단이'에 나타난 문화사(이태영), 동남 방언의 담화표 '마'(이기갑), 디지털 채색 언어지도 제작 도구 개발-지역어 조사 사업 자료의 활용을 위하여-(소강춘), 현대한국어 한자음과 현대중국 음과의 대응관계 연구(이병운), 언어지도를 활용한 세계 언어지리학의 연구 동향(김덕호), 대구 경북지역어 연구 양상과 대구 문화(김무식), 방언의 미래를 생각한다(이상규) 등 한결같이 훌륭한 논문들이다.

제2부 세계 속의 방언학에서는 국외에서 보내주신 원고를 모았다. "秦晉读淸 平如浊 平"解(项梦冰), Dialects of the South East Asian Chinese Diaspora: A Cambodia Case Study(Dana Scott Bourgerie), 方言学とGIS (大西拓一郎), 河川流域の地域特性と方言(中井精一), 東アジアの言語景観の地域差(井上史雄), LINGUISTICS MAPS & DIALECT DATA PROCESSING (Deokho Kim·Sanggyu Lee) 등 훌륭한 연구 논문이다.

제3부 이상규 교수 저술 소개에서는 이상규 교수의 저술 가운데 가장 대표적인 책들을 소개했다. 사회언어학적 조사와 연구 방법, 현대방언의 세계, 컴퓨터를 활용한 방언학 연습과 실제, 경북 상주 지역의 언어와 생활, 언어지도의 미래, 한글공동체, 한어방언지리학, 인문 지식 정보의 미래, 방언의 미학, 둥지 밖의 언어, 시어방언사전, 경북방언사전 등으로, 방언학

과 언어학의 새로운 시도와 관점을 학계에 제시하여 반향을 불러일으킨 역작들이다. 제자와 후학들이 내용을 엮었는데, 참가하신 분은 이순형, 안귀남, 김경숙, 김덕호, 민영란, 이현주, 홍기옥, 천명희, 조정아, 한송이 선생님이다.

　마지막 부분에 선생님의 학문적 삶의 궤적을 담은 연보를 정리했다. 저술 77권, 논문 79편, 120회 이상의 학술 발표와 주제 발표 등 그 분량이 매우 많았다. 35년 교수로 봉직하는 기간 동안 매년 2권 이상의 저술과 2편 이상의 논문, 4번 정도의 학술 및 주제 발표 등으로 끊임없이 달려온 선생님의 모습을 새롭게 발견하였다. 다시 한번 뜨거운 열정과 놀라운 학자로서의 업적에 감탄을 표하며, 선생님의 삶의 궤적이 후학들에게 널리 귀감이 될 것을 굳게 믿는다.

　선생님께서 퇴임 후에도 부디 건강하시고 그 뜨거운 열정을 널리 펼치시기를 늘 응원할 것이다.

2019년 2월 복현동 연구실에서
간행위원을 대표해서 김덕호 삼가 씀